조선 후기 형정개혁과 추국

정진혁

지식산업사

정진혁

조선시대 법제사 전공, 연세대학교 국학연구원 연구교수. 연세대학교 사학과를 졸업하고, 같은 대학원에서 문학박사학위를 받았다. 연세대학교 국학연구원 부설 강진다산실학연구원 전문연구원을 역임했다. 조선의 법과 사회를 주제로 연구와 강의를 이어가고 있다. 주요 논문으로 〈17~18세기 추국청의 혹형(압슬형, 낙형) 시행 추이〉, 〈숙종 대 부당 형벌 논란과 형정운영의 변화〉, 〈18세기 을해옥사 연좌인의 제주도 역모 사건과 연좌 통제 강화〉, 〈정조 대 흠휼전칙 시행과 인명 보호의 강화〉, 〈조선 초기 '연좌(緣坐)' 법률 정비와 집행 추이〉 등이 있다.

조선 후기 형정개혁과 추국

초판 1쇄 인쇄   2026. 1. 30.
초판 1쇄 발행   2026. 2. 27.

지은이   정진혁
펴낸이   김경희
펴낸곳   (주)지식산업사
본사 ● 10881, 경기도 파주시 광인사길 53(문발동)
전화 031 - 955 - 4226~7 팩스 031 - 955 - 4228
서울사무소 ● 03044, 서울시 종로구 자하문로6길 18 - 7
전화 02 - 734 - 1978, 1958 팩스 02 - 720 - 7900
영문문패 www.jisik.co.kr
전자우편 jsp@jisik.co.kr
등록번호 1 - 363
등록날짜 1969. 5. 8.

책값은 뒤표지에 있습니다.

　이 책은 조선 후기 형정개혁 과정과 그것이 실제 추국 재판에서 적용되어 간 연대기를 그린 것이다. 이를 통해 전근대 왕조 국가에서 전제적·자의적 권력이 법으로 정해진 제도로 대체되어 가는 양상을 보여 주고자 하였다. 책을 시작하기 전, 어떤 과정을 거쳐 이 책을 쓰게 되었는지 독자 여러분께 소회를 밝히고자 한다.

　대학원에 입학했을 때 필자의 관심을 끌었던 대상은 국가와 사회의 상호관계였다. 민간의 사회적 힘이 국가를 변화시킨다는 점, 즉 아래로부터의 힘을 중요하게 생각했기 때문이다. 석사학위논문에서 조선 후기 정감록을 소재로 민중의 결집력과 운동성을 확인한 것도 이러한 문제의식의 발로였다. 그러나 박사과정에서는 그 주제를 그대로 이어가지는 못했다. 정감록만으로는 박사학위논문의 주제의식 및 분량을 충족할 수 없으리라 판단했기 때문이다. 이에 박사과정에 진학하면서 새로운 주제를 찾아야 했다.

　박사과정 초기에는 무엇을 어떻게 해야 할지 모르는 뿌연 안개 속을 지나는 느낌이 들었다. 조선 후기 사회에서 중요한 초점은 무엇일까라는 질문을 가지고 다소 막막한 상황 속에서 학계의 여러 논점을 탐색하였다. 이 가운데 필자의 시선을 사로잡은 쟁점은 '탕평정치기 형사제도 개혁'이었다. 이 당시 조선 후기 법제사 분야에서는 '개혁의 이상과 현실'을 둘러싼 중요한 쟁점이 형성되어 있었다. 백성들의 생명을 보호하기 위한 개혁이었다는 통설에 대해《추안급국안》판례를 분석하여 2010년대부터 반론들이 제기되고 있었기 때문이다. 법률이라는 표면에서 개혁이 이뤄지고 있었다면, 재판이라는 내면에서 국가의 폭력적 강제도 전개되고 있었다는 지적이었다. 필자는 탕평정치기 형사제도 개혁이 조선 후기 사회를 이해하는 중요한 지점이라고 생각하게 되었다.

이에 필자는 《추안급국안》을 분석해야 이 쟁점에 대한 논문을 쓸 수 있으리라 판단했다. 처음에는 특수 소재들에 초점을 맞추어 일부를 발췌하여 분석하였다. 압슬형·낙형과 같은 법외악형들이 어떻게 집행되고 있었는지를 통계화하여 정리한 것이다. 그러나 얼마 지나지 않아 발췌식 통계는 큰 의미를 지닐 수 없다는 점을 알게 되었다. 법외악형이 지닌 의미를 알기 위해서는 그를 둘러싼 법정고신 및 추국 절차 전반에 대한 데이터가 필요하다는 점을 깨닫게 된 것이다. 결국 몇 주 동안 애써 정리한 데이터를 폐기하고 새로운 방식으로 접근해야 했다.

다소 무모하였지만 《추안급국안》 번역본 총 90권 전체에 수록된 모든 형사·개인 정보를 추출하기로 마음먹었다. 《추안급국안》에는 계량화할 수 있는 요소들이 생각보다 많았다. 추국을 여는 횟수, 참여자 명단, 고문 횟수, 세부 처벌(사형, 유배 등) 등 형사재판 기록뿐 아니라, 피의자 나이, 신분, 성별 등 피의자 개인 기록이 확인되었다. 처음에는 디딤돌을 하나씩 놓아가는 느낌으로 시작할 수밖에 없었다. 《추안급국안》 전체의 형사·개인 정보를 혼자서 계량화하는 일은 결코 쉬운 일은 아니었다. 《추안급국안》의 형식이 추국청 심문관의 심문과 피의자의 답변으로 이뤄진 문답 양식이라는 점이 분석을 어렵게 했다. 현대의 재판 기록처럼 일목요연한 정리가 되어 있는 것이 아니라, 처음부터 끝까지 심문-답변으로만 구성되어 있었다. 어떠한 정리된 양식에 기댈 수 없이 처음부터 하나하나 심문관-피의자의 대화를 더듬어가야 했다.

또 하나는 도저히 끝이 보이지 않을 정도로 방대한 분량이 육체적·정신적 피로를 불러왔다. 《추안급국안》은 '또 하나의 실록'이라고 불릴 만큼 그 내용이 상세하다. 물론 자료의 상세함은 역사학자에게 무척 감사한 일이지만, 전체 계량화 작업은 도저히 끝날 기미를 보이지 않았다. 예상했던 분석 기간을 훨씬 넘기게 되면서 혹시 '노다공소勞多功少'로 돌아가지 않을까 하는 걱정도 들었다. 그래도 시작한 이상 끝을 보지 않고는 어쩔 수가 없었다. 엑셀의 셀들을 하나씩 채워 가고 《추안급국안》을 한 페이지씩 넘겨 가면서 걱정을 잠재우려고 노력했다. 다시 검수할 때마다 다르게 나오는 수치 때문에 전체를 여러 차례 재검토해야 했다. 만 2년 정도를 매일 조선시대 형사재판에 새겨진 피비린내를 쫓으며 시간을 보냈고, 최종적으로 17~19세기 300여 년간, 266사건, 3,300여 명의 데이터를 추출할 수 있었다.

그러나 필자가 막연하게 디딤돌을 하나씩 놓는다는 생각으로 형사기록을 축적한 방식은 결국 대가를 치르게 되었다. 통계 결과가 필자의 예상과 전혀 부합하지 않았던 것이다. 막상 통계 처리 작업할 때는 개별 수치들만 입력할 뿐 전반적인 통계 추이에 대해서는 모호한 느낌만을 가지고 있을 뿐이다. 필자는 일반적인 조선 후기 이해 방식에 맞추어 18세기 탕평정치기 안정적인 준법재판 – 19세기 세도정치기 혼란스러운 위법재판을 기대했었다. 그러나 실제로는 18세기 탕평정치기에는 절차적 위법 및 고문치사가 증가하고 19세기 세도정치기에는 법률을 준수하는 안정적 형태가 전개되었다. 추국 통계 결과가 조선 후기 통설과는 정반대로 나타났다.

오랫동안 공들인 통계작업이 의미를 가지지 못하게 될 수도 있었다. 이를 한낱 개별 숫자로만 산화시키지 않기 위해서는 역사적인 관점에서 꿰어낼 필요가 있었다. 결국 탕평정치기 법제사의 쟁점으로 다시 돌아갔다. '법률과 판례', 즉 이상과 현실이 충돌하는 지점을 파악해야 한다는 문제의식을 중심에 두었다. 다행히 조선 후기 법률에 대해서는 충분한 자료를 얻을 수 있었다. 선학들께서 조선 후기에 다양하게 편찬된 법전들을 번역하시고, 분석한 논문을 제공해 주신 덕분이다. 이러한 법률 자료들을 통계 처리된 《추안급국안》 판례와 결합하여 시계열적 변화상을 추적하였다. 이렇게 된다면 '1728년 무신란', '1755년 을해옥사', '1811년 홍경래난' 등 한 시점만을 파악하는 것이 아니라,

300여 년에 걸친 '법률과 판례'의 연동과정을 살필 수 있으리라 보았다.

단순 통계 작업이 개인이 근성을 내어 할 수 있는 일이었다면, 학계에서 수용될 수 있는 주장을 만들어 가는 일은 혼자서 할 수 있는 것이 아니었다. 많은 선생님, 선후배님들께 질문해 가면서 필자의 주장과 근거의 수위를 조절해 갔다. 이러한 과정에서 단순 숫자에 불과했던 데이터들이 점차 역사적 숨결을 머금게 되었다. 성글지만 나름 몇 가지 결론을 도출할 수 있었다. 먼저 '국가와 사회'의 관계에서는 민간사회의 동력이 국가제도 변화를 추동한다는 점을 확인하였다. 조선 후기 형사제도 개혁은 국왕의 결단에 의해 일거에 행해진 것이 아닌 사회적 요구에 대응한 제도개량이었다고 설명하였다. 다음으로 '이상과 현실'의 관계에서 개혁은 비선형적으로 현실화되었다는 점을 확인하였다. 법률이 변화한다고 하여 그 즉시 모든 재판 과정이 바뀌는 것은 아니었다. 때로는 재판 관행의 변화가 법률개혁을 야기하고, 때로는 법률의 변화가 재판 관행을 견인하기도 하였다. 최종적으로 '전근대 왕과 법'의 관계에서 국왕권이 법률 원칙에 의해 작동되도록 변화한 점을 설명하였다. 17세기 국왕의 전제적·천단적 형벌권은 18세기 형정개혁을 통해 재편되었고, 19세기 세도정치기에도 지속적으로 제도 속의 법정 권력으로 작동했다고 결론지었다.

이 책은 필자의 박사학위논문 《조선후기 형정 개혁과 추국 운영의 변천》(2024.8)을 근간으로 구성되었다. 그 사이 통계 오류를 수정하고, 부정확하게 서술된 개념을 개정했으며, 거친 문장을 다듬었다. 읽기 불편하고 서툴렀던 박사학위논문보다 읽기 편안해졌길 바라며, 독자 여러분의 아낌없는 질정을 바란다.

단행본을 출간하는 일은 필자에게 무척이나 감사하고 분에 넘치는 일이 아닐 수 없다. 많은 은사님께서 격려와 가르침을 주신 덕분이다. 최윤오 선생님께서는 조선시대사 연구의 의의를 일깨워 주시어 공부에 정진할 수 있도록 길을 열어주셨다. 도현철 선생님께서는 학위 과정의 어려움 속에서도 용기를 잃지 않고 끝까지 공부할 수 있도록 자상하게 이끌어 주셨다. 김성보·하일식·이기훈 선생님께서는 거시적인 구조 속에서 역사를 바라볼 수 있도록 도움의 말씀을 아끼지 않으셨다. 한상권 선생님께서는 필자의 학위논문이 방향을 잃을 때마다 중심이 되는 지표를 제시해 주셨다. 함께 공부하는 선배·동료·후배들은 항상 고민을 들어주고 용기를 북돋워 주며, 든든한 버팀목이 되어 주었다. 이 밖에도 많은 선생님들의 은혜를 입었지만 일일이 소개해 드리지 못한 점에 너른 양해를 구한다.

　마지막으로, 상업성이 낮은 이 책의 출간을 허락해 주신 지식산업사 김경희 사장님과, 다듬어지지 않은 거친 원고를 꼼꼼하게 교정해 주시고 아름다운 책으로 만들어 주신 편집부 김연주 선생님께 감사의 말씀을 전한다.

2026년 1월

정진혁

차 례

화 보

《경국대전》(국립중앙박물관 소장)

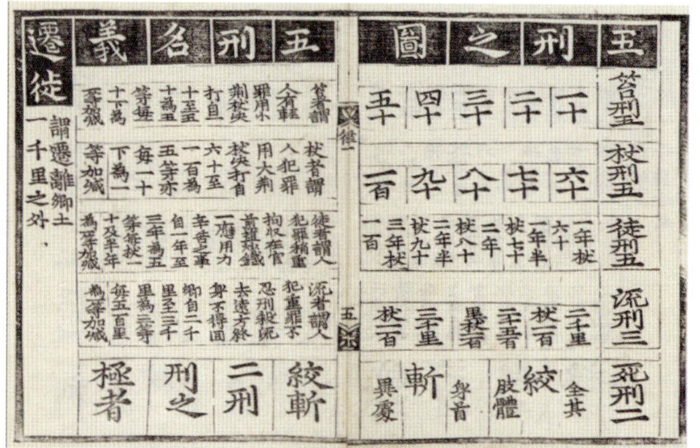

《대명률》〈오형지도五刑之圖〉 및 〈오형명의五刑名義〉(규장각 소장)

《속대전》(국립중앙박물관 소장)

《대전통편》(국립중앙박물관 소장)

김윤보의 《형정도첩》. 왼쪽부터 옥중 죄인, 역적의 목을 베다(한국학중앙연구원 소장)

김윤보의 《형정도첩》. 왼쪽부터 교수형에 처하다, 피고난장타살, 산간초토도적(한국학중앙연구원 소장)

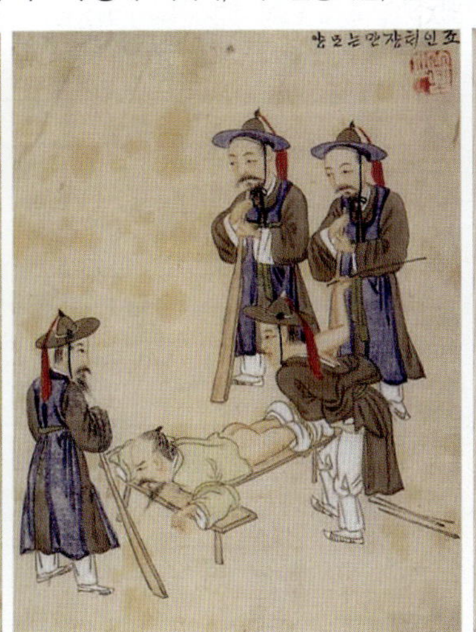

기근의 《기산풍속도첩》. 왼쪽부터 가새주리트는 모양, 태장맞는 모습, 정배 가는 죄인(프랑스국립기메동양박물관 소장)

술재 변박이 그린 〈경신금오계첩〉. 1800년 의금부 관원들의 모임을 그렸다.(울산박물관 소장)

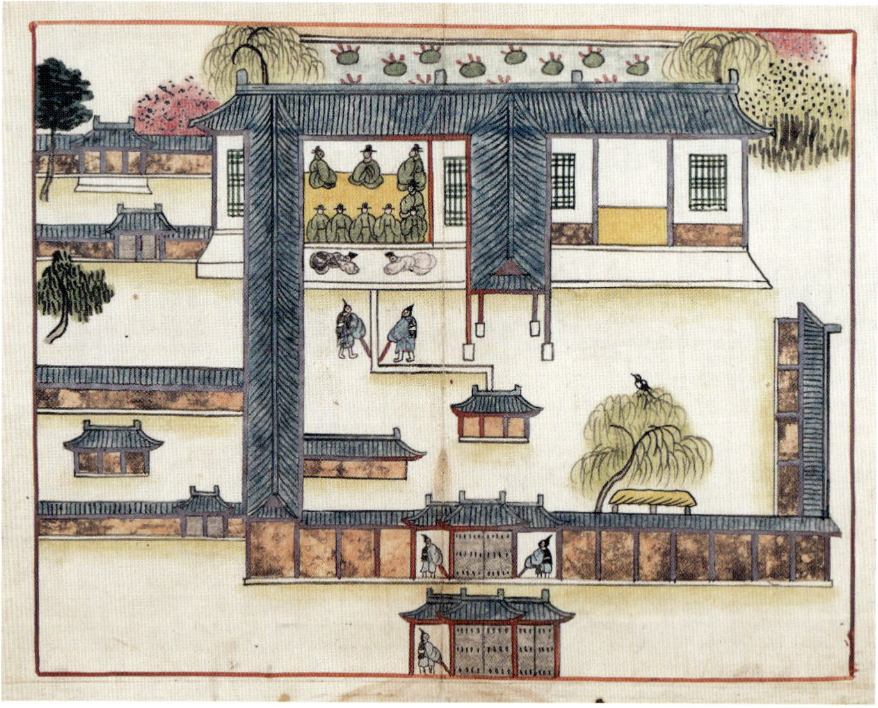

〈계해금오계첩〉. 1803년 의금부 관원들의 모임을 그렸다.(울산박물관 소장)

창덕궁의 숙장문. 조선 후기에 창덕궁의 숙장문, 인정문, 진선문에서 친국이 이루어졌다.

창덕궁의 인정문

창덕궁의 진선문

왼쪽부터 창덕궁의 인정문, 인정전, 진선문(《조선고적도보》)

인정문의 뒷모습과 인정문을 통해 본 인정전(국가문화유산포털)

공주옥 내부와 전경(《조선형무소사진첩》, 1924)

I. 머리말

　조선은 건국 이래 유교적 이념에 기반을 둔 교화와 예치를 통치 이념으로 표방해 왔다. 그러나 교화와 예치만으로는 현실 정치에서 사회를 통제할 수는 없었다. 이를 보완하기 위한 형벌은 통치를 유지하는 데 필수불가결한 수단이었다. 이를 위해 조선은 예치의 내용을 담으면서도 형식적으로는 법치를 제도화하는 '경국대전 체제'를 수립하였다.[1] 그러나 양란을 거치면서 조선사회는 이전과는 다른 근본적 변화를 맞이하게 되었다. 이러한 사회변동에 대응하기 위해서는 새로운 체제를 모색하지 않을 수 없었다.[2] 형사사법 분야에서도 범죄 양상의 다각화·심화 상황을 맞이하였고, 이에 대응하기 위해 사법제도의 새로운 개혁이 필요하게 되었다.

　17세기 후반~18세기 후반 시행된 사법제도 개혁은 탕평정치의 주요한 성과로 평가받고 있다. 균역법, 신해통공 등 경제정책, 노비 차별 완화·서얼 허통 등 사회정책, 국왕중심으로 정치질서를 재편한 정치정책과 함께 시행된 사법제도 개혁은 구체적으로 압슬형·낙형·전도주뢰·난장과 같은 법외악형의 폐지, 무제한적 신체형을 억제하는 남형 금지, 죄수들의 수감 여건을 개선하는 수감자 보호 등이 있다. 이러한 성과는 일시적인 조치에 그치지 않고《속

---

1 오영교 편, 2004,《조선 건국과 경국대전체제의 형성》, 혜안, 6쪽.
2 김준석, 2003,《조선후기 정치사상사 연구 －國家再造論의 擡頭와 展開》, 지식산업사, 476쪽.

대전續大典》·《대전통편大典通編》의 법전의 조항으로 수록됨으로써 변하지 않
는 원칙으로 자리잡았다.

탕평정치기 '사법제도 개혁'은 조선 후기 사회를 이해하는 중요한 키워드라
고 할 수 있다. 이 때문에 법학, 사학, 정치학 등 다양한 분야의 관심을 받으
며 연구가 진행되어 왔다. 가장 전통이 깊은 연구 방식은 법전 분석 분야이
다.[3] 이 연구 경향에서는 주로 《경국대전經國大典》·《수교집록受敎輯錄》·《전록
통고典錄通考》·《속대전》·《대전통편》 등 법전 내의 법조문들이 변화하는 과정
을 분석함으로써 조선조 법질서의 변화를 검토하였다. 법전 연구는 조선시대
법제도가 지닌 내적 구조 및 구성 형태를 분석함으로써, 조선시기 연쇄적으로
진행된 법전 편찬 과정을 일관적인 형태로 해석할 수 있는 개념틀을 제공해
주었다. 또 다른 한편 법조항이 실제로 현장에서 집행되는 과정에 초점을 맞
추는 연구경향도 제시되었다.[4] 이러한 연구들이 축적되는 가운데 일정한 통설

---

3 윤국일, 박병호, 심희기, 정긍식, 조지만 등의 법학계열의 연구가 주목된다. (박병호, 1982, 〈조
  선 시대의 왕과 법〉, 《애산학보》 2 ; 박병호, 1984, 《세종시대의 법률》, 세종대왕기념사업회
  ; 윤국일, 1986 《경국대전 연구》, 과학백과사전출판사 ; 박병호, 1990, 《한국의 전통사회와
  법》, 서울대학교 출판부 ; 박병호, 1995, 〈《경국대전》의 편찬과 계승〉, 《신편한국사 22》; 박병
  호, 1996, 《근세의 법과 법사상》, 진원 ; 심희기, 1997, 〈18세기의 형사사법제도 개혁〉, 《한국
  문화》 20 ; 조지만, 1999, 〈조선초기 《대명률》의 수용과정〉, 《법사학연구》 20 ; 박병호, 1999,
  〈조선초기 법제정과 사회상〉, 《국사관논총》 80 ; 조지만, 2005, 〈에도시대 일본에서의 《대명
  률》의 영향〉, 《법사학연구》 32 ; 조지만, 2006, 〈《경국대전(經國大典)》 형전(刑典)과 《대명률
  (大明律)》 –실체법규정을 중심으로〉, 《법사학연구》 34 ; 정긍식, 2007, 〈법서의 출판과 보급
  으로 본 조선사회의 법적 성격〉, 《법학》 48 ; 조지만, 2007, 《조선시대의 형사법 –大明律과
  국전》, 경인문화사 ; 정긍식, 2011, 〈《受敎謄錄》의 內容과 價値〉, 《규장각》 39 ; 박병호, 2012,
  《한국법제사》, 민속원 ; 정긍식, 2013, 〈朝鮮'法學史 구상을 위한 試論〉, 《법학》 168 ; 정긍식,
  2014, 〈유가 법사상과 《경국대전》의 편찬〉, 《한국유학사상대계 8》, 한국국학진흥원 ; 정긍식,
  2018, 《조선의 법치주의 탐구》, 태학사.
4 오갑균, 한상권, 심재우, 조윤선, 김우철, 차인배, 김백철, 정진혁 등의 연구가 제출되었다. (한
  상권, 1994, 〈조선시대 법전 편찬의 흐름과 각종 법률서의 성격〉, 《역사와현실》 13 ; 오갑균,
  1995, 《조선시대사법제도연구》, 삼영사 ; 심재우, 1995, 〈18세기 옥송의 성격과 형정운영의 변
  화〉, 《한국사론》 34 ; 심재우, 1999, 〈조선후기 牧民書의 편찬과 守令의 刑政運營〉, 《규장각》
  21 ; 심재우, 2003, 〈조선후기 형벌제도의 변화와 국가권력〉, 《국사관논총》 102. ; 조윤선,

과 쟁점들이 형성되고 있었다.

첫째, 18세기 사법제도 개혁의 역사적 의미를 중시하는 '개혁 긍정론'이 통설로 자리 잡았다. 1990년대 현실사회주의 국가의 퇴조와 함께 역사학에서도 계급주의적 관점에서 벗어난 새로운 방식의 역사해석이 활발하게 전개된 배경 속에서, 18세기 법제사에 대한 새로운 시각이 제기되었다. 18세기 영·정조 대의 활발한 법전 편찬과 법률서의 보급, 각종 형사제도의 개혁은 공적인 대민지배를 강화하여 수령 및 토호의 민에 대한 침탈을 방지하고 옥송의 처리에서 억강부약抑强扶弱 정책이 대세를 이루는 '민을 위한 정책'이었다는 논지였다.[5] 이러한 해석은 18세기 국가의 공적 성격 강화 과정과 연동하여 이해

2006, 〈조선시대 사면(赦免),소결(疏決)의 운영과 법제적,정치적 의의〉,《조선시대사학보》 38 ; 김백철, 2007, 〈조선후기 영조대 《속대전》 위상의 재검토〉,《역사학보》 194 ; 심재우, 2007, 〈조선말기 형사법 체계와 《대명률》의 위상〉,《역사와현실》 65 ; 김백철, 2008, 〈조선후기 정조대 법제정비와 대전통편 체제의 구현〉,《대동문화연구》 64 ; 김백철, 2008, 〈조선후기 영조대 법전정비와 《속대전》의 편찬〉,《역사와현실》 68 ; 조윤선, 2008, 〈영조 9년, 남원 만복사 괘서 사건의 정치적, 법제적 고찰〉,《전북사학》 33 ; 심재우, 2009,《조선후기 국가권력과 범죄 통제》, 태학사 ; 조윤선, 2009, 〈영조대(英祖代) 남형·혹형 폐지 과정의 실태와 흠휼책(欽恤策)에 대한 평가〉,《조선시대사학보》 48 ; 조윤선, 2009, 〈續大典 刑典 禁制 조항으로 본 조선후기 사회상〉,《인문과학논집》 38 ; 김우철, 2010, 〈조선후기 推鞫 운영 및 結案의 변화〉,《민족문화》 35 ; 심재우, 2010, 〈영조대 정치범 처벌을 통해 본 법과 정치〉,《한국학》 33 ; 차인배, 2014, 〈19세기 刑政風俗圖에 나타난 형벌의 특징에 관한 고찰〉,《역사민속학》 44 ; 김백철, 2014,《두 얼굴의 영조》, 태학사 ; 차인배, 2015, 〈조선후기 포도청의 夜巡활동과 夜禁정책의 변통〉,《한국학연구》 39 ; 심재우, 2017,《조선후기 법률문화 연구》, 한국학중앙연구원출판부 ; 김백철, 2017,《법치국가 조선의 탄생 : 조선 전기 국법체계 형성사》, 이학사 ; 차인배, 2020, 〈조선후기 포도청의 사법적 위상과 활동 변화〉,《역사민속학》 58 ; 심재우, 2020, 〈조선후기 수령의 법적 지위와 형벌권 행사의 실상-《목민심서》를 중심으로〉,《한국문화》 91 ; 조윤선, 2021, 〈19세기 의금부의 議律 업무와 王獄의 기능〉,《민족문화》 58 ; 조윤선, 2021, 〈조선후기 공죄(公罪)·사죄(私罪) 조율의 변화와 적용 사례〉,《법학연구》 31 ; 조윤선, 2021, 〈조선후기 삼복 제도 연구〉《법사학연구》 64 ; 차인배, 2021, 〈조선후기 치도형의 운영과 폐지 과정〉,《법사학연구》 63 ; 조윤선, 2022, 〈형조의 四司九房 직제와 실무 -秋官志, 六典條例, 秋曹決獄錄의 비교 분석〉,《민족문화》 60 ; 문준영, 2022, 〈19세기 '심리의 시대'를 들여다보는 창 -일성록·추조결옥록·장계등록을 이용한 살옥사건 기록의 재구성〉,《민족문화》 60 ; 문준영, 2022, 〈계복(啓覆)에서 심리(審理)로 -조선시대 사형사건 재판제도의 전개와 변화〉,《법과사회》 69.

되고 있다. 민의식의 성장과 함께 시비를 중시하는 법치 중심 사회로의 전환이 이루어졌고,[6] 《속대전》 편찬 등을 통해 법률 중심의 국가 운영이 모색되는 등 법치의 공적 측면이 강화되었으며,[7] 18세기 사법제도 개혁은 백성들이 사법 체계 속에서 권익을 보장받을 수 있도록 하는 국정 운영 방향이 투영된 성과였다는 분석이 제기되었다.[8] 이 관점의 연구들은, 18세기 사법제도 개혁을 통해 백성들의 법적 권익 보호가 한층 강화되는 방향으로 국정이 운영되었다고 파악한다는 점에서 개혁 긍정론이라고 평가할 수 있다.

둘째, 2010년대 이후에는 법조문 중심의 해석에서 벗어나 판례를 종합적으로 분석하는 '개혁 비판론' 경향이 나타났다. 이러한 연구들은 기존의 연구가 법조문 중심으로 해석하는 과정에서 실천적 측면을 충분히 검토하지 못했다는 비판에서 출발하였다. 주로 사법개혁의 실효성에 의문을 제기하며 법과 현실의 괴리를 지적하였다. 영조가 정적을 제거하기 위해 위법적 방식을 동원했던 을해옥사의 사례를 통해 개혁의 이상과 괴리된 현실을 비판하거나,[9] 정조 시기 결안의 내용이 심문관의 의도에 따라 왜곡된 양상을 분석함으로써 국가권력의 변질 양상을 읽어내기도 했다.[10] 영조 시기 악형 폐지가 신료들의 적극적인 의견 개진에 의해 이루어진 측면이 컸음을 밝히고, 영조의 사법제도 개혁의 공적을 그의 단독적 업적으로 보기 어렵다는 해석도 제시되었다.[11] 나

---

5 심재우, 1995, 〈18세기 옥송의 성격과 형정운영의 변화〉, 《한국사론》 34 ; 심재우, 2003, 〈조선시대 법전(法典) 편찬과 형사정책(刑事政策)의 변화〉, 《진단학보》 96.

6 한상권, 2011, 〈조선시대의 교화와 형정〉, 《역사와현실》 79.

7 정호훈, 2004, 〈18세기 전반 蕩平政治의 추진과 《續大典》의 편찬〉, 《한국사연구》 127.

8 김백철, 2010, 《조선후기 영조의 탕평정치》, 태학사.

9 조윤선, 2009, 〈영조대(英祖代) 남형·혹형 폐지 과정의 실태와 흠휼책(欽恤策)에 대한 평가〉, 《조선시대사학보》 48.

10 김우철, 2010, 〈조선후기 推鞫 운영 및 結案의 변화〉, 《민족문화》 35.

11 차인배, 2021, 〈조선후기 치도형의 운영과 폐지 과정 −포도청(捕盜廳)의 난장(亂杖)을 중심으로〉, 《법사학연구》 63.

아가 법외악형인 압슬형과 낙형이 이미 17세기 말 숙종 대부터 퇴조하는 추세였음을 밝힘으로써, 영조의 개혁 의지가 개혁의 주된 동력이 아니었음을 제기하기도 하였다.[12] 이 연구들은 기존의 연구가 법조문에 근거하여 사법제도를 이해했다는 점을 지적하며, 판례의 종합적 분석으로 이뤄져야 한다는 '개혁 비판론'의 연구 시각을 제안한 것이었다.

셋째, 2020년을 전후하여 개혁이 이뤄지면서 발생하는 이면적 현상에 주목하는 '개혁 이면론'이 대두되었다. 이 연구들은 통설로 자리잡은 개혁긍정론이 내포한 발전론적 시각에 의문을 제기하였다. 오히려 사법제도 개혁이 불러온 구조적 변화가 또 다른 은폐된 폭력들을 낳을 수 있다는 시각이었다. 예를 들어, 조선 후기 곤장 분석이 이에 해당한다. 임진왜란 시기 명나라로부터 도입된 곤장은 처음에는 군대 내에서 한정적으로 활용되었지만, 18세기 영조 대에는 사대부에 대해 위법적으로 남용되었다고 설명하였다. 이것이 국왕과 사대부와의 예에 기반을 둔 관계를 무너뜨리게 되었고, 19세기 수령층까지 광범위하게 활용하면서 국왕·지배층이 도덕적 권위를 잃게 되었다는 분석이다.[13] 다른 한편 18세기 심리제도가 발달하면서 사형죄인에 대한 사형율이 급감한 현상에 주목하여, 오히려 '19세기 심리제도의 가혹성'에 주목한 연구도 제시되었다. 19세기에는 대시待時 사형죄인에 대해 사형을 집행하기보다는 감옥에 가둬둔 채로 다시 죄목을 심리하게 하는 잉추仍推가 일반화되었는데, 잉추대상이 된 자는 지속적으로 감옥에 갇힌 채로 고통을 받다가 '이 정도 고통을 줬으면 충분하다고 판단되는' 평균 13.7년 후 풀려난다는 것이다. '산 것도 아니고 죽은 것도 아닌 상태에서 감옥에 갇혀 지내는 고통을 주는' 19세기의 처벌 방식은 오히려 이전 시기의 처벌보다 가혹한 측면이 있다는 점이 확인

---

12 정진혁, 2022, 〈17~18세기 추국청의 혹형{압슬형(壓膝刑), 낙형(烙刑)} 시행 추이〉, 《역사학보》 256 ; 2023, 〈숙종 대 부당형벌 논란과 형정운영의 변화〉, 《법사학연구》 68.

13 야기 다케시(矢木毅), 2019, 《朝鮮朝刑罰制度の研究》, 朋友書店.

되었다. 이처럼 조선은 기존에 존재하지 않던 새로운 방식의 처벌 기제를 통해 사형을 하지 않되 범죄인에게 응당의 처벌을 하고 있었다는 시각이었다.[14] 이러한 '개혁 이면론'은 법률개혁이 형정 운영을 개선시켰을 것이라는 발전주의적 시각에 의문을 제기하는 한편, 유교적 처벌 범주인 오형체계를 넘어 새로운 '新형정'이 파생되는 양상을 지적하고 있다. 이는 흠휼적 사법제도 개혁에 대한 기존의 긍정적 평가를 재고하고 대안적 해석의 필요성을 제기하는 유용한 관점이라고 평가할 수 있다.

이상 검토한 바와 같이 조선 후기 형사사법 개혁 쟁점은 연구경향과 시기에 따라 지속적으로 활발하게 논의되고 있는 '현재적 쟁점'이다. 현재까지의 연구 경향을 큰 틀에서 정리하자면, '개혁 긍정론'이 통설의 역할을 점하고 있는 점은 부정할 수 없다고 하겠다. 17~19세기 장기간에 걸쳐《수교집록受敎輯錄》·《전록통고典錄通考》·《속대전續大典》·《대전통편大全通編》·《대전회통大典會通》 등 법전뿐 아니라《흠흠신서欽欽新書》·《추관지秋官志》·《증수무원록增修無冤錄》 등 각종 법률지침서가 발간된 것은 분명한 법률적 성취였다. 그러나 2010년대 이후부터 2020년대 현재까지 '개혁 비판론'·'개혁 이면론'이 주를 이루고 있다는 점은 간과할 수 없는 연구사적 흐름이라 하겠다. 이 해석들의 공통점은 실제 형정의 영역에서 나타나는 양면성·모순성에 주목하고 있다는 점이다.

이 책에서는 기존의 조선 후기 사법제도 연구에서 나타난 대립적 시각을 극복하고, 더욱 입체적이고 역동적인 관점에서 형정개혁의 과정을 이해하고자 한다. 개혁 긍정론·개혁 비판론, 관형론·엄형론 등 상반된 입장들을 대립적으로 바라보는 대신, 이들이 공존하고 상호작용을 할 가능성을 모색한다.

---

14 문준영, 2022, 〈19세기 '심리의 시대'를 들여다보는 창 ─일성록·추조결옥록·장계등록을 이용한 살옥사건 기록의 재구성〉,《민족문화》 60 ; 문준영, 2022, 〈계복(啓覆)에서 심리(審理)로 ─조선시대 사형사건 재판제도의 전개와 변화〉,《법과사회》 69.

이를 위해 국왕과 조선정부가 처한 '지향과 현실' 사이의 긴장 관계에 주목하고, 개혁과 진통이 반복되는 과정에서 나타나는 '형정 운영의 재편' 양상을 포착하고자 한다. 조선 후기 사법제도 개혁 과정을 '원칙과 실천 사이의 모순'으로 파악함으로써, 국가권력과 사회 간의 역동적 상호작용 속에서 형성되는 통치의 실상을 밝히는 데 기여하고자 한다.

이 책에서는 이를 위하여 다음과 같은 연구방법을 시도한다. 우선 자료 이용 면에서 '판례 통계분석 방법'을 활용할 것이다. 조선 후기 국가 통치의 역사적 추이를 검토하기 위해서는 '통시적이고 방대한 형사판례 분석'이 동반되어야 한다는 것이 필자의 생각이다. 이 때문에 이 연구에서는 《추안급국안》[15]의 통계적 분석을 통해 시계열적인 변화과정을 추적하고자 한다. 《추안급국안》은 1601년(선조 34)부터 1892년(고종 29)에 이르는 약 300년의 기간 동안 추국청에서 진행한 조사 및 심문 기록을 시계열적으로 정리한 사료이다. 이 사료에는 조선시대에 발생한 중대한 역모 사건들, 예컨대 무신란, 을해옥사, 신유박해, 임오군란, 갑신정변 등이 상세히 기록되어 있다. 아울러 전패작변, 왕릉방화 등 왕실의 안위를 위협하는 중대 사건들의 기록 또한 다수 포함되어 있다. 이 책에서는 《추안급국안》의 계량데이터화 작업을 통하여 조선 후기 300년 동안 역모사건 266사건의 개좌 일정, 추국 종류 등의 사건데이터와 피심문자 3,300여 명의 성명, 나이, 성별, 신분, 고신 횟수, 고신 강도, 최종 처분 등 개인데이터를 축적하여 활용하였다. 이를 통하여 각 사건, 왕대, 세기별 변동 양상을 상세하게 파악할 수 있는 기반을 마련하였다.[16]

---

15 추국 관련 주된 자료는 다음과 같다.
 - 전주대학교 한국고전학연구소, 2014, 《《추안급국안》 번역본》 1~90권, 흐름출판사
 - 《추안급국안》 영인본 1~30책(http://waks.aks.ac.kr/rsh/?rshID=AKS-2012-CAB-1101, 최종 접속일 2025.9.5.)
 - 《추안급국안》 331册(奎15149)
16 《추안급국안》의 자료적 한계도 확인할 필요가 있다. 방대한 분량에도 불구하고 《추안급국안》

방법론적으로는 조선 후기 법률과 판례의 관련성을 추적하고자 한다. 17세기 후반~18세기 후반 1세기에 걸쳐 《수교집록》·《전록통고》·《속대전》·《대전통편》 등 법전 및 《흠휼전칙》·《추관지》·《증수무원록》 등 법률지침서 및 목민서류가 편찬되면서 지속적으로 형률이 개정되고 있었다. 이 때문에 시기별로 변화하는 법조항들을 당대 실제 형정에서의 적용과 연계하여 검토할 필요가 있다. 이 책에서는 법률의 변화와 실제 형정 운영의 정합성 및 변동 과정을 검토함으로써, 이 시기 통치의 성격을 도출하려고 한다.

이를 위하여 다음과 같은 몇 가지 전제에 유의하고자 한다.

첫째, 제도 개혁은 그것이 초래한 결과를 통해 평가될 수 있다. 제도 개혁은 그 자체의 의의도 중요하지만, 그것이 현실 사회에 미친 영향을 고찰하는 작업 역시 간과할 수 없다. 국가의 정책과 제도는 이상적 구상 그대로 사회에 투영되기보다는 지속적인 상호작용을 통해 수정·보완된다. 따라서 기존 연구가 주로 형사제도 개혁 자체의 성격 규명에 주력했다면, 이 연구에서는 그러한 '형사제도 개혁'이 '형정 운영'이라는 측면에서 어떠한 결과를 초래했는지

은 몇 가지 측면에서 완전한 자료라고 보기 어렵다.

첫째, 조선 후기 중대 사건 중 일부는 수록되어 있지 않다는 점이다. 《추안급국안》은 추국청에서 다룬 역모사건을 주로 수록하고 있으나, 모든 중대 사건이 수록되어 있지는 않다. 예를 들어 19세기 홍경래난이나 임술민란은 당대 사회를 변동시킨 중대 사건이었으나 《추안급국안》에서 조사기록을 찾을 수는 없다. 또한 《국청일기鞠廳日記》, 《친국일기親鞠日記》, 《정국일기庭鞠日記》, 《추국일기推鞠日記》 등의 별도 기록이 존재하므로, 일부 사건의 경우 《추안급국안》이 아닌 다른 공초 자료에서 확인해야 한다.

둘째, 《추안급국안》에 수록된 일부 사건의 공초 기록이 불완전하다는 점이다. 《추안급국안》에 포함된 사건 중 일부는 공초 기록의 약 3% 가량이 결락되어 있어, 해당 사건에 대한 완전한 이해에 어려움이 있을 수 있다.(정진혁, 2022, 〈조선후기 말세론 사건에 대한 추국청의 형사 대응〉, 《한국사연구》 196 참조)

종합하자면, 이 책에서는 《추안급국안》을 통계 처리하여 양적으로 시대적 추이를 조망하되, 《추안급국안》에 실리지 않고 《승정원일기》, 《일성록》 등 관찬사료에 수록된 추국사건들은 통계처리에 포함하지는 않고 사례분석 대상에 포함하였다. 통계분석은 《추안급국안》을 대상으로 하였고, 사례분석은 《추안급국안》뿐 아니라 최대한 섭렵 가능한 자료들을 포함하였음을 밝힌다.

분석하고자 한다. 구체적으로는 법전에 명시된 법외악형 폐지, 포도청 하향이송 금지 등의 조항이 추국청·포도청·형조·지방관사로 이어지는 종합적 형사사법 구조 안에서 어떻게 재구성되었는지, 그리고 국왕 주재 추국청의 형정 역할이 하위 기관으로 이양·분산되는 과정을 추적할 것이다. 이를 통해 제도 개혁이 제도 운영에서 어떠한 실효성을 지녔는지 확인할 수 있을 것이다.

둘째, 탕평정치기의 정치적 맥락과 연계하여 형사제도의 변화상을 조망할 필요가 있다. 탕평정치기에는 17세기까지 심화되던 붕당정치의 폐단을 시정하면서, 국왕·수령을 중심으로 한 집권체제의 확대를 지향하였다. 이러한 맥락에서 탕평정치기 국정 과제의 하나로 추진된 형사제도 개혁이 통치질서 확립에 어떻게 기여했는지 검토할 필요가 있다. 이를 위해 이 연구는 형사제도 개혁이 '국가와 국왕의 역할과 위상을 지속적으로 제고하는 방향'으로 기획되고 시행되었다는 점에 주목하고자 한다. 당대 조선에서 형사제도 개혁은 그 자체로 목적이기도 했지만, 동시에 공권력 강화의 수단으로 활용되었음을 규명하고자 한다.

셋째, 형사제도 개혁이 남긴 유산을 재조명할 필요가 있다. 숙종에서 정조에 이르는 장기간의 형사제도 개혁 과정은 《수교집록》, 《전록통고》, 《속대전》, 《전율통보》, 《대전통편》 등 다수의 법전과 이에 수반된 《추관지》, 《금오헌록》 등의 실무서, 그리고 다양한 수령 지침서 등 방대한 지적 유산을 낳았다. 그리고 형정 운영상에서 자백필수주의의 이완과 결안 관행의 완화와 같은 관행의 변화로도 나타났다. 이러한 물질적 성과·형정 관행 변화 등이 탕평정치기가 끝난 19세기에 어떻게 새롭게 창출되고 지속되었는지 검토하는 작업이 동반될 것이다.

위와 같은 전제들을 고려하면서, 다음과 같이 장을 구성하였다. Ⅱ장에서는 숙종 대 탕평책의 등장과 국왕직단 추국의 확산 현상을 검토함으로써 이 시기를 '형정 문제 대두기'로 이해하고자 한다. 조선은 《경국대전》을 편찬하는 과정에서 유교적 이념을 담은 역모 추국제도를 구축하였다. 추국청에서 역모 사건을 전담한다는 '추국청 역모 전담'·'자백필수주의'라는 추국 운영의 기본 원칙도 정립하였다. 숙종 대는 양란 이후 급증한 사회 문제와 당쟁의 격화에 따른 환국의 등장 등으로 인하여 형정개혁의 요구가 높아진 시기였다. 이 과정에서 《수교집록受敎輯錄》·《전록통고典錄通考》 등의 편찬 성과를 거둘 수 있었으나, 동시에 환국 집행 과정에서 발현되는 숙종의 전제적 '국왕직단 추국'의 양상도 동반되고 있었다. 형사처분을 반복적으로 번복하는 번옥反獄 문제, 국왕의 전제권을 상징하는 법외악형을 통한 피의자 물고, 결안 원칙을 위배하고 국왕 직단으로 처형하는 결안생략 처형 등의 문제는 이 시기 형정 문제를 단적으로 드러낸다. 이처럼 숙종 대는 기존체제에 대한 문제의식 속에서 탕평론과 형정 개수론이 대두되는 '형정 문제 대두기'였으나, 아직 제도적 실천을 기다려야 하는 미완의 시기였다.

Ⅲ장에서는 영조 대를 17세기 이래 누적되어 온 형정개혁에 대한 문제의식이 본격적으로 정책에 반영된 '형정개혁 모색기'로 이해하고자 한다. 영조 대는 탕평론의 적극적인 추진과 함께 형정개혁의 포괄적인 단행이 이뤄져 《속대전》의 편찬이라는 성과를 거둔 시기였다. 《속대전》에는 흠휼을 실천할 수 있는 법외악형 폐지, 고신 통제, 사법 기구 정비 등의 구체적인 조항들이 수록되어 있었다. 이를 현실에서 실천하기 위해 영조는 '수법봉공守法奉公'의 가치를 강조하며 국왕을 중심으로 한 형벌권의 원칙적 집행을 도모하였다. 이는 실제 추국 영역에서 일정한 성과를 거두어 고신의 빈도와 강도 측면에서 유의미한 성취를 거두었다. 그러나 영조의 개혁은 현실의 문제로 말미암아 온전하게 실현되지는 못했다. 무신란과 무신여당 사건 등 반反영조 세력의 창궐로 체제 위기가 고조되면서, 영조는 '비상 추국'의 형태로 사건을 수습해 갔다. 이 과정에서 '결안생략 처형'이 정착되면서 국왕의 전제적 판단에 의한 초법적인 처형이 확대되는 문제를 낳았고, 포도청이 추국의 기초조사를 담당하는

'포도청-추국청 이중 심문 구조'가 형성되면서 물고율 증가라는 역효과로 이어졌다. 이처럼 영조 대의 형정개혁은 흠휼이라는 이상과 정국 안정이라는 현실 속에서 긴장 관계를 내포하고 있었다. 영조 대는 흠휼을 추구하는 형정개혁을 추구하면서도 동시에 새로운 폐습을 초래하는 '형정개혁 모색기'로서 '과도기적 양상'을 띠었음을 확인하고자 한다.

Ⅳ장에서는 정조 대를 영조 대 형정개혁의 흐름을 계승하면서 안정된 운영을 이룬 '형정개혁 정립기'라고 파악하고자 한다. 정조는 '선왕의 좋은 법을 새롭게 밝힌다'는 신명구법申明舊法을 통치의 방향으로 설정하였다. 영조 대 창출된 폐습을 해소하였고, 법적 절차를 준수하는 형벌권 확립을 지향하였다. 정조는 규정으로서의 법의 지위를 분명하게 인정하고, 법을 준수하는 데에서는 국왕도 예외일 수 없다는 원칙을 분명히 하였다. 이를 위해《대전통편》을 편찬하고 이를 실제 형정 운영에 적용하였고, 실제 추국 운영에서도 법률에 근거한 '의법依法 추국'이 현실화되었다. 추국청에서의 법외악형 완전 폐지, 결안생략 처형 중지, 물고율 축소, 결합 수합 원칙 준수 등 절차와 결과에서 가시적 성과로 나타났다. 한편 지방의 사법기관·포도청의 역할을 확대하는 동시에 추국청과의 연계성을 강화함으로써 사건에 대한 종합적 대응이 가능하게 하였다. 최종판결문에서 죄수의 자백에 의존하던 자백필수주의가 내포한 제약을 넘어, '심문편집 결안 판결'을 창출하여 행정적 합리화를 도모할 수 있었다. 이를 통해 추국 운영은 조선 전기 이래 정립된 '추국청 역모 전담', '자백필수주의'가 지닌 형정 운영상의 난맥을 극복하고, 하위-상위사법기관이 수사·재판 기능을 연동하는 '사법기관 종합 추국', 증거를 종합적으로 고려하여 판결하는 '심문편집 결안 판결'을 구축해 나갔다. 이러한 변화는 정조 대 이후 19세기에도 제도적으로 정착하여 연속적으로 이어졌다. 이처럼 조선 후기 형정개혁은 국가·국왕의 전제적 폭력을 제거하고 원칙에 의거한 통치를 통해 개인의 생명·신체를 보장하는 방향으로 전개되었다.

이를 통해 이른바 탕평정치기로 알려진 숙종·영조·정조 대의 형정개혁의 배경과 흐름, 그리고 그것이 가지는 역사적인 의미가 드러날 수 있으리라 기대한다. 이를 통해 형정개혁이 어떠한 맥락에서 추동되었으며, 그것이 어떠한 새로운 관행을 낳았는지 확인할 수 있을 것이다. 그리고 실제 형정 운영의 양상을 추국의 사례를 통해 확인함으로써, 그 시기 형정개혁이 지닌 현실적인 의미도 확인할 수 있을 것으로 기대한다.

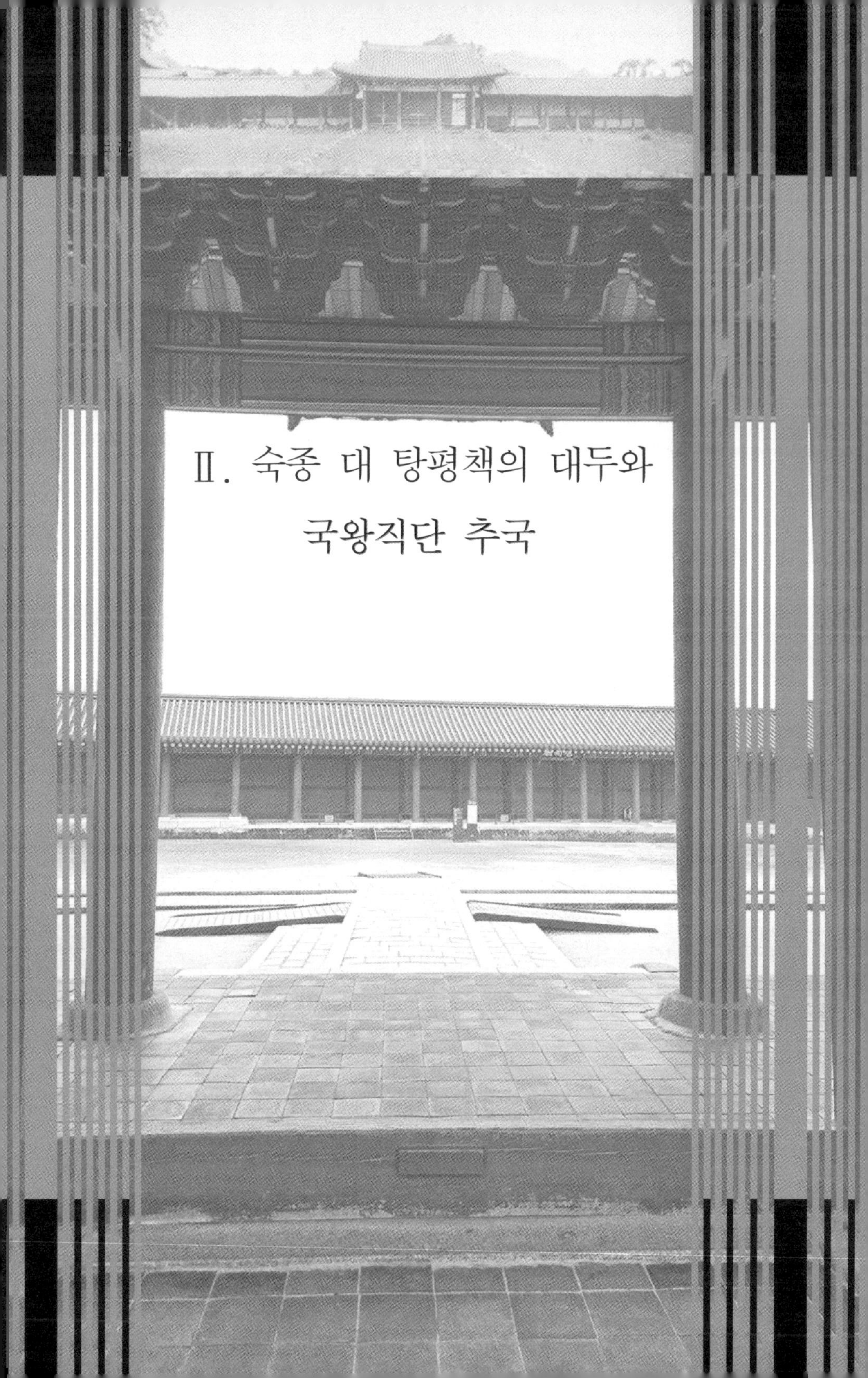

Ⅱ. 숙종 대 탕평책의 대두와 국왕직단 추국

1. 추국제도의 구축과 양란 이후 변동

1) 《경국대전》의 편찬과 추국제도 구축

조선은 유교적 이념에 기반을 둔 중앙집권적 국가 체제를 지향하였다. 조선 건국세력은 고려 시대에 잔존했던 불교적 색채를 탈각하고, 신유학의 사상적 토대 위에 전국적 차원의 통일된 행정 질서를 구축하고자 하였다.[1] 이러한 조선의 국가 건설 방향은 태조의 즉위교서에 함축적으로 드러나 있다. 태조는 즉위 직후 반포한 교서에서 예제, 관리 등용, 지방제도, 정치, 재정, 군사, 경제, 법제 등 국가 운영의 전 분야에 걸친 청사진을 제시하였다. 이는 고려 후기 이래 유학자들이 꾸준히 제기해 온 개혁 방안들을 수용하고, 조선 건국을 주도한 세력들의 구상을 종합한 결과물이었다.[2] 따라서 태조의 즉위교서를 통해 새로운 왕조가 지향하는 국가 모델의 윤곽과 조선 건국의 기본 취지를 확인할 수 있다.

고려의 말기에는 형률刑律에 일정한 제도가 없어서, 형조刑曹·순군부巡軍府·가구소街衢所가 각기 소견을 고집하여 형벌이 적당하지 못했으니, 지금까지는 형조는 형법刑法·청송聽訟·국힐鞫詰을 관장하고, 순군巡軍은 순작巡綽·포도捕盜·금란禁亂을 관장하며, 그 형조에서 판결한 것은 비록 태죄笞罪를 범했더라도 반드시 사첩謝貼을 취取하고 관직을 파면시켜 누累가 자손에게 미치게 하

---

1 도현철, 2004, 〈조선의 건국과 유교문화의 확대〉, 《조선 건국과 경국대전체제의 형성》, 혜안, 19~31쪽 참조.
2 김형수, 2016, 〈조선왕조의 건국과 태조 즉위교서의 성격〉, 《석당논총》 66, 327쪽.

니, 선왕先王이 법을 만든 뜻이 아니다.

지금부터는 서울과 지방의 형刑을 판결하는 관원은 무릇 공사公私의 범죄를, 반드시 《대명률大明律》의 선칙宣勅을 추탈追奪하는 것에 해당되어야만 사첩謝貼을 회수하게 하고, 자산資産을 관청에 몰수하는 것에 해당되어야만 가산家産을 몰수하게 할 것이며, 그 부과附過해서 환직還職하는 것과 수속收贖해서 해임解任하는 것 등의 일은 일체 율문律文에 의거하여 죄를 판정하고, 그전의 폐단을 따르지 말 것이며, 가구소街衢所는 폐지할 것이다.[3]

태조는 고려시기 형정 운영에 대해 문제의식을 갖고 있었고, 이에 대한 개혁의 청사진을 즉위교서에서 제시하였다. 이 당시 고려말의 형정은 효율적이고 권위 있는 사법기구의 부재, 공형벌권의 무력화, 법규범의 해이, 자의적인 법적용에 따른 법적 안정성의 위기 등으로 인해 형사사법의 개혁 필요성이 대두되는 상황이었다.[4] 태조는 고려의 제도가 가지고 있던 문제점과 이를 새로운 질서로 재편할 개혁안을 다음과 같이 제시하였다.

첫째, 태조는 '법률에 의거하여' 재판하라는 '의법형정依法刑政' 원칙을 제시하였다. 그는 고려 말기 형정 운영의 가장 큰 문제로 '형률에 일정한 제도가 없다'는 점을 지적하였다. 형률이 불안한 조건 속에서 형조·순군부·가구소 등 사법기관들이 각기 소견을 고집하면서 업무 분장이 불분명한 결과로 이어져, 결국에는 적당한 형벌을 가하지 못했다고 소회하였다.

태조는 형정을 법률에 의거하여 수행하도록 명함으로써 안정적인 형정 운용을 모색하였다. 이러한 지침은 《서경書經》에서 제시되고 있던 의법 원칙을 재확인한 것이다. 《서경》에는 "너는 이 법과 일을 펴서 형벌함에 은殷나라의

---

3 《태조실록》 권1, 태조 1년 7월 28일 丁未 "前朝之季 律無定制 刑曹 巡軍 街衢各執所見 刑不得中 自今刑曹 掌刑法 聽訟 鞫詰 巡軍掌巡綽 捕盜 禁亂 其刑曹所決 雖犯笞罪 必取謝貼罷職 累及子孫 非先王立法之意 自今京外刑決官 凡公私罪犯 必該大明律 追奪宣勅者 乃收謝貼 該資産沒官者 乃沒家産 其附過還職 收贖解任等事 一依律文科斷 毋蹈前弊 街衢革去"

4 조지만, 1999, 〈조선초기 《대명률》의 수용과정〉, 《법사학연구》 20, 8~9쪽.

떳떳한 법으로 결단하되 마땅한 형벌과 마땅한 죽임을 쓸 것이요, 너 봉封의 뜻에 나아가지 말도록 하라."5, "사사로운 감정으로 사람을 형벌하거나 사람을 죽이라는 것이 아니니, 혹시라도 사사로운 감정으로 사람을 형벌하거나 사람을 죽이지 말라."6와 같이 법 집행자의 사사로운 판단을 배제하고 선왕의 정신을 담은 법률에 근거하여 공정한 통치를 수행하도록 하였고, "형벌에 질서가 있어야 이에 크게 밝혀 굴복시켜서 백성들이 서로 경계하여 화和를 힘쓸 것이다."7라며 형정에 질서가 있어야 백성들이 납득할 수 있을 것이라고 강조하였다. 이러한 《서경》의 원칙을 반영하여 태조는 '의법형정' 원칙을 천명함으로써 조선 국가의 유교적 이념을 분명하게 드러냈다.

둘째, '《대명률大明律》에 의거하라'는 원칙이다. 조선 건국 당시 문란해진 고려의 형률을 대체하기 위한 다양한 방법이 모색되고 있었는데,8 태조는 《대명률》을 형률에서 인용하는 방법을 통해 법적 안정성을 강구하고자 하였다. 태조의 선언에 의하여 《대명률》은 조선시대 형사법의 일반법·보통법으로 적용되었고,9 이후 《경국대전》〈형전〉에 '대명률을 사용한다(用大明律)'라고 규정됨으로써 조선 형정의 기준으로 정착되었다.10

조선 국가가 《대명률》을 채택한 것은 건국 당시 상황에서 합리적인 선택이었다. 《대명률》의 법전으로서의 위상이 여러 가지 조건들에 부합하고 있었다는 점에서 그러하다. 법전 자체의 가치를 검토하면 《대명률》은 당시 최고의

---

5 《서경》〈周書〉〈康誥〉 "汝陳時臬事 罰蔽殷彝 用其義刑義殺 勿庸以次汝封"

6 《서경》〈周書〉〈康誥〉 "非汝封 刑人殺人 無或刑人殺人"

7 《서경》〈周書〉〈康誥〉 "有敍 時乃大明服 惟民 其勅懋和"

8 공양왕대 정몽주의 노력으로 《신정률》이 편찬되었으나 조선 건국세력은《대명률》을 기본 법제로 결정하였다. 조선을 창건한 상황에서 고려시대에 만들어진 《신정률》을 그대로 수용할 수는 없었기 때문이다.(김형수, 2016, 앞의 논문, 326쪽.)

9 한상권, 2019, 〈《대명률》의 편찬과 수용 그리고 적용〉, 《내일을여는역사》 76, 213쪽.

10 박병호, 1995, 〈《경국대전》의 편찬과 계승〉, 《신편한국사》 22, 217~218쪽 참조.

법전으로 인정받고 있었고,[11] 중국의 역대 법률서를 종합한 최종 종합본의 지위를 지니고 있었다.[12] 외교적 입장에서도 당시 천조국인 명나라의 '시왕지제 時王之制'를 수용한다는 점이 긍정적이었다.[13]

무엇보다 《대명률》은 유교적 성격의 법전이라는 측면에서 조선 건국세력의 통치 목적에 부합하였다. 조선 건국세력은 새로운 국가를 '유교적 이념을 담은 중앙집권체제'로 건설하고자 하였고 그 제도적 기반은 《주례周禮》에서 제시된 이吏·호戶·예禮·병兵·형刑·공工 육전체제六典體制였다.[14] 그리고 이를 제도적으로 뒷받침할 분명한 법률이 필요했다. 이러한 시대적 요구에 《대명률》은 적절하게 부합하고 있었다.

명태조 주원장을 비롯한 명나라 통치자들은 법을 우주 질서의 구체적 표현으로 인식하였고, 《대명률》을 천리와 인정에 입각하여 제정하였다. 이에 따라 그들은 《대명률》을 도덕적 지침으로 간주하고, 이를 통해 천하 만민이 우주 질서 속에서 조화를 이루며 살아가기 위해 수양하고 변화해야 한다고 보았다.[15] 이에 《대명률》은 이·호·예·병·형·공의 육분체제를 채택하였고[16] 《주례》에 기반을 둔 유교적 이념을 담는 것을 목표로 하였다.[17] 즉 《대명률》은 개혁을 추진하는 조선 건국세력에게 필요한 현실적·제도적·사상적 형식을 제공하였다.

---

11 조지만, 1999, 앞의 논문, 9~10쪽 참조.

12 이성무, 1990, 〈《경국대전》의 편찬과 《대명률》〉, 《역사학보》 125, 106쪽.

13 최종석, 2010, 〈조선초기 '時王之制' 논의 구조의 특징과 중화 보편의 추구〉, 《조선시대사학보》 52, 10~12쪽 참조.

14 윤훈표·임용한·김인호, 2007, 《경제육전과 육전체제의 성립》, 혜안, 126쪽.

15 Jiang Yonglin, 2011, *The Mandate of Heaven and The Great Ming Code*, University of Washington Press, p.4.

16 김인호, 2007, 〈《조선경국전》과 《경제육전》의 성격〉, 《경제육전과 육전체제의 성립》, 혜안, 124쪽.

17 정긍식·조지만, 2003, 〈조선 전기 《대명률》의 수용과 변용〉, 《진단학보》 96, 206~210쪽 참조.

재판을 법률에 의거할 것이라는 '의법형정'과 '《대명률》을 인용할 것'이라는 태조 즉위교서의 두 가지 원칙은 이후 조선 법제의 근간이 되었다. 이에 따라 태조 4년(1395) 조선 사람들도 쉽게 이해할 수 있도록《대명률》의 난해한 조항을 이두로 번역하여《대명률직해》를 편찬하는 등[18] 토착적으로 활용하기 위해 노력하는 한편, 조선의 행정 현실에 알맞게 절차 형률을 수정·보완해 갔다.[19]

위와 같은 목표를 현실 통치에서 실현하기 위해서는 이를 상세히 규격화한 통치 기준이 필요하였다. 이 때문에 조선 건국세력은 유교적 이념을 내용으로 하면서 형식적으로는 전국을 포괄하여 통치할 수 있는 통일 법전 편찬을 추진하였다. 태조 3년(1394)《조선경국전朝鮮經國典》, 태조 6년(1397)《경제육전經濟六典》, 태종 13년(1413)《경제육전원전經濟六典原典》·《경제육전속전經濟六典續典》의 편찬은, 조선정부가 통일적인 통치 규범의 필요성을 실천에 옮겼음을 보여 준다. 이러한 법전 편찬 노력들은 세조 이래 30여 년 동안의 준비 작업을 거쳐 성종 16년(1485)에《경국대전經國大典》으로 완성을 볼 수 있었다. 조선 국가는 이른바 '경국대전 체제'를 통해 유교적 법이념을 실제 통치 영역에 발현하기 위한 제도를 마련했던 것이다.[20]

경국대전 체제는《경국대전》뿐 아니라《국조오례의國朝五禮儀》와《대명률》이 보완하는 구조로 형성되어 있었다.[21] 각각의 역할을 살펴보면《경국대전》

---

18 한상권, 2019, 앞의 논문, 213쪽.

19 조지만, 2007,《조선시대의 형사법 -대명률과 국전》, 경인문화사, 159~175쪽 참조.

20 오영교 편, 2004,《조선 건국과 경국대전체제의 형성》, 혜안, 5~8쪽 참조.

21 경국대전체제가 다소 불분명한 규정되고 있음을 지적하고 구체적으로 개념화하는 시도가 주목된다. '협의의《경국대전》은 통상《경국대전》이라는 문헌을 지칭하는 것이지만, 그것을 광의로 이해하면《경국대전》은《국조오례의》및《대명률》을 포괄하고 있다'라고 정리하였다.(이원택, 2008,〈개화기 '禮治'로부터 '法治'로의 사상적 전환 -미완의 '大韓國國制體制'와 그 성격〉,《정치사상연구》14, 63~64쪽 참조)

이 중심이 되어 일반법의 역할을 하고 예제와 관련된 부분은 《국조오례의》에 근거하며, 사법에 관련된 부분은 《대명률》에 의거하도록 한 구조이다.[22] 《경국대전》〈예전〉 의주조儀註條에서 "의주儀註는 《오례의》를 사용한다."[23]라고 명기하였고, 《경국대전》〈형전〉 용률조用律條에서 "《대명률》을 사용한다."[24]라고 규정하였다. 《경국대전》은 《주례》의 육전六典체제를 모델로 편찬되었고, 《국조오례의》 또한 《주례》의 오례五禮를 모델로 편찬되었으며, 《대명률》 역시 육전에 따른 육률六律로 구성되어 있다.[25]

이처럼 조선의 통치구조는 유교적 이념에 근거하고 있었고, 형정의 규정에도 반영되었다. 조선이 창건된 후 형정 운영상 두드러지는 변화 중 하나는 '십악十惡' 개념을 공식화하여 유교적 충효 범죄 처분을 공식화했다는 점이다. 유교적 법 전통에는 '십악'이라는 개념이 존재했다. 십악은 모반謀反, 모대역謀大逆, 모반謀叛, 악역惡逆, 부도不道, 대불경大不敬, 불효不孝, 불목不睦, 불의不義, 내란內亂의 10가지 죄를 의미하며[26] 동아시아 전통 법체계에서 충효 범죄 중 심한 범죄들을 별도로 구분한 범주이다.[27] 십악의 개념화는 국가 및 사

---

22 김백철, 2010, 《조선후기 영조의 탕평정치 -《속대전》의 편찬과 백성의 재인식》, 태학사, 128쪽.

23 《경국대전》〈禮典〉〈儀註〉 "凡儀註 用五禮儀"

24 《경국대전》〈刑典〉〈用律〉 "用大明律"

25 이원택, 2008, 앞의 논문, 63~64쪽 참조.

26 십악十惡으로 지목된 범죄는 형벌의 경중과는 별도의 가치 기준에 의거하여 선정되었다. 황제에 대한 위해 범죄(謀反·謀大逆·謀叛·大不敬), 친족 및 존장에 대한 침해 범죄(惡逆·不孝·不睦·不義·內亂), 그리고 극도의 잔인성을 내포한 범죄(不道)가 십악에 포함된 것으로 미루어 보아, 그 기준은 다름 아닌 유교적 윤리 규범임을 유추할 수 있다. 범죄로 인한 실질적 피해보다는 유교 윤리를 현저히 위반한 행위를 십악으로 규정한 것이다. 이는 당률이 유교적 윤리 규범을 중시하고, 예禮의 질서를 엄격히 수호하고자 했음을 시사한다. 즉, 십악을 지정함으로써 법률을 통해 예교禮敎의 정신을 구현하고자 했다고 해석할 수 있다.(김택민 주편, 2021, 《당률소의역주 Ⅰ》, 경인문화사, 25~26쪽 참조.)

27 "《주례周禮》에서 '오형을 제정할 때 반드시 부자의 친함과 군신의 의로움을 근본으로 한다.'라고 하였는데, 이 조문에 기록된 것은 모두 임금도 몰라보고 아비도 몰라보며 인륜을 어그러뜨리고 덕을 어지럽히는 것으로, 하늘과 땅이 용납하지 못하고, 신령과 사람이 모두 분노하는

회질서의 유지를 위한 일이기도 했고, 유교적 사회질서 확립을 위한 것이기도
했다.[28]

조선시대에는 《대명률》의 십악조가 공식적으로 채택됨에 따라 십악 개념이
법적 구속력을 지닌 제도로 정착하게 되었다. 《당률》의 영향을 받은 신라, 고
려 때에도 십악 개념이 존재했을 것으로 추측되나 공식적인 법전에서는 확인
되지 않는다.[29] 조선에서는 십악 개념을 공식적으로 법전에 기재하였고 실제
로 규정에 따라 처벌했다는 점에서 현실적인 법조항이 되었다고 볼 수 있다.
왕조의 존속, 인명 훼손, 유교 윤리에 기반을 둔 군신, 부자, 남편과 처첩, 근
친 간의 질서 확립은 조선에서 형정 운용을 통해 추구하고자 했던 중요한 사
회적 가치였기 때문이다.[30]

충효범죄는 국가통치체제의 핵심가치를 훼손하는 범죄였으므로 이를 국왕

바이므로 통틀어 '악'이라고 이름 붙인 것이다."(周禮日 凡制五刑 必原父子之親 君臣之義 此條所
載 皆是無君無親 敗倫亂德 天地之所不容 神人之所共憤者 故總名日惡)(《대명률석의》 권1 2~3장)
(한상권 외 역, 2018, 《대명률직해 1》, 한국고전번역원, 67쪽에서 재인용)

28 박경, 2012, 〈십악 개념의 수용을 통해 본 조선 전기 사회윤리의 구축 과정〉, 《사학연구》 106,
67쪽.

29 당률의 영향을 강하게 받았던 한국 문화권에서는 고대부터 충효범죄에 대한 구분 관념이 있
었던 것으로 보인다. 7세기 신라 문무왕 시기에 당률의 십악 개념을 수용했을 것이라고 파악
하는 견해가 있고,(정병준, 2017, 〈신라(新羅) 문무왕(文武王) 9년(669) 사서(赦書)에 보이는
'오역(五逆)'의 재검토(再檢討)〉, 《동국사학》 62, 162쪽) 고려시대에도 별도의 율령으로 십악
조문이 구분되어 있지는 않았으나 《高麗史》 형법지 대악大惡 조문과 '십악'이라는 기록이 남아
있는 것으로 보아 고려율령에도 십악조에 비정할 수 있는 조문이 있었다고 추론하는 견해도
있다.(김현라, 2021, 〈고려율령조문을 통해 본 君臣秩序와 刑罰 ─당·송과의 비교를 통하여
─〉, 《법사학연구》 64, 16쪽) 그러나 고려에서는 당·송·원과 유사한 방식으로 내란을 처분하
고 있음에도 불구하고, 고려율문에서는 십악 중 하나인 모반죄에 대한 구체적인 조문 및 구
성요건이 결여되어 있었다.(전영섭, 2017, 〈唐宋元·高麗의 律典에 具顯된 謀反罪의 構成要件과
刑罰體系〉, 《역사와세계》 51, 148쪽) 즉 고려시기까지는 십악이라는 법적 인식이 존재하였으
나 이것이 완연한 법적 구속력을 지닌 제도라고 파악하기는 불충분한 상태라고 파악할 수
있다.

30 박경, 2012, 앞의 논문, 93쪽.

이 직접 다스리고 처분하도록 조치하였다. 이는 고려 때부터 전해 오던 제도를 개정·발전시키는 과정에서 이뤄졌다. 고려시대에는 고려 전기 의종 대에 국왕이 주관하여 특수사건을 처리하는 제도가 등장하였으나, 무신정권기 왕권의 약화에 따라 유명무실화되고 있었다.

그러나 고려말~조선초 역모 사건 처리 기능은 점차 전문화되고 있었다. 원간섭기 순군만호부를 통해 재정립됨으로써 역모 사건 처리가 제도화되었다.[31] 순군만호부는 조선 건국 당시에 역모 처단을 비롯하여 다양한 형사 기능을 포괄하고 있었다. 순군만호부는 도둑을 잡는 치도, 외적 방어, 관료 징계 등 형사·군사적 업무를 포괄하고 있었으며, 그중에는 역모 사건에 대한 재판 및 처형 기능도 포함되어 있었다.[32] 예를 들어 태조 7년(1398) 1차 왕자의 난 때 정도전鄭道傳 및 협력 세력을 순군만호부에서 처형하였고[33] 정종 2년(1400) 2차 왕자의 난 때 이방간李芳幹 및 협력 세력 역시 순군만호부에서 수감·처형하였다.[34]

> a) 의용 순금사義勇巡禁司에 잡범雜犯을 가두지 말라고 명하였다. 순금사에서 상언上言하기를,
>
> "본사本司는 조옥詔獄의 임무에 해당하여 죄인을 가두고 석방하는 것을 모두 임금의 명을 받아 시행하니, 다른 법사法司와 비교할 수 없습니다. 그런데, 병조兵曹에서 야간 통행금지 시간에 함부로 다닌〔犯巡〕 인원人員과 임금을 모시는 호위〔侍衛〕에 늦은 인원人員의 가노家奴를 본사本司에 가두고, 또 병조兵曹의 이문移文을 기다려서 비로소 태형을 집행하게 되니, 조

---

31 이예선, 2006, 〈고려시대 '詔獄'에 대한 고찰〉, 고려대학교 석사학위논문, 37~38쪽 참조.
32 김형중, 2014, 〈조선초기의 순군만호부(巡軍萬戶府)의 조직과 기능에 관한 연구〉, 《역사와경계》 90, 161~162쪽 참조.
33 《태조실록》 권14, 태조 7년 8월 26일 己巳.
34 《정종실록》 권3, 정종 2년 1월 28일 甲午.

옥詔獄의 체제에 어긋남이 있습니다. …… 비옵건대, 금후今後로는 하지下旨하신 이외의 죄인은 본사에 잡아가두는 것(囚禁)을 허락하지 마소서." 하여, 그대로 따랐다.35

b) 풍저창 부사豊儲倉副使 최윤복崔閏福을 파직하였다. 헌사憲司에서 상언하였다. "순금사巡禁司는 곧 조옥詔獄입니다. 마음대로 죄수를 방문하는 것은 일찍이 나타난 금령이 있는데, 지금 권희달權希達이 구금되었을 때에 판공안부사判恭安府事 김남수金南秀·풍산군豊山君 심귀령沈龜齡·총제摠制 유습柳濕이 임의로 들어가 방문하였고, 풍저창 부사 최윤복崔閏福 등은 마음대로 문 지키는 군졸을 구타하고 곧장 들어가 방문하였으니, 청컨대, 모두 죄주소서."
명하여 최윤복은 파직하고 나머지는 모두 용서하였다.36

c) 국초國初에 그대로 따르다가 얼마 안 가서 의용순금사사義勇巡禁事司로 고쳐 판사判事, 지사知事, 동지사同知事 4인을 두었고 낭관은 문무文武 관원을 섞어 임용하였으며, 금군禁軍을 통솔하는 일은 또한 예전과 같았다. 그 뒤 의금부로 고쳐 군대 통솔권을 없애고 왕옥으로 죄수를 판결하는 일을 맡아보면서 대가大駕가 행행行幸할 때와 내외內外의 금람禁濫하는 곳에 낭관이 조례皁隷들을 데리고서 수상한 것을 살피는 정도였다.37

태종 대에 '의금부'라는 명칭이 확정되고 그와 함께 '추국(推鞫: 조선시대에

---

35 《태종실록》 권15, 태종 8년 1월 8일 丁巳 "命義勇巡禁司 毋繫雜囚 巡禁司上言 本司係詔獄之任 罪人囚放 皆取上旨施行 非他法司之比 而兵曹以犯巡人員及侍衛遲晚人員家奴 囚于本司 又待兵曹移文 方始決笞 有違詔獄之體 …… 乞今後下旨外罪囚 勿許囚禁於司從之"

36 《태종실록》 권22, 태종 11년 12월 18일 甲辰 "罷豊儲倉副使崔閏福職 憲司上言 巡禁司 乃詔獄也 擅訪罪囚 曾有著禁 今權希達被囚 判恭安府事金南秀 豊山君 沈龜齡 摠制柳濕擅入相訪 豊儲倉副使崔閏福等擅歐門卒 直入以訪 請皆罪之 命罷閏福職 餘皆宥之"

37 《임하필기》 권22, 〈文獻指掌編〉〈義禁府〉 "國初因之 旋改義勇巡禁事司 置判知同知四員 郎官雜用 文武 而統禁旅 亦自若焉 厥後改爲義禁府 罷兵柄 以王獄決囚爲務 而大駕行幸時 及內外禁濫處 郎官 率皁隷 察詗非常而已"

의금부에서 임금의 특명에 따라 중한 죄인을 심문하던 일)'이라는 기능이 결합되는 과정에서 의금부의 '특수재판' 기능이 확정되었다. 먼저 a) 사료에서는 국왕 특명에 의한 죄인만 수금하도록 '죄인수용 범주'가 확정되었음을 확인할 수 있다. 의금부로 개칭하기 이전 의용순금사는 왕명에 의해 특정된 범죄자를 수금·처벌하는 기능을 담당하고 있었고, 이에 더해 금군의 군사통솔권을 가지고 있었다. 이 때문에 군대 관련 범죄자를 병조에서 의용순금사로 이관하는 일은 문제를 일으켰다. 의용순금사의 입장에서는 병조로부터 이관되는 죄인들은 책임 외 대상으로 여겼다. 이에 '의용순금사는 국왕 특명에 의한 범죄자만 다루겠다'고 건의함으로써 이러한 책임이 불분명한 죄인 관리 업무 분장을 요청하였고, 태종 11년(1411)부터 의용순금사는 '국왕특명에 의한 죄인'만을 관리하는 특수기능으로 확정되었다.

이와 연관하여 b)에서는 의용순금사가 지닌 왕옥王獄으로서의 특성이 강화되는 양상을 확인할 수 있다. 태종 11년(1411) 의용순금사에 수금된 죄인을 관료들이 무단으로 면회하는 문제가 발생하였는데, 이에 대해 국왕 특명을 행하는 사법기관의 체모에 어긋난다는 지적이 나왔다. 이에 태종은 주동자를 파직함으로써 왕옥으로서의 체모를 살리도록 조치하였다. 고위 관료가 자의적으로 면회할 수 있었던 일반사법기관의 관행과는 달리, 의용순금사의 경우 특수사법기관이기 때문에 대외비 업무의 고유성을 인정해 주는 조치였다.

c)에서는 의금부로 개칭되면서 완연하게 '국왕특명 사법기관'으로 전환되는 양상을 확인할 수 있다. 의용순금사는 이전까지의 관행과 같이 금군을 통솔하는 군사적 업무를 겸하고 있었으나, 태종 14년(1414) 의금부로 개칭하면서 군대 통솔권을 없애고 추국을 전담하는 기관으로 변모하게 된다. 이를 통해 앞서 a), b) 사료에서 검토하였던 의용순금사 단계에서 발생한 '병조 죄인 수감 업무 중첩 문제', '일반사법기관과의 등급 차이 문제' 등이 해소되고 명실상부한 특별사법기관 의금부가 확정되게 된 것이다.

위의 내용을 정리하면 태종 시기 일련의 형정 운영 과정에서 점차 '국왕 특명 추국 전문' 사법기관으로 정비되어 갔음을 확인할 수 있다. 왕권이 점차 확립되어 가는 태종 대부터는 사법적인 기능을 전담하는 독립된 부서로 자리 잡게 되면서, 왕권의 권력 기반의 유지, 강화를 위한 조치의 하나로 운용되었다.[38]

의금부에 대한 일련의 제도 정비가 시행되면서 자연히 의금부에 대한 법의식 역시 변화되어 갔다. 태종 12년(1412) 태종은 "의용순금사는 내가 개인적인 정[私情]을 돌보아 주는 곳이다."[39]라고 하며 의용순금사에서의 사법 조치는 법적으로 규정된 바가 아닌 국왕의 의지가 반영될 수 있는 영역이라고 선언하였다. 이에 대한 신료들의 공감대 역시 형성되고 있었다. "의용순금사는 다만 임금의 명을 받들 뿐이지, 마음대로 할 수 없는 것이다."[40]라며 사림들의 반대여론이 있더라도 의용순금사에서의 판단은 국왕의 의지에 따라야 한다고 인식하고 있었다. 의용순금사 스스로도 이러한 특수사법기관으로서의 지위를 제도적 강점이라고 여기고 있었다. "본사本司는 조옥詔獄의 임무에 해당하여 죄인을 가두고 석방하는 것을 모두 임금의 명을 받아 시행하니, 다른 법사法司와 비교할 수 없습니다."[41]라면서 의용순금사는 여타 일반사법기관과는 다른 특수기관이라고 주장하였다.

이에 따라 의금부로 명칭이 확정되고 왕옥으로서의 역할이 분명해진 뒤에는 의금부의 추국기능이 왕권을 상징하는 특수절차로 확정되어 갔다. 이러한 경향은 문종 즉위년(1450) 추국 논란에서 확인할 수 있다.[42] 문종 즉위년 아

---

38 오갑균, 1995, 《조선시대사법제도연구》, 삼영사, 17~23쪽 참조.
39 《태종실록》 권24, 태종 12년 9월 21일 癸卯 "巡禁司 是予私情之地也"
40 《태종실록》 권17, 태종 9년 5월 4일 乙亥 "巡禁司 但承旨意耳 不得擅便"
41 《태종실록》 권15, 태종 8년 1월 8일 丁巳 "本司係詔獄之任 罪人囚放 皆取上旨施行 非他法司之比"
42 《문종실록》 권5, 문종 즉위년 12월 29일 己亥.

직 세종의 상이 끝나지 않은 시점에 사가私家에서 음악을 연주했다는 죄로 동지충주원사 정발鄭發을 의금부에서 추국하였다.[43] 그런데 정발은 의금부의 추국을 당하면서도 "공사公事가 어찌 파리채(庖)로 파리를 잡는 것과 같이 나를 사지死地에 두고자 하느냐?"[44]는 등 거만한 태도로 일관하였다. 이에 대해 사간원에서는 '추국청 위관은 국왕의 사명使命이므로 위관을 깔본 행위는 (국왕에 대한) 불경'이라고 하여 정발을 탄핵하였다. 사간원은 만약 정발의 추국 모욕 행위를 처벌하지 않는다면 이후의 간악한 세력을 억제할 수 없을 것이므로, 기강을 확실하게 잡을 것을 요청하였다.[45] 위의 논란에서 확인할 수 있는 것은, 추국 절차가 왕권을 직접 상징하는 절차로 확립되었다는 점이다. 범죄자가 기왕에 저지른 범죄와는 별도로, 그가 추국청에서 거만한 태도를 취한 것 자체로도 국왕에 대해 불충不忠·불경不敬한 죄를 지은 것으로 여겨진다는 것이다.

　이처럼 국왕 전담 사법기관으로서 의금부의 정치적 성격을 강화한 배경에는 당대 명나라 사법제도의 영향도 있었던 것으로 보인다. 명나라 건국 직후 홍무제는 지속적으로 발생하는 전쟁과 역모 등 군사 충돌에 적극적으로 대응하기 위해 군사력을 양성하고 황제 중심의 일원적인 지휘체계를 갖추고자 했다. 反황제·反국가 세력을 소탕하기 위해 금의위錦衣衛를 설치하였고 사법 기능을 폭넓게 부여하였다. 금의위는 신체 고신 권한, 재판 기능을 부여받고 명 건국기 각종 역모 사건의 사찰·조사·구금·처벌을 담당하였다.[46] 이러한 권한을 바탕으로 15세기 이래 동창, 서창 등 황제 직속 특무 사법기관들과 함께 창위廠衛라고 불리며 일반 사법기관을 능가하는 권위를 행사했다.[47] 이처럼

---

43 《문종실록》 권5, 문종 즉위년 12월 2일 壬申.

44 《문종실록》 권5, 문종 즉위년 12월 25일 乙未 "公事何似毛厖之捕繩也 欲以我置死地歟"

45 《문종실록》 권5, 문종 즉위년 12월 29일 己亥.

46 김경록, 2022, 〈홍무연간 軍禮정비와 錦衣衛의 역할〉, 《명청사연구》 58, 165~167쪽 참조.

명나라에는 황제 중심의 집권체제를 확보하기 위하여 일반사법기관의 체제를 넘어서는 황제 직속 특수사법기관이 중요한 역할을 담당하였다.

조선의 의금부 역시 명나라 금의위와 유사한 사법기관으로 인식되고 있었다. 중종 16년(1521) 중종은 명나라의 금의위가 어떠한 기관인가에 대해 질문하였고, 승문원 참교 최세진崔世珍은 "조선의 의금부와 같습니다. …… 이들은 외랑外郎과 맞먹는 자이니, 그 권위가 매우 성한 자입니다."[48]라고 답변하였다. 이를 통해 의금부 역시 명나라 금의위와 같은 국왕 전담 특수사법기관으로서 높은 권위를 지니고 중대한 역할을 부여받고 있었음을 알 수 있다.

의금부 추국청의 추국 기능을 명나라에서 쓰는 말을 따서 조옥詔獄이라는 용어로 불렀다는 점 역시 명나라 제도의 영향을 추론하게 한다. 중종 33년(1538) 중종은 조선의 의금부를 조옥詔獄이라고 부르는 관행이 참례僭禮라고 지적하였다. 조詔라는 단어는 의금부를 높여 부르는 용어이긴 하나, 조선에서 쓰는 것은 옳지 않다는 지적이었다.[49] 이에 점차 16세기 후반부터는 의금부 추국을 가리키는 용어로 조옥詔獄이라는 용어 대신 추국推鞫이라는 명사로 바뀌어 갔다.

이처럼 의금부는 국왕을 상징하는 사법기관으로 이해되고 있었고, 이는 조선시대 전반에 걸쳐 일관적으로 받아들여지고 있었다. 문종 5년(1450) 의금부에서는 "본부本府는 다른 법사法司와 비할 바가 아니니 바로 옛날의 조옥詔獄입니다."[50]라며 의금부의 성격이 다른 사법기관과는 분명한 차이가 있음을 강조하였다. 성종 25년(1494) 정언正言 손주孫澍는 "형옥刑獄은 나라의 큰일

---

47 정센이·마샤오훙 저, 채복숙·전영매 외 역, 2015,《예와 법》, 경지출판사, 471쪽.

48《중종실록》권42, 중종 16년 7월 6일 乙卯 "若本國義禁府 …… 此人與外郎對揖者 其威權甚盛者也"

49《중종실록》권88, 중종 33년 8월 19일 己未.

50《문종실록》권5, 문종 즉위년 12월 28일 戊戌 "本府非他法司之比 即古之詔獄也"

이며, 조옥詔獄은 더욱 중대한 것입니다."[51]라며 의금부가 국가의 형사행정 중에서도 가장 중요한 부분이라고 설명하였고, 중종 14년(1519) 대간은 "조옥詔獄은 다른 옥과 견줄 바가 아니"[52]라는 점을 쟁론하였다. 이러한 입장은 양란 이후에도 지속되고 있었다. 선조 29년(1596) 대신이 "역적을 추국하는 옥사는 국가에 관계된 일"[53]이라고 하거나, 선조 34년(1601) 간원이 "역적에 대한 옥사를 추국推鞫하는 일은 국가의 중대사"[54]라고 하며 추국 업무가 국가 운영의 중추적인 역할을 하고 있음을 강조하였다. 영조 3년(1727) 영의정 이광좌李光佐는 국가의 형정 가운데 역모를 다스리는 일이 가장 엄중하다고 하였으며,[55] 순조 1년(1801) 의금부는 흉악한 역적은 반드시 추국청을 설치하여 처분할 수 있음을 강조하였다.[56]

그렇다면 의금부는 전체 조선의 사법기관에서 어떠한 위상을 지니고 있었을까? 조선의 사법기관은 제도적으로나 기능적으로 다양한 층위를 형성하고 있었다. 역모죄·불경죄 등의 정치적 사건을 특별 심리한 의금부, 관료의 규찰과 탄핵을 주관한 사헌부司憲府, 중앙의 형사사건과 사법행정을 통할한 형조刑曹, 전택·노비 관련 민사사건을 주관한 한성부漢城府, 지방의 민·형사사건을 주관한 관찰사·수령이 각기 주어진 사법행정권을 고유한 기능으로 행사하고 있었다.[57]

---

51 《성종실록》 권287, 성종 25년 2월 13일 壬申 "刑獄 國之大事 而詔獄尤重"
52 《중종실록》 권37, 중종 14년 12월 9일 己巳 "夫詔獄 非他獄比也"
53 《선조실록》 권79, 선조 29년 윤8월 16일 庚辰 "逆獄推鞫之事 係關國家"
54 《선조실록》 권141, 선조 34년 9월 4일 戊戌 "逆獄推鞫 國之重事"
55 《承政院日記》 643책, 영조 3년 8월 10일 癸巳.
56 《추안급국안》 영인본 24권 713면, 번역본 72권 319쪽.
57 조선에서 사법권은 다양한 기관에 부여되어 왔으나, 실제로 사법권을 고유한 기능으로 행사한 기관은 일부로 한정된다. 법적으로 《경국대전》에 규정된 사법권이 부여된 관서는 병조·형조·한성부·사헌부·승정원·장예원·종부시·관찰사·수령이 있고, 《속대전》에는 비변사·포도청이 추가되었으며, 《육전조례》에서는 종친부·의정부·중추원·의빈부·충훈부·돈녕부·규장각·

a) 우리나라에서 옥사를 관장하는 관청으로는 형조와 의금부가 있는데, 형
조는 주로 도적을 다스리고 난폭한 자를 형벌하며, 의금부는 옛날의 조옥
詔獄으로, 조정의 큰 옥사와 중앙과 지방의 오랫동안 지체되어 처결하기
어려운 사건은 다 여기로 돌아오게 되는 것이니, 소임이 더욱 중하다.58

b) 의금부는 왕옥王獄을 다스리는 중요한 곳입니다. 반역과 강상綱常에 관계
되거나 조관朝官으로 장오죄나 군율을 범한 자를 제외한 잡범 사죄雜犯死
罪 이하는 모두 형조 소관으로서 중범은 계품하여 결정하고 경범은 형조
가 자체적으로 처리하는 것이 법례입니다.59

c) 지금 제도에는 형조 외에 또 의금부義禁府가 있는바 형옥刑獄에 관한 것은
형조가 전담하고 고급 관료에 관한 사건이나 강상綱常에 관한 사건은 의
금부가 전담한다.60

그중에서도 의금부와 형조는 형사행정의 주요 사법기관으로 이해되고 있었
다. a)는 조선 전기에 편찬된 《신증동국여지승람》의 내용인데, 여기에서는 조
선의 옥사를 담당하는 주요 관청으로 형조와 의금부를 들고 있다. 형조는 주
로 도적·난폭자 등 강력범죄에 대응한다고 하며 의금부는 조옥詔獄으로서 조
정의 중대한 정치적 사건과 해결이 난해한 사건들을 담당하므로 역할이 더욱

홍문관·예문관·기로소·권설도감·의금부 등이 추가되었다. 이 관서들은 각기 체포·구금이 가
능하였고 직무 관련하여 사법권을 행사할 수 있었다. 그러나 이들에게 부여된 사법권은 직무
에 부수된 부차적 권한에 불구하였고, 사법을 전문으로 처리하는 행정기관은 아니었다.(오갑
균, 1995, 앞의 책, 3~5쪽.)

58 《新增東國輿地勝覽》 권2, 〈京都下〉〈文職公署〉 "國朝掌獄之官曰刑曹也 曰義禁府也 刑曹主治寇賊
刑暴亂 禁府則古之詔獄也 朝廷大獄及中外久滯難斷之事 皆於是焉歸 任尤重矣"

59 《인조실록》 권36, 인조 16년 5월 16일 戊寅 "本府乃王獄重地 係干叛逆 綱常及朝官犯贓汚 軍律者
外 凡雜犯死罪 皆屬於刑曹 重者啓稟以決 輕者自該曹處斷 乃法例也"

60 《반계수록》 권15, 〈職官之制〉〈上京官職〉 "今制刑曹之外 又有義禁府者 凡干刑獄則刑曹主之 卿士
下獄及綱常所係則禁府主之"

중요하다고 평가한다. b)는 17세기 초 인조시기 의금부의 계인데, 여기에서는 의금부와 형조의 위계적 관계를 확인할 수 있다. 이 당시 문제가 되는 상황은 의금부-형조 사이의 업무 분장이 불분명하여 잡범들까지도 의금부에서 다루어 행정 부하가 발생하는 것이었다. 이에 대해 의금부는 원칙적으로 '의금부는 왕옥을 다스리는 중요한 곳'이라고 주장하며 구분이 필요함을 역설하였다. 의금부는 역모·강상·관료 범죄·군율 등 중범만을 다루며, 잡범 이하의 경범은 형조에서 다루는 것이 법례라는 것이다. c)는 17세기 《반계수록》의 내용인데, 여기에서는 의금부와 형조의 처리 대상을 각기 구분하여 설명하고 있다. 일반 범죄인 형옥에 관한 것은 형조가 처리하되, 고급 관료·강상 관련 사건은 의금부에서 전담한다고 하였다. 이상의 내용을 종합적으로 검토해 보면 형조는 일반 범죄를 주관하는 형옥을 다루는 일반사법기관이었다면, 의금부는 중대 범죄를 전담하는 조옥을 다루는 특수사법기관이며 형조에서 다룰 수 없는 중범죄를 다루었다는 점에서 형조보다 높은 등급의 사법기관으로 이해되고 있었음을 알 수 있다.

이 때문에 《경국대전》에서도 의금부는 최고 품계의 사법기관으로 공식화되어 있었다. 의금부는 《경국대전》에서 중앙관청 가운데 종1품 관청으로 설정되어 있었는데, 의금부보다 높은 관청은 왕실 관련 상징적 기관인 정1품 종친부宗親府, 충훈부忠勳府, 의빈부儀賓府, 돈녕부敦寧府, 그리고 국가 최고 정무기관인 의정부議政府에 불과했다. 종1품 의금부는 이·호·예·병·형·공 6조, 한성부, 사헌부, 승정원 등 기타 주요 기관들보다 높은 품계를 지닌 관청이었다. '국왕의 지시를 받아 추국의 일을 맡는다'[61]는 국왕 특명 기관이라는 정치적 성격으로 인해 일반정무기관보다 높은 품계로 설정된 것이다. 일반사법기관으로서 설립되었던 형조보다 특별사법기관인 의금부의 품계가 더 높았으므로,

---

61 《경국대전》〈吏典〉〈義禁府〉 "掌奉敎推鞫之事"

의금부는 조선 건국기 병조 소속이었던 의용순금사나 법무아문 소속이었던 의금사와 달리, 형조의 속아문이 아니라 형조로부터 독립된 기관으로서 그 권한을 행사할 수 있었던 것이다.[62]

의금부의 인적 구성은 사법에 능통한 관료들을 중심으로 배치되었다. 의금부는 《경국대전》에서 종1품 판사判事, 정2품 지사知事, 종2품 동지사同知事, 종4품 경력經歷, 종5품 도사都事로 구성되었다. 당상관 4인·당하관 낭청 10인의 14명의 관료가 총인원으로 배정되었다. 당상관 4인은 다른 관청의 관료를 겸직하게 하였는데 종1품 판사, 정2품 지사, 종2품 동지사 내에서 총원 4인을 융통성 있게 배정하였다. 의금부 당상관은 주로 6조 판서, 6조 참판, 또는 좌·우참찬이 겸직하였고, 주로 사법에 능통한 전문성을 지닌 관료를 임명하였다.

당하관 낭청 10인은 종4품 경력, 종5품 도사로 구성되어 있었다. 의금부 당하관 가운데 종4품 경력은 6조 좌랑, 지방 수령에서 차출되거나, 의금부 낭청·도사직을 역임한 자들을 내부 승진하는 방식으로 이뤄졌다. 종5품 도사는 생원·진사시 출신을 주로 배정하되, 무과 합격자를 일부 채용하기도 하였다. 15세기 말 《경국대전》 이후 의금부 내부의 세부적 인력 구성이 변동하였으나 원칙적으로 당상관 4인·당하관 10인 체제는 19세기 《대전회통》 단계에까지 유지된다.

공식 품계를 지닌 관료 외에도 업무 수행을 위한 보조 인력들도 배치되었다. 죄인의 건강을 살피기 위한 의관과 법률 자문 용도의 율관 각 1명 이상, 사법 행정 업무를 처리하고 죄인 체포·투옥·감독을 담당하는 이속 20명 내외, 나장 100여 명 내외로 운영된 것으로 보인다.[63]

---

62 김영석, 2013, 〈의금부 조직과 추국에 관한 연구〉, 서울대학교 박사학위논문, 3쪽.
63 김영석, 2013, 위의 논문, 제2장 〈의금부 인적 구조의 변천〉, 30~108쪽 참조.

〈표 1〉 추국의 절차

단계	세부절차	비고
추국 준비	① 보고/상소/고변	
	② 체포	
	③ 추국종류·추국장소 결정	
	④ 위관·의금부 당상·문사낭청 선정	
추국 과정	⑤ 추국개좌	사건조사가 종료될 때까지 반복
	⑥ 관원명단 제출	
	⑦ 상궐	
	⑧ 조사(평문/진술/대질/고신/자백)	
	⑨ 보고/논의	
	⑩ 결안/조율	
	⑪ 처결(능지처사, 참형, 교형, 물고, 유배, 석방)	
	⑫ 추국고파	
추국 종료	⑬ 추국철파	
	⑭ 남은 피의자 처리	

*출전 : 문경득, 2014, 〈《추안급국안(推案及鞫案)》 DB 구축 및 창작소재 콘텐츠 개발 방안〉,
《인문콘텐츠》 35, 176쪽 〈표 1〉 인용[64]

추국의 절차는 상세하게 구분되어 있었는데, 크게 추국 준비·추국 과정·추국 종료 3단계로 이해할 수 있다. 추국 준비 단계는 다음과 같다. 상소, 고변, 의금부나 포도청의 보고 등을 통해 역모나 그에 준하는 사건이 인지되면, 임금이 죄인을 체포하고 추국청을 열도록 지시한다. 이후 사안의 긴급성과 중요성에 따라 삼성추국, 금부추국, 궐정추국, 친림추국 가운데 하나를 선택한다.[65]

---

64 표의 일부 용어는 원래 뜻을 살리되 이 장의 맥락과 일치하는 용어로 수정하였음을 밝힌다.

65 추국은 범주상 금부단독추국, 국왕주재추국, 삼성교좌추국으로 분류할 수 있다. 금부단독추국은 관원의 범죄를 다스리는 상대적으로 가벼운 설차이고, 국왕주재추국은 국가적 차원에서 가장 큰 범죄로 인식된 역모 사건을 재판한 가장 중대한 절차이며, 삼성교좌추국은 역모 사건에 준하는 중대성을 지닌 강상범죄를 다루는 과정이었다.(김영석, 2013, 〈추국의 의미 변화와 분류〉, 《법사학연구》 48, 35쪽) 국왕주재추국은 금부단독추국, 삼성교좌추국보다 정치적·사회적 의미가 높은 추국이었고, 실제로 《속대전》, 《대전통편》에 수록된 '추국'이라는 용어는 국왕주재추국을 의미하고 있었다.(김영석, 2013, 앞의 논문, 50쪽) 이 장에서 다루는 추국의 범주

삼성추국과 금부추국은 의금부에서, 궐정추국과 친림추국은 궐내에서 진행되므로 추국 장소를 별도로 마련한다. 그 후 추국을 주관할 위관委官과 의금부 당상堂上을 선정하고, 심문과 진술을 담당할 실무자인 문사낭청問事郞廳을 차출한다.

추국 과정에서는 죄인을 조사하고 처결한다. 임금의 추국 개시 명령이 내려지면, 그날 추국에 참여할 관원 명단이 제시된다. 정국과 친국의 경우, 조사 전에 궁궐로 올려보낼 죄인의 명단을 정하는 절차가 추가된다. 이어서 죄인을 심문하여 진술을 받고, 대질심문을 통해 진술을 확인하며, 필요시 고신(拷訊: 숨기고 있는 사실을 강제로 알아내기 위하여 육체적 고통을 주며 신문함)을 진행하여 미진한 부분을 보완한다. 조사 결과는 임금에게 보고되고, 때로는 추국청 관료들과 논의하여 처분을 결정하기도 한다. 죄인이 자백하면 결안(結案: 조선시대에 형사재판의 처분을 증빙하는 최종 판결문을 이르던 말)을 받고, 법전과 대조하는 조율照律 과정을 거쳐 처벌을 정하고 집행한다. 조사가 미완료 상태라면 추국을 잠시 멈추고〔姑罷〕 당일 조사를 마무리한다. 추국개좌에서부터 추국고파姑罷 과정은 추국 조사가 완료될 때까지 반복된다.

추국은 주요 피의자에 대한 최종처분이 끝나고 더 이상 조사할 대상이 없을 때 종료된다. 만약 주요 피의자에 자백하기 이전에 물고(物故: 피의자가 조사 도중에 사망함)하여 사건의 전모가 완전히 밝혀지지 않았을 때는, 남은 피의자는 유배 또는 석방 등 별도의 처분을 받는다.[66]

위의 과정들은 추국의 시작부터 종료까지 시계열적으로 이어지는 절차이지만 각각이 지닌 의미에는 차이가 있었다. 이에 크게는 절차들의 성격별로 구분하여 '추국 행정 절차'와 '사건 규명 절차'로 구분하여 이해할 수 있다.

역시 대체로 국왕주재추국에 한정되고 있음을 밝힌다.

66 문경득, 2014, 〈《추안급국안(推案及鞫案)》 DB 구축 및 창작소재 콘텐츠 개발 방안〉, 《인문콘텐츠》 35, 176~177쪽 참조.

'추국 행정 절차'는 추국을 준비하고 진행하기 위한 일련의 행정 과정을 포괄한다. 여기에는 사건의 인지와 죄인 체포(①②), 추국 종류와 장소 결정(③), 추국 관련 인사 선정(④), 추국 개시(⑤)와 종료(⑫⑬), 남은 피의자 처리(⑭) 등이 포함된다. 이 사이에서는 임금의 명령과 관료들 간의 보고, 관원 임명·선정 등 추국 운영에 필요한 전반적인 행정 업무(⑥⑦)가 이루어진다. 행정 절차는 추국을 개시·진행·종료하기 위한 일련의 과정으로, 국왕의 명령과 관료들의 보고, 임명, 선정 등 추국 진행을 위한 의사결정과 인사 행정이 주를 이룬다. 이 절차는 주로 추국의 형식적 요건을 갖추는 데 초점이 맞춰져 있고, 사건의 법적 판단과 직접적 관련성이 적다.

'사건 규명 절차'는 사건의 피의자 및 참고인들을 심문하여 실제 사건의 진상을 밝히는 과정이다. 위관과 문사낭청 등 실무자들이 피의자를 직접 대면하여 평문(平問: 조선시대에 형구를 쓰지 않고 대화로 심문하는 일), 진술 확보, 대질, 고신, 자백과 같은 조사 활동(⑧)을 진행한다. 조사된 내용은 위관의 재가 하에 정리되어 국왕에게 보고되고 추국청 관원들과의 논의(⑨)를 거친다. 이후 피의자의 자백에 근거하여 결안을 작성하고 법률에 적합한 처벌을 결정하는 조율(⑩) 과정을 거치면 최종 처분(⑪)이 확정된다. 이 과정은 사건의 실체적 진실을 규명하고 범죄 사실을 확정하여 적절한 처벌을 내리는 것을 목적으로 한다. 여기에서는 최종결정권자 국왕 및 진행책임자 위관, 그리고 실무자 문사낭청 등이 사건 조사와 재판에 직접 관여하게 된다. 전체 추국 과정 중에서도 사건의 실체를 밝히는 '사건 규명 절차'는 '⑧ 조사 ⑨ 보고/논의 ⑩ 결안/조율 ⑪ 처결 과정'에 집약되고 있었다.

정리하자면, 조선은 유교적 이념을 기초로 한 중앙집권적 통치구조 구축을 목표로 하였다. 조선은 유교적 이념을 제도화한 《경국대전》을 편찬하고 이에 근거한 의법형정依法刑政을 지향하였다. 이러한 유교적·중앙집권적 기조는 사법제도, 특히 의금부의 위상과 기능에도 반영되었다. 의금부는 유교적 핵심 가치인 충·효를 저해하는 역모 및 강상 범죄를 전담하는 국왕 직속 특수사법 기관으로서, '조옥詔獄'이라 불리며 형조와 차별화된 권위를 인정받았다. 원활한 행정을 위해 사법 업무에 정통한 인재들이 중용되었고, 사건 인지로부터 죄인 체포, 심문, 진술 확보·대질·고신·자백·결안·조율·처분에 이르기까지 추국의 과정이 제도화되었다.

2) 자백필수주의와 결안結案 원칙의 정립

조선은 영토쟁탈 과정에서의 통합이 아닌 역성혁명을 통해 건국되었다.[67] 이 때문에 이를 군사 세력의 쿠데타가 아닌 민심을 수합한 역성혁명의 관점으로 적절하게 설명해 낼 필요가 있었다. 즉위교서에서 제일 첫 부분에서 강조하고 있는 부분 역시 고려왕조가 천명을 저버린 것과 민심에 근거한 천명이 이성계 자신에게 도달하였다는 역성혁명의 논리였다.

> 하늘이 많은 백성을 낳아서 군장君長을 세워, 이를 길러 서로 살게 하고, 이를 다스려 서로 편안하게 한다. 그러므로 군도君道가 득실得失이 있게 되어, 인심人心이 복종과 배반함이 있게 되고, 천명天命의 떠나가고 머물러 있음이 연관되었으니, 이것은 이치의 떳떳함이다. …… 여러 사람이 말하기를, '백성의 마음이 이와 같으니 하늘의 뜻도 알 수 있습니다. 여러 사람의 요청도 거절할 수가 없으며, 하늘의 뜻도 거스를 수가 없습니다.' 하면서, 이를 고집하기를 더욱 굳게 하므로, 나는 여러 사람의 심정에 굽혀 따라, 마지못하여 왕위에 올랐다.[68]

---

67 이정란, 2016, 〈고려말(高麗末)의 역성혁명(易姓革命)과 조선 '제후국'의 성립〉, 《한국중세사연구》 46, 224쪽.

68 《태조실록》 권1, 태조 1년 7월 28일 丁未 "天生蒸民 立之君長 養之以相生 治之以相安 故君道有得

태조는 이미 고려 시기부터 왕실의 계보가 신돈의 후계에게 이어지고 혼탁하였던 데다가, 대소신료들과 백성들이 모두 하늘의 뜻을 받들어 새로운 국가를 개창하길 요청하고 있음을 강조하였다. '백성들을 서로 살게 하고 서로 편안하게 하는 데'에 국가의 존재 가치가 있다고 설명하였다. 이는 곧 조선국가는 백성의 안정을 우선시하는 민본주의에 근거한 국가이며 전통적인 유교적 천명론에 근거한 통치를 수행하는 국가임을 보여 준 것이다.[69]

하늘로부터 통치를 위임받은 국가는 백성들을 살기 좋게 다스리기 위해 교화를 충만하게 할 의무가 있었다. 그리고 교화가 충만하게 되어 범죄가 일어나지 않는 '무형無刑'의 사회를 이상적 지향점으로 여겨 왔다. 이는 《서경》에서 순임금이 고요에게 형정의 이상적인 모습을 '형벌을 쓰되 형벌이 없는 경지에 이를 것을 기약'[70]하도록 설명한 것과 같은 맥락이다. 형벌은 불가피한 것이지만, 그 목적이 단순히 범죄자의 범죄에 대한 응보적인 복수가 되어서는 안 된다고 보았다. 형벌의 목적은 형벌을 그치게 하는 것이기 때문에, 국가의 교화에 순종하지 않는 불가피한 경우에 형벌을 집행해야 한다는 의미이다.[71]

최상의 정치를 했던 요순堯舜 시대에도 멀리 유배 보내고, 내쳐서 안치하고, 내쫓아 금고禁錮하고, 수감하여 고통을 주는 형벌을 시행한 뒤에야 비로소 형벌을 쓸 필요가 없는 좋은 세상을 이룩하였고, 성주成周의 성대한 때에도 묵

失 而人心有向背 天命之去就係焉 此理之常也 …… 僉曰 人心如此 天意可知 衆不可拒 天不可違 執之彌固 子俯循輿情 勉卽王位"

69 태조 즉위교서의 유교적인 입장은 《예기》와 《주례》를 인용하여 고려의 종묘가 성외에 있는 것의 문제를 지적하고 종묘를 성안에 넣겠다는 의지를 피력한 부분에서도 확인된다. 좌묘우사 및 종묘의 유교적 정비는 신왕조의 정책이 유교적인 방향에서 제안된 것임을 분명히 하는 조항이었다.(김형수, 2016, 앞의 논문, 324쪽)

70 《서경》〈虞書〉〈大禹謨〉 "帝曰 皐陶 惟玆臣庶 罔或干予正 汝作士 明于五刑 以弼五敎 期于予治 刑期于無刑 民協于中 時乃功 懋哉"

71 《서경》〈周書〉〈君陳〉 "有弗若于汝政 弗化于汝訓 辟以止辟 乃辟"

형(墨刑: 죄인의 이마나 팔뚝에 먹줄로 죄명을 써넣던 중국의 형벌), 의형(劓刑: 죄인의 코를 베던 형벌), 비형(剕刑: 죄인의 발을 베는 형벌), 대벽(大辟: 오형의 하나로 사형을 말함)의 형률을 쓴 뒤에야 형벌을 잘 사용하는 아름다움이 있었습니다.[72]

그러나 '무형'이라는 유교적 관념은 현실 통치에서 실현 가능한 목적이라기보다는 하나의 이상적 청사진이었다. 정조 10년(1786) 지평 김계락金啓洛은 요순시대·주나라 시기에도 형벌의 집행이 불가피했음을 언급하고 있다. 실제로 순임금 시절에도 공공共工, 환도驩兜, 삼묘三苗, 곤鯀과 같은 악인惡人들이 악행을 저지르고 다녔다고 하며,[73] 우왕 시절에도 사람들이 사회에서 널리 죄를 짓고 있었다고 전해진다고 하였다.[74] 이를 보면 요·순·우·탕·문·무·주공 등 중국 고대 성인들의 통치기에도 범죄의 발생은 불가피한 것으로 여겼음을 알 수 있다.

조선시대 여러 유학자도 범죄가 전혀 없는 무죄無罪의 사회를 지향한 것은 아니었다. 태조 7년(1398) 형조전서 유관柳觀이 "대개 형형이란 것은 다스림을 보좌하는 제도이므로 성인聖人도 그만둘 수 없는 것입니다."[75]라고 하거나, 세종 13년(1431) "형벌은 정치를 돕는 일이라, 예전에 교화가 성하던 시대에도 진실로 없앨 수 없었던 것이다."[76]라면서 세종은 고대 삼대지치의 교화가 성하던 시기에도 형벌이 필수적인 요소였다고 설명하였다. 정약용 역시 "천재天災가 유행流行하는 것이 바로 불행한 때이고, 사람도 불행하여 법을 어기는

---

72 《日省錄》 정조 10년 1월 15일 庚申 "唐虞至治 行流放竄殛之典而後 始致無刑之休 成周盛際 施墨劓剕辟之律而後 方有祥刑之美"

73 《서경》〈虞書〉〈舜典〉

74 《금계집》外集 권8, 〈雜著〉〈策問〉

75 《태조실록》 권13, 태조 7년 4월 21일 丁酉 "蓋刑者 輔治之具 聖人之所不得已也"

76 《세종실록》 권52, 세종 13년 6월 2일 甲午 "刑者 輔治之具 雖古之盛世 固不得而廢也"

일이 있다."[77]면서 현실사회에서의 범죄는 하늘의 움직임과 같은 불가역적인 현상이라고 보았다. 조선의 위정자들 역시 무형이라는 이상적인 상황은 지향점이 될 수 있으나 결코 현실적 차원에서 도달할 수 없는 이상이라고 보았던 것이다. 결국 교화가 충만해지면 범죄가 일어나지 않을 것이라는 '무형'의 이념은 현실적인 목표라기보다는 이념적인 지향이라고 이해할 수 있다.[78]

그러나 '무형' 이념은 이념적인 측면에서 통치자의 도덕적인 책임을 강조하는 기능을 하였다. 백성 개인의 범죄행위는 각 개인의 일탈로 이해되는 것이 아니었다. 만약 백성이 불충·불효와 같은 도덕적 범죄를 저지르게 된다면 이는 국왕 및 관료체제가 제대로 된 통치를 구현하지 못하고 있다는 '통치 불완전'을 의미했기 때문이다. "너희 만방萬方이 죄가 있음은 책임이 나 한 사람에게 있고, 나 한 사람이 죄가 있음은 너희 만방萬方 때문이 아니다."[79]는《서경》탕왕의 발언은 이러한 입장을 대표한다. 국왕은 만백성의 범죄에 대한 도덕적인 책임을 지고 있는 존재였다.

> a) 백성들이 이산됨은 도리 없이 부리고 평소 가르치지 않았기 때문이다. 그러므로 그들이 법을 범하는 것[其犯法]은 부득이 핍박당해서이거나 무지에 빠졌기 때문이다. 그러므로 그 실정을 알면[得其情] 불쌍히 여기고 기뻐하지 않아야 한다.[80]

---

77 《尚書古訓》권2, 〈堯典 下〉"天災流行 是不幸際也 人身亦有不幸而離法者"

78 무형無刑 개념이 지닌 이상적인 측면에 대해서는 기존 연구에서 언급된 바 있다. 형벌은 필요 불가결하지만 무형이라는 진정한 목표의 완성은 이전에도 이후로도 결코 도래할 수 없게 된다는 입장(서세영, 2022,〈《書經》刑 개념에 관한 正祖의 이해와 적용〉,《양명학》65, 298쪽)이 있고, 오히려 '무형'의 이념은 형벌의 폭력성을 변명하고 호도하기 위한 구호이자, 이상적 지향으로서 역할을 하기도 했다고 보는 입장도 있다.(정호훈, 2023,《교화와 형벌 –조선의 범죄 대책과《경민편》》, 혜안, 329쪽)

79 《서경》〈商書〉〈湯誥〉"其爾萬方 有罪 在予一人 予一人 有罪 無以爾萬方"

80 《論語集註》〈子張〉"謝氏曰 民之散也 以使之無道 教之無素 故其犯法也 非迫於不得已 則陷於不知 也 故得其情 則哀矜而勿喜"

b) 위에서 도道로 헤아림이 없기 때문에 아래에서 법을 지킴이 없는 것이
니, 도道로 헤아림이 없으면 조정에서 도道를 믿지 아니하여 군자가 의
를 범하고, 법을 지킴이 없으면 관리들이 법도를 믿지 아니하여 소인
이 형벌을 범하게 된다. 이 여섯 가지가 있으면 그 나라는 반드시 망하
니, 그러고도 망하지 않는 것은 요행일 뿐이다.[81]

고전 유학과 마찬가지로 성리학에서도 통치자의 잘못된 정치가 범죄를 야
기한다고 해석하였다. 이는 《논어》,《맹자》의 유교경전에서도 반복되어 언급
되고 있었다. a)에서 주희는 사량좌謝良佐의 발언을 인용하여 《논어》〈자장〉
"윗사람이 도리를 잃어 백성들이 흩어진〔民散〕지가 오래되었다. 만일 실정을
알면 애처롭게 여기고 기뻐하지 말아야 한다."[82]는 구절을 통치자 책임론으로
설명하였다. 백성들이 저지른 실상을 법관이 파악하게 된다면[83] 법관은 자신
의 일을 해낸 것을 기뻐할 것이 아니라, 백성들이 범죄를 저지를 수밖에 없는
상황이 된 것을 가엾게 여겨야 한다는 것이다.

b)에서 주희는 《맹자》〈이루〉의 "위에서는 도道로 헤아림이 없고 아래에서
는 법法을 지킴이 없다"[84]는 부분을 해석하면서 "위에서 도로 헤아림이 없기
때문에 아래에서 법을 지킴이 없는 것이다"라고 범죄 발생의 책임을 통치자
에게 분명하게 귀속시켰다. 국왕이 선왕의 도道로 통치하지 않으면 조정에서
국왕의 도를 믿지 않아서 지배층이 의義를 지키지 않고, 국왕이 법을 지키지
않으면 관리들이 법도를 신뢰하지 않아 백성들이 범죄를 저지르게 된다고 설
명하였다. 《맹자》에서는 왕도정치의 기본 조건으로 인자仁者가 국왕이 되어야

---

81 《孟子集註》〈離婁 上〉"由上無道揆故 下無法守 無道揆 則朝不信道 而君子犯義 無法守 則工不信度
   而小人犯刑 有此六者 其國必亡 其不亡者 僥倖而已"
82 《論語》〈子張〉"孟氏 使陽膚 爲士師 問於曾子 曾子曰 上失其道 民散 久矣 如得其情 則哀矜而勿喜"
83 정약용은 "'得其情'은 실상을 조사하여 범죄의 정황을 알아내는 것을 이른다."라고 설명하였
   다.(《論語古今注》卷10,〈子張〉第十九"得其情 謂覈實得獄之情")
84 《孟子》〈離婁上〉"上無道揆也 下無法守也"

한다는 군왕론을 근거로 국왕의 미비한 덕성이 백성이 범죄를 추동한다는 점을 강조하였고, 성리학 역시 이러한 입장을 계승하고 있었다.

이러한 입장은 '적자론赤子論'의 방식으로 구체적으로 설명되었다. 《서경》〈주서〉에서 무왕은 백성들에게 형벌을 가하기 이전에 그들을 갓난아기처럼 인식할 것〔若保赤子〕을 주문하였다. 무왕은 '마치 몸에 병이 있는 것처럼 여기는 것'과 마찬가지로 통치자 스스로 악惡을 버려야 '백성들이 모두 허물을 벗을 것'이라고 설명하였다. 그리고 마치 갓난아이〔赤子〕처럼 돌본다면 백성들은 편안하게 다스려져 범죄를 저지르지 않게 된다는 것이다.[85] 이처럼 백성은 갓난아이와 같이 순수한 마음을 가진 순선한 존재이나, 만약 백성이 범죄를 저지른다면 이는 곧 통치자의 귀책 사유가 된다는 것이 '적자론'에 근거한 범죄책임론이다.

위와 같은 국가 범죄책임론은 조선시대 형정론의 근간을 구성하고 있었다. 성종 2년(1471) "도적盜賊도 또한 나의 적자赤子이다. 얼마나 기한飢寒에 핍박받았으면 그랬겠느냐?"[86]라는 성종의 말은 그러한 태도를 보여 준다. 도적 행위가 그들의 악한 심성이 아니라 그들이 추위와 배고픔에 내몰린 외부적 요인 때문이라는 것이다.

> a) 저들이 도적질을 어찌 즐겨서 하겠는가? 다만 기한饑寒에 빠지고 양역良役의 괴로움으로 말미암아 잠시 도생逃生을 위하여 그런 것이니, 그 원인을 궁구한다면 이 몸의 허물이 아님이 없다. 이미 선善으로써 백성을 인도하지 못하여 악惡에 빠지게 한 뒤에 다스리니, 장계狀啓를 볼 때마다 일찍이 슬프지 않은 적이 없었다.[87]

---

85 《서경》〈周書〉〈康誥〉 "王曰 嗚呼 封 有敘 時乃大明服 惟民 其勅懋和 若有疾 惟民 其畢棄咎 若保赤子 惟民 其康乂"

86 《성종실록》 권13, 성종 2년 11월 15일 癸丑. "盜賊亦吾赤子 無奈迫於飢寒而然耶"

87 《영조실록》 권9, 영조 2년 1월 10일 癸卯 "彼盜賊者 夫豈樂爲 只緣汨於饑寒 困於良役 姑爲逃生而

b) 아, 강도가 비록 형편없는 자이지만 그 근본을 따져본다면 내 백성이다. 혹은 교화가 젖어들지 못해서 국법에 저촉되고, 굶주림과 헐벗음에 절박해서 남의 재물을 빼앗는 것으로 생업을 삼고 있으니 이것이 어찌 양민을 강도로 몰아간 것이 아니겠는가. 서울과 지방의 관아에서 올라오는 이러한 문서를 볼 때마다 나도 모르게 마음이 아프다. 최근에 이러한 문서가 더욱 많아진 것은 참으로 나의 부덕함에서 비롯되었으니, 이와 같은데도 또 관습을 따라서 형법을 각박하게 적용한다면 백성이 어떻게 살아가겠는가.[88]

영조는 조선 후기에 강도가 증가한 원인으로 '통치자의 부덕함'을 들고 있다. 영조에게 양민과 강도는 모두 동일한 자신의 백성인데, 이들이 굶주림과 헐벗음을 견디지 못하고 강도가 되었다고 보았다. 평범한 양민들이 강도로 변한 이유는 '자신의 부덕함' 때문이며, 국왕이 선善으로써 백성을 인도하지 못하여 악惡에 빠뜨린 결과라는 것이다. 이 때문에 근본적으로 강도행위를 근절시키기 위해선 강도에게 일일이 각박한 형법을 적용하기보다는 통치의 일신이 필요하다고 역설하였다.

특히 범죄 중에서도 충·효와 관련된 십악 범죄의 발생은 통치질서가 올바로 운영되고 있지 않다는 방증이었다. 유교적 관점에서 십악 범죄는 국왕·개인 간, 통치자·통치대상 간, 부·자 간 도덕적 관계의 균열로부터 파생된 잘못된 결과였다. 이 때문에 십악에 해당하는 중대한 범죄가 발생하면 통치자는 통치실수를 책임지는 정치적 절차를 거쳤다. 국왕의 경우 반찬의 가짓수를 줄이는 감선減膳을 행했고, 지방수령을 파직했으며, 해당 고을을 읍호강등하는

然矣 究厥所由 罔非寡躬之咎 旣不能導民以善 使之陷於惡而治之 每見狀啓 未嘗不慘然 ”
88 《승정원일기》 872책, 영조 14년 5월 23일 甲戌 “噫 强竊雖無狀 究其本則吾民也 或因敎化不霑 犯於邦憲 切於饑寒 剽掠爲生 此豈非良民之化爲强盜乎 每覽京外此等文書 不覺傷心 近者其尤夥然 亮由否德 若此而又從而刻法 民何措手乎 ”

조치를 취하였다. 이러한 행위들은 하나의 범죄행위에 대해 국왕·수령·지방 세력 차원에서 연대책임을 진다는 의미를 지닌다.[89]

그러나 십악의 범죄를 저지른 악독한 범죄자라 할지라도 국왕에게는 원칙적으로는 적자赤子로 여겨졌다. "도둑도 본디 양민良民이니, 인의仁義로 점차 교화하여 용사龍蛇가 적자赤子로 변화하게 하는 것이 옳다."[90]는 영조의 입장은 이러한 태도를 잘 보여 준다. 국가에게 개인 백성들은 모두 교화를 받아야 하는 대상이다. 그들이 범죄를 저지른 것은 통치미비에서 비롯된 통치자의 책임이었다. 이 때문에 범죄자에게 모반대역의 조율을 내리고 그들을 사형으로 처단해도, 최종적으로는 그들 역시 악독한 범죄자가 아닌 교화의 대상으로 여겼다.

범죄인이 자신의 죄를 인정하고 뉘우칠 수 있는 도덕적인 인간관[91]은 도덕적 형정의 배경이 되었다. 《서경》〈순전〉에는 "오형五刑에 복죄服罪하게 하되 오형의 복죄를 세 군데에 가서 받게 할 것이며, 중형인 오형을 다섯 가지의 유형流刑으로 감하여 거할 곳을 두되 그곳을 세 등급으로 나누어 정할 것이니, 오직 밝게 살펴서 행해야만 백성들이 믿고 복종할 것이다."[92]라고 하였다. 《서경》의 형정 이념에서는 백성들이 믿고 따르는 목표를 달성하기 위해서는 죄인 스스로 형벌에 복죄하는 절차, 곧 자백이 필요하다고 본 것이다. 위와 같이 뉘우침과 자백은 유교의 교화주의적 통치라는 상징적인 의미를 위해 중

---

89 조윤선, 2024, 〈조선후기 연좌(緣坐) 조문의 분석과 사회·경제적 의미 고찰〉, 《법사학연구》 69, 37쪽.

90 《영조실록》 권127, 〈영조대왕 행장〉 "況盜本良民 使仁漸義 摩龍蛇化爲赤子可也"

91 유교적 이념에서는 아무리 악을 저지른 인간이라 하더라도 인간의 본성은 변함없이 선한 것이라고 보았다. 근원적으로 인간 내면 속에 선함의 근거가 있기에, 악에 빠졌다 할지라도 다시 선으로 회귀할 가능성을 지니고 있다고 판단하고 있었다.(금장태, 1990, 《유교사상의 문제들》, 한국학술정보, 32~36쪽 참조.)

92 《서경》〈舜典〉 "五刑有服 五服三就 五流有宅 五宅三居 惟明克允."

시되었다.

자백은, 그 상징적인 의미뿐 아니라 현실적인 측면에서도 제1 형사처벌 근거로 여겨질 조건을 지니고 있었다. 조선의 형사제도는 형사사법권을 가진 관청이 죄인을 수금하고 규문적 방법에 의해 사건을 심리·판결하였다.[93] 여기서 말하는 규문적 방법이란 현대적인 의미에서 검찰이 소추하고 법원이 재판하는 방식, 곧 소추기관과 재판기관이 분리된 탄핵주의와는 차이가 있다. 규문적 방법은 소추기관과 재판기관의 분리가 불분명한 구조를 의미한다. 조선의 경우는 의금부·형조·포도청·관찰사 등 관청이 형사소송을 소추할뿐 아니라, 동시에 이를 재판하였다. 이러한 방식으로 소추권·재판권을 동시에 지니고 있었다. 규문적 방식 아래에서는 국가가 피고인보다 압도적으로 우월한 지위에서 강제적 수단 및 신체고문을 가하여 자백을 획득[94]할 소지가 높았다. 사법기관이 피고인을 소추한 이상 해당인에 대해 범죄증명의 책임 역시 주어지고 있었기 때문이다.[95] 이러한 전근대 형사재판의 증명책임을 고려하였을 때 자백은 다른 어떤 증거보다도 확실한 처벌근거라고 받아들여졌다.

> a) 옥수獄囚의 죄가 도죄徒罪, 유죄流罪, 사죄死罪이면 각각 옥수 및 그의 가속家屬을 불러 의단(擬斷: 의율과 단죄를 아울러 이르는 말)한 죄명을 자세히 알려 주고, 이어 옥수에게 승복하거나 변론하는 문서를 받는다. 승복하지 않으면 죄수 자신이 변론하게 하고 다시 자세히 심리한다. 어길 경우 도죄나 유죄이면 태 40, 사죄이면 장 60이다.[96]

---

93 문준영, 2010, 《법원과 검찰의 탄생》, 역사비평사, 64쪽.

94 문준영, 2010, 위의 책, 26쪽.

95 심희기, 1997, 《한국법제사강의》, 삼영사, 222쪽.

96 《대명률》〈刑律〉〈斷獄〉獄囚取服辯 "凡獄囚徒流死罪 各喚囚及其家屬 具告所斷罪名 仍取囚服辯文狀 若不服者 聽其自理 更爲詳審 違者 徒流罪笞四十 死罪杖六十"

b) 의정대신은 수금되어 있는 것을 염려하여 열흘을 넘기지 말아야 한다고
하나 모든 죄인은 반드시 그가 수정輸情함을 기다려 법으로 처리하는 것
이다. 어찌 시일이 오래 걸리고 적게 걸리는 것을 염려해야 하는가. 비록
역옥같이 중대한 것도 승관承款하기 전에는 법으로 처리하지 못하는 것이
예이다. 다만 조종祖宗의 성법만 착실히 지켜나갈 것이며 쉽게 변경할 수
없다.[97]

이러한 자백필수주의는 조선시대 유교적 형정의 기본 관념으로 여겨졌고,
이는 법률적인 근거로도 기재되었다. a)에서 확인할 수 있듯《대명률》형률에
서는 죄인이 승복하지 않으면 스스로 다시 변론하도록 한 다음 다시 심리하
도록 조치하였다. b)에서와 같이 숙종 22년(1696)의 수교에서는 모든 죄인은
반드시 수정(輸情, 자백을 의미)한 후 처분할 수 있다고 명시하였으며, 역옥과
같이 중대한 범죄에 대해서도 그 원칙은 예외일 수 없다고 규정하였다. 조선
의 형사재판은 이른바 '자백 없으면 판결 없고 형벌 없다'는 원칙에 입각해
있었다.[98]

세상에 옥송을 다스리는 자들이 자백을 받아야만 형벌을 시행할 수 있다고
하여 간혹 죄인이 자복하지 않았을 경우에는 죄의 실정이 환히 드러나고 증
거가 명백한 것에 대해서도 곧바로 그 죄를 단정할 수 없다고 한다.[99]

실제로 형정 집행 관료들도 자백이 최종처분의 제1 근거라고 이해하고 있
었다. 윤휴尹鑴는 조선의 형관들은 피의자가 자백하지 않을 경우 명백한 증거

---

97 《추관지》〈詳覆部〉〈訊杖〉"且大臣以服念要囚 不易旬時爲言 而凡罪囚必待其輸情然後 方可致法 豈
　可以時日之近久爲慮乎 雖以逆獄之重 未承款之前 不得致法 例也 但當謹守祖宗成法 不可容易變更也"
98 문준영, 2010, 앞의 책, 71~72쪽.
99 《백호전서》권27, 〈雜著〉"世之治獄者 必言取服而施刑 其或罪人不自服 則雖實跡彰露 證在明白 猶
　不能直斷其罪"

가 있더라도 형벌을 집행하지 않았으며, 자백을 받아야만 비로소 죄상을 확정하고 형벌을 시행했다고 설명하였다. 이는 조선 형정의 근간을 이루는 관념 속에서, 외부의 물증이나 제3자의 진술만으로는 피의자의 범죄 사실을 단정 짓기에 부족하다고 보았음을 시사하며, 범죄자 스스로가 자신의 죄를 인정하고 뉘우치는 과정을 형벌 집행의 전제 조건으로 여겼음을 보여 준다.[100]

그렇다면 피의자의 최종 자백은 어떤 형식적 규정을 통해 확보되었을까? 조선은 자백에 대한 문서 근거를 남기도록 규정하고 있었다. 피의자의 승복을 담은 최종판결문을 결안結案이라고 불렀는데, 결안은 범죄자가 스스로 직접 국왕에게 자신이 저지른 범죄를 인정하고 그에 대한 형벌을 순순히 받아들이겠다는 약속의 문서이다. 범죄자로부터 자백과 사죄의 뜻이 담긴 결안을 받음으로써 교화의 길에서 벗어난 백성이라 할지라도 궁극적으로는 다시금 국가의 교화 체계로 편입되었음을 재확인받는 것이다. 죄를 범한 '어리석은 인민'이 자기 죄를 승인함으로써 도덕적 깨우침의 기초가 마련되는 논리이다.[101]

그렇다면 조선의 자백 구성요건은 무엇일까? 자백의 형식에 대해서는 원칙과 사례들을 통해 재구성할 수 있다. 먼저 원칙적으로 《대명률》에 규정된 자백 관련 조항들을 검토해 보자. 《대명률》 형률에는 두 가지 자백 관련 조항이 있다. "여러 아문에서 형사 사건 등을 국문鞫問할 때 만약 이전吏典 등이 타인을 위해서 진술 기록을 고쳐 쓰거나 대신 써서 실정을 더하거나 줄여 죄가 가볍거나 무겁게 되면 고의로 타인의 죄를 가볍게 하거나 무겁게 한 죄로 논한다. 범인이 실제 문자를 알지 못하면 사건과 관련이 없는 사람으로 하여금 대신 쓰게 한다."[102]라는 조항에서는 자백의 진술 주체가 피의자 본인이어야 한

---

100 정진혁, 2022a, 〈17~18세기 추국청의 혹형{압슬형(壓膝刑), 낙형(烙刑)} 시행 추이〉, 《역사학보》 256, 181~182쪽 참조.

101 문준영, 2010, 앞의 책, 71쪽.

102 《대명률》〈刑律〉〈斷獄〉吏典代寫招草 "凡諸衙門鞫問刑名等項 若吏典人等爲人改寫及代寫招草

다는 점을 명시하고 있다. 만약 피의자가 글을 쓸줄 모른다면 사건과 관련 없는 제3자가 대신 받아 적도록 규정하였다. 이는 관료가 자백 내용을 대필하는 과정에서 나타날 위조·날조를 방지하기 위한 조치였다. "옥수 및 그의 가속家屬을 불러 의단擬斷한 죄명을 자세히 알려 주고, 이어 옥수에게 승복하거나 변론하는 문서를 받는다."[103]는 부분에서는 이를 피의자 본인 및 해당 가족에게 다시 승인받게 한 후 공식 문서로 남기게 했음을 알 수 있다. 피의자 측의 승인과 이를 증명할 문서를 남김으로써 국가처분의 정당성을 명시적으로 확보하고자 하였다.

결안結案은 죄인이 자신의 죄를 승복하는 '지만遲晚'[104]의 내용을 재확인하고 사형이 마땅하다는 결론으로 절차를 종결하는 문서이자 절차이다. 사형에 해당하는 죄목이 확정된 죄인에게서 결안을 받았으며, 결안 내의 범죄사실을 기재한 '행흉절차'는 이후 조율照律 과정에서 해당 죄인의 범죄사실에 적합한 율律을 선택하고 그 타당성을 검토하는 데 결정적인 근거가 되었다. 결안에는 죄인 스스로가 사형에 해당하는 중범죄를 행했음을 인정하고 이에 대한 처벌로써 국가에 의한 사형을 감수하겠다는 지만遲晚이 포함되어 있다. 따라서 결안은 단순히 범죄를 자백하는 진술서의 의미로 한정되기보다는, 사법적·행정적 절차에서 소송 당사자로서 자신에 대한 형사처분에 확약한다는 다짐〔侤音〕과 같은 성격을 지녔다. 따라서 결안은 그 자체로 사형 죄인에 대한 사법 심리를 종결하는 형식이자 절차에 해당했다.[105]

增減情節 致罪有出入者 以故出入人罪論 若犯人果不識字 許令不干礙之人代寫"

103 《대명률》〈刑律〉〈斷獄〉獄囚取服辯 "凡獄囚徒流死罪 各喚囚及其家屬 具告所斷罪名 仍取囚服辯文狀"

104 문준영, 2022a, 〈《유경록》으로 보는 조선 후기 관찰사에 의한 살사(殺死)사건 처리 실태〉, 《법학연구》 32, 510쪽.

105 문준영, 2022b, 〈계복(啓覆)에서 심리(審理)로 – 조선시대 사형사건 재판제도의 전개와 변화〉, 《법과사회》 69, 278쪽.

구체적인 결안 작성 방식에 대해서는 《신보수교집록》, 《심리록》, 《백헌총요》 등에 기재된 방식들을 참고할 수 있다.

> 형조는 죄인이 자백〔承款〕하기를 기다렸다가 계목이 판하되면 비로소 결안을 받드는데, 먼저 근각根脚을 만들고, 다음에 흉악한 행위〔行兇〕를 다짐〔侤音〕받아 확인한다.[106]

위는 《심리록》에서 제시된 결안 양식이다. 결안을 작성하기 위해 필요한 피의자의 자백〔承款〕이 갖춰지면 순차적으로 결안이 작성된다. 결안은 초반부는 죄인의 가계 내력과 신원을 기재한 '근각根脚'으로 구성되고, 후반부는 범행의 사실 및 관여 내역을 진술하는 범죄진술 부분과 이에 대한 형사처분에 동의한다는 처분동의 부분이 결합되어 '행흉다짐〔行凶侤音〕'으로 구성된다.[107]

a) 결안: "아룁니다. 저의 근각根脚은, 아버지는 어떤 역을 진 아무개인데 (살아 있으면) 살아 있습니다, (죽었으면) 죽었습니다. 아버지의 아버지는 어떤 역을 진 아무개인데 (살아 있으면) 살아 있습니다, (죽었으면) 죽었습니다. 어머니는 양녀 혹은 사비인 아무개인데 (살아 있으면) 살아 있습니다, (죽었으면) 죽었습니다. 부모님에게서 어떤 고을에서 태어났고, (저는) 부모를 따라 성장해서 호적에 올랐으며, 어떤 고을에 거주해 살고, 양녀 혹은 사비 아무개를 처로 맞이하였습니다."[108]

---

106 《심리록》 卷首, 〈應行格式〉〈結案式〉 "刑曹待罪人承款 啓目判下 始捧結案 先捧罪人根脚 次捧行兇侤音"

107 문경득, 2014, 〈《추안급국안(推案及鞫案)》DB 구축 및 창작소재 콘텐츠 개발 방안〉, 《인문콘텐츠》 35, 183쪽 ; 문준영, 2022b, 위의 논문, 278쪽.

108 《新補受教輯録》 〈刑典〉 〈雜令〉 '結案式' "結案 白等 矣身根脚段 父某 役某 或生存 或故 父矣父某 役某 或生存 或故 母或良女或私婢某 或生存 或故 母矣父某 役某 或生存 或故白良乎 父母以胎生於某邑 隨父母長養入籍 居生於某邑 娶妻或良女或私婢某云云"

b) 사형죄인 결안: "아룁니다. 저의 근각根脚은, 아버지는 어떤 역을 진 아무 개인데 살아 있거나 죽었습니다. 아버지의 아버지는 어떤 역을 진 아무개 인데, 혹은 이름을 모릅니다. 어머니는 어떤 역을 진 아무개이고, 어머니 의 아버지는 어떤 역을 진 아무개입니다. 아무 고을 아무 면에서 태어났 사온데, 부모를 따라 자랐습니다. 거주 여부를 아뢰옵건대 아무 년에 아 무 지역으로 가서 아무 역을 맡았고, 장성하여 아무 고을의 여자와 혼인 하였습니다. 첫째 아이는 언제 태어나 언제 죽었으며, 둘째 아이도 태어 난 일 등등이 있습니다.

그리고 아무개를 아무 물건으로 때려죽인 사실이 틀림없이 사실이므로, 확실하게 시행하시길 바라옵니다."[109]

결안의 구체적인 격식은 《신보수교집록》, 《백헌총요》에서 확인할 수 있다. a)는 《신보수교집록》에 수록된 결안식으로 근각에 관한 예시만이 수록되어 있고, b)는 《백헌총요》에 수록된 결안식으로 근각과 행흉다짐이 함께 제시되어 있다. a), b) 양자는 공통적으로 개인 신상을 적는 '근각' 양식을 상세히 제시하고 있다. a)보다 b)가 더 자세한 경향은 있지만, 공통적으로 부친, 조부, 모친, 외조부의 생존 여부 및 역역 등 가계 정보를 기재하고, 본인의 출생지와 이후 거주지 변동 사항 등 거주 정보를 기재한 후, 처와 소생 등 가호 정보를 설명하도록 되어 있었다. 근각은 해당인의 가계·거주·가호 등 국가·사회와 맺어진 인적·공간적 네트워크를 상세히 기재하도록 되어 있었다.

'행흉다짐' 양식은 b) 《백헌총요》 부분에서 확인할 수 있다. 이 결안식에서는 구타살인의 경우를 예시로 들고 있는데, "아무개를 아무 물건으로 때려 죽인 사실이 틀림없이 사실"이라는 범행진술 부분과, "확실하게 시행하시길 바

109 《百憲摠要》卷2, 〈刑曹〉〈檢狀式〉'結案'"死囚罪人結案 白等 矣身根脚段 父某 役某 生沒 父矣父 某 役某 或名不知 母某 役某 母矣父某 役某 胎生於某邑某面白良乎 父母隨父母長養 居生與否爲如 可 某年 往某地 爲某役 仍爲長成 某邑女作妻 一所生某生沒 二所生云云是乎旀 某人打殺事段 以某 物毆打致死 的實是去乎 的只施行敎味白齊"

라는 뜻으로 아룁니다."라는 처분 동의 부분이 제시되어 있다. 이를 통해 결
안식은 크게 '근각'과 '행흉다짐' 부분으로 작성되도록 규정되어 있음을 확인
할 수 있다.

　　같은 날인 8월 1일
　　죄인 황회
　　결안
　　저의 신원은 다음과 같습니다. 아버지는 세상을 떠난 만호 황응순黃應舜이
고, 할아버지는 황규黃奎입니다. 어머니는 양녀 박조이朴召史이고, 외할아버지
는 박자종朴子宗입니다. 부모님께서 인천 지역에서 낳으셔서 저는 영평 지역
에서 거주했습니다.
　　저는 올해 6월쯤 정원태鄭元泰·여환呂還과 계화戒化의 집에서 모였습니다.
정원태·여환 등이 말하기를,
　　"올해 7월에 큰비가 내려 도성이 마땅히 휩쓸려 버릴 것이다. 우리들이 이
때에 말을 몰아 쫓아가 도성으로 들어간다. 훈련원에 모여 있다가 그대로 대
궐 안으로 들어간다."
　　했으며,
　　"오십로동五十老洞의 수십여 명이 여환의 패거리이다."
　　했는데, 방귀선方貴先 한 사람 외에, 그 나머지의 이름은 모릅니다.
　　저의 경우, 이미 여환과 늘 왕래한 사이이므로 만약에 여환이 도성에 들어
간다면 제가 어찌 따라가지 않을 수 있겠습니까? 시기는 비록 8월이나 10월
이라고 말하지만 날짜는 미처 정하지 않았습니다.
　　역모에 동참한 것이 틀림없이 확실합니다.110

---

110 《추안급국안》 영인본 권10 172면, 번역본 28권 261~262쪽. "矣身根脚段 父故萬戶應舜 父矣父
　　奎 母良女朴召史 母矣父朴子宗白良乎 父母以胎生於仁川地 居生於永平地是白如乎 矣身今年六月分
　　與鄭元泰呂還會于戒化家是白如乎 鄭元泰呂還等以爲今七月 大雨都城當傾蕩 吾輩於此時長驅入城 聚
　　會於訓鍊院爲有如可 仍爲入去闕中亦爲白乎旀 五十老洞數十餘人爲呂還之徒黨云云 方貴先一人外 其
　　餘姓名則不知是白遣 矣身段置旣與呂還常常往來是白乎等 以若其入城之時 則矣身亦豈不隨往是白乎
　　旀 日期則雖以八月十月爲言 而日子則未及定之是白乎 所謂逆同參 的實的只乎事"

결안식의 규정은 실제 결안 작성에 반영되고 있었다. 위는 숙종 14년 (1688) 여환 추국의 주동자 황회黃繪의 결안이다. 위의 결안을 살펴보면 부친 황응순, 조부 황규, 모친 박조이, 외조부 박자종에 대한 간략한 가계 정보, 인천 태생으로 영평으로 거주지를 옮긴 거주 정보 등 '근각'이 제시되어 있다. 이하에는 정원태·여환 등과 꾸민 역적모의에 대한 범죄진술 부분과 역모에 동참하였다고 인정하며 처분에 동의하는 '행흉다짐'이 수록되어 있었다.

그렇다면 결안을 작성하는 절차는 어떻게 진행되고 있었을까? 형조, 관찰사가 상설기관이었던 점111과는 달리 추국청은 국왕의 특명에 의해 설치되는 특설기관이었으며, 정승급 위관이 주관하고 전현직 대신 및 국가 고위관료들이 동참한 기관이라는 면에서 결안 작성 절차에서도 차이가 있었다. 의금부의 결안 작성 절차에 대해서는 영조 1년(1725) 의금부 아전들의 발언을 참고할 만하다. 결안 작성의 절차와 결안 작성 간에 개입된 부정행위를 구분하여 설명하고 있으므로 그 두 요소를 비교하면서 확인해 보고자 한다.

① 죄인이 지만遲晚을 바치면, 아전이 처음부터 끝까지 읽어주어서 죄인이 죄상을 알도록 함112
② 문사낭청이 문서를 가지고 국청에 참여한 대신들이 모두 듣도록 소리내어

---

111 형조의 경우 피의자의 자백을 받아 결안을 만들어 승정원에 올렸으며, 결안이 승인되면 형조 검률이 조율을 하고 원안을 첨부하여 다시 의정부에 올렸다. 의정부에서는 해당하는 율문을 뽑아 올리도록 하였다.(《심리록》卷首,〈應行格式〉〈結案式〉) 사형 최종집행 역시 결안단자를 승정원에 올리고 승인을 받은 후, 행형단자를 승정원에 올려 승인을 받는 절차를 거쳐야 했다.(《추관지》〈考律部〉〈續條〉罪囚) 지방 관찰사가 도적을 사형하고자 할 때에는 토포사가 피의자로부터 자백을 받아 감영에 보고하면, 관찰사가 고복관을 정해 다시 추문하고, 피의자가 재차 자백하면 결안을 작성하여 국왕에게 보고하여 승인받도록 하였다.(《추관지》〈竊盜〉〈治盜定制〉) 이처럼 각 사법기관들은 각기 부여된 절차에 따라 스스로 여러 차례 확인을 거치고 상위기관으로부터 철저하게 승인받는 과정을 거치고 있었다.
112 《추안급국안》영인본 권14 94면, 번역본 40권 138쪽 "凡罪人 遲晚納供則畢捧後 從頭至尾 讀而言之 使罪人知之"

읽음113

③ 문서에 죄인의 이름을 비우고 죄인으로부터 다짐〔侤音〕 서명을 받고 감옥에 가둠114

④ 자백 내용〔遲晚〕을 근거로 문서를 만드는 진술을 받음115

⑤ 심문부터 자백에 이르기까지 모두 수석아전의 감독 아래 규정대로 진행116

⑥ 위관, 의금부 당상관, 승지, 사헌부·사간원 문사낭청, 도사, 서리, 나졸 모두 합계하기 때문에 조작이 어려움117

여기에서 주목할 점은 결안 작성 과정이 단순히 자백 자체로만 요건을 충족하는 것이 아니라는 점이다. 여기에서는 죄인의 자백에 해당하는 지만遲晚에 대한 여러 차례의 검증 과정이 나타난다. 순서대로 확인하면 ① 죄인이 직접 지만한 내용을 스스로 확인할 수 있도록 하고, ② 다시 대신들이 모두 확인하도록 공식 검증까지 거친다. 그리고 이 내용을 ③ 죄인에게 다짐〔侤音〕 서명을 받도록 하여 다시 확인하도록 하고 ④ 이후 지만 내용을 근거로 결안 진술을 받는다. 이를 검토하면 결안 작성 과정은 '죄인의 최초 검증 – 대신들의 공개 검증 – 죄인의 다짐 서명 – 죄인의 최종 결안 진술'에 이르기까지 4단계에 걸친 작업을 거치게 되어 있었다. 이처럼 결안은 죄목을 결정하는 최종판결문으로서 엄격한 상호 검증 속에서 신뢰성 있는 작성 과정을 거치도록

---

113 《추안급국안》 영인본 권14 94면, 번역본 40권 138쪽 "然後問郞持入 相位前讀告 後罪人處空侤音與否"

114 《추안급국안》 영인본 권14 94면, 번역본 40권 138쪽 "後罪人處空侤音與否 告課于相位前 着名下獄"

115 《추안급국안》 영인본 권14 95면, 번역본 40권 139쪽 "旣爲遲晚則 問目內 辭緣及遲晚二字 執其主意 造文捧招"

116 《추안급국안》 영인본 권14 97면, 번역본 40권 142쪽 "鞫廳規例 自初招至結案 皆自廳上 執吏例爲擧行"

117 《추안급국안》 영인본 권14 247면, 번역본 40권 357쪽 "大抵鞫廳 事體異於該司 坐起委官禁堂承旨兩司問郞都事一併會坐 且有許多書吏羅卒 衆人瞻聆 有不可誣告"

규정되어 있었다. 이 과정에는 위관, 의금부 당상관, 승지, 사헌부·사간원 문사낭청, 도사, 서리, 나졸 등 많은 인원이 참가하고 모든 절차는 수석 아전의 감독 아래 진행되기 때문에 조작이 매우 어렵다고 언급되고 있다.

> ① 살려줄 뜻이 있다고 속여서 자백 문서를 작성하는 행위[118]
> ② 자백 문서의 내용을 숨긴 채 서명만을 강요하는 행위[119]
> ③ 죄인이 정신을 잃은 경우 손도장을 대신 받는 행위[120]

그리고 위와 같은 행위는 명백하게 부정행위로 규정되었다. 부정행위를 살펴보면 죄인의 '의도'를 무시하고 국가가 주도적으로 행하는 방식들이 나온다. ① 진술하면 살아서 돌아갈 수 있다고 속인 후 자백 문서를 받는 행위, ② 자백 내용을 숨긴 채 서명을 받는 행위, ③ 죄인의 의지와는 반대로 손도장을 찍게 하는 행위 등은 모두 부정행위로 간주되었다. 이는 공통적으로 죄인 진술의 목적을 호도하거나, 죄인의 의지와 무관하게 결안을 작성하게 하는 행위들이다.

위와 같은 관행이 정립된 이유는, 형식적인 자백 문서를 만드는 행위가 아니라 범죄인의 '완전한 승복'을 목표로 하고 있었기 때문이다. 일례로 숙종 6년(1680) 추국청에서 이정李楨의 범죄 혐의를 둘러싼 논의에서 확인할 수 있다. 숙종은 강만송姜萬松의 진술에서 이정의 범죄 사실이 간접적으로 밝혀졌으므로 '반승복半承服'에 해당하기에 혐의를 확정할 수 있다고 주장하였다. 그

---

118 《추안급국안》 영인본 권14 93면, 번역본 40권 136쪽 "敢爲敎誘罪人 以可生之意納供 仍作結案者 揆以人情法理 必無是事 盆不喩 矣身亦所未見是白乎旀"

119 《추안급국안》 영인본 권14 93면, 번역본 40권 136쪽 "至於卷其上端 勒令着名之事 矣身亦不得見之是白乎旀"

120 《추안급국안》 영인본 권14 93면, 번역본 40권 137쪽 "受刑恩人甚多 累次受刑之後 精神慌亂不能着名則 間間有捧手寸之事 而捧手寸者某某罪人是白如乎喩 到今年久之後 勢難記知"

러나 추국청에서는 추국의 상황(事體)이 중대하므로 자백을 완전하게 하기 전까지는 '반승복'이라는 조건을 걸어 처벌할 수 없다고 간하였다.[121] 이상의 내용을 종합하면 결안 작성 절차는 피의자의 의지에 근거하여 진행되어야 하며, 완전한 승복과 자백을 전제로 하고 있음을 알 수 있다.

피의자의 완전한 승복을 목표로 하는 이유는 피의자의 죄를 확정한다는 법률적인 의미 외에도, 해당 범죄를 사회적인 의미로 재생산하기 위한 수단이 되기 때문이었다. 특히 추국청에서 다룰 만큼 중대한 역모·강상범죄의 경우 해당 사건의 주모자들이 결국 합당한 절차에 의해 처단되고 국가의 통치질서가 회복되었음을 선포할 필요가 있는 것이다.

종묘에 고하고 교서教書를 반포하여 도류徒流 이하의 죄인들을 사면하였으니, 허새許璽를 토벌하였기 때문이다. 그 교서教書에 이르기를,

"역모 사건이 서울과 지방에서 여러 차례 발생하여, 멀고 가까운 곳이 놀라 소스라쳤으나, 형벌이 재빨리 흉도에게 가하여져서 신神과 사람들이 기뻐서 경하하고 있다. 이에 환호渙號를 내려 온 세상에 알리노라. 내가 외람되게 큰 기업基業을 이어받음으로부터 불행하게 비운이 거듭 닥쳐와서 권간權奸들이 국권을 훔치러 들었으니, 어찌 차마 지난날의 위태로운 상황을 말로 표현할 수 있겠는가? 요얼妖孽이 때를 타고 일어나고 보잘것없는 무리들이 세상에 가득찼으니, 통탄할 일이다. 비록 발각되어 정형正刑을 받는 자가 이미 많았으나, 아직까지 숨어서 악행을 이어 받으려는 자들이 줄지 않고 있어서, 그릇된 소문이 퍼지기에 이르렀으니, 참으로 요사한 기운이 사라지지 않았음을 알겠노라.

역적 허새 따위들은 짐승 같은 성품에 서캐와 이 같은 미미한 자들이다. 감문監門이라는 직책에 몸을 숨기고, 은밀히 나라에 대한 원망의 뜻을 품고서 계책을 세우고 무리를 지어, 감히 활로 하늘을 쏘아 모욕하려고 획책하였다.

---

121 《숙종실록》 권9, 숙종 6년 4월 17일 丙子 "鞫廳事體重大 未盡輸情之前 不可謂之半承服 而直爲論斷"

제 마음대로 부서部署를 베풀어 놓고 거리낌 없이 세상을 날뛰려고 하였으니, 궁궐을 불태우고 부고府庫를 불지르려 했다는 말은 그 속셈이 더욱 흉악하며, 장수를 살해하고 공경公卿을 죽이려 한 계책은 이미 장비까지 갖추고 있었고, 바닷가를 거짓으로 경계해야 한다고 한 것에 이르러서는 또한 호복胡服의 간계奸計를 따른 것이며, 유배지流配地에 있는 종친宗親을 추대한다고 한 것은 진실로 예전의 방법을 도습한 것이다. 서울 근경의 수령守令들을 습격하여 일시에 군사를 일으키려 했다 하나, 저렇듯 작은 무리로써 어찌 능히 해 낼 수 있는 일이겠는가? 그러나, 독충에 쐬는 것도 두려운 것이다.

군상君上을 안전하게 하려는 진상陳狀에 힘입어 망하라莽何羅가 사로잡히게 되자, 그들의 흉계가 공술서에 남김 없이 드러나 추악한 무리가 날카로운 도끼 아래에 쓰러지듯이, 이미 역적 허새와 같은 무리인 허영許瑛이 붙잡혀서 법에 의하여 사형에 처해졌다. 난역亂逆은 크고 작은 차이가 없는데, 요행히 바로 토벌되었다. 사변事變이란 미세한 데에서 발발하는 것이니, 어찌 경계하여 두려워하기를 잊겠는가?

이미 신민臣民의 극極에 달한 분노를 쾌히 씻었으니, 마땅히 뇌우雷雨같은 은택을 펴야 하겠다. 이달 21일 새벽 이전의 잡범雜犯과 사죄死罪 이하는 모두 죄를 용서하여 주고, 벼슬자리에 있는 자에게는 각기 한 자급資級씩을 올려 주되 자궁資窮인 자에게는 대가代加토록 하라. 아! 역적의 난을 토벌하여 재앙이 움틈을 막았으니, 내가 어찌 그대로 있을 수 있겠는가? 덕음德音을 펴 선량한 기운을 이끌어 이제부터 새롭게 하리라. 그러므로 이에 교지를 내려 보이는 것이니, 반드시 내 마음을 짐작하리라 생각한다."

하였다.【대제학 이민서李敏敍가 지어 올린 것이다.】122

---

122 《숙종실록》 권13, 숙종 8년 11월 20일 癸亥 "告宗廟 頒敎 赦徒流以下 以討璽也 其敎文曰 逆節屢生於京邑 遠近震驚 刑章遄加于兇徒 神人歡慶 玆申渙號 用誥多方 自子叨承於丕基 不幸荐履於否運 權奸竊柄 忍言向日之危疑 妖孽乘時 可痛末流之滋蔓 雖發覺而正法者已衆 尙隱伏而嗣惡者不衰 以致訛言之或騰 固知戾氛之未殄 逆賊璽等 梟獍之性 蟣蝨之微 匿跡監門 潛懷怨國之志 設策聚黨 敢呈射天之圖 鋪置部署之自專 揣摩跳踉之無忌 焚宮焚府庫之說 情節益凶 殺將殺公卿之謀 器械已備 至若海口之僞警 亦循胡服之遺奸 擬推在配之親宗 實蹈前套 思襲近畿之牧守 共發一時 謂幺麼之何能爲 然毒螫之猶可畏 尙賴安上之陳狀 得見莽何之就擒 凶言悉露於爰書 醜類旋膏於齊斧 已將逆賊璽及同黨瑛 依法正刑訖 亂逆無間於大小 幸卽討除 事變或起於細微 詎忘懲懼 旣快臣民之極憤 宜布雷雨之覃恩 自本月二十一日昧爽以前 雜犯死罪以下 咸宥除之 在官者各加一資 資窮者代加 於戲 誅賊亂而杜禍萌 豈

위는 숙종 8년(1682) 허새 추국의 최종 반교문頒敎文이다. 내용이 다소 길지만 국가가 추국 절차를 통해 어떠한 목표를 달성하고자 했는지를 검토할 수 있으므로 전부 인용하였다. 위의 반교문을 검토해 보면 ① 범죄 발생 배경 ② 범죄 진행 경과 ③ 범죄 처분 결과 ④ 사면령으로, 크게 4부분으로 구성되어 있다. '① 범죄 발생 배경'에서는 해당 시기 '요얼이 일어나 보잘 것 없는 자가 많다거나', '악행을 이어받으려는 자들이 많다'는 등의 이유로 사회 분위기가 혼란했음을 언급한다. '② 범죄 진행 경과'에서는 허새·허영의 범죄 행각에 대해 언급하고 있다. 궁궐을 불태우고 창고를 불 지르려 한 혐의, 장수·관료를 살해하려 모의한 혐의, 유언비어를 퍼뜨린 혐의, 새로운 국왕을 옹위하려 한 혐의 등을 언급하여 이들의 행위가 명백하게 국가 질서를 위반하고 있음을 확인시킨다. '④ 사면령' 부분에서는 잡범들을 사죄하여 국가의 은택을 보여 주고 있다. 이들은 공통적으로 국가에게 도전한 반국가 세력을 비판하는 내용이 주가 된다.

중요한 부분은 '③ 범죄 처분 결과'인데 여기에서는 허새·허영이 붙잡혀서 법에 의하여 사형처분을 받았음을 명백히 하고 있다.〔已將逆賊璽及同黨瑛 依法正刑〕 여기에서는 이들이 의법정형依法正刑 당했다고 명시되어 있는데, 이는 '법률에 의거하여 사형당했다'는 의미로 '지만-다짐-결안-조율-처형'이라는 법적 절차를 준수했음을 의미하는 것이다. 실제로 허새·허영은 결안을 제출한 뒤 공식적인 절차에 의해 처형을 당했기 때문에 반교문상에 수록될 수 있었다.[123]

그런데 주목해야 할 점은, 이 사건의 주요 주동자로 여겨진 집의 이덕주李德周[124]와 종친 이수윤李秀胤[125]의 이름은 반교문에 실려 있지 않다는 것이다.

子得已 施德音而導善氣 自今維新 故玆敎示 想宜知悉 大提學李敏叙製進"

123 《추안급국안》 영인본 권9 716면, 번역본 27권 283쪽 ; 《추안급국안》 영인본 권9 747면, 번역본 27권 319쪽.

그 이유는, 이들이 공식적인 절차를 거쳐 처형되지 못하고 조사 도중에 물고 당했기 때문이다. 이덕주는 신장 180대–압슬형 1회를 당하고 물고되었고,[126] 이수윤은 신장 270대–압슬형 1회를 당한 후 물고된 상태였다.[127] 이 때문에 국가로서는 사건 주도자라고 생각되었더라도 공식적인 절차를 거쳐 사형하지 못하고 도중에 고신에 의해 사망하게 되면, 반교문상에서 의법정형했다고 언급할 수가 없었다. 이러한 물고의 경우는 아직 죄상이 확정된 상태가 아니기 때문에 반교문상에서도 이들을 죄인이라고 언급할 수가 없었다. 이처럼 국가가 공식적으로 역모를 정상화하기 위해서는 해당 피의자의 자백·결안이 반드시 필요했던 것이다.

옥사獄事란 것은 사람의 사생死生이 매인 것이다. 만약 그 실정을 제대로 얻지 못하고 채찍과 고문 아래에서 구한다면, 죄가 있으면서 (고문을 버틴 자는) 요행히 면하게 하고, 죄가 없는데도 (고문을 못 버티고 허위 자백한 자를) 죄에 빠지게 되어 형벌이 적당하지 못하여 원망을 머금고 억울함을 가지게 하여, 마침내 원통함을 풀지 못하게 되면 족히 천지의 화기를 상하게 하고, 수재水災와 한재旱災를 부르게 되니, 이는 고금古今의 공통된 근심거리였다.[128]

---

124 이덕주는 "이덕주는 이미 주모자主謀者로 지칭됐었으니, 그에 대한 신문訊問을 어찌 그만둘 수 있겠습니까?"라고 하여 주모자 급으로 이해되고 있었다.(《숙종실록》 권13, 숙종 8년 11월 20일 癸亥 "李德周旣稱謀主 其所訊問 烏可已乎")

125 이수윤은 "이수윤이 나라에 앙심을 품고 난리를 획책하면서, 군상君上을 업신여기고 입에 담지 못할 말을 한 것은, 그 죄가 목을 베어 죽인다 하여도 용서받지 못할 것입니다"라고 하여 주모자급으로 이해되고 있었다.(《숙종실록》 권13, 숙종 8년 11월 30일 癸酉 "秀胤怨國思亂 無君不道之言 罪不容誅)

126 《추안급국안》 영인본 권9 780면, 번역본 27권 355쪽.

127 《추안급국안》 영인본 권9 877면, 번역본 27권 482쪽.

128 《세종실록》 권52, 세종 13년 6월 2일 甲午 "蓋獄者 人之死生係焉 苟不眞得其情 而求諸箠楚之下 使有罪者幸而免 無罪者陷于辜 則刑罰不中 以致含怨負屈 終莫得伸 足以傷天地之和 召水旱之災 此古 今之通患也"

72   Ⅱ. 숙종 대 탕평책의 대두와 국왕직단 추국

그러나 자백을 최종 판단 기준으로 삼는 사법 절차가 도덕적 관념에 입각했다 하더라도, 그것이 반드시 도덕적 결과로 귀결되는 것은 아니었다. 세종 13년(1431)에 세종은 당시 조선의 옥사가 자백을 얻어내기 위해 신체고신에 의존하고 있는 상황을 개탄하였다. 그는 국가가 범죄의 실체를 파악하지 못한 채 신체고신을 통한 자백 획득에만 급급하면 범죄 파악에 문제가 발생한다고 보았다. 고신을 끝까지 버티며 자백하지 않은 진짜 범죄자는 처벌을 면하고, 고신을 버티지 못하고 허위로 자백한 무고한 자가 부당한 처벌을 받게 되어 억울함과 원통함이 쌓이게 된다는 것이다.

그러나 관련자의 증언이 충분히 확보되었더라도 자백이 없다면 그에 대한 사형집행을 할 수 없는 한계도 있었다. 이는 증언을 비롯한 증거들보다 피의자의 자백이 절대적인 입증 근거가 되고 있다는 것인데, 이는 자백만 획득된다면 다른 증거가 미흡하더라도 피의자에 대한 공식처벌이 가능하다는 뜻이기도 했다. "후대에는 자복이란 것은 기필코 죄인의 자복을 받는 것이라 생각하고, 신문訊問이란 것은 다섯 가지 악독한 고신을 하는 데 온갖 짓을 다하여 죄목에 들게 하는 것이라 생각한다."[129]라는 비판에서 드러나듯, 자백을 강요하는 관행이 만연할 수 있는 여지가 있었던 것이다. 조선 형사사법 체계의 근간을 이루는 자백필수주의는 표면적으로는 범죄자의 반성을 통해 교화를 이끌어 내고자 하는 유교적 이념에 기반을 두고 있었으나, 실질적으로는 실체적 진실 규명 과정에서 국가권력의 강제성을 초래할 수 있는 맹점을 내포하고 있었다고 평가할 수 있다.[130]

정리하자면, 조선 건국 초기부터 유교적 교화주의를 바탕으로 한 형정 이념이 자리 잡았다. 이 관점에서는 개인의 일탈보다는 통치자의 교화 미비로부

---

129 《백호전서》 권27, 〈雜著〉〈漫筆 中〉 "後世謂其服也 而必取其辭服 其謂訊也 而榜掠五毒 無所不至 唯恐其不入也"

130 정진혁, 2022a, 앞의 논문, 183쪽.

터 범죄의 원인을 찾고 있었다. 피의자는 국가에게 귀의하고 도덕적으로 반성해야 했는데, 이 때문에 자백을 제1근거로 삼는 자백필수주의가 정립되었다. 결안結案은 범죄자의 자백과 범행 진술, 처벌 동의를 기록한 문서로서 자백필수주의가 목표로 한 법적 증거였다. 결안의 작성 과정에는 엄격한 절차가 갖추어져 있어 피의자의 완전한 자백을 받도록 하였으나, 고신 등 강제적 수단이 자백 획득을 위해 동원되면서 절차적 정당성에 대한 논란의 여지가 내포되어 있었다.

3) 양란 후 체제 동요와 형정 변동

조선은 형사제도 운영상 자의적, 천단적 요소를 제거하기 위한 노력을 지속적으로 시행해 왔다. 이는 고려 시기 형정 운영상의 폐단을 일소하고 공정한 통치를 구축하려는 시도에서 비롯되었다. 고려는 원 간섭기 이전까지 피고인의 생명을 중시하여 오판으로 인한 죽음을 방지하기 위해 고신 횟수 제한, 금형일 설정, 외방의 사죄안건 제도, 당나라 제도를 따른 삼복주 시행 등 다양한 방책을 마련하고 있었다. 그러나 원 간섭기에 고려의 법과 원나라의 법이 혼재되는 과정에서 기존에 마련해 놓은 제도들이 이완되었고, 원나라의 쇠퇴로 인해 짧은 기간 동안 북원과 명 사이에서 외교관계를 조정하는 과정에서 고려제도의 문란은 심화되었다.[131] 형정 운영의 측면에서는 무신집권기에서부터 관료들의 사사로운 처리 방식이 일반화되었고, 원 간섭기에 들어서면서 정치·경제적 이해관계가 형정에 영향을 미치는 현상이 심화된 것이다.[132]

---

131 다나카 토시미츠田中俊光, 2011, 〈朝鮮初期 斷獄에 관한 硏究 ─刑事節次의 整備過程을 中心으로〉, 서울대학교 박사학위논문, 102~103쪽 참조.
132 윤훈표, 2022, 〈고려 말기 형정의 상황과 개편 방향〉, 《학림》 50, 22~23쪽 참조.

이러한 고려 말기의 상황은 해이해진 고려 형정제도 재구축의 동기가 되었다.

조선 건국 초기에는 고려의 제도를 계승하면서도 태조 대에 새로운 법을 제정하여 독자적인 단옥斷獄제도를 마련하였다. 고려의 제도 중에서는 사건 관계자와 친인척인 담당 관리를 배제하는 상피相避, 범죄 안건에 따른 심급절차, 왕에게 삼복하여 사형을 신중히 처리하는 삼복계(三覆啓: 죄인의 심리를 신중히 하기 위해 초심·재심·삼심을 거쳐 반복 조사하여 아뢰는 것), 규격화된 형구刑具 사용, 피고인 고신(拷訊: 숨기고 있는 사실을 강제로 알아내기 위해 육체적 고통을 주며 신문함) 횟수 제한 등이 계승되었고, 태조 대에 새로 제정된 법으로는 소문만으로 해당 대상을 탄핵하는 풍문거핵風聞擧劾 금지, 관인官人 범죄 특별 대우, 남녀 옥수獄囚 분리수용, 도형徒刑 형기 만료보고 등이 있었다.[133]

태종 대와 세종 대에는 태조 대의 법을 계승하면서도 중국의 절차법을 적극적으로 수용하여 조선의 실정에 맞게 운용하였다. 태종 대에는 단옥의 처리 기한을 명시한 결옥삼한지법決獄三限之法, 사죄안건을 자세히 조사하는 사죄상복死罪詳覆이 시행되고 신문고申聞鼓가 설치되었고, 세종 대에 이르러 이들 제도가 더욱 구체화, 실용화되었다. 이 시기 명의《대명률大明律》 또한 일부 조문이 수용되기 시작하였으나, 핵심적인 부분에서는 여전히 당唐, 송의 제도가 주로 채택되었다. 세종은 피고인의 억울한 형벌 부과를 막고자 하는 원칙에 입각하여 절차법을 정비해 나갔다.[134]

세조 대부터 성종 대에 이르는 기간 동안《경국대전》 편찬이 진행되면서, 이전의《경제육전원전》과《경제육전속전》에 수록된 절차법 조문들이 법전 내로 체계적으로 편입되었다. 태조 대부터 성종 대까지 꾸준히 정비된 조선의 고유한 절차법이 집대성됨으로써 단옥제도의 기반이 공고화되었다.[135]

---

133 다나카 토시미츠, 2011, 앞의 논문, 107쪽.
134 다나카 토시미츠, 2011, 위의 논문, 172쪽.

조선 전기 절차법에는 심문 과정에서 지켜야 할 절차 규정들이 존재하였다. 먼저 형옥을 진행하기 위해서는 사건과 관련된 증언·제보인 '사辭'와 사건을 목격한 증인 '증證'이 갖춰져야 했다. 증거 조사 시에는 피의자, 증인, 사건 연루자 등으로부터 각각 공초供招를 받아 인적 증거를 확보하거나, 검험 결과로 작성된 검시장檢屍狀, 기타 증거물들을 조사하였다. 만약 각 공술 내용이 서로 엇갈릴 때는 대질심문을 통해 사실관계를 규명해 나갔다.[136]

조선 초기에는 고신에 대한 규제도 정비되었다. 태종 7년(1398) 법외 방식의 고신 금지, 하루 고신 집행 횟수 3~4번 이내로 제한하도록 규정되었다. 태종 17년(1417)에는 고신에 대한 상세한 규정이 추가로 신설되었다. 고신은 1차에 30대 이내로 하며, 그 집행기록을 남기도록 하였다. 고신에 사용하는 신장의 규격과 타격 부위는 의금부의 예에 따르도록 하였다. 한양 내의 사법기관에서는 왕에게 허가를 받아 고신을 시행하며, 외방의 사법기관에서는 관찰사에서 보고한 후 시행하도록 하여 자의적인 집행을 방지하였다.[137]

이상의 내용을 종합해 보면 조선 건국 초기부터 《경국대전》 완성 시기에 이르기까지 절차법 정비 과정이 지속적으로 이뤄지고 있었음을 확인할 수 있다. 그러나 16세기부터 수조권 분급제가 폐기되고 사적 토지소유에 입각한 지주제가 본격적으로 발전하는 가운데 지주전호제가 내포한 경제적 문제가 심화되었으며, 양반의 사회적 특권이 강화되는 가운데 양천제가 신분적 문제로 발현되었다. 주자학 정치사상이 국정교학으로 정착되고 심화 확대되는 가운데 점차 현실 적합성을 상실해 가는 사상적 문제가 제기되었다. 이러한 사회 변동이 정치영역에 반영되어 '당쟁黨爭'으로 일컬어지는 정치적 갈등으로

---

135 다나카 토시미츠, 2011, 위의 논문, 258~260쪽 참조.
136 다나카 토시미츠, 2011, 위의 논문, 39~41쪽 참조.
137 다나카 토시미츠, 2011, 위의 논문, 159~161쪽 참조.

격화되었다.[138]

위와 같은 경제·신분·사상적인 체제변화는 사회의 여러 가지 갈등을 야기하고 있었다. 한성부의 경우 절도, 위조, 폭행치사, 살인, 강도 등 범죄 유형을 막론하고 전국 8도와 비교하여 매우 높은 비율로 범죄가 발생하였다.[139] 이는 상품화폐경제의 발달에 힘입어 17세기 서울의 인구가 급증하고 행정편제가 확대되면서 나타난 경제적인 변화에서 비롯된 결과였다.[140] 경제적으로는 사적 토지소유에 입각한 지주제가 확대되면서 농촌사회 내의 생산자층인 농민층을 양극화시키고 있었다.[141] 양반층 역시 신분과 무관하게 빈농층으로 전락하기도 하면서, 점차 사회 구조는 경제적 축으로 재편되고 있었다. 전국적으로 범죄, 규칙위반자, 하극상이 이전 시대와 비교하여 증가하였다.[142]

지배층을 비방하는 반체제 사건도 태동하고 있었다. 흉서·괘서·익명서·난언과 같이 지배층을 비방하는 행위들이 빈번하게 일어나고 있었다. 17~18세기 조선정부에 대한 새로운 대안을 모색하는 정감록 참위설의 발생, 서학의 유입은 이러한 반체제 운동의 기폭제가 되었다.[143] 정감록 참위설은 민간신앙의 차원으로부터 점차 사회변혁의 동력으로 작용하고 있었고,[144] 서학의 도입은 유교적 상제가 아닌 새로운 천관天觀을 사유할 수 있게 하여 신앙공동체 형성을 가속화하고 있었다. '정감록 참위설'과 서학은 상호관련성을 맺으며

---

138 김용흠, 2004, 〈17세기 政治的 갈등과 朱子學 政治論의 分化〉, 《조선후기 체제변동과 속대전》, 혜안, 17쪽.

139 유승희, 2007, 〈18~19세기 漢城府의 犯罪實態와 葛藤樣相 −《日省錄》의 死刑犯罪를 중심으로〉, 서울시립대학교 박사학위논문, 64~76쪽 참조.

140 고동환, 1998, 《조선후기서울상업발전사연구》, 지식산업사.

141 최윤오, 2006, 《조선후기 토지소유권의 발달과 지주제》, 혜안.

142 노혜경, 2014, 〈조선후기 형정권의 분화 −구류간을 중심으로〉, 《조선시대사학보》 70, 285쪽.

143 조광, 2010, 《조선후기 사회의 이해》, 경인문화사, 149쪽.

144 정진혁, 2017, 〈조선후기 정감록 결사조직과 변혁운동〉, 연세대학교 석사학위논문, 44~45쪽 참조.

조선 후기 사회문화운동의 기초를 형성하고 있었다.[145]

우리나라는 종과 주인의 분수가 임금과 신하의 대의大義와 같아서 조금도 능멸하고 배반할 생각을 가질 수 없는데, 난리를 겪은 10년 동안에 인심이 패악悖惡해진 데다가 증빙할 문서까지 없어졌으므로 거짓이 판을 쳐 주인의 형세를 보아 제 주인을 떠나거나 따르니, 본주本主를 저버리고 세력 있는 집에 의탁하는 것은 세상의 풍조가 다 그러합니다. 안으로는 서울로부터 밖으로는 지방 고을들까지 옥송獄訟이 점점 많아져 온갖 간사한 폐단이 생기니, 과조科條를 엄하게 세워서 금지하지 않으면 인도人道가 장차 금수가 될 것입니다.[146]

당시 체제 변동의 실상은 선조 36년(1603) 장령 이구징李久澄의 상소에서도 잘 나타난다. 이구징의 설명에 따르면 양란 이후 노비문서 소실로 인하여 노비들이 주인을 떠나 다른 주인에게 투탁하거나, 아니면 떠나서 유랑하는 일이 빈번하게 발생하였다. 이들은 토지로부터 유리되었으므로 도적떼를 결성하여 살인·강도 등의 강력 범죄들을 저지르는 경우가 많았다.[147] 이전처럼 노비주가 노비를 사회·경제적으로 통제하던 방식이 전쟁을 거치면서 점차 와해되었고, 이들이 일으키는 사회범죄는 국가 차원에서 대응해야 하는 공적인 문제로 변화하고 있었다.

우부승지 유공량이 좌·우 포도 대장의 뜻으로 아뢰기를,
"올 가을 경기에 흉년이 들어 떼지어 모인 무리가 곳곳에서 도둑질을 하는

---

145 백승종, 2008, 〈조선후기 천주교와 정감록 －소문화집단의 상호작용〉, 《교회사연구》 30, 42쪽.

146 《선조실록》 권166, 선조 36년 9월 29일 壬午 "我國奴主之分 猶君臣大義 不可毫有凌叛之意 而亂離十年 人心悖惡 加以文籍無憑 詐僞橫生 觀其主之炎涼 爲其主之去就 謀背本主 投托勢家者 滔滔皆是 內而京輔 外而州縣 獄訟滋繁 奸弊萬狀 若不嚴立科條 爲之禁防 則人道將爲禽獸"

147 배항섭, 1991, 〈조선후기 삼정문란과 명화적〉, 《역사비평》 17, 340쪽.

데, 경외京外가 마찬가지이므로 도둑 지키는 일을 조금도 늦출 수가 없습니다.
…… 지금 복병장伏兵將의 군사로 배정된 숫자가 겨우 30명인데 연속하여 다른 일에 데려다 쓰므로 광활한 지방을 두루 살필 수 없어 도둑을 잡는 대책이 모양을 이루지 못하고 있으니 매우 염려스럽습니다. 앞으로는 인원을 넉넉히 더 배정하고 다른 일에 데려다 쓰지 못하게 할 것으로 아울러 승전承傳을 받들게 하는 것이 어떻겠습니까?"
하니, 윤허한다고 전교하였다.[148]

이러한 사회범죄 증가에 대응하기 위해서 국가는 사법기관 운영에 일정한 조정을 가할 수밖에 없었다. 우부승지 유공량柳公亮의 설명에 따르면 왜란 이후 전결 감소로부터 이어진 경제적 문제가 극심해진 상황이 나타났다. 주목할 부분은 일반 양민들이 무리 지어 도적 떼가 되었다는 점인데, 이들의 활동 범위는 서울과 서울 밖을 걸쳐 있었다. 그런데 이 시기 포도청에게 할당된 인원들이 도적 체포뿐 아니라 다른 행정업무에 차출되는 문제 때문에 도적 떼가 더욱 성행하는 문제가 있었다. 이에 포도청의 인원을 확충시키고 이들을 도적 체포에 전념할 수 있도록 하는 '인적 확대·업무 전문화'의 조치가 내려졌다. 조선 후기 사회범죄가 점차 대규모화·다각화되는 상황에서 기존의 사법기관 구조는 이에 대응하기 불충분하였고, 제도적 확대가 수반되어야 했다.

이에 따라 조선 후기에 사법기관의 역할은 증대 또는 창설되는 방향으로 개편되었다. 먼저 조선 전기부터 조선의 일반범죄를 담당하는 법사로 알려진 3법사 중 형조·한성부의 기능은 점차 확대되었다.

먼저 형조를 살펴보면 《경국대전》 편찬 당시보다 한층 역할이 강화되고 있

---

148 《선조실록》 권205, 선조 39년 11월 2일 丁卯 "右副承旨柳公亮以左右捕盜大將意啓曰 今秋畿甸
  失稔 嘯聚之徒 處處竊發 京外同然 盜直之事 不可少緩 …… 且時定伏兵將軍士則僅三十名 加以連續
  出用 廣闊地方 未及周遍 捕盜之策 不成模樣 極爲憫慮 今後優數加定 勿爲出用事 竝捧承傳何如 傳
  曰 允"

었다. 《경국대전》에서 주로 도성 내의 무당, 승려들을 통제하는 데 초점이 맞춰져 있다면, 현종 9년(1658) 새로 규정된 금제에 따르면 형조는 우마도살, 금주, 난전, 도량형 등 경제 전반에 대한 확대된 통제권을 집행했음을 확인할 수 있다. 이는 사회가 분화 발전해 감에 따라 도성민의 일상생활 전반을 규제할 필요성에서 나타난 조치였다.[149]

한성부의 사법적 역할도 강화되어 갔다. 《경국대전》에서는 한성부가 서울의 호적, 시장, 상점, 가옥, 전토, 하천 등 일반 행정과 쟁투, 상해 등 사법기능을 담당하는 것으로 나타난다.[150] 그러나 17세기 서울 내 분쟁의 증가와 맞물려 한성부의 기능과 관할범위는 점차 확대되어 갔다. 한성부는 토지와 가사의 사법 권한을 전국 단위로 확대하였고, 18세기에는 노비 분쟁·산송까지 범위를 확대하여 담당하게 되었다.[151] 이처럼 양란 이후에는 한성부의 권한이 《경국대전》에서 규정된 범위를 넘어서 점차 증대되는 양상이 나타났다.

이뿐 아니라 《경국대전》에 규정되지 않은 사법기관이 새롭게 창설되었다는 점에도 주목할 필요가 있다. 조선 건국 초 치도활동은 주로 의금부·형조·한성부 등 여러 기관이 복합적으로 담당하고 있었으나 구역과 절차가 체계적이지 않아 효율이 떨어졌다. 15세기 중반 포도장제가 시작되어 집단적인 도적 활동에 대응하도록 조치하였고, 점차 16세기 중종 대로 접어들면서 포도장의 역할이 도성 안팎의 일반범죄 단속으로까지 확대되었다. 중종 35년(1540)에는 처음으로 포도청捕盜廳이라는 공식 명칭이 등장하는데, 이 시기를 기점으로 포도청이 창설되었음을 알 수 있다. 양란 이후에는 불안한 수도 치안을 방비하기 위해 좌·우포도청제로 확대 재편되었고, 포도청 관원이 증가되면서

---

149 오갑균, 1995, 앞의 책, 134~135쪽 참조.

150 오갑균, 1995, 위의 책, 152쪽.

151 유승희, 2020, 〈18-19세기 한성부(漢城府)의 사법 행정과 역할〉, 《역사민속학》 58, 51~58쪽 참조.

기능이 전문화되었다. 포도청에는 도성 범죄 예방 및 경제범죄, 정치범죄 단속 기능이 부여되었다.[152]

지방에서는 17세기 영장제營將制의 시행이 주요 변화라고 하겠다. 조선은 임진왜란을 거치며 제승방략 체제의 한계를 절감하고 속오군을 지방에 창설하였다. 각기 영營으로 구성된 속오군의 영장營將은 각 영을 책임지는 최고 책임자였다. 영장은 각 지방의 수령의 군사권을 대신 행사하는 기능을 부여받았고, 17세기 중반 효종 대에 이르면 영장제는 완연한 제도로 정착되었다. 본래 영장은 군사적 목적에서 설치된 것이었으나 장기적인 국제 정세의 안정 속에서 점차 내치 기능을 확대해 갔다. 정부는 영장에게 지방 토포사의 역할을 겸하게 하여 지방에서의 범죄 통제를 담당하게 하였다. 일반 수령들의 사법권만으로는 제어할 수 없는 중대 사건들을 영장의 군사력으로 억제하고자 한 것이다.[153]

위에서 검토한 바와 같이 조선 후기 국가의 사회통제 영역에서 법치적 운영이 점차 확대되고 있었다. 교화라는 유교적 이념을 중시하면서도 당장 현실에서 할거하는 범죄양상들을 통제하기 위해선 제도적 확대가 불가피했던 것이다. 점차 국가와 개인이 직접 법체계를 매개로 관계를 맺고 사회갈등을 조정해 가는 양상으로 변모하고 있었다.

그러나 조선 후기 형정이 강화·확대되는 과정에서 운영상의 문제적 상황들도 제기되고 있었다는 점을 간과할 수 없다. 《경국대전》의 구조 아래에서 형조를 중심으로 한 비교적 일원적인 지휘 체계를 갖추고 있었던 조선 전기의 상황과는 달리,[154] 조선 후기에는 형조·한성부의 역할 확대, 포도청·영장제

---

152 차인배, 2008, 〈조선시대 포도청 연구〉, 동국대학교 박사학위논문, 171쪽.
153 서태원, 1999, 《조선후기 지방군제연구 —營將制를 중심으로》, 혜안, 243~250쪽 참조.
154 노혜경, 2014, 앞의 논문, 272쪽.

의 신설 등으로 인하여 점차 지휘통제권이 분할되고 있었다. 이같이 개별화·전문화되는 사법제도 운영구조 속에서 형정 운영상의 문제들이 노정되고 있었다.

첫째, 수감 기능이 확대되고 있었다. 조선 전기 수감 기능을 담당하는 감옥은 서울의 전옥서, 지방의 도·군현에 설치되었다. 그리고 중앙 관청에서는 형조·한성부·사헌부 3법사와 병조, 의금부, 종부시, 장예원 등에 별도로 설치되어 있었다. 이들 관청에게 인신구속권을 준 이유는 각기 사법권을 부여받고 있었기 때문이었다. 이러한 사법권을 바탕으로 감옥에서는 미결수를 구치하는 구치소 기능, 가벼운 처벌 기능, 사대부 징계 기능, 연좌 기능, 징채(徵債: 조선시대에 공적·사적으로 빌려준 돈을 돌려받던 일) 기능 등을 담당하였다. 그러나 17세기 사법 기능을 갖지 못한 각 아문들과 군영에도 자체적인 감옥 기능을 하는 구류간들이 설치되기 시작하였다. 18세기 초에 이르면 아문들이 구류간을 설치하여 운영하도록 일반화되었다. 이러한 확대의 배경에는 증가하는 범죄에 대하여 징벌 기능을 대체하는 사법적 목적과 함께, 각 아문의 재정을 보충하기 위한 징채 기능이 전제되고 있었다. 이 때문에 피의자로부터 징채하기 위해 각 아문들이 위법적으로 수감하고 신체고신을 가하는 문제로까지 확산되고 있었다.[155]

둘째, 사적 형벌권이 확대되고 있었다. 16세기 이래 향촌사회에서는 사족 지배층의 영향력이 확대되어 갔고 향약을 통한 일반농민에 대한 지배력이 확장되고 있었다. 마을 내의 분쟁은 수령의 공권력 통제에 의해 해소되기도 하였으나, 마을 내에서 처리하도록 위임되는 경우가 많았다. 예를 들어 율곡 이이의 〈서원향약西原鄕約〉에서는 향약에게 면내 최고 지배자로서 약법約法을 집행할 수 있는 권한을 부여했다. 향중에 쟁송이 발생하면 일차적으로 계장과

---

155 노혜경, 2014, 앞의 논문, 274~289쪽 참조.

유사가 판별하고, 계장이 직단할 수 없는 경우 사류회의土類會議를 소집하여 판별하도록 하였다. 그리고 사류회의의 결정에 불복하는 자는 비리호송非理好訟으로 논죄하도록 하여 재판 결과에 법적인 권위를 부여해 주었다. 이뿐 아니라 계장, 유사에게는 자체적으로 태형 40대 이하의 처벌권한을 부여함으로써 사적 형벌권까지도 주어져 있었다.[156]

영조 23년(1747) 김홍득의 〈보은향약報恩鄉約〉에서도 사적 형벌권이 부여된 양상을 확인할 수 있다. "태형 40대 이하는 죽음에 이르는 것이 아니기 때문에 선현이 향약에 시행하도록 허용하였다. 그러나 혹 죽는 자가 생기면 이는 계장의 불행이니 수령 이하는 힘써 구하여 무사하게 하라."고 하며 향약의 사적 형벌권에 의한 마을민의 사망까지도 염두에 두고 있었다.[157] 수령의 직단권이 태장 50대이므로 태장 40대의 직단권이 부여된 향약의 기구도 상당한 수준의 처벌권을 보유하고 있음을 알 수 있다.[158]

이러한 사적인 형벌은 점차 지방토호들의 법외악형으로 심화되고 있었다. 18세기 초까지도 지방토호들에 의하여 '화약을 불태워 발을 지지거나, 거꾸로 매달고 코에 잿물을 넣거나, 정강이를 목화씨 기계에 끼워 나무로 조이거나, 노끈으로 발가락을 묶어 거꾸로 매달아 손발을 절단하게 하는 일'들이 행해지고 있었다.[159]

셋째, 사법기관에서 법적으로 승인되지 않은 법외악형이 활용되고 있었다. 압슬형·낙형 등과 같은 법외악형은 《경국대전》·《대명률》 등 조선 법전에 수록되지 않은 방식이었지만, 점차 범죄 통제의 목적 아래 활용이 확대되어 가고 있었다.

---

156 한상권, 1984, 〈16·17세기 향약의 기구와 성격〉, 《진단학보》 58, 39~40쪽 참조.
157 김선경, 1992, 〈'민장치부책'을 통해서 본 조선시대의 재판제도〉, 《역사연구》 1, 138쪽.
158 심재우, 1995, 〈18세기 옥송의 성격과 형정운영의 변화〉, 《한국사론》 34, 104쪽.
159 심재우, 1995, 위의 논문, 105쪽.

<표 2> 조선 전기 압슬형, 낙형의 시행 추이

	명목	태종	세종	문종	단종	세조	예종	성종	연산군	중종	인종	명종	선조	합계
압슬형	사건수	4	10		1	2	1			3		3	6	30
	대상자	5	21		1	4	1			16		16	12	76
낙형	사건수								12	1	2		3	18
	대상자								24	3	2		5	34

* 출전 : 정진혁, 2022a, <17~18세기 추국청의 혹형{압슬형(壓膝刑), 낙형(烙刑)} 시행 추이>, 《역사학보》 256, 188쪽 <표 1> 인용

먼저 역모를 전담하는 추국청에서의 법외악형 활용이 정례화되어 갔다. 역모 혐의를 받은 추국청의 피의자들은 본인뿐 아니라 가문까지도 연좌되어 멸문당할 수 있었으므로 쉽게 자백하지 않았고, 국가는 이들로부터 자백을 받아내기 위해 법정고신을 넘어선 법외악형을 개발하게 되었다. 추국청에서만 전용하는 악형은 무릎을 짓이기는 압슬형壓膝刑과 불로 달군 인두로 피부를 짓이기는 낙형烙刑이 있었다. 압슬형은 15세기 초 태종 시기부터 점진적으로 활용 빈도가 높아졌고, 낙형은 15세기 말 연산군 시기부터 활용되기 시작하였다. 16세기 중반 중종 시기 이후로는 양자가 혼합적으로 활용되도록 고정되었고, 추국청에서 역모 사건 관련자에게만 한정하여 활용되는 추국청 고유의 법외악형으로 정착되어 갔다.[160] 그리고 17세기 양란 이후 반정과 환국, 그리고 당쟁의 격화 속에서 정치적 갈등이 증대됨에 따라 추국청에서는 악형을 더욱 활발하게 활용하였다. 압슬형, 낙형이 신체에 주는 부담이 극심했던 만큼 그로 인한 고문치사, 곧 물고 문제도 제기되고 있었다.[161]

---

160 정진혁, 2022a, 앞의 논문, 185~190쪽 참조.
161 정진혁, 2023, <숙종 대 부당형벌 논란과 형정운영의 변화>, 《법사학연구》 68, 79~84쪽 참조.

　　형벌은 부득이하게 쓰는 것이다. 다른 사람의 몸과 피부는 즉 자기의 몸과 피부와 가까운데, 어찌 참혹하게 더할 수 있겠는가? 지금 관리들은 자신의 희로에 따라 형벌쓰기를 좋아하고 심한 경우 청탁받아 형벌을 쓰니, 형벌이 나라의 법에 따라야 함을 통 생각하지 않은 것이다. 하늘을 대신하여 죄를 규탄하는 것인데 어찌 관리가 분풀이 삼아 사적인 형벌을 하는가? 경계하지 않을 수 없다.[162]

　　추국청뿐 아니라 지방 사법기관에서의 법외악형도 문제가 되고 있었다. 선조 13년(1580) 정철鄭澈은 지방 사법기관에서 일어나는 문제를 제기하였다.[163] 16세기 말 관료들이 법전에 정해진 법령에 따라 형벌을 행하지 않고, 자신의 기분에 따라 분풀이하듯이 형벌을 가하고 있다는 지적이었다. 정철은 다른 사람의 몸과 피부가 자신의 몸과 피부와 유사하기 때문에 참혹한 형벌을 가해서는 안 된다고 주장하였다. 당시 국가 관료들이 법적으로 정해진 범위를 벗어나 법외악형을 자의적으로 사용하는 행태에 대한 비판이었다.

　　그러나 임진왜란을 거치며 법외악형의 활용은 더욱 가속화되었다. 명나라에서는 16세기 큰 나뭇장대인 곤장을 활용한 곤장형이 등장하였는데, 임진왜란 당시 조선에 파견된 명나라 군대를 매개로 조선 군대에서도 군율의 일환으로 채택되었다. 군율로써의 곤장형은 본래 군기軍紀를 바로잡기 위한 군대 내부의 형벌이었다. 그러나 조선 후기 오군영五軍營이 창설되면서 점차 군율

---

162 《송강집》別集 권1, 〈雜著〉〈諭邑宰文〉 "刑者 不獲己而用 人之體膚 卽己之體膚也 何忍以慘酷加之乎 今爲吏者 好以喜怒用刑 甚者或以關節用刑 殊不思刑者國之典 所以代天糾罪 豈官吏逞忿行私者乎 不可不誡"

163 선조 13년(1580) 정철鄭澈이 강원감사江原監司 재직 시 수령들에게 보낸 효유문에서 수령의 10가지 폐해를 지적하였다. 그 가운데 네 가지 조항이 형정 운영에 관한 것이었는데 옥사를 공정하지 않게 다루는 것(斷獄不公), 청송을 상세히 살피지 않는 것(聽訟不審), 죄인을 오랫동안 가두는 것(淹延囚擊), 참혹하게 형벌을 쓰는 것(慘酷用刑)에 관한 것이었다.(심재우, 1995, 앞의 논문, 94쪽.)

행사의 범위가 확대되었다. 그리고 지방에서도 감사·병사·수사 외에도 통제사, 영장 등이 신설되어 지방 수령들도 군무를 겸하게 되었다. 곤장형은 도적을 대하는 치도형에 허용이 되었고 점차 일반 백성들에 대한 형벌로 확산되고 있었다.[164]

이러한 결과 점차 지방사법기관에서의 피의자 대우가 문제 상황으로 나타났다. 예를 들어, 광해군 4년(1612) "봉산 군수가 되어서는 군에 좀도둑이 많자 신율申慄은 하나하나 끝까지 체포하여 혹독한 고신을 가하였는데, 심지어는 대나무 못으로 열 손가락의 끝을 찔러 자복을 받아냈다."[165]는 기록이 있을 정도로 법외악형이 횡행하였다. 이러한 현상에 대해 인조 17년(1639) 홍문관은 국가의 전반적인 형정 운영이 지나치게 폭력적인 방식으로 경도되고 있다고 지적하였다. 인조 대 들어서 추국에서 지나치게 많은 물고자가 발생하고 있으며, 지방의 하위 사법기관에서는 더욱 많은 사람들이 물고 당하고 있다는 것이었다. 이 때문에 법률에 따라 심문·형벌하도록 지시할 것을 요구하였다.[166] 효종 6년(1655) 승정원에서는 각 사법기관들이 죄인들에게 자백받는 것에 연연하여 악형들을 남용하고 있음을 지적하였다.[167]

이처럼 조선 후기 사회상의 변화는 형정 운영의 문란을 야기하고 있었다. 사적인 형벌권의 확대, 각 아문으로의 수감기능 확대, 사법기관에서의 악형 활용의 확대가 나타나고 있었다. 국가 형벌로 발가락이 잘려 스스로는 한치의 걸음도 걸을 수 없는 상황이 되거나,[168] "감사와 수령이 죄 없는 백성들을 해

---

164 야기 다케시矢木毅, 2019, 《朝鮮朝刑罰制度の研究》, 朋友書店, 159~180쪽 참조.
165 《광해군일기(정초본)》 권50, 광해군 4년 2월 15일 庚辰 "及爲鳳山郡守 郡多草竊 慄一一窮捕 酷施訊誅 詰 至以竹釘 築十指端以取服"
166 《인조실록》 권38, 인조 17년 5월 15일 辛未
167 《효종실록》 권15, 효종 6년 8월 25일 丙子
168 《광해군일기(정초본)》 권166, 광해군 13년 6월 12일 壬午

치며 뇌물을 받고 불법을 저질러 조사하게 하면 천천히 지연시키면서 덮어서 감추는"[169] 책임 회피의 상황에까지 이르고 있었다.

통치체제의 문란 상황은 조선 후기 민의식·법의식 성장과 함께 문제가 될 소지가 높았다. 조선 후기에는 이전 시기와는 달리 '개인의 신체'가 임노동을 통해 생계수단이 되는 농업양상이 확산되고 있었고, 국가에 의한 일방적인 폭력은 더 이상 쉽게 용납되는 상황이 아니었다. 본래 농업사회에서는 신체노동력이 생산도구로서 중시되어 왔으나[170] 양란 이후에는 고용노동의 이용분야가 훨씬 다양해졌을 뿐만 아니라, 그 이용 빈도도 높게 증가해 고용노동의 이용이 보편화되었다.[171] 이 같은 고용노동의 증가는 개인의 신체가 지닌 중요성을 더욱 부각시켰다.

---

169 《갈암집》 권4, 〈疏〉〈三辭吏曹參判及兼帶仍陳大本急務疏〉 "賊殺不辜 贓汚不法 啓下査覈 則舒緩 遷就 掩覆藏匿"

170 농업사회의 기본적인 생산은 토지와 인간의 노동력에서 산출되었다. 사회 유지를 위하여 토지 운영과 함께 인간의 노동력을 유지하는 것이 중요하였다. 이 때문에 농업사회에서 개인 간의 갈등으로 인하여 서로의 신체를 불구로 만드는 행위는 엄격하게 금지되고 처벌되었다. 고조선의 8조 법금에서는 신체상해에 대하여 곡식으로 갚게 하였고,(김동명, 2007, 〈우리나라 上古時代의 法思想 연구〉,《법학연구》26, 6쪽.)《당률소의》투송조에서는 신체 상해의 정도에 따라 장형 60~80대에서 도형 1년 반까지 포괄적으로 부과하였다.(《唐律疏議》〈鬪訟〉〈鬪毆傷人〉〈鬪毆折齒毀耳鼻〉)《대명률》투구조에서는 상해의 정도에 따라 태형 40대에서 유배형 3000리를 부과하였다.(《大明律》〈刑律〉〈鬪毆〉威力制縛人) 농업사회에서 인간의 신체는 노동력을 산출하는 중요한 재산으로 여겨졌으며, 노동력을 확보하기 위하여 신체 훼손을 금기시하는 문화가 형성되어 있었다.

171 조선 후기 농촌고용노동층은 다양한 부분에 보편적으로 존재하는 가운데 자신의 유일한 자산인 노동력을 판매하고 있었다. 농업부문에 고용되고 있었던 고용농민으로서의 고공, 임노동층과 비농업 부문으로서 정부의 부역노동에 고역雇役되고 있었던 고용노동 형태가 그것이다. 농업부분에서도 광작을 통해 확대된 토지를 경작하기 어려운 농업경영인들이 고용노동을 통해 토지를 경작하였고, 광산 경영에서도 민간의 개발이 가속화되면서 고용노동이 확대되었고, 수공업과 가내잡역에서도 고용노동이 확대되었다. 전통적인 부역체제가 해체되면서 급가고용給價雇傭에 의한 노동력 동원방식이 점차 확대되었다. 이처럼 다양한 분야에서 고용노동이 폭넓게 이용되고 있었다.(최윤오, 1992, 〈18·19세기 농업고용노동의 전개와 발달〉,《한국사연구》77, 65~68쪽 참조. ; 강승호, 2005,《조선시대 고공 연구》, 동국대학교 박사학위 논문, 50~56쪽 참조.)

선조에게 사랑의 이치를 다하고 효성의 도를 지극히 하는 것이 과연 자기 신체를 아껴 공경하고 소중히 함에 벗어나겠는가. 선조가 서로 교체한 신체는 비록 백, 천, 만 대의 이전에 이미 없어졌더라도 선조가 서로 전해 주는 기맥은 바로 나의 한 신체에 있다. 이 신체는 바로 선조의 신체이니, 이 신체를 공경하고 소중히 함은 바로 우리 선조를 공경하고 소중히 하는 것이다.172

가문의 입장에서 개인의 신체는 가문의 기운과 연관된 것으로 여겨졌다. 장현광張顯光은 조상과 후손이 신체와 기맥의 관계를 통하여 연결되고 있음을 설명하고 있다. 먼저 신체는 단순히 개인의 신체가 아니고 실제로는 오랫동안 전수되어 내려온 '선조의 신체'라고 보았다. 그렇기 때문에 조상의 신체가 사망하여 없어지더라도 그 신체는 후손인 나의 신체로 다시 이어져 내려오는 불멸성을 지니는 것이다. 그러므로 자신의 신체를 소홀히 대하거나 욕되게 한다면 이는 가문의 신체와 기맥을 손상시키는 중대한 불찰이 되는 것이다.173

원주목사原州牧使로 있을 때, 하급 관리가 법을 어겨 처벌 받게 되자, 그의 아버지가 노하여 말하기를 "이와 같이 관리가 있는데, 네가 신명神明을 속였으니 첫 번째 죄이고, 나쁜 짓을 하여 형벌을 받아 내가 물려준 몸을 훼손하였으니(爲惡受刑, 毁我遺體) 두 번째 죄이고, 사람들이 장차 아무개 관리의 아들이 관에 죄를 지었다고 수군대서 나로 하여금 고을 사람들을 보기가 부끄럽게 하였으니 세 번째 죄이다."라고 하였다. 이웃 사람들을 모아 놓고 아들을 매질하니, 세상 사람들이 오우吳祐에 비유하였다고 한다.174

172 《여헌집》 권9, 〈記〉 〈慕遠堂記〉 "然則盡愛之理 致孝之道 於其祖先者 果外於能愛其身而敬重之者乎 祖先相遞之身 雖已亡於百千萬代之旣往 而祖先相傳之氣脈 卽吾一身而方在焉 此身卽祖先之身也 敬重此身者 所以敬重祖先也"

173 Anders karlsson, 2014, 〈"Must we really cut people's toes off to uphold the law" —Confucian Statecraft, Punishment and the Body in Chosŏn Korea〉, 《다산학》 24, 119쪽.

174 《동주집》 권8, 〈誌銘〉 "原州時 小吏犯法抵罪 其父怒曰 有官如此 汝欺神明 罪一也 爲惡受刑 毁我遺體 罪二也 人將謂某吏之子獲罪於官 令我愧見鄕閭 罪三也 會隣里杖其子 世以方吳祐云"

한편 개인의 신체가 국가형벌에 의해 손상될 가능성도 존재하고 있었다. 17세기 초 원주의 사례는 이를 보여 준다. 하급관리의 아버지는 아들이 죄를 짓자, 세 가지 잘못 가운데 하나로 형벌에 의한 신체훼손을 들고 있다. 아들의 몸은 '자신이 물려준 유체〔我遺體〕'인데 이를 훼손하게 한 것이 자신에 대한 훼손이기도 하다는 인식이다. 이러한 심성에서 국가의 공정한 형벌조차도 개인의 신체를 훼손하게 된다면 개인의 신체와 가문의 기맥을 침해받는 행위로 여겨질 수 있었다.

정리하자면, 조선은 건국 초기부터 고려시기의 위법적 관행을 극복하고 절차적 원칙을 바탕으로 형사사법제도를 정비해 나갔다. 그러나 양란 이후 사회경제적 변동으로 범죄가 증가하고 기존의 사법기관으로는 대응이 어려워지자, 형조·한성부의 기능 확대와 포도청·영장제 등의 신설을 통해 국가 차원의 사법 기능을 강화하였다. 하지만 이 과정에서 수감 기능의 확대, 사적 형벌권의 남용, 법외악형의 횡행 등 여러 문제점이 나타났다. 점차 국가의 강압적인 형정 운영은 민간의 반발을 야기할 수 있는 위험 요소로 여겨졌으며, 형사제도의 개선이 당대적 과제로 대두되었다.

2. 탕평책의 대두와 형률 개수

1) 환국의 출현과 탕평책의 대두

17세기 조선사회를 규정한 정치적 요소는 당쟁黨爭이었다. 당쟁은 사회의 에너지를 파괴하고 붕괴시키는 부정적 면모를 지녔지만, 다양한 이해관계를 지닌 정치세력들이 자신들의 정치적 이상과 견해를 개진하고 현실 변화를 추구하는 과정의 산물이기도 했다.[175] 이러한 맥락에서 환국換局은 숙종 대 정치구조에서 발생한 독특한 사건이었다. 군주는 일당의 전권을 견제하기 위해 외척세력을 육성해야 했고, 집권당은 환관·척신세력과 제휴해야 장기집권이 가능했으며, 자당의 집권을 위해 상대 당 지도자를 역적으로 몰아 제거하는 정탐정치까지 공인되었다. 이것이 바로 '환국'이라는 정치형태에서 드러난 현상이었다.[176]

숙종 대 환국은 17세기 중반부터 이어진 예송으로부터 비롯된 결과였다. 현종 즉위년(1659) 기해예송己亥禮訟과 현종 15년(1674)~숙종 원년(1675) 갑인예송甲寅禮訟을 거치면서 한쪽 당파를 전격 채용하는 양자택일의 방식으로 전환되고 있었다. 예송 단계에서는 아직 상대 당에 대한 전격적인 척결이 나타나진 않았지만, 정국의 한 당파를 중심으로 급격하게 전환되는 정치구조를 배태하고 있었다.

그러나 숙종 대에 나타나기 시작한 환국은 정국 주도권의 변화를 의미할 뿐만 아니라, 동시에 상당 규모의 형사처분이 동반되고 있다는 특징을 지닌다. 그러나 숙종 6년(1680) 경신환국庚申換局에서는 영의정 허적許積, 우찬성 윤휴尹鑴, 훈련대장 유혁연柳赫然, 예조판서 오정창吳挺昌, 이조판서 이원정李元禎, 우의정 오시수吳始壽, 복선군 이남李楠과 허견許堅 등이 복주되었고, 100여 명 이상의 남인이 탄핵을 당해 처벌받았다.[177] 숙종 15년(1689) 기사환국己巳換局에서는 사형·물고·사사 등 사망 18명, 중도부처·유배·위리안치 등 59명, 파직·사판삭거 등 26명 등 서인 계열 103명이 처벌받았고,[178] 서인의

---

175 정호훈, 2004, 〈18세기 전반 蕩平政治의 추진과 《續大典》의 편찬〉, 《한국사연구》 127, 68쪽.
176 박광용, 2003, 〈탕평론의 전개와 정국의 변화〉, 《조선시대 정치사의 재조명》 ;초판 1985, 태학사, 360쪽.
177 이희환, 2015, 《조선정치사》, 혜안, 208쪽.

정신적 지주인 성혼成渾과 이이李珥마저 문묘에서 출향당하면서[179] 서인은 인적·정치적 기반에 심대한 타격을 입었다.[180] 숙종 20년(1694) 갑술환국甲戌換局에서도 남인 계열은 사사, 물고 등 사망이 14명, 유배 67명, 파직 54명 등 135명이 대거 처벌을 받았다.[181] 이처럼 환국을 통해 이전의 형사처분을 뒤집어 벌 받았던 세력은 신원하고, 논상했던 세력을 처벌하는 방식이 반복되게 된다. 이에 정국 세력이 전환되면 이전의 형사처분 결과를 뒤엎는 방식이 고유한 형태로 등장하게 된다.

그 실정을 알아내었으면 불쌍히 여기고 기뻐하지 말아야 하는데, 이제 전하께서는 크게 처분하실 때마다 반드시 유배형을 베풀며 조금도 슬퍼하시는 뜻이 없으니, 조종祖宗 이래로 죽이고 귀양보내는 일이 전하의 조정처럼 많은 때가 있었습니까? 주벌誅罰과 포상褒賞이 갑자기 변하고 선과 악이 자주 바뀌며, 출척黜陟과 탁용擢用에 떳떳함이 없고 현명賢明과 영사佞邪가 서로 변한다면, 죄범罪犯의 유무有無와 경중輕重에 어찌 일정한 벌이 있겠으며, 사람들이 누구인들 믿겠습니까? 오로지 이러하기 때문에 신하들이 진용進用되는 시초에 이미 죽게 될지 모른다는 염려를 품고, 오직 죄망罪網을 널리 펴서 자기와 뜻이 다른 자를 배척하여 내쫓아 지위를 튼튼하게 하며, 자신을 보전할 생각만 합니다. 전하께서는 또 위복威福을 허용하고 한결같이 그 뜻을 따르시고, 그 사분私忿을 풀어 그 하고자 하는 것을 시원하게 할 수 있게 하시므로, 일을 담당할 때에는 청하는 것이 이루어지지 않는 것이 없습니다. 그러나 배척 받은 뒤에는 정상과 죄를 짐작하려는 뜻이 없으므로, 조정이 크게 어지러워져 모양을 이루지 못하게 되니, 나라의 일이 마지막에는 과연 어떠할는지 모르겠습니다.[182]

---

178 이희환, 2015, 위의 책, 257쪽.
179 《숙종실록》 권20, 숙종 15년 3월 18일 乙酉.
180 정진혁, 2023, 앞의 논문, 69~73쪽 참조.
181 이희환, 2015, 위의 책, 284쪽.

숙종 대의 잦은 환국과 그로 인한 형벌 남용은 인사 문제로 이어지고 있었다. 숙종 22년(1696) 경신환국·기사환국·갑술환국을 모두 겪은 경험을 바탕으로 정시한丁時翰은 숙종의 환국 정치를 통렬히 비판하였다. 조선 건국 이래로 숙종 치세에 사형과 유배형이 가장 많이 선고되고 있다는 사실에 주목하면서, 관료들은 언제 화를 당할지 모른다는 불안감으로 인해 오히려 상대 당을 제거하려는 경향이 강해지게 되었다고 보았다. 숙종은 이러한 폐단을 막기는커녕 오히려 신료들 간의 사적 원한이 정쟁으로 비화되도록 조장하고 있다는 것이다. 그리고 축출할 때마다 정상을 참작하려는 의지가 없으니 조정이 크게 어지러워지고 있다고 비판하였다.

환국비판론은 우의정 윤지완尹趾完의 발언에서도 뒷받침된다. 그는 “주상께서 재위하신 지 20년 동안 불행히도 조정이 여러 번 변화를 겪어 여러 신하들이 많이 죽었습니다. 그 사람들의 사정邪正과 현우賢愚는 논하지 않겠습니다만, 저쪽 편이 들어오면 이쪽 편을 죽이고, 이쪽 편이 들어오면 저쪽 편을 살해하는데, 죽은 사람들 중에는 출중한 인물이 많았습니다. 인재가 나는 것은 한계가 있는데 형륙刑戮의 재화가 계속 이어져 나라가 장차 텅 비게 되었으니 누구와 더불어 정치를 하시렵니까?”[183]라며, 환국이 발생할 때마다 풍부한 경륜을 지닌 고위 관료들이 처형되거나 유배됨으로써 정치적 연속성이 끊어지는 현실을 개탄하였던 것이다.

<hr>

182 《숙종실록》 권30, 숙종 22년 2월 28일 甲寅 “如得其情 哀矜而勿喜 今殿下每於大處分之際 必施流竄 少無惻怛之意 祖宗以來 誅竄之多 有如殿下之朝者乎 誅褒乍變 善惡數易 黜擢無恒 賢佞互化 則罪犯之有無輕重 豈有一定之科 而人孰信之哉 惟其如是 故諸臣方其進用之始 已懷誅殛之慮 惟以廣設罪網 擠逐異己 爲固位保身之計 殿下又假借威福 一徇其意 使得逞其私忿 快其所欲 當局之時 所請無不遂 見斥之後 無斟量情罪之意 以致朝著大亂 不成貌樣 未知國事末梢 果如何也”

183 《숙종실록》 권26, 숙종 20년 윤5월 29일 乙未 “自上臨御二十年 不幸朝著屢變 群臣多死 其人邪正賢愚 姑勿論 彼入則殺此 此入則殺彼 死者多是翹楚 人材之出有限 而刑戮之禍相仍 國將空虛 誰與爲治”

이는 '주벌과 포상이 갑자기 변하고, 선과 악이 자주 바뀌는' 숙종시대 특유의 정치 역학에서 연유하는 것이었다. 숙종 대에 환국이 발생할 때마다 치열한 척결이 이어진 근본적 이유는, 각 붕당에게 그것이 곧 자파 세력의 생존과 직결되는 문제였기 때문이다. 따라서 숙종과 각 붕당은, 환국이 일어날 때마다 상대 세력이 추후에 재기하지 못하도록 철저한 응징을 가하게 되었다.

이러한 상황에서 탕평론蕩平論이 전개되면서 새로운 질서가 모색되었다. 숙종 대 탕평론은 박세채朴世采로부터 제기되었다. 박세채는 숙종 초기부터 지속적으로 당쟁을 극복하고 국왕중심의 정치제도 개혁의 필요성을 제기하였다. 박세채가 탕평 상소를 올린 시기는 크게 두 시기로 나뉜다. 한 시기는 경신환국 이후였던 숙종 9년(1683)이고 또 다른 한 시기는 갑술환국 직후인 숙종 20년(1694)였다. 이 시기는 각기 숙종 6년(1680) 경신환국, 숙종 15년(1689) 기사환국, 숙종 20년(1694) 갑술환국을 거치는 격동기였으므로, 이러한 사건을 겪기 이전과 이후의 논의에는 일정한 차이가 나타났다.

박세채의 상소는 그의 출사 직후인 숙종 9년(1683)에 작성되었다. 평소 명망이 높은 서인 학자였던 박세채는 숙종 즉위년 이래 남인 집권기가 되면서 사판삭거되었고, 숙종 6년(1680) 경신환국 이후 서인이 집권하자 점차 조정에서의 역할을 수행할 수 있게 되었다.[184] 숙종 9년(1683) 중앙조정에 출사하면서 그는 초야에서 오랫동안 정제한 정치론을 숙종에게 제안할 수 있었다.

숙종 9년(1683) 중앙조정에 출사하면서 제시한 상소에서는 당대 정치상황에 대한 비판적 인식과 함께 새로운 국왕 중심의 정치론이 언급되어 있었다.[185] 박세채의 당시의 문제 상황을 역사적인 연원으로부터 분석하였다. 그는

---

184 우인수, 1994, 〈조선 숙종조 남계 박세채의 노소중재와 황극탕평론〉, 《역사교육논집》 19, 84~85쪽 참조.
185 박세채는 출사 무렵 〈癸亥熙政堂啓箚〉, 〈陳時務萬言疏〉라는 상소 둘을 작성하였다. 숙종 9년(1683) 2월 출사와 동시에 〈癸亥熙政堂啓箚〉를 제출하였고, 같은 해 5월, 〈陳時務萬言疏〉를 작

조선에 붕당이 생긴 지 100여 년이 되었는데, 붕당이 원래는 군자·소인을 구분하면서 대립을 극단화하지는 않았다고 보았다.[186] 실제로 선조 22년(1589) 기축옥사己丑獄事, 광해군 5년(1613) 계축옥사癸丑獄事에서 동인들이 축출된 이후에도 직언을 하는 남인들을 서인과 다름없이 기용하는 관대한 처분이 있었다고 긍정적으로 평가하였다.[187] 그러나 숙종 6년(1680) 경신환국 이후에는 복귀한 서인들은 현부를 가리지 않고 기용하고 패배한 남인들은 심하게 각박하게 처분하고 있음을 지적하였다. 원래 당쟁에서의 처분이란 그 당의 영수에게 한정되어야 하나, 경신환국 때에는 영수·추종자를 막론하고 처벌 대상으로 삼는다는 것이다.[188] 이처럼 박세채는 상대 당에 대한 대규모 형사처벌을 통한 축출로 나타나는 당대 정치상황의 극단화를 우려하고 있었다.

박세채는 이처럼 당쟁이 살육으로 확장되는 문제를 해소하기 위해선 국왕을 중심으로 한 정치질서의 재편이 동반되어야 한다고 보았다. 그는 탕평蕩平의 원리를 통해 국왕의 위상을 조정할 필요가 있다고 보았다. 황극皇極과 탕평蕩平은 모두 《서경書經》〈주서周書〉의 홍범편洪範篇에 등장하는 개념이다. 황극은 '황건기유극皇建其有極' 또는 '유황작극惟皇作極'이라는 구절에서 착안한 것으로, 임금이 백성을 위해 지극한 표준을 세워 함께 그 복을 누린다는

성하였다. 그러나 〈陳時務萬言疏〉의 경우 작성 직후에는 제출하지 않고 5년이 지난 숙종 14년(1688) 6월에 제출했다고 알려져 있다.(《남계집》 권12, 〈疏〉 陳時務萬言疏 "癸亥五月 戊辰六月十三日追呈")

186 《남계집》 권16, 〈啓箚〉〈啓箚二〉 "竊惟我國東西之目 始於宣廟朝 然其初非甚有君子小人之辨 如白黑陰陽之不相容"

187 《남계집》 권16, 〈啓箚〉〈啓箚二〉 "自後兩黨之得失 前後相掩 較其大致則一敗於汝立之變 再敗於爾瞻之亂 三敗於向日權奸之黨者 皆出於東之一邊 論者執以爲邪正之辨 固非過言矣 然其間所謂南人者中 稍別立 亦多名儒碩輔 而至光海斁倫之日 皆能屛退林野 或抗言直諫 是以仁祖卽位 登庸之盛 與西人無別 重以列聖御莅有方 此所以久而後始壞者也"

188 《남계집》 권16, 〈啓箚〉〈啓箚二〉 "於其復入者 固未能甄別賢否 行之以至公之道 而於其已敗者 亦頗涉乎刻核過濫之弊 何者 自古權奸之被罪也 所誅者只是黨與腹心而已 今則不然 色目所及 殆擧一番之人而疑之 流竄罷削 必以此爲口實"

의미를 내포하고 있다. 이때 음붕淫朋과 비당比黨, 곧 군신 간의 사사로운 당파를 경계하고 있다. 탕평은 "무편무당 왕도탕탕 무당무편 왕도평평(無偏無黨 王道蕩蕩 無黨無偏 王道平平)"에서 유래한 말로, 역시 편당偏黨을 방지해야 한다는 경고를 포함하고 있다.[189]

그는 탕평론에 주목하면서 국왕의 역할을 재편하고자 하였다. "황극의 도는 인륜의 큰 것으로부터 사물과 행위의 사이에 이르기까지 그 의리의 중中을 극진히 하지 않음이 없어 천하 사방의 사람들로 하여금 바로잡을 바가 있게 하니, 북극성이 그 자리에 있어 뭇별들이 그를 향하는 것과 같다."[190]고 설명하면서, 국왕은 관료와 민인에 이르기까지 모든 사람이 중심으로 여기고 향하는 기준점이 되어야 한다고 보았다. 이러한 관점에서 "무릇 모든 백성은 사당私黨을 만들어서는 안 되고, 사람들은 덕을 어기는 붕당朋黨을 만들어서는 안 된다. 오직 임금만이 기준[極]을 세울 수 있다."[191]고 하며 국왕이 아닌 다른 주체들이 세우는 기준들은 사사로운 것이며, 오직 국왕만이 중심이 되는 기준을 세울 수 있다고 보았다.

아울러 박세채는 국왕을 중심으로 한 탕평정국을 운영할 구체적인 방향도 제기하였다. 그는 숙종이 판단력, 지능, 학문 등 여러 면에서 탁월한 측면이 있으나, 아직 통치의 기본이 되는 업적을 세우지 못했고 정치원칙을 제시하는 단계까지는 이르지 못했다고 진단하였다.[192] 그는 국왕으로서 국가의 표준이 되기 위해선 기강紀綱을 분명히 해야 한다고 보았고, 이를 성취하기 위해선

---

189 김준석, 1997, 〈탕평정책과 왕정체제의 강화〉, 《신편한국사》 32, 국사편찬위원회, 44쪽.

190 《남계집》 권16, 〈啓箚〉〈癸亥熙政堂啓箚〉 "夫皇極之道 自人倫之大 以至事物云爲之間 無不極其義理之中 使天下四方之人 有所取正 如北極之居其所而衆星拱之"

191 《남계집》 권16, 〈啓箚〉〈癸亥熙政堂啓箚〉 "凡厥庶民 無有淫朋 人無有比德 惟皇作極"

192 《남계집》 권16, 〈啓箚〉〈癸亥熙政堂啓箚〉 "竊觀殿下英斷首出 聰睿冠古 及自當宁以來 學問日起 德業日盛 似亦無待乎講習 而臣之愚慮猶有所恐者 聖資雖高而主宰本原之功未盡立 聖志雖大而提挈綱要之道未盡明"

국왕을 중심으로 한 정치질서의 재편이 필요하다고 보았다. 그는 조선의 붕당이 뿌리가 깊고 줄기가 굳어 당에 따라 상벌이 나뉘는 문제가 있다고 보았다. 이 때문에 당론에 따른 행위가 "국가를 해치고, 임금과 아버지를 잊는 신하의 도리가 아닌 행위"라는 점을 명백히 밝혀 "붕당을 깨뜨리고 같은 덕으로 충성을 다하게 하는" 교서를 반포할 것을 요청하였다.[193]

박세채의 탕평론은 당시의 법제에 대한 관심으로도 이어졌다. 정치의 원리를 시시비비是是非非와 관련된 여론에서 찾지 않는다면, 현실적인 대안은 법제밖에 없었기 때문이다.

> 우리나라의 《경국대전》은 성종成宗 때에 이루어져서, 금과옥조金科玉條가 진실로 이미 상세하고 조밀합니다. 그러나 행하여 온 지가 2백 년이 되니 하자와 폐단이 날로 나타나고, 중간에 병란兵亂을 겪어 혹은 폐기되고 혹은 바뀌어 표준이 있지 아니합니다.[194]

박세채는 조선 전기에 편찬된 《경국대전》이 비록 상세하고 체계적이나, 조선 후기 사회를 효과적으로 통치하기에는 미흡하다고 보았다. 그는 경제사經濟司의 설치를 통해 본격적인 《경국대전》의 변통을 추진할 것을 제안하였다. 박세채는 《경국대전》과 《대전속록大典續錄》, 《대전후속록大典後續錄》을 개정하여 당대의 새로운 법제를 반영한 '속대전'이라는 이름의 법전을 편찬하고, 이를 후세에 영구히 전하여 훗날의 법을 준수하는 군주와 법을 철저히 지키는 신하들이 따르고 준행할 수 있도록 해야 한다고 강조하였다.[195] 비록 이전 시

---

193 《남계집》 권12, 〈疏〉 〈陳時務萬言疏〉 "今當使儒臣作一大誥 頒示中外 亦必推極本原 以爲兩邊俱是 王臣 而但因黨論相激 人心轉乖 雖由此害國家忘君父而猶且不顧 決非臣子道理 必須痛改前見 洗心滌腸 一以打破朋黨 同德盡忠爲事 以稱敎戒之意"

194 《숙종실록보궐정오》 권19, 숙종 14년 6월 14일 乙卯 "我國大典 成於成宗 金科玉條 固已詳密 而行之二百年 疵弊日生 中經兵亂 或廢或變 無有準的"

기에도 《경국대전》의 재정비나 수교 조례 등의 법령집을 정비하자는 논의가 있었으나, 《경국대전》에 필적하는 규모의 새로운 법전 편찬을 제안한 것은 박세채로부터 비롯되었다고 할 수 있다.[196]

박세채의 탕평론은 숙종 시기 환국 정치의 대두와 함께 도출된 역사적 산물이었다. 그는 붕당 정치가 변질되어 살육의 정치로 변화했음을 포착하였고, 이를 극복하기 위해서는 국왕을 중심으로 한 탕평적 정치 질서가 구현되어야 한다고 보았다. 이러한 질서를 구현하기 위해서는 붕당을 깨뜨리는 파붕당破朋黨이 실현되어야 하며, 이러한 질서를 영구히 하기 위해선 새로운 법전을 편찬해야 한다고 보았다.

위와 같은 박세채의 탕평론은 숙종 15년(1689) 기사환국과 숙종 20년(1694) 갑술환국을 거치면서 더욱 구체화되고 있었다. 박세채는 이미 숙종에게 대규모 형사처분을 동반한 환국의 위험성을 언급한 바 있으나, 또다시 기사환국과 갑술환국을 통해 각기 서인·남인 100여 명 이상의 관료들이 화를 입었다. 갑술환국 이후 다시 서인이 집권하자 우찬성·우의정을 거치면서 정계에 복귀할 수 있었다. 이러한 당색 간의 일진일퇴의 정치구조에 대한 문제의식을 분명하게 하는 계기가 되었고 더욱 구체화된 황극탕평론을 개진하였다.[197]

그는 숙종 대의 지나치게 잦은 환국이 너무 많은 관료들을 죽음으로 이끌고 있다고 비판하였다.[198] 물론 그 악행이 커서 '나라사람들이 모두 죽여야 한다'라고 한 경우는 사형시키는 것이 마땅하나, 크게 잘못하지 않은 경우는 선

---

195 김백철, 2008, 〈朝鮮後期 肅宗代 國法체계와 《典錄通考》의 편찬〉, 《규장각》 32, 74~75쪽.

196 정호훈, 2004, 앞의 논문, 71~74쪽 참조.

197 우인수, 1994, 〈조선 숙종조 남계 박세채의 노소중재와 황극탕평론〉, 《역사교육논집》 19, 85~86쪽 참조.

198 《남계집》 속집 권3, 〈箚〉〈進別單啓箚四本箚一〉 "時事屢變 不免誅罰以繼之 非但宮闈之間 大分倒置積有年所 朝廷之上 未論大臣與諫臣 罪死相繼 自外竄謫者 死亡幾盡 前後一轍"

불리 처벌해서는 안 된다고 보았다.[199] 이 때문에 "진실로 군주가 나라를 위하는 도리로 반드시 지극한 정성과 인애仁愛를 근본으로 삼아야 하니, 마땅히 전일의 실수를 아프게 경계하고 후세에 길이 법을 세워 가혹한 정치를 중단하고 관용하고 포용하는 정치를 해야 합니다."[200]라면서 인仁을 근본으로 한 정치를 행하고 이를 법제적으로 제도화할 것을 촉구하였다.

그가 보기에 숙종 대에 환국이 반복된 상황은 군주의 마음이 올바르지 않은 데에서 비롯된 것이었다. 그는 주희의 발언을 인용하여 '군주의 마음이 바르면 조정의 사사로움이 없고 모두 복종하게 된다'고 설명하였다.[201] 그러나 숙종 즉위 이후 갑인예송과 3번의 환국을 포함해 4번이나 정국이 뒤바뀌었고, 양당이 번갈아 뒤집히고 사의가 더욱 격렬해지고 있다고 지적하였다.[202] 숙종이 환국 때마다 처음에는 높이고 기르다가도 말엽에 이르면 대신들을 주살하는 잘못을 저지르고 있는데, 또다시 환국하여 죽였던 자들을 다시 복설한들 '무덤 속의 마른 뼈'에게 무슨 도움이 되느냐고 반문하였다.[203]

대저 황극皇極의 도道는 호오好惡에 근본을 두고 있습니다. 정正한 것은 마

---

199 《남계집》 속집 권3, 〈箚〉〈進別單啓箚四本箚一〉"惟其罪大惡稔 不可以解者 所謂國人皆曰可殺 固無論已 其或悖妄註誤 自觸罪罟 而未必至於大譴大何之域者 是猶在讞議之科矣 其或雖以它罪 身麗罪籍 而乃於當初能以小官上章爭論 不失人臣之義者 又宜從輕而宥貰矣"

200 《남계집》 속집 권3, 〈箚〉〈進別單啓箚四本箚一〉"而誠以君主爲國之道 必以至誠仁愛爲本 則所宜痛懲前日之失 永垂後世之法 舍推刃之術 而從祝網之規"

201 《남계집》 속집 권3, 〈箚〉〈進別單啓箚四本箚三〉"人主之心旣正 則視明聽聰 周旋中禮 而身無不正 其驗於外者 莫先於家人 而次及左右 若宮闈之內 端莊齊肅 后妃有關雎之德 後宮無盛色之譏 此家之正也 退朝之後 貴戚近臣携僕闍尹 各恭其職 而無敢通內外竊威福 此左右之正也 內自禁省 外徹朝廷 洞然無私 進賢退邪 衆志咸服 此所以朝廷百官無不出於正 而治道畢"

202 《남계집》 속집 권3, 〈箚〉〈進別單啓箚四本箚二〉"無非同出於兩黨之迭翻 私意之轉熾"

203 《남계집》 속집 권3, 〈箚〉〈進別單啓箚四本箚三〉"是以當甲寅則惟其時一番諸臣 是崇是長 當庚申則亦惟其時一番諸臣 是崇是長 及其末也 每多以誅罰行於股肱大臣 其係於討逆者 殿下固有所不得自由 而其專出於報復者 亦乃一聽其所爲 俾成世讎 今雖爲之昭雪慰諭 其何益於冢中之枯骨耶"

땅히 좋아할 만하고, 사邪한 것은 마땅히 미워할 만합니다. 호오가 적절하게 이루어지면 사邪와 정正이 더욱 분명해집니다. 그러나 그 대체大體를 살펴보면, 만약 사정邪正을 주된 기준으로 삼으면 그 사邪하거나 정正함에 따라 불가피하게 한 당파를 들어 출척黜陟하게 될 것입니다. 반면 황극을 주된 기준으로 삼으면, 마땅히 사邪한 쪽에서도 그 정正한 자를 등용하고 정正한 쪽에서도 그 사邪한 자를 물리쳐야 합니다. 이렇게 하면 출척이 한 사람에 그치고 그 당은 자연스럽게 존재하게 되어, 모두가 협력하는 영역으로 나아갈 수 있게 됩니다.204

이러한 환국의 폐해를 극복하기 위해선 무엇보다도 국왕이 황극의 위치에서 중심이 되어야 함을 역설하였다. 황극은 좋아함과 싫어함(好惡)에 근본을 두고 있는데 마땅히 바른 것(正)은 좋아하고 간사한 것(邪)은 싫어하게 된다고 보았다. 그러나 단지 바르거나 간사한 것에만 기준을 두면 당파를 모두 출척하게 되지만, 황극을 기준으로 삼아 좋아함과 싫어함을 살피게 되면 당색과 무관하게 사람을 기준으로 간사한 자를 물리치고 바른 자를 등용할 수 있다고 하였다. 이렇게 한다면 당색과 무관하게 모두 협력하는 정치구조를 형성할 수 있다고 보았다. 다시 말해 국왕이 당색에 휘둘리지 말고, 개개인의 바르고 간사함을 정확하게 파악하여 당색과 무관하게 등용할 때만이 환국의 폐해를 막을 수 있다고 본 것이다. 이러한 맥락에서 박세채의 탕평론은 단순한 '붕당론朋黨論'의 차원을 넘어 그 범위와 논리를 대폭 확장하였다.205 즉, 박세채의 사상은 당파 간 균형을 추구하는 것에 그치지 않고, 군주권과 법제라는 국가운영의 근간을 재정립하려는 시도로 이해할 수 있다.

숙종의 잦은 환국이 낳는 폐단에 대해서는 박세채 이외에도 경계하는 의견

---

204 《남계집》 속집 권3, 〈箚〉〈進別單啓箚四本箚四〉 "蓋皇極之道 主於好惡 其正可好 其邪可惡 好惡得當則邪正益明矣 然其大致 主邪正則隨其或邪或正 勢將擧一黨而黜陟之 主皇極則當就邪邊而陟其正 就正邊而黜其邪 黜陟止於一人 而其黨自如 同趨於寅協之域"

205 정호훈, 2004, 앞의 논문, 71~74쪽 참조.

이 제출되었다. 박세채가 제기한 탕평론에 대해 긍정하고 유사한 의견을 제시한 남인 학자로는 정시한丁時翰이 있었다.[206] 그는 숙종 17년(1691), 숙종 22년(1696) 두 번에 걸쳐 환국을 유발하는 당쟁을 억제할 것을 요청하는 상소를 올렸다.[207] 그는 박세채의 탕평상소에 대해 긍정적으로 평가하면서 숙종이 여전히 은택을 베풀어 '왕도의 탕평'을 새롭게 하지 못했다고 지적하였다.[208] 남인 정시한은 비록 서인 박세채와 당파적으로는 대립되어 있었으나, 당쟁의 격화와 그로 인한 환국의 폐해가 정치를 훼손하고 있다는 점에서는 동일한 인식을 가지고 있었던 것이다.

정시한에게 국왕은 정치 운영의 중추이자 만백성의 기준이 되는 존재였다. "임금은 아득한 몸으로 천인天人 사이에 자리하여 위로는 황천皇天의 부탁을 받고 아래로는 억조 백성의 의탁을 맡은"[209] 존재였다. 이 때문에 그는 "임금의 마음이 바르면 만사가 이치에 맞고 인심이 순하여 화기和氣가 이릅니다. 임금의 마음이 바르지 않으면 만사가 어그러지고 인심이 거슬러 사나운 기운이 응합니다."[210]라며 기본적으로 국왕의 수신 여부에 따라 국가 운영이 좌우된다고 보았다.

그러나 정시한은 숙종의 정치 운영에 대해 비판적인 시각을 가지고 있었다. 정시한은 숙종이 '치밀하지 않고, 쉽게 동요되며, 경쾌함에 치우쳐 조급하고,

---

206 정경희, 1993, 〈숙종대 탕평론과 탕평의 시도〉, 《한국사론》 30, 138쪽.

207 정시한은 숙종 17년(1691) 1월 〈辭進善兼陳所懷六條疏〉(《우담집》 권2, 〈疏〉), 숙종 22년 (1696) 2월 〈辭執義疏〉(《우담집》 권3, 〈疏〉)을 숙종에게 올렸다.

208 《우담집》 권3, 〈疏〉〈辭執義疏〔第二疏〕〉 "故當局大臣 亦慮及此 打破朋黨之敎 製進於前 開宥收拾之語 疏陳於後 原其大意 非不好矣 而側聽閱歲 終未聞推解網之霈澤 恢王道之蕩平 以新一代之耳目者噫"

209 《우담집》 권2, 〈疏〉〈辭進善兼陳所懷六條疏〉 "夫人君以渺然之身 位天人之間 上受皇天之顧托 下臨兆民之附麗 必須敬天仁民 以常厥德而後 可以長保我子孫黎民"

210 《우담집》 권2, 〈疏〉〈辭進善兼陳所懷六條疏〉 "故人主之心正 則萬事理人心順而和氣至 人主之心不正 則萬事乖人心拂而戾氣應"

희비가 지나친'211 성품으로 정치를 한다고 보았다. "전하의 조정과 같이 여러 번 대신을 주살한 적이 있었겠습니까?"212라며 숙종의 잦은 환국이 불러온 정치적 살육에 대해 직접적으로 비판하였다. 더군다나 간언을 올린 박태보·오두인을 죽여버림으로써 신하들은 더 이상 감히 간언할 생각을 하지 못하고 '주상께서 이처럼 노하시니 우리들이 어찌할 수 없다'며 물러나게 되었다면서213 공포정치를 문제시하였다. 정시한은 이러한 상황에 대해 "비록 걸주桀紂나 광해군을 인용하여 비유하더라도 또한 죄주지 마소서."214라며 숙종의 정치가 중국의 걸·주, 조선의 광해군 못지 않게 잘못되고 있다고 노골적으로 비유하였다.

정시한은 이러한 문제들의 근본적인 원인을 편당偏黨이라고 보았다. 조선의 붕당은 100여 년이 되었는데 점차 악화되다가 숙종 6년(1680) 경신환국을 거치며 돌이킬 수 없이 격화되었다고 판단하였다. 요사한 역적들의 속임수로 인하여 경신환국 때에 대규모 형사처분을 통한 살육이 이뤄졌고, 여기에 휘둘린 숙종이 "그들이 하는 대로 맡기시고 서로 융화시키고 인심을 조절할 방도를 생각하지 않고"215, "물러난 자들로 하여금 원한을 뼈에 새기게 하고, 득의得意한 자들로 하여금 마음대로 보복하게"216 허용을 함으로써 조정을 각

---

211 《우담집》 권2, 〈疏〉〈辭進善兼陳所懷六條疏〉 "惟其英銳也 故或欠涵養深厚底功夫 惟其果斷也 故殊無沈潛縝密之氣像 平居而存主不固 遇事而易至搖蕩 以致發之於外者 率多傷於輕快 失於躁急 喜怒不無過差 辭氣或至忿懥 旣有歉於溫厚子諒保合大和之盛 又未見有憂深思遠長慮却顧之意"

212 《우담집》 권2, 〈疏〉〈辭進善兼陳所懷六條疏〉 "豈有屢誅大臣 如殿下之朝者乎"

213 《우담집》 권2, 〈疏〉〈辭進善兼陳所懷六條疏〉 "朴泰輔吳斗寅等事 尙忍何言 其言之是與不是 姑舍勿論 殿下試觀前史 撲殺言者 果是何如主哉 桁楊之下 見者喪魄 道路之傳聞者悼心 此誠千古所罕有之過擧 而滿廷臣僚 無一人忘身敢諫 納君無過 而退自相謂曰 上怒如此 吾輩無如之何云爾 則吾君不能莫大乎此"

214 《우담집》 권2, 〈疏〉〈辭進善兼陳所懷六條疏〉 "雖有桀紂光海之引喻 亦不之罪"

215 《우담집》 권2, 〈疏〉〈辭進善兼陳所懷六條疏〉 "而殿下又一任其所爲 不思所以消融彼此 調劑人心之道"

축장으로 만들게 되었다는 것이다.

> 전하께서 즉위하신 이래로 을묘년(숙종 1년, 1675년)부터 기미년(숙종 5년, 1679년)까지 모두 현명하다 하여 존중하고 총애하신 자가 대체 몇 사람이었습니까? 그런데 경신년(숙종 6년, 1680년)에 이르러 주살誅殺되지 않으면 유배되고, 유배되지 않으면 쫓겨났으니, 그들을 현명하다고 할 수 있겠습니까, 사악하다고 할 수 있겠습니까?
>
> 경신년부터 무진년(숙종 14년, 1688년)까지 모두 현명하다 하여 존중하고 총애하신 자가 대체 몇 사람이었습니까? 그런데 기사년(숙종 15년, 1689년)에 이르러 주살되지 않으면 유배되고, 유배되지 않으면 쫓겨났으니, 그들을 현명하다고 할 수 있겠습니까, 사악하다고 할 수 있겠습니까?
>
> 그렇다면 기사년 이후로 모두 현명하다 하여 존중하고 총애하신 자들에 대해서도, 신은 또한 그 후일에 과연 현명할지 과연 사악할지 알지 못하겠습니다.[217]

문제는 이러한 환국이 지나치게 반복되면서 '인재가 고갈'되고 있다는 점이었다. 숙종이 현명하다고 하여 등용한 남인들을 숙종 6년(1680) 경신환국 때 사형·유배시키고, 이후 등용한 서인들을 숙종 15년(1689) 기사환국 때 대규모로 사형·유배시켰는데, 현재(상소 기준 숙종 17년) 등용한 남인들은 또 어떻게 축출할지 알 수 없다는 것이었다. 숙종은 인재를 현명하다고 하여 등용해 놓고 환국 이후에는 이들이 사악했다고 처벌하면서 입장을 바꾸는 환국을 반복해 왔는데, 결국 당시 집권한 남인 역시 '현재는 현명하다고 여겨지지만, 쫓겨난 이후에는 사악하다고 여겨질 것'이라고 본 것이다. 실제로 정시한의

---

216 《우담집》 권2, 〈疏〉〈辭進善兼陳所懷六條疏〉 "使屛退者含恨次骨 使得意者恣行報復"

217 《우담집》 권2, 〈疏〉〈辭進善兼陳所懷六條疏〉 "殿下卽祚以來 自乙卯至己未 皆以爲賢而尊之寵之者 凡幾箇人 而至庚申 非誅則竄非竄則斥 其可謂賢耶 邪耶 自庚申至戊辰 皆以爲賢而尊之寵之者 凡幾箇人 而至己巳 非誅則竄 非竄則斥 其可謂賢耶 邪耶 然則自己巳 皆以爲賢而尊寵之者 臣亦未知其他日之果爲賢果爲邪也"

우려와 같이 이 당시 등용된 남인들은 숙종 20년(1694) 갑술환국 때 대규모로 형사처분을 받고 축출되었다. 이러한 과정이 반복되면서 "인재가 부족하다는 탄식이 이때보다 심한 적이 없었다."[218]는 인재 고갈의 문제 상황이 발생했다는 것이다.

이러한 문제는 숙종이 사람을 등용할 때 단지 당색과 명성에 따라서만 등용하고 현능함을 기준으로 하지 않는 상황에서 비롯되었다고 보았다. 서인·남인 각 당에서는 각기 초야에 있는 명론이 있는 자들, 다시 말해 산림들을 끌어들여 당의 위세를 세우려 하고 있다는 점을 지적하였다. 그런데 추천받은 산림 역시 자신의 능력 밖의 임무를 담당하려 하다 보니[219] 실제 공론이 제대로 세워지지 않는다는 것이다. 결국 산림으로 대표되는 학자들의 등용은 기존의 관료체계의 원칙을 벗어나는 무원칙적인 인재등용이었고, 이러한 경향이 결국 관료 전반의 인사 풍조를 타락시키고 있다고 보았다. "전하께서 사람을 쓰심에 있어 자격을 뛰어넘고 순서를 어기며 승진과 발탁에 점진적인 절차가 없습니다. 그리고 그렇게 승진하고 발탁된 사람들 또한 다른 이들보다 뛰어남을 보지 못하였습니다. 그래서 아직 등용되지 못한 사람들이 모두 망령된 마음을 품게 되어 서로 본받으려 하니, 순박하고 소박한 사람은 점점 줄어들고 교묘하게 출세하려는 선비는 더욱 많아집니다."[220]라며 기회주의적인 인사 풍조가 만연하여 품성이 소박한 자들은 더욱 적어지고 술수에 밝은 교묘한 자들만이 남게 되었다고 보았다. 문제는 이러한 풍조가 또 다른 환국으로 이어질 수밖에 없다는 것이었다. "그들을 쓴 지 얼마 되지 않아 문득 싫증내는 마

---

218 《우담집》 권2, 〈疏〉〈辭進善兼陳所懷六條疏〉"才難之歎　莫甚於此時"

219 《우담집》 권2, 〈疏〉〈辭進善兼陳所懷六條疏〉"厥後朋比之習漸痼　而各引草野中稍有名論者　借以吹噓之力　務爲樹黨之計　而其人也亦不量其才分　毅然自當　中外相應　互爲聲援　相率而陷於欺君之罪　此三四十年以來膏肓之弊也"

220 《우담집》 권2, 〈疏〉〈辭進善兼陳所懷六條疏〉"今殿下之用人也　超資越序　遷擢無漸　而其所遷擢之人　亦未見其有過於人者　故未得之人　擧生妄心　轉相慕效　朴拙之人愈少　巧進之士益多"

음이 생겨 혹은 주살에 이르고 혹은 쫓겨나는 자가 잇따랐"[221]다며 당색에 따른 일관성 없는 인재등용이 결국 환국의 반복을 야기한다고 보았다.

이 때문에 당쟁을 극복하기 위해서는 인재등용에서 '무편무당'한 기준이 정립되어야 한다고 보았다. 특별히 당색에 휘둘리지 않고 의론이 평이한 자들을 선발하여 작위를 주고 상을 내리며 그들을 등용해야 한다고 보았다. 만약 당색에 빠져 다른 이들을 함정에 빠뜨리는 자는 처벌하고 제거해야 한다고 보았다. 이렇게 상벌의 기준이 명확하게 세워진다면 "공론公論이 입신양명의 계단이 되고 편당偏黨이 자신을 빠뜨리는 함정이 됨을 알게"[222] 할 수 있다고 보았다. 그리고 선발한 자들을 승진시키는 기준 역시 '업무 경력과 능력 검증'에 근거해야 한다고 보았다. 그는 인재를 등용할 때는 반드시 '공로를 쌓은 후에 승진시키고, 시험을 본 후에 승진시켜야'[223] 하며, 순서에 따라 작위를 올리고 재주를 헤아려 임무를 맡긴다면 조급하게 경쟁하는 풍조를 바로잡을 수 있다고 보았다.[224]

이러한 당쟁의 극복은 국왕의 결단으로부터 가능한 것이었다. 그는 국왕이 당색에 휘둘리지 않고, 조급하게 정치적 보복을 남용하지 않으며, 무편무당한 기준으로 인재를 등용한다면 당쟁의 극복이 가능하다고 보았다. "극히 공평하고 바른 마음으로 지극히 공정하고 바른 도를 행하소서. 위로는 극極을 세우시고 아래로는 은택을 베푸시어, 전하의 전후로 부리신 신하들을 합하여 아울러 거두고 함께 쓰시며, 보전하고 융화시키소서."[225]라고 하였다. 결국 국왕이

---

221 《우담집》 권2, 〈疏〉〈辭進善兼陳所懷六條疏〉 "而及其用之未久 輒生厭薄之心 或至誅殛 或至斥逐 者 踵相接也"

222 《우담집》 권2, 〈疏〉〈辭進善兼陳所懷六條疏〉 "使知公論爲立揚之階 偏黨爲陷身之穽 則人皆棄舊 圖新 改心易慮 移其偏黨之心 務爲公正之論矣"

223 《우담집》 권2, 〈疏〉〈辭進善兼陳所懷六條疏〉 "且凡用人之際 必使積勞而後遷 試可而後升"

224 《우담집》 권2, 〈疏〉〈辭進善兼陳所懷六條疏〉 "循序而進秩 量才而授任 以矯躁競之風 丕革頑弊之俗"

225 《우담집》 권2, 〈疏〉〈辭進善兼陳所懷六條疏〉 "以大公至正之心 行大公至正之道 建極于上 敷錫于

국가의 극極으로서 충실하게 자리잡았을 때, 당색과 무관하게 보합保合할 수 있다고 본 것이다.

정리하자면, 17세기 말 숙종 대는 환국이라는 새로운 형식의 정치갈등이 발현된 시기였다. 이러한 정치갈등은 형정 운영 방식에도 깊은 영향을 끼쳤다. 숙종 6년(1680) 경신환국, 숙종 15년(1689) 기사환국, 숙종 20년(1694) 갑술환국에서는 이전보다 더욱 광범위하고 심화된 정치적 처벌이 동반되었다. 이러한 환국의 반복은 정치·사회적 문제를 불러올 수밖에 없었는데, 그중에서도 정치 문화의 타락·인재 고갈 문제라는 현상으로 나타났다. 이에 서인 박세채는 탕평론을 제기하면서 국왕 중심의 정치 기강을 세우고, 법전 편찬을 통해 새로운 정치 질서를 제도화할 것을 주장하였다. 남인 정시한 역시 박세채의 탕평론에 찬성하며 능력·경력에 근거한 인재등용을 역설하며 국왕 중심의 통치질서 재편을 주장하였다. 숙종 대의 반복적으로 행해진 부당한 형정 처분은 정치 운영의 문제를 야기했고, 정치구조에 대한 문제의식으로 확장되면서 탕평론을 추동하는 동력이 되었다.

2) '정왕법正王法'론과 형정정비론의 부상

조선사회에서 법은 왕이 천하국가를 통치하는 공적 도구이자 천하의 모든 사람이 공동으로 소유하고 관여하는 대상(天下之所共), 곧 영구히 전승되어 준수되어야 할 공공의 기물(萬歲公共之器)로 인식되었다. 따라서 비록 왕이라 할지라도 법을 임의로 폐지하거나 왜곡하는 등 사사로이 할 수 없다고 여겨졌다. 이에 천하의 토지와 인민이 모두 왕의 소유라고 보는 왕토왕민사상과

下 合殿下前後任使之臣而兼收并用 保合消融"

유사하게, 법 또한 '왕법王法'이라고 표현되었다. 그러나 왕토왕민이라고 해서 그것이 왕의 사유물이 아닌 것처럼, 왕법이라고 해서 왕의 사적인 법일 수는 없었다.[226]

그러나 유교국가에서의 국왕은 입법권·사법권의 최고 책임자로서 법률을 초월한 행정처분을 내릴 수도 있었다. 예를 들어 왕과 법의 관계에 대한 논의는 주로 범법자에 대한 형법 적용 시 왕이 법률을 준수하지 않은 경우에 두드러지게 나타났다. 왕은 기강紀綱과 법도法度의 근원이기에 법의 적용에서도 솔선수범해야 했으나, 최고·최종의 재판권을 행사하는 과정에서 법률을 넘어서는 초월적인 결단을 내릴 수 있었다. 특히 역모, 난언, 악역, 강상죄 등의 중죄에 대한 최종 형량 결정은 국왕의 독자적인 영역으로 받아들여졌다. 이 때문에 종종 법전法典을 따르지 않고 감경하거나 사면하는 일이 빈번히 발생하였다.[227]

특히 조선 후기는 국왕의 사법적 결정이 당시 당파들의 존립을 결정하는 중대한 요소로 이해되고 있었다. 17세기 서인·남인 간 예송 논쟁을 거치며 국왕의 결단은 각 당파의 존립을 결정하는 중요한 요인으로 부각되었다. 그리고 17세기 말 숙종 연간에 들어가서는 환국換局이라는 대규모 형사처분을 동반하며 적대적 관계가 심화되었는데, 이 과정에서 국왕의 결정은 상대당에 대한 척결 문제로까지 이어지고 있었다.

숙종 초기에는 국왕의 법 집행과 관련하여 논쟁적 상황이 조성되고 있었다. 종친·외척·남인이 연계한 권력구도 속에서 숙종의 사법권이 편당적이라는 비판을 받고 있었던 것이다. 예를 들어, 숙종 1년(1675) 복창군福昌君 이정李楨과 복평군福平君 이연李㮒의 궁녀 음행 사건인 홍수지변紅袖之變이 발생하고

---

226 박병호, 1996, 《근세의 법과 법사상》, 진원, 423쪽.
227 박병호, 1996, 위의 책, 447~448쪽 참조.

이에 대한 구체적인 정황이 밝혀졌음에도 불구하고, 영의정 허적許積을 위시한 남인들이 무고라고 주장하여 죄를 무마한 사건이 있다. 숙종에게 5촌 당숙이 되는 종친 삼복三福, 곧 복창군 이정, 복선군福善君 이남李枏, 복평군 이연 형제는 남인의 비호 속에 사법적 처분을 면하였다. 이들은 명성왕후明聖王后의 강한 주장에 따라 정배처분되었으나, 곧 석방되었다.[228] 또 다른 예로, 숙종 5년(1679) 허적의 아들 허견許堅이 양녀 이차옥李次玉을 납치 강간한 사건에 대해서도 남인의 압력으로 인한 무마가 이뤄졌다. 집권 세력이었던 남인은 허견의 무죄를 주장한 반면, 서인은 엄중 처벌을 요구하며 치열한 공방을 벌였으나, 결국 허견의 무죄로 판정되었다.[229] 이처럼 숙종 초기 국왕의 형정권은 붕당의 정치적 역학관계 속에서 위축된 형태로 나타나고 있었다.

이러한 문제 상황 속에서 점차 청년기에 접어든 숙종은 국왕 중심으로 정국을 재편하고자 하였다. 즉위 초기, 종친·외척·남인의 연합정권을 운영하던 숙종은 점차 건강을 회복해 가면서 국왕 중심의 정국 운영을 도모하였다. 이와 함께 당파에 의해 형정 운영이 좌우되던 경향에서 벗어나 형정권자로서의 확고한 지위도 정립하고자 하였다. 숙종은 "옥獄은 천하의 대명大命이다."[230]라는 인식 아래 형정을 국가 운영의 주요한 도구라고 파악하고 있었고, 이를 위해 형정권의 중심을 정립할 필요가 있었던 것이다.

숙종이 생각한 바람직한 형정의 모습은 유교적인 이념에 근거한 법치의 형태를 띠고 있었다. 그는 덕과 예로 이끌지 못하고 법제와 형벌로 구차하게 통치하여 왔음을 자책하였다.[231] 이는 《논어》에 제시된 "인도하되 법으로써 하고 가지런히 하되 형벌로써 하면 백성들이 형벌은 면하되 부끄러워함이 없다.

---

228 《연려실기술》 권33, 〈肅宗朝故事本末〉〈福昌福平紅袖之獄〉
229 《연려실기술》 권34, 〈肅宗朝故事本末〉〈庚申大黜陟許堅之獄〉
230 《숙종실록》 권26, 숙종 20년 4월 2일 己巳 "獄者 天下之大命"
231 《숙종실록》 권24, 숙종 18년 12월 1일 乙亥.

인도하되 덕으로써 하고 가지런히 하되 예로써 하면 부끄러워함이 있고 또 선에 이른다."[232]라는 유교적 법치론을 수용한 것으로 이해할 수 있다. 이를 검토하면 숙종은 형정이 주된 통치술이 되어서는 안 된다는 유교적 예주법종 론을 견지하고 있음을 알 수 있다.

숙종은 득중得中의 묘에 부합하게 운영한다면 민심을 복종시킬 수 있다고 보았다. 숙종은 "왕법王法은 반드시 적당해야만[得中] 사람들의 마음을 복종시 킬 수가 있다."[233]며 국왕이 주도하는 법은 반드시 그 당시 사회·정치적인 시 의에 부합해야 함을 강조하였다. 숙종은 국왕의 과단성 있는 결단이 단순히 국왕의 사적인 욕구에 의거한다면 민심을 잃는다고 보고 있었다. 이 때문에 득중의 기준은 그 당시 민심에 달려 있다고 보았다. "천지간에서 편히 살게 하여 왕법王法을 바르게 하지 않으면 무엇으로 신인神人의 분憤을 풀겠는가 ?"[234]라며 당대인들에게 원망을 받는 흉악한 죄인을 사형시켜야 신과 백성의 분함을 풀 수 있다고 본 것이다. 또 "흉적凶賊을 잡았으므로 왕법王法을 장차 행할 것이니, 어찌 내 마음만 시원할 뿐이겠는가? 뭇사람의 울분도 조금 풀 수 있을 것이다."[235]라며 왕법을 시행하는 목표가 국왕의 사적인 목적에서 비 롯된 것이 아니라 만백성의 공의를 포괄하는 것이라고 보았다.

이처럼 숙종은 형벌의 집행 목표를 민심과의 동질성에 두고 있었기에, 일 부 세력을 위한 특례조치 역시 비판적으로 인식하였다. 숙종은 그는 형벌의 집행은 죄의 경중에 달린 것이지, 집행의 대상에 달린 것이 아니라고 보았다. 예를 들어, 곤장을 양반에게는 집행해서는 안 된다는 의견에 대해 "대체로 형 벌을 적용하는 것은 좌죄坐罪된 바의 경중輕重에 따르는 것인데, 어찌 하천下

---

232 《논어》〈爲政〉 "道之以政 齊之以刑 民免而無恥 道之以德 齊之以禮 有恥且格"
233 《숙종실록》 권13, 숙종 8년 5월 2일 己酉 "王法必須得中 然後可以服人心"
234 《숙종실록》 권21, 숙종 15년 5월 30일 乙丑 "此而僶息覆載 不正王法 則其何以泄神人之憤乎"
235 《숙종실록》 권30, 숙종 22년 7월 20일 甲戌 "凶賊斯得 王法將行 奚但予心之爲快 輿憤可以少洩也"

賤이라고 하여 곤장을 집행할 수 있으며, 사대부士大夫라고 하여 곤장을 집행할 수 없는 이치가 있겠는가?"[236]라며 범죄자의 신분과 무관하게 형벌이 집행되어야 한다고 보았다. 유력 양반층의 영향력에 좌우되어 감형하거나 석방시키는 조치는 당대인들의 분노를 자극할 뿐이며, 분노한 민심을 달래기 위해선 과단성 있는 처분이 필요하다는 견해를 갖고 있었다.

위와 같은 입장에서 일부 강대한 세력들의 편의에 맞추기보다는 국왕이 스스로 주체적인 입장에서 형정권을 장악해야 한다고 보았다. 숙종 6년(1680) 경신환국 때 실각하여 유배되어 있던 남인 권대운權大運에 대해 사형을 청하는 서인들의 요청을 거부하며,[237] "권대운 등이 지은 죄는 왕법王法으로 다스린다면 만인 앞에서 주륙을 면치 못할 것으로되 그 벌이 유배에 그친 것은 실로 관대한 은전恩典에서 나온 것이다."[238]라며 왕법을 시행할지 은전을 시행할지에 대한 선택권은 국왕에게 달린 것이라고 보고 있었다.

이처럼 국왕의 결단이 국가 운영의 중추가 되어야 한다는 시각은 그 당시 제기되던 탕평론과 같은 맥락이었고, 형정 운영의 차원에서는 정왕법론正王法論으로 제기되고 있었다. 숙종 4년(1678) 지평 이현일李玄逸은 시무소를 올려 당대의 정치적 과제를 다섯 가지로 정리하였는데 그중 형정에 대해 '공도를 밝혀 왕법을 바르게 할 것(日恢公道, 以正王法)'을 제시하였다.[239] 이현일은 당대 형정의 운영에 대해 "법령의 적용이 편파적이고 경중이 합당함을 잃었고",

---

236 《숙종실록》 권25, 숙종 19년 8월 29일 庚子. "凡用罰 從所坐之輕重 豈有下賤可以決棍 而士夫不得決棍之理乎"

237 《숙종실록》 권14, 숙종 9년 1월 18일 庚申.

238 《숙종실록》 권17, 숙종 12년 4월 29일 癸丑 "權大運等負犯 治以王法 難逭顯戮 而罪止流竄 實出寬典"

239 《숙종실록》 권7, 숙종 4년 3월 3일 甲戌 "바른 학문을 밝혀 큰 근본을 세우고, 기강을 떨쳐 풍속을 엄하게 하며, 공도를 넓혀 왕법을 바르게 하고, 충성스러운 간언을 받아들여 장애물을 제거하며, 민심을 살펴 실질적인 혜택을 베풀어야 합니다.(日明正學 以立大本 日振紀綱 以厲風俗 日恢公道 以正王法 日納忠諫 以去壅蔽 日察民情 以行實惠)"

"근년 이래로 나라의 기강이 해이해지고 형벌의 시행이 엄숙하지 못하다."고 파악했다. 법령의 적용이 느슨해져 "형벌을 낮추어 용서해 주는 법을 따르는" 상황에 놓였다고 진단하였다.[240]

이현일은 자신이 결코 '사형을 권장하는 것이 아님'을 강조하면서, "판결을 분명하고 공정하게 집행"할 것을 요청하였다. 그가 강조한 것은 '법령 조문을 편한 대로만 적용하는 것'도 아니고, '법령 조문을 엄하게 하는 것'도 아니며, '인습이나 태만에 따라 처리하는 것'도 아니었다. 그는 국왕으로서 '결단을 분발〔奮發乾斷〕'하는 과단성을 보여야 한다고 주장하였다.[241] 이것이 "이른바 공도公道를 넓혀서 왕법王法을 바루는" 방법이었다. 여기에는 기존에 제시되어 있는 법전의 조목을 따라 수동적인 조치를 취하는 법집행자로서의 국왕의 모습이라기보다는, 당색에 좌우되지 않으며 당대의 정치적·사회적 상황에 알맞은 득중得中의 묘를 찾는 강한 국왕의 지위가 상정되어 있었다.

이현일은 '왕법을 바르게 할 것〔正王法〕'이라는 목표를 내세우며 조선 전기 이래 활용되고 있던 왕법王法 개념을 정치 운영론 차원으로 격상시켰다. 원래 왕법 개념은 조선 전기부터 활용되고 있던 개념이었고, 이현일이 새롭게 개발한 개념은 아니었다. 태종 7년(1407) 민무구閔無咎·민무질閔無疾 등을 처벌하길 요청하는 상언에서 "왕법王法을 바루고 난역을 경계하소서."[242]라고 하였고, 태종 16년(1416) 구종수具宗秀에게 죄를 청하는 상소에서 "왕법을 바루고

<hr>

240 《갈암집》 권2, 〈疏〉〈辭免持平兼陳五條疏〉 "比年以來 國綱解弛 刑政不肅 凡小大之獄 有司奏讞 例多緩縱 每爲便文之計 卒從流宥之法 僻隅遐陬之間 其弊尤甚 或使無罪橫罹 至冤莫伸 要囚漏網 極惡倖免 此習不除 天理民彝 幾何其不至於泯滅 而用法偏頗 輕重失比 以致水旱災沴之作 不幾於寇準之所慮乎"

241 《갈암집》 권2, 〈疏〉〈辭免持平兼陳五條疏〉 "雖然 臣非敢勸殿下深於用法而果於殺人也 竊恐因循怠忽之間 淑問明正之實 一有未盡 則大爲聖政之累生民之患 欲望殿下廓開離明 奮發乾斷 明敎中外 勤加體究 如麗于法 不少饒貸 以追聖王勅典敷敎制刑明辟之意 則國家幸甚"

242 《태종실록》 권14, 태종 7년 11월 11일 辛酉 "以正王法 以戒亂逆"

후인後人을 경계하소서"[243]라는 표현이 활용된 바 있다. 왕법 개념은 붕당 정치가 활성화된 16세기 중종, 명종 대에 정치적인 처벌을 요청하는 관용어로도 활용되기 시작하였다. 중종 3년(1508) 유자광柳子光에 대한 처벌을 요청하며 "반드시 속히 왕법을 바로잡아 그 화근을 없애야 한다."[244]는 표현, 명종 1년(1546) 윤원로尹元老에 대해 "속히 왕법을 바로잡고 전형典刑을 밝혀"[245] 달라는 요청, 선조 27년(1594) 정철鄭澈에 대해 "왕법을 바로잡지 않으면 인심을 위로하여 보답할 방법이 없다."[246]는 의견이 제기된 바 있다. 이를 본다면 이미 조선 전기부터 '왕법을 바룬다'는 정왕법正王法 개념이 통용되고 있었음을 알 수 있다. 이현일은 조선에서 전통적으로 요청되고 있던 왕법 개념을 차용하여 숙종 초기 미약한 국왕권과 강대한 남인 세력의 불균형 상황을 비판하고 국왕의 과단성 있는 결단을 요구하는 의견을 제시하였다.

특히 이현일의 문제 제기에서 독특한 점은 이전 시기까지 주로 '신료들의 토죄 논의'에서 활용되었던 왕법 개념을 적극적으로 '국왕이 주도하는 정국 운영론'으로 격상시켰다는 점이다. 앞서 검토했듯이 태조, 중종, 명종, 선조 등 이전의 왕대에서 왕법이라는 개념은 신료들이 정치적 공격의 수사로 활용되고 있었다.[247] 특히 붕당정치가 활성화된 16세기 이후로 '왕법을 바루어 달라'는 요청은 상대 당에 대한 요청으로 활용되고 있었을 뿐 구체화된 정치 운

---

243 《태종실록》 권32, 태종 16년 9월 29일 丁巳 "以正王法 以誡後人"

244 《중종실록》 권5, 중종 3년 4월 22일 己丑 "必當亟正王法 絕其禍根"

245 《명종실록》 권3, 명종 1년 5월 2일 丁巳 "亟正王法 明示典刑"

246 《선조실록》 권56, 선조 27년 10월 7일 辛亥 "不正王法 則無以慰答人心"

247 신하들이 국왕에게 왕법대로 처리하라고 요청하는 경우는 국왕의 사법적 판단에 반기를 드는 것으로 이해할 수 있다. 기존의 법체계로써의 왕법과 상이한 왕명을 내린 상황에서 신하들이 국왕의 판단에 이견을 제시한 것이다. 신하들이 내세우는 왕법은 국왕의 판단과 권위에 제약을 가할 수 있다.(이하경, 2023, 〈조선후기 왕과 왕법 −정조대 왕법에 관한 정치주체들의 인식을 중심으로〉, 《한국학》 46, 310쪽)

영론으로 제기되고 있지 못한 실정이었다. 그러나 이현일은 정왕법正王法 개념을 정치 운영론 차원으로 제기함으로써 숙종 대 왕법론을 일신하였다.

그러나 위와 같은 국왕 주체의 왕법 시행은 법전에 의거해야 한다는 '의법' 전통을 벗어나면서 국왕 전제적 현상으로 나타날 가능성도 내포하고 있었다. 숙종 4년(1678) 숙종은 송시열宋時烈을 옹호한 채하징蔡河徵의 상소에 대해 "왕법王法을 경솔히 범한 죄는 징계하지 않을 수 없다."[248]면서 국왕의 뜻에 거슬리는 상소가 올라온 경우를 '왕법을 위반한 것'으로 해석하기도 했다. 그리고 이후부터는 자신의 편당적 면모를 지적하는 상소는 모두 역률로 판단하겠다는 권위적인 해석을 내리기도 하였다.[249] 대표적인 예로 숙종 15년(1689) 기사환국 시기 국왕을 비판한 박태보朴泰輔에 대해 절차적 과정을 위반하면서까지 무리하게 법외악형을 가한 것 역시 "박태보 등은 범한 바가 심히 중하여 왕법으로 헤아리건대, 결단코 용서하기 어렵다."[250]라며 왕법의 논리로 강행하였다. 숙종은 '왕법으로 헤아려 본다(揆以王法)'는 근거를 들어 형벌을 강행하였는데, 여기에는 국왕의 결단이 법전을 초월할 수 있다는 전제적 성격이 나타나는 것이다.

이러한 과정에서 왕법론은 환국을 거치면서 상대당파를 척결하기 위한 수사적인 용어로서의 정치적 성격이 강해졌다. 숙종 6년(1680) 경신환국에서 남인의 중진 이상들이 사형 또는 유배에 처해지기 시작하면서, 이후 숙종 15년(1689) 기사환국, 숙종 20년(1694) 갑술환국에서도 당파의 존재를 위협할 만큼 많은 수의 인원이 화를 입게 되었다. 왕법이라는 용어는 숙종 6년 경신환국 때 남인에 대한 처벌을 요청하는 사헌부의 계[251]와 남인 허적과 최상앙

---

248 《숙종실록》 권7, 숙종 4년 7월 3일 辛丑 "輕犯王章之罪 不可不懲"

249 《숙종실록》 권7, 숙종 4년 7월 3일 辛丑 "蔡河徵之疏 語意陰慘 其伸救罪魁 輕犯王章之罪 不可不懲 河徵邊遠定配 此後更有繼此投疏者 論以逆律"

250 《숙종실록》 권21, 숙종 15년 5월 28일 癸亥 "泰輔等負犯甚重 揆以王法 決難容恕"

崔尙仰 등을 처벌할 것을 요청하는 지평 임당任堂의 발언[252]에서 활용되었고, 반대로 숙종 15년 기사환국 시기에는 서인을 처벌해야 한다는 논법으로 왕법 개념을 활용하였다. 사헌부가 서인들을 처벌할 것을 요청한 사례[253], 송시열의 처벌을 요청하는 대간의 합계[254], 남구만南九萬 등을 처벌할 것을 요청한 사헌부의 계[255]에서 남인들이 왕법론을 적극적으로 활용하였다. 또다시 정국이 바뀌어 숙종 20년 갑술환국 때에는 서인들이 남인을 공격하는 논리로 활용되었다. 조사기趙嗣基에 대한 처벌을 요청하는 지평 정호鄭澔의 계[256], 남인 민암閔黯을 처벌하길 요청하는 대간의 계[257]에서 해당 논법을 확인할 수 있는 것이다. 위와 같이 왕법 개념은 환국과 맞물려 상대 당을 공격하는 논의로 적극적으로 활용되고 있었다.

이에 따라 자당의 유불리에 의해 왕법을 판단하는 기준도 다르게 평가되었다. 만약 자당에게 불리한 처분이 내려지면 '일시의 권도를 따라 왕법이 시행되지 않는 상황'이라며 비판하면서 '인심의 공분을 자아내고 있다'고 주장하거나[258] '왕법을 굽혀 인심이 의혹한다'는 목소리를 내기도 하였으며[259] '왕법을 바로잡은 것'이라고 설명한 것에 대해 '어진 이를 죽인 것'이라 비판하는 간언[260]이 제기되기도 하였다. 반대로 자당에게 유리한 처분에 대해서는 '죄가

---

251 《승정원일기》 276책, 숙종 6년 4월 27일 丙戌 ;《승정원일기》 276冊 숙종 6년 4월 28일 丁亥

252 《승정원일기》 276책, 숙종 6년 5월 5일 癸巳.

253 《승정원일기》 334책, 숙종 15년 윤 3월 10일 丁未.

254 《승정원일기》 334책, 숙종 15년 윤 3월 12일 己酉.

255 《승정원일기》 335책, 숙종 15년 4월 18일 甲申.

256 《승정원일기》 357책, 숙종 20년 5월 15일 壬子.

257 《승정원일기》 358책, 숙종 20년 윤 5월 28일 甲午.

258 《숙종실록》 권28, 숙종 21년 2월 10일 壬寅 "討罪之典 出於一時之權道 以致王法不行 人心共憤"

259 《숙종실록》 권21, 숙종 15년 9월 18일 辛亥 "鼎重與三㦖 合爲四兇 而天討未加 王法猶屈 此人心 所以愈惑者也"

260 《숙종실록》 권57, 숙종 42년 윤3월 22일 壬午 "院官有以王法所正 謂之戕賢 告廟正論 目以凶黨

밝게 드러나 남김이 없어 왕법을 시원스레 행하였다'261는 평가가 나오기도 하였다. 이처럼 왕법王法 개념은 숙종 대 당색 간의 갈등을 자파에 유리하게 해석하려는 정치적 개념으로 활용되었다.

이처럼 숙종 대 제기된 정왕법론은 당시 허약한 국왕권을 형정권을 통해 강화하려는 시도로서 의미가 있었다. 그러나 민심론을 바탕으로 논리가 강화되면서 역으로 국왕의 자의적 처분을 옹호하는 논리로 활용될 가능성도 내포하고 있었다. 실제로 국왕의 초월적인 권위를 훼손하는 행위들은 왕법을 어긴 행위로 여겨지기도 하였고, 상소와 같은 언론 활동도 역모로 해석되는 근거가 되었다. 각 당파 역시 왕법이라는 용례에 기대어 자파에 유리한 형사처분을 유도하고 여론을 형성하고 있었다. 실제로 환국에서의 대형 형사처분이 왕법을 바르게 한다는 명분으로 윤색되고 있던 상황이었다.

이 때문에 숙종 시기 유자들은 '국왕의 전제권을 어떻게 억제할 것인가'를 중점으로 형정론을 고민하였다. 숙종 시기에는 법률들이 다방면으로 개수되고 있었기 때문에 이에 참여한 유자들의 면면도 다양했다. 법서 편찬을 명하고 주관한 숙종뿐 아니라, 남인 계열의 윤휴, 허목, 민암, 권대운, 그리고 서인 계열의 송시열, 한원진, 남구만, 최석정 등이 각기 논의를 전개하였다.

특히 당대 법 담론을 주도했던 인물로는 윤휴尹鑴와 남구만南九萬을 주목할 수 있겠다. 윤휴의 경우 허목과 함께 숙종 초기 정국의 중심적 위치에 있었던 인물로서, 숙종 초기 논의에 주도적으로 참여한 남인의 대표적인 인물이다. 윤휴는 북인계 남인으로서 북인의 법가적 사고, 국가중심적 정치론의 영향을 받았다.262 법가적 정치론은 국가 혹은 군주를 중심에 놓고 도덕과 법규범의

書諸答通云"

261 《숙종실록》 권35, 숙종 27년 10월 12일 乙丑 "及今淑正凶慝蠱禱之罪 彰露無餘 王法夫伸"
262 정호훈, 2004, 《조선후기 정치사상 연구 −17세기 北人系 南人을 중심으로》, 혜안, 249쪽.

근거를 설정하였으므로 사적인 요소는 국가의 입장에서 통제하고자 하였다.[263] 이러한 영향 속에서 윤휴의 형정론이 전개되고 있었다.

윤휴는 기본적으로 유학적 형정론인 예주법종禮主法從이라는 전제를 기초하였다. 윤휴는 "형벌을 시행하는 것은 교화를 돕기 위한 것"[264]이라는 입장에서 최종적 목적으로 한다는 교화주의적 입장을 견지하고 있었다. 그러나 윤휴는 교화를 달성하는 데 중요한 방법이자 수단은 형정이라고 여겼다. 《중용中庸》의 구경九經[265]과 예악형정을 날줄과 씨줄로 비유하여 설명하면서, 국가 운영에서 중추적인 역할을 한다고 설명하였다.[266]

윤휴는 국가 운영에서 형벌이 중추적인 역할을 할 수밖에 없다고 하였다. 제왕의 정사 운영 방식을 '중화中和로 베푸는 것', '강제剛制로 다스리는 것', '유도柔道로 행하는 것'이 있다고 세 가지로 구분하여, 이를 통해 '정직正直, 강극剛克, 유극柔克'이라는 삼덕三德을 성취하게 된다고 설명하였다.[267] 이렇듯 강제에 해당하는 형정을 통해 국가 운영의 덕에 해당하는 강극을 얻을 수 있다고 보는 입장에서 형정의 필요성을 인정하였다.

---

263 정호훈, 2004, 위의 책, 77쪽.

264 《백호전서》 권27, 〈雜著〉〈漫筆 中〉 "刑所以弼敎 此豈所以爲敎也 吁 亦不仁之甚者矣"

265 구경九經은 나라를 다스리는 과정에서 중심이 되는 아홉 가지 원칙으로, 수신修身, 존현尊賢, 친친親親, 경대신敬大臣, 체군신體群臣, 자서민子庶民, 내백공來百工, 유원인柔遠人, 회제후懷諸侯로 구성되어 있다.(《中庸》〈哀公問政〉 "凡爲天下國家 有九經 曰 修身也 尊賢也 親親也 敬大臣也 體群臣也 子庶民也 來百工也 柔遠人也 懷諸侯也")

266 《백호전서》 권36, 〈雜著〉〈讀書記 中庸〉 "經經緯之經 九者爲經 則凡禮樂刑政 所以維持成緯乎其間者也"

267 《백호전서》 권41, 〈雜著〉〈洪範經傳通義〉 "其曰乂用三德者 乂也者 裁化制治之謂也 所以執持權柄 摠攬威福 以通夫時變者也 帝王御世 循時賦政 因物制命 有中和之施 有剛制之治 有柔度之行者 世道之變 民俗之或異也 而或揚之而趨中 或抑之而就平者 則氣質之殊而成性之不齊也 夫旣執極處勢中正 以觀天下 則天下之人 固有不言而喻 無爲而治者矣 其或習俗之剛柔 民性之高下而所以應之者 或不能 無梗順 過不及之不一 則於是乎 有趨時制變不得已之用焉 故曰用三典以平邦國 敬五刑以成三德"

옛날에는 인재를 기용하였고 법을 믿지 않았으며 법에 있어서도 예외의 법을 두기도 하였다. 《서경書經》에 "세력을 믿고 여러 번 죄를 범한 자는 사형을 내리고 과오로 불행하게 죄를 지은 자는 사면한다."고 하였고, 또 이르기를 "모르고 지은 죄는 큰 죄를 범했더라도 용서하고, 알면서 고의로 지은 죄는 작은 죄를 지었더라도 형벌한다."고 하였는데, 이것은 왕자王者가 법을 설치하는 데 법에 한계를 두지 않고 형벌로 간악한 자를 징계하고 선한 자를 권장하여 권병權柄을 총괄하려고 한 것이다. 이러하지 않을 경우 백성들이 임금을 버리고 형서刑書에 대해서만 두려워하며 아랫사람이 분수를 망각하고 윗사람이 존귀한 체모를 상실하는 경지에 이르게 될 것이다.268

윤휴가 설명하는 이상적인 형정 운영은 형벌 자체를 수행하는 것보다는 궁극적으로는 윤리도덕적 목적을 실현하는 것이었다. "형벌을 시행하는 것은 교화를 돕기 위한 것〔弼敎〕"269이었으므로 목적을 형벌 그 자체에 두어서는 안 된다는 것이다. 이 때문에 옛날의 형정은 예외의 법을 두었다고 설명하였다. 《서경》의 "세력을 믿고 여러 번 죄를 범한 자는 사형을 내리고 과오로 불행하게 죄를 지은 자는 사면한다.", "모르고 지은 죄는 큰 죄를 범했더라도 용서하고, 알면서 고의로 지은 죄는 작은 죄를 지었더라도 형벌한다."는 문구에 대하여 형정의 본의를 살린 구문이라고 긍정적으로 평가하였다.270

이 때문에 윤휴는 위와 같이 범죄 처분에서 '범죄 결과'를 가지고 일률적으로 판단할 것이 아니라 '범죄 동기'를 적극적으로 형벌의 근거로 파악해야 한

---

268 《백호전서》 권27, 〈雜著〉〈漫筆 中〉"古者任人而不任法 其所謂法者 亦有出於法之外者 書云怙終賊刑 眚災肆赦 又曰宥過無大 刑故無小 此王者設法 而不囿於法 以之懲惡勸善 摠持權衡者也 不然 民將棄上 而徵於聿 下忘其分 而上失其爲貴矣"

269 《백호전서》 권27, 〈雜著〉〈漫筆 中〉"刑所以弼敎 此豈所以爲敎也 吁 亦不仁之甚者矣"

270 윤휴는 숙종에게 상언하기를 "무식한 자는 반드시 죽일 것 없습니다. 임금이 형벌을 쓸 때에는 강경한 자를 제거해야 마땅합니다."라고 하며 과오범은 용서하되, 강경하게 저항하는 자는 처벌해야 한다고 주장하기도 하였다.(《숙종실록》 권2, 숙종 1년 2월 26일 甲寅 "無識不必殺 王者用刑 當鋤强梗 何足施於此輩")

다고 보았다. 세력을 믿고 악한 동기로 범죄를 저지른 자는 엄하게 처벌하고, 자신이 의도하지 않았던 범죄를 범한 자는 사면한다는 것이다. 결국 윤휴가 생각하는 범죄 처벌의 목적은, 법규정의 철저한 행정처분이 아니라 '간악한 자를 징계하고 선한 자를 권장'하는 윤리도덕적 목적을 지닌 것이었다.

이 때문에 윤휴는 '삼가고 또 삼가서 오직 형벌을 신중하게 하라'는 흠휼의 가치를 중시하였다. 선왕들이 신중히 하고 하늘의 징벌을 두려워하는 마음과 백성의 생명을 아끼는 도리가 동시에 시행되는 상태로서 이것이 법과 형벌을 분명하게 하는 본원이라고 보았다.[271] 그리고 "하늘이 죄가 있는 자를 토벌하여 무도한 자들을 복종하게 하였으므로 선왕들이 법을 천하에 시행하는 데 형벌을 하지 않을 수 없었다."[272]면서 형벌의 시행은 부득이함에서 출발해야 한다고 보았다. 이처럼 윤휴에게 법률조항의 제정목표는 범죄자에 대한 응보적인 복수에 있는 것이 아니었던 것이다.

윤휴의 형정론에서 핵심 주체는 국왕이었다. 국왕이란 "천덕天德에 자리하여 사해四海를 다스리는 것이니, 천지가 더불어 서고 귀신이 기대어 의지하고 백성이 우러러 바라보고 만화萬化가 달려 있고 백복百福이 모이는 바인지라, 이는 진실로 천하의 지중至中에 있어서 사방의 표준이 되는 것"[273]이라고 보았다. 이 때문에 하늘과 인간 사이에 주어진 관계를 실현하는 것은 개개별 인간에게 달린 것이라기보다는 왕정과 그 주체로서 국왕의 역할에 달려 있다고

---

271 《백호집》 권24, 〈雜著〉〈漫筆 上〉 "乃其欽哉欽哉惟刑之恤云者 卽先王敬愼忠愛之心 畏天威惜民命之道 並行而不悖者 所以制刑明辟之大本也 其曰罰不及嗣 賞延于世者 無族刑而有世祿也 其曰宥過無大 刑故無小者 無適爾之刑而有式爾之報也 其曰罪疑惟輕者 惡惡之短 而憂民之疾也"

272 《백호집》 권24, 〈雜著〉〈漫筆 上〉 "其曰象以典刑者 天討有罪 以服無道 先王所以爲法於天下而不得已者也"

273 《백호전서》 권41, 〈雜著〉〈洪範經傳通義〉 "蓋亶聰明作元后 元后作民父母 位乎天德而臨莅四海 天地之所與立 鬼神之所憑依 億兆之所瞻望 萬化之攸繫 百福之攸聚也 是固居天下之至中而爲四方之表準者也"

보았다.[274] 군주는 정치적 수장首長이되 동시에 민의 생존을 책임지는 부모로서 파악되었다.[275]

윤휴는 사법적 권력의 근원이 왕, 곧 위계질서의 정점에 위치한 왕의 권위에서 비롯된다는 점을 명확히 하였다. 이를 통해 그는 단순히 일탈적 상황에 대한 통제뿐만 아니라, 권력의 원천이 무엇인지를 규명하고자 하였다.[276] 명분이 근엄하고 위복이 저절로 나와야 국왕이 형벌과 논상의 권병을 잡고 위엄 있고 경사로운 정사를 행할 수 있다고 보았다. 그러나 만약 국왕의 권한이 억제되고 신료 또는 환관들이 천단하게 된다면 천하의 우환이 나타날 것이라고 보았다.[277]

국왕과 법률의 관계에 대해서 윤휴는 국왕은 법률이 제한하는 범위를 넘어서서 권병權柄을 총괄하는 역할을 담당해야 한다고 보았다. 만약 국왕이 법령에 구속되어 법령을 있는 그대로 수행하기만 한다면 민인들은 국왕을 버리고 형법만을 두려워하게 되며 아랫사람이 분수를 망각하고 윗사람이 존귀한 체모를 상실하는 상태에 빠지게 된다고 보았다.[278] 윤휴는 "사정私情을 두면서도

---

274 윤휴는 국왕이 하늘이 제정한 원칙을 실천함으로써 군주정치가 완성된다고 파악하였다. 이는 주자학에서 사회구성원 개개인의 도덕적 완성과 성인화聖人化를 통해 이상사회 실현을 추구하는 주자학적인 입장과는 대비되는 입장이었다.(정호훈, 2004, 앞의 책, 265~266쪽 참조.)

275 군신君臣·군민君民의 정치적 관계는 의제 혈연관계를 이루어, 군주는 국가라는 가家의 가부장이며 민은 그 가家의 자식으로 상정되었다. 그러므로 군주가 백성 아끼기를 자식 아끼듯 해야 할 일은 절대 필요한 일이었으며, 그런 점에서 민의 부모라는 마음을 가지는 것은 덕을 얻는 중요한 일이었다.(정호훈, 2004, 앞의 책, 289~290쪽 참조.)

276 소진형, 2020, 〈17세기 황극(皇極) 해석과 왕권론 비교연구 윤휴와 박세채의 황극에 대한 이론적 해석을 중심으로〉, 《한국정치연구》 29, 47~48쪽 참조.

277 《백호전서》 권41, 〈雜著〉〈洪範經傳通義〉 "以言乎人君撫世 固有剛柔治教之施 然必其名分謹嚴威福自出 乃有以操刑賞之柄而施威慶之化 否則屯膏貞凶 有施不光 魏髦唐昭之事是也 而上下交亂 人記不立 向之言天下之患."

278 《백호전서》 권27, 〈雜著〉〈漫筆 中〉 "朱子曰 銓法亦公 然法至於盡公不在人 便不是好法 要可私而公方始好"

공정해야만 좋은 법이 될 수 있다.”는 주희의 발언을 강조하면서 사건의 정情을 적극적으로 고려해야 한다고 보았다. 그는 “법을 믿지 않았으며 법에 있어서도 예외의 법을 둔 것”[279]을 삼대 형정의 운영방식으로 강조하면서 법을 넘어선 국왕의 해석적 측면을 강조하였다.

이러한 입장에서 윤휴는 고의범죄가 아닌 과오범죄에 대해 관휼寬恤을 행할 것을 주장하였다. 《서경》의 “과오와 불행으로 지은 죄는 용서하여 풀어주고 세력을 믿고 여러 번 범한 자는 사형을 내리는 데 매우 조심하고 조심하여 형벌을 신중히 하였다.”는 구절에 대해 형벌의 본의가 들어 있다고 높게 평가하면서, “선왕들이 죄의 경중에 따라 조절하여 법을 사용하면서도 법대로 하지 않았던 것”이라면서 유연하게 해석할 것을 강조하였다.

윤휴는 범죄의 실체적 진실을 파악하기 위한 방법론상의 문제로서 ‘절차적 정당성’이 보장되어야 한다고 보았다. 형정을 분명하고 신중하고 시행하는 것(明愼用刑之道)을 형정의 중요한 가치로 파악하던 윤휴에게, 죄인의 자백을 이끌어내기 위해 신체를 고신하는 방식은 선왕의 신중한 형벌과 배치되는 것이었다. 그러나 후대의 관리들은 단지 사람 죽이는 것만을 좋아하여 자백하도록 강요할 생각으로 고신을 지나치게 남용한다는 점을 문제 삼았다.

윤휴가 보기에 고신의 남용은 단순히 옥사를 운영하는 사람들의 도덕적 능력이 뒤떨어지기 때문에 생기는 ‘인사 문제’는 아니었다. 이는 운영하는 사람에게서 비롯된 문제가 아니라 자백을 받아야만 죄를 단정할 수 있다는 ‘자백 필수주의’ 원칙에서 비롯된 문제였다. 윤휴가 보기에 이미 죄의 실정이 훤히 드러나고 증거가 명백할 때는 이를 근거로 죄를 확정할 수 있다고 보았다. 그러나 실제 형사 운영에서는 주변 참고인의 증언과 명백한 증거보다도 죄인의 자백을 최우선의 조율 근거로 파악하고 있었다. 현실에서는 주변의 증언, 증

---

279 《백호전서》 권27, 〈雜著〉 〈漫筆 中〉 “古者任人而不任法 其所謂法者 亦有出於法之外者”

거가 명백하더라도 죄인이 자백진술을 하지 않는다면 형벌 집행에 차질이 있다고 여기며 끝내 자백을 받으려 한다는 것이다.[280]

윤휴는 이 같은 맹목적인 '자백필수주의'가 오히려 형정의 주요한 가치를 훼손하고 있다며 비판하였다. 자백필수주의에 근거한 신체고신은 허위 자백의 가능성을 높여 사건의 정황을 파악할 수 없도록 한다고 보았다. 그는 한나라 노온서路溫舒의 "사람의 마음이 매우 고통스러우면 아예 죽는 것이 낫다고 생각하는 것인데, 매질을 하면 무슨 말을 하게 한들 뜻대로 되지 않겠는가."[281]라는 발언을 인용하여 심한 고신을 당하면 이 과정에서 겪는 고통을 이기지 못해 거짓으로 자백하기 쉽다는 점을 지적하였다. 윤휴에게 기존의 범죄재판의 절차와 결과가 종합적으로 하자가 있었으며, '형벌은 교화를 돕는 목적'에 부합하지 않는 행위였다.

윤휴는 후대 형정운영가들이 생각하는 자백의 개념이 본말이 전도된 것이라고 보았다. 윤휴가 보기에 자백이란 죄인으로 하여금 죄상을 털어놓게 하는 행위가 아니었다. 국가가 사건 조사와 판단을 종합적으로 마무리한 후 국가가 정한 형벌을 합당하게 책정하여 죄인으로 하여금 스스로 승복하게 하는 행위가 윤휴가 생각한 자백이었다. 다시 말해 윤휴가 파악한 자백의 개념은 해당 범죄에 대해 국가가 정한 일련의 판단들을 죄인 스스로 승복할 수 있도록 하는 교화의 성격을 띤 것이었다.

윤휴가 생각하는 자백은 그 결과 역시 정당해야 할 뿐 아니라, 그 결과에 도달하는 절차 역시 정당한 과정을 거쳐야 하는 것이었다. 윤휴는 일반적인 형관들이 중요한 방법으로 사용하던 고신을 중지할 것을 주장하면서, 대신 정리情理를 고려한 심문을 할 것을 촉구하였다.[282] 윤휴는 '정리를 말하여 죄에

---

280 《백호전서》 권27, 〈雜著〉〈漫筆 上〉"世之治獄者 必言取服而施刑 其或罪人不自服 則就實跡彰露 證左明白 猶不能直斷其罪"

281 《백호전서》 권27, 〈雜著〉〈漫筆 中〉"人情痛則思死 箠楚之下 何求而不得"

서 벗어나게 할 것을 기대하는 것'(用情理言之 冀有可以出之者也)이라고 설명하며 '정리를 고려한 심문(情訊)'의 본의를 설명하였다.

> 《서경書經》에 이르기를 "오형五刑의 의심스러운 것은 오벌五罰에 대질하여 사면하고 오벌의 의심스러운 것은 오과五過에 대질하여 사면하도록 하는데, 실정을 캐내어 믿을 만한 것이 많으면 얼굴빛을 살펴야 하는 것이니, 실정이 맞지 않으면 듣지 말도록 하여 하늘의 징벌을 유념하고 혼란한 말에 잘못됨이 없게 하여 분명히 살피도록 하라."고 하였는데, 이 말은, 여러 사람의 말을 믿어 의심하지 않고 얼굴빛을 살피며, 실정을 캐냈을 경우 청단하고 의심스러우면 사면하며, 귀신의 말이 없는 징벌을 알고 고통을 겪는 백성이 거짓으로 자복하는 데 혼란스러운 말을 하게 되는 것을 알아 마음을 다하여 실정을 캐내도록 해야 한다고 한 것이다. 세상의 옥관獄官들이 이러한 뜻을 알 경우, 반역叛逆의 옥사 및 관부·학교의 형벌에서 한결같이 이러한 법으로 처단하는데 단지 정리情理로 신문해야 하고 고신으로 자복을 받지 말아야 한다. 이렇게 해야만 공자孔子의 말씀에 "형벌이 청명하여 백성들이 복종하게 된다."고 한 것을 말할 수 있는 것이다.283

윤휴는 《서경》에서 제안된 삼대의 형정론에 따라 심문해야 한다고 보았다. 먼저 여러 사람의 말을 들어보아야 하며 죄인의 얼굴빛을 살펴 사건의 진상을 파악해야 한다고 보았다. 형관이 개인의 자의적인 판단에 의존하지 말고 여러 사람의 의견을 청취함으로써 독단에 의한 오류를 피할 것을 주장하는 한편, 죄인이 억지 자백을 하는 것인지 사건의 진상을 올바로 진술하고 있는

---

282 《백호집》 권24, 〈雜著〉〈漫筆 上〉 "且古之五刑有服 服者 言刑之當罪而足以服其心也 又曰 用情訊
　　之 訊者 問也 先儒所謂用情理 言之冀有可以出之者也 後世謂其服也 而必取其辭服 其謂訊也 而榜掠
　　五毒 無所不至 唯恐其不入也"

283 《백호집》 권24, 〈雜著〉〈漫筆 上〉 "書曰 五刑之疑有赦 五罰之疑有赦 簡孚有衆 惟貌有稽 無簡不
　　聽 具嚴天威 無僭亂辭 其審克之 此言以衆爲孚 以貌爲稽 簡則聽之 疑則赦之 知鬼神有不言之威視 知
　　窮民有自誣之亂言 思所以盡其心得其情而已也 世之司獄者 苟知此義 則雖叛逆之獄 官敎之刑 一以是
　　裁之 只用情訊之 無用拷服之可也 夫然後夫子所謂刑罰淸而民服 可得而言矣"

지를 구분하기 위해서 죄인의 얼굴빛을 동시에 살펴야 한다고 하였다. 이를 통해 기존의 "죄인이 자복하지 않았을 경우에는 죄의 실정이 환히 드러나고 증거가 명백한 것에 대해서도 곧바로 그 죄를 단정할 수 없다."[284]면서 지속적으로 자백 진술을 얻어내려고 고신했던 폐단을 비판한 것이다.

그리고 "귀신의 말이 없는 징벌을 알고 고통을 겪는 백성이 거짓으로 자복하는 데 혼란스러운 말을 하게 되는 것을 알아 마음을 다하여 실정을 캐내도록 해야 한다."[285]고 논하였다. 백성들이 고신을 이기지 못하고 거짓으로 자백하게 되면 하늘의 말이 없는 징벌이 내려질 것이라는 것이다. "이들의 원망과 고통의 기운이 어찌 하늘을 감동시키고 민심을 손상시켜 재이災異와 여역癘疫을 초래하지 않을 수 있겠는가."[286]라며 지나치게 자백에 집착하다가는 하늘의 재앙이 당도할 것이라고 본 것이다.

이처럼 윤휴는 강제로 자백을 받고 억울하게 형벌하는 것을 방지하자는 관휼寬恤의 차원에서 범죄 수사의 '절차적 정당성'이 확보되어야 한다고 논하였다. 자백을 받아내기 어렵다면 끝없이 고신을 하는 것보다는 '정리'에 근거하여 국가가 범죄 여부를 판단내릴 수 있다는 입장이었다. 피의자의 자백이라는 객관적 요소를 넘어서 '법해석가'로서 국왕 내지 국가가 '실체적 진실'을 해석할 수 있다는 것이 윤휴의 법이론이었다.

숙종 대 법률에 대한 논의를 제기한 인물로는 서인 계열 남구만도 주목된다. 그는 숙종 재위기 전반에 걸쳐 고위관직을 역임하면서 당대 정치질서에 영향을 미쳤고, 그 과정에서 《수교집록》의 편찬을 주관하여 법률적 능력을

---

284 《백호집》 권24, 〈雜著〉〈漫筆 上〉 "世之治獄者 必言取服而施刑 其或罪人不自服 則就實跡彰露 證左明白 猶不能直斷其罪"

285 《백호전서》 권27, 〈雜著〉〈漫筆 中〉 "知鬼神有不言之威視 知窮民有自誣之亂言 思所以盡其心得其情而已也"

286 《백호전서》 권27, 〈雜著〉〈漫筆 中〉 "先王明愼用刑而不留獄 後世有鍊囚之法 而後或至拘繫經年而不得決 或以瘐死 其愁苦之氣 豈不足感動天心 蠹傷民志 以招災癘也"

발휘하기도 하였다. 이처럼 그는 당대에 법률에 밝기로 이름을 알린 인물이었다.[287]

남구만은 "형벌을 가하여 악을 징계하는 것은 본래 정치를 도와서 백성들로 하여금 마음을 돌이켜 도道로 향하게 하고자 한 것"[288]이라고 하여 교화를 최종적 목적으로 한다는 교화주의적 입장을 견지하고 있었다. 그러나 남구만이 형정의 역할에 대해 결코 간과한 것은 아니었다. 형정이 교화를 달성하는 데 중요한 방법이자 수단이라고 생각하고 있었다. 남구만은 "형옥刑獄은 천하 사람들의 목숨이 달려 있기에 군주가 소중히 여기는 일은 이보다 더한 것이 없다."[289]며 국정 운영의 핵심정책이라고 설명하였다.

그러나 남구만은 형정이 문란해지면 국가를 망하게 하는 주요 요인이 될 수 있다고 보았다. "형벌을 가하여 악을 징계하는 것은 본래 정치를 도와서 백성들로 하여금 마음을 돌이켜 도道로 향하게 하고자 한 것"[290]이므로 형정은 그 자체로써 목적이 되지 않고 백성들을 도道로 향하게 하는 수단이 된다고 보았다. 그러나 "형벌이 합당하지 않으면 사람들이 그 수족手足을 둘 곳이 없다고 한다. 사형처분을 어지럽혀서 백성들의 마음이 떠나고 원망하여 입으로 저주하게 만든 것은 삼대가 말세에 어지러워져 멸망한 이유이다."[291]라고 하였다. 올바른 정치가 행해졌던 하은주 삼대 역시 형정을 잘못하여 백성들의 원망을 얻었기 때문에 멸망한 것이라고 본 것이다.

남구만은 사회에서의 범죄를 불가피하게 발생할 수밖에 없는 대상으로 이

---

287 김호, 2011, 〈약천 남구만의 형정론에 대한 다산 정약용의 비판〉,《국학연구》19, 666쪽.
288 《약천집》권6, 〈疏箚〉〈辭職兼陳三獄事箚〉 "刑罰之懲惡 本所以輔治 欲使下民回心而向道者也"
289 《약천집》권7, 〈疏箚〉〈論獄囚久滯箚〉 "且念刑獄者 天下之命也 有國所重 無過於此"
290 《약천집》권6, 〈疏箚〉〈辭職兼陳三獄事箚〉 "刑罰之懲惡 本所以輔治 欲使下民回心而向道者也"
291 《약천집》권6, 〈疏箚〉〈辭職兼陳三獄事箚〉 "臣聞刑罰不中 則人無所措其手足 變亂正刑 使下民心違怨而口詛祝 三季之所以亂亡也"

해하였다. 그는, 인간은 본성에 의하여 범죄를 저지르게 된다는 불가역적 범죄론을 가지고 있었다. 《서경》〈상서商書〉〈중훼지고仲虺之誥〉의 "하늘이 백성을 내매 욕심이 있게 하였으니, 군주가 없으면 혼란하다(惟天生民有欲 無主乃亂)"는 부분을 적극적으로 해석함으로써, 백성의 본성을 사적인 이익을 추구하는 것이라고 해석하였다. "혈기血氣가 있는 모든 사람은 스스로 사사롭게 하고 자신을 이롭게 하려는 마음"292이 있고, "모든 사람의 마음은 다 자기 몸을 후하게 하고 자기 몸을 이롭게 하고자"293 한다고 보았다. 이 때문에 "각기 자신의 힘을 뽐내고 각기 자신의 이익을 도모해서 서로 반목하여 다투고 서로 능멸하여 쟁탈"294하는 사회갈등이 발생한다고 보았다.

자산子産의 말에, "불은 혹독하므로 백성들이 바라보고 두려워하기 때문에 불에 타 죽는 자가 드물고, 물은 나약하므로 백성들이 우습게 여겨 가까이하기 때문에 물에 빠져 죽는 자가 많다." 하였습니다. 그렇다면 법을 굳게 지켜 흔들리지 않는 것이 비록 사람을 상하게 하는 것 같지만 그를 상하게 하는 것은 바로 백성을 이롭게 하는 것이요, 법을 굽혀 차마하지 못하는 것이 비록 사람을 사랑하는 것 같지만 그를 사랑하는 것은 다만 백성을 해롭게 할 뿐입니다. 이것을 가지고 말한다면, 오늘날의 정사 역시 너무 나약하여 백성들이 우습게 여기고 가까이하는 폐단이 없지 않을 듯합니다.295

이 때문에 남구만은 형정 운영에서의 과단성을 중시하였다. "불은 혹독하므로 백성들이 바라보고 두려워하기 때문에 불에 타 죽는 자가 드물고, 물은

292 《약천집》 권6, 〈疏箚〉〈論償命禁葬事箚〉 "凡有血氣之倫 皆有自私自利之心"
293 《약천집》 권3, 〈疏箚〉〈玉堂論君德箚〉 "凡衆人之心 皆欲自厚自封"
294 《약천집》 권6, 〈疏箚〉〈論償命禁葬事箚〉 "各營其利 睽鬪而交爭 相凌而相奪者"
295 《약천집》 권6, 〈疏箚〉〈論償命禁葬事箚〉 "是以子産之言曰火烈 民望而畏之 故鮮死焉 水懦弱 民狎
　　而翫之 故多死焉 然則執法不撓 雖似傷人 而其所以傷之者 乃所以利之也 屈法不恐 雖似愛人 而其所
　　以愛之者 適所以病之也 以此言之 當今之政 亦恐不能無懦弱狎翫之弊"

나약하므로 백성들이 우습게 여겨 가까이하기 때문에 물에 빠져 죽는 자가 많다."라는 것처럼 형정 운영이 물같이 나약하면 백성들이 우습게 여겨 해를 입고, 불같이 혹독해야 백성들이 해를 입지 않는다고 보았다. 한편 법률 그대로를 적용하는 것이 비록 피의자 한 사람을 상하게 하는 것이지만 궁극적으로는 모든 백성을 이롭게하는 조치라고 역설하였다. 굴법屈法은 표면적으로 파악할 때는 백성을 사랑하는 애민정신이 발휘된 것으로 보이나 실제로는 "백성들이 우습게 여기고 가까이하는 폐단"을 발생시킨다는 것이다.296

> 삼대三代 시대에 옥사의 결단은 괴극槐棘의 의논에서 정해졌습니다. 그러므로 사람에게 맡기고 법에 맡기지 않았는데, 후세에 이르러서는 순박한 옛날과 달라져서 한결같이 법으로 결단하지 않을 수 없게 되었습니다. 이 때문에 무릇 죄를 범한 자가 있으면 반드시 먼저 율문律文을 상고하여 해당하는 법률에 맞으면 죽이지만, 혹 본율本律이 분명하지 않을 경우 비율比律로 사형죄로 결단할 수가 없으니, 이것이 바로 법가法家의 정해진 규례입니다.297

사회통제를 위해 형법이란 이상적이지는 않더라도 준수할 만큼의 가치를 충족한다고 보았다. 삼대 때는 괴극槐棘298으로 불리는 삼공구경의 고위관료들이 형벌을 합의하였기 때문에 법률이 필요하지 않았다고 하였다. 그러나 삼대 이후로는 더 이상 괴극을 거쳐 처단할 수 없으므로, 타개책으로 법을 준용할 수밖에 없었다는 것이다. 그러나 그 법률 자체에 결함이 있다고 보지는 않

---

296 김호, 2011, 앞의 논문, 674쪽.

297 《약천집》 권13, 〈議〉〈李時興定罪議〉 "三代斷獄 定於槐棘之議 故任人而不任法 至於後世則事異淳古 不得不一斷於法 以此凡有罪犯 必先考律文 得當律則殺之 如或本律不明則不得以比律斷以一罪 乃法家之定例也"

298 괴극槐棘은 주周나라 시대 조정에서 삼공三公과 구경九卿의 자리를 정하기 위해 홰나무(槐) 3그루와 대추나무(棘) 9그루를 심어 놓은 것에서 유래한 말이다. 이후 '괴극'이라는 용어는 삼공과 구경을 지칭하는 고위 관료를 의미하게 되었다.(《周禮》〈秋官〉〈朝士〉)

있다. 죄를 범한 자에게는 그에 합당한 율문을 적용하면 되는 것일 뿐, 사형을 목적으로 인율비부引律比附를 무리하게 적용해서는 안 된다고 본 것이다.

남구만은 국왕이 국가 운영의 중추이자 형정의 최종결재자로서 중요한 역할을 담당한다고 보았다. 남구만에게 군주는 '크게 공정한 도리로써 위에서 표준을 세워 금령禁令을 정하고 상벌을 시행하여 강기綱紀를 하나로 통일하고 제량制量을 가지런하게'299 하는 역할으로서 표준이 되어야 하는 인물이었다. 그러나 아무리 국왕이라 할지라도 사적인 동기에 의해 법률을 자의적으로 시행해서는 안 된다고 보았다. "정위廷尉의 저울대가 한번 기울면 형벌의 경중에 기준이 없는" 상태를 유발하며 이에 따라 "백성들이 어떻게 손과 발을 마음대로 둘 수 없다."300는 것이 남구만의 인식이었다.

그렇지만 남구만은 지나치게 형벌을 강조하면서 국왕의 전제권을 남용해서는 안 된다고 보았다. "혹시라도 죄없이 억울하게 형벌을 받는 자가 있다면 또한 천지의 화기和氣를 손상하여 재앙을 불러올 수 있으며, 길거리에서 말하고 골목에서 비판함에 이르러서는 또 그 비난이 자자함을 어찌 다 말할 수 있겠습니까."301라고 하면서 법률을 벗어난 자의적인 처분은 천지의 재앙과 민간의 비판을 피할 수 없다고 보았다. "형벌이 반드시 죄에 합당하여 요행으로 면함이 없게 하시고 금함이 반드시 제재함이 있어서 세력으로 점거할 수 없게 하여 만민을 솔선하는 근본으로 삼을 것"302을 촉구한 것이다.

남구만은 범죄자에게 그에 부합하는 형벌을 가해야 한다는 입장에서 형정

---

299 《약천집》 권6, 〈疏箚〉〈論償命禁葬事箚〉 "苟非人主以大公之道 建極於上 定其禁令 施其賞罰 一統
　　類而齊制量 則其各奮其力 各營其利 睽鬪而交爭 相凌而相奪者 其孰能止之哉"
300 《약천집》 권4, 〈疏箚〉〈論敗船罪人不當徑刑疏〉 "廷平一傾 輕重無準 民安所措手足乎"
301 《약천집》 권3, 〈疏箚〉〈辭副校理兼論內需司疏〉 "其間或有非辜而橫罹者 則亦足以感傷和氣 召致
　　災沴 而至於街談巷議 又豈勝其藉藉哉"
302 《약천집》 권6, 〈疏箚〉〈論償命禁葬事箚〉 "使罰必當罪 不得以倖免 禁必有制 不得以勢占 以爲表率
　　萬民之本 不勝幸甚"

론을 전개하였다. 만약 "악역惡逆을 범한 사람에 대해 만약 그 일을 엄중히 다스려서 국법을 바로잡지 않는다면 하늘의 토벌에 흠이 될 뿐만 아니라 또한 먼 지방의 어리석고 완악한 백성들이 더욱 경계하고 두려워할 줄 모르게"[303]된다는 것이다. 범죄자는 엄중히 다스리고 국법을 바로잡아야만 백성들이 이를 두려워하여 경계하게 된다고 하였다. 이 때문에 "형벌이 반드시 죄에 합당하여 요행으로 면함이 없게 하시고 금함이 반드시 제재함이 있어서 세력으로 점거할 수 없게 하는"[304] 방식으로 범죄자에게는 반드시 그에 부합하는 형벌을 내려야 한다고 하였다. 이렇게 국가의 형정이 분명한 기준을 가지고 예외없이 적용이 될 때라야 자신을 후하게 하고 자기 몸을 이롭게 하려는 이기심을 억제하여 범죄를 방지할 수 있다고 보았다.[305]

남구만은 이미 정해진 법률조항을 관대하게 해석하여 범죄자의 처벌을 감경해 주는 관휼에 대해 비판적으로 인식하였다. "우리나라의 법령이 너그러워 죄인을 함부로 풀어 준 지가 진실로 이미 오래되었다."[306]고 비판하면서 그 같은 관휼은 오히려 범죄피해자의 원망을 불러일으켜 화기를 손상하게 한다고 보았다. 만약 국왕이 마음대로 형벌을 낮추거나 높인다면 "백성들의 마음이 떠나고 원망하여 저주하게 만든"[307]다고 역설하면서 피해자의 원망을 해소하는데 초점을 맞추었다.

303 《약천집》 권13, 〈議〉 〈鄭得春定罪議〉 "如此惡逆之人 若不重其事正典刑 則非但有欠於天討 亦恐遐方冥頑之民 益不知警懼"

304 《약천집》 권6, 〈疏箚〉 〈論償命禁葬事箚〉 "使罰必當罪 不得以倖免 禁必有制 不得以勢占 以爲表率萬民之本 不勝幸甚"

305 《약천집》 권3, 〈疏箚〉 〈玉堂論君德箚〉 "凡衆人之心 皆欲自厚自封 而特畏國法不敢耳 今殿下爲二三宮家 自壞其法 雖擧國言之而亦不恤焉 凡朝臣之欲爲其妻妾子女之奉者 營利行私 唯力是視 而無所忌憚矣 未知殿下又將以何法而禁之耶"

306 《약천집》 권6, 〈疏箚〉 〈辭職兼陳三獄事箚〉 "蓋我國家法令之寬縱 固已久矣"

307 《약천집》 권6, 〈疏箚〉 〈辭職兼陳三獄事箚〉 "變亂正刑 使下民心違怨而口詛祝"

이처럼 남구만 형정론의 주된 목적은 피해자의 원망을 해소하는 긍휼矜恤
에 있었다. 그는 범죄의 피해를 입은 피해자의 입장에서 원통함을 갖지 않도
록 처분할 것을 주장하였다. 예를 들어, 공무 집행 중에 도망간 자신의 사노
비를 추적한다며 5명의 사람을 죽인 전 지평 정제선鄭濟先에 대해서 사형할
것을 주장하면서 그 근거로 "죽임을 당한 자가 가엾어서 상명(償命: 사람을 죽
인 사람을 죽임)이 아니고는 그 원통함을 풀어 줄 수 없기 때문"308이라고 하
였다. 그리고 숙종 10년(1684) 전前 병사兵使 이두진李斗鎭이 실수로 사람을
물에 빠뜨려 죽인 사건에 대하여 이두진이 본래 죽이려는 마음이 없었는데
불행히 사람을 밀쳤다가 물에 빠져 죽은 것을 사죄에 처하면 참으로 측은한
마음이 든다며 고의적 살인은 아니라고 보았다. 그러나 "선왕이 법률을 제정
할 때 장난하다가 잘못하여 사람을 죽게 하거나 다른 사람을 구타하다가 잘
못하여 옆사람을 죽인 경우 이들을 모두 상명으로 처리하였으니, 이 어찌 실
정을 따져보지 않고 잔인하게 사람을 죽이려고 그런 것이겠습니까. 법의 뜻이
이와 같지 않으면 죽은 자가 원통한 마음을 품을 뿐만 아니라 후일에 서로 죽
이는 것을 금지할 수가 없다고 생각했기 때문입니다."309라며 이두진을 사형
에 처할 것을 주장하였다. 피해자의 입장에서 원통함을 풀어 주기 위해선 비
록 그의 행위는 고의가 아니었더라도 사형에 처해야 한다고 보았다. 피해자의
원망에 기초하여 과실범죄에 대해서도 엄하게 처벌할 것을 주장한 것이다.

　남구만은 원칙적인 입장에서 범죄처분에는 자백이 필수적으로 필요하다고
판단하였다. 조선은 자백을 범죄처분의 제1요건으로 삼는 자백필수주의를 법
률로 채택하고 있었는데, 그는 법률 원칙을 준수해야 한다는 입장이었다. 오
히려 피의자의 자백이 없는 상황에서 국왕이 여러 가지 증언·증거를 종합하

---

308 《약천집》 권6, 〈疏箚〉〈辭職兼陳三獄事箚〉 "豈不以被殺者之可閔　非償命無可以解其冤故哉"
309 《약천집》 권6, 〈疏箚〉〈論償命禁葬事箚〉 "雖然先王制律　嬉戲而誤至於死　毆他人而誤殺旁人　皆處
　　以償命　此豈不原其情　忍於殺人而然哉　法意以爲不如是　則不但死者之抱冤　無以禁日後之相殺故也"

여 죄상을 판단하는 정리情理에 의한 해석은 처분의 자의성을 낳는다는 비판
이었다.

예를 들어, 현종 9년(1668) 세선稅船을 고의로 파괴하였다는 혐의를 받은
권시담權時談 처분 과정에서 남구만은 원칙적인 자백필수주의를 재차 강조하
였다. 이때 권시담은 1년이 넘도록 조사를 받았음에도 자신의 고의범죄에 대
해 자백을 하지 않았다. 이에 현종은 조운사목의 "쌀을 도둑질하여 죄상이 드
러난 자는 효시하고 용서하지 않는다."는 조항에 의거하여 권시담을 효시하라
고 명하였다.310 그러나 남구만은 이 조치에 대해 법적 결함을 지적하며 반대
하였다.

첫 번째로는 '법적 형평성'에 어긋난다는 것이었다. 이전에 무장茂長에서
배를 파손한 오섬吳暹에 대해서는 감옥에 가두는 조치를 취했으면서, 지금 권
시담에 대해서는 사형처분을 하면 법적 형평성에 어긋나게 된다는 것이다.311
두 번째로는 자백미비의 문제이다. 권시담을 비롯한 7명의 연루자들을 오랫
동안 심문하여도 아무도 자백하지 않았고, 훔쳐갔다는 쌀의 행방도 묘연하기
때문에 증거가 불충분하다는 것이다.312 이러한 법적 결함에도 현종이 자의적
으로 법을 해석하여 사형에 처한다면 "비록 일시적으로는 상쾌하겠으나 실로
법령에는 위배되며, 정위廷尉의 저울대가 한번 기울면 형벌의 경중에 기준이
없을 것"313이라고 비판하였다. 다시 말해 국왕의 법률 해석에 자의성이 개입
되면 곧 전체 국법이 중심을 잃고 어지럽게 된다는 것이다.

---

310 《현종실록》 권14, 현종 9년 2월 28일 丁酉.

311 《약천집》 권4, 〈疏箚〉〈論敗船罪人不當徑刑疏〉 "若必以事目爲言也 則茂長敗船人吳暹方在獄受刑
此與時淡本無分別 一殺一否 又豈非用法之偏者乎"

312 《약천집》 권4, 〈疏箚〉〈論敗船罪人不當徑刑疏〉 "然所偷穀物 不知其去處 同囚七人 皆無承服者 則
旣非衆證 又未結正"

313 《약천집》 권4, 〈疏箚〉〈論敗船罪人不當徑刑疏〉 "雖快於一時 實違於三尺 廷平一傾 輕重無準"

이 때문에 남구만은 심증·물증이 갖추어졌더라도 법에서 규정한 자백이 없는 경우에는 처벌해서는 안 된다고 주장하였다. "또 지금 감옥에 갇힌 죄인들 중에는 중대한 일에 관계되고 정상이 확실하여 의심할 나위가 없는 자들이 많이 있는데, 단지 자백하지 않았다 하여 죽일 수 없었"[314]다며 자백필수주의 원칙이 준수되어야 한다고 주장하였다. 만약 국가가 정상이 확실하고 의심할 나위가 없다고 판단하여 자백이 없음에도 사형처분을 한다면 국가권력의 월권이 된다고 보았다.

이 때문에 만약 죄인이 자백하지 않으면 법령으로 정해진 법정고신을 활용해야 한다고 인정하였다. 예를 들어, 숙종 20년(1694) 갑술환국을 촉발한 고변사건에 대한 남구만의 입장에서 고신에 대한 인식이 나타난다. "최격과 이시회는 현재 공초를 받고 있는데 말이 종잡을 수가 없어서 정상이 가증스럽다 하여 의금부에서 형추刑推할 것을 계청하자 엄히 형신하라는 명을 연달아 내리셨으니, 처분이 정당하여 다시 말씀드릴 만한 것이 없습니다."[315]라며 엄히 고신하라는 명령이 정당하다고 인정하였다. 그리고 해당 사건에서 피의자 한중혁이 자백하지 않자 의금부 추국청에서는 숙종이 국왕직단 처형할 것을 요청한 경우에 대해서도 남구만은 "죄인을 추문할 때에 자백하지 않으면 형추를 계청해야 하는데, 의금부에서는 곧바로 성상께서 재결하실 것을 청하였으니 이는 이미 법례法例가 아니"[316]라고 하면서 피의자가 버틴다고 하여 자백 도출을 포기해서는 안 된다고 보았다. "다시 의금부로 하여금 한중혁이 말을 교묘하게 꾸며 숨긴 내용을 추문해서 실정을 캐낸 다음 조처하시어 중외

---

314 《약천집》 권4, 〈疏箚〉〈論敗船罪人不當徑刑疏〉 "且卽今獄中諸囚 多有干係重大 情節無疑者 徒以其不服不得誅"

315 《약천집》 권8, 〈疏箚〉〈請更推韓重爀竄韓構箚〉 "而格 時檜則該府方以變幻納招 情狀可惡 啓請刑推 連下 嚴刑之命 處分正當 更無可言"

316 《약천집》 권8, 〈疏箚〉〈請更推韓重爀竄韓構箚〉 "凡推問罪人 不吐實情 則惟當啓請刑推 而禁府之遽請上裁 旣非法例"

의 인심을 통쾌하게 하신다면 매우 다행이겠습니다."[317]라고 하여 한중혁이
자백할 때까지 끝까지 고신할 것을 주장하였다. 이처럼 남구만에게 자백은 범
죄처분의 제1근거로서 정황근거·심증 등에 의해 확보될 수 있는 것이 아니라,
피의자 본인이 직접 발화해야 하는 원리원칙적인 대상이었다. 이러한 법률의
원칙을 지키는 것이 남구만이 생각하는 '절차적 정당성'에 부합하는 방식이었다.

　이상과 같이 윤휴와 남구만은 '절차적 정당성'에 대해 원칙적으로는 동의하
였으나, 그 해석 방식에 차이를 두고 있었다. 윤휴는 법률에 적시된 대로 자
백을 받아내는 과정에서 발생하는 잔혹한 고신과 그로부터 도출되는 허위자
백은 삼대 형정의 이념이 아니라고 보았다. 이 때문에 국왕과 국가가 사건의
정리情理를 파악하여 피의자의 자백을 넘어선 사건의 실체에 접근할 것을 요
청하였다. 그러나 남구만은 범죄 판단에 대한 국가의 깊은 개입은 오히려 자
의적인 형정을 낳는다고 보았다. 남구만은 법률에 적시된 자백필수주의에 근
거하여 자백이 있어야만 처벌할 수 있다고 보았다. 이를 위해서는 고신은 활
용되어야 하며, 자백을 도출할 때까지 시행할 것을 주문하였다. 남구만은 범
죄의 실체에 대한 국가의 개입을 방지하고 최대한 피의자의 자백 그 자체를
추구함으로써 법률의 안정성을 보장받고자 하였다.

　정리하자면, 숙종은 형벌의 적절한 운용을 통해 민심을 안정시키고 교화와
통제의 조화를 도모하였다. 동시에 '정왕법正王法'론을 제기하여 형정 운영상
의 법률 해석과 적용에서 국왕의 초법적 재량권을 인정하는 이중적 모습을
보였다. 반복되는 환국 속에서 형정 문제가 심화되면서 결과 국왕의 자의적
판단을 법률로 제어하고자 하는 논의가 전개되었다. 남인 윤휴는 유교적 교화
주의에 입각하여 형벌의 목적이 교화에 있음을 강조하고, 범죄 동기를 고려한

---

317 《약천집》 권8, 〈疏箚〉〈請更推韓重爀竄韓構箚〉 "伏乞聖明更令該府推問重爀巧節隱諱之狀 得情處
　　置 俾快中外之人心 不勝幸甚"

유연한 처벌과 자백 획득 과정의 절차적 정당성을 주장한 반면, 서인 남구만은 개인의 이기적 본성에서 범죄 원인을 찾고 응보적 관점에서 법률 준수와 자백필수주의를 강조하는 등 상반된 입장을 보였다. 그러나 이들은 공통적으로 국왕에 대해 적어도 법률을 준수하거나 법률을 넘어서서 흠휼을 베풀어야 하는 주체라고 상정함으로써, 국왕의 자의적 형벌 집행을 경계하고 법에 근거한 판결을 지향했다. 여기에는 숙종 시기 형정 운영에 대한 비판적 인식이 담겨 있는 것이다.

3) 형률 개수와 《전록통고典錄通考》의 편찬

숙종 대에는 사회적 변화들을 새로운 법률 체제로 구현해야 한다는 문제의식이 나타나고 있었다. 이는 이미 현종 대부터 점진적으로 제기되었다. 현종 5년(1664) 허적과 정태화鄭太和는 누적된 법령 정리의 필요성을 제기하였고,[318] 숙종 14년(1688) 박세채 역시 대대적인 법령 정리 사업 개수의 필요성을 제기하였다.[319] 특히 그는 《경국대전》 자체가 성종 대에 이루어져 상세하고 조밀하지만, 2백 년이 지났으니 하자와 폐단이 날로 나타나고 중간에 병란을 겪어 폐기하거나 바뀌어 표준이 없다고 진단하였다.[320] 이처럼 조선 후기 사회가 전기와는 근본적으로 다른 사회가 되었다는 인식이 누적되고 있었다.

이러한 문제의식에 따라 숙종 대에는 크게 두 차례에 걸친 법제서 편찬이 추진되었다. 1차 사업으로 숙종 24년(1698) 편찬된 《수교집록》은 《대전후속

---

318 《현종실록》 권9, 현종 5년 11월 3일 庚寅 ; 《현종개수실록》 권12, 현종 5년 11월 3일 庚寅(김백철, 2016, 《탕평시대 법치주의 유산 -조선후기 국법체계 재구축사》, 경인문화사, 17쪽 재인용)
319 《숙종실록보궐정오》 권19, 14년 6월 14일 乙卯.
320 김백철, 2008, 〈朝鮮後期 肅宗代 國法체계와 《典錄通考》의 편찬〉, 《규장각》 32, 74~75쪽.

록》의 편찬 이후로부터 숙종 24년까지 150년 동안의 전교를 수록한 법전이
다. 《수교집록》은 새로운 체제로 법전을 편찬하는 것이 아니고 왕명을 받아
기존의 수교를 수집하고 정리하는 작업을 기본으로 하였다.[321] 《수교집록》의
편찬은 현행법을 법전에 편입시킬 목적으로 전개된 사업이었으므로 《경국대
전》의 6전체제와 부합하는 양식으로 조합하였다. 이를 통해 기존 《대전후속
록》이 《경국대전》을 보완하는 역할에 충실했던 것과는 다르게 향후 법전 편
찬의 기틀이 될 수 있었다.

　2차 사업인 숙종 32년(1706) 《전록통고》의 편찬은 《경국대전》과 《대전속
록》·《대전후속록》·《수교집록》을 하나의 법전에서 종합적으로 파악하기 위한
시도였다. 당대 법률에 능통했던 영의정 최석정崔錫鼎, 좌의정 이세백李世白,
우의정 신완申琓 등 대신들이 5년 동안 공을 들여 《경국대전》을 중심으로
전반적인 법률을 재검토하였다. 이를 통해 《경국대전》-속록류-수교로 이어
지는 법제의 등급과 체계를 확립하여 형정의 일관적인 운영을 가능하게 하
였다.[322]

〈표 3〉 숙종 대 절차 형률 입법 내역

시기	내용	출전
숙종 8	정 2품 이상·의정부·사간원 외 파견관료 행형 금지	《受教輯錄》[323]
숙종 11	파견관료가 사적인 이유로 물고 시 사형	《受教輯錄》[324]
숙종 11	곤장 군무 한정 30대 제한 및 위반 시 남형률로 처벌	《新補受教輯錄》[325]
숙종 15	1년 이상 체옥한 관료 처벌	《受教輯錄》[326]
숙종 20	포도청에서 형조로 이송할 죄인은 포도대장이 직접 심문	《新補受教輯錄》[327]
숙종 21	명화적 심문은 강직하고 품계 높은 수령이 담당	《新補受教輯錄》[328]
숙종 22	의금부 외 1일 1차 고신, 자백필수주의 원칙 강조	《秋官志》[329]
숙종 23	물고 피의자 가족 연좌 금지	《新補受教輯錄》[330]
숙종 24	체옥한 관료 처벌	《新補受教輯錄》[331]

321 한상권, 1994, 〈조선시대 법전 편찬의 흐름과 각종 법률서의 성격〉, 《역사와현실》 13, 306쪽.
322 김백철, 2016, 앞의 책, 73쪽.

숙종 25	도적에 대해 무고한 자백강요 및 장살 금지	《新補受敎輯錄》332
숙종 25	도적은 수령 조사·자백 받은 후 토포사에게 이관 조치	《新補受敎輯錄》333
숙종 30	피의자 직접 구두진술 조치 및 서면진술 금지	《新補受敎輯錄》334
숙종 33	수령 자의적 위리안치 금지 및 위반 시 처벌	《新補受敎輯錄》335
숙종 34	군률 이외 곤장 시행 금지, 옥송 지체 금지	《秋官志》336
숙종 34	도적 심문 시 지방관료 합좌 심문 조치	《新補受敎輯錄》337
숙종 36	사적으로 장살한 수령 처벌	《新補受敎輯錄》338
숙종 37	도적 심문 시 무고한 피의자 연루 금지	《新補受敎輯錄》339
숙종 37	도적 심문 시 영장·수령 합좌 및 암행어사 염찰 강화	《新補受敎輯錄》340
숙종 43	수령의 자의적 족장足杖 집행 금지	《新補受敎輯錄》341

*출전 : 정진혁, 2023, 〈숙종 대 부당형벌 논란과 형정운영의 변화〉, 《법사학연구》 68, 91~92쪽 〈표 4〉 인용.

323 《受敎輯錄》〈刑典〉〈濫刑〉 外方奉使之人 "外方奉使之人 正二品以上·政府憲府外 用刑事 嚴禁"

324 《受敎輯錄》〈刑典〉〈濫刑〉 奉命使臣 "奉命使臣 以私事殺人者 亦爲償命"

325 《新補受敎輯錄》〈刑典〉〈用刑〉 棍杖若事係軍務者 "棍杖 若事係軍務者 則限三十度 隨其罪之輕重 或多或少 而多不過定式之內 若其罪犯極重 必加棍數 則具由啓聞後治罪 而或有用棍過濫者 勿論被杖者殞 傷與否 論以濫刑之律"

326 《受敎輯錄》〈刑典〉〈決獄日限4〉中外官僚 "中外官僚 大小獄訟 趁不處決 滯囚經年 或有一不訊之 處 則査覈論罪事 定式"

327 《新補受敎輯錄》〈刑典〉〈贓盜〉 賊人捕廳承服之後 "賊人 捕廳承服之後 移送刑曹 不服者 移送捕廳 三服處斷 而移送刑曹之賊人 大將親爲按問後 入啓移送"

328 《新補受敎輯錄》〈刑典〉〈贓盜〉 明火賊停其親問 "明火賊 停其親問 仍行考覆 而考覆官 必擇剛明秩 高守令定送 以爲審察獄情枉直之地"

329 《秋官志》〈詳覆部〉〈啓覆〉 大臣以刑曹訊杖太歇 "肅宗二十二年 敎曰 大臣以刑曹訊杖太歇 難以取 服爲言 而禁府·刑曹法杖 自有定制 法杖之用以柳木者 蓋有意也 法司刑杖 與鞫有異 鞫獄之外 本無一 日累次之刑 豈可以難於取服 遽變杖法 此路一開 後弊無窮 且大臣以服念要囚 不易旬時爲言 而凡罪囚 必待其輸情然後 方可致法 豈可以時日之近久爲慮乎 雖以逆獄之重 未承款之前 不得致法 例也 但當謹 守祖宗成法 不可容易變更也"

330 《新補受敎輯錄》〈刑典〉〈贓盜〉 考覆前物故賊人 "考覆前物故賊人 不可施以爲奴論賞之典"

331 《新補受敎輯錄》〈刑典〉〈決獄日限〉 滯獄官論罪 "滯獄官 論罪 監色 推論"

332 《新補受敎輯錄》〈刑典〉〈贓盜〉 治盜之際 "治盜之際 苟不詳審究覈 則誣服枉死之弊 在所必然 討捕 使處 覈其贓證事 各別申飭"

333 《新補受敎輯錄》〈刑典〉〈贓盜〉 凡盜賊之見捉者 "凡盜賊之見捉者 自其邑 爲先窮問取服後 移送討 捕使 而討捕使之直爲捉囚 不使本官推覈者 守令之不善奉行營將號令 竝論罪"

334 《新補受敎輯錄》〈刑典〉〈訴冤〉 罪人原情 "罪人原情 口傳取招 勿許文字書納"

335 《新補受敎輯錄》〈刑典〉〈禁制〉 守令擅自加棘於百姓者 "守令擅自加棘於百姓者 繩以重律"

이 결과 부당 형벌을 제도적으로 방지하기 위한 '형정 절차 법령'을 점차 보완하였다. 〈표 3〉은 숙종 대에 개수된 절차 관련 형률 목록이다. 해당 조항들은 숙종의 수교를 받아 《수교집록》·《전록통고》·《신보수교집록》·《추관지》와 같은 법령집에 수록한 법령들이다. 여기에서는 17세기 말~18세기 초 변화하는 사회상을 확인할 수 있다.

첫째, 도적 심문의 절차 조항이 집중적으로 신설되었다. 숙종 21년(1695) 이후부터 이어지는 형률 정비의 방향성은 뚜렷하게 도적 문제에 집중되어 있었다. 숙종 21년(1695) 명화적(明火賊: 떼를 지어 돌아다니며 재물을 마구 빼앗는 사람들의 무리) 심문을 강직하고 품계 높은 수령이 담당하도록 한 조항 이외에도, 숙종 25년(1699) 2건, 숙종 3년(1704) 1건, 숙종 37년(1707) 2건 등 총 6건이 도적 심문의 절차적 정의를 보장하는 방향으로 신설되었음을 확인할 수 있다. 도적에 대한 체포·심문·투옥 절차를 세분화하고 정비하기 위한 시도들이었다.

그렇다면 왜 숙종 21년 이후 도적 심문 조항에 대한 집중적인 보완이 필요

---

336 《秋官志》詳覆部 〈啓覆〉人命至重 "三十四年 敎曰 人命至重 雖大辟應死之人 必有詳覆之擧 祖宗朝設法之意 豈偶然哉 惟其如是 故刑杖·訊杖·笞杖之制 莫不各有大小輕重之別 屢經兵亂 法制墜素 苟有官威者 恣意濫用 乃敢以刑杖 爲飾怒之具 務大其杖 無復顧忌 邊遠僻絶之處 此習尤甚 無告殞命 傷和氣積 怨讟莫甚於此 累度申飭 而朝綱不振 人莫嚴憚 舊習猶存 良可寒心 凡京外用刑 非軍律 則切勿用棍 獄訟亦無久滯 各邑·各鎭 如有違犯 朝令不謹奉行者 啓聞科罪"

337 《新補受敎輯錄》〈刑典〉〈贓盜〉治盜時同推官 "治盜時 同推官 眼同究問 而營將所在處 本官及元定兼官 使之同推"

338 《新補受敎輯錄》〈刑典〉〈訴冤〉因杖殞命擊錚之類 "因杖殞命擊錚之類 先行査問 如係挾私濫刑 則罪守令 不然而誣罔者 一切論以部民告訴之律"

339 《新補受敎輯錄》〈刑典〉〈贓盜〉京外强盜 "京外强盜 勿論已取服·未服 刑官與道臣 詳覆稟處 俾無橫罹之弊"

340 《新補受敎輯錄》〈刑典〉〈贓盜〉治盜賊營將與地方官 "治盜賊 營將與地方官 眼同同推 而暗行 亦爲廉問營將治盜善不善 討捕使 各別擇差事 申飭"

341 《新補受敎輯錄》〈刑典〉〈用刑〉外方守令輕施足杖 "外方守令 輕施足杖 或至殺人 誠可駭然 報于方伯或討捕使然後 方施此刑 而雖討捕使 必詳量獄情 大段者外 切勿輕加"

했던 것일까? 이는 당시 대기근을 맞닥뜨린 사회상과 연관이 있었다. 숙종 21년(1695)~숙종 25년(1699) 사이에는 장기간에 이어지는 대기근이 있었는데, 이를 겪는 과정에서 도적떼들이 창궐하고 있었다. 양란 이후 토지소유의 양극화로 토지로부터 유리된 빈농층들이 대거 도적떼에 참가함으로써 도적문제를 심화시켜 나갔다. 태릉의 제실,[342] 정릉의 제실이 약탈당하거나[343] 경복궁 앞 거리에서의 도적행위가 발생하면서[344] 한양 경내의 문제로 대두될 뿐 아니라, 전라도 지역에서의 한 가문은 대기근 내내 수차례 도적의 약탈을 당하기도 했다.[345]

도적의 문제는 재산상의 피해뿐 아니라 인명훼손으로도 이어지고 있어 사회문제가 되었다. 한양에서 얼마 떨어지지 않은 모화현慕華峴에서는 대낮에도 도적떼들이 사람들을 살육하였고[346] 심지어 도적 체포를 위해 파견된 국가의 토포관을 살해하기도 하였다.[347] 이 때문에 국가로서는 도적의 발호를 억제할 비상대책이 필요했다. 영의정 남구만,[348] 좌의정 유상운의 요청[349]에 따라 토포사를 확대 증설하였고, 병조의 사목을 작성하여 팔도의 도적통제규정을 배포하기도 하였다.[350] 한편 민간의 도적 체포를 독려하기 위해 도적을 5~6인 이상 체포한 사람에게는 관직을 제수하고 논상한다는 명을 반포하기도 하

---

342 《숙종실록》 권29, 숙종 21년 9월 16일 乙亥.

343 《숙종실록》 권29, 숙종 21년 12월 1일 己丑.

344 《숙종실록》 권29, 숙종 21년 11월 7일 乙丑.

345 김경숙, 2016, 〈을병대기근기 향촌사회의 경험적 실상과 대응〉, 《역사와실학》 61, 20~22쪽 참조.

346 《숙종실록》 권38, 숙종 29년 2월 22일 丁酉.

347 《숙종실록》 권31, 숙종 23년 윤 3월 16일 丙申.

348 《숙종실록》 권29, 숙종 21년 11월 3일 辛酉.

349 《숙종실록》 권29, 숙종 21년 9월 30일 己丑.

350 《숙종실록》 권29, 숙종 21년 10월 23일 壬子.

였다.[351]

그러나 국가의 입장에서 이들 도적에 대한 태도가 적대적인 것은 아니었다. 이들이 본래부터 도적의 심성을 타고난 것이 아니라 기근의 정황상 도적이 될 수밖에 없었다는 인식을 가지고 있었다. "해가 흉년들고 백성이 가난하면 일어나 도적이 되는 것은 진실로 반드시 이르는 세勢"[352]라는 인식은 이 당시 정부의 도적의 발호에 대한 대책의 성격을 보여 주는 것이다. 정부는 이들을 적대적으로 대하고 소탕하기보다는, 빠른 시일 내에 기근을 안정화시키고 도적들을 다시 농업에 종사할 수 있도록 유도해야 했다. 이 때문에 도적떼 가운데 자수하는 자는 죄를 면제하고 상을 내리겠다는 명을 반포하여[353] 이들이 다시 생민生民으로 돌아갈 수 있는 방안을 고심하였다.

이러한 정부의 온정적 도적 인식은 숙종 대 도적 관련 형률 정비의 성격과 연동이 되어 있다. '곤장 군무 한정 30대 제한 및 위반 시 남형률로 처벌', '명화적 심문은 강직하고 품계 높은 수령이 담당', '도적에 대해 무고한 자백 강요 및 장살 금지', '도적은 수령 조사·자백 받은 후 토포사에게 이관 조치', '도적 심문 시 지방관료 합좌 심문 조치', '도적 심문 시 무고한 피의자 연루 금지', '도적 심문 시 영장·수령 합좌 및 암행어사 염찰 강화' 조항들은 17세기 말~18세기 초 기근으로 인한 도적발호를 통제하기 위한 법령이었다.

숙종 대 도적 관련 형률들의 성격을 검토하면 '도적 심문의 잔혹성 억제'에 초점이 맞춰져 있음을 알 수 있다. 도적 체포의 공을 포상하기 위한 조항이 신설됨으로써 경쟁적으로 도적을 체포하려는 현상이 있었는데,[354] 이 과정에서 무고한 자들을 도적으로 몰아갈 수 있다는 문제의식 때문이었다. 이 때문

---

351 《숙종실록》 권29, 숙종 21년 12월 28일 丙辰.
352 《숙종실록》 권29, 숙종 21년 10월 18일 丁未. "歲飢民貧 則起而爲盜 固是必至之勢"
353 《숙종실록》 권32, 숙종 24년 5월 30일 癸卯.
354 《숙종실록》 권35, 숙종 27년 3월 15일 壬寅.

에 지속적으로 도적 심문 과정을 공정하게 운영하고, 강제적인 신체고신을 억제하게 함으로써 기근에 빠진 백성들의 고통을 더하지 않도록 조치하였다.

둘째, 지방사법기관 용형 절차 법령 증가를 확인할 수 있다. 증가하는 지방 범죄에 대응하기 위해 중앙에서는 포도청捕盜廳을 중심으로 도적을 체포하였고, 지방에서는 병사兵使의 주관 아래 수령이 착실하게 도적의 동태를 살피고 체포할 수 있도록 하였다.[355] 한편 양란 시기 속오군의 보완군사제도로서 준비된 영장제는 17세기 중반 이후 점차 국제정세가 안정되고 외국의 침략 가능성이 낮아짐에 따라, 지방 치도의 역할을 부여받았다.[356] 영장을 잘 가려 뽑는 것이 도적을 다스리는 첫 번째 방책이라며 영장의 임무 중에서 치도治盜가 중요한 것으로 간주되기도 하였다.[357] 이를 통해 17세기 후반이 되면 지방은 감사-병사를 중심으로 한 광역 중심을 바탕으로 각 군현에 영장-수령이 배치되면서 범죄통제체제를 갖추게 된 것이다.

이러한 구조 속에서 숙종 21년(1695)부터 이어진 기근으로 인한 도적떼의 발호는 기존의 시스템을 적극적으로 활용하는 계기가 되었다. 수령-영장의 하부 단위에서부터 감사-병사에 이르는 중간 단위까지 도적을 체포·심문·처분하는 과정들이 일괄적이고 체계적으로 종합될 필요가 있었다. 이 때문에 숙종 대에는 도적떼를 효율적으로 검거하는 형벌 목적과 함께, 도적떼를 처치하는 과정에서 나타날 위법적인 절차들을 억제하는 '절차적 정당성'이 요구되고 있었다.

이 결과 숙종 대에는 수령-영장-감사-병사 등 지방사법기관에 대한 법외 형벌을 억제하는 조항들을 대거 확인할 수 있다. '1년 이상 체옥한 관료 처

---

355 서태원, 1999, 앞의 책, 165쪽.
356 서태원, 1999, 위의 책, 95쪽.
357 《備邊司謄錄》 50책, 숙종 25년 4월 4일 癸卯(서태원, 1999, 위의 책, 168쪽에서 재인용)

벌', '의금부 외 1일 1차 고신, 자백필수주의 원칙 강조', '체옥한 관료 처벌', '피의자 직접 구두진술 조치 및 서면진술 금지', '수령 자의적 위리안치 금지 및 위반 시 처벌', '군률 이외 곤장 시행 금지, 옥송 지체 금지', '사적으로 장살한 수령 처벌', '수령의 자의적 족장足杖 집행 금지' 등을 통해 지방사법기관의 법외형벌을 억제하고자 하였다.

한편 조선정부는 지방사법기관에 대한 감독도 늦추지 않았다. 도적 심문을 법이 정한 원칙대로 수행하는지를 암행어사를 보내 확인하는 규정도 마련한 것이다. 암행어사를 지방에 파견하여 백성 원망의 표적이 되는 몇몇 수령을 처벌함으로써 국지적 차원의 위기 해소를 도모하는 데 이용하였다.[358]

셋째, 공무 집행의 성격을 강화했다는 점이다. 17세기 후반부터 이어진 공권력 강화 기조는 공무에 대한 관료들의 새로운 태도를 요구했다. 관료는 양반지배층으로서 자신들의 사적인 판단을 기준으로 백성들을 대해서는 안 되며, 국가가 규정한 공의에 의해서 공무를 집행할 것을 요구받았다. 원래 《대명률》에는 국가관료의 사적인 판단을 억제하는 규정이 마련되어 있었으나[359] 현실에서는 당상관 이상의 고위관료들이 자신들의 품계를 이용하여 규정 외의 형벌을 사용하는 문제가 나타나고 있었다.

숙종 8년(1682) 지방에 파견된 고위관료들 가운데 정2품, 의정부 관원·사헌부 관원만이 형벌할 수 있다고 제한한 규정,[360] 숙종 11년(1685) 보완법규를 마련하여 사적인 판단에 의하여 무고한 피해자를 장살(杖殺: 형벌로 매를 쳐서 죽임)하는 경우에는 해당 관료를 사형하도록 한 규정[361]은 이와 같은 필

---

358 오영교, 2001, 《조선후기 향촌지배정책 연구》, 혜안, 371쪽.

359 《대명률》 형률 단옥조의 "관리가 사적인 복수심을 품고 고의로 평인(平人, 죄가 없는 백성)을 수금하면 장 80이다. 이로 인하여 죽게 되면 교형이다."(《대명률》〈刑律〉〈斷獄〉故禁故勘平人 "凡官吏懷挾私讐 故禁平人者 杖八十 因而致死者 絞")는 조항에서는 국가관료의 사적인 목적을 위한 공권력의 동원을 금지하고 있었다.

360 《수교집록》〈刑典〉〈濫刑〉外方奉使之人 "外方奉使之人 正二品以上·政府憲府外 用刑事 嚴禁"

요에서 신설된 것이다. 이뿐 아니라 숙종 36년(1710)에는 사적인 감정에 의한 장살의 치죄 범위를 왕명봉행사신으로부터 지방수령 전체까지 확장함으로써[362] 조선의 전체 관료군으로 확대하는 조치를 취하였다.

이러한 일련의 작업들은 통치의 공적 특성을 강조하는 작업이었다. 그리고 조선 후기 수령권을 중심으로 강화된 공권력이 어떠한 성격을 띠어야 하는지에 대한 조선정부의 입장을 보여 주는 조항이라고 하겠다. 조선정부는 새로운 통치질서가 공적인 시스템과 규율에 의해 집행되어야 할 것을 강조하였고, 형 집행자의 내적인 동기조차도 '공적公的 목적'에 부합해야 한다고 보았다.

그러나 숙종 대의 형률 정비는 일정한 한계도 가지고 있었다. 기본적으로 숙종 대의 법률 정비가 '수교'의 형식을 띠고 있다는 형식상의 제약이 있었다. 각사에 각각 내려진 수교에 대해서 일시적 성격을 띤 권의지법權宜之法과 영구히 준수해야 할 경구지법經久之法을 가려낼 필요가 있었다.[363] 《경국대전》·《속대전》과 같은 대전류에서 영구히 준수해야 할 경구지법을 선별하여 수록하기 이전까지, 수교들은 법률의 예비적 성격을 띠고 있었다. 숙종대의 법전 편찬이 《수교집록》의 수교적 성격, 《전록통고》의 기존 법전 합본이라는 성격에 한정되었고, 여기에 수록된 조항들 역시 영구히 준수해야 할 원칙이라기보다는 임시대응적 성격을 띨 수밖에 없었던 것이다.

의정대신은 형조의 신장(訊杖: 예전에 죄인을 신문할 때 쓰던 몽둥이)이 너무 대수롭지 않아서 자복을 얻기 어렵다고 말을 하였으나, 의금부·형조의 신장訊杖은 본디 규격이 있는 것이다. 신장을 버드나무로 사용하는 데는 대개 뜻이

---

361 《수교집록》〈刑典〉〈濫刑〉奉命使臣 "奉命使臣 以私事殺人者 亦爲償命"

362 《신보수교집록》〈刑典〉〈訴冤〉因杖殞命擊錚之類 "因杖殞命擊錚之類 先行査問 如係挾私濫刑 則罪守令 不然而誣罔者 一切論以部民告訴之律"

363 한상권, 1994, 〈조선시대 법전 편찬의 흐름과 각종 법률서의 성격〉, 《역사와현실》 13, 306쪽.

있는 것이다. 법사法司의 형장刑杖은 추국청의 형장과 다르다. 추국청의 옥사 이외에는 본디 1일에 누차 형문하는 법이 없다. 자복을 받아내기 어렵다고 하여 갑자기 신장의 규격을 바꿀 수도 없는 것이다. 이러한 선례를 한번 만들기만 하면 후일의 폐단이 끝없을 것이다.364

이 결과 숙종 대의 형정 정비에는 '국왕 권한에 대한 통제 조항'이 생략되어 있었다. 이를 대표적으로 보여 주는 조항이 숙종 22년(1696)의 전교라고 하겠다. 여기에서 숙종은 추국청과 기타 사법기관의 분명한 차이를 언급한다. 형조의 경우는 1일 1회로 고신이 한정되며 그때 쓰이는 신장의 크기와 무게 역시 가벼웠다. 그러나 추국청은 고신 신장의 규격이 크고 1일 1회 이상 고신할 수 있다고 명시하였다. 이렇게 숙종은 국왕을 상징하는 추국청에 대해서는 신장의 규격을 폭넓게 허용하고 고신의 횟수 역시 규제하지 않았다. 이는 여전히 국왕의 전제적 형정권에 대해서는 제약을 하지 않겠다는 의미이기도 했다.

숙종 시기의 형률개선은 주로 지방 행정 단위에서의 법외고신을 억제하는 데 초점이 맞춰져 있었을 뿐, 국왕의 전제권을 법적으로 억제하는 데까지는 이르지 못하고 있었다. 이는 최종 입법자가 국왕이라는 현실적 조건에서 연유하는 것이기도 하였다. 숙종에게 아직 《경국대전》에 버금가는 법전을 편찬함으로써 후대 왕의 모범을 보이겠다는 대전수명 의식이 불분명하였던 점도 이유라고 하겠다.

정리하자면, 숙종 대에 들어서면서 형정 절차의 문제점이 대두되었고, 이에 대한 개선책으로 일련의 절차 형률들이 제정되었다. 도적 심문의 절차 조항

---

364 《추관지》〈詳覆部〉〈啓覆〉大臣以刑曹訊杖太歇 "大臣以刑曹訊杖太歇 難以取服爲言 而禁府刑曹 法杖 自有定制 法杖之用以柳木者 蓋有意也 法司刑杖 與鞫有異 鞫獄之外 本無一日累次之刑 豈可以 難於取服 遽變杖法 此路一開 後弊無窮"

신설, 지방 형정의 절차 조항 증가, 공무 집행의 공적 성격 강화 등이 그것이다. 이는 17세기 후반 국가 통치 방향을 공권력 중심으로 재편하고 범죄 확대 문제를 억제하려는 시도의 연장이었다. 그러나 숙종 대 형률 정비는 국왕의 전제적 형정권에 대해서는 제약을 가하지 못했고, 《수교집록》과 《전록통고》 편찬에서 보이듯 수교집으로서 제한적인 성격을 띠고 있었다. 이에 한층 더 근본적이고 포괄적인 형정개혁은 이후의 과제로 남겨졌다.

3. 환국의 심화와 국왕직단 추국

1) 경신환국(1680)과 번옥反獄

환국은 숙종 대 정치구조에서 발생한 독특한 사건이었다. 군주는 일당의 전권을 견제하기 위해 외척세력을 육성해야 했고, 집권당은 환관·척신세력과 제휴해야 장기집권이 가능했으며, 자당의 집권을 위해 상대당 지도자를 역적으로 몰아 제거하는 정탐정치까지 공인되었다.[365] 이는 숙종 초기 국왕을 중심으로 한 국정 운영이 실현될 조건이 마련되어 있지 않았던 상황에서 비롯되었다. 숙종은 효종의 손자이자 현종과 정실부인 명성왕후의 외아들로, 효종—현종—숙종으로 이어지는 '삼종혈맥三宗血脈'의 적통을 잇고[366] 있었기에 왕위

---

365 박광용, 2003, 〈탕평론의 전개와 정국의 변화〉, 《조선시대 정치사의 재조명》;초판 1985, 태학사, 360쪽.

366 삼종혈맥론은 삼종(효종—현종—숙종)의 혈맥이 경종과 연잉군밖에 남아 있지 않으므로 영조의 왕위계승이 정당하다는 논리로 활용되기도 하였다.(심예원, 2021, 〈1744년(영조 20) 영

계승과 관련된 논쟁은 일어나지 않았다. 그러나 숙종의 왕위계승 정통성에도 불구하고 집권 초기에 국왕 중심의 정국 운영에 필요한 조건이 충분치 않았는데, 여기에는 대내외적 요인이 작용했다.

첫째, 숙종 초기 청나라 강희제姜熙齊로부터 비롯된 '군약신강君弱臣强'과 관련된 외교적 문제였다.[367] 군약신강은 '임금이 약하고 신하가 강하다'는 뜻으로, 현종 말기부터 숙종 초기까지 대청관계 및 국내 정치를 혼란스럽게 만든 키워드였다. 현종 12년(1669) 강희제는 조선의 기근 상황에 대해 "너희 나라 백성이 빈궁하여 살아갈 길이 없어서 다 굶어 죽게 되었는데 이것은 신하가 강한 소치라고 한다. 돌아가서 이 말을 국왕에게 전하라."[368]고 발언했다. 이는 국왕이 약하고 신하가 강해 정치가 잘못되어 백성들이 굶어 죽는다는 신랄한 비판이었다. 강희제는 조선 기근의 원인이 기후 문제가 아닌 '왕이 신하에게 휘둘리는' 정치 상황 때문이라고 지적한 것이다. 청 황제가 직접 군약신강을 언급한 점에서 이 발언은 국내 정치에 큰 영향을 미쳤다. 숙종 1년(1675) 명성왕후 문제 거론, 숙종 6년(1680) 오시수吳始壽 옥사, 숙종 12년(1686) 청 예부조서 문제 등에서 조선은 '왕이 약하고 신하가 강한 나라'라는 국제적 인식과 국내 소문으로 내홍을 겪었다.[369]

조의 耆老所 入社 의례와 정치적 의미〉, 《조선시대사학보》 96, 109~110쪽 참조.)

　　일례로 영조 11년(1735) 원자 출산 후 영조가 "삼종혈맥三宗血脈이 장차 끊어지려 하다가 비로소 이어지게 되었으니, 지금 다행히 돌아가서 열성조列聖祖에 배알拜謁할 면목이 서게 되었다."라고 소회를 밝혔는데, 이는 효종─현종─숙종으로 이어지는 장자상속의 삼종혈맥이 당대 조선 후기 왕계의 정통의 상징으로 인정받고 있었음을 보여 주는 것이다.(《영조실록》 권40, 영조 11년 1월 21일 壬辰 "三宗血脈將絶而始續 今幸有歸拜列祖之顔")

367 군약신강君弱臣强 논의는 이 당시 국왕의 권위가 저하된 정국을 보여 주는 현상이었다. 어린 나이에 즉위한 숙종은 군약신강 문제에서 자유로울 수 없었다.(이민정, 2011, 〈박세채(朴世采)의 황극(皇極) 인식과 군주상(君主像)〉 《한국사론》 57, 137~138쪽 참조.)

368 《현종실록》 권19, 12년 2월 20일 壬寅 "汝國百姓貧窮 不能聊生 皆將餓死 此出於臣强之致云 歸傳 此言於國王"

369 김우철, 2013, 〈숙종 6년(1680) 吳始壽 옥사의 검토 ─ 老·少論 分黨의 시원적 배경〉, 《역사

둘째, 숙종의 건강악화로 인한 '후계미정 문제'가 군약신강론을 더욱 현실적인 문제로 만들었다. 숙종은 어린 나이에 즉위한 이후 다양한 질병에 시달렸으며,[370] 특정 시기에는 건강이 매우 악화되어 약방의 의관이 숙종 곁에서 숙직하기도 했다.[371] 숙종 4년(1678)의 기록을 보면 약방제조가 수십 일 동안 숙직해야 할 만큼 숙종의 병세가 심각했음을 알 수 있다.[372] 이로 인해 숙종의 조기 사망에 대한 우려가 커졌다. 숙종의 건강 문제는 국왕으로서의 정무에도 부정적 영향을 끼쳤다. 건강 악화로 청 사신 방문 시 교영을 중지하는 등 외교 절차를 준수하지 못하는 경우도 많았다.[373] 이는 국왕의 책무를 다하지 못하는 정무적 결함을 낳고 조기 사망에 대한 우려를 증폭시켜 숙종 초기 정국을 불안정하게 만들었다.[374]

유약한 국왕의 이미지는 조정과 민간에서 공공연히 논의되었다. 국왕을 어린아이〔小兒〕로 표현하거나[375] 숙종의 조기 사망을 점치는 여론이 활발히 일었다.[376] 숙종은 삼종혈맥의 정통성을 가진 국왕이었으나, 청의 '군약신강' 논란과 본인의 건강 문제가 겹치면서 '허약한 국왕'이라는 모순적 상황에 놓여 있었다.

숙종 시기 환국은 국왕권을 둘러싼 모순적 상황에서 형성되었다. 우선 선

외담론》 66 참조.
370 김창수, 2020, 〈조선후기 조선·청 관계와 국왕의 건강 문제 ─숙종 초반 교영례(郊迎禮)를 둘러싼 갈등을 중심으로〉,《의사학》 29-3, 1020쪽 ; 이해웅, 김훈, 2006, 〈조선시기 현종, 숙종, 경종, 영조의 질병과 치료〉,《대한한의학원전학회지》 19-3, 234~235쪽 참조.
371 김창수, 2020, 위의 논문, 1020쪽.
372 《숙종실록》 권7, 숙종 4년 2월 28일 戊午.
373 김창수, 2020, 앞의 논문, 1020쪽.
374 이상식, 2005, 〈숙종 초기의 왕권안정책과 경신환국〉,《조선시대사학보》 33, 126~127쪽 참조.
375 《추안급국안》 영인본 권10 167면, 번역본 28권 255쪽.
376 《추안급국안》 영인본 권10 161면, 번역본 28권 241쪽.

대의 예송禮訟 여파가 숙종 초기까지 미치고 있었다. 숙종은 즉위 후 서인의 예설禮說을 부정하고 서인을 정국 운영에서 배제하였으며, 종친, 외척, 남인 위주의 정국을 이끌어 갔다.377 정국에서 특정 당파를 중심으로 운영하는 환국의 방식은 예송의 영향에서 비롯된 것이었다.378

즉위 직후 숙종은 종친·외척·남인 등 여러 정치 세력과의 연합을 통해 즉위 초기 왕권의 안정과 정국 운영의 주도권을 모색하였다. 종친으로 복창군福昌君 이정李楨, 복선군福善君 이남李柟, 복평군福平君 이연李㮒, 곧 인평대군의 아들인 삼복三福 형제가 중심이 되었다. 외척으로는 김우명金佑明과 김석주金錫胄가 핵심이 된 청풍 김씨 가문이 주가 되었다. 숙종의 외조부 김우명, 이후 복창군의 처남이 되는 김석주가 종친과 외척의 가운데에서 역할을 했다. 남인 세력은 허적·윤휴를 중심으로 고위관직을 역임하며 정국 운영의 축을 담당했다.379

그러나 이러한 구조는 갈등상황을 내포하고 있었다. 숙종 1년(1675) 3월, 복창군 이정과 복평군 이연의 궁녀 음행 사건인 홍수지변紅袖之變에 대해 외척 김우명이 문제를 제기하면서 종친과 외척의 갈등이 촉발되었다. 남인 내부에서도 의견이 갈려 윤휴가 삼복 형제를 옹호하고, 허적은 처벌을 주장하였다. 그러나 삼복에 대한 신뢰를 유지하던 숙종은 이들에게 제시된 혐의를 무마하였다. 한편 숙종 5년(1678) 11월, 체찰사 임명 문제로 인해 병권을 둘러싼 갈등이 야기된다. 각각 도체찰사·부체찰사로 임명되기를 원한 허적·윤휴의 기대와는 달리 숙종은 부체찰사에 김석주를 임명하여 남인이 아닌 외척에게 병권을 맡겼다. 숙종 초기 종친·외척·남인 간 연대는 여러 사건을 겪으며

---

377 이희환, 2015, 앞의 책, 200~201쪽 참조.
378 정진혁, 2023, 앞의 논문, 66~68쪽 참조.
379 이상식, 2005, 앞의 논문, 116~122쪽 참조.

분열된 조짐을 보이고 있었다.[380]

　이처럼 남인 중심의 정국이 점차 갈등 구조로 전환해 가는 가운데 숙종 5년(1679) 서인 측에서 남인 세력의 집권에 대한 도덕적인 문제를 제기하기 시작했다. 남인의 중추 허적·윤휴를 공박하기 위한 좌윤 남구만의 상소는 이들의 비리 사항을 문제시하였다. 윤휴에게는 황해도·평안도의 금송禁松 수천 그루를 베어 사적으로 유용하고 있다는 혐의가 제기되었다.[381] 윤휴에 대한 혐의는 윤휴의 해명과 이에 대한 숙종의 용서로 즉시 해결되었다.[382]

　그러나 허적에 대한 비리 의혹은 쉽게 해소될 사항이 아니었다. 이때 허적에게 제기된 문제는 그의 서자 허견許堅의 비리 사항이었다. 허견은 평상시 "부도한 행동을 하고 남의 아내를 빼앗는 것은 다만 여사餘事일 뿐이었으므로, 말썽이 자자하여 열 손으로도 가리기 어려웠다."[383]라는 세간의 평가가 내려질 만큼 부친 허적의 위세를 업고 폭행·강간 등 범죄를 일삼고 있었다. 허견에게 제기된 문제는 두 가지였다. 첫 번째 문제인 외척 김우명의 천첩을 구타하여 치아를 부러뜨린 폭행 건은 허적이 오해였다고 해명하고 무마되었으나, 두 번째 문제인 여염집의 여인을 납치 강간했다는 혐의는 즉시 해명하지 못하였다.[384] 이 사건은 이미 당시 "나라가 온통 시끌벅적하게 소란을 피워 떠들었지만, 온 조정이 모두 그의 당여黨與인 까닭에 어느 한 사람 말하는 자가 없었습니다."[385]라며 당대 사회에 널리 퍼진 의혹이었다. 이 사실이 남인의 도덕적 입지를 위협하고 있었다.

---

380 이상식, 2005, 위의 논문, 129~132쪽 참조.
381 《숙종실록》 권8, 숙종 5년 2월 10일 乙亥.
382 《숙종실록》 권8, 숙종 5년 2월 13일 戊寅.
383 《숙종실록》 권8, 숙종 5년 3월 19일 甲寅 "肆行不道 掠人之妻 特其餘事 國言藉藉 十手難掩"
384 《숙종실록》 권8, 숙종 5년 2월 10일 乙亥.
385 《숙종실록》 권8, 숙종 5년 2월 10일 乙亥 "國言極其喧藉 而擧朝皆其黨與 無一人言之者"

결국 서인 남구만이 제기한 남인의 도덕적 비리 문제는 '허견의 납치 강간 사건'으로 집중되어 논의되기 시작하였다. 이 사건은 현종 말기부터 막강한 권한을 지닌 허적에 대한 정치적 공격이었고, 이 때문에 서인·남인 간의 공박이 활발하게 이루어졌다.

숙종 5년(1679) 허적의 서자 허견이 무과 서억만徐億萬의 아내 이차옥李次玉을 무단으로 납치 강간한 사건은 다음과 같은 과정을 거쳤다. 이 당시 이차옥은 뛰어난 미모로 유명했기에 허견이 이차옥을 강제로 간음하고자 하였다. 허견은 자신의 종들을 시켜 이차옥에게 시어머니가 위급하다는 핑계를 대 납치해 오도록 시켰고, 사직동에 있는 자신의 집에서 3일 동안 감금하였다. 이차옥은 3일 동안 강제로 동침할 수밖에 없었고 이후 풀려났다.[386]

해당 사건은 민간에서 각종 내용을 덧붙이며 퍼져 나갔다. 여염집의 여자였다는 이야기, 서효남徐孝男의 아내라는 이야기, 혹은 장찬張纘의 아내라는 이야기 등이 퍼졌다.[387] 당시에는 남편이 있는 부인들을 납치하는 사건에 대한 소문이 여러 번 있었는데, 조사해 보면 사실이 아닌 헛소문으로 밝혀진 경우였다.[388] 그러나 허견의 이차옥 납치사건은 이러한 소문이 실제 사건으로 밝혀졌다는 점에서 당대 사회에서 큰 화제가 되었다. 그리고 이 사건이 화제가 된 또 다른 이유는, 범인 허견이 당시 영의정 허적의 아들이었다는 사실이었다. 이 때문에 이 사건은 일반적인 간음 사건으로 여겨지는 데 그치지 않고 정치적인 성격을 띠게 되었다. 영의적 허적을 비호하는 남인 세력과 이 사건을 기점으로 남인에 대한 공격을 강화하려는 서인 세력들에 의해 정치적 사건으로 비화된 것이다.

---

386 《숙종실록》 권9, 숙종 6년 5월 5일 癸巳.
387 《승정원일기》 268책, 숙종 5년 2월 22일 丁亥.
388 《숙종실록》 권8, 숙종 5년 3월 1일 丙申.

숙종 5년(1679) 2월 10일 남구만이 이 사건을 문제로 삼은 이후[389] 2월 22일 이 사건은 조정에서 본격적으로 논의되기 시작하였다. 민간에서 해당 사건과 관련한 파다한 소문이 퍼지고 있으므로 이를 통제해야 한다는 논의였다.[390] 해당 사건은 형조에서 최초로 다룬 것으로 보인다. 허견이 남편이 있는 이차옥을 납치하여 강제 간음한 사건이었으므로 기본적으로는 간음죄에 해당하는 사안이었기 때문이다. 성범죄는 형조에서 조사하는 사안이므로[391] 이에 따라 전례와 같이 이 사건의 조사 권한이 형조에게 부여되었다. 그러나 이러한 조치는 다른 사건들과는 달리 정치적인 논쟁거리가 되었다. 형조의 조사와 재판을 주관하는 형조판서 이관징李觀徵이 피의자 허견의 아버지 허적과 같은 남인 계열이었기 때문이었다.

허적과 대립관계에 있던 종친 김석주는 몇가지 논리를 제기하며 형조에서 사건을 수사하는 것이 불가하다는 의견을 제시하였다. 주된 논리는 형조가 사건 실체를 밝히는 데 포도청보다 못하다는 논리였다. 형조는 문서를 검토하여 추핵하고 형벌을 적게 시행하므로 죄인으로 하여금 실상을 밝히게 하기가 어려우며, 실제 단서를 추적하고 적발하는 일에는 포도청이 더 뛰어나다는 점이었다.[392] 위와 같은 기능적인 측면과 더불어 "남의 재물을 훔친 자를 도둑이라 하고, 남의 부녀자를 도둑질한 자는 도둑 중에서도 심한 도둑이니, 포도청에서 다스리도록 할 것"이라며 법률의 원칙적인 측면에서 해당 사건은 도적죄에 해당한다며 조사주체 변경을 요청하였다. 이와 함께 서인 남구만은 범인의 아버지와 주무 사법기관의 수장이 같은 당색임을 들어 문제를 제기하였다. 형

---

389 《숙종실록》 권8, 숙종 5년 2월 10일 乙亥.

390 《승정원일기》 268책, 숙종 5년 2월 22일 丁亥.

391 《태종실록》 권14, 태종 7년 11월 20일 庚午 "仍執據執逃亡奴婢及鬪歐犯奸盜賊等事 推鞫刑決 乃是本曹之任"

392 《승정원일기》 268책, 숙종 5년 2월 24일 己丑.

조에서 해당 사건을 처분한다면 형조판서 이관징이 "허적의 압력을 받아 실없이 될 것"이라고 비판하였다.[393]

이를 해석해 보면 남구만의 논의는 당대의 정치적 역학관계 속에서 형조판서의 공정성 문제를 지적한 것이고, 김석주는 사건의 본질을 재해석함으로써 사건의 수사기관을 옮길 것을 요청한 것이었다. 물론 김석주의 포도청 이관 논리는 당대의 사법 관례에 비추어 보았을 때 무리한 측면이 있었다. 왜냐하면 해당 사건은 국왕과 신료들이 공통적으로 여인을 납치하여 간음한 간음죄라고 파악하고 있었을 뿐 물건을 탈취한 도적죄라고 언급하지 않았기 때문이다. 그러나 논리적인 취약성에도 불구하고 김석주가 '도적죄'라고 주장한 이유는, 이를 포도청으로 옮겨 수사하는 것이 남인 허적에 대한 공격을 강화하고 자신의 입지를 강화하는 방법이었기 때문이다.

이처럼 포도청으로 사건을 이관하려는 시도는, 남인 형조판서 이관징이 사건을 관대하게 처리할 것을 방지하는 한편, 서인 계열의 인물에게 사건을 조사하게 하여 허견에 대한 처벌을 강하게 하려는 의도에서 비롯되었다. 당시 포도청을 주관하는 포도대장 구일具鎰은 서인 계열이었고, 허적의 편의를 보아주기보다는 사건을 실체 그대로 조사하여 허견을 강하게 처벌할 것으로 기대되었다. 숙종은 김석주·남구만의 요청을 받아들여 포도청이 수사하도록 하였다. 포도대장 구일은 2월 30일 즉시 사건 조사에 착수하여 사건의 전후 사정을 상세히 파악하였고, 점차 허견의 납치 및 강간 혐의가 드러나게 되었다.[394]

사건 조사 과정에서 피의자 허견의 부친 허적은 포도청의 조사 및 관련자 심문과 관련하여 비협조적인 태도로 일관하였다. 허견이 이차옥을 납치하는

---

393 《숙종실록》 권8, 숙종 5년 2월 30일 乙未.
394 《숙종실록》 권8, 숙종 5년 2월 30일 乙未.

현장에 있었던 말몰이꾼을 연행하여 심문하라는 숙종의 명령에도 불구하고 자신의 집에서 그를 내보내지 않았던 것이다. 이 때문에 포도 군관이 허적의 집 근처에서 잠복하며 며칠 동안 그 동태를 살펴야만 했다.[395]

포도청으로 사건을 이관한 다음 날인 3월 1일 남인 인사들로부터 반론이 강하게 제기되었다. 남인계 좌의정 권대운權大運·우의정 민희閔熙는 다양한 논거를 들어 해당 사건이 형조에서 다루어져야 한다고 반론하였다. ① 해당 사건이 간음죄이므로 포도청이 아닌 형조에서 조사되어야 한다는 원칙을 따라야 한다고 보았다. 사건의 처분은 '재신宰臣이 상소를 올려 의논드리고 성상께서 윤허해 따르고 형조에서 조사, 처리하는 것'과 같은 정규적인 절차를 따라야 한다는 것이었다. 포도청은 도둑을 다스리는 관청이기 때문에 해당 사건을 다룰 수 없으며, 간음죄는 형조에서 다루어야 한다는 논리였다. ② 형조에서 포도청으로 이관한 전례가 없으며 이후 폐단의 단초가 될 것이라고 보았다. 숙종이 형조의 허견 사건 수사를 미덥지 않게 여겨 포도청으로 이관하였는데, 이러한 경우에는 담당 관원을 징계하면 될 것이지 담당 관청을 바꾸는 것은 전례가 없다는 논리였다. ③ 관련자 이동귀가 무과 관직을 지니고 있으므로 포도청에서 조사받아서는 안 된다고 보았다. ④ 서인 계열이 포도청의 옥안을 통해 사건을 자신들에게 유리한 입장으로 이끌어 간다고 보았다. 권대운, 민희가 보기에 서인들은 서인 포도대장 구일을 통해 사건의 옥사의 실정을 확정하고 이때 만들어진 옥안으로 의금부를 통해 사건을 확정할 것이라는 의혹이었다.[396] 결국 ①, ②, ③과 같이 원칙적인 입장을 전개하면서 반대하는 최종적인 목적에는 해당 사건이 서인들의 의도에 맞게 조작될 것을 염려(④)하는 정치적인 판단이 전제되고 있었다. 그러나 숙종은 형조에서 사적인 이유

---

395 《숙종실록》 권8, 숙종 5년 2월 30일 乙未.
396 《숙종실록》 권8, 숙종 5년 3월 1일 丙申.

로 수사를 소홀히 한 점을 지적하는 한편, 이동귀가 설령 무관이라 할지라도 사건이 엄중하기 때문에 포도청에서 자복을 받아내야 한다고 반박하며 권대운, 민희의 요청을 거절하였다.[397]

숙종 5년(1679) 3월 3일에도 포도청 관할에 대한 남인의 반대는 지속되었다. 이번에는 권대운을 대표로 하여 사건을 '의금부로 이관'할 것을 요청하였다. 앞서 3월 1일에 형조로 옮겨야 한다는 상세한 논거를 제출했음에도 숙종의 반대로 무산되자, 이번에는 의금부로 사건을 이관시키고자 한 것이다. 이렇듯 포도청에서 서인계 포도대장 구일 산하에서 수사가 진행되면 될수록 허견의 죄상이 드러날 것이었고, 포도청에서의 수사가 더 진전되기 이전에 신속하게 다른 관청으로 수사 주체를 변경할 필요가 있었던 것이다.

이에 숙종은 의금부로 이관할 것을 요청하는 권대운의 요청을 수락하면서 사건을 포도청에서 의금부로 이관할 것을 명하였다. 그리고 남인계 판의금부사 오시수吳始壽에게 사건을 명명백백하게 조사할 것을 당부하였다.[398] 숙종으로서도 남인과 서인 양쪽에서 서로 수사 기관의 공정성을 공격하고 있는 상황에서 더 이상 소모적인 논쟁을 이어갈 필요가 없다고 판단했을 것이며, 포도청에서 어느 정도 사건의 정황이 밝혀졌으므로 의금부에서 최종적인 판결을 내리면 된다고 생각했을 것이다.

그러나 판의금부사 오시수는 포도청에서 이뤄진 조사가 강압과 거짓에 의해 진행되었기 때문에 이를 신뢰할 수 없다고 주장하였다. 포도청에서 이뤄진 조사에 대하여 이차옥의 집안과 이차옥의 남편 서억만의 집안 사람들이 한결같이 '포도청의 꾐에 빠져 거짓 자백'을 한 것으로 판단한 것이다.[399] 다음 날

---

397 《숙종실록》 권8, 숙종 5년 3월 1일 丙申.
398 《숙종실록》 권8, 숙종 5년 3월 3일 戊戌.
399 《숙종실록》 권8, 숙종 5년 3월 3일 戊戌.

인 3월 4일 숙종이 이러한 의혹을 확인하고자 여러 관료들에게 문의하였더니 대체로 '포도대장 구일의 꾐에 빠져 거짓 자복'을 한 것이라고 답변하였다.[400] 권대운은 오시수가 사건을 맡도록 적극적으로 힘썼고, 오시수가 '포도청의 위법적 조사 문제'를 제기하자 이에 화답하였다. 남인 권대운, 민희, 오시수 등은 포도청의 수사가 점차 허견의 범죄 양상을 밝혀가자, 이를 허위로 돌리기 위하여 오히려 포도청에서의 자백을 허위라고 주장하게 된 것이다.

사건 조사가 점차 허견의 범죄를 덮는 방향으로 전개되는 가운데, 남인 계열 특진관 오정창吳挺昌은 숙종의 사과가 필요하다고 주장하였다. 사건 수사 과정에서 허적의 집을 수색하게 한 조치를 뉘우치고 깨달았다는 뜻을 보여야 한다는 것이었다. 이에 숙종은 "성의誠意가 얕아서 소원한 마음을 돌이킬 수 없음을 참으로 부끄럽게 여긴다. 옥사를 포도청으로 옮긴 것은 형조에서 제대로 조사 처리하지 못한 소치이지만, 이 때문에 대신大臣의 집을 몰래 사찰한 것은 또한 나의 허물이다."[401]라면서 오히려 사건 수사과정에서 국왕인 자신에게 잘못이 있었다고 인정하게 되었다.

3월 19일 의금부에서의 사건 조사가 허견의 무죄라고 판단한 이후 숙종은 이에 대해 판부를 내렸다. 판부의 내용은 다음과 같다. ① 포도청의 수사결과는 허위자백이라고 공표하였다. 포도청에서 받은 허견의 범죄 정황에 대한 관련자들의 진술들을 허위라고 공식화한 것이다. ② 포도대장 구일의 배임 행위를 공표하였다. 구일이 심문 과정을 충실하게 이행하지 않고, 허견의 진술을 조작하였다는 것이다. 한편 국왕에게 허위 내용으로 계목을 보고하였다고 하였다. ③ 피의자 허견의 강간 혐의는 성립하지 않는다고 공표하였다. 허견의 범죄를 논한 진술들은 허위였기 때문에 허견의 범죄는 성립하지 않는다고 판

<hr>

400 《숙종실록》 권8, 숙종 5년 3월 4일 己亥.
401 《숙종실록》 권8, 숙종 5년 3월 4일 己亥 "誠意淺薄 莫回退心 予實悊惡 移獄事 以刑曹不能覈治之故 而以此至有窺伺大臣家之事 此亦予之過也"

단하였고, 허견을 풀어줄 것을 명령하였다.402 허견의 이차옥 납치사건은 최종
적으로 허견의 혐의가 없는 것으로 결론이 났고, 남인의 의중에 따른 결론에
이르게 되었다. 이에 따라 영의적 허적의 지위도 해를 입지 않았으며 이제 남
은 것은 이 사건의 의혹을 제기한 서인에 대한 치죄였다.

숙종 5년(1679) 당시 허견 강간 사건은 서인 계열에 대한 남인 계열의 정
치적 승리로 일단락되었다. 이와 결부된 서인에 대한 치죄 작업도 이어졌다.
이차옥 납치사건의 최종 판결이 내려진 같은 날인 숙종 5년 3월 19일 해당
사건을 엄정하게 수사할 것을 주장했던 서인 남구만에 대한 치죄가 결정되었
다. 권대운은 해당 사건을 이렇게 복잡하게 확대시킨 것은 뜻을 잃은 무리〔失
志之徒〕들이 독을 품었기 때문이라고 주장하였다. 숙종도 남구만이 사건을 확
대시켰음을 인정하면서 유배형으로 처벌하였다.403 아울러 포도대장 구일에
대한 치죄도 결정되었다. 4월 1일 윤휴의 아들 지평 윤의제尹義濟가 구일이
수사 과정에서 허위 자백을 이끌어 내어 타인을 모함하였으므로 극변원찬(極
邊遠竄: 아주 먼 변경으로 귀양보냄)해야 한다고 주장하였고, 숙종은 이를 윤허
하였다.404

이 사건은 사건 발생 당시인 숙종 5년 결국 남인 허적의 의도대로 허견의
무죄로 판정되었으나, 이 과정에서 남인의 도덕적인 입지 역시 훼손되었다.
이미 이 사건은 세간에 널리 퍼져 "온 나라, 모든 사람이 허견이 이차옥과 정
을 통한 것을 알고 있을"405 정도였다. 허견의 혐의를 무마하기 위한 남인 계
열의 조직적인 행동들에 대해 당대 사람들은 의혹의 시선을 거두지 않고 있
었다. 사관들이 남긴 기록에 "허견은 정승집 아들이었던 까닭에, 밖에서 이리

---

402 《숙종실록》 권8, 숙종 5년 3월 19일 甲寅.
403 《숙종실록》 권8, 숙종 5년 3월 19일 甲寅.
404 《숙종실록》 권8, 숙종 5년 4월 1일 乙丑.
405 《추안급국안》 영인본 권8 345면, 번역본 23권 285쪽. "一國萬人 皆知堅之通於次玉"

저리 수단을 써서 미봉하고 판의금부사 오시수 등이 은근히 협조하여 드디어 번옥反獄하기에 이르렀다고 사람들은 곁눈질을 하였다."406라고 하였고, "남구만은 마침내 허망한 일에 죄를 입어 먼 곳에 유배되었는데, 허적과 허견은 탈 없이 여전하니 형벌을 적용함이 이렇게 전도되었는가? 허적은 임금 지척에서도 임금을 속이고 숨기는 일을 해냈으며, 권대운 역시 사실 무근한 말로 무죄를 동조함으로써 임금을 속이는 죄과에 함께 돌아가게 되었으니, 아! 통분하다."407라고 하였다. 한편 "이 옥사를 잘못 결정한 이후로 안팎의 민심이 허견을 원망하고 저주하며 그의 살코기를 먹고자 할 뿐 아니라, 모두 조정의 처사 중 이보다 더 큰 실책이 없다고 여기고 있으며 지금까지고 마을 골목에서는 떠들썩하게 이야기하고 있다."408고 전해지고 있었다. 위의 평가를 종합하면 허적, 권대운, 오시수 등 남인 계열이 힘을 모아 허견의 옥사를 무위로 만들었던 행위는 당대인들에게 도덕적으로 부적절하게 받아들여졌음을 알 수 있다.

이러한 현상에 대해 같은 남인 계열에서도 문제의 소지가 있다고 판단하고 있었다. 허견 강간 사건을 무마하는 데 적극적으로 앞장섰던 당시 판의금부사 오시수는 "내가 다만 이차옥의 일에서만 나라를 크게 저버렸으니, 이로써 죄를 받아 죽어도 할 말이 없다."409고 고백하면서 해당 사건이 무리하게 무마되었음을 인정하였다. 남인 허목許穆도 "그의 서자 허견은 하는 짓이 무례하지만 법을 맡은 자도 그것을 막지 못합니다. 남구만의 상소로 일이 비로소 발로

---

406 《숙종실록》 권8, 숙종 5년 3월 19일 甲寅 "堅以權相家子 從外彌縫 判義禁吳始壽等 陰爲周遮 竟至反獄 國人側目"
407 《숙종실록》 권8, 숙종 5년 3월 19일 甲寅 "九萬竟坐虛罔 至於竄謫 積堅自如 何其用罰之顚倒也 積於咫尺天威 甘心欺隱 而大運亦且游辭救解 同歸罔上之科 吁亦痛矣"
408 《승정원일기》 276책 숙종 6년 4월 19일 戊寅 "自此獄誤決之後 中外人心 不但怨罵逆堅 欲食其肉 皆以爲朝家擧措之失 莫大於此 至今閭巷之間 譁然未已"
409 《숙종실록》 권11, 숙종 7년 6월 12일 癸巳 "吾只於次玉事 負國大矣 以此受罪 死無所辭"

되기는 하였으나, 비호하고 덮어 버려서 남구만은 귀양가고 허견은 끝내 무사하니, 인심이 더욱 불쾌해하고 있습니다."라고 해당 조치가 합리적이지 않다고 지적하며, "지금 상하上下가 기강이 없어서 인심이 산란하고 국세가 위태로워지고 있습니다."라고 현 상황을 진단하였다. 이에 대해 숙종은 "이는 실로 나의 부덕함에 말미암은 것이다. 그저 스스로 통탄스럽고 부끄러울 따름이다."라며 스스로 반성하는 태도를 취할 수밖에 없었다.[410] 그러나 허적의 권력 독점에 대한 비판을 제기한 허목은 퇴진하게 되고, 허적의 권한은 더욱 강대해졌다.[411]

이 사건을 계기로 숙종 역시 남인 세력의 전횡에 대한 의혹을 품은 것으로 보인다. 왜냐하면 이 사건에서는 숙종 초기부터 제기되고 있던 '군약신강'의 전형적인 형태가 나타났기 때문이다. 숙종은 자신의 집을 수색당한 허적의 분노를 달래기 위하여 뉘우쳐 깨달았다는 뜻을 보이고 '자신의 성의誠意가 얕아서 허적의 소원한 마음을 돌이킬 수 없음을 부끄럽게 여긴다'[412]고 공개적으로 사과해야 했다. 이 사건의 실체와는 무관하게 사건 수사과정에서 허적의 심기를 불편한게 한 것을 숙종 스스로 반성해야 하는 군약신강의 상황이 전개된 것이다. 이와 같은 허적을 위시한 남인 독주 속에서 숙종의 왕권은 억제되고 있었고, 숙종은 점차 허적과 남인들에 대해 거리를 두기 시작했다.[413]

이처럼 숙종과 남인 간 갈등이 잠재된 상황에서 숙종 6년(1680) 3월 28일 영의정 허적의 연시연延謚宴 사건은 경신환국의 계기가 되었다. 허적이 자신

---

410 《숙종실록》 권8, 숙종 5년 6월 13일 丙子 "其庶子堅所爲無狀 掌邦禁者莫之禁 因南九萬疏事始發 而掩匿覆蓋 九萬竄 堅卒無事 人心益不快 …… 方今上下無紀 人心散亂 國勢危疑 …… 此實由於予之 不德 但自傷自愧而已"

411 이희환, 2015, 앞의 책, 204~205쪽 참조.

412 《숙종실록》 권8, 숙종 5년 3월 4일 己亥 "誠意淺薄 莫回遐心 予實惄恐"

413 이희환, 앞의 책, 207~207쪽 참조.

의 조부가 시호를 받고 자신 또한 궤장을 하사받은 것을 기념하기 위해 연회를 개최하였는데, 궁중의 유악油幄을 마음대로 가져가 버린 것이다. 이뿐만 아니라 연회에는 남인은 대다수 참석한 반면 서인은 소수만이 초대되었고, 허적의 아들 허견이 모집한 무사들도 다수 참석했다는 사실이 알려졌다. 이러한 상황에서 숙종은 남두북南斗北의 급서急書와 외숙 김석익金錫翼의 발언을 접하고 즉각 패牌를 내려 연회에 참석 중이던 광성부원군 김만기金萬基와 훈련대장 유혁연柳赫然을 긴급히 불러들였다. 이어 유혁연을 해임하고 김만기를 훈련대장으로, 신여철申汝哲을 총융사에 임명하였다. 이들의 교체와 함께 경신환국이 본격적으로 시작되었다.414

이 환국은 숙종 초기 정국을 주도하던 남인 세력과 허적에 대한 숙종의 불신과 경계심이 표출된 사건이었다. 허적의 연시연은 표면적으로는 가문의 경사를 기념하는 자리였지만, 이면에는 정치적 위세를 과시하려는 의도가 내포되어 있었다고 볼 수 있다. 숙종은 이를 계기로 남인 세력에 대한 숙청에 나섬으로써 새로운 정국 구도를 구축하고자 하였다.

숙종은 경신환국 과정에서 서인 인사들을 대거 등용하는 한편, 남인 측근을 축출하는 조치를 단행하였다. 정재숭鄭載嵩을 이조판서로, 조지겸趙持謙을 지평으로 특별 임명하는 등 주요 요직에 서인 인사들을 배치하는 인사를 단행했다. 아울러 남구만南九萬, 구일具鎰, 이인하李仁夏 등 서인 인사들에 대한 서용 지시도 이어졌다. 이러한 서인 중용과 남인 축출의 흐름 속에서 영의정 허적許積이 사직하자, 남인의 핵심 인사들도 동요하기 시작했다. 좌의정 민희閔熙, 우의정 오시수吳始壽, 이조참판 유명천柳命天, 대사헌 민암閔黯, 예조판서 오정창吳挺昌, 이조참의 목창명睦昌明 등 남인 대신들이 잇따라 사직 상소를 올렸고, 숙종에 의해 수리되었다.415

---

414 이희환, 앞의 책, 205쪽.

이와 함께 허견의 역모 혐의가 제기되면서 남인 계열에 대한 형사처분도 동반되었다. 이때 허견은 삼복 가운데 한 명인 복선군 이남과 함께 역모를 꾸미고 있다는 고변을 받았다. 이때 허견은 "주상의 연세가 혈기왕성한 때인데도 몸이 자주 편찮으시고 게다가 세자도 없어서 혹시 불행한 일이 생길 수 있다."[416]면서 숙종의 건강문제를 제기하고, 후대 국왕으로 복선군 이남을 옹위한다는 혐의를 받았다. 이렇듯 허견의 문제는 단순한 개인사 차원이 아니라 왕위를 위협하는 역모로까지 비화되었고, 이전까지 허적과 허견을 비호하던 남인 세력들은 형사처분을 피할 수 없었다. 원래 이 사건의 처분을 허적의 폐서인 조치 수준에서 마무리하려고 했던 숙종 역시[417] 결국엔 허적을 사사하는 조치를 취할 수밖에 없었다.[418] 이 결과 영의정 허적, 우찬성 윤휴, 훈련대장 유혁연, 예조판서 오정창, 이조판서 이원정, 우의정 오시수, 복선군 이남과 허견 등이 복주되었다. 이 밖에도 100여 명 이상의 남인이 탄핵을 당해 처벌받았다.[419] 이렇듯 이전의 예송에서 나타난 정치적 변동이 정국 운영상의 변동 차원이었다면, 숙종 6년(1680) 경신환국 이후에는 상대 붕당의 주요 인사들을 물리적으로 척결하는 투쟁적 성격이 극대화되고 있었다.

이어 허견 강간 사건의 최종 처분 역시 변동되었다. 숙종 6년(1680) 4월 19일 경신환국 이후 새로 영의정에 오른 서인 김수항金壽恒은 기존에 남인에게 유리한 방식으로 처분된 허견 강간 사건을 재수사할 것을 요청하였다. 서인으로서는 자신들에게 불리하게 처분된 사건을 최종적으로 되돌려 놓고 싶

---

415 이상식, 2005, 〈朝鮮後期 肅宗의 政局運營과 王權 硏究〉, 고려대학교 박사학위논문, 39쪽.

416 《추안급국안》 영인본 권8 190면, 번역본 23권 29쪽 "自上 春秋鼎盛而 玉體頻數不寧 且無儲位 倘有不幸之事"

417 《숙종실록》 권9, 숙종 6년 4월 12일 辛未.

418 《숙종실록》 권9, 숙종 6년 5월 5일 癸巳.

419 이희환, 2015, 앞의 책, 208쪽.

었으나, 허견은 이미 경신환국 과정에서 역모 주동자로 판단되어 사형당하였으므로 범죄인 당사자에 대한 처벌은 불가능한 상황이었다. 이 때문에 숙종은 해당 사건의 처분을 바꿀 수 있는지 문의하였고, 김수항은 피해자 이차옥이 아직 살아 있으므로 사건 수사를 다시 할 수 있다고 주장하였다. 이 주장을 받아들여 숙종은 다시금 주관기관을 포도청으로 바꾸어 사건을 재조사하도록 명하였다.[420]

숙종 6년(1680) 5월 5일 포도청에서 사건을 재조사한 결과 허견이 강제로 이차옥을 납치하여 3일 동안 강간하고 풀어주었다는 사실, 그리고 당시 의금부 판의금부사 오시수가 허적에게 아부하기 위하여 사건을 조작하였다는 사실을 확정하였다. 이에 따라 사건 조작에 적극적으로 개입한 오시수에게는 유배형이 내려졌고, 이차옥에게는 위노형爲奴刑이 내려졌다.[421] 아울러 5월 13일에는 포도청에서의 진술을 허위 자백이라고 주장하였던 사건 당시의 우의정 권대운, 좌의정 민희를 파직하라는 합계가 올라왔고 숙종은 이를 승인하여 권대운, 민희를 파직하였다.[422]

숙종은 이 사건에 대해 "의금부로 이관되면서 번옥反獄된 사건"[423]이었다고 평가하며 사건을 올바로 바로잡는다고 논하였다. 이 사건은 최종적으로는 허견의 강간 혐의를 밝히면서 종료되었으나 환국이라는 정치적 격변과 결합되면서 여타의 간음 사건과는 다른 양상을 띠고 처분되었다. 이 사건의 주요 특징은 여러 차례 처분이 바뀌었다는 점이다. 1차 결과는 강간 혐의 성립(서인 입장), 2차 결과는 강간 혐의 무죄(남인 입장), 경신환국 이후 3차 결과는 강간 혐의 성립(서인 입장)으로 지속적으로 처분 결과가 바뀌었다. 이는 사건의

---

420 《숙종실록》 권9, 숙종 6년 4월 19일 戊寅.
421 《숙종실록》 권9, 숙종 6년 5월 5일 癸巳.
422 《숙종실록》 권9, 숙종 6년 5월 13일 辛丑.
423 《승정원일기》 276책 숙종 6년 4월 19일 戊寅.

실체적 진실을 파악했는가에 여부에 달린 것이 아니라, 당시 남인 주도 정국과 경신환국 이후의 서인 주도 정국이라는 당파적 입장을 분명하게 반영한 현상이었다. 이처럼 국왕·서인·남인은 해당 사건을 두고 첨예한 갈등 속에서 형정권한이라는 요소를 둘러싼 법적 논쟁을 벌었다.

이처럼 정치 세력의 주도권에 따라 형사처분 결과가 바뀌는 현상에 대해 '번옥反獄'이라는 개념으로 지칭되기 시작했다. 본래 번옥은 조선 전기까지 일반적으로 수감 죄인의 탈옥 행위를 의미하는 법적 용어로 활용되었고,[424] 17세기 당쟁의 격화 속에서 점차 옥사의 결과를 뒤집는다는 정치적 용어로 해석되기 시작하였다. 현종 2년(1661) 광해군 대의 영창대군 추대 혐의를 받은 김제남 사건에 대해 '옥사를 뒤집는다'는 의미로 번옥 개념을 활용되었으나[425] 일반적으로 정치적 논쟁 거리로 부각되지는 않고 있었다.

그러나 숙종 5년(1679) 허견 강간 사건에서 서인·남인 각기 입장에 따라 여러 차례 형사처분이 바뀌게 된 사건을 겪으면서 당색에 따라 형사재판 결과가 뒤바뀌는 정치적 의미를 지닌 용어로 번옥 개념이 쓰이게 되었다. 남인 계열의 좌의정 권대운과 우의정 민희가 "대개 포도청의 옥안獄案으로 풀려날

---

424 번옥反獄은 《대명률》에서 수감죄인이 탈옥하는 상황을 의미하는 법률적 용어였다. 《大明律集說附例》에서는 번옥을 '흉포하게 강제력을 쓰거나 감옥 문을 때려 부수거나 옥졸을 살상하고 멋대로 달아나는' 탈옥 행위라고 규정하였다.{《大明律集說附例》 卷8 28章, "逞兇用强 或打毁監門 或殺傷禁卒 而擅自走出 曰反獄"(한상권 외 역, 《대명률직해》 4권, 214쪽, 4번 각주 재인용)} 조선 전기에는 《대명률》의 법적 용례에 따라 번옥을 탈옥 행위라는 의미로 활용하고 있었다. 예를 들어, 성종 2년(1471) 전옥서 죄수 13인의 탈옥 시도에 대한 일이나(《성종실록》 권10, 성종 2년 6월 8일 己酉), 성종 19년(1488) 한양·지방을 불문하고 탈옥 상황이 빈번한 상황을 설명할 때(《성종실록》 권219, 성종 19년 8월 22일 癸丑), 중종 15년(1520) 전옥서의 관리 부실 문제를 제기할 때도(《중종실록》 권40, 중종 15년 윤8월 28일 癸丑) 동일하게 번옥이라는 용어를 사용하고 있었다. 이를 보면 조선 전기까지 번옥이라는 용어 자체는 조선에서의 독자적인 의미를 가진 용어라기보다는 일반적인 탈옥 현상에 대해 규정하는 중립적 법률 용어였다고 하겠다.

425 《고산유고》 권4, 〈書單〉 〈答人書 同年〉 "余言一也 而昏朝時則以爲爲悌男反獄 先朝時則以爲構陷悌男 此正古人所謂欲加之罪 何患無辭者也"

수 없음이 명백할 때 의금부로 옮겨서 자기네 편으로 하여금 번옥反獄하려고 하는 것"[426]이라며 서인들이 허견 무죄판결을 뒤집으려 한다고 주장하였다. 이 과정에서 "자기네 당으로 하여금 번옥한다(其黨反獄)"는 의미가 부각이 되면서 점차 당파 간의 갈등으로 인한 형사처분의 변동을 번옥이라고 설명하는 방식이 나타나기 시작하였다.

이에 숙종 말기 환국이라는 용어가 일반화되기 전까지 경신환국·기사환국은 번옥이라는 용어로 불리고 있었다. 이 당시 환국이 법적 처분과 연동하여 이해되고 있었음을 보여 준다. 숙종 20년(1694) 사간원,[427] 정언 이희무李喜茂,[428] 의금부[429]에서는 공통적으로 기사환국을 '기사번옥己巳反獄'이라고 표현하고 있으며, 숙종 32년(1706) 최석정崔錫鼎은 경신환국을 '경신번옥庚申反獄'[430]이라고 지칭하였다.

정리하자면, 숙종 6년(1680) 경신환국은 남인과 서인의 정치적 갈등이 사법적 차원에서 표출된 대표적인 사례였다. 숙종 5년(1679) 허적의 아들 허견 강간사건에 대해 집권 세력이었던 남인은 허견의 무죄를 주장한 반면, 서인은 엄중 처벌을 요구하며 치열한 공방을 벌였다. 이 과정에서 국왕 숙종의 불안정한 정국 운영이 여실히 드러났는데, 사건 초기 허견의 죄를 밝히려 했던 국왕조차도 남인의 정치적 압박에 굴복하여 공개적으로 사과해야 했다. 이 사건은 정치 세력의 부침에 따라 판결이 번복되는 이례적 상황으로 귀결되었다. 이처럼 사법적 판단이 정치 논리에 의해 좌우되는 현상을 당대인들은 '번옥反

---

426 《숙종실록》 권8, 숙종 5년 3월 1일 丙申 "蓋以捕廳獄案明白 無可救解 欲移送禁府 使其黨反獄也"
427 《승정원일기》 361책 숙종 20년 9월 14일 己卯 "逮夫己巳反獄之時"
428 《승정원일기》 361책 숙종 20년 9월 15일 庚辰 "及至己巳反獄之時"
429 《승정원일기》 362책 숙종 20년 10월 12일 丙午 "則己巳反獄之際";《승정원일기》 362책 숙종 20년 10월 21일 乙卯 "己巳反獄 在於七月"
430 《승정원일기》 432책 숙종 32년 9월 10일 乙丑 "乃庚申反獄事也"

獄'이라는 개념으로 포착하기 시작했다. 경신환국은 17세기 당쟁 정치가 사법 영역에까지 침투해 있었음을 상징적으로 보여 주는 사건이었다.

2) 기사환국(1689)과 악형 물고物故

숙종 6년(1680) 경신환국은 숙종이 국왕 주도의 정국을 운영하기 위한 전환점을 마련할 수 있었던 사건이었다. 숙종은 즉위 초기부터 종친, 외척, 남인을 중심으로 한 연합정권[431]을 타파하고 서인에게 관직을 배분하여 국왕 중심의 정국을 운영하고자 했다. 경신환국은 즉위 이래 지속적으로 제기되던 '약한 군주'의 위상에서 벗어나 신료들 위에서 강력한 군주권을 행사한다는 의미를 지녔다.

경신환국을 통해 정국의 향방을 위태롭게 했던 '군약신강' 문제와 '유약한 국왕'의 문제도 어느 정도 해결되는 국면으로 접어들었다. 숙종의 건강 문제는 20대 초반 천연두를 앓은 후 20대 후반까지 심각한 질환이 없어[432] 조기 사망에 대한 우려가 잠재워졌다. '군약신강' 문제 역시 숙종 7년(1681) 오시수가 지어낸 것으로 결론 내려지면서 일단락되었다.[433] 조선은 이를 통해 '군약신강'이 중간 전달책의 오해에서 비롯된 소문이라는 수준으로 격하시키고, 강희제의 발언이 아니었다고 공식화함으로써 국제질서에서 국왕 위상을 보전하고자 했다.

그러나 '군약신강'과 '건강' 문제는 표면적으로 억제되었을 뿐 근본적으로 해소되지 않아 언제든 다시 수면 위로 떠오를 가능성이 있었다. 국내적으로는

---

431 이상식, 2005, 앞의 논문, 140쪽.
432 이해웅, 김훈, 2006, 앞의 글, 235쪽.
433 김우철, 2013, 앞의 글, 113~126쪽 참조.

‘군약신강’ 논란을 억제할 수 있었으나 청나라의 입장을 통제하는 것은 불가
능했고, 숙종이 건강을 회복했어도 왕자를 출생하지 못한 상황에서 후계 문제
는 잠재적으로 재현될 수 있었다. 이처럼 문제의 원인이 근본적으로 해소되지
못한 가운데, 숙종 12년(1686) 청나라 예부의 자문에서 ‘군약신강’ 문제가 재
차 제기되었다.[434] 예부는, 신하들이 국왕의 허가 없이 자의적으로 행정을 처
리하는 것이 조선의 고질병이며, 청나라가 보호하지 않았다면 반정이 일어날
수 있다고 경고했다. 숙종은 이에 민감하게 반응하며 국왕 자신의 권위가 실
추되는 상황과 신료들의 발언권이 강대한 정치구도에 불만을 드러냈다.[435]

　　숙종 6년(1680) 경신환국 이후에도 숙종의 정치적 행보는 서인에 의해 지
속적으로 제약받았다. 특히 후계 문제와 관련하여 서인의 견제가 두드러졌는
데, 이는 어느 세력 또는 가문에서 대통을 이을 왕자를 낳을 것인지에 대한
갈등이 표면화된 것이었다.[436] 서인 노론 민유중閔維重의 딸인 인현왕후仁顯王
后가 왕자를 낳지 못하고, 남인의 후원을 받는 숙원 장씨에 대한 숙종의 총애
가 공식화된 숙종 12년(1686) 이후부터 후계 문제를 둘러싼 서인의 제약이
서서히 표면화되기 시작했다.[437]

　　서인들의 견제는 숙종 14년(1688) 숙종이 후궁 장씨와 가까운 동평군을
혜민서 제조에 임명하려는 사안에서 더욱 심화되었다.[438] 이에 숙종은 크게
분노하며 정치적으로 적대감을 드러냈다.[439] 서인들의 제약은 장씨가 왕자를

---

434 《동문휘고》 권51, 〈犯越三〉 〈我國人〉 ‘禮部知會呈文陪臣 免嚴拿發與該國治罪咨’ “皆由其國主弱臣
　　強 已非一日 若非我朝屢爲護持 不知幾經篡竊”(김우철, 2013, 앞의 글, 126~127쪽에서 재인용)

435 《숙종실록》 권17, 숙종 12년 7월 6일 戊子.

436 이상식, 2005, 앞의 논문, 126쪽.

437 《숙종실록》 권17, 숙종 12년 12월 10일 庚申.

438 이희환, 1984, 〈기사환국과 숙종〉, 《전북사학》 8, 136쪽 ; 정경희, 1993, 〈숙종대 탕평론과
　　탕평의 시도〉, 《한국사론》 30, 135~136쪽.

439 《숙종실록》 권19, 숙종 14년 7월 16일 丙戌.

출산한 후 그녀의 모친에 대한 예우 문제로까지 이어졌다. 숙종이 장씨 모친의 옥교 탑승을 허락했으나, 지평 이익수李益壽와 이언기李彦紀가 이를 문제 삼아 장씨 모친의 종을 붙잡아 치죄하고 숙종을 직접 비판하기에 이르렀다.[440] 숙종은 이들을 파직하려 했으나 승정원의 간쟁으로 뜻을 이루지 못했다.[441] 이처럼 숙종은 후계 문제를 둘러싸고 서인 세력과 첨예한 대립각을 세우게 되었다.

숙종은 후계 문제를 신속히 해결함으로써 국왕 권한의 제약을 타개하고자 했다. 이에 숙종은 후궁 장씨가 왕자를 출산한 지 불과 2개월 만에 신하들을 소집해 장씨의 아들을 원자로 확정하는 '원자정호'를 시행하려 했다.[442] 그러나 생후 2개월 된 왕자를 원자로 삼는 것은 지나치게 성급한 조치였기에 서인들의 반대에 부딪혔다. 영의정 김수흥金壽興, 이조판서 남용익南龍翼 등이 반대 의견을 개진했지만, 숙종은 이를 묵살하고 원자정호를 강행했다.[443]

원자정호가 마무리된 지 한 달 후, 송시열宋時烈이 상소를 통해 원자정호에 반대하며 숙종의 건강 문제를 거론하자 상황은 더욱 악화되었다. 송시열은 송나라 신종이 병들었을 때에야 철종이 태자로 책봉된 사례를 들며, 원자가 충분한 나이가 될 때까지 기다려도 된다고 주장했다.[444] 그러나 숙종은 '신종이 병이 들었다'는 대목을 문제 삼아, 송시열이 자신의 죽음을 기다리고 있다고 해석했다.[445] 허약한 건강으로 고민해 온 숙종으로서는 송시열의 언급을 도전적 행위로 간주한 것이다. 이에 숙종은 송시열을 삭탈관작하고 유배 보냈다.

---

440 《숙종실록》 권19, 숙종 14년 11월 12일 辛巳.
441 《숙종실록》 권19, 숙종 14년 11월 13일 壬午.
442 이희환, 2015, 앞의 글, 〈제4장 숙종대 환국과 당쟁〉 참조.
443 《숙종실록》 권20, 숙종 15년 1월 15일 癸未.
444 《숙종실록》 권20, 숙종 15년 2월 1일 己亥.
445 《숙종실록》 권20, 숙종 15년 2월 1일 己亥.

이어서 서인 세력을 대거 숙청하고 남인으로 교체하는 기사환국을 단행했다.[446] 기사환국으로 사형·물고·사사 등 사망 18명, 중도부처·유배·위리안치 등 59명, 파직·사판삭거 등 26명 등 총 103명이 처벌받았고,[447] 서인의 정신적 지주인 성혼成渾과 이이李珥마저 문묘에서 출향당하면서[448] 서인은 인적·정치적 기반에 심대한 타격을 입었다.[449]

기사환국 이후 숙종은 희빈 장씨의 소생을 원자로 책봉하고,[450] 이를 공고히 하기 위해 인현왕후를 폐비하려 하였다.[451] 폐비 조치는 서인에게 불리한 상황이었고, 남인에게는 정국 주도권 유지의 기회였다. 숙종은 당시 혼란스러운 국내외 정국을 반영하면서, 왕권 안정을 위해 원자정호가 필요하다고 판단하였다.[452] 남인 또한 희빈 장씨의 소생이 원자로 확정된다면 현재와 미래에 정치적 주도권을 유지할 수 있다는 점에서 이를 호재로 여겼다.

하지만 명확한 근거 없이 왕비를 폐위시키는 것이 유교적 예법과 윤리에 어긋나는 문제였기에, 남인조차도 인현왕후 폐비를 만류하였다. 심지어 인현왕후 폐비를 선언하는 현장에 참석한 남인 관료들은 한목소리로 폐비 조치를 재검토할 것을 요청하였고,[453] 이틀 후 남인 대신들도 이에 동참하였다.[454] 남인은 '부인의 투기를 남편이 너그러이 받아들여야 한다'는 논리로 폐비를 만류하면서도, 숙종이 주장하는 '인현왕후 투기설'은 일단 수용하는 유보적인

---

446 《숙종실록》 권20, 숙종 15년 2월 10일 戊申.
447 이희환, 2015, 앞의 책, 257쪽.
448 《숙종실록》 권20, 숙종 15년 3월 18일 乙酉.
449 정진혁, 2023, 앞의 논문, 69~73쪽 참조.
450 《숙종실록》 권20, 숙종 15년 1월 10일 戊寅
451 《숙종실록》 권20, 숙종 15년 4월 21일 丁亥
452 《숙종실록》 권20, 숙종 15년 1월 10일 戊寅
453 《숙종실록》 권20, 숙종 15년 4월 21일 丁亥
454 《숙종실록》 권20, 숙종 15년 4월 23일 己丑

태도를 보였다.

반면, 서인은 인현왕후의 투기 사실 자체를 부정하며, 폐비가 숙종의 잘못된 판단에서 비롯되었다고 주장하였다. 이는 남인이 숙종의 '인현왕후 투기설'을 수용한 것과 대조적이었다. 서인 진영의 노론·소론 연명으로 86명의 관료들이 진신소를 올려, 인현왕후가 실덕한 일이 없었으며 숙종이 참소에 현혹된 것은 아닌지 되짚어 보아야 한다고 주장하였다.[455] 이에 숙종은 서인의 진신소를 왕권을 참람하는 행위로 여기고, 인현왕후에 대한 옹호를 원자에 대한 공격으로 해석하며, 이를 역모행위라고 주장하였다.[456]

숙종은 후사 문제를 처리하는 과정에서 서인 진영의 지속적인 반대에 직면하였다. 서인의 송시열은 숙종의 건강 문제를 언급하며 원자정호를 반대하였고, 박태보는 숙종의 판단 착오를 지적하면서 인현왕후 폐비 조치를 비판하였다. 숙종은 이러한 일련의 사건들이 서인 당습의 폐단에서 비롯되었다고 생각하였다.

숙종은 기사진신소가 당습의 폐단이라는 사실을 공식적으로 확인함으로써 자신의 '인현왕후 폐비' 행위가 정당했음을 천명하고자 하였다. 이를 위해 상소의 주도자 박태보에게 자신들의 잘못을 자백하도록 고신, 압슬형, 낙형 등 갖가지 악형을 가하였다. 그러나 박태보는 끝까지 자백하지 않고 자신의 발언이 충정에서 나왔음을 주장하였다. 결국 기사진신소의 주도자였던 박태보는 숙종이 가한 고신·악형을 이기지 못하고 사망하였다.[457]

그런데 문제는, 박태보 물고 사건이 숙종 당대 정치사회적으로 문제상황으로 대두되었다는 점이다. 박태보는 당시 유교적 정치를 실천하기 위해 노력한

---

455 한상권, 2023a, 〈박태보의 군주관 −인현왕후 폐위반대 상소와 숙종의 친국을 중심으로〉,
    《고문서연구》 62, 112~114쪽 참조.
456 《숙종실록》 권20, 숙종 15년 4월 25일 辛卯
457 정진혁, 2023, 앞의 논문, 73~74쪽 참조.

인물로 알려져 있었다. 이천현감 재직 당시 지방관과 백성 간의 소통을 중시하고, 백성들의 노동력을 효율적으로 활용하면서 부담을 최소한으로 지우는 방향으로 노력하였다. 아울러 《사송유취》를 재편찬하여 지방관들이 공정한 재판을 집행하도록 유도하여 백성들이 억울함을 당하지 않도록 하였다.[458] 이천현감 재직 때에는 자기 비첩 소생의 신분 문제에 관하여 현행법이 인륜과 윤리에 어긋난다는 모순을 직시하고 이를 《경국대전》의 입법 취지에 입각하여 시정하고자 하였다. 중앙정계로 올라온 이후에는 관련 법령의 개정을 적극적으로 건의함으로써 자기 비첩 소생의 신분 문제에 일정 부분 개선을 이끌어내는 성과를 거두었다.[459] 숙종은 위와 같이 당대 호평받던 박태보를 부당한 방식으로 죽게 하였는데, 그 과정에서 상당한 수준의 절차적 위반이 존재하였다.

첫째로, 공식 개좌 명분에서의 절차적 위반이 있었다. 역모·강상 등 중범죄에 대응하기 위해 국왕이 주재하는 추국이 설치되었으며, 그중에서도 역모의 정황이 매우 중대하거나 다루기 까다로운 경우에는 국왕이 직접 추국장에 나와서 친림추국을 하는 것이 관례였다.[460] 박태보의 인현왕후 폐비 반대 진신소는 유교적 언론 활동에 해당했으며 국가·국왕에 대한 모반대역이 아니었다. 그러나 숙종은 박태보의 상소에 대해 "이는 모반대역보다 심하니 친히 심문하지 않을 수 없다."[461]고 주장하며 친국을 강행하였고, "이 뒤로 다시 이런 상소가 있으면 곧바로 역률逆律로 다스리도록 할 것"[462]이라고 선언하여 역모

---

458 주영아, 2012, 〈박태보의 정치에 대한 기대와 지방관으로서의 태도 고찰〉, 《동양문화연구》 11 참조.

459 한상권, 2021, 〈박태보의 자기비첩소생(自己婢妾所生)의 신분 귀속에 대한 인식 -〈단송안(斷訟案)〉을 중심으로〉, 《고문서연구》 62 참조.

460 김영석, 2013, 〈의금부 조직과 추국에 관한 연구〉, 서울대학교 박사학위논문, 222쪽.

461 《숙종실록》 권20, 숙종 15년 4월 25일 辛卯 "此甚於謀叛大逆 不可不親問也"

462 《숙종실록》 권20, 숙종 15년 4월 25일 辛卯 "自今以後 若更有如此之疏 則當直繩以逆律"

행위에 대한 해석의 폭을 넓히려고 하였다. 숙종은 박태보에 대한 분노에 의해 충분한 명분을 지닌 추국을 개시하지 못한 채 절차적 하자를 가지고 추국을 시작한 것이다.

이처럼 친국을 강행하겠다는 숙종의 개인적 의지에 따라 추국이 개시된 만큼, 추국 절차들이 위법적으로 처리되었다는 점에도 주목할 필요가 있다. 먼저 숙종이 친국을 강행했던 시간은 밤 11시~새벽 1시에 해당하는 삼경三更이라서 추국 성립을 위해 필수적으로 대동해야 하는 인원들을 모으지 못했다. 일반적으로 해 돋는 시점인 평명平明, 오전 5~7시 묘시卯時, 오전 7~9시 진시辰時 등 일과 시작 시간에 추국을 개시하여 삼정승, 대사헌, 대사간 등이 추국 참석 인원들을 모이게 하는 것과는 달리, 한밤중에 추국을 개시하여 즉각 인원을 수합하지 못한 것이다. 숙종은 즉시 각 필수 인원의 집에 차사를 파견하여 긴급호출하였고, 영의정 권대운, 좌의정 목내선 등 일부 인원은 도착할 수 있었다. 그러나 나머지 필수 인원이 아직 도착하지 못한 상황에서 추국을 시작하였다. 또 하나의 문제는 숙종 친국의 부당성을 비판하는 우의정 김덕원을 퇴청시킨 일인데, 삼정승이 합계해야 진행할 수 있다는 추국의 규례를 위반하는 조처였다.463

추국은 국가의 주요 인원들이 합좌하여 국가의 중대범죄를 공동으로 다스린다는 의미를 지닌 행정이었으므로, 필수 인원들이 반드시 갖추어져야 했다. 그러나 숙종의 성급한 조치로 인하여 개좌·진행 시 인원이 결락되는 심각한 문제가 존재하였다. 이처럼 숙종이 일반적인 규례를 준수하지 않은 채 급하게 절차적 조건들을 무시함으로써 해당 추국이 갖는 정당성은 충분히 갖추어질 수 없었다. 박태보 추국은 신료와 국왕이 함께 검토한다는 합의제적 성격에서 벗어나 국왕의 자의적인 방식으로 진행될 가능성을 내포한 것이다.

---

463 《숙종실록》 권20, 숙종 15년 4월 25일 辛卯

둘째로, 박태보 추국에는 심문 과정에서 절차적 위반이 있었다. 조선시대 형사절차에서 추국의 최우선 목표는 사건의 진상을 파악하여 그에 걸맞는 처벌을 내리는 것이었다. 이 과정에서 피의자의 자백을 얻어 실체를 밝힌 후 처벌해야 했으며, 사건의 전모가 드러나기 전까지는 피의자의 죄상을 단정할 수 없었다. 그러나 숙종은 인현왕후 폐비 반대 상소의 전말이 충분히 밝혀지지 않은 상태에서 "내가 이들 무리를 죽이지 않으면 어떻게 신인神人의 분노를 풀 수가 있겠는가?", "이러한 독물毒物은 곧바로 머리를 베어야 된다."464라고 선언하며 그들의 즉각적인 처형을 주장했다. 이는 사실 확인 없이 형벌을 선제적으로 결정하는 방식으로써 당대 사법 원칙을 위반하는 방식이었다.

숙종의 위법적 조치는 심문 과정에서도 나타났다. 조선의 추국제도에서 피의자는 대화로 심문하는 평문平問, 다시 말해 자신의 입장을 변호할 수 있는 원정原情 절차가 제공되고 있었다.465 이 과정에서 피의자는 자신에게 주어진 혐의에 대해 소명할 수 있었고 추국청은 다른 진술들과 종합하여 이에 대한 타당성을 판단하였다. 만약 피의자의 평문이 사실이 아니라고 판단될 경우나 더 자세한 진술이 필요한 경우에는 신장訊杖을 때리며 심문하는 고신拷訊으로 전환되었다.466 그러나 숙종은 "흉역스런 죄인에게 원서爰書를 갖춘 뒤에 형장을 가할 필요가 무어 있겠는가?"라며 박태보의 원정을 충분히 청취하지 않은 채 절차를 조기 종료하고 곧바로 고신拷訊으로 전환하였다. 이는 아무리 혐의가 짙은 피의자라고 할지라도 소명 절차를 주었던 기존의 관례와는 상반된 조치였다. 더 나아가 심문 시행 방식에서도 절차적 위반이 있었는데, 발바닥

---

464 《숙종실록》 권20, 숙종 15년 4월 25일 辛卯 "予不殺此輩 何以洩神人之憤乎 …… 如許毒物 直爲 斬頭可也"

465 한상권, 2023b, 〈《추안급국안》 자료의 신빙성−1689년(숙종 15) 박태보 친국 기록을 중심으로〉, 《한국문화》 102, 237쪽.

466 정진혁, 2022a, 앞의 논문, 201~205쪽 참조.

에만 시행할 수 있도록 정해진 낙형을 발바닥, 다리, 허벅지까지 그 범위를 확대하여 시행하였다.467 숙종은 상소의 주동자 박태보에게 절차상의 중요한 원칙들을 위반하면서까지 극심한 분노를 표출했던 것이다.

셋째로, 박태보에게 내린 형사처분 결과는 절차적으로 합당하지 못했다. 박태보는 하루 사이에 고신 3차, 압슬형 1차, 낙형 2차를 받았다. 이를 환산하면 신장 90대, 압슬형 13대, 낙형 13대를 받은 것이다.468 물론 이 시점인 숙종 15년(1689)까지는 고신을 1차에 30대씩 가한다는 규정 외에는 제한 규정이 별도로 없었으므로469 고신, 압슬형, 낙형을 집중적으로 가한 것은 위법적인 조치라고 보기는 어렵다. 그러나 같은 사건의 오두인吳斗寅, 이세화李世華

467 《숙종실록》 권20, 숙종 15년 4월 25일 辛卯.

468 낙형의 대수에 대해서는 13대를 1회차 심문으로 보는 기록("壓膝火刑 皆以十三巡爲一次"《燃藜室記述》卷35, 肅宗朝故事本末, 元子定號), 5개의 철을 5번씩 지져 총 25대를 1회차 기록으로 보는 기록("上曰 '烙刑 何以爲一次乎?' 尹游曰 '問諸律官 曰凡五鐵 一鐵五烙 五鐵皆烙 則爲一次也'"《承政院日記》卷702, 英祖 6年 3月 11日 己卯)이 있어 서로 충돌한다. 한편 영조 시기 《推案及鞫案》의 시행 기록에서 낙형이 1회차에 30대씩 가해지는 경우가 다수 발견된다. 세 자료에서는 각기 13대, 25대, 30대를 1회차로 파악하는 것인데, 모두 18세기에 기록된 비슷한 시기의 기록이므로 그 사이에 어떠한 제도적 변화가 있었는지는 정확하게 파악하기 어렵다.(정진혁, 2022a, 앞의 논문, 187~188쪽 참조) 다만 이 책에서는 숙종시기의 현황에 대해 다루고 있으므로 《연려실기술》 숙종고사본말에 의거하여 낙형 1회차를 13대로 파악하고자 한다.

469 추국 고신에 대한 제한 규정은 태종 17년(1417) 1차에 30대를 넘지 않도록 규정한 것("一訊杖每一次多不過三十度 須令置簿 以憑後考"《太宗實錄》권33, 태종 17년 5월 11일 丙申.) 외에는 별도로 적용되지 않는 상태였다.

《경국대전》에 기재된 고신 간격을 제한하는 규정도 16세기 초 이래 형해화된 상황이었다. '3일 이내에는 고신을 다시 하지 못하며 고신한 지 10일 뒤에야 형벌을 집행한다'("三日內 毋得再行拷訊 拷訊十日後 決罰"《經國大典》〈刑典〉〈推斷〉)는 《경국대전》의 규정이 있었으나, 16세기 초 중종 대에 '큰 사건[大事]에서는 일수日數를 계산하지 않는다'(《中宗實錄》권22, 중종 10년 5월 16일 壬寅, 《中宗實錄》권39, 중종 15년 4월 19일 丙子, 《中宗實錄》권69, 중종 25년 10월 10일 丙寅)는 명이 반복됨에 따라 추국과정에서는 '3일 이내 재고신 금지 규정'은 형해화되어 고신 간격 제한 없이 고신이 집행되고 있었다.

박태보 물고 이후 숙종 22년(1696) 추국청을 제외하고는 1일에 1차만 고신하도록 제한하였고, 영조 21년(1745)에는 추국청에서도 1일에 2차 이상 타격하지 못하도록 제한함으로써 추국 고신의 제한 규정이 정비되어 갔다.(정진혁, 2023, 앞의 논문, 78쪽)

의 경우 총 60대씩 신장을 맞았던 것과는 달리, 박태보에게는 신장도 더했을 뿐더러 압슬형, 낙형까지 추가되어 더욱 혹독한 고신이 가해졌다.[470] "이때 임금이 더없이 진노하여 엄한 유지(有旨)가 잇따라 내려 기필코 죽이려는 의도를 보였다."[471]라는 표현과 같이 숙종은 박태보에게 사망에 이르게 할 만큼 강하고 집중적인 고신을 가했던 것이다.

그러나 결과적으로 박태보에게 내려진 법률상의 최종처분은 '유배형'이었다. 그나마 이 조치는 박태보가 사망할 것을 우려한 영의정 권대운의 권유를 따른 조치였다.[472] 권대운이 권유할 당시 이미 박태보의 신체 상황은 매우 위독했다고 전해진다. 설명에 따르면 피와 살이 터지고 문드러져서〔血肉摧爛〕[473] 목숨이 곧 끊길〔命將盡矣〕[474] 상태라고 표현되었다. 그러나 만약 박태보가 추국 도중에 사망하게 된다면 이는 국가의 잘못으로 되는 것이기 때문에 급하게 유배 처분을 내려 '물고'의 상황을 방지하고자 하였다.

그러나 박태보에게 공식적으로는 유배 처분이 내려졌다 하더라도 사실상 '사형'과 다른 처분이 아니었다. 박태보에 대한 처분에 대해 좌참찬 이관징李觀徵은 "오두인 등 형벌을 받은 여러 죄인이 겨우 형틀을 벗어나기가 무섭게 급히 귀양 길을 재촉했으니 어찌 중도에 죽지 않을 수 있겠습니까."[475]라고 지적하며, 귀양 가는 길에 죽을 줄 알면서도 보낸 것은 사실상 박태보를 죽도록 조치한 것이라고 비판하였다. 이 때문에 당대인들은 유배처분을 받은 박태보

---

470 한상권, 2023b, 앞의 논문, 227쪽.

471 《숙종실록》 권20, 숙종 15년 4월 25일 辛卯. "時天怒震疊 沗下嚴旨 示必殺之意"

472 《숙종실록》 권20, 숙종 15년 4월 26일 壬辰.

473 《명재유고》 권34, 〈祭文〉 〈祭士元文〉 "初聞子之不殞於當日 意謂天實生之 又聞血肉摧爛之餘 神彩揚揚如平日 又謂志之所至 氣必從之"

474 《숙종실록》 권20, 숙종 15년 4월 26일 壬辰 "泰輔烙刑之餘 又施重刑 慘毒備至 命將盡矣"

475 《숙종실록》 권20, 숙종 15년 4월 27일 癸巳 "吳斗寅等纔脫桁楊之下 急趲三危之程 安知不作異物於道途之間哉"

를 "천둥과 벼락같은 위엄에 흔들리지 않고 부월斧鉞에 죽는 것을 달게 받았다."[476]면서 '물고'당한 것이라고 평가하고 있었다.

이처럼 숙종의 후계확정을 위한 여러 가지 조치들은 서인 진영과의 갈등을 일으켰고, 박태보 물고 사건에서 극대화되었다. 숙종의 박태보 처분은 명분, 절차, 결과 세 가지 측면 모두 정당성을 확보하지 못한 형사재판 절차였다. 추국의 성립 자체의 명분이 부족했고, 추국 진행상 관료들을 배제하여 독단적으로 처리하였으며, 절차상 규례를 위반하면서 혹독하게 형장을 내렸고, 결과상 유배 조치를 하였지만 실질적으로는 물고의 결과가 나온 것이다. 이 때문에 "압슬형壓膝刑과 낙형烙刑은 세조가 사육신의 옥사를 다스릴 때 시작되어 박태보가 형벌을 받을 때에 이르러 그 참혹함이 극에 달했다."[477]는 표현과 같이 부당 추국의 대표 사례로 기억되고 있었다.

유교적 이념을 국가통치기반으로 삼고 있는 조선사회에서 국왕 숙종의 위와 같은 행위, 더 나아가 사법살인이라고까지 평가할 수 있는 행위들이 문제의 소지가 되지 않았을까? 그렇다면 해당 사건에 대한 당대인들의 인식을 살펴볼 필요가 있다.

숙종의 부당 형벌에 대해 박태보 추국 현장에 참석했던 관료들은 깊이 우려하였다. 영의정 권대운, 좌의정 목내선, 우의정 김덕원은 박태보에게 원정을 받지 말라고 명한 숙종에게 "바로 형장刑杖을 가하는 것은 법의法意에 어긋나는 일입니다. 그리고 반드시 뒷날 폐단이 있게 됩니다."라고 절차적 위반을 지적하였다. 승지承旨들은 추국에서 우의정 김덕원을 퇴거시킨 명령에 대해 "우상右相이 실언失言했더라도 친히 국문하는 데에는 삼공三公이 갖추어 있어야 합니다."라며 절차적 조건을 문제 삼았다. 낙형을 기존 규례보다 확대

---

476 《서원등록》 숙종 20년 10월 22일 "不挫於電霆之威 自甘於鈇鉞之誅"
477 《청성잡기》 권5, 〈醒言〉 "壓膝烙刑之律 自世祖治六臣獄而始 至朴定齋受刑而極"

활용하려는 시도에 대해 영의정 권대운은 "왕자王者가 법을 행용行用함에서는 마땅히 상전常典을 써야 합니다. 지금 온몸을 다 지지는 것은 법 밖의 일로 뒤에 폐단이 있을까 두렵습니다."[478]라며 위법성을 비판했다. 추국 참여 관료들은 비판적인 의견을 개진하면서 숙종의 법외 방식을 적극적으로 만류하였다.

여론에서도 숙종의 잔혹한 박태보 추국은 비판의 대상이 되었다. 사관史官은 "박태보가 낙형烙刑을 받은 끝에 또 중형重刑을 받아 그 참혹함이 말할 수 없는 정도여서 목숨이 끊길 지경이 되었다."[479]라면서 숙종이 박태보를 사망케 한 잔혹성을 비판하였고, 좌의정 목내선은 "하룻밤 사이에 거듭 무거운 형신刑訊을 가한 것은 대성인大聖人이 죄인을 돌보는 도리에 어긋나는 것"[480]이라며 너무 혹독하게 고신한 점을 비판하였다. 남인 정시한丁時翰은 이에 대해 가장 직접적으로 비판하였다. "박태보·오두인 등의 일을 어찌 차마 말할 수 있겠습니까? 그들의 말이 옳은지 그른지는 우선 논하지 않더라도, 전하께서 이전의 역사를 살펴보면 말하는 자를 때려죽인 자가 과연 어떤 임금이었습니까? 형틀 아래의 참혹한 모습은 보는 이들의 넋을 나가게 하였고 길에서 전해 들은 이들은 슬픈 마음을 가누지 못했으니, 이는 진실로 천고에 보기 드문 잘못된 처사입니다."[481]라면서 숙종의 처사에 대해 현장을 직접 본 사람이나 현장을 전해 들은 사람들이나 모두 잘못을 비판하고 있다고 전했다.

특히 당색의 측면에서 관료층의 비판은 독특한 성격을 지닌다. 영의정 권

---

478 《숙종실록》 권20, 숙종 15년 4월 25일 辛卯 "徑用刑杖 是非法意也 且必爲後弊 …… 右相雖失言 親鞫宜備三公 …… 王者用法 當用常典 今若遍身盡烙 是法外 恐有後弊"

479 《숙종실록》 권20, 숙종 15년 4월 26일 壬辰. "泰輔烙刑之餘 又施重刑 慘毒備至 命將盡矣"

480 《숙종실록》 권20, 숙종 15년 4월 27일 癸巳. "然一夜之間 疊施重刑 有乖大聖人欽恤之道"

481 《우담집》 권2, 〈辭進善兼陳所懷六條疏〉 "朴泰輔 吳斗寅等事 尙忍何言 其言之是與不是 姑舍勿論 殿下試觀前史 撲殺言者 果是何如主哉 桁楊之下 見者喪魄 道路之傳聞者悼心 此誠千古所罕有之過擧"

대운, 좌의정 목내선, 우의정 김덕원이 숙종의 부당 형벌에 대하여 강하게 반대했는데, 이들은 기사환국을 기점으로 재집권한 남인의 중추 역할을 하고 있었다. 당대 남인을 대표하는 학자인 지평 정시한[482]도 비판 대열에 합류하였다. 이들의 정치적인 입장에서는 소론의 지도자 박세당의 아들이면서 소론 논객 남구만의 조카인 박태보를 비호할 이유는 없었다. 오히려 박태보는 이들에게 반대세력이자 공격대상이었다. 박태보의 외삼촌 남구만이 남인의 거두 허적, 윤휴를 공격하여 남인을 퇴조시키는 데 일조한 주역이었기 때문이다.

이 사건이 가진 함의는 국왕 비판에 대한 '사회적인 동력'을 추동했다는 점이다. 이 사건은 일반 평민들에게도 널리 퍼져 큰 화젯거리가 되었다. 그리고 이를 통해 국가 형정에 대한 비판적인 의식을 형성하게 되었다. 이러한 배경은 숙종 15년(1689) 우부승지 이현기가 언급한 내용에서 그 양상을 확인할 수 있다.

허견許堅과 이남李枏을 처형할 때가 되자 나라 사람〔國人〕들이 모두 말하기를 '불충한 역적이 죽임을 당했으니 나라의 법이 행해졌다'라 했으며, 임술년(1682, 숙종 8)에 옥사가 일어나던 날에 이르러서는 나라 사람들이 모두 말하기를 '죄도 없이 죽었으니 임금의 덕망에 누가 된다'라 했습니다. 저들 온 나라 사람〔國人〕들이 이들 옥사에 대해서 어찌 언제는 좋아하고 언제는 미워하여 치우치는 마음이 있었겠습니까만, 앞에는 통쾌하다고 일컫고 뒤에는 가슴 아프게 여기며 슬퍼했으니 온 나라 공공의 여론이 어떤지를 볼 수 있습니다. 민간 마을의 아녀자처럼 천한 사람들이나 외딴 변방의 어리석은 백성들도 억울한 죄를 입어 죽은 이를 불쌍해하기를 친척인 듯 슬퍼하고, 무고誣告한 패거리들을 원망하기를 사사로운 원수처럼 여기지 않는 사람이 없었습니다.[483]

---

482 정호훈, 2007, 〈우담(愚潭) 정시한(丁時翰)의 활동과 17세기 후반 남인학계(南人學界)〉,《한국철학논집》22. ; 정호훈, 2008, 〈조선후기(朝鮮後期) 정시한(丁時翰)의 학문과 그 영향〉,《한국사상사학》31.

483 《추안급국안》영인본 권10 442면, 번역본 29권 202쪽 "當堅枏伏法之時 國人皆曰 賊子誅矣 王法行矣 及壬戌起獄之日 國人皆曰 不辜死矣 聖德累矣 彼國人之於此獄 豈有愛憎偏係之心 而前焉稱快

위의 내용은 숙종 6년(1680) 삼복의 변을 주도하여 남인들을 축출하였던 서인 김익훈金益勳 등을 추국할 것을 요청하는 남인 이현기李玄紀의 소장이다. 해당 내용에서 검토할 수 있는 사안은 17세기 후반 당시 국가 형정이 공공의 여론의 평가 대상이 되었다는 점이다. 여기에서는 나라 사람들〔國人〕이 형사재판의 결과에 대해 옳고 그름을 평가하고 있으며, 더 나아가 민간 마을의 아녀자처럼 천한 사람들이나 외딴 변방의 어리석은 백성〔閭閻婦儒之賤 遐裔愚蒙之氓〕들조차도 형사재판 결과에 관심을 가지고 옳고그름을 판단하고 있다고 하였다. 이 표현은 17세기 후반 당시 민인들이 국가의 형정에 관한 정보를 습득할 수 있었고, 자신들의 기준으로 여론을 형성하고 있었다는 사실을 보여준다.

위와 같은 묘사가 단순한 수사적 표현이라고 보기만은 어려운 이유는, 한양에서 진행되는 추국의 현황이 향촌사회에도 널리 전파되고 있었기 때문이다. 충남 논산에 거주 중이던 윤증尹拯이 박태보가 겪은 형장의 잔혹성, 의연한 절개, 그리고 유배길에서의 사망 소식 등 사건의 진행 내용과 과정을 시시각각 듣고 있었다.[484] 이를 미루어 볼 때 단지 한양 내에 소문으로만 퍼진 것이 아니라 전국적으로 추국청의 동향이 확산되고 있었음을 추론할 수 있다. 이처럼 조선 후기 민인들은 피지배층으로서 국가의 정책적 결정을 수동적으로 수용하기보다는, 자신들만의 관점으로 국가의 정책에 대해 의견을 형성하고 유통하고 있었다.

조선 후기의 형정에 대한 관심이 높아진 사회적 현상 가운데 숙종의 박태보 물고는 일시적인 정치적 분란으로만 산화되지 않았고, 전 사회적인 화두가 되어 전파되었다. 특히 박태보의 추국을 상세히 담은《박태보전》은 총 30여

後焉傷歎 可見一國公共之論也 閭閻婦儒之賤 遐裔愚蒙之氓 莫不憐枉死之人如悲親戚 痛證告之徒如視私讐"

484 《명재유고》 권34, 〈祭文〉〈祭士元文〉

개의 이본 소설들이라는 텍스트의 형태로 기록되어 사회 곳곳에서 재확산되었다. 작성 시점을 검토하면 《박태보전》의 이본 가운데 《문녈공긔스》는 영조 32년(1756)에 작성된 것으로 알려져 있는데, 여기에서는 "공이 돌아가신 후 공의 전傳이 있었지만 누가 쓴 것인지도 모른 채 온 나라에 두루 퍼져 거의 100년이 다 되었다"는 기록을 남기고 있다.[485] 이를 고려한다면 숙종 15년 (1689) 박태보 사망 이후 얼마 지나지 않아서부터 전국적으로《박태보전》의 초기적 판본이 유통되고 있었다고 추론할 수 있다. 만약 이를 시기를 늦추더라도 적어도 숙종 당대인 18세기 초에는《박태보전》원본이 유통되었다고 이해할 수 있다.[486] 종합하자면 박태보의 물고는 사회적으로 당대에 큰 반향을 일으켰고, 소설 제작자들이 이 사건을 즉각 소설로 각색하여 전국에 유통시킨 것이라고 볼 수 있다.

《박태보전》의 문제의식은 주로 숙종 비판에 중점이 맞춰져 있었다. 《박태보전》약 30여 종 이본은 공통적으로 박태보 추국에서의 숙종의 자의성과 잔혹성에 초점을 맞추고 있다. 약간의 내용 차이는 있지만《박태보전》의 이본들은 공통적으로 나머지 요소들은 소략하게 다루고 숙종이 박태보를 친국하는 하룻밤에 주목하고 있다.[487] 소설에서 숙종의 분노와 박태보의 침착함, 그리고 점점 가혹해지는 고신의 모습과 이러한 잔혹함에 경악하는 참석자들의 모습이 사실적으로 묘사되었다.[488] 그리고 절차적인 위반 사실들이 상세하게 수록되어 있었다. 추국 성립 자체 명분이 부족했던 점, 추국 진행상 관료들을 배제하여 독단적으로 처리하는 모습, 절차상 규례를 위반하면서 혹독하게 형장을 사용하고, 결과상 유배 조치를 하였지만 실질적으로는 물고의 결과가 나온

---

485 서신혜, 2012, 《박태보전》, 문학동네, 281~285쪽 참조.

486 민영대, 1997, 《박태보전 연구》, 한남대학교 출판부, 69쪽.

487 서신혜, 2012, 위의 책, 280쪽.

488 민영대, 1997, 앞의 책, 42~43쪽 참조.

사실들이 상세하게 수록되었다.[489]

이러한 과정에서 당대인들은 '숙종의 사적인 감정'에 따른 실책의 결과로 박태보가 사망했다고 판단하고 있었다. 가주서 이명세李命世가 "신이 엎드려 기사년(숙종 15년, 1689)의 일기를 보았더니, 그때의 처분도 또한 십분 의논하고 생각한 하교였으나, 끝내 끝없는 후회가 있었습니다. 오늘날의 일도 또한 격분한 감정에서 나오지 않은 줄 어찌 알겠습니까?"[490]라고 비판하였다. 이명세가 판단하기에 박태보에게 행한 숙종의 형정이 '숙종 개인의 격분한 감정'으로부터 발현되었다는 것이다.[491]

그것은 숙종이 국왕의 입장으로서 공적주체가 아니라 '감정에 의해 부당 형정'을 행하는 사적주체였다는 생각이었다. 원래 조선의 형정제도에서 형정 집행자의 사사로운 감정에 의한 피의자 물고는 처벌의 대상이 되었다. 관료가 사적인 복수심으로 피의자를 사망하게 하면 사형에 처한다는 《대명률》의 조항,[492] 현종 즉위년(1659) 남형하여 피의자를 물고시킨 관료는 장 100대 집행·영구적으로 서용을 금지한다는 수교,[493] 숙종 11년(1685) 파견관료가 사적인 감정으로 고신을 집행하여 피의자를 물고시켰을 시 해당 관료를 사형한다는 수교,[494] 숙종 11년(1685) 곤장 30대 제한 및 그 이상 사용 시 남형률로 처벌한다는 수교[495]는 이러한 사적인 고신과 그로 인한 물고를 방지하려는 조치였다.

---

489 서신혜, 2012, 앞의 책, 71~126쪽 참조.

490 《숙종실록》 권35, 숙종 27년 9월 25일 己酉 "臣伏見己巳日記 則其時處分 亦有十分商度之敎 而終有無窮之悔 今日之事 亦安知不出於激惱耶"

491 한상권, 2023b, 앞의 논문, 232쪽.

492 《대명률》〈刑律〉〈斷獄〉故禁故勘平人

493 《신보수교집록》〈刑典〉〈濫刑〉官吏濫刑者

494 《수교집록》〈刑典〉〈濫刑〉奉命使臣

495 《신보수교집록》〈刑典〉〈贓盜〉棍杖若事係軍務者

이처럼 조선은 형정집행자의 사적 감정을 배제하여, 혹여나 나타날 억울한 사망을 방지하는 법률을 마련해 두었다. 그러나 숙종은 '공론을 대변하는 선비' 박태보를 '사적인 감정'에 의거하여 물고시켰다. 만약 그 시행주체가 일반 관료였다면 중죄로 처벌받아야 했으나, 박태보를 사망하게 한 주체는 국왕이었기 때문에 처벌 대상에서 제외될 수 있었다.

정리하자면, 숙종 15년(1689) 기사환국기 박태보 추국은 숙종의 국왕직단 추국의 대표적인 사례로 알려져 있었다. 숙종의 박태보 처분은 명분, 절차, 결과 세 가지 측면 모두 정당성을 확보하지 못한 형사재판이었다. 추국의 성립 자체의 명분이 부족했고, 추국 진행상 관료들을 배제하여 독단적으로 처리하였으며, 절차상 규례를 위반하면서 혹독하게 형장을 내렸고, 결과적으로 박태보가 물고되었다. 이에 대해서는 당색·신분을 초월하여 대대적인 비판이 가해졌고 민간에서는 《박태보전》이 만들어져 숙종비판론이 확대되었다. 숙종이 박태보에게 활용한 악형은 '역모죄인을 심문하는 유용한 도구'가 아니라 '국가의 무단적인 잔혹성'을 대표하는 표상으로 기억되게 되었고, 국가로서는 이전과 같은 혹독하고 법외적인 고신을 가하기 어렵게 되었다.

3) 갑술환국(1694)과 결안생략 처형

숙종 15년(1689) 기사환국의 박태보 물고 사건은 국왕의 전제권 남용이 정치적 반작용을 낳을 수 있음을 보여 주는 사건이었다. 국왕 숙종은 절차들을 위반하여 박태보에게 심한 악형을 가하였고, 결국 박태보는 사망하였다. 이 결과 국왕에 대한 비판적 의견이 거세졌고, 형정 운영에서 변화가 필요하였다. 그러나 여전히 추국 운영과정에서 국왕이 천단할 수 있는 요소들이 잔존하고 있었는데, 이것이 점차 문제 상황으로 부각되기 시작했다.

원래 압슬형, 낙형은 조선 전기 이래 공공연하게 활용되어 왔으며, 17세기에 들어서도 광해군, 인조, 효종 시기 추국청에서 활발하게 활용되어 왔다.[496] 이러한 경향은 숙종 대에도 이어졌다. 숙종 5년(1679) 우참찬 이원정李元禎이 "추국에는 본래부터 정해진 형벌이 있는데, 한명회韓上黨明澮가 낙형烙刑을 처음 시행하여 그 폐해가 지금까지 이어지고 있으니, 옛 법이 아닌데도 새로 만들어 내는 것이 가능한지 모르겠습니다."[497]라면서 낙형의 폐해를 간접적으로 비판하였다. 그러나 이러한 요청에도 불구하고 악형 폐지에 대한 근본적인 필요성은 존재하지 않았고, 결국 10년이 지난 숙종 15년(1689) 박태보에게까지도 시행된 것이다.

그러나 박태보 물고 사건을 거친 이후 국가의 입장에서 악형 폐지에 대한 근본적인 필요성이 발생하였다. 이제 '자백 유도라는 효용'보다도 '물고의 불이익'이 더욱 부각되게 되었다. 숙종에게는 부당 형벌을 자의적으로 집행하는 폭군이라는 비난이 점차 거세졌으므로, 악형은 더 이상 국가에게 유리한 심문 도구로 여겨지지 않게 되었다. 이는 "국청에서의 낙형은 기사년(숙종 15, 1689년) 이후로 사용하지 말자는 청을 허락했다."[498]했다는 기록에서 확인된다. 이 발언은 1세기가 지난 시기에 국왕 정조가 한 발언이기 때문에, 숙종 당시 이 발언을 둘러싸고 구체적으로 어떤 논의가 오갔는지를 알 수는 없으나, 당대 박태보 물고로 인한 변화가 일어났다는 사실 자체는 확인할 수 있다.

추국청 악형의 퇴조 양상은 실제 형정 운영상의 통계에서도 확인된다. 박태보에게 두 차례 가해졌던 낙형은 박태보 사망 이후 숙종 15~46년(1689~

---

496 정진혁, 2022a, 앞의 논문, 205~207쪽 참조.

497 《번암집》 권47, 〈神道碑〉〈贈大匡輔國崇祿大夫議政府領議政兼領經筵弘文館藝文館春秋館觀象監事行崇政大夫行吏曹判書兼判義禁府事知經筵事弘文館提學同知春秋館事歸巖李公神道碑銘〉 "鞫獄自有常刑 而韓上黨明澮刱烙刑 流毒至今 非古法而刱制 不知其可也"

498 《정조실록》 권14, 정조 6년 7월 24일 己未 "鞫廳烙刑 己巳以後許其不用"

〈표 4〉 숙종 재위 시기별 악형 시행 추이

	숙종 1~15년(1674~1689)	숙종 16~30년(1690~1704)	숙종 31~46년(1705~1720)
피심문자	280명	155명	75명
피악형자	13명	5명	0명
악형 시행 비율	5%	3%	0%
압슬형	15회	5회	0회
낙형	11회	0회	0회
형자당 악형 횟수	2회	1회	0회

*출전 : 정진혁, 2023, 〈숙종 대 부당형벌 논란과 형정운영의 변화〉, 《법사학연구》 68, 90쪽. 〈표 3〉 인용

1720) 숙종 재위기 30여 년 동안 《추안급국안》에 기재된 230명의 죄인 중 아무에게도 쓰이지 않았다고 확인된다. 낙형보다 한 단계 낮은 악형인 압슬형의 경우는 전체 230명 중 5명에게 단 1회씩만 쓰이는 양상이 나타난다. 기사환국 이전에는 악형의 빈도와 강도가 높았으나, 기사환국 이후 빈도와 강도가 그 절반으로 줄었고 낙형이 중지되었으며, 숙종 후반기에는 압슬형, 낙형 양자 모두 중지되었음을 확인할 수 있다. 이처럼 숙종 15년(1689) 기사환국 이후부터는 죄인들에게 악형을 쉽게 행하지 못하는 국가의 입장이 통계적으로도 확인된다. 이후 약 40여 년이 지난 영조 4년(1728) 무신란 때 영조가 낙형을 부활시키기도 하지만,[499] 이미 악형 퇴조는 숙종 대부터 시작되고 있었던 것이다.[500]

그러나 단지 악형이 퇴조되었다고 하여 숙종 시기의 추국 운영에서 강압적인 기제가 전부 사라진 것은 아니었다. 숙종 15년(1689) 기사환국 이후 숙종 재위기에는 형정상의 또 다른 문제가 나타나고 있었는데, '법정고신法定拷訊'이 지나치게 확대되고 있었다는 점이다. 악형이 담당하던 자백유도기능은 법

---

499 《정조실록》 권14, 정조 6년 7월 24일 己未 "鞫廳烙刑 己巳以後許其不用 及夫戊申凶賊之出"
500 정진혁, 2023, 〈숙종 대 부당형벌 논란과 형정운영의 변화〉, 《법사학연구》 68, 89~91쪽 참조.

적인 테두리 안에서 새로운 형태로 전유되고 있었다.

이 결과 숙종 대 숙종 1~15년(1674~1689) 악형 병용시기보다 숙종 16~46년(1690~1720)의 악형 퇴조시기 30여 년 동안 오히려 1인당 고신 차수와 대수, 그리고 그로 인한 물고자 비율이 급격하게 증가되는 양상을 보여 준다.

〈표 5〉 숙종 대 법정고신 증가 추이

	숙종 1~15년(1674~1689)	숙종 16~30년(1690~1704)	숙종 31~46년(1705~1720
고신당한 피의자	96명	54명	14명
물고 피의자	15명	18명	6명
피고신자 중 물고 비율	15.6%	33.3%	42.8%
전체 고신 차수	290회	244회	78회
1인당 평균 고신 차수	3.3회	4.5회	5.6회
전체 고신 대수	8,107대	6,410대	2,122대
1인당 평균 고신 대수	84.4대	118.7대	151.6대

*출전 : 《추안급국안》

〈표 5〉에서는 1인당 고신 차수가 평균 3.3-4.5-5.6회로 증가함과 동시에 고신 대수가 평균 84.4대-118.7대-151.6대로 대폭 상승하는 양상이 확인된다. 그로 인한 물고 비율도 15.6%-33.3%-42.8%로 증가하면서 비례하고 있음을 볼 수 있다. 숙종 15년(1689) 기사환국 이후 고신집행의 예를 살펴보면 숙종 20년(1694) 김인 10차 300대,[501] 함이완 14차 420대,[502] 민장도 10차 300대[503] 등 300여 대에 달하는 고신이 집행되었고, 숙종 후반기인 숙종 32년(1706) 이잠 18차 540대,[504] 숙종 41년(1715) 이기징 16차 468대,[505] 이세

---

501 《추안급국안》 영인본 권11 540~543면, 번역본 32권 297~300쪽.
502 《추안급국안》 영인본 권11 551면, 번역본 32권 310쪽.
503 《추안급국안》 영인본 권11 398~400면, 번역본 32권 155~157쪽.
504 《추안급국안》 영인본 권12 692~696면, 번역본 36권 126~130쪽.
505 《추안급국안》 영인본 권13 544~546면, 번역본 38권 423~426쪽.

경 16차 480대[506] 등 500여 대에 육박하는 많은 고신을 가하고 있었다. 이들은 결국 미결 상태로 물고했음은 물론이다. 이처럼 법외악형의 빈자리를 법정고신으로 보충하면서, 신체훼손은 여전히 잔존했던 것이다.

이 때문에 숙종 시기 추국 운영의 목표는 최대한 법적 제한에 어긋나지 않는 선에서 피의자의 처벌근거를 확정하는 것에 있었다. 숙종은 법정고신의 활용을 더욱 강화하여 대응하고 있었으나, 그로부터 발생하는 피의자의 신체훼손과 물고 문제는 해결해야 할 과제로 부각되고 있었다. 예를 들어 숙종 22년(1696) 응선 추국에서는 피의자 물고 문제를 둘러싼 논의가 부각되었다. 이 사건은 희빈 장씨 집안 묘소에 흉한 물건을 묻어 저주를 한 사건을 둘러싸고 장희재의 사노 업동業同이 서인 출신 병조 판서 신여철申汝哲의 사노 응선應先에게 죄를 덮어 씌우려고 한 사건이었다.[507] 여기서 문제가 된 것은 억울하게 연관된 응선·김천추金天樞에게 혹독한 고신을 가해 물고가 났다는 점이다. 응선에게는 6차 고신, 총 120대 이상의 고신 매질과 1차례 압슬형이 행해졌고, 김천추에게는 13차 고신, 총 317대의 고신 매질이 행해졌다. 혹독한 매질을 이기지 못하고 응선과 김천추가 도중에 물고하자 추국청 대신들이 물고에 책임을 지고 대죄하였다.[508]

결과적으로 이 사건은 서인을 모함에 빠뜨리려는 조작 사건이라고 판정되었고, 응선·김천추는 형장 아래서 억울한 죽음을 당한 인물들로 평가되었다. 이 때문에 이 사건에 대해서 "숙종이 너무 갑자기 의심하고 노여워하여 깊이 생각하지 못했고, 신료들이 화禍를 두려워하여 위축되어 분명히 말하지 못하여, 응선·김천추 두 사람이 옥중에서 죽었다."[509]는 비판을 받게 되었다. 결국

---

506 《추안급국안》 영인본 권13 532~534면, 번역본 38권 400~403쪽.

507 《연려실기술》 권37, 〈肅宗朝故事本末〉〈壬午謁聖崔世鑑之獄〉

508 《숙종실록》 권30, 숙종 22년 5월 9일 甲子.

509 《숙종실록보궐정오》 권30, 숙종 22년 5월 4일 己未 "聖上疑怒太遽 未暇深思 而群下又畏禍沮縮

추국이라는 절차가 지나치게 숙종의 자의적 판단에 의해 좌우되고 있다는 비판이자, 이로 인한 억울한 죽음을 방지해야 한다는 의견이 제시되고 있는 상황이었다.

이러한 법정고신 증가—물고율 증가 현상은 명백한 문제 상황으로 여겨지고 있었고, 숙종은 이러한 문제 상황을 타개할 필요가 있었다. 결국 법외악형이든, 법정고신이든 간에 피의자를 심문장에서 사망하게 한다는 점은 동일하였고, 명백한 실책으로 여겨지고 있었기 때문이다. 이처럼 또 다른 방식의 추국 질서 전환이 제기되는 상황에서 자백 내지 결안을 생략하는 처형방식이 모색되고 있었다. 결안생략 처형은 조선의 전통적인 형사사법 원칙인 자백필수주의와 결안 제도의 기본 취지에 부합하지 않는 명백한 법외방식이었음에도 현상타개를 위해 점차 도입되고 있었다.

이러한 방식은 숙종 19년(1693) 서리 이덕흘李德屹에 대한 처분에서 나타나기 시작했다. 서리 이덕흘은 자신의 아들인 포도청 군관 이지훈李枝勳이 죄를 지어 사형당할 상황에 처해지자 포도대장의 발언이라고 거짓으로 사칭하여 내관 최상앙崔尙仰에게 전하였다.[510] 그리고 내관 최상앙은 이덕흘의 의뢰를 직접 숙종에게 아뢰어 이지훈의 사형 면제를 시도하였다. 숙종은 이러한 행위에 대해 "군부君父를 깔보고 국법國法을 업신여긴 것이 심한 것"[511]이라며 심히 언짢게 여겼다. 숙종은 이를 행정적인 문제뿐 아니라 국왕의 권위가 훼손된 정치적 사건이라고 여긴 것이다.

해당 사건의 주모자 이덕흘을 두 차례 형문하였으나 그는 자백을 하지 않았고, 사건은 장기화될 양상을 띠고 있었다. 이때 의금부에서 숙종에게 예외

莫敢名言 終使應先等兩人 無罪致斃於桁楊之下"
510 《숙종실록》 권25, 숙종 19년 4월 2일 乙亥.
511 《숙종실록》 권25, 숙종 19년 4월 3일 丙子 "其輕君父而蔑國法甚矣"

적인 제안을 하였다. 의금부에서는 이덕흘의 행위가 "군부君父를 깔보고 국법
國法을 업신여긴 것"에 해당하며 '죄상이 밝게 드러났다(罪狀昭著)'고 판단하
고 이러한 경우에는 자백을 기다릴 필요가 없다고 주장하였다. 이어 이 경우
에는 일반적인 경우와는 달리 별도로 처리해야 하므로 자백 없이도 처형할
수 있다고 설명하였다.512 이러한 의금부의 제안은 숙종의 내심에 부합하는
방식이었다. 내관과 서리에게 국왕의 권위가 침해당했다고 생각하던 숙종은
결안을 받지 않고 처형하는 방식을 승인하였다.

   그러나 결안생략 처형은 명백한 위법적 처분이었으므로 신료 전반에서 반
대 의견이 속출하였다. 승정원에서는 '자백을 받지 않고 처단하는 행위는 후
폐를 낳을 우려가 있으므로 중지해야 한다'는 계를 올렸으나, 숙종은 '내 아는
바가 아니'라며 강행할 것을 지시하였다.513 우의정 민암 역시 차자를 올려 반
대의 뜻을 올렸으나 숙종은 "죄가 분명하게 드러나 엄폐하기 어려운 것은 곧
바로 처단하면 되는데, 그 불가한 이유를 나는 모르겠다."514며 반대의견을 묵
살하였다.

   위와 같은 연이은 반대에도 불구하고 숙종은 처형을 강행하였고, 결국 이
덕흘은 결안 없이 당고개에서 참형을 당하였다.515 이처럼 위법적이고 급박한
조치를 두고 대간들의 반대상소가 이어졌다. 지평 홍중현洪重鉉은 '법례에 어
긋난다'고 비판했고, 지평 정사효鄭思孝는 '자백을 기다리지 않고 곧바로 처단
한 것은 상례에 어긋나며 후폐를 낳을 수 있다'며 비판하였으며,516 장령 채헌

---

512 《승정원일기》 352책 숙종 19년 4월 3일 丙子.
513 《승정원일기》 352책 숙종 19년 4월 3일 丙子 "本院啓曰 …… 而第念按獄之體 自有次第 旣施刑
　　訊之後 不待承款 徑先處斷 有違常典 亦關後弊 臣待罪該房 區區所懷 惶恐敢達 傳曰 非予所知 任自
　　爲之"
514 《숙종실록》 권25, 숙종 19년 4월 3일 丙子 "罪之昭著難掩者 直爲處斷 予未知其不可也"
515 《승정원일기》 352책, 숙종 19년 4월 3일 丙子.
516 《승정원일기》 352책, 숙종 19년 4월 4일 丁丑.

징蔡獻徵 역시 '자백하지도 않은 이덕흘을 처형한 것은 법례에 어긋난다'며 비판의 의견을 개진하였다.[517]

이덕흘의 결안생략 처형은 비록 환국과 같은 정치적인 소요로 확장되지는 않았지만, 또다시 형벌의 공적 성격을 둘러싼 논쟁을 낳고 있었다. 《대명률》에 수록되고 조선국가가 원칙으로 지켜오던 결안 후 사형 원칙을 국왕의 직권을 통해 무마하는 방식이었기 때문이다. 그러나 이덕흘 사건은 미수에 그친 사건이었고 주동자의 영향력이 크지 않았기 때문에, 정치적인 공방으로까지 확대되지는 않았다.

그러나 다음 해인 숙종 20년(1694) 갑술환국을 계기로 숙종은 결안생략 처형을 정치범 처단에 활용하기 시작하였다. 이 당시 숙종은 숙종 15년(1689) 기사환국 이후 집권한 남인 세력에 대한 불만을 가지고 있었고, 남인에 대한 대규모 처단을 통해 정국을 전환하고자 하였다. 숙종 20년(1694) 남인이 후원하는 희빈 장씨의 잠재적인 경쟁자인 숙원 최씨에 대한 독살 계획이 제기되자, 숙종은 남인 세력과의 연정을 종결하기로 결심한 것이다.[518] 이 당시 숙원 최씨는 숙종의 자식을 임신한 시점이었기 때문에, 숙종은 숙원 최씨에 대한 독살 계획을 역모 행위로 받아들였다.[519]

이처럼 남인의 정치적 행보가 숙종에 대한 직접적인 공격으로 간주된 이상 남인에 대한 치죄는 신속하고 급진적으로 이뤄졌다. 숙종의 남인 축출 명령이 내려지면서 치죄 작업은 급속하게 이뤄졌다.[520] 영의정 권대운權大運, 좌의정 목내선睦來善, 우의정 민암閔黯, 판의금부사 유명현柳命賢, 지의금부사 이의징 李義徵·정유악鄭維岳 등 20여 명의 중신들이 삭탈관작·문외출송·안치되었고,

---

517 《승정원일기》 352책, 숙종 19년 4월 5일 戊寅.
518 이희환, 1989, 〈갑술환국과 숙종〉, 《전북사학》 11-12, 21쪽.
519 이상식, 2005, 〈朝鮮後期 肅宗의 政局運營과 王權 研究〉, 고려대학교 박사학위논문, 98쪽.
520 《숙종실록》 숙종 20년 4월 1일 戊辰.

승지·삼사 역시 파직되었다. 이 과정에서 남인 계열은 사사賜死, 물고 등 사망이 14명, 유배 67명, 파직 54명 등 135명이 대거 처벌을 받았다. 한편 서인 계열을 중심으로 한 정국 재편도 동반되었다. 영의정 남구만南九萬, 훈련대장 신여철申汝哲, 병조판서 서문중徐文重, 이조판서 유상운柳尙運, 승지 김두명金斗明·이동욱李東郁, 응교 김몽신金夢臣, 교리 윤덕준尹德駿, 수찬 이인엽李仁曄, 장령 유집일兪集一, 지평 김시걸金時傑, 정언 이연병李寅炳, 유상재柳尙載 등을 제수하였다. 한편 폐비 민씨가 복위되고, 서인의 종장으로 여겨지는 이이와 성혼이 문묘에 복향되는 등 서인 세력에게 유리한 조치가 시행되었다.[521]

숙종 20년(1694) 갑술환국이 이전의 숙종 6년(1680) 경신환국, 숙종 15년(1689) 기사환국과 다른 점은 이전의 환국들이 다소간 붕당들의 영향을 받았던 것과는 달리 온전하게 숙종의 의지대로 수행되고 처분되었다는 점이었다. 숙종은 남인과 서인의 당쟁 그리고 국왕과의 삼각관계에서 자신을 정점으로 하여 두 당파 어느 쪽도 언제든지 활용할 수 있는 위치에 있었다.[522] 위와 같이 갑술환국이 숙종의 정치적 역량 속에서 전개되었던 만큼, 갑술환국의 형사처분에서도 국왕의 전제적인 결단이 발현되었다.

갑술환국 과정에서는 총 14명의 인물이 사망하였는데, 그중에는 우의정 민암, 지의금부사 이의징, 전 참판 조사기趙嗣基, 전 지평 민장도閔章道 등 전현직 관료들도 포함되어 있었다. 그중 조사기는 전 참판을 지낸 남인 출신 관료로 윤휴, 홍우원洪宇遠과 협력하여 송시열을 공격하는 데 앞장섰던 인물이었다.[523] 그는 숙종 15년(1689) 기사환국 직후 서인을 공박하는 상소를 냈는데, 그 내용 안에서 선후先后에 대한 모욕혐의를 받았다. 조사기의 상소는 왕실의

---

521 이희환, 2015, 《조선정치사》, 혜안, 278~287쪽 참조.
522 이희환, 1989, 앞의 논문, 23쪽.
523 이희환, 2015, 위의 책, 280쪽.

위엄을 훼손하는 표현으로 받아들여졌고 처벌의 대상에 포함될 수밖에 없었다. 숙종 20년(1694) 4월 2일 조사기에 대한 국문이 시작되었고,[524] 의금부에서 10차례의 조사와 고신이 진행되었음에도 한 달이 지난 4월 말까지도 자신의 잘못을 자백하지 않았다. 이에 숙종은 원칙에 따라 자백을 받아낼 때까지 고신을 가할 것을 지시하였다.[525]

그러나 조사기에 대한 조사가 장기화되는 상황은 정치적인 부담으로 작용하고 있었다. 숙종 20년(1694) 5월 초 대신의 질환과 의금부 당상관의 사고로 국문이 열리지 못하면서[526] 조사기 치죄 작업이 점차 지체되었다. 이에 대해 숙종은 즉시 당상관들을 불러오도록 하여 조사를 이어갈 것을 명하였지만[527] 상황은 쉽게 해결되지 않았다. 이처럼 4월 초에 전격적으로 붕당 간의 세력 교체가 이뤄졌음에도 불구하고, 몇몇 남인 계열에 대한 치죄 작업이 한 달 이상 지체되면서 새로운 타개책을 마련할 필요가 있었다.

이에 조사기에 대한 결안생략 처형을 요청하는 의견이 개진되었다. 갑술환국과 맞물려 장령으로 임명된 김홍정金弘楨이 결안생략 처형을 제안하였다. 김홍정은 갑술환국 직후 장령에 임명되면서 목내선·민암 등 남인의 거두를 처벌하는 데 앞장섰던 인물로서,[528] 조사기에 대한 치죄에도 적극적으로 의견을 개진한 것이다. 그는 조사기에 대한 치죄 작업이 역적을 토벌하는 대의를 잃고 있음을 지적하였다. 승정원에서 대신 및 금부당상관들을 합좌하여 국문하려는 시도 자체는 법규를 중시하는 행위였다며 옳다고 여겼으나, 결과적으로 죄인을 토벌하는 대의를 잃고 있음을 지적하였다. 왜냐하면 이미 조사기가

---

524 《승정원일기》 356책 숙종 20년 4월 2일 己巳.

525 《승정원일기》 356책 숙종 20년 4월 29일 丙申.

526 《승정원일기》 357책 숙종 20년 5월 4일 辛丑.

527 《승정원일기》 357책 숙종 20년 5월 5일 壬寅.

528 《숙종실록》 권26, 숙종 20년 5월 13일 庚戌.

선후先后를 모욕하는 상소가 명백한 증거로 남아 있으므로 별도의 자백이 필요하지 않다는 것이다. 오히려 만약 조사기가 최종 처분을 받기 이전에 물고한다면 오히려 더 큰 문제가 될 것이라고 지적하였다. 그러므로 자백을 받기 이전에 신속하게 처형할 것을 주장하였다.[529]

그러나 조사기에 대한 결안생략 처형은 후속 논쟁을 불러일으켰다. 지평 정호鄭澔는 인심론에 기대어 조사기의 상소가 이미 죄를 증빙하고 있으며, 나라 모든 사람들이 조사기의 처형을 바라고 있었다고 주장하였다. 만약 노령의 조사기가 자백을 하기 이전 형장에서 물고했다면 나라 사람들의 의혹과 분노를 풀 수 없었을 것이므로, 즉시 처형이 정당하다는 주장을 제기하였다.[530]

그러나 조사기에 대한 처분은 명백하게 당대의 법령과 관념에 어긋난 처분이었으므로 반대 의견도 속출했다. 먼저 조사기 조사를 주관하던 의금부는 이러한 결정에 대해 반대하였다. 먼저 자백생략 처형 처분을 수행하라는 명령에 대해 의금부 당상관들이 명령을 받들지 않고 나오지 않았다. 조사기에게 처형을 집행하는 일로써 의금부에 패초牌招를 세 번에 걸쳐 내렸으나, 역시 의금부 당상관들이 출석하지 않는 방식으로 반대의 의견을 나타냈다.[531] 한편 최대한 형집행 시간을 벌어 그사이에 처형을 취소시키려는 움직임도 나타났다. 의금부의 입장을 대변하던 승지 이동욱은 국휼의 재계일, 정일 등의 사유를 들어 5일에 내린 명령을 11일까지 연기해야 한다고 청하였다.[532] 이에 일단 며칠 간의 시간을 벌어놓고 반대 논리를 준비하였다.

한편 승지 이동욱은 조사기에 대한 처분을 집행하는 날이 점차 다가오자 다시 한번 극간하였다. 이동욱은 조사기가 능히 사형을 당해도 마땅한 죄를

---

529 《숙종실록》 권26, 숙종 20년 5월 5일 壬寅.
530 《승정원일기》 357책 숙종 20년 5월 15일 壬子.
531 《숙종실록》 권26, 숙종 20년 5월 5일 壬寅.
532 《승정원일기》 357책 숙종 20년 5월 7일 甲辰.

지었지만 그래도 함부로 처형해서는 안 된다고 주장하였다. 그는 '사람을 형벌하고 죽이는 데는 법의 순서가 있다'면서 이를 준수해야 한다고 보았다. 조사기가 10차례에 고신을 버티며 저항함에도 불구하고 의금부가 절차를 준수하여 조사를 이어갔던 것은 '항상적인 법을 지키고 후폐를 염려했기' 때문이라고 하였다. 결안생략 처형은 여론의 분개를 반영한 것이기는 하지만, 자백을 받지 않고 곧바로 처형하는 것은 일의 앞뒤를 바꾸게 하는 행위라고 반대하였다. 그러나 숙종의 의사는 완고하였다. 숙종은 조사기가 물고할 수도 있는 위급한 상황을 고려하면, 한시라도 빨리 처형해야 한다고 보았다. 이미 그의 죄가 상소에 명백히 드러났기 때문에 더 이상 고신할 필요가 없다는 논리였다.[533]

그러나 우연하게도 숙종이 선포한 조사기 처형 날짜인 5월 11일, 약 한 달 넘게 십수 차례의 고신을 버티던 조사기가 결안을 바쳤고 그날 즉시 처형을 집행하였다.[534] 이렇게 본다면 조사기에 대한 사형은 결안 후 집행이라는 공식적인 절차를 준수한 것으로 이해해야 하겠다. 그러나 문제는 당대인들은 조사기의 처형을 공식적 절차를 거친 것으로 이해하지 않았다는 점이다. 예를 들어 2년이 지난 숙종 22년(1696) 오도일은 "이덕흘, 조사기는 자백을 기다리지 않고 처형하였다."[535]고 판단하고 있었고, 경종 3년(1723) 판의금부사 심단沈檀은 조사기의 처형이 결안을 내리지 않고 국왕직단 특명으로 수행되었다고 밝힌 바 있다.[536]

이러한 조사기 결안은 존재 유무가 불분명한 상태로 당대에 전해지고 있었다. 영조 즉위년(1724) 김일경金一鏡 처벌 논의 과정에서 대사간 윤유尹游는

533 《승정원일기》 357책 숙종 20년 5월 11일 戊申.
534 《승정원일기》 357책 숙종 20년 5월 11일 戊申.
535 《숙종실록》 권30, 숙종 22년 1월 27일 甲申 "李德屹 趙嗣基 皆不待取服而行法"
536 《승정원일기》 555책 경종 3년 6월 3일 庚戌.

김일경을 결안생략하고 처형해야 한다고 주장하면서, '조사기가 결안을 받지 않은 것이 확실한 것인지'를 문의하였다. 이에 대해 우의정 조태억趙泰億은 조사기가 결안을 하지 않은 것으로 알고 있다고 언급하였고, 영조는 조사기의 결안 유무가 모호하니 양사에 문의할 것을 지시하였다.537 다음 해인 영조 1년(1725) 영조는 "선왕 때 조사기趙嗣基는 동조東朝를 핍박하는 말을 하였기 때문에 결안結案도 기다리지 않고 바로 법대로 처형하였다."538고 하여 조사기가 결안을 받지 않았다고 확정하였다.

이처럼 숙종 20년(1694) 조사기가 공식적으로는 결안을 받았음에도 불구하고, 당대인들에게는 결안을 받지 않은 것으로 인식된 데에는 당대 논의의 영향이 작용한 것으로 보인다. 먼저 결안생략 처형에 찬성하는 숙종·장령 김홍정·지평 정호와 반대하는 의금부·승지 이동욱의 논쟁이 심화하던 상황 속에서, 숙종이 결안생략 처형을 최종적으로 확정하였다는 사실 자체가 중시되고 있었다. 조사기 결안이 《승정원일기》에 짧게 언급만 되었을 뿐,539 《숙종실록》에는 "몹시 흉악한 정상이 이미 상소 가운데서 드러났으니 굳이 심문할 필요가 없다."는 숙종의 언급과 "드디어 조사기의 목을 베고 그 가산家産을 몰수하였다."540는 기록만 있고 공식적으로 결안을 받았다는 기록이 남겨지지 않았다. 조사기의 처형 당일에서야 급작스럽게 결안이 만들어졌다는 점, 숙종이 조사기의 결안을 공식적으로 언급하지 않았던 점 등을 고려하였을 때, 당대인들이 조사기가 결안을 받지 않은 사례로 인식할 가능성이 높았던 것이다. 결국 조사기 사형은 결안 작성 후 집행되었다는 면에서 절차적인 정당성은

---

537 《승정원일기》 581책 영조 즉위년 12월 9일 戊寅
538 《승정원일기》 594책 영조 1년 6월 11일 丁丑 "先朝趙嗣基 語逼東朝 故不待結案 直爲正法,"
539 《승정원일기》 357책 숙종 20년 5월 11일 戊申 "禁府啓目 罪人趙嗣基 旣已結案取招爲白有置 大典推斷條 凡亂言 若干犯於上 情理切害者斬 籍沒家産亦爲白有昆 依大典擧行 何如 啓依允"
540 《숙종실록》 권26, 숙종 20년 5월 11일 戊申 "窮凶情節 已露於疏中 不必訊問 遂斬之 籍其家産"

확보하였으나 후대에는 잘못된 사례로 오독되게 되었다.

문제는 이덕흘·조사기에 대한 결안생략 논란이 일회성 이변에 그친 것이 아니라 점차 이후의 형정에도 영향을 주기 시작했다는 점이다. 앞서 결안생략 처형에 대한 반대 의견에서 '후폐를 낳을 우려가 있으므로 처형을 중지해야 한다'는 승정원의 계,[541] '자백을 기다리지 않고 곧바로 처단한 것은 상례에 어긋나며 후폐를 낳을 수 있다'는 지평 정사효의 의견,[542] '항상된 법을 지키고 후폐를 염려했다'는 승지 이동욱의 의견[543] 같은 맥락이었다. 결국 국왕의 명으로 한번 특령 조치를 내리면, 이후에도 같은 조치가 반복되면서 '후폐를 만들 수 있다'는 우려였다.

위의 우려대로 특령에 의한 결안생략 처형은 지속적으로 요청되고 있었다. 숙종 20년(1694) 한중혁韓重爀에 대한 처형 요청은 이러한 사례가 점차 일반화되는 과정에서 발생하였다. 한중혁은 서인 소론계 인물로서 환국을 도모했다는 혐의를 받았다. 그는 남인들이 숙빈 최씨를 독살하려는 계획과 역모를 도모하고 있다는 내용을 고변하였고,[544] 이 고변 내용은 갑술환국의 결정적인 계기가 되었다. 결국 환국을 통해 서인 계열이 정국을 주도한 성과는 냈으나, 남구만은 한중혁이 치죄 대상이 되어야 한다고 보았다. 방법론적으로 뇌물과 정탐 등의 비정상적인 방법을 동원하였고, 목적에서도 인현왕후의 복위라는 왕실의 문제에 신하가 개입한 것이므로 치죄해야 한다는 것이었다.[545]

한중혁 처벌은 장기간에 걸쳐 논쟁거리가 되었다. 한중혁은 숙종 20년 (1694) 갑술환국 시기에는 유배형으로 결정이 났으나, 숙종 21년(1695) 남구

---

541 《승정원일기》 352책 숙종 19년 4월 3일 丙子.
542 《승정원일기》 352책 숙종 19년 4월 4일 丁丑.
543 《승정원일기》 357책 숙종 20년 5월 11일 戊申.
544 이상식, 2005, 앞의 논문, 97쪽.
545 이상식, 2005, 위의 논문, 132~133쪽 참조.

만이 그의 행위의 중대성을 강조하며 처형할 것을 재차 주장하였다. 그리고 숙종도 감사정배한 조치가 잘못되었음을 인정하면서 즉결 처단할 것을 지시하였다.[546] 그러나 결안생략 처형은 명백히 부당한 방식이었으므로 승정원, 사간원에서 즉시 반대하는 간쟁을 하였다.[547]

논쟁은 계속 지속되어 다음 해인 숙종 22년(1696) 부제학 오도일吳道一이 '한중혁의 죄상은 분명하게 밝혀졌으므로 최근의 규례에 따라 이덕흘·조사기의 방식에 따라 처형할 것'을 건의하였다. 숙종 역시 오도일의 의견에 동의하며 직단 처형할 것임을 밝혔다.[548] 이에 대한 반대가 연이어 제기되었다. 대사간 유득일俞得一·사간 김연金演은 결안생략 처형이 뒷 폐단을 만들 수 있다고 반대하였지만, 숙종은 '악을 징계하는 것은 특지로 결단하는 것이므로 상례에 얽매일 수 없다'며 강행하겠다고 선언하였다.[549] 정언 조태동趙泰東은 '결안생략 처형이 권신權臣을 나타나게 할 수 있다'고 지적하였으나 묵살되었다.[550] 좌의정 윤지선尹趾善 또한 '한중혁 등 관련자들은 엄히 형추한 뒤 처단해야 한다'고 주장하였으나, 숙종은 '곧바로 처단하는 데 문제가 없다'고 반박하였다.[551]

한중혁에 대한 처분은 숙종 23년(1697) 실제로 형을 집행하는 의금부 관료들로부터도 반대받고 있었다. 의금부를 담당하던 판의금부사 이세백李世白 등은 숙종의 처형 명령을 수행할 수 없다면서 '여러 사람이 배척하므로 본인들도 시행할 수 없다'고 반대하였다.[552] 결국 한중혁에 대한 추국이 재실시되

---

546 《숙종실록》 권29, 숙종 21년 10월 19일 戊申.

547 《숙종실록》 권29, 숙종 21년 10월 20일 己酉.

548 《숙종실록》 권30, 숙종 22년 1월 27일 甲申.

549 《숙종실록》 권30, 숙종 22년 4월 11일 丙申.

550 《숙종실록》 권30, 숙종 22년 8월 29일 壬子.

551 《숙종실록》 권30, 숙종 22년 12월 12일 甲午.

552 《숙종실록》 권31, 숙종 23년 3월 10일 辛酉.

어 여러 차례 결안을 바칠 것을 요구하였으나, 끝내 한중혁은 결안을 바치지 않은 채 물고하게 되었다.[553]

숙종 20~23년(1694~1697) 한중혁 처형 논쟁에서는 이전과는 달리 자백 생략 처형을 점차 '요즘의 규례'라고 여기는 인식이 나타난다는 점이 주목된다. 부제학 오도일은 결안생략 처형을 '요즘의 규례〔近規〕'라고 설명하면서, 시행하는 데 문제가 없다고 주장하였다.[554] 이미 이덕흘·조사기가 해당 방식으로 처형당했다고 알려진 이상, 이제는 규례로 받아들일 수 있다는 인식이었다. 이는 이전의 신료들이 '후세의 폐단을 열어줄 것'이라고 말한 현상과 동일한 것이었다. 이는 숙종의 천단적인 형정을 열어줄 뿐 아니라 일부 권세 있는 신료들이 상대를 처단할 수 있는 '결안생략 처형이 권신權臣을 나타나게 할 수 있다'[555]고 한 지적과도 연결되어 이해할 수 있다. 이처럼 결안생략 처형은 단순하게 형정 절차에 관한 문제에 한정되는 것이 아니라 국왕의 전제권, 그리고 일부 권신들의 국정농단에 관한 사항까지 연결된 요소로 이해되었다.

이 당시 논자들이 지속적으로 지적한 바와 같이 결안생략 처형은 '후대의 폐단'을 열어줄 소지가 높은 방식이었다. 그리고 이러한 방식은 당쟁이 극심해지고 국왕의 결단이 중대해질 때마다 재현될 소지가 높은 방식이었다. 해당인의 범죄행위가 명확한 일반 범죄에 대한 것이 아니라, 실체파악이 불분명한 정치범에게 활용될 소지가 더 높았기 때문이다.

결국 숙종 때 만들어진 결안생략 처형 관행들은 이후 왕대에서도 지속적인 재현 및 반대 논쟁의 대상이 되었다. 경종 1년(1721) 신임옥사에서 노론 윤지술尹志述이 세 차례의 고신을 받으면서도 끝까지 결안에 승복하기를 거부하

---

553 《숙종실록》 권31, 숙종 23년 3월 15일 丙寅.

554 《숙종실록》 권30, 숙종 22년 1월 27일 甲申 "以近規言之 李德屹 趙嗣基 皆不待取服而行法 則何
　　獨於重獄 固執乃爾也"

555 《숙종실록》 권30, 숙종 22년 8월 29일 壬子.

자 경종은 국왕의 직단으로 처형할 것을 명하였다.[556] 이듬해인 경종 2년 (1722)에도 노론 4대신 중 1명인 이건명李健命을 결안 없이 처단하자는 소론의 연이은 요청을 수용하여 국왕 특명으로 자백생략 처형을 명하였다.[557]

문제는 윤지술·이건명에 대한 처형 사례가 점차 이후 결안생략 처형의 전거로 활용되고 있었다는 점이다. 경종 3년(1723) 임인옥사의 연장선에서 임창任敝이 자백을 거부하자 전지로 사형한 사례가 그 예이다. 부도한 상소를 올린 혐의를 받은 임창은 자백과 결안 작성을 거부하였다. 이에 대해 판의금부사 심단은 '조사기·윤지술·이건명의 전례가 있으니, 임창에 대한 결안생략 처형도 주저할 것이 없다'는 주장을 하였다. 그는 판의금부사로서 의금부를 담당하지만 절차에 얽매이다가 국가의 형벌이 잘못되는 것을 지켜보아서는 안 된다고 주장하였다. 이에 대해 호조판서 이태좌李台佐는 한때의 특령을 상설화해서는 안 된다고 주장하며 반대하였고, 좌부승지 이익한李翊漢은 한 신하의 말에 따라 국가가 견지한 원칙을 바꾸어서는 안 된다고 반대하였다. 그러나 경종은 심단의 요청을 수용하여 임창을 결안을 받지 않고 전지를 내려 처형하였다.[558]

영조 즉위년(1724) 임인옥사의 주동자 김일경에 대한 사형도 마찬가지의 논리였다. 결안하라는 영조의 명에 대해 김일경은 자신의 행위가 부도하지 않았다고 항변하며 끝까지 결안을 바치지 않았다. 반복되는 고신을 받던 김일경이 물고될 상황에 처하자 영조는 일단 고신을 멈추고 처분에 대해 논의를 열었다. 해당 추국의 위관이었던 우의정 조태억趙泰億은 김일경 처분의 딜레마에 대해 논하였다. 김일경은 끝내 자백·결안을 바치지 않을 것인데, 그렇다고

<hr>

556 《경종실록》 권5, 경종 1년 12월 16일 壬申.
557 《경종실록》 권9, 경종 2년 8월 13일 丙寅.
558 《경종실록》 권12, 경종 3년 6월 4일 辛亥.

만약 결안 없이 처형한다면 사람들은 '때려죽여 흔적을 감춘다(撲殺掩迹)'는 혐의를 제기할 것이라고 보았다. 그러니 영조가 친림추국 하였고, 대신들이 정황에 대해 충분히 설명을 하면 결안생략 처형을 하더라도 사람들의 의혹을 감출 수 있다고 보았다. 조태억의 결안생략 처형 의견에 대해 판의금부사 심수현沈壽賢·대사간 윤유尹游·동지의금부사 황이장黃爾章·남취명南就明 등 추국 참여자들은 대체로 동의하였다. 그러나 반대 의견도 존재하였다. 장령 이정필李廷弼은 결안생략 처형은 일시적인 특교에서 나온 것이며, 항상적인 법례가 될 수 없다고 주장하였다. 일반적인 법을 따라야 사람들이 "때려죽여 흔적을 감춘다."는 혐의를 하지 않을 것이라는 것이다. 이에 대해 영조는 '조사기의 예'에 근거하여 결안을 생략하고 처형하도록 지시하였다.[559] 이처럼 숙종·경종 대를 거치면서 서서히 집행되었던 결안생략 처형은 그 위법적인 측면에도 불구하고 점차 하나의 규례로 받아들여지며 관례화되고 있었다.

이처럼 결안생략이 점차 확산되어 가면서 결안생략 처형에 대한 논리 역시 강화되고 있었다. 결안생략 처형을 찬성하는 측에서는 결안생략 처형이 '후폐를 열어 주는 것'이 아니라 '후폐를 방지하는 것'이라는 주장을 제기했다. 경종 3년(1723) 판의금부사 심단은 임창에 대한 결안생략 처형을 요청하면서 만약 자백과 결안을 꼭 받아야 한다고 하면 '매질에도 복종하지 않는 자가 반드시 많아지는'[560] 폐단이 생길 것이라고 보았다. 그가 중시한 가치는 '무너진 기강을 다시 바로잡는 것'이었고, 피의자의 자백 거부는 기강이 무너진 증거였다. 역모죄인이 국왕에게 자백하는 것은 기강이 존재한다는 증거인데, 역모죄인들이 자백을 거부하고 복종하지 않는 것은 임금을 업신여기는 행위라는 것이다. 이 때문에 국가의 기강을 위해서라도 국왕의 권위에 복종하지 않는

---

559 《영조실록》 권2, 영조 즉위년 12월 8일 丁丑.
560 《승정원일기》 555책, 경종 3년 6월 3일 庚戌 "若不直爲正刑 則此後忍杖不服者必多"

자백거부자들에게 강경한 대처가 필요하다고 보았다.[561]

결안생략 처형의 찬성 논리에서는 결안의 의미를 새롭게 해석하려는 시도도 나타났다. 심단은 '형을 집행할 때의 결안은, 이름을 적는 것에 지나지 않는다'[562]고 주장하면서, 결안이라는 조목 자체에 얽매이지 말 것을 주장하였다.[563] 더 나아가 헌납 권익관權益寬 역시 임창에 대한 결안생략 처형에 찬성하면서 결안을 '자백'의 절차라고 이해할 것이 아니라, 국왕의 명령(君命)으로 이해해야 한다고 주장하였다. 그는 결안에 피의자가 서명하는 행위는 승복의 의미가 아니라, 단지 국왕의 명령을 받든다는 의미로 받아들여야 한다고 보았다. 다시 말해 결안이라는 것은 국왕이 피의자에게 죽으라고 명령하는 행위이며, 결안 작성을 거부하는 행위는 국왕의 명령을 거역하는 행위라는 것이다. 이 때문에 결안을 거부하는 피의자는 본래의 죄 이외에도 국왕의 명령을 거역한 죄가 더해지므로 즉시 처형해도 무방하다는 논리였다.[564] 이처럼 결안생략 처형이 점차 일반화되는 가운데, 결안이라는 절차를 도덕적인 절차가 아닌, 행정적인 절차로 전환적으로 해석하는 경향들도 제기되었던 것이다. 이처럼 숙종 대에 등장하기 시작한 결안생략 처형은 경종 대에 이르면서 점차 국왕권을 보조한다는 논리를 강화하면서 그 시행 근거를 마련해 가고 있었다.

정리하자면, 숙종 20년(1694) 갑술환국을 계기로 '결안생략' 처형이 빈번하게 이뤄지면서 새로운 논란이 야기되었다. 숙종 19년(1693) 이덕흘, 숙종 20년(1694) 조사기 사건에서 결안생략 처형 문제가 대두되었고, 이후 한중혁,

---

561 《승정원일기》 555책, 경종 3년 6월 3일 庚戌.
562 《승정원일기》 555책, 경종 3년 6월 3일 庚戌 "臨刑結案 不過着名而已"
563 《승정원일기》 555책, 경종 3년 6월 3일 庚戌 "蓋以罪在大辟 昭著無餘 則不拘於結案一節也"
564 《승정원일기》 566책, 경종 4년 4월 24일 丁卯 "況結案着名 非使之承款也 只爲承君命就刑之意也 君有命使之就死 而渠敢抗拒君命 不卽就刑 則本罪之外 又添抗拒君命之罪 抗拒君命之賊 又何可一息 容貸也耶"

윤지술, 이건명, 임창 등에 대해서도 유사한 방식이 적용되었다. 이에 대해 신료들은 결안생략 처형이 법과 예를 무시한 처사로서 후대에 심각한 폐단을 낳을 수 있다며 강력히 반대하는 입장을 표명했으나, 숙종·경종은 죄상이 명백한 경우 자백 여부와 무관하게 곧바로 처형할 수 있다는 입장을 고수했다. 이처럼 국왕 주도로 시행된 결안생략 처형은 숙종 대에 그 단초를 보인 이래 경종 대에 이르러 관례로 정착되어 가는 추세를 보였다. 이는 환국 과정에서 국왕과 집권세력이 정치적 목적 달성을 위해 사법권을 천단하는 면모가 발현되는 일면이었다.

이상 2장의 내용을 정리하면 다음과 같다. 조선은 유교적 이념을 바탕으로 한 중앙집권적 통치구조를 지향하였다. 의금부는 충효에 반하는 역모 및 강상 범죄를 전담하는 국왕직속 특수사법기관으로, 종1품 아문의 권위를 인정받았다. 아울러 자백을 우선시하는 엄격한 절차를 법제화함으로써 자백필수주의를 전제하였다. 피의자의 자백과 처벌 동의를 담은 결안제도는 형사재판의 핵심 요소였고, 진술 확보를 위한 고신 등 강제적 수단이 동원되는 이면도 존재했다.

그러나 조선 후기 들어 상품화폐경제의 발달과 신분제 동요로 인해 기존 형사제도로는 사회변화에 대응하기 어려워졌다. 범죄가 증가하자 국가는 사법기구 확충을 통해 통제력을 강화하였으나, 수감의 확대와 사적 형벌, 악형 남용 등의 폐단이 나타났다. 한편 노동력의 원천이자 가문의 기맥으로서 신체에 대한 인식이 제고되면서 국가 형벌권 제한을 요구하는 의식도 확산되었다.

이러한 배경 속에서 숙종 대에 이르러 '환국'이라는 새로운 방식의 정치 변동이 등장했다. 경신환국(1680), 기사환국(1689), 갑술환국(1694)을 거치며 대규모 형사처분이 동반되었고, 당쟁격화·인재고갈 등 문제를 야기했다. 이러한 상황에서 서인 박세채는 탕평론을 제시하여 국왕 중심의 정치질서를 회복할 것을 촉구하였고, 남인 정시한 역시 탕평론에 찬성하여 정치구조를 일신할 것을 요구하였다.

숙종 대에는 국왕의 자의적·천단적 형벌 집행에 대한 우려 속에서 안정된 법률을 확보하려는 논의가 전개되었다. 숙종은 형벌의 시의적절한 운용을 통해 민심을 안정시키고 교화와 통제의 조화를 도모하였으나, '정왕법王法'론을 제기하여 법률 해석과 적용에서 국왕의 초법적 재량권을 인정하는 이중적 태도를 보였다. 이에 남인 윤휴는 교화 중심적 입장에서 범죄 동기를 고려한 관휼을 지향했고, 서인 남구만은 법률 준수의 응보적 관점과 엄벌을 주장하는 긍휼의 입장에서 국왕의 전제적 형벌권을 억제하고자 하였다. 법률 개정 역시 이뤄졌는데, 도적 심문 규정 신설, 지방 형정 절차 보완, 공무 집행의 공공성을 확보하는 법률들이 신설되었다. 하지만 국왕의 형정권을 통제하지는 못했다는 점에서 일정한 한계를 내포하고 있었다.

그러나 숙종 대 형률 개수 과정을 거쳤음에도 불구하고 환국과정에서 또 다른 형정 문제들이 야기되고 있었고, 이는 '국왕직단 추국'이라는 형태로 나타났다. 경신환국(1680)의 발단이 된 허견 강간 사건에서는 서인·남인의 압력에 의해 판결이 여러 차례 뒤바뀌기도 하였고, 이후 환국에서는 숙종의 판단에 의해 여러 차례 형사처분이 뒤집어졌다. 이처럼 사법 판단이 정치 논리에 의해 좌우되는 현상을 당대인들은 '번옥'이라고 명명하면서 문제시하였다. 또한 기사환국(1689) 중 박태보에 대한 잔혹한 형벌 집행은 국왕 권력이 천단적으로 집행된 폐단을 드러낸 것이었다. 압슬형과 낙형으로 대표되는 악형은 군주의 무절제한 권력을 상징하게 되었다. 갑술환국(1694)을 거치며 본격화된 결안생략 처형 역시 절차적 규례를 벗어나 국왕과 집권당의 목적 달성을 위해 악용될 소지를 안은 채 점차 정착되어 갔다.

숙종 대는 양란 이후 사회문제가 누적되어 가는 가운데 국가의 형정이 쇄신되어야 한다는 문제의식이 제기되기 시작한 시기이다. 이 시기에는 《수교집록》·《전록통고》 등 형률을 개수하는 방식을 통해 일신하고자 하였으나, 환국의 심화 속에서 새로운 형정 문제들이 야기되고 있었다. 숙종 대는 차후 탕평론이 본격화되면서 가속화되는 형정개혁에 대응하는 '형정 문제 대두기'로서 역할을 했다고 평가할 수 있다.

Ⅲ. 영조 대 형정개혁 모색과 비상 추국

1. 형정개혁의 모색과 형률 재편

1) 무신란(1728) 수습과 특령 조치

18세기 초반 영조 즉위 당시에는 정치·사회·경제적으로 많은 과제가 산적
해 있었다. 경제적으로는 군역 재조정, 토지양극화 문제 등이 있었고, 사회적
으로는 강상범죄의 증가·서울 상업도시 내 경제범죄의 증가·정감록 참위설에
근거한 반체제범죄의 증가 등 다양한 현상을 맞닥뜨리고 있었다. 아울러 정치
적으로는 노론·소론 중심으로 운영되는 정국에서 노론의 지지를 받고 즉위한
영조의 의리 문제가 산적해 있었다. 이미 17세기 중반 이후 예송으로부터 격
화된 환국은 당쟁을 심화시키고 있었고, 영조 초기에는 정국을 어떻게 운영할
것인지가 중요한 문제로 남아 있었다. 18세기 초 조선사회는 양반 사대부층
내부의 정치적 갈등과 당쟁, 지배층과 민인 간의 사회경제적 모순, 양역 문제
등 다양한 문제가 누적되어 체제 위기에 직면했던 것이다.[1]

영조 즉위 당시 형정 분야에서는 숙종 대부터 이어져 온 문제가 산적해 있
었다. 숙종 6년(1680) 경신환국 이후 100여 명 형사처분을 번복하는 번옥反
獄이 지속되고 있었고, 숙종 15년(1689) 기사환국기 박태보 물고 사건 이후
악형이 담당하던 자백 유도 기능을 대체하여 법정 고신의 확대·물고율의 증
가를 불러왔으며, 숙종 20년(1694) 갑술환국 이후 법외방식의 결안생략 처형
이 관행화되고 있었다. 위처럼 '형사처분의 번복', '추국에서의 물고 증가',
'위법적 처단의 관행화'는 행정운영상으로나 정치적 위상으로나 개선해야 할

---

1 정호훈, 2004, 〈18세기 전반 蕩平政治의 추진과 《續大典》의 편찬〉, 《한국사연구》 127, 75~79쪽
 참조.

문제적 상황이었다.

영조는 즉위 직후 법률에 근거한 흠휼 형정을 펼칠 것을 천명하였으나, 현실적 문제로 인해 형정 운영의 변화는 쉽게 성취되지 못하였다. 영조 4년(1728) 조선 건국 이래 가장 큰 규모의 내란이라고 할 수 있는 무신란이 발생한 것이다. 시급성의 측면에서 지방에서 반란군과 관군의 전투가 이뤄지는 동시에 반란군 가담자들을 처단하면서 인심을 안정시켜야 했고, 행정부하의 측면에서는 역모 사건을 전담하는 추국청이 소화할 수 없을 정도로 수백 명에 이르는 추국죄인들이 압송되어 온 대형 사건이었다. 다시 말해 무신란은 조선의 기존 형사제도로는 수습하기 곤란한 특수한 중대사건이었다.

1. 적도賊徒 1명이라도 숨겨 준 백성은 대역률大逆律을 적용하여 주륙誅戮이 그 부모·처자에게까지 미친다.
1. 백성으로서 적을 붙잡아 바친 것이 명백한 자는 곧바로 2품二品직을 주고 겸하여 후한 상을 준다.
1. 백성으로서 다른 백성이 적을 숨겨준 자를 붙잡아 고한 자 역시 2품직을 주고 겸하여 후한 상을 준다.
1. 죄없는 자를 무고誣告한 자는 반좌反坐한다.[2]

영조가 방문榜文으로 게시한 무신란 관련 특별조항 내용이다. 여기에서는 무신란에 대처하기 위해 초법적인 혜택을 부여할 정도로 급박하게 대처했던 정황을 확인할 수 있다. 영조는 경기, 충청, 전라, 강원 등 무신란이 미치는 범위에 방문을 붙이도록 하였다. 그리고 언문諺文으로도 방문을 써서 한문을 모르는 백성들도 체포에 참여하도록 독려했다.[3]

---

2 《영조실록》 권16, 영조 4년 3월 17일 丁卯 "一 百姓容隱賊徒一名者 用大逆律 誅及父母妻子 一 百姓捉納賊人明白者 直超二品 兼加厚賞 一 百姓捉告他百姓之容隱賊人者 亦超二品加厚賞 一 誣告無罪者 反坐"

<표 6> 《대명률》과 영조 대 무신란 대처 특설조항 비교

《대명률》	무신란 대처 특설조항	적용
실정을 알고 고의로 묵인하거나 용은容隱하여 숨겨 주면 참형이다.4	적도賊徒 1명이라도 숨겨 준 백성은 대역률大逆律을 적용하여 주륙誅戮이 그 부모·처자에게까지 미친다.	확대 적용
범인을 체포하면 백성에게는 민관民官을 주고, 군軍에게는 군직軍職을 주며, 더하여 범인의 재산을 전부 상으로 준다. 실정을 알게 되어 고발해서 관이 체포하면 범인의 재산을 주는 데 그친다.5	백성으로서 적을 붙잡아 바친 것이 명백한 자는 곧바로 2품二品직을 주고 겸하여 후한 상을 준다.	확대 적용
	백성으로서 다른 백성이 적을 숨겨 준 자를 붙잡아 고한 자 역시 2품직을 주고 겸하여 후한 상을 준다.	신설
사죄死罪에 이르러서 무고당한 사람이 이미 처결되었으면 사죄로 반좌反坐한다.6	죄없는 자를 무고誣告한 자는 반좌反坐한다.	유지

하나는 "적도賊徒 1명이라도 숨겨 준 백성은 대역률大逆律을 적용하여 주륙誅戮이 그 부모·처자에게까지 미친다."는 조항으로서 대역죄인을 숨겨 줄 시 '모반대역'조를 적용하여 가족까지도 연좌하겠다는 내용이었다. 《대명률》〈형률〉〈도적〉 모반대역조에서는 '모반이나 모대역에 공모한 수범과 종범'에 해당하는 사람들에게 '모반대역'조를 적용하여 그 가족까지 연좌하도록 되어 있었을 뿐이다. 만약 대역죄인을 숨겨 준 경우에는 해당인만을 '참형'에 처할 뿐 가족에게까지 '모반대역'조를 확대적용하여 연좌까지는 하지 않았다. 그러나

---

3 《승정원일기》 658책, 영조 4년 3월 17일 丁卯.

4 《대명률》〈형률〉〈盜賊〉 謀反大逆 "知情故縱 隱藏者 斬"

5 《대명률》〈형률〉〈盜賊〉 謀反大逆 "有能捕獲者 民授以民官 軍授以軍職 仍將犯人財産全給充賞 知而首告 官爲捕獲者 止給財産"

6 《대명률》〈형률〉〈訴訟〉 誣告 "至死罪 所誣之人已決者 反坐以死"

영조는 대역죄인을 숨겨 준 자의 가족에게까지 연좌하겠다고 확대적용하였고, 사실상 숨겨 준 자도 역모참가자로 보겠다고 인식하고 있었다.

다음으로는 '대역죄인 체포에 대한 포상'이다. 영조는 대역죄인을 직접 잡아오거나, 대역죄인을 숨겨둔 자를 잡아오면 크게 포상하겠다고 하였다. 그 사람이 현직 관료인지 여부를 따지지 않고, 2품직으로 서용하겠다는 것이다. 《대명률》에는 대역죄인을 체포한 경우 '백성에게는 민관民官을 주고 범인의 재산을 상으로 준다'고 하였다. 여기에서 말하는 민관은 '지부知府 이하 지현知縣까지 민정民政을 주관하는 관리'[7]이기에 지방관에 불과하며, 경제적 혜택 역시 '대역죄인의 재산을 몰수하여 지급'한다는 제한이 있었으므로 그 혜택이 한정적이었다. 그러나 실제로 영조 4년(1728) 2월 19일 하교에서는 '1천 금과 2품직'을 주겠다고 하였었고,[8] 4월 28일 이인좌를 잡아온 죽산의 농민 신길만申吉萬에게 2품직인 동지중추부사同知中樞府事를 제수하고 은銀 1천 냥을 지급하였다.[9] 영조는 《대명률》의 '대역죄인을 직접 잡아온 경우' '지방관직–대역죄인의 재산'을 부여한다는 혜택에 대해 '대역죄인, 대역죄인을 숨겨준 자를 직접 잡아온 경우' '정2품 관직–1천 냥'을 부여한다고 하여 혜택을 확대적용하였다.[10]

그러나 포상을 노리고 죄없는 자를 고발하는 폐해를 방지하기 위하여 '죄없는 자를 무고誣告한 자는 반좌反坐한다.'는 조항도 반포하였는데, 이는 《대명률》 형률 소송조의 조항을 인용한 것이라고 하겠다.

---

7 한상권 외 역, 2018, 《대명률직해 3》 한국고전번역원, 195쪽 17번 각주 참조.

8 《영조실록》 권15, 영조 4년 2월 19일 庚子.

9 《영조실록》 권17, 영조 4년 4월 26일 丙午.

10 이뿐 아니라 최초에는 무신란에 가담하였으나, 이를 초기에 고발한 자에 대한 파격적인 포상도 실시하였다. 양지陽智 출신 김중만金重萬에게는 언성군彦城君을 봉하고 분무공신 2등, 후손에 대한 작록 세습과 경제적 혜택 등 파격적인 포상을 내렸다.(《영조실록》 권17, 영조 4년 4월 29일 己酉 ; 《승정원일기》 666책, 영조 4년 7월 19일 戊辰)

이 특별조항들은 《대명률》이 규정하고 있는 상례규정보다 더욱 처벌수위가 높아진 특별규정이었다. 조선은 기존의 법률로 정해진 혜택보다 대폭적으로 상향된 혜택을 제시함으로써 민간에서의 범죄 고발을 활성화시키고자 하였다. 이는 비상시국에서 '민간에서의 범죄통제력'을 극대화하려는 시도였다. 위처럼 기존의 《대명률》에 규정된 법률을 확대하여 처벌을 강화하고 포상을 확대하는 조치들은 일반적인 상황에서 시행되지 않는 비상조치였다. 조선국가가 무신란 사건을 매우 시급하고 중대하게 인식하고 있었음을 확인할 수 있다. 위의 조항들은 범죄인들을 법정에 세우기 위한 체포과정에 대한 비상조치였고, 범죄인들을 법정으로 잡아온 이후에 진행되는 재판과정에서도 비상조치들이 행해질 수밖에 없었다.

행정부하의 측면에서도 무신란은 기존의 역모처분시스템으로는 대응할 수 없는 행정적 압력을 야기하였다. 조선 국가는 미증유의 반란사건을 맞이하여 국왕–추국청–포도청–형조–관찰사–수령–훈련도감 등 사법적·군사적 행정 역량을 총동원하지 않을 수 없었다. 무신란에서는 하루에도 수십 명씩의 역모 가담자가 잡혀 들어오고 있었다. 이들을 추국청 기관에서 단독으로 심문, 재판하기에는 심문대상의 총량이 지나치게 많았다.

〈표 7〉 무신란과 기타 추국의 추국 규모 차이

	영조 4년 무신란	무신란 이외 추국	비교
피심문자 수	294명	평균 11.3명	26배
	294명/1건	3,005명/265건	
추국개좌 수	119회	6.9회	17.2배
	119회/1건	1,835회/265건	

《추안급국안》에 실린 일반적인 추국들이 1사건당 평균 11.3명가량의 심문을 진행하고 있었다면, 영조 4년(1728) 무신란은 해당 사건에서만 294명의

관련자를 심문하였다. 그리고 총 추국횟수에서 일반적 추국들이 1사건당 6.9회의 추국을 개좌하였다면, 무신란은 119회에 이르는 반복적인 추국을 실시하였다. 이를 비교해 보자면 피심문자의 규모 면에서는 26배, 추국개좌횟수에서는 17.2배에 달하는 대형 역모사건이었음을 알 수 있다. 국왕, 전현직대신, 의금부당상관, 대사헌, 대사간 등 국가 주요보직들이 참석하는 국가최고재판기구라는 추국청의 행정적 특성상 무신란의 모든 관련자들을 직접 심문할 수는 없었다. 294여 명에 달하는 모든 추국청 죄인들, 그리고 추국청으로 올려보내지기 이전에 체포된 642명[11]의 인원들을 담당하기에는 기존의 행정 조직에 오는 부하가 발생하였다.

　정부는 이러한 행정부하를 타개하기 위해 다양한 방식의 임시대책을 활용하였다. 기존 행정기관의 군사적 기능을 확대하는 동시에, 이들에게 수사권을 폭넓게 부여하여 추국청의 기능 부하를 상쇄하였다. 추국청의 역모 피의자를 포도청이 대신 심문하게 한 조치는 형사사법 관례에 대한 파격이었다. 원래 포도청은 형조, 의금부와 비교하여 낮은 수준의 범죄자를 심문하도록 되어 있었고, 만약 추국청과 연동하여 활동하더라도 그 기능은 체포 및 강상죄인 심문에 철저하게 한정되어 있었기 때문이다. 포도청은 치도治盜라는 도적대응기관으로서 역모 죄인과 같은 정치범에 대한 심문 권한은 지속적으로 차단되어 왔다.

　그러나 영조는 무신란이라는 시급한 문제를 해결하기 위하여 일단 포도청의 심문 기능을 확대하는 파격적 조치를 취했다. 포도청에는 역모죄인을 심문하는 권한이 임시적으로 부여되었다. 추국청에서 자백하지 않는 죄인을 포도청으로 내려보내 심문을 위탁하는 사례들이 나타났고, 이들을 심문하기 위해

---

11 영조 4년(1728) 무신란에서 체포 인원은 642명으로 알려져 있다.(고수연, 2008, 〈1728년 戊申亂과 淸州地域 士族動向〉, 충북대학교 박사학위논문, 30쪽) 이들 중 범죄 의혹이 무겁거나 추가적인 조사가 필요한 자들을 선별하여 추국청으로 이송한 것으로 추측된다.

주리틀기라는 악형 방식이 국왕의 명령으로 허용되었다. 무신란 수습 이후 포도청의 활약은 높은 평가를 받아 포상의 대상이 되었고, 영조는 추국청의 심문대행 하위기관으로 포도청을 점차 활용하게 되었다. 영조 스스로의 발언에 빗대면 포도청이 추국청의 '막부화'가 되고 있었다.[12]

시급성의 측면에서 무신란 발생 극초반기인 영조 4년(1728) 3월 19일은 긴장감이 높던 시기였다. 이 시점에는 충청도 청주가 무신란 세력에게 함락당하여 내란의 위험도가 더욱 높아지고 있었다. 영조는 서울 내에서 무신란 세력과 호응한다는 혐의를 받은 포도대장 남태징南泰徵, 공신의 친손 민관효閔觀孝, 만호 신광원愼光遠, 무관 이세룡李世龍 등을 신속하게 처단할 필요가 있었다. 영조는 면서 심문·자백·결안·조율하는 절차를 생략하고 즉결 처단해 버렸다.[13] 이에 대해 영조는 "포도대장 남태징이 궐하闕下에서 한창 병권을 장악하고 있었기 때문에 마음의 동요가 없을 수 없어서 네 명의 역적을 효시하라는 하교를 내렸던 것"[14]이라고 이유를 밝혔다.

영조 및 관료들은 한층 더 처벌 수위를 높여서 이들의 가족들에 대한 연좌를 시행하였다. 남태징 등 4인을 전지에 의해 사형시킨 당일 판의금부사 이집李㙫은 "군율軍律에 따라 사형한다 하더라도, 흉악한 역적에 관련된 죄이니 그들의 재산을 몰수하고 처자식을 노비로 만드는 법률을 적용"[15]해야 한다고 주장하였다. 이는 전례가 없는 행위였기 때문에 영조가 대신들에게 의견을 물었다. 이에 대해 좌의정 조태억趙泰億, 영의정 이광좌李光佐, 영부사 홍치중洪

---

12 포도청의 심문 권한에 대해서는 이 책의 3장 3절 3항 〈포도청 국문 도입과 물고의 증가〉에서 상세하게 확인할 수 있다.

13 《영조실록》 권16, 영조 4년 3월 19일 己巳.

14 《승정원일기》 733책, 영조 7년 10월 28일 戊午 "其日則泰徵 方握兵在闕下 故不能無動心 有四賊 竝爲梟示之敎"

15 《추안급국안》 영인본 권14 484면, 번역본 41권 231쪽 "雖以軍律從事而罪關惡逆當用 籍産孥戮之典"

致中이 동의하였고, 이들에게 연좌율까지 추시하는 결과로 이어졌다. 이미 숙종 23년(1697) "고복하기 전에 물고物故한 적인은 그 처자를 노비로 삼거나 그를 고발한 사람에게 논상論賞할 특전을 시행하지 아니한다."[16]고 제한되어 있었기에 법률상으로는 남태징 등 4인에게는 설령 군율을 적용하여 전지로 사형했다 하더라도 연좌까지는 할 수 없도록 되어 있었다. 그러나 시급성의 문제를 해소하기 위해 국왕과 대신들이 한뜻으로 위법적 형정에 찬성한 것이다.

> 대저 일률과 정법은 곧 유사有司의 일이고, 군문軍門에서 효시梟示하는 것은 진중陣中에서 행하는 일이다. 아! 저 무신년의 사건은 지난 사첩史牒에도 없었던 바이니, 밖에서는 군사를 동원動員하고 안에서는 호위扈衛하였기 때문에 마지못하여 이 법을 썼는데, 그 뒤에 그대로 사용하는 자가 많았다. 또 결안을 기다리지 않고 정법하는 일은 곧 경자년 이전에는 없었던 일인데, 한번 행하고는 그대로 전례가 되었다. 그래서 한갓 결안을 않을 뿐만 아니라 한번의 전지傳旨로써 정법하였으니, 이것이 《대명률》에 기재된 바이었던가?[17]

무신란에서 파생된 위법적인 조치들에 대해 영조는 불가피한 상황이었다고 술회하였다. 영조 35년(1759) 당대 형정에서 위법적인 관행의 기점을 무신란이라고 설명하였다. 무신란은 역사에 없던 내란이었기 때문에 불가피하게 결안을 생략하고 국왕 전지에 의해 사형을 했다는 것이다. 하지만 사건을 진압하기 위해 불가피하게 시행된 것이지만 이후에도 지속적으로 활용되어 왔기 때문에 문제가 되었다고 보고 있다. 이처럼 무신란은 원칙 준수라는 대전제보

---

16 《신보수교집록》〈刑典〉〈贓盜〉 "賊人未考覆前經斃者 混同啓聞之類 明白査出 勿施"

17 《영조실록》 권94, 영조 35년 8월 19일 丙申 "大抵一律正法 卽有司之事 軍門梟示 卽行陣之事 而噫 彼戊申往牒所無 用兵於外 扈衛於內 故不獲已用此 而其後仍以爲用者多 且不待結案正法之事 卽庚子 以前所無事 一番行之 仍以爲例 非徒不結案 以一傳旨正法 此大明律收載乎"

다는 현실문제 해결이라는 목적에서 권도적 방식을 택한 것이라 이해할 수 있다.

정리하자면, 영조 4년(1728) 무신란은 조선이 구축해 놓았던 형사 원칙을 우회 내지 위반하면서 수습될 수 있었다. 그리고 이러한 과정에서 자백필수주의 위반·역모전담기관 이외 기관의 개입 등 '국왕이 죄인으로부터 직접 자백을 받아 처단하는 도덕적 과정'이 무시되는 '비상형정'이 파생되었다. 이는 국가의 명운이 걸린 대형내란인 무신란이라는 현실적 과제를 수습하기 위한 임시적인 방법이었다.

2) '수법봉공守法奉公'론과 흠휼欽恤의식의 모색

무신란을 계기로 정부는 더 이상 탕평책의 실행을 지체할 수 없다는 위기의식을 가지게 되었다. 숙종 말년부터 구상되고 영조 즉위 초부터 추진되어 온 탕평책은 무신란 이후 국가 운영의 핵심 과제로 부상하였다. 영조는 무신란의 진압 이후 본격적으로 탕평정치를 추진하였는데, 이는 100여 년 동안 지속된 당쟁의 폐해를 극복하고 사회 내부의 모순을 해소함으로써 왕권을 안정시키려는 시도였다. 이처럼 탕평책은 18세기 조선 정치사에서 국가 위기를 극복하기 위한 핵심적인 정책으로 자리매김하게 되었다.[18]

영조는 군주를 의리의 창조자이며 주도자인 '군사君師'로 규정함으로써 산림山林을 중심으로 이루어지는 당론의 형성을 부정하였다. 그는 군주가 제시하는 의리가 표준적 규범임을 강조하면서, 군주 스스로가 사대부의 스승으로서 정치의 기본원리·의리를 창출하고 제시하면 당론이 종식될 것이라고 보았

---

18 정호훈, 2004, 앞의 논문, 77쪽.

다. 주자학과 공론정치의 제약에서 벗어나 군주 중심의 강한 국왕권을 상정하려는 영조의 정치론은 정치 운영의 구체적인 방법론에서는 '법치法治'의 형태로 나타났다. 법이란 군주로 대표되는 국가의 객관적이고 외재적인 강제규범으로, 그 자체로 군주의 권위와 권능을 상징하고 있었다. 영조는 상賞·벌罰을 적극적으로 활용하여 정국을 운영하였고, 《경국대전》을 개수하여 《속대전》을 편찬함으로써 통해 국왕의 권위를 법제적으로 보증하고자 하였다.[19]

이와 같은 영조의 정치론은 탕평蕩平이라는 개념 속에서 구체화되었다. 탕평이라는 용어에는 《서경》에 수록된 본래적인 의미와 함께, 영조가 새롭게 구축해 갈 국정 운영 원리라는 의미도 담겨 있는 것이었다. 이러한 가운데 영조는 중요한 탕평정책 중 하나로 흠휼欽恤의 가치를 전면에 제기하였다.

> 형벌은 '왕정王政'에서 중요한 것이다. 그러므로 《서경書經》〈순전舜典〉에는 "삼가하고 삼가하며, 오직 형벌을 신중히 하였다."고 하였다. 고요皐陶가 순舜의 덕을 찬양하여 "죄가 의심스러우면 오직 가볍게 처벌하셨고, 허물없는 사람을 죽이기보다는 차라리 법도에 맞지 않는 잘못을 범하셨습니다."고 하였다. 하夏, 은殷, 주周에서 형벌을 신중하게 하였으니, 백성의 목숨을 중요하게 여겼음을 알 수 있다.[20]

위의 윤음에는 영조가 지향하는 법치론의 줄기가 담겨 있다. 영조는 형정이 '왕정'을 실현하는 중요한 조건이라고 보았다. 형정이란 단순하게 죄지은 자를 벌주는 행정 행위가 아니라, 왕도정치를 구현하는 도덕적 행위라고 보았다. 영조는 형벌의 모범적 선례를 삼대에서 상고하였으며 《서경》〈순전〉과, 〈대우모大禹謨〉의 내용을 인용하여 순임금의 형정을 모범으로 삼았다.

---

19 정호훈, 2004, 위의 논문, 83~91쪽 참조.

20 《영조실록》 권1, 영조 즉위년 9월 5일 乙巳 "刑者 王政之重也 故舜典曰 欽哉欽哉 惟刑之恤哉 皐陶贊帝德曰 罪疑惟輕 與其殺不辜 寧失不經 三代愼刑 可見其重民命"

먼저 영조가 인용한 첫 구절인《서경》〈순전〉과, 〈대우모大禹謨〉의 내용을
검토해 보자.

> 법〔象〕은 일정한 법으로서 벌하는데, 귀양살이로 오형五刑을 너그럽게 하고,
> 회초리로 관청의 형벌을 삼고, 종아리채로 학교의 형벌을 삼되, 돈으로 형벌
> 을 대속代贖하게 하였다. 실수거나 재앙을 겪어 지은 죄는 용서하였고, 끝내
> 고의로 반복하여 죄를 지은 자는 사형에 처하되 삼가고 삼가며 오직 형벌
> 을 신중히 하였다.21

위는 〈순전〉에서 순임금이 형정을 다스린 방법에 대해 서술한 부분이다.
순임금은 일정한 형벌을 제정한 뒤 적재적소에 알맞은 방식으로 집행하였다.
범죄의 성격에 대해서는 그 동기를 중시하였는데, 예를 들어 실수로 죄를 짓
거나 불의의 재앙을 겪어 지은 죄는 용서를 하였다. 그러나 의도를 가지고 반
복적으로 죄를 짓는 죄인은 끝내는 사형에 처하되, 사형을 집행할 때에는 신
중하게 삼가서 백성의 목숨을 함부로 뺏는 실수를 범하지 않도록 하였다.

위 〈순전〉의 핵심 부분인 '欽哉欽哉 惟刑之恤哉'를 두 글자로 함축하면 흠
휼欽恤이 되는데 이 가치는 동양의 전통적인 형정론으로 여겨져 지속적으로
호명되었다. 태조 7년(1398) "혹 중하거나 혹 경하거나, 정상이 불쌍하고 법
에 의심나는 것은 귀양으로 용서하고, 금金으로 속죄하거나 하여, 흠휼欽恤
하는 뜻이 모두 그 사이에 들어 있사오니, 진실로 만세에 형刑을 쓰는 자의
준칙이옵니다."22라는 상소에서처럼 흠휼은 국왕이 백성의 목숨을 살리는 권
한으로 여겨졌다. 태종 2년(1402) "전하께서 살리기를 좋아하는 덕〔好生之德〕

---

21 《서경》〈虞書〉〈舜典〉"象以典刑 流宥五刑 鞭作官刑 扑作教刑 金作贖刑 眚災肆赦 怙終賊刑 欽哉
　欽哉 惟刑之恤哉"
22 《태조실록》권13, 태조 7년 4월 21일 丁酉 "至於或重或輕而情可矜法可疑 則流以宥之 金以贖之
　而欽恤之意 悉存乎其間 誠萬世用刑者之準則也"

으로 차마 법에 의해 처치하지 못하시니, 이것은 진실로 흠휼欽恤의 아름다운 뜻입니다."[23]라며 함부로 백성의 생명을 죽여서는 안 된다고 하였다. 세종 역시 스스로, 〈순전〉의 '삼가하고 삼가하며, 오직 형벌을 신중히 하였다'를 항상 마음에 둔다고 하였다.[24] 실제로 세조, 성종, 연산군, 중종, 명종, 선조 시기에도 마찬가지로 형정과 관련된 지침으로 반복되어 논의되었다. 이처럼 영조는 유교적 가치이자 조선의 전통을 재호명하면서 자신의 형정을 쇄신할 것을 선언하였다.

두 번째로 영조는 《서경》〈대우모〉의 "죄가 의심스러우면 오직 가볍게 처벌하셨고, 죄없는 사람을 죽이기보다는 차라리 법에 맞지 않는 잘못을 택하셨습니다.(罪疑惟輕 與其殺不辜 寧失不經)"라는 구절을 인용하였다.

> 임금님의 덕에 허물이 없으시어, 신하들에게는 간략하게 대하시고, 백성들에게는 너그럽게 다스렸으며, 죄는 아들에게까지 미치지 않게 하시고 상은 후대에까지 미치게 하셨으며, 모르고 저지른 죄는 커도 용서하시고 고의로 저지른 죄는 작아도 벌하셨으며, 죄가 의심스러우면 오직 가볍게 처벌하시고 의심스러운 공은 후하게 하셨으며, 죄없는 사람을 죽이기보다는 차라리 법에 맞지 않는 잘못을 택하셨습니다. 살리기를 좋아하는 덕이 백성들의 마음에 무젖어, 그렇게 됨으로써 관리들을 범하지 않게 한 것입니다.[25]

위는 《서경》〈대우모〉에서 순임금의 신하였던 고요가 순임금의 상벌에 대해 논한 부분이다. 순임금은 죄가 후손에게까지 미치는 연좌를 폐지하고, 공을 후손에게까지 미치게 하였다. 그리고 모르는 죄는 용서하고 고의적인 죄는

---

23 《태종실록》 권4, 태종 2년 12월 21일 庚午 "殿下以好生之德 不忍置法 此誠欽恤之美意"

24 《세종실록》 권29, 세종 7년 7월 19일 丙戌 "書曰 欽哉欽哉 恤刑之欽哉 予所服膺"

25 《서경》〈大禹謨〉 "帝德罔愆 臨下以簡 御衆以寬 罰弗及嗣 賞延于世 宥過無大 刑故無小 罪疑惟輕 功疑惟重 與其殺不辜 寧失不經 好生之德 洽于民心 玆用不犯于有司"

처벌하였고 죄상이 불분명한 경우에는 가벼운 쪽의 형벌을 택하여 처벌하고 (罪疑惟輕), 공이 불분명한 경우에는 후한 쪽을 택하여 상을 내렸다. 그리고 죄 없는 사람을 죽이는 것보다는 오히려 법에 맞지 않는 잘못을 택하였는데 (與其殺不辜 寧失不經), 법을 있는 그대로 적용하기보다는 차라리 법을 잘못 적용하여 죄없는 피해자를 만들지 않겠다는 것이다. 이렇게 함으로써 살리기를 좋아하는 호생지덕好生之德이 백성들의 마음에 무젖어 관리들에게 범하지 않게 된다는 것이다.

영조는 위의 구절에서 형벌을 다룬 부분인 "죄가 의심스러우면 오직 가볍게 처벌하셨고, 죄없는 사람을 죽이기보다는 차라리 법에 맞지 않는 잘못을 택하셨습니다.(罪疑惟輕 與其殺不辜 寧失不經)" 내용을 취사선택하여 자신이 지향하는 형정이 법을 있는 그대로 추종하는 형정이 아니라 '백성들을 살리기 좋아하는 호생지덕의 형정'임을 표방한 것이다.

아울러 영조는 《맹자》의 '(군주가) 죄 없는 사士를 죽이면 대부大夫가 나라를 떠나야 하고, 죄 없는 백성을 죽이는 사士가 나라를 떠나야 한다'26는 부분을 언급하며 "죄 없는 한 사람을 죽여서 천하를 차지한다 해도 맹자는 그르게 여겼"다고 언급하며, "형벌한 자는 도로 이어 줄 수 없고 죽은 자는 다시 살릴 수 없으므로"27 죄 없는 사람을 함부로 형벌해서는 안 된다고 보았다.

> 서종옥, 김약로, 이종성, 이일제, 김상성, 구택규에게 명하셔서 그 일을 맡게 하시고 수교를 수집하여 종류를 나누고 합하여 일대의 법전을 제정하게 하였으며, 또한 영의정, 좌의정, 우의정 삼공三公에게 명하시어 총괄하게 하셨다. 편찬하고 수집한 것이 비록 여러 신하의 손으로 된 것이로되 취사하고 재

---

26 《맹자》〈離婁 下〉〈無罪而殺士章〉 "無罪而殺士 則大夫可以去 無罪而戮民 則士可以徙"
27 《영조실록》 권47, 영조 14년 10월 9일 戊子 "殺一不辜 取天下 孟子非之 …… 刑者不可復屬 死者不可復生"

제재制한 것은 모두 "삼가하고 삼가하라(欽哉欽哉)"는 국왕의 명을 받든 것이 므로 공경히 삼가는 뜻으로 성조聖祖와 성고聖考를 본받아 드디어 《속대전續大典》이라 이름짓고 홍문관과 예문관의 직임을 맡은 원경하에게 《속대전》 서문을 명하시었다.[28]

　이러한 영조의 흠휼 지향은 18세기 초중반 형정 운영에서 주요한 지침으로 제시되고 있었다. 영조는 《속대전》 이·호·예·병·형·공 6전을 편찬하면서 각기 육조가 수호해야 할 정무 목표를 직접 어제어필로 제시하였다.[29] 그는 형전의 첫머리에 "크게 공정하고 삼가하여 힘써 법문을 지킬 것(大公欽哉 勉守法文)"이라는 정무 목표를 제시하였다. 이는 단지 법령상의 지침에 그치는 것이 아니라 형조의 실무 지침이기도 했다. 영조는 형조 관아 왼쪽에 "크게 공정하고 삼가하여 힘써 법문을 지킬 것(大公欽哉 勉守法文)"을, 오른쪽에 "크게 공정하고 지극히 바르게 부지런히 법문을 지킬 것(大公至正 謹守法文)"을 직접 어필로 적어 걸어 놓았다. 이를 금색 글씨로 적어 놓아 눈에 잘 띄게 하여 형조 관리들이 평소의 지침으로 삼을 수 있도록 하였다.[30]

　실제로 영조 시기 "법문을 지켜 공무를 받든다(守法奉公)[31]"는 정무 목표는

---

28 《속대전》 卷首, 〈序〉 "於是焉命臣宗玉 臣若魯 臣宗城 臣日躋 臣尙星 臣宅奎 俾掌其事 裒輯受敎 分彙合類 以定一代之典 又命三公摠領之 編摩蒐綴 雖出于諸臣之手 而若其取捨裁制 悉稟睿旨 欽哉欽哉 以存敬愼之意 繄我聖祖聖考 是倣是則 遂名其書曰續大典 以臣景夏方任館閣 命爲之序"

29 영조는 《속대전》 각 전의 첫머리에 다음과 같은 정무 목표를 제시하였다. 이전吏典은 "마음을 오로지 공정하게 하여 관리를 선발할 것(一心乃公 爲官擇人)", 호전戶典은 "균등하게 공물을 받아 백성을 사랑하고 절약하여 힘을 비축할 것(均貢愛民 節用蓄力)", 예전禮典은 "오례를 닦아 거행하되 옛 법도를 무너뜨리지 말 것(修擧五禮 无墮舊典)", 병전兵典은 "무사를 사랑하고 애휼하되 엄정하게 호위토록 할 것(愛恤武士 以嚴直衛)", 형전刑典은 "크게 공정하고 삼가하여 힘써 법문을 지킬 것(大公欽哉 勉守法文)", 공전工典은 "부지런히 직임을 다하여 모든 공업을 갈고 닦을 것(勤於職任 飭礪百工)"으로 제시하였다.(《國朝寶鑑》 권63 〈英祖 七〉)

30 《추관지》 권1, 〈館舍〉 〈本衙〉 ; 《신증동국여지승람》 권2, 〈동국여지비고 권1〉 〈京都〉

31 이 시기에는 상사수법常事守法, 봉공수법奉公守法 등 유사한 개념으로도 사료상에 다수 나타나고 있었다. 이 책에서는 이러한 개념들 중 가장 대표적인 개념으로 활용되었던 수법봉공守

당시 관료들에게 주요 목표로 이해되고 있었다. 황해감사 정형복은 "조정에 선 지 30년 동안 손을 빌려 임금을 섬기는 바는 단지 '수법봉공守法奉公' 네 글자였습니다."[32]라고 말한 바 있는데, 이를 통해 당시 관료 직군에서 수법봉 공은 일정한 영향을 미치고 있었음을 알 수 있다. 영조가 제시한 "크게 공정 하고 삼가하여(大公欽哉)"라는 가치는 《서경》에서 형벌 집행의 지침으로 제시 되고 있는 "삼가하고 삼가라(欽哉欽哉)"는 흠휼을 의미하였다.

영조의 흠휼 지향은 《속대전》의 서문에서도 나타났다.[33] 영조는 당대 법률 지식이 밝았다고 알려진 형조 판서 서종옥徐宗玉, 호조 판서 김약로金若魯, 예 조 판서 이종성李宗城, 전 참판 이일제李日躋와 김상성金尙星, 전 승지 구택규 具宅奎에게 법전 편찬을 명하고, 이를 영의정 김재로金在魯·좌의정 송인명宋寅 明·우의정 조현명趙顯命 3정승에게 감독하도록 명하였다. 당시 법률에 밝다고 알려진 최고의 실무진과 고위 관료에게 법전을 편찬하게 명함으로써 국가의 중대사로 삼은 것이다. 그러면서도 영조는 법률 편찬의 주된 정신으로 "삼가 하고 삼가하라(欽哉欽哉)"는 흠휼의 정신을 지속적으로 강조하였다. 영조는 찬집청 당상관 구택규가 《속대전》 형전에 대해 "모두 백성들에게 편리한데, 다만 너무 너그러운 것이 흠입니다."라고 지적하자 "만약 백성에게 이롭다면, 그 너그러운 것을 또한 어찌 상심하겠는가?"[34]라며 관대함(寬)은 문제될 것이

法奉公에 주목하였다.

32 《승정원일기》 1062책, 영조 26년 11월 17일 丙辰 "立朝三十年所以藉手而事君者 只是箇守法奉公 四字"

33 《속대전》에 수록된 서문은 대제학 원경하가 지었다고 되어 있으나, 실제로 영조의 의중이 강하게 반영된 기록이라고 볼 수 있다. 원경하는 《속대전》 서문에서 영조가 직접 《속대전》 제작을 총괄하였다고 밝혔고, 《영조실록》에는 영조가 친히 《속대전》 서문을 지었다는 기록이 있다.(《영조실록》 권60, 영조 20년 8월 24일 戊辰) 이를 고려한다면 《속대전》의 서문은 영조 의 정치철학이 반영되어 있다고 보기에 무리가 없을 것이다.

34 《영조실록》 권60, 영조 20년 10월 11일 甲寅 "宅奎對曰 皆便於民 而但欠太寬也 上曰 苟利於民 寬亦何傷"

없다고 말하기도 하였다.

흠휼은 민인에 대한 '적자론赤子論'을 통해서 보완되었다. 《서경》에서 무왕은 백성들에게 형벌을 가하기 이전에 그들을 갓난아기처럼 인식할 것[若保赤子]을 주문하였다. 무왕은 '마치 몸에 병이 있는 것처럼 여기는 것'과 마찬가지로 통치자 스스로 악惡을 버려야 '백성들이 모두 허물을 벗을 것'이라고 설명하였다. 백성들을 마치 갓난아기[赤子]처럼 돌본다면 백성들은 편안하게 다스려져 범죄를 저지르지 않게 된다는 것이다.35 이처럼 백성은 적자와 같이 순수한 마음을 가진 순선한 존재이나, 만약 백성이 범죄를 저지른다면 이는 곧 통치자의 귀책 사유가 된다는 것이 '적자론'에 근거한 범죄책임론이다.

a) 친국할 때에도 고달프게 하루 종일 시행하니 어찌 좋은 일이겠는가. 어쩔 수 없는 상황이었다. 그러나 지금은 열심히 직임을 수행하는 사람이 없고 차일피일 시간을 끄는 짓을 일삼고 있으니 이것이 걱정스럽다. 《서명西銘》의 '백성들은 나의 동포이다.'라는 말을 보건대 도적도 나의 적자赤子이다. 이러한 시점으로 보면, 한번 옛날의 법도를 회복해서 지만한 다음에 법대로 처형하는 것이 좋겠다.36

b) 영조 14년(1738) 12월에 대신이 이천伊川·곡산谷山에 도둑이 많다 하여 무신 수령으로 바꾸기를 청하니, 왕께서 말씀하기를, '다스리기를 잘하고 못하는 것은 문신과 무신에 관계되지 않는다. 더구나 도둑도 본디 양민良民이니, 인의仁義로 점차 교화하여 용사龍蛇가 적자赤子로 변화하게 하는 것이 옳은데, 어찌 잡아서 장살杖殺하기를 힘쓸 수 있겠는가? 먼저 두 부府에 신칙해야 한다.' 하셨다.37

---

35 《서경》〈周書〉〈康誥〉"王曰 嗚呼 封 有敍 時乃大明服 惟民 其勅懋和 若有疾 惟民 其畢棄咎 若保 赤子 惟民 其康乂"

36 《승정원일기》 872책, 영조 14년 5월 23일 甲戌 "親鞫時 亦苦終日行之 豈好事耶 不得已也 今無勤 職之人 遷就爲事 是可憫也 見西銘民吾同胞之言 盜賊亦赤子 以此視之 一復古道 遲晚正法善矣"

위는 영조가 백성을 적자론赤子論의 입장에서 인식하는 양상을 나타내는 사례이다. a)에서 영조는 송나라 장재의 《서명西銘》에서 제기된 동포론同胞論을 차용함으로써 모든 백성들이 동일한 통치의 대상임을 언급하고 있다. 비록 도적행위를 했다 하더라도 그 역시 동포이기 때문에 국왕의 통치를 받는 적자赤子로 이해되어야 하며, 도적행위를 했다고 하여 법외 방식으로 처단해서는 안되며 합법적으로 처분해야 한다는 주장이었다. b)에서 영조는 다스리는 것은 문신과 무신에 관계되지 않으며 무신을 임용하여 백성들을 장살杖殺하는 단계로 나아가서는 안 된다고 보았다. '더구나 도둑도 본디 양민良民이니, 인의仁義로 점차 교화하여 용사龍蛇가 적자赤子로 변화하게 하는 것이 옳다' 라고 주장하면서 형벌을 앞세우는 것을 부정적으로 보았다.

당장 양반이기 때문에 죄주지 못하여 매번 혐의를 말끔히 벗고 결국 좋은 관직을 맡아 백성을 수탈하니, 그 폐해가 어찌 단지 촌민에게 해를 입히고만 말겠는가. 그에 반해 이들은 상한이기 때문에 지금 해를 입혔다는 죄목으로 반드시 엄하게 다스리려 한다. 법을 운용하는 도리는 상한과 양반을 구별해서는 안 되니, '백성은 나의 동포이며 만물은 내가 함께하는 것들이다.'라고 하는 뜻에 어긋난다. 만약 양반이 인신 위조죄를 지었다면 반드시 상소하여 혐의를 벗겨 달라고 청했을 것이다. 이 자리에 앉아서 율문대로 하도록 판결하는 것은 비록 쉬운 듯하지만, 그 부모와 처자식들로서는 어찌 참담하고 상심하지 않겠는가. 상한이라고 업신여겨 파리 잡듯이 해서는 안 된다.38

---

37 《영조실록》 권127, 〈英祖大王行狀〉 "十二月 大臣以伊川 谷山多盜 請易以武倅 王曰 爲治能否 不係
  文與武 況盜本良民 使仁漸義 摩龍蛇化爲赤子可也 豈容以緝捕杖殺爲務哉 宜先飭兩府"
38 《승정원일기》 752책, 영조 8년 12월 6일 己未 "時以兩班 故不能加罪 每得淸脫 而終做好官 剝割
  小民之弊 何但侵虐村氓而已哉 此則常漢 故今乃以侵虐爲罪 必欲深治 凡用法之道 常漢與兩班 不可區
  別 非民吾同胞 物吾與也之意也 若使兩班 犯僞印之罪 則必上疏請脫矣 坐此地 而判以依律 則雖似容
  易 彼爲其父母妻子者 豈不慘傷乎 不可以常漢侮之 而若割蒼蠅也"

　영조에게 만백성은 갓난아기와 같은 대상이었으므로 양반과 양인·천인 모두 동일한 동포로 인식되었다. 이 때문에 신분에 따라 구별하여 처벌하는 방식 역시 지양되어야 했다. 영조 8년(1732) 인신위조범 역리譯吏 장세채에 대한 처벌논의에서 신료들이 사형을 집행할 것을 요청하자, 그가 양반이 아니기 때문에 사형을 요청하느냐며 다그쳤다. 영조는 장재의 동포론을 들어 양반·상한이 모두 같은 동포이며 형벌 역시 동일한 기준으로 적용되어야 한다고 보았다. 양반이 약한 처벌을 받고 상한이 강한 처벌을 받는 일반적인 세태를 비판하고, 상한이라고 업신여겨 '파리 잡듯이 해서는 안 된다'고 강조하였다.

a) 저들이 도적질을 어찌 즐겨서 하겠는가? 다만 기한饑寒에 빠지고 양역良役의 괴로움으로 인하여 잠시 도생逃生을 위하여 그런 것이니, 그 원인을 궁구한다면 이 몸의 허물이 아님이 없다. 이미 선善으로써 백성을 인도하지 못하여 악惡에 빠지게 한 뒤에 다스리니, 장계狀啓를 볼 때마다 일찍이 슬프지 않은 적이 없었다.39

b) 아, 강도가 비록 형편없는 자이지만 그 근본을 따져본다면 내 백성이다. 혹은 교화가 젖어들지 못해서 국법에 저촉되고, 굶주림과 헐벗음에 절박해서 남의 재물을 빼앗는 것으로 생업을 삼고 있으니 이것이 어찌 양민을 강도로 몰아간 것이 아니겠는가. 서울과 지방의 관아에서 올라오는 이러한 문서를 볼 때마다 나도 모르게 마음이 아프다. 최근에 이러한 문서가 더욱 많아진 것은 참으로 나의 부덕함에서 비롯되었으니, 이와 같은데도 또 관습을 따라서 형법을 각박하게 적용한다면 백성이 어떻게 살아가겠는가.40

---

39 《영조실록》 권9, 영조 2년 1월 10일 癸卯 "彼盜賊者 夫豈樂爲 只緣汩於饑寒 困於良役 姑爲逃生而然矣 究厥所由 罔非寡躬之咎 旣不能導民以善 使之陷於惡而治之 每見狀啓 未嘗不慘然"

40 《승정원일기》 872책, 영조 14년 5월 23일 甲戌. "噫 强竊雖無狀 究其本則吾民也 或因敎化不需 犯於邦憲 切於饑寒 剽掠爲生 此豈非良民之化爲强盜乎 每覽京外此等文書 不覺傷心 近者其尤夥然 亮

영조는 강도 역시도 동일하게 자신의 백성으로 여겼으며, 이들에게 충분한 교화가 이루어지지 않아 굶주림과 헐벗음을 견디지 못하고 강도의 길로 접어들었다고 보았다. 그는 이러한 현상이 국왕이 선善으로써 백성을 올바르게 인도하지 못하여 악惡에 빠지게 된 결과라고 생각하였다. 따라서 강도행위를 근본적으로 근절하기 위해서는 강도 개개인에게 엄격한 형법을 적용하기보다는 통치 방식의 개선이 필요하다는 결론에 도달하였다.

이러한 적자론은 18세기에 접어들면서 이전의 시혜적인 성격에서 벗어나, 점차 민의 사회적 성장을 현실로 인정하는 방향으로 변화하였다.[41] 이러한 민의 성장은 지배층이 민에 대해 가지고 있던 인식에 변화를 가져왔다. 이는 백성을 단순히 통치의 대상으로 여기는 것이 아니라, 그들의 성장과 발전을 인정하고 이를 반영한 통치 방식의 필요성을 인식하게 된 것으로 볼 수 있다.

영조의 흠휼론에 입각한 형정 운영론과 실제 행정조치들이 실질적으로 효과를 거두기 위해서는 이에 부합하는 현실적 안정이 필요했다. 숙종 대 형정 논의가 주로 신료들 사이에서 전개되고 있었다면, 영조는 흠휼이라는 키워드를 적극적으로 제기하면서 담론의 주도적 역할을 자임하고 있었다. 영조는 즉위 직후 《서경》의 구문을 인용한 윤음을 반포함으로써 흠휼군주로서의 방향성을 대내외에 반포하였고, 이를 지속적으로 재생함으로써 국왕이 흠휼의 주체임을 재확인하였다. 이처럼 영조 대는 이전의 숙종시기와 비교하면 흠휼이 한층 국가적인 차원에서 논의되고 있다는 점에서 흠휼 논의가 신장된 시기라고 평가할 수 있다.

이러한 영조의 흠휼 의식은 관료들과의 현안 논의에서도 잘 나타났다. 당대에는 법률과 관련된 논의들이 활발하게 진행되었고 여기에는 관료들이 참

由否德 若此而又從而刻法 民何措手乎"

41 조성산, 2000, 〈18세기 후반 낙론계(洛論系) 경세사상의 심성론적 기반 −소인교화론과 균시
   적자론을 중심으로〉, 《조선시대사학보》 12, 86쪽.

여하고 있었다. 이 시기에는 《속대전》 편찬에 참여한 이종성, 김재로, 송인명, 조현명, 서종옥, 김약로 등 다양한 논자들이 법률논의를 주도하고 있었다. 이 가운데 소론으로서 《속대전》 편찬의 실무를 담당했던 이종성과 노론으로서 《속대전》 편찬의 감독을 담당했던 김재로의 법인식을 검토하여 이 시기 법논의를 살펴보고자 한다.

이종성은 소론 탕평파 관료로서 박세채의 황극탕평을 계승한 학자로도 잘 알려져 있었으며[42] 영조 21년(1745) 영조로부터 형조판서를 제수받으면서 "이종성은 흠휼欽恤하는 직임에 합당하다."[43]는 평가를 받기도 했다. 이러한 점을 바탕으로 예조판서 시절 《속대전》 편찬책임자 6인 중 한 명으로 활약한 바 있다. 이처럼 소론 이종성은 영조의 측근에서 탕평을 실현하는 탕평파 관료로서, 영조 시기 법률개혁에서 중추적인 역할을 맡은 인물이라고 평가할 수 있다.

이종성은 기본적으로 '예를 우선하고 형벌로 보충한다'는 예주법종의 교화주의적 형정관을 지니고 있었다. 그는 "교화가 미치지 못하는 곳은 어쩔 수 없는 형벌을 쓴다."[44]면서 통치에서 우선해야 할 것은 교화라고 보았다. 그러나 그가 형정의 중요성을 간과한 것은 아니었다. "형벌은 정치를 보좌하는 도구인데 어찌 폐할 수 있겠습니까?"[45]라며 형정이 정치를 운용하는 데 필수적인 방식이라고 본 것이다. 그는 자연의 운행을 예로 들어 "무릇 하늘도 항상 비와 이슬만 내릴 수 없어 때로는 서리와 눈으로 경계하는 법"[46]이라고 하여, 하늘이 서리와 눈을 내려 경계하듯이 형벌 역시 사대부·민인을 통치하는 효

---

42 이근호, 2016, 《조선후기 탕평파와 국정운영》, 민속원, 193쪽.

43 《영조실록》 권61, 영조 21년 1월 14일 丙戌. "李宗城 可當欽恤之任"

44 《오천집》 附錄 권1, 〈年譜〉 "敎化所不及處 不得已用刑"

45 《오천집》 附錄 권2, 〈年譜〉 "刑者輔治之具 豈可放倒乎"

46 《오천집》 附錄 권2, 〈年譜〉 "夫天不能長施雨露 而時以霜雪威之"

과를 지닌 것이라고 보았다.

이렇듯 이종성이 생각하는 형정은 '부득이'한 것이었다. 그는 "형벌을 쓰는 뜻은 결국 형벌이 없기를 바라는 것"[47]이라 하여 형벌의 목적이 무형지치無刑之治에 있다고 보았다. 《서경》에서 순임금이 고요에게 형정의 이상적인 모습을 '형벌을 쓰되 형벌이 없는 경지에 이를 것을 기약'[48]한 정신과 마찬가지로, 교화에 순종하지 않는 경우 불가피하게 형벌을 집행해야 한다는 의미이다.[49] 이 때문에 실제로 통치를 할 때는 "큰 교화로써 녹아내리게 하여 스스로 소멸하게 만들어야 하며, 부득이한 후에야 형벌을 쓸 수 있는 것"[50]이라 하여 교화를 시키는 방향성이 우선되어야 한다고 보았다.

이와 같은 맥락에서 이종성은 통치 과정에서 법률의 조항에만 얽매여 형벌을 가해서는 안되며, 실정에 따라야 한다는 실정론을 따르고 있었다. 그는 법률의 철저한 준수만이 능사는 아니라고 보았다. 왜냐하면 "조종이 창제한 법이라도 오래되어 폐단이 생기면 그대로 따라서는 안 되는 것"[51]처럼 법률에는 일정한 한계가 있을 수밖에 없다고 보았다. 그가 보기에 법률이란 그 당시의 상황을 반영하여 형성되는 것이며, 시간이 지나고 상황이 변하면 변화한 상황에 맞는 적용이 필요한 것이었다.

그는 법률에 대한 유연한 태도가 중요하다고 보았다. 그는 율곡 이이의 경장론[52]을 계승하여 '법률 조항'과 '시행 주체의 판단'이 '경전과 권도의 관계'

---

47 《오천집》附錄 권1, 〈年譜〉 "而其用刑之意 期於無刑矣"

48 《서경》〈虞書〉〈大禹謨〉 "皐陶 惟茲臣庶 罔或干予正 汝作士 明于五刑 以弼五敎 期于予治 刑期于無刑 民協于中 時乃功 懋哉"

49 《서경》〈周書〉〈君陳〉 "有弗若于汝政 弗化于汝訓 辟以止辟 乃辟"

50 《오천집》附錄 권2, 〈年譜〉 "大化陶鎔 使自消融 而不得已然後 用刑 罰可也"

51 《오천집》권7, 〈疏箚〉〈祇承有旨條陳軍制事宜疏〉 "雖是祖宗創垂之法 久而生弊 則不宜一任其因循"

52 《율곡전서》권25, 〈聖學輯要〉〈爲政第四下〉 "當守成而務更化 則是無病而服藥 反致成疾矣 當更張而務遵守 則是嬰疾而却藥 臥而待死矣"

와 같다고 설명하였다. "수성守成하고 경장更張하는 일은 경전과 권도와 같아서, 요약하면 준수해야 할 때 고치려 힘쓰는 것은 병 없는데 약을 먹는 것과 같고, 고쳐야 할 때 준수하려 힘쓰는 것은 병에 걸렸는데 약을 거부하는 것과 같다."[53]라며 법률을 지켜야할 때 자의적으로 왜곡하여 판단하거나, 법률 조항을 넘어서 유연하게 판단해야 할 때 법률 조항에 얽매이는 태도 모두 잘못된 형태라고 보았다. 이종성은 이와 같은 경장론을 통해 시의에 알맞은 경장이 필요하다고 인식하고 있었다.[54] 그가 추구하는 법률운용 방식은 "민심에 굽히되 선인들의 좋은 법을 폐하지 않는"[55] 태도였다.

이종성이 생각하는 형정 운용의 핵심 주체는 국왕이었다. 그는 국왕이 군국의 중요한 업무와 형정 가운데 큰일의 가부를 논하는 주체로서,[56] 조정의 기강을 주관하는 중심적인 입장에 있다고 보았다. 국왕은 조정의 강유剛柔를 겸전하는 역할을 맡고 있으므로, "형벌로써 위협하는 일이 없다면 너무 유약하여 성과를 이루기 어렵다."[57]고 지적한다. 이 때문에 죄를 지은 자가 있으면 평소 믿던 신하들도 단연코 용서하지 말고, 죄가 극악하지 않다면 다시 등용하는 태도가 필요하다고 보았다.[58] 이렇게 한다면 "조정의 시행하는 바가 모두 적절하여 인심이 흡족히 여기고 복종한 후에야 기강이 설 것"[59]이라며 국

---

53 《오천집》 권7, 〈疏箚〉〈祗承有旨條陳軍制事宜疏〉 "夫守成更張 有若經權 撮要言之 則當守成而務更 化則是無病而服藥 當更張而務遵守則是嬰疾而却藥"

54 이경동, 2021, 〈조선시대 '경장(更張)'의 의미와 변천〉, 《한국사상사학》 69, 65쪽.

55 《오천집》 권5, 〈疏箚〉〈因臺啓陳南陽前府使柳世復事實疏〉 "使之曲從民情 毋廢前人之良法"

56 《오천집》 권6, 〈疏箚〉〈擬卿宰聯名疏〉 "凡係軍國重務 刑政大事 都無所可否"

57 《오천집》 附錄 권2, 〈年譜〉 "無刑罰以威之擧 則太柔而亦不能有成矣"

58 《오천집》 附錄 권2, 〈年譜〉 "從今以往 苟有罪犯 則雖平日倚重之人貴近之臣 斷然行之而無或容貸 且其罪犯 苟非極惡 則亦復收叙 不爲終棄 以示春生秋殺之義 則庶有得於剛柔兼濟之道 而紀綱亦不期 立而自立"

59 《오천집》 附錄 권2, 〈年譜〉 "而紀綱非一朝可立 須朝廷之施措皆當 人心悅服而後 紀綱立矣 刑者輔 治之具 豈可放倒乎"

왕의 과단성 있는 형정이 신료·민인에 대한 기강을 세울 수 있다고 보았다.

그러나 국왕의 과단성이 범죄의 경중을 가리지 않고 모든 범죄자에게 적용되어야 한다고 보지는 않았다. 그는 "스스로 하늘의 벌을 청하는 자는 엄중하게 징벌하지 않을 수 없다."[60]면서 징토해야 한다고 주장하였으나, 교화 가능성이 있는 대상에게는 형벌을 위주로 해서는 안 된다고 보았다. 그는 "임금이 법을 적용함에는 그 실정을 따져 보아야 한다."[61]면서 국왕의 형정은 실정을 함께 고려하는 방식으로 전개되어야 한다고 보았다. 그는 "성인의 큰 덕이 생명을 중히 여기는 것"[62]이라고 하여 형벌을 집행하는 성인의 마음이 흠휼을 중심으로 하고 있음을 논하였다. 임금은 생명을 아끼는 마음을 가져야 하며,[63] 그 흠휼을 행하는 도리 역시 신중해야 한다는 것이다.[64]

한편 김재로는 대표적인 노론 출신 탕평파 관료로서 역시 박세채의 황극탕평을 계승하고 있었다.[65] 그는 영조 8년(1732) 의금부 판의금부사로 재직한 경험이 있으며,[66] 영조 20년(1744) 영의정 당시 영조로부터 《속대전》의 찬술을 주관할 것을 명받아 완성시킨 바 있다.[67] "법리를 잘 헤아릴 줄 알고, 형률에 대한 논의가 정확하여, 임금의 뜻에 아첨하여 법을 굽히고 문장을 꾸미는 계책을 쓰지 않았으니, 대관大官이 죄인을 심문하고 판결하는 체모를 잃지 않았다고 할 만하다."[68]라고 평가받을 정도로 법률에 능통하되 국왕에게 아부하

---

60 《오천집》附錄 권2, 〈年譜〉 "彼自干天誅者 不可不嚴懲討"

61 《승정원일기》 736책 영조 7년 12월 13일 壬寅 "王者用法 當原其情"

62 《오천집》附錄 권2, 〈年譜〉 "故曰 聖人之大德曰生"

63 《오천집》附錄 권1, 〈年譜〉 "王者以好生爲心"

64 《오천집》附錄 권2, 〈年譜〉 "在王者欽恤之道 亦不可不愼重"

65 이근호, 2016, 《조선후기 탕평파와 국정운영》, 민속원, 66쪽, 333쪽.

66 《승정원일기》 746책, 영조 8년 6월 9일 甲子.

67 《정조실록》 권20, 정조 9년 9월 11일 丁巳.

68 《영조실록》 권50, 영조 15년 10월 1일 甲戌 "在魯能斟酌法理 議律精確 不希順上旨 以爲枉法便文

여 법률해석을 굽히지 않는 강직한 성품을 가졌음을 알 수 있다.

김재로는 법률이 대민통치에서 중요한 역할을 한다고 보았다. 그는 나라에 기강이 없기 때문에 '사람들이 법을 두려워하지 않아 받들어 시행하지 않는' 세태가 나타난다고 보았다.[69] 이처럼 법률이 분명하게 존재함에도 불구하고 사람들이 법률을 따르지 않고 두려워하지 않는 것은 법을 시행하는 주체가 충분한 의지를 가지지 않기 때문이라고 보았다. "법만 있어서는 저절로 시행될 수 없으니, 대개 법을 시행하는 근본이 반드시 있은 뒤라야 법이 시행될 수 있다."[70]는 입장에서 법을 시행하는 주체의 의지를 강조하였다. 그는 법률 수행의 주체는 일관성 있게 법률을 집행하는 태도를 가져야 한다고 보았다. "왕법王法은 본디 사시四時처럼 미더워야 할 것"[71]이라며 법률의 집행은 보편적인 일관성에 기초하고 있어야 한다는 것이다.

이 때문에 법률은 일부 통치세력만이 독점적으로 소유하는 것이 아닌, 모든 민인들이 알고 있어야 하는 보편적인 대상이 되어야 했다. "형벌이 분명하지 않으면 죄를 저질러 벌을 받게 되는 것이, 도리어 물은 익숙하여 사람들이 빠지기 쉽고 불은 맹렬하여 사람들이 건드리기 어려운 이치와 몹시 유사합니다."[72]라고 하여 불이 맹렬하여 사람들이 건드리지 않듯이, 형벌도 분명하게 제시되었을 때만이 사람들이 조심하여 죄에 빠지지 않는다고 보았다. 이 때문에 법률이 수정되었을 때는 명백하게 《속대전》에 수록해야 한다고 주장하거나,[73] 법률의 처벌강도가 너무 높아 현실성이 떨어지는 법들은 현실에 맞게

　　之計 亦可謂不失大官議讞之體矣"

69 《숙종실록》 권55, 숙종 40년 8월 27일 丙申 "國無紀綱 人不畏法 非徒不爲奉行 乃反漸至濫肆"

70 《승정원일기》 756책, 영조 9년 2월 12일 甲子 "徒法不能以自行 蓋必有行法之本 然後法可行矣"

71 《영조실록》 권50, 영조 15년 10월 1일 甲戌 "王法固當信如四時矣"

72 《승정원일기》 850책, 영조 13년 6월 2일 己未 "大抵刑法不明 則抵罪者 反多有類於水狃人易溺 火烈人難犯之義"

73 《영조실록》 권59, 영조 20년 7월 8일 癸未.

처벌 수위를 낮추어 공표해야 한다고 제안하기도 하였다.[74] 그에게 법률이란 민인에게 제시되는 하나의 행동규범이었으며 법률이 분명하게 제시되었을 때만이 민으로 하여금 죄로 빠지지 않게 할 수 있다고 보았다.

이처럼 원칙주의적인 형벌집행 태도는 국왕에게도 마찬가지로 적용되어야 한다고 보았다. 그는 "임금이 죄인을 성토하고 역적을 다스리는 일에서 자신과 관련된다고 꺼리고 회피한다면 국가의 형정刑政을 장차 어떻게 시행하겠습니까. 삼가 지금부터는 이런 마음을 갖지 마시어 정령을 시행할 때에 한결같이 천리의 당연한 법칙을 따르고 자신의 마음은 개입시키지 마소서."[75]라고 하며 국왕은 형정을 공정하게 운영해야 하지 사심에 영향을 받아서는 안 된다고 보았다. 이 때문에 영조가 대기명령에 따르지 않은 자를 추국청에서 국문하라고 명령하자 "국가의 형정을 가볍게 해서는 안 됩니다. 성상께서는 반드시 국문할 일인지 생각하고 처분하소서."[76]라고 하거나 "임금이 처분할 때는 반드시 일의 옳고 그름과 죄의 경중에 따라 처분합니다."[77]라며 반대하였다. 그리고 영조가 상소의 표현을 문제삼아 역모죄로 추국하려고 하자 "자구字句를 뽑아내어 곧바로 역적을 다스리는 법으로써 다스리니 참으로 형정의 대체에도 어긋납니다."[78]라며 반대하였다. 이처럼 김재로는 국왕의 자의적인 판단에 따라 형정 운영을 좌우해서는 안 된다고 보았다.

이 때문에 국가가 분명하게 법률을 공표한 이상 이를 위반한 범죄자들에게는 분명한 처벌이 집행되어야 한다고 보았다. 그는 "죄가 있는 자는 국가에서

---

74 《숙종실록》 권55, 숙종 40년 8월 27일 丙申.

75 《승정원일기》 587책, 영조 1년 2월 25일 癸巳 "人君於討罪治逆之事 若以關係自己爲嫌 而有所顧避 則國家刑政 將安所施 伏願自今勿存此心 凡於政令施措之間 一循天理當然之則 而己不與焉 則幸甚"

76 《승정원일기》 854책, 영조 13년 8월 10일 丙寅 "國家刑政 不可輕易爲之 自上必念其可鞫之事 而處分焉"

77 《승정원일기》 854책, 영조 13년 8월 10일 丙寅 "王者處分 必當隨其事之是非 罪之輕重而處之"

78 《영조실록》 권85, 영조 31년 7월 9일 辛巳 "摘抉字句 直治以治逆之法 固有乖於刑政大體"

마땅히 죄주어야 합니다."[79]라고 하며 원칙에 근거한 형벌 집행을 강조하였다. 이렇게 원칙적 형벌 집행을 강조한 배경에는 응보주의적 입장이 전제되고 있었다. 김재로는 "한번 포도청에 입감된 뒤에는 비록 간혹 살아서 나오더라도 개과천선하지는 않습니다. 생명을 살려 주는 방도를 지나치게 쓴다면 또한 중도에 맞지 않습니다."[80]라며 관형을 통한 범죄인의 교화를 회의적으로 판단하고 있었다. 그는 오히려 "반드시 엄중한 법으로 통쾌히 징계한 후에야 영남 사람이 거의 깨우칠 수 있게 되어 죄에 빠져들지 않을 것"[81]이라며 범죄인의 교화보다는 오히려 소수의 범죄인에 대한 처벌을 통해 다수의 타인을 경계시키는 일벌백계一罰百戒의 효과가 더 중요하다고 보았다. 이렇듯 그는 범죄인에 대한 관휼보다는 분명한 엄벌을 통해 다른 사람들을 통제하는 방식을 우선시하고 있었다.

김재로는 당시 영조가 형정의 기조로 추진하던 흠휼欽恤을 통한 관형에 대해서는 부정적인 견해를 가지고 있었다. '인정과 천리와 국법을 함께 고려한다'(情理法兼顧)는 정·리·법情·理·法[82]의 관념에 근거하여 감형하기보다는 법률이라는 원칙에 근거하여 형벌을 집행할 것을 강조하였다. 영조 9년(1733) 흉년에 노모를 부양할 곡식이 없어 인신印信을 위조하여 관청의 곡식을 탈루한 죄인에 대해 그는 "해마다 크게 흉년이 들어 백성들이 떳떳한 본성을 잃은 것이 이러한 지경에까지 이르렀으니, 이른바 '그 실정을 알면 불쌍히 여긴다.'라는 것입니다."[83]라며 해당 범죄가 생계불안에서 나타난 불가피한 범죄였음

---

79 《승정원일기》 899책, 영조 15년 10월 12일 乙酉 "有罪者 國當罪之"

80 《승정원일기》 872책, 영조 14년 5월 23일 甲戌 "一入捕廳之後 雖或生出 不爲懲改 若過爲求生之 道 則亦失中矣"

81 《영조실록》 권44, 영조 13년 5월 28일 乙卯 "必嚴法痛懲然後 嶺人庶可覺悟 而不陷於罪矣"

82 범충신范忠信 외 저, 이인철 역, 1996, 《中國法律文化探究》 일조각, 1장 1부, 〈天理·國法·人情 의 삼위일체 −법의 개념〉 참조.

83 《승정원일기》 769책, 영조 9년 12월 10일 丁巳 "連歲大侵 民失常性 至於此極 所謂得其情則哀矜者也"

을 인정하였다. 그러나 이미 그의 범죄 혐의가 분명하게 밝혀졌으므로 감형할 이유가 없고, "지금 만약 살려 준다면 백성들이 필시 인신을 위조한 자를 또한 죽이지 않는다고 여길 테니, 어찌 간사함을 금지하는 방도가 될 수 있겠습니까."[84]라며 후일의 범죄의 폐단을 열어 주게 될 것이라고 지적하였다.

그는 민인들 역시 원칙적인 형벌집행을 공정한 것으로 여긴다고 이해하고 있었다. 영조 9년(1733) 또다시 생계 불안으로 인신을 위조한 범죄가 나타나자 김재로는 "이 죄인이 만약 목숨을 구한다면 틀림없이 본도의 사람들 또한 살리기를 좋아하는 성덕聖德의 본뜻을 모르고 모두 '이 죄인이 어떻게 살아났는가.'라고 하며 해괴하게 여기지 않을 자가 없을 것입니다."[85]라며 민들이 흠휼의 뜻을 받아들이지 못할 것이라고 주장하였다. 오히려 민들은 응당 사형당해야 할 범죄인이 되살아 돌아오면 이를 더 의혹으로 여길 것이라고 보았다. 이 때문에 "성상의 뜻이 비록 흠휼에서 나왔지만, 죽일 만한 죄를 지은 자에 대해서는 또한 하늘의 뜻을 받들어 벌을 시행해야 할 뿐입니다."[86]라며 국왕의 흠휼의식도 중요하지만, 먼저 우선되어야 할 것은 하늘의 뜻을 받들어 벌을 행하는 것이라고 보았다.

이처럼 김재로는 피의자에 대한 관대한 처분보다도 엄격한 집행을 통해 일 벌백계하는 형벌의 효과를 중시하고 있었고, 국가의 실형失刑을 방지해야 한다고 보고 있었다. 이는 '결안'에 대한 입장으로도 이어졌다. 그는 죄가 분명한 자에게는 신속하게 형벌을 집행해야 하며, 오히려 장기적인 고신으로 피의자를 고통스럽게 하지 않아야 한다는 것이다. 죄가 밝혀진 자로부터 더 많은

---

84 《승정원일기》 769책, 영조 9년 12월 10일 丁巳 "今若活之 則民必以爲印信僞造者 亦不死矣 豈得爲禁奸之道乎"

85 《승정원일기》 752책, 영조 8년 12월 6일 己未 "此罪人若生 則本道人 亦必不知聖德好生之本意 皆以爲此罪人 何以得生乎 莫不怪駭矣"

86 《승정원일기》 752책, 영조 8년 12월 6일 己未 "聖意雖出於欽恤 凡罪之可殺者 則亦當奉天 行罰而已 不必偏以求生爲心也"

정보를 얻어내기 위해 장기간 고신을 하는 것은 오히려 법의 본의가 아니라는 입장이었다.[87] 예를 들어 영조 15년(1739) 이미 죄가 확정된 추국죄인에 대해 또 다른 피의자와의 대질심문을 위해 잠시 살려둘 것인가를 논의하던 자리에서 그는 "혹 지레 죽게 된다면 잘못된 형벌에 대한 분노가 윗사람이나 아랫사람이나 똑같을 것"[88]이라며 즉각 처형할 것을 주장하였다. 그는 실형이 유발하는 통치상의 불이익을 억제해야 한다고 본 것이다.

이 때문에 숙종 대 이후로 문제가 되었던 결안생략 처형에도 적극적으로 찬성하였다. 만약 고신을 받다가 물고할 위기에 처한 경우라면 결안생략 처형을 추천하였다. 결안생략 처형이 비록 대전 단계의 법전에 기재된 방식은 아니지만 숙종 이후 일반화되어 왔으므로 "전에도 전교傳敎에 따라 처형하는 규례가 있었으니, 곧바로 처형하는 것이 마땅"[89]하다는 것이었다. 이와 같은 맥락에서 영조 13년(1737) 교리 김성탁金聖鐸의 상소와 관련하여 "이 일은 다른 국옥鞫獄과 차이가 있으니, 추문하기를 기다리지 않아도 그의 상소가 이미 결안決案입니다."[90]라며 별도의 결안을 받지 않더라도 이미 상소 내용만으로도 결안생략 처형을 하는 데 충분하다고 주장한 바 있다.

김재로는 영조 대 나타난 또 다른 특령 조치인 포도청 국문에 대해서도 찬성하는 입장이었다. 영조 13년(1737) 친국 과정에서 포도청을 활용하는 과정에서 포도청에서 추국의 규례에 따라 30대를 때리면 피의자들이 물고하는 문제가 있었다. 이에 대해 김재로는 포도청의 활용 자체를 문제삼지는 않고 다만 포도청에서 '30대'라는 횟수에 구애받지 말고 운영하되 기필코 실정

---

87 《정조실록》 권5, 정조 2년 1월 12일 癸酉 "罪之可殺者斬之則可 若用重棍 至於百餘度 非法意也"
88 《승정원일기》 898책, 영조 15년 9월 28일 壬申 "或至徑斃 則失刑之憤 上下惟均"
89 《영조실록》 51권, 영조 16년 2월 5일 丙子 "前亦有因傳敎正法之規 直爲行刑宜也"
90 《승정원일기》 849책, 영조 13년 5월 28일 乙卯 "此事與他鞫獄有異 不待推問 而渠疏已爲決
　案矣"

을 알아내는 데 초점을 맞추어야 한다고 제안하였고, 영조는 이를 받아들였다.[91] 다른 한편으로 추국청의 조사를 포도청이 대리하는 포도청 국문 관행이 일반화되면서 영조 8년(1732) 포도청에서 행하는 주뢰에 대한 치폐 논의가 있었는데, 김재로는 "주뢰의 형벌을 전부 혁파하는 것은 불가하며, 단지 전도주뢰(剪刀周牢: 양 발목과 양 무릎을 동여매고 정강이 사이에 두 개의 긴 몽둥이를 꿰어, 서로 어긋나게 벌리어가며 잡아 젖히던 고문)만 혁파하는 것이 적합"[92]하다고 주장하여 일반주뢰는 존치하도록 하였다. 이는 포도청의 악형을 인정하는 가운데 수사의 효율을 추구한 입장에서 비롯된 것이다. 위처럼 김재로는 포도청 국문의 존재 자체를 부정하기보다는 추국 운영 과정에서 포도청을 적절하게 활용하는 방안을 모색하고 있었다.

이종성·김재로 양자의 입장 차이는 현안에 따라서도 상이하게 나타났다. 영조 7년(1731) 아내를 살해한 최대승崔大升에 대한 최종 판결 사례를 살펴보자. 여기에서 문제가 되는 지점은, 최대승이 정신병을 앓아서 살인한 것으로, 고의에 의한 살인이 아니었다는 의혹이었다. 사형 찬성 측에서는 '법률상으로는 광증狂症으로 인한 감형 근거가 없다는 점', 그리고 '광증이 있다고 용서하면 이후 사례가 반복될 수 있다는 점'을 들어 사형을 집행할 것을 주장했다. 사형 반대 측에서는 '광증이 틀림없기에 살인의도가 있다고 볼 수 없다'는 점을 들어 사형을 반대할 것을 주장하였다. 영의정 홍치중洪致中, 영돈녕부사 어유귀魚有龜, 겸 예조 판서 신사철申思喆, 좌참찬 김재로金在魯, 형조 판서 이정제李廷濟, 지중추부사 이만유李萬囿, 형조 참판 조최수趙最壽, 낙풍군 이무李楙, 의안군 남익화南益華, 호조 참판 조언신趙彦臣, 한성부 좌윤 이정소李廷熽, 병조 참의 유명응俞命凝, 형조 참의 김응복金應福, 장령 윤지원尹志遠, 헌납 황

<hr>

91 《승정원일기》 921책, 영조 16년 9월 22일 庚寅
92 《영조실록》 31권, 영조 8년 6월 20일 乙亥 "周牢之刑 不可全革 宜只革剪刀圍牢也"

정황률黃曇 16인이 사형에 찬성했고, 이조 참판 이덕수李德壽, 응교 이종성李宗城, 교리 윤동형尹東衡 3인이 사형에 반대했다. 의견의 대다수는 법률에 의거하여 사형을 집행하자는 쪽으로 기울어지고 있었다.

이 논의에서 김재로는 '원칙론'에 근거하여 엄형할 것을 주장하였다. 그는 조사기록에 비록 엇갈리는 부분은 있지만, 구타하여 죽인 증거가 명백하므로 용서해서는 안 된다고 주장하였다. 게다가 장난치다가 죽인 희살戱殺, 실수로 죽인 오살誤殺을 용서하는 법률이 없기 때문에 광증으로 인한 살인도 용서해서는 안 된다는 것이다. 만약 용서한다면 이후 광증을 핑계로 살인하는 폐단이 나타날 것이라고 보았다. 이 때문에 법률원칙에 근거하여 사형으로 징계해야 한다고 주장하였다.

반면 이종성은 '실정론'을 들어 관형해도 무방하다고 주장하였다. 그는 형벌을 결정하는 데에는 국왕의 살리기 좋아하는 호생지덕이 발현되는 것이 우선이라고 보았다. 국왕은 단순하게 법률을 집행하기보다는 사건의 실정을 살펴서 죄를 정해야 한다고 보았다. 이 때문에 고의로 아내를 살해한 자와 동일하게 사형하는 것은 실정을 충분히 다루지 않은 조치라고 주장하였다.

영조는 이종성의 의견에 따라 '실정론'에 따라 관형하도록 조치하였다. 최대승의 광증을 실정으로 참작해야 한다고 보았기 때문이다. 영조는 천지 사이에는 성정이 어그러진 자들도 살아가는데 그들을 전부 죽일 수는 없는 것이라고 표명하였다. 그렇기에 본인과 친척들이 모두 광증을 언급하고 있기 때문에, 최대승을 사형에 처해서는 안 된다고 설명하였다. 그리고 김재로가 언급한 광증을 핑계로 한 살인의 재현 가능성에 대해서도 후대의 폐단은 후대의 일일 뿐, 현재 사건에서는 억울한 사형을 집행해서는 안 된다고 주장하였다.[93]

'원칙론'과 '실정론'에 근거한 김재로와 이종성의 논쟁은 영조 7년(1731)

---

93 《승정원일기》 736책, 영조 7년 12월 11일 庚子

정지발鄭之發의 아내 살해 사건에 대해서도 불거졌다. 문제는 정지발의 아내 살인자가 누구인지에 대한 것이었다. 정지발 아내를 남편 정지발이 죽였는가, 정지발 아내의 상전이자 향촌 세족인 위치원韋致元이 죽였는가에 대해 참여한 인원들의 의견이 갈리고 있었다. 홍치중, 어유귀, 신사철, 김재로, 이삼, 이만유, 조최수, 이무, 남익화, 이덕수, 조언신, 이정소, 유명응, 이정제, 김응복, 황정 16인은 사형에 찬성했고, 이종성 1인만 사형에 반대하였다.

김재로를 위시한 사형찬성론자들은 '원칙론'에 근거하여 정지발을 사형에 처할 것을 주장하였다. 김재로는 몇가지 이유를 들어 정지발이 살인했음을 논하였다. '정지발이 1차 조사 때는 아내의 상전 위치원이 살인했다고 주장했으나 종국에는 자신의 죄로 승복했다는 점', '승복 과정에서 실수에 의한 오살誤殺이라고 주장하여 자신의 죄를 인정한 점'. '정지발의 아내가 사망 전에 위치원을 범인으로 지목하지 않은 점' 등을 들어 정지발의 살인이 분명하다고 보았다. 그러므로 법률에 의거하여 원칙에 따라 사형할 것을 주장하였다.

그러나 이종성은 '실정론'에 근거하여 사건을 상세히 살펴야 한다고 주장하였다. 가장 큰 이유는 위치원이 평안도 영유의 세족이고 사건 조사를 담당한 세력들 역시 모두 위씨 집안 사람들이라는 점이다. 이 때문에 영유 지방에서 조사하는 과정에서 위치원의 농간이 개입되었을 것이라는 것이다. 1차 조사 때는 위치원의 혐의가 제기되었으나 최후에는 위치원에 대한 조사가 흐지부지된 것도 세력에 의한 강요 때문이라고 보았다. 이 때문에 최초의 조사 기록들과 추후의 조사 기록에서의 증인과 증언들이 상반되는 문제들이 생겼다고 하였다. 이 때문에 정지발을 반드시 살인죄인이라고 단정할 수는 없으며 억울하게 사형시켜서는 안 된다고 보았다.[94]

이종성의 이 같은 반론에 대해 김재로는 "모든 일은 본래 의심할 만한 것

---

94 《승정원일기》 736책, 영조 7년 12월 11일 庚子

이 없어도, 생각이 너무 깊으면 도리어 의심이 생깁니다."라면서 지나친 의혹 제기는 오히려 상황 파악을 흐트리게 된다고 하였다. "근래 국법이 엄하지 않아서 살옥이 잇따르니, 이것을 용서하면 뒷날의 폐단이 더욱 심할 것입니다."라면서 지나친 관형은 오히려 범죄를 부추기는 부작용을 낳게 될 것을 염려하였다. 이외에도 김취로, 김동필, 어유귀, 이설, 이삼, 이정제, 이만유, 조최수, 남익화 등 많은 관료들은 사건을 더 이상 확대하지 말고 사형처분으로 정리할 것을 주장하였다.

그럼에도 불구하고 이종성은 사건 조작에 대한 의혹을 지속적으로 제기하였다. 평안도는 사람을 죽여도 공공연히 뇌물을 통해 화해하면서, 죽는 사람은 많아도 처벌하는 경우가 없다는 것이다. 이 때문에 이 사건 역시 위치원이 평안도 관료에게 뇌물을 썼을 것이므로 해당 건을 지속적으로 추궁해야 한다고 주장하였다. 이에 대해 영조는 이종성의 의견이 비록 소수 의견이지만 받아들일 부분이 있다고 보고 추가적인 조사를 명하였다.[95]

위의 상이한 입장들은 영조 시기 형정의 방향이 원칙 중심의 엄형과 실정 참작의 관형 중 어느 방향으로 전개되어야 하는가를 둘러싼 논쟁이었다고 하겠다. 주요 쟁점은 법률과 국왕의 관계로 요약할 수 있겠는데, 주된 문제가 '엄격한 집행'에 초점을 맞추는지 '관대한 해석'에 초점을 맞추는지의 문제로 귀결되고 있었기 때문이다. 이 당시 김재로를 비롯한 대부분의 관료들은 법률에 따른 절차와 최종처분을 집행할 것을 요구하고 있었는데, 이는 법률집행의 국가의 역할을 강조한 것이다. 그러나 이종성은 지속적으로 사건을 둘러싼 실정을 파악할 것을 요구하며, 법률을 넘어서는 국왕의 관대한 결단이 필요하다고 보고 있었다. 사회통제를 우선하는 김재로의 주장과 국왕의 흠휼을 추구하는 이종성의 주장이 맞물리고 있었다.

---

95 《승정원일기》 736책, 영조 7년 12월 13일 壬寅

영조 대의 법담론은 영조 대 '흠휼의 지향'과 '역모 억제의 현실'을 이중적으로 포괄하고 있었고, 영조 대 형정 운영을 보완하고 있었다. 이종성의 주장은 소수의견이었으나 영조의 흠휼 형정을 지지하고 있었다. 이를 통해 영조는 억울한 사형죄인을 만들지 않는 관휼寬恤을 실천하는 논리를 형성할 수 있었다. 그러나 또 한편으로는 반복되는 무신여당과 같은 역모 사건에 대응하기 위해 결안생략 처형, 포도청 국문과 같은 특령 조치들에 대해 노론 김재로의 지지를 받으며 강행해 갈 수 있었다. 이처럼 당대 법담론은 18세기 초중반 탕평론의 지향과 역모 억제의 이중적 목표를 포괄하는 종합적인 성격을 띠고 있었다.

정리하자면, 영조는 18세기 조선사회의 정치사회적 위기를 타개하기 위한 방법으로 국왕권을 중심으로 한 공권력의 재정비를 추구하였다. 영조는 국왕을 포함한 공권력 일반이 원칙에 의거하여 집행되어야 한다는 '수법봉공守法奉公'의 가치를 강조하였다. 이를 행정 현실에서 구체적으로 집행하기 위해 새로운 법률들을 제정하여 《속대전》으로 편찬하였고, 영구적인 제도로 정착시키고자 하였다. 영조의 원리 원칙·흠휼 정신의 실천이라는 형정 지향은 당대 탕평파 관료들의 논리적 지원 속에서 추진력을 얻고 있었다. 소론 이종성은 실정을 고려해야 한다는 '실정론'의 입장에서 성군의 관대함을 강조할 수 있는 관휼적 처분을 지원하였다. 반면 노론 김재로는 원칙적 법집행을 강조하는 '원칙론'에 입각하면서도 혼란한 사회를 통제하기 위한 국왕의 초월적 권한을 지지하였다. 정치적으로는 성군의 관대함을 추구하면서, 동시에 사회 혼란을 강한 공권력으로 제압해야 하는 양가적 측면을 지닌 상황 속에서 영조 대의 법담론은 영조의 형정 운영과 조응하였다.

3) 형률 재편과 《속대전》의 편찬

영조는 유교적 이념을 정치 목표로 삼고 있었고 흠휼은 형정 운영의 기준이었다. 당시의 정치적 혼란상 속에서 공정하다는 성인군주상의 이미지를 획득할 현실적인 필요도 제기되고 있었다. 이러한 맥락에서 이종성·김재로 등의 관료들과의 토론을 통해 현실적으로 적용가능한 형률에 대해 지속적으로 고민한 결과가 영조시대의 방대한 형률개혁으로 나타났다. 이를 추동하는 방향성은 억울한 죄인을 양산하지 않겠다는 관휼의 정신에 입각하고 있었다. 이 때문에 이러한 조항들을 《경국대전》을 이어 《속대전》에 실어 영구화하기 위하여, 영조는 근본적이고 포괄적인 형률개혁을 도모하였다.

영조는 흠휼의 정신을 영구적인 국가의 제도로 귀결시키고자 하였다. 영조 2년(1726) 대전수명론이 본격적으로 제기되었으며, 이후 《수교집록》과 《전록통고》의 증보사업으로 구체화되었다. 본격적으로 영조 20년(1744) 찬집청을 설치하여 《속대전》 편찬에 착수하였고 영조 22년(1746) 《속대전》의 최종본이 완성되었다. 영조 초반 대전수명론이 제기된 후 19년, 찬집청을 설치한 지 2년이 걸린 사업이었다.[96]

《속대전》의 편찬은 조선 건국부터 이어져 내려온 국전 전통에 의거한다는 조종성헌祖宗成憲에 바탕을 두고 있었다. 태조 때의 《원육전元六典》, 《속육전續六典》, 세종 때의 《육전등록六典謄錄》, 세조 때의 《경국대전經國大典》, 성종 때의 《대전속록大典續錄》, 중종 때의 《대전후속록大典後續錄》, 숙종 때의 《수교집록受敎輯錄》, 《전록통고典錄通考》가 구축한 국전 전통을 계승한다는 것이다. 이 국전 전통들을 잇는 법전들은 백성들에 대한 휼형恤刑을 중심으로 하고 있다고 보았다. 그러나 옛 법과 새로운 조목이 어긋나 정돈하지 않을 수

---

96 김백철, 2016, 앞의 책, 87~88쪽 참조.

없기에 《속대전》을 편찬한 것이라고 설명하였다.[97]

　영조는 경국대전체제를 구성하고 있는 《경국대전》·《국조오례의》·《대명률》 3축을 계승하고자 하였다. 영조 22년(1746) 《경국대전》을 잇는 《속대전》, 같은 해 《국조오례의》를 잇는 《속오례의》를 편찬하였다. 그리고 《대명률》에 대해서는 《속대전》 형전 용률조에서 《경국대전》·《속대전》을 《대명률》보다 우선적으로 적용하도록 규정하였다. 이로써 18세기 사회변동 상황에 맞게 체제를 이어받으면서도 내용을 새롭게 보완하는 '대전수명大典修明'이 진행될 수 있었다.

　《속대전》은 기존 《대전속록》·《대전후속록》·《수교집록》·《신보수교집록》과 같은 수교집들이 갖는 보충적 성격을 넘어 근본적으로 국법체제를 재구성하려는 시도였다. 《속대전》의 조문 1,215개 중 새롭게 첨입되었거나 기존 수교를 변형한 조문은 1,076개에 달해서, 88%나 되었다. 이는 《속대전》이 기존 수교집을 기반으로 편찬되었지만 새로운 법제 창출에 초점을 두었음을 보여준다.[98] 형전에서의 변화상도 두드러졌다. 《경국대전》 〈형전〉의 항목은 29개이며 해당 조문은 총 204개인 데 반해 《속대전》 〈형전〉은 32개 항목 286조목으로 비약적으로 늘어난다. 게다가 《속대전》은 《경국대전》과 동시에 적용되는 법령이므로 단순히 286조목으로 늘어난 것이 아니라, 총 490조목으로 확대된 것으로 이해할 수 있다.[99] 이처럼 《속대전》 형전에서는 17~18세기 사회변화상을 적극적으로 반영하면서 새로운 법적 질서를 구축하려는 노력이 반영되어 있었다.

---

97 《속대전》 卷首, 〈序〉
98 김백철, 2010, 앞의 책, 156쪽.
99 김백철, 2010, 위의 책, 136쪽.

<표 8> 영조 대 《속대전》 <형전>의 절차 형률 보완·신설 내역

출전	내용	비고
<用律>[100]	《경국대전》·《속대전》을 《대명률》보다 우선 적용	
<決獄日限> 詞訟衙門決等公事[101]	1년 이상 체옥한 관료 처벌	법령 보
<囚禁> 朝官犯罪被推[102]	관료 범행 시 국왕에게 보고 후 의금부로 체포	
<囚禁> 議政勿爲拿問[103]	정승은 악역惡逆의 경우가 아닌 경우 추문 금지	
<囚禁> 大典直囚衙門外[104]	비변사, 포도청의 직접 수감 권한 허용	
<囚禁> 囚禁人直擧罪名[105]	수감 죄인 죄명 분명히 기록, 무고한 죄수 발생시 해당 관원 파직	
<囚禁> 各衙門拘留人[106]	개별 아문의 수감 관행 금지.(형조, 한성부, 궁방 등)	
<推斷> 壓膝刑[107]	압슬형 폐지	
<推斷> 烙刑[108]	낙형 폐지	
<推斷> 刺字刑[109]	자자형 폐지	
<推斷> 全家徙邊律[110]	전가사변률 폐지	
<推斷> 推鞫訊杖[111]	신장 규격 확정 – 추국 신장 너비 9푼·두께 4푼	
<推斷> 刑訊推鞫[112]	고신 1일 1회 제한. 추국 고신은 1일 2회 제한	
<推斷> 關係惡逆誣上不道[113]	추국 개좌 조건 제한(악역, 부도, 대훈 위반에 해당)	
<推斷> 婦女身犯大逆[114]	역모 주도 부녀자 외 부녀자 고신 금지	
<推斷> 推鞫罪人請刑[115]	추국청의 완전한 합의 후 추국죄인 체포	
<推斷> 逆獄罪人情節已著[116]	역모죄인을 뇌물 받고 독살한 경우 사형	
<推斷> 誣告謀逆者[117]	역모를 무고한 자는 사형	
<推斷> 陵上放火者[118]	왕릉 방화, 전패작변도 추국 대상에 포함	
<推斷> 罪人原情[119]	죄인의 원정原情은 서면제출 금지하며 구전口傳으로 수합	
<推斷> 常賤出身干犯重罪[120]	상천민 중범죄 시 국왕 허가 후 형추, 지방은 관찰사가 자체 형추	
<推斷> 京外執法之官[121]	사형 해당 죄인은 전부 국왕에게 문의 후 처분	
<推斷> 王府議讞直請照律[122]	의금부 죄인은 국왕 감독 하에 심의, 조율	

100 《속대전》<刑典><用律>"依大典用大明律 而大典續典有當律者 從二典"

101 《속대전》<刑典><決獄日限> 詞訟衙門決等公事"決訟月日 每朔具移本曹 考勤慢處之 京外官獄訟 趁不處決滯囚經年者 査問罷職"

102 《속대전》<刑典><囚禁> 朝官犯罪被推"朝官犯罪被推於本曹司憲府司諫院而應囚者 竝啓移義禁府"

103 《속대전》<刑典><囚禁> 議政勿爲拿問"議政 身犯惡逆外 勿爲拿問"

104 《속대전》<刑典><囚禁> 大典直囚衙門外"大典直囚衙門外 備邊司捕盜廳直囚 其餘各司及軍門 竝移文本曹囚 違者 重推"

출전	내용	비고
〉御史書啓貪贓被論者[123]	어사가 적발한 탐관오리 처벌은 관찰사 조사 후 국왕이 처분	
〉原從功臣勿項鎖[124]	원종공신 형추 시 국왕 허가 필요	
〉孕胎女收贖[125]	임신 중인 부녀자에게는 형추 면제	
〉徒流付處安置定屬人[126]	도형·유형·부처·안치·정속 기록 형조가 일괄 기록관리	
〉捕盜廳承服罪人[127]	포도청 승복 죄인 형조 이송, 자백 철회 시 정기 고신	
〉京外官推考[128]	관원 조사 시 서면 취조 후 국왕 보고. 피의자 진술 기재 의무화	
日〉薄昏行刑[129]	야간 형벌 금지	
〉外方奉使者毋得用刑[130]	왕명봉행사신 중 정2품 이상, 의정부·사헌부 관원 제외 용형 불가	숙종 입법
〉曾經朝官人[131]	관원 출신에게 곤장 금지. 군무 경우는 국왕 허가 하에 곤장 사용	
〉奉命使臣[132]	왕명봉행사신이 사적으로 물고 시 사형	
〉法外用刑者[133]	관료가 위법적 절차로 물고 시, 우연한 경우라도 처벌.	

105 《속대전》〈刑典〉〈囚禁〉囚禁人直擧罪名 "凡囚禁人 直擧罪名懸錄囚徒 其泛稱犯罪者 本曹勿施 如 誣以他罪枉囚現露 則當該官員 罷職"

106 《속대전》〈刑典〉〈囚禁〉各衙門拘留人 "各衙門拘留人之弊 一切防禁"

107 《속대전》〈刑典〉〈推斷〉壓膝刑 "除壓膝刑"

108 《속대전》〈刑典〉〈推斷〉烙刑 "除烙刑"

109 《속대전》〈刑典〉〈推斷〉刺字刑 "除刺字刑"

110 《속대전》〈刑典〉〈推斷〉全家徙邊律 "盡除全家徙邊律"

111 《속대전》〈刑典〉〈推斷〉推鞫訊杖 "凡推鞫訊杖 廣九分·厚四分 三省 則廣八分厚三分"

112 《속대전》〈刑典〉〈推斷〉刑訊推鞫 "凡刑訊 一日一次 推鞫 雖嚴重 毋過二次"

113 《속대전》〈刑典〉〈推斷〉關係惡逆誣上不道 "凡關係惡逆誣上不道干犯大訓者外 勿爲設鞫"

114 《속대전》〈刑典〉〈推斷〉婦女身犯大逆 "婦女身犯大逆 自主陰計 緊援逆招者外 勿問"

115 《속대전》〈刑典〉〈推斷〉推鞫罪人請刑 "推鞫罪人請刑請拿請査 鞫廳完議以啓 參鞫臺官 毋得獨啓"

116 《속대전》〈刑典〉〈推斷〉逆獄罪人情節已著 "逆獄罪人情節已著 而王府吏隷受賂毒殺者 用知情律"

117 《속대전》〈刑典〉〈推斷〉誣告謀逆者 "誣告謀逆者 不待時斬"

118 《속대전》〈刑典〉〈推斷〉陵上放火者 "陵上放火者 殿牌作變者 移義禁府設鞫"

119 《속대전》〈刑典〉〈推斷〉罪人原情 "罪人原情 口傳取招 勿許文字書納"

120 《속대전》〈刑典〉〈推斷〉常賤出身干犯重罪 "常賤出身干犯重罪 毋問而不服 則本曹啓稟刑推"

121 《속대전》〈刑典〉〈推斷〉京外執法之官 "京外執法之官按罪之時 如有罪犯一律者 雖情有可原 必啓 稟處置 毋得擅斷減死"

122 《속대전》〈刑典〉〈推斷〉王府議讞直請照律 "王府議讞 直請照律 勿以參酌爲請 擬律不合者 承政 院察推"

출전	내용	비
〈濫刑〉 剪刀周牢之刑[134]	포도청 전도주뢰 금지	
〈濫刑〉 竊盜外足杖者[135]	절도 외 족장, 군무 외 곤장, 수령 원장圓杖, 사가私家 고신 처벌	
〈濫刑〉 各營褊裨用棍者[136]	군영 부장 곤장 사용 시 처벌. 지방관 곤장 사용 미보고 시 파직	
〈恤囚〉 淨掃囹圄療治疾病[137]	감옥 청소 및 죄수 치료, 의복 및 식량 지급. 위반 시 처벌	
〈恤囚〉 罪名稍輕而身病極重者[138]	건강 위독 죄인은 치료 차 일시 석방	
〈恤囚〉 罪人拷訊嚴刑[139]	형추 시 국왕 특명 제외 전부 의법依法 형벌	
〈捕盜〉 捕盜將外方捕盜時[140]	도적 체포 시 증거 확보된 경우에만 체포.	
〈捕盜〉 盜賤就捕者[141]	도적 체포 후 자백 확보 후 토포사에게 이송	
〈捕盜〉 賊人承款考覆[142]	도적 자백은 토포사–관찰사를 거친 후 국왕에게 보고.	
〈捕盜〉 凡指捕論賞人[143]	토포사 및 수령이 도적 처분 허위 기재 경우 영구 서용 금지	

---

123 《속대전》〈刑典〉〈推斷〉御史書啓貪贓被論者 "御史書啓貪贓被論者 觀察使親安啓聞 勿委查官"

124 《속대전》〈刑典〉〈推斷〉原從功臣勿項鎖 "原從功臣 非死罪 勿項鎖 拷訊時 啓稟

125 《속대전》〈刑典〉〈推斷〉孕胎女收贖 "孕胎女 依年七十例 除刑推收贖"

126 《속대전》〈刑典〉〈推斷〉徒流付處安置定屬人 "凡徒·流付處安置定屬人 本曹置簿 他司及外方定配 罪人 亦移文本曹置簿 憑考檢擧"

127 《속대전》〈刑典〉〈推斷〉捕盜廳承服罪人 "捕盜廳承服罪人 移送本曹 變辭者 勿爲還送 日次嚴訊取服"

128 《속대전》〈刑典〉〈推斷〉京外官推考 "凡京外官推考 各其司直捧公緘 照律始啓"

129 《속대전》〈刑典〉〈禁刑日〉薄昏行刑 "薄昏行刑 有乖法意 依夜未明例 待朝行刑"

130 《속대전》〈刑典〉〈濫刑〉外方奉使者毌得用刑 "外方奉使者 正二品以上及議政府司憲府官外 毌得 用刑"

131 《속대전》〈刑典〉〈濫刑〉曾經朝官人 "曾經朝官人 觀察使節度使毌得刑棍"

132 《속대전》〈刑典〉〈濫刑〉奉命使臣 "雖奉命使臣 以私事殺人者 亦償命"

133 《속대전》〈刑典〉〈濫刑〉法外用刑者 "京外官吏法外用刑者 雖邂逅致斃 勿爲分揀 其聽使下屬 不坐"

134 《속대전》〈刑典〉〈濫刑〉剪刀周牢之刑 "捕盜廳剪刀周牢之刑 嚴禁"

135 《속대전》〈刑典〉〈濫刑〉竊盜外足杖者 "竊盜外足杖者 軍務外用棍者 守令之用圓杖者 私門之用刑 者 並以濫刑律論"

136 《속대전》〈刑典〉〈濫刑〉各營褊裨用棍者 "各營褊裨用棍者 繩以重律 地方官不爲論報者 罷職 該 營門不爲檢察者 推考"

137 《속대전》〈刑典〉〈恤囚〉淨掃囹圄療治疾病 "獄者 所以懲有罪 本非致人於死 而祁寒盛暑 凍餓疾病 間有非命致死 其令中外官吏 淨掃囹圄 療治疾病 無家人護養者 官給衣糧 如有懈緩不奉行者 嚴加糾理"

138 《속대전》〈刑典〉〈恤囚〉罪名稍輕而身病極重者 "重囚外 罪名稍輕 而身病極重者 月令看審 報典獄 官 典獄官報本曹 保授姑放"

139 《속대전》〈刑典〉〈恤囚〉罪人拷訊嚴刑 "凡罪人拷訊嚴刑 別判付外 並循例刑推"

238   Ⅲ. 영조 대 형정개혁 모색과 비상 추국

출전	내용	비고
盜〉守令指捕論賞[144]	도적 체포를 근거로 수령 포상 금지	
盜〉捕盜廳被告之人[145]	10리 외의 포도청 죄인은 국왕 허가 후 체포	
盜〉以儒爲名者[146]	양반, 상민 포도청에 임의 하송下送 금지	
試〉外方殺獄[147]	살옥 사건은 관찰사·강명한 수령이 합좌 조사	숙종 입법
斷〉鞫囚左杻[148]	추국 죄인 왼손 수갑 결착 폐지(영조 5년)	《대전통편》
斷〉未結案而傳旨正法[149]	결안생략 처형, 물고자 역률 추시, 군법 외 효시 금지(영조 35년)	《대전통편》
斷〉朱杖撞問[150]	주장당문 금지, 국왕특교 시에도 금지(영조 35년)	《대전통편》
斷〉亂杖刑[151]	난장 폐지(영조 46년)	《대전통편》
覆部〉〈訊杖〉附訊杖[152]	형추 전 피의자의 동의 및 수촌手寸 수합 규정	《추관지》

첫째, 영조시기 형률개혁에서 핵심 변화는 '국전'을 형률의 제1 근거로 확정했다는 점이다. 영조는 《속대전》 형전 용률조에서 "《경국대전》에 의거하여

---

140 《속대전》〈刑典〉〈捕盜〉捕盜將外方捕盜時 "捕盜將外方捕盜時 須揀贓證俱備 閱實有據者捕之 如不卽輸情 必須覈實者 亦質問於捕盜將 一應所捕人 囚所在官 令觀察使分揀決放"

141 《속대전》〈刑典〉〈捕盜〉盜賤就捕者 "盜賤就捕者 自其邑窮問取服後 移送討捕使 違者 以制書有違律論"

142 《속대전》〈刑典〉〈捕盜〉賊人承款考覆 "賊人承款考覆 討捕使勿爲直啓 觀察使親問結案後修啓"

143 《속대전》〈刑典〉〈捕盜〉凡指捕論賞人 "凡指捕論賞人 討捕使守令 如有循私冒錄者 論以欺罔 永不敍用"

144 《속대전》〈刑典〉〈捕盜〉守令指捕論賞 "守令指捕論賞 一切防塞"

145 《속대전》〈刑典〉〈捕盜〉捕盜廳被告之人 "捕盜廳被告之人 在十里外 則必啓請後捕來"

146 《속대전》〈刑典〉〈捕盜〉以儒爲名者 "以儒爲名者 雖係關鞫情 勿送捕廳 庶人 則强竊盜外 亦勿送 雖强竊盜 亦宜審察"

147 《속대전》〈刑典〉〈殺獄〉外方殺獄 "外方殺獄 觀察使同道內剛明守令査治 其難決者 啓移本曹稟處"

148 《대전통편》〈刑典〉〈推斷〉鞫囚左杻 "除鞫囚左杻"

149 《대전통편》〈刑典〉〈推斷〉未結案而傳旨正法 "罪人未結案而傳旨正法者 身已死而追施逆律者 非軍法梟示者 竝禁除"

150 《대전통편》〈刑典〉〈推斷〉朱杖撞問 "禁朱杖撞問"

151 《대전통편》〈刑典〉〈推斷〉亂杖刑 "除亂杖刑"

152 《추관지》〈詳覆部〉〈啓覆〉附訊杖, 英宗二十四年 "大抵訊問之規 訊前無捧手寸之事 使渠不知而刑訊 非欽哉之道也 此後訊前必捧手寸 以此定式之意 其令王府知悉 亦爲分付秋曹"

《대명률》을 적용하되, 《경국대전》·《속대전》에 해당 형률이 있을 경우에는 이 두 법전을 따른다.”[153]라고 규정하였다. 이는 《대명률》을 원칙적으로 인용하되 만약 《경국대전》, 《속대전》에 《대명률》과 중첩되는 조항이 있다면 '국전'을 따라 적용하겠다는 방침이었다. 이로써 태조의 즉위교서에서 《대명률》을 인용하기로 결정하고, 《경국대전》 형전에서 '《대명률》을 쓴다'[154]고 규정함으로써 《대명률》 우선으로 운영되던 조선의 형정이 《속대전》 용률조에 의해 근본적으로 변화하게 되었다.

이처럼 국전 전통에 의해 《대명률》을 대체하게 된 원인은 이전의 원칙이 '시의에 부적합'했기 때문이었다. 영조 8년(1732) 형조 판서 이정제李廷濟는 “조선에서는 오로지 《대명률大明律》만 쓰고 있는데, 중국은 우리나라와 거리의 멀고 가까움이나 형벌의 가볍고 무거움이 본시 같지 않은 경우가 많습니다.”[155]라면서 《대명률》을 우선하는 형정의 문제점을 지적하였다. 《경국대전》에서 《대명률》을 우선한다고 제도화하였으나 실상은 조선 후기 현실과 맞지 않는다는 지적이었다.

그렇다면 《속대전》 형정 용률조의 《경국대전》·《속대전》을 인용한다는 구문이 갖는 형정 운영상의 의미는 무엇일까? 이는 단순하게 사대주의에서 벗어나 독자적인 법질서를 운용했다라는 이념적인 방식으로만 설명하기보다는, 《경국대전》·《속대전》이 《대명률》과 상호비교하였을 때 갖는 분명한 특장점이 있기 때문에 나타난 조문이라고 보아야 한다.

《대명률》은 유교적 이념에 충실한 법전이면서도 동시에 황제·국가 중심적인 규범체계로 구성된 법전이었다.[156] 세종 대의 절차적 조항 보완, 그리고 조

---

153 《속대전》〈刑典〉〈用律〉 “依大典用大明律 而大典續典有當律者 從二典”
154 《경국대전》〈刑典〉〈用律〉 “用大明律”
155 《영조실록》 권32, 영조 8년 10월 24일 戊寅 “我朝專用明律 而中朝與我國 道里遠近 刑罰輕重 固多不同”

선 전기의 조항들이 대거 수록되었으나[157] 실제 형정 운영 상황에서는 점차 악형이 확대되고 물고가 증가되는 등 피의자의 신체에 대한 고려가 충분하게 적용되지 않고 있었다. 조선 후기 사회변동과 맞물려 형정 운영상의 '절차법령'의 보완은 영조 대에 행해진 '형정개혁'을 통해 다시 확보될 수 있었다.

이는 추단推斷조의 변화에서 두드러진다. 추단推斷이란 죄상을 심문하고 처단하는 절차를 다루는 '절차적 정의' 조항으로써 《대명률》〈형률〉에서는 단옥斷獄과 상당 부분 겹친다. 《경국대전》〈형전〉의 추단推斷조가 총 6조항이었는데, 《속대전》〈형전〉 추단조에서 총 52개 항목으로 대거 증보되었다.[158] 〈형전〉 전체를 통틀어 32개 항목—286개 조항이 증보된 상황에서 추단조 1개 항목—52개 조항이 증보되었는데, 비율로 따지면 추단조 1항목이 형전 전체 32항목의 18.2%를 차지한다. 이를 본다면 영조 대 《속대전》의 형전 개정 방향이 상당 부분 절차 법령에 초점이 맞춰지고 있었음을 알 수 있다. 이렇게 상당 부분 보완된 법령을 바탕으로 《대명률》보다도 《경국대전》·《속대전》 2개 국전을 중심으로 운용하겠다는 국전 중심의 원칙을 내세울 수 있었다.

둘째, 국왕의 전제적 형정권을 대폭 억제하였다. 영조는 국왕이 국가 운영에서 어떤 역할을 해야 하는지를 지속적으로 고민하였다. 영조는 현실의 국왕인 자신이 임금과 스승이 결합된 군사君師로서의 요순과 같은 국왕이 되어야 한다고 여기는 한편,[159] 백성에게는 임금과 아버지가 결합된 군부君父로서의 성인군주로 자리 잡고자 하였다.[160] 영조는 국왕의 지위와 정통성은 주어지는

---

156 Jiang Yonglin, 2011, *The Mandate of Heaven and The Great Ming Code*, University of Washington Press, p.154.

157 다나카 토시미츠, 2011, 〈朝鮮初期 斷獄에 관한 研究 —刑事節次의 整備過程을 中心으로〉, 서울대학교 박사학위논문.

158 김백철, 2010, 앞의 책, 137쪽.

159 정재훈, 2015, 〈영조의 제왕학과 국정운영〉, 《한국사상과문화》 77, 143쪽.

160 김자현, 2017, 《왕이라는 유산》, 너머북스, 130쪽.

것이 아니라 만들어지고 닦아 나가는 것이라는 입장에서, 지속적으로 국왕의 정통성 논리를 강화하고자 하였다.

영조는 숙종 시기 국왕의 전제적이고 자의적인 형정이 국왕에 대한 비판을 어떻게 불러일으키는지 목도하였고, 자신은 이러한 정치적 위기를 반복하지 않으려 하였다. 이 때문에 국왕이 흠휼의 주체가 되어 모범이 된다면, 적어도 폭군이라는 오명에서 비롯되는 정치적 위기를 겪지 않을 것이라고 여겼다. 이 때문에 영조 이전까지는 적극적으로 시도되지 않았던 국왕형정권 제한을 시도함으로써 '성인군주'로서의 위상을 확보하고자 하였다. 영조는 국왕형정권에 대한 제약 조항을 신설할 때마다 교서와 윤음을 반포하여 해당 조항들을 신설하게 된 동기가 '영조의 애민의식'임을 강조하였다. 그리고 실제로 추국 실황을 전국에 조보(朝報: 조선시대에 승정원에서 재결사항을 기록하고 서사하여 반포하던 관보)로 즉시 공개하면서 국왕이 주관하는 추국이 공식 절차에 의해 운영되고 있음을 보이고자 하였다.

영조는 역모추국에서 국왕이 전용할 수 있었던 권한들을 점진적으로 제약해 갔다. 영조는 추국에서 국왕이 전통적으로 독자적인 권한을 가졌던 '압슬형·낙형' 등 법외악형에 대한 엄격한 금지 조항을 도입하였다. 압슬형·낙형이 이미 17세기 말 숙종 대부터 반세기가량 중지되어 사실상 사라진 제도였다고 할지라도, 영조는 이를 공식적으로 금지시킴으로써 이후에는 다시는 활용할 수 없도록 제도화하였다.

그리고 추국의 법정고신에 대해서도 일정하게 제약하였다. 당시에는 숙종 22년(1696) 숙종의 수교에 따라 추국청 외의 사법기관에서는 1일 1회로 고신이 제약되고 있었고,[161] 추국청에서의 1일 고신 횟수에는 제약이 없는 상황이었다. 영조 21년(1745) 영조는 추국에서의 고신도 1일 2회로 제한함으로써

---

161 《추관지》〈詳覆部〉〈啓覆〉附 訊杖, 肅宗二十二年 "鞠獄之外 本無一日累次之刑"

법률적으로 승인된 방식이라 할지라도 지나친 신체고신을 방지하였다.

법정고신에서 쓰이는 신장訊杖의 규격도 정비하였다. 본래《경국대전》신장의 규격은 영조척 기준 너비 8푼, 두께 2푼을 사용하도록 되어 있었다.[162] 그러나 실제 추국에서는 훨씬 큰 규격의 신장을 활용하고 있었다. 16세기 후반 추국에서는 너비 1촌 2푼, 두께 7푼 짜리 신장을 사용하고 있었는데,《경국대전》의 규정보다 2배에 가까운 중량의 신장이었다. 이 때문에 피의자들이 고신을 맞은 후 1~2일 사이가 사망하는 경우가 많았다.[163] 실제로 영조 8년(1732) '역적에 관련된 옥사가 아니면 본래 정해진 (신장) 규격이 있다'는 기록[164]을 보면 추국 신장의 규격은 법령의 규격과는 달리 훨씬 무겁고 두껍게 운영되었음을 추론할 수 있다. 이러한 문제는《속대전》에서 추국 신장을 영조척 기준 너비 9푼, 두께 4푼으로 규정함으로써 정비되어 갔다.[165]

추국 개좌(開座: 예전에 벼슬아치들이 모여서 사무를 보던 일) 조건도 규제하였다. 영조 21년(1745) 영조는 사소한 사건에도 추국을 요청하는 신료들을 비판하며 '악역, 부도, 대훈大訓을 범한 경우'에 한하여 추국을 열도록 규정하였다.[166] 악역은《대명률》십악十惡 중 모반謀反, 모대역謀大逆, 모반謀叛을 지칭하는 것으로 이해할 수 있고, 부도는 국왕을 비난하거나 모욕하는 행위를 의미한다. 그리고 대훈을 범한 경우는 영조의 왕위계승 정당성을 논쟁하는 경우에 해당한다. 이미 영조 17년(1741) 영조가 충역의 시비를 밝히는 대훈大訓을 반포한 상황에서 이에 대한 의문을 제기하는 경우 추국을 열겠다는 의미

---

162 《경국대전》〈刑典〉〈推斷〉凡拷訊取旨 "訊杖 長三尺三寸 上一尺三寸 則圓徑七分 下二尺 則廣八分厚二分 用營造尺"

163 《선조실록》권47, 선조 27년 1월 26일 乙巳

164 《승정원일기》 995책, 영조 8년 12월 6일 己未

165 《속대전》〈刑典〉〈推斷〉推鞫訊杖 "凡推鞫訊杖 廣九分·厚四分 三省 則廣八分厚三分"

166 《속대전》〈刑典〉〈推斷〉關係惡逆誣上不道 "凡關係惡逆誣上不道干犯大訓者外 勿爲設鞫"

였다.167 "후대 왕들이 나의 뜻을 이해하지 못하고 이로써 본보기를 삼아 혹한때의 거스르는 의견에 말미암거나, 혹은 간신奸臣들의 참소로 인하여 거리낌 없이 국문鞠問하고 진신(搢紳: 지위가 높고 행동이 점잖은 벼슬아치)들을 찬배(竄配: 죄인을 지방이나 섬으로 보내 정해진 기간 동안 그 지역 내에서 감시를 받으며 생활하게 하던 일)한다면 이는 나로 말미암아 열리게 될 것이다."168라고 후대의 폐단을 경계하였다. 추국 개시의 조건을 일정하게 억제한 것은 국왕이 추국을 지나치게 자주 개좌하여 전제권을 남용할 수 있다는 우려에서나온 조치였다.

추국청에서의 체포·심문 절차도 엄밀히 규제하였다. 형추 이전 피의자의동의를 받고 이를 손도장 수촌手寸으로 문서로 남기도록 하여169 이로써 피의자의 동의 없는 일방적인 형추를 금단하고자 하였고, "추국할 죄인에 대하여형을 가하기를 청하거나 잡아오기를 청하거나 조사하기를 청할 때, 추국청 측에서 완전한 합의가 이루어지고서야 임금에게 보고해야 하며, 국문에 참여한사헌부 관원이 단독으로 임금에게 보고하지 못한다."170고 규정하였다. 원래추국청은 국왕의 권한을 위임받은 위관委官의 주관 아래 진행되었다. 실제로위관은 추국청에서의 심문 및 조사 결과를 수합하는 역할을 담당하고 있었고,171 죄인에 대한 추가 체포 및 처분 요청의 권한을 갖고 있었다.172 그러나

---

167 이하경, 2021, 〈조선후기 추국장에서의 왕 -영조시기《추안급국안》사례를 중심으로〉,《법사학연구》63, 96~100쪽 참조.

168 《영조실록》권62, 영조 21년 12월 20일 丁巳 "後之嗣王不諒予意 以此援例 或因一時之忤旨 或因宵小之讒誣 快意鞠問 搢紳荊棘 由我而開"

169 《추관지》〈詳覆部〉〈啓覆〉附 訊杖, 英宗二十四年 "大抵訊問之規 訊前無捧手寸之事 使渠不知而刑訊 非欽哉之道也 此後訊前必捧手寸 以此定式之意 其令王府知悉 亦爲分付秋曹"

170 《속대전》〈刑典〉〈推斷〉推鞫罪人請刑 "推鞫罪人請刑請拿請査 鞫廳完議以啓 參鞫臺官 毋得獨啓"

171 《숙종실록》권43, 숙종 32년 6월 1일 丁亥

172 김영석, 2013, 〈의금부 조직과 추국에 관한 연구〉, 서울대학교 박사학위논문, 248쪽.

영조 10년(1734) 대사헌 홍현보洪鉉輔가 추국 심문을 강화하자고 건의하다 거부당한 예173와 같이 사헌부의 단독 의견이 제기되는 경우가 있었다. 영조는 이러한 추국 참여인원의 개별적인 의견 도출을 억제하고, 위관을 중심으로 한 완전한 합의〔完議〕를 이룰 것을 명함으로써, 형추가 남발되지 않도록 조치하였다.

영조는 "비록 추국 죄인〔鞫囚〕이라고 하더라도 마땅히 흠휼欽恤해야 한다."174면서 역모죄에 해당하는 민인이라도 흠휼의 대상이 되어야 한다고 보았다. 이 때문에 추국의 절차를 상세히 정비하였다. 법외악형의 폐지, 법정고신의 통제, 신장 규격의 축소, 추국 개좌의 제한, 형추 조건의 제한 등 여러 가지 측면들에서 추국 요건들을 억제해 갔다. 이러한 조치들은 '신체폭력의 억제'에 일관적으로 초점이 맞추어져 있었다. 영조는 국왕이 단독으로 활용할 수 있었던 신체폭력의 권한을 스스로 억제하면서 '국왕 전제권력'이 남용되지 않도록 조치한 것이다.

셋째, 중앙-지방 사법기관의 사법시스템을 일원적으로 재편하였다. 영조는 《속대전》을 통해 장기적이고 포괄적인 법체제를 구축하고자 하였다. 형률개혁에서도 개별 현상들에 대한 대응적인 성격에 그치지 않고, 각 사법기관들의 성격을 종합적으로 고려하고 있었다. 관료가 중범죄를 저질렀을 경우에는 국왕에게 보고 후 의금부로 체포하고175 상민, 천민이 중범죄를 저질렀을 경우에는 먼저 신체고신 없이 평문을 한 후 국왕에게 허가받고 형추하도록 규정하였다.176 한편 지방에서는 양반, 상민, 천민 신분에 무관하게 관찰사가 평문 및 형추하도록 규정하였다. 그리고 정2품 형조, 종2품 포도청의 위계에 따라

---

173 《영조실록》 권37, 영조 10년 1월 14일 辛卯
174 《영조실록》 권61, 영조 21년 2월 30일 壬申 "雖是鞫囚 宜存欽恤"
175 《속대전》 〈刑典〉 〈囚禁〉 朝官犯罪被推 "朝官犯罪被推於本曹司憲府司諫院而應囚者 竝啓移義禁府"
176 《속대전》 〈刑典〉 〈推斷〉 常賤出身干犯重罪 "常賤出身干犯重罪 平問而不服 則本曹啓稟刑推"

포도청에서 이미 수사한 죄인은 상급기관인 형조로 이관하여 최종 처분하도록 하였다.177 서울-지방을 포괄하는 국왕-관찰사의 형정권한을 확고히 하고, 종2품 포도청의 권한을 정2품 형조의 관할 아래에 둠으로써 관사 간의 위계화를 모색한 조치였다.

그리고 사법시스템의 최종 의결권을 국왕에게 귀속하여 형정을 국왕 중심으로 재편성하였다. 먼저 영조는 의금부 및 추국청의 운영을 제도화하였다. 의금부는 관료 범죄에 대한 처분 및 역모 및 강상죄인에 대한 추국을 담당하였는데, 영조는 이러한 조치들을 일괄적으로 국왕의 지휘 하에서 운영하도록 조치하였다.178 이에 따라 관료의 범행이 발생했을 때는 의금부가 단독으로 체포하지 못하며, 반드시 국왕의 결재를 거치도록 하였다.179 관료를 조사할 때에는 곤장을 사용하지 않도록 하고,180 서면으로 취조하도록 하여 그 기록을 분명하게 남기도록 규정하였다.181

의금부 추국의 제도화는 이전까지 비교적 법규정 외에 놓여 있었던 의금부의 운영 과정을 법제화하려는 시도였다.《경국대전》에서 의금부에 대하여 "임금의 지시를 받아 죄인을 심문하는 일을 맡는다."182는 법령이 있었으나 운영 과정에 대한 절차법은 대전 차원의 법전에 수록되지 않은 상황이었다. 이는 의금부가 국왕 특명 사법기관이라는 의미에서 국왕의 권한을 하나하나 규제할 수 없었던 유교국가의 특성에서 비롯된 것이기도 하다.《속대전》단계에 이르면 영조는 국왕 특명 사법기관이라도 법적 규제 속에서 운영되어야 한다

177《속대전》〈刑典〉〈推斷〉捕盜廳承服罪人 "捕盜廳承服罪人 移送本曹 變辭者 勿爲還送 日次嚴訊取服"

178《속대전》〈刑典〉〈推斷〉王府議讞直請照律 "王府議讞 直請照律 勿以參酌爲請 擬律不合者 承政院察推"

179《속대전》〈刑典〉〈囚禁〉朝官犯罪被推 "朝官犯罪被推於本曹司憲府司諫院而應囚者 並啓移義禁府"

180《속대전》〈刑典〉〈濫刑〉曾經朝官人 "曾經朝官人 觀察使節度使毋得刑棍"

181《속대전》〈刑典〉〈推斷〉京外官推考 "凡京外官推考 各其司直捧公緘 照律始啓"

182《경국대전》〈吏典〉〈京官職〉從一品衙門 義禁府 "掌奉敎推鞫之事"

는 인식 아래 여러 법제를 마련한 것이다.

그리고 지방 형정의 운영 절차도 점진적으로 정비하였다. 하위사법기관의 죄수 관리 절차도 규정하였다. 17세기 이후 점차 증가하고 있던 각 기관들의 구류간 운영을 통제하고,[183] 비변사, 포도청 등 양란 이후 역할이 증대되고 있던 기관들에게 수감 권한을 부여하였다.[184] 이렇게 함으로써 권한 없이 남설되고 있는 구류간 운영을 억제하고 명확한 권한 아래 투명한 감옥 운영을 모색하였다. 수감 죄인의 관리 부분도 법제화하였다. 감옥을 청결하게 유지하고 죄인을 치료하도록 하고, 의복과 식량을 국가에서 지급하여 감옥 수감 시 사망하지 않도록 조치하였다.[185] 만약 건강이 위독하여 사망이 우려될 경우에는 일시적으로 석방하도록 하였다.[186] 이처럼 관리 감독을 강화하면서 이를 근거할 죄수 기록도 분명하게 관리하도록 조치하였다. 수감 죄인의 죄명을 분명하게 기록하도록 하였고,[187] 도형·유형·부처·안치·정속 기록은 형조에서 일괄적으로 관리하게 하였다.[188]

도적 체포 부분에서도 규정을 정비하였다. 도적을 체포할 때는 명확한 증거가 확보된 경우에만 체포할 수 있다고 규정하였고,[189] 도적으로부터 자백을

---

183 《속대전》〈刑典〉〈囚禁〉各衙門拘留人 "各衙門拘留人之弊 一切防禁"

184 《속대전》〈刑典〉〈囚禁〉大典直囚衙門外 "大典直囚衙門外 備邊司捕盜廳直囚 其餘各司及軍門 竝
移文本曹囚 違者 重推"

185 《속대전》〈刑典〉〈恤囚〉淨掃囹圄療治疾病 "獄者 所以懲有罪 本非致人於死 而祁寒盛暑 凍餓疾病
間有非命致死 其令中外官吏 淨掃囹圄 療治疾病 無家人護養者 官給衣糧 如有懈緩不奉行者 嚴加糾理"

186 《속대전》〈刑典〉〈恤囚〉罪名稍輕而身病極重者 "重囚外 罪名稍輕 而身病極重者 月令看審 報典獄
官 典獄官報本曹 保授姑放"

187 《속대전》〈刑典〉〈囚禁〉囚禁人直擧罪名 "凡囚禁人 直擧罪名懸錄囚徒 其泛稱犯罪者 本曹勿施 如
誣以他罪枉囚現露 則當該官員 罷職"

188 《속대전》〈刑典〉〈推斷〉徒流付處安置定屬人 "凡徒·流付處安置定屬人 本曹置簿 他司及外方定配
罪人 亦移文本曹置簿 憑考檢擧"

189 《속대전》〈刑典〉〈捕盜〉捕盜將外方捕盜時 "捕盜將外方捕盜時 須揀贓證俱備 閱實有據者捕之 如
不卽輸情 必須覈實者 亦質問於捕盜將 一應所捕人 囚所在官 令觀察使分揀決放"

확보한 후에는 토포사에게 이송하도록 하였다.[190] 도적이 자백한 내용은 토포사-관찰사를 거쳐서 국왕에게 보고하도록 하였고,[191] 만약 도적 수사 과정에서 토포사·수령이 허위 기재를 한 경우에는 영구히 벼슬을 하지 못하도록 하였다.[192] 이에 대한 연장선에서 포도청에 대한 규제도 신설되었다. 포도청은 주로 서울 지역을 담당하도록 되어 있었는데 만약 서울에서 10리 이상 벗어난 지역의 죄인을 체포해야 할 경우에는 국왕의 재가를 받도록 하였다.[193] 그리고 포도청에서 행하는 전도주뢰를 금지하였다.[194]

영조 대 형정개혁의 방향은 사법기관들이 법률에 의거한 '의법형정'을 할 수 있도록 권한과 책임 소재를 분명히 하는 데에 맞춰져 있었다. 영조 대에는 국왕-중앙사법기관-지방사법기관의 구조를 위계화하고 각 단계에서 행할 수 있는 권한들을 구체적으로 명시하고자 하였다. 그리고 가장 최종 의결권자로서 국왕의 역할을 규정함으로써 관료 및 사법기관의 임의적인 판단을 배제하고자 하였다. 이는 왕권의 안정적 운영과 신료에 대한 왕권의 압도적 우위를 지향하는 영조 대 탕평정치의 목표와 부합했다. 이러한 정치목표를 실현하기 위해서는 국왕권에 기초해서 만들어지는 국법과 국체를 재정비하는 일이 시급했고 《속대전》의 편찬은 그러한 의도 하에서 편찬된 것이기 때문이다.[195]

죄인을 고신拷訊하거나 엄히 형추刑推할 때 국왕이 별도로 판부判付한 경우

---

190 《속대전》〈刑典〉〈捕盜〉盜賊就捕者 "盜賊就捕者 自其邑窮問取服後 移送討捕使 違者 以制書有違律論"

191 《속대전》〈刑典〉〈捕盜〉賊人承款考覆 "賊人承款考覆 討捕使勿爲直啓 觀察使親問結案後修啓"

192 《속대전》〈刑典〉〈捕盜〉凡指捕論賞人 "凡指捕論賞人 討捕使守令 如有循私冒錄者 論以欺罔 永不敍用"

193 《속대전》〈刑典〉〈捕盜〉捕盜廳被告之人 "捕盜廳被告之人 在十里外 則必啓請後捕來"

194 《속대전》〈刑典〉〈濫刑〉剪刀周牢之刑 "捕盜廳剪刀周牢之刑 嚴禁"

195 정호훈, 2004, 〈18세기 전반 蕩平政治의 추진과 《續大典》의 편찬〉, 《한국사연구》 127, 66쪽.

이외에는 모두 규례대로 형장을 치며 추문推問한다.[196]

　그러나 《속대전》의 일부 조항에서는 여전히 국왕의 초법적인 지위를 상정하기도 하였다. 위의 조항은 국왕권의 우위를 보여 주는 대표적인 법률이라고 하겠다. 영조는 의금부–형조–포도청–관찰사–토포사에 이르는 중앙사법기관에서 지방사법기관 모두 법률에 의거하여 형추하도록 규제하였다. 다만 '국왕이 별도로 판부한 경우 이외(別判付外)'라는 단서 조항을 수록하였다. 이는 모든 신료들은 '법령에 따라야' 하지만 국왕은 판부를 통해 '법령을 초월할 수' 있다는 단서 조항이었다. 영조는 국왕전제권을 억제하는 다양한 법령을 신설하였으면서도, 동시에 일정 부분 법률에 대한 국왕의 초월적 지위를 명시함으로써, 일부분 국왕권의 초월적 성격의 단서를 제공하고 있었다.

　정리하자면, 영조는 즉위 이후 대대적인 형률개혁을 단행하여 흠휼에 입각한 형정 질서를 구축하고자 하였다. 기존에 《대명률》을 근간으로 하던 원칙으로부터 벗어나 《경국대전》·《속대전》 국전 중심의 자주적 원칙을 확립하였다. 압슬형·낙형 등 법외악형을 원칙적으로 금지하였고 법으로 규정된 고신과 신체형벌도 그 집행방식과 빈도를 엄격하게 제한하였는데, 이는 무고한 사망자가 나오지 않도록 하기 위한 조치였다. 한편 점차 다각화되는 범죄양상에 대응하기 위해 중앙과 지방의 사법기구를 정비하고 위계적으로 결합함으로써 사법 절차를 마련하도록 하였다. 가장 상위 결정권자로서 국왕의 권한을 증대시킴으로써 각 개별 사법기관 단위에서 자의적 판단을 억제하고자 하였다. 이러한 개혁은 국왕권 강화와 탕평정치의 실현이라는 측면에서 영조 시기 정치적 변화와 조응하는 현상이었으나, 한편으로는 법 위에 군림하는 국왕의 절대적 권위를 부각시키는 양면성을 지니고 있었다.

---

196 《속대전》〈刑典〉〈恤囚〉罪人拷訊嚴刑 "凡罪人拷訊嚴刑 別判付外 竝循例刑推"

2. 국왕 주도적 관휼寬恤 추국

1) 국왕 친림추국의 확대

영조는 국왕이라는 공적 주체를 중심으로 한 공적 통치구조 확립을 지향하였다. 이는 중앙정부의 지방 통제력, 국왕의 민생 장악력, 군사 지휘권을 강화하는 방향으로 적극 추진되었다. 영조는 직접 비변사를 통해 지방 실정을 파악하고, 수령의 상소를 직접 접수하였으며, 암행어사 제도를 개선하였다. 이는 국왕이 직접 지방 사회의 실상을 파악할 수 있도록 하는 제도적 장치였다. 관료나 사대부 계층의 당론과 공론이 사회적 대표성을 갖추기에 한계가 있다는 인식에서 비롯된 조처였다.[197] 이는 국왕 중심의 중앙집권적 통치체제를 공고히 하려는 영조의 정치적 의지가 반영된 결과였다.

영조는 추국청의 운영 방식에서도 붕당의 개입을 배제하고 국왕이 직접 장악하는 형태를 추구하였다. 추국은 사건의 중대성에 따라 국왕이 친림하는 친국(친림추국親臨推鞠), 국왕이 주관하되 궐내에서 위관이 대행하는 정국(궐정추국闕庭推鞠), 의금부에서 단독으로 시행하는 의금부 추국(금부추국禁府推鞠)으로 나뉘어 진행되었는데 각 추국방식들은 한 사건의 운영 과정에서 국왕과 위관의 사건 판단에 따라 조정이 되었고, 세 가지 방식이 혼합되어 활용되었다.

원래 경종 시기까지 추국청 운영 양상은 국왕이 최종 의결권자이되, 추국의 실무는 국왕이 선임한 위관에게 위임하여 정국·의금부 추국으로 진행하는

---

197 박광용, 1998,《영조와 정조의 나라》, 푸른역사, 293~294쪽 참조.

'위관 위임 추국'의 구조였다. 위관은 주로 대신 중에서 결정되었으며 해당 사건에 사적으로 연루되어 있지 않고, 법적 지식이 뛰어난 자를 택정하였다. 17세기에는 광해군의 계축옥사와 숙종의 일부 친국 사례를 제외하고 대다수의 경우 국왕이 위관을 선정하고 그 위관이 주로 추국을 운영하는 방식의 정국·의금부 추국 방식으로 이뤄졌다. 그렇다고 하여 국왕이 전혀 추국에 개입하지 않는 것은 아니었다.

추국 절차는 위관과 추국에 참여한 대신 및 법관들이 공동으로 결정하였고, 이를 최종적으로 국왕에게 올려 재가받는 방식으로 되어 있었다. 매일매일의 추국결과는 요약된 형태로 국왕에게 보고되었고, 앞으로의 전개계획을 제시하면 국왕이 이를 수용하거나 일부 수정안을 하달하였다. 국왕이 판단하기에 추국청의 판단에 큰 문제가 없다면 추국청에서의 합의된 사항을 대체로 수용하였다. 위관에게 운영권을 부여하는 위임추국의 방식은 국가의 대신과 법관들의 역량이 집약적으로 투입되어 합의에 의한 결과를 도출할 뿐 아니라, 국왕의 간접적인 통제가 개입됨으로써 '왕옥으로써의 국왕의 상징적 운영'이라는 측면도 충족하고 있었다.

이러한 이유 때문에 국왕이 직접 추국 전체를 통제하는 친국(親鞠: 추국에서 임금이 중죄인을 몸소 신문하던 일) 사례들은 오히려 부정적인 방식으로 받아들여졌다. 광해군 5년(1613) 계축옥사 처분과정에서 친국을 대거 행하였는데, 이 과정에서 행해진 광해군의 폭정은 지속적인 비판의 대상이 되었다. "광해군은 여러 해 동안 매일 직접 친국하여 아주 작은 일까지 살폈고 일찍이 유사有司에게 맡겨서 신문하도록 한 적이 없었다. 또 참설讒說이 해독을 끼침으로써 일이 대단히 중난하여 차마 말할 수 없는 것이 있었다."[198]라며 위관에

---

198 《백사집》 권3, 〈墓誌〉〈效忠奮義炳幾翼社奮忠秉義決幾亨難功臣 大匡輔國崇祿大夫議政府領議政 兼領經筵 春秋館 弘文館 藝文館 觀象監事 世子師 漢原府院君李公墓誌〉 "上連年逐日 親鞠絲毫以上 未嘗委有司淑問 又讒說甚撓 事有至難不忍言者"

게 위임하던 관례에 따르지 않고 국왕이 직접 주도한 추국을 했다고 비판받았다. 숙종 15년(1689) 박태보에게 행했던 숙종의 친국 역시 명분, 절차, 결과 등 종합적인 측면에서 부당한 절차로 진행되었고, 당대뿐 아니라 후대인들에게도 잘못된 친국의 사례로 기억되고 있었다. 숙종은 대신들과 법관들이 제안하는 추국의 관례들을 무시하고 자신의 의지에 따라 자의적인 방식으로 친국을 운영하게 되었는데, 친국이라는 절차에서는 전제국왕의 전제권력이 무단적으로 발현된 소지가 있었던 것이다.[199] 이 때문에 17세기 광해군 시기, 숙종 시기 일부 추국을 제외하고는 친국의 사례는 희소하였고, 대다수는 의금부 추국이나 정국의 형태로 진행되었다.

국왕이 직접 통제하지 않더라도 소규모의 정치 변란이나 역모 사건, 강상범죄 등은 국왕의 '위관 위임 추국'의 형식으로도 처리가 가능했다. 게다가 친국을 하게 되면 국왕의 전제권이 무절제하게 작용할 위험성도 가지고 있었다. 이 때문에 특별한 계기가 없는 한 '위관 위임 추국'의 형식이 주된 추국 형식으로 활용되어 왔다. 갑술환국, 목호룡 고변 사건 등 정치적 여파가 적지 않은 사건들에 대해서도, 위관을 통한 대리 운영이 가능하다고 판단하여 전통적인 방식을 고수해 왔다.

그러나 추국 운영은 영조 4년(1728) 무신란을 맞이하면서 그 운영방식에 변화를 가져올 수밖에 없었다. 조선 건국 이래 발생한 다수의 크고 작은 반란들에 대해 정부는 통치기구를 활용하여 적극적으로 대처해 왔다. 특히 17세기 초반 이괄의 난과 같은 사건은 본격적인 군사 쿠데타 시도로서 조선정부의 역량을 집결해야 하는 사건이었다.[200] 그러나 영조 4년 무신란은 사건의

---

199 한상권, 2023b, 〈《추안급국안》 자료의 신빙성 – 1689년(숙종 15) 박태보 친국 기록을 중심으로〉, 《한국문화》 102, 269쪽.

200 한명기, 2016, 〈李适의 亂이 仁祖代 초반 대내외 정책에 미친 여파〉, 《전북사학》 48, 131~133쪽 참조.

규모뿐 아니라 연루자들의 범위 등 심도와 범위의 측면에서 조선정부에겐 미증유의 사태였다.

이 무신란은 이전까지 조선국가가 경험했던 여러 가지 반란들과 비교하여 규모와 범위, 그리고 정치적 영향력이 극적으로 높은 사건이었다.[201] 즉위 직후 탕평을 정치이념으로 천명하고 당색 간의 절충을 모색하던 상황에서 정국에 불만을 품은 소론 강경파 계열이 민간과 결합하여 대규모 군사반란을 일으킨 것이다. 무신란이 이전의 역모와 차이가 있는 것은, 17세기 이래 민간에서 점차 확산되어 오던 '정감록 참위설'이 주된 사상적 동력으로 작용했다는 점이다. 양란 후 불안한 국내외 정세, 사회경제구조의 양극화로 인한 빈민의 생활고 등 여러 요소가 중첩되어 이씨왕조가 아닌 새로운 왕조를 희구하는 사상적 창발이 '정감록 참위설'이라는 형태로 발현되고 있었는데, 무신란 주동 세력이 이러한 지점을 활용하여 반란에 활용한 것이다. 단순히 일부 정치세력의 도전일 뿐 아니라, 민간의 저항까지 포괄한 무신란은 영조로서는 중대한 도전적 과제였다.

무신란은 《대명률》에서 규정한 십악에 명백하게 해당하는 역모행위였으므로 추국청이 설치되어 처리하였다. 그러나 무신란의 불씨는 여전히 삼남 지역에서 진화되지 않고 있었고, 연루자가 수백 명에 이르는 초대형 사건이라는 점에서 다른 사건들과는 차별되었다. 다시 말해 매우 위급하고 중대한 사건이었다는 것이다.

---

201 정만조, 1983, 〈영조대 초반의 탕평책과 탕평파의 활동: 탕평 기반의 성립에 이르기까지〉, 《진단학보》 56 ; 이종범, 1985, 〈1728년 무신란의 성격〉, 《조선시대 정치사의 재조명》, 범조사 ; 이근호 외, 1998, 《조선 후기의 수도 방위 체제》, 서울시립대학교 부설 서울학연구소 ; 고수연, 2007, 〈청주지역 영조 무신란의 동향〉, 《조선시대사학보》 42 ; 고수연, 2011, 〈1728년 호남 무신란의 전개 양상과 반란군의 성격〉, 《역사와담론》 60.

이 때문에 추국청의 운영 과정에서도 이전의 사건 처리와는 다른 방식을 택할 수밖에 없었다. 그중 하나가 추국의 형식을 국왕이 직접 주관하는 '친국'의 형태로 활용하였다는 점이다. 《추안급국안》의 기록에 따르면 1728년 3월 16일부터 다음 해인 1729년 3월 24일까지 총 1년 사이의 총 112일 동안, 119회의 추국을 진행하였다. 특히 무신란 추국의 독특한 점은, 친국의 비중이 급격하게 상승했다는 것에서 찾을 수 있다. 전체 119회 추국 중에서 의금부 추국 37회, 궐정추국 50회, 친국 32회로 진행되었는데, 기존 추국들에선 친국 사례가 거의 희소한 것에 비추어 본다면 약 30%를 상회하는 친국 비율은 주목할 필요가 있다.

게다가 친국 시행의 시기를 배열하면 그 의미가 더욱 분명하게 나타난다. 사건의 최초 추국인 1728년 3월 16일부터 5월 16일까지 2달 동안 총 57일, 63회의 추국이 열렸는데, 사실상 매일 추국을 연 것이라고 보면 된다. 이때 63회의 추국 중 위관에게 추국을 위임하는 궐정추국이 32회, 국왕이 직접 참석하여 주관하는 친림추국이 31회였으며, 국왕의 개입이 가장 덜 한 의금부 추국은 전혀 진행하지 않았다. 사건 발생 직후 위급상황에서 2개월 동안은 국왕이 사실상 모든 상황들에 대한 직접 통제권을 발휘하고 있었다.

그렇다면 여기서 검토해 보아야 할 점은 추국을 '친국'으로 운영했을 시, 어떠한 형정상의 효용이 있는가 여부이다. 조선국가는 무신란이라는 미증유의 사태를 처리하기 위해 기존에는 주로 활용되지 않던 친국을 적극적으로 활용하였다. 그렇다면 이러한 비상대책이 실제 사건통제에 어떠한 효용으로 작동하였을까?

무신란은 추국이 진행되는 과정과 역모 사건 진행이 동시에 일어났다는 현재성을 지닌다. 최초 추국 개시 이후에도 한 달 이상 삼남 지역에서 내전이 진행되었다. 1728년 3월 이후에도 여전히 무신란이 진행중이었고, 4월 말이 될 때까지도 군사반란이 종식되지 않았다. 대부분의 일반적인 소·중규모 역모 사건들은 포도청이나 지방관 단계에서 수사를 개시하면 동시에 사건이 종식되는 것과는 달리, 무신란은 수사와 사건진행이 동시에 이뤄지고 있었다. 영조 4년(1728) 3월 15일 "이때 급서急書가 여러 번 올라와 인심이 흉흉하여 두려워하고, 여러 적을 미처 잡지 못하여 조정에서 단서端緖를 예측하지 못한다."[202]고 하였는데, 이러한 사건의 미완결이라는 특수한 상황에서 국가는 신속한 대응과 즉각적인 의사결정 구조가 시급히 필요했다.

위급한 사건에 대한 신속한 의사결정은 '친국' 방식에서 더 유리했다. 의금부가 주관하게 하는 의금부추국이나 위관이 주관하는 정국에서는 추국 시마다 추안을 작성하여 입계하도록 하였다.[203] 국왕은 문서로 올라온 추안을 보고 재가를 내리거나 이후의 조치를 명하였다. 이러한 재가는 대체로 1일 이내에 처리되었으나 문서로 주고받는 과정이기 때문에 즉시성을 담보하기는 어려웠다. 예를 들어 영조 1년(1725) 장릉 방화범 최석산崔錫山 추국의 의사결정과정의 시간적 지체에 대해 검토해 보겠다. 이 사건의 조사는 영조의 명령에 의하여 11월 10일 의금부가 주관하는 금부추국의 형태로 시작되었다. 11월 10일 최석산·삼덕·문필한 등 총 11인을 심문한 뒤,[204] 추국청에서 당일에 진행한 추국의 경과를 정리하여 보고하였다. 당일의 추국에 대해 추국청이 나름대로 적절한 조치를 제안하였고, 영조가 이를 수용하거나 일부는 수정하여 계하하였다. 그리고 영조의 명령을 바탕으로 다음 날 11일 또다시 추국을 개시하였다. 위처럼 일반적으로 친국이 아닌 추국, 또는 정국 방식은 일일보고 형식으로 의사결정이 이뤄졌으므로, 최종 의사결정까지는 1일 정도의 시간차가 생기는 방식이었다.

---

202 《영조실록》 권16, 영조 4년 3월 15일 乙丑 "時急書屢上 人情洶懼 而諸賊未及就捕 朝廷莫測端緖"
203 김영석, 2013, 앞의 논문, 265~266쪽 참조.
204 《추안급국안》 영인본 권14 373~383면, 번역본 41권 50~64쪽.

그러나 친국을 하면 명령체계를 단순화함으로써 신속한 대응이 가능했다. 관리를 파견하고, 죄인의 처분을 결정하는 등 추국의 일반적인 과정에 대해서 국왕이 직접 현장에서 즉시 의사결정을 할 수 있었다. 예를 들어, 영조 4년 (1728) 무신란 추국에서 4월 14일 친국의 예를 검토해 보자. 영조는 4월 14일 사시(오전 9시~11시)~술시(오후 7~9시)까지 하루종일 친국을 시행하였다. 안황, 김옥성 등을 심문하여 자백을 받아내고 결안을 작성하여 부대시不待時로 사형처결하였다. 이뿐 아니라 김세윤, 김덕진 등을 심문하고, 연좌죄인을 처결하였으며 죄인 유배 및 석방 조치, 죄수 이관 조치 등을 지시하였다.[205] 이처럼 친국을 하면 심문, 결안, 처형, 최종처분, 죄수이관 등 다양한 종류의 추국 업무들을 일괄적으로 처분할 수 있었다. 별도의 보고체계를 거치지 않고 국왕이 즉각 현장에서 결정했기 때문에 일반적인 정국·의금부 추국보다 신속하고 광범한 업무 처리가 가능했던 것이다.

이러한 업무상의 장점이 뚜렷하기 때문에 무신란에 대해서도 국왕과 신료들 간의 '친국'에 대한 공통된 합의가 있었다. 무신란의 소식을 접한 이광좌, 조태억, 오광운, 홍경보, 이종성 등이 영조에게 즉시 조정에 추국청을 설치할 것을 요청하여 친국하기를 청하였고, 영조가 이를 허락하였다.[206] 이처럼 광해군·숙종이 신하들의 반대를 무릅쓰고 친국을 강행했던 양상과는 달리, 무신란의 경우는 영조 및 신료들이 사건의 시급성을 인지하고 친국의 필요를 체감했던 데에서 나온 공감대를 형성한 결과였다.

실제로 친국의 확대는 무신란을 통제하고 제어하는 데 효과적인 방법으로 작동했다. 초기진압 과정에서 군사적인 지휘 기능, 사건관련자들에게 대한 신속한 처벌, 이를 전교의 형식으로 배포하여 민심을 안정시키는 작용들이 신속

---

205 《추안급국안》 영인본 권15 150~168면, 번역본 43권 262~293쪽.
206 《영조실록》 권16, 영조 4년 3월 15일 乙丑.

하게 이뤄질 수 있었다. 무신란 시기 친국 확대는 '비상대책'으로써 효과적인 방식으로 작동했다고 평가할 수 있다.

그러나 영조 4년(1728) 무신란에 대한 친국조치는 상황에 대한 임시적 긴급조치였다. 이 때문에 영조 4년 무신란 이후 영조 14년까지 규모나 시급성 면에서 중대하지 않은 추국에 대해서는 '위관 위임 추국'의 형식으로 대리하게 하였다. 그러나 정치적으로 민감한 사건에 대해서는 국왕이 직접 개입해야 한다는 입장을 가지고 있었다. "이전(무신란)에도 친국親鞫한 까닭에 옥사가 또한 과람過濫하지는 않았었다. 윤득형과 박필욱은 간사하여 용서할 수 없다. 한 번 친국은 하고 싶지만, 파리〔蠅〕에게 성을 내어 칼을 뽑는 격에 가깝다. 그러나 내가 스스로 수습한 다음에야 바야흐로 뒷말이 없을 수 있다."207라며 당쟁으로부터 비롯된 사건은 국왕이 직접 친국해야 후폐가 없다는 입장이었다. 대체로는 사건주도자의 영향력이 미비하거나 당습과 직접 연관된 사건이 아닌 경우는 친국을 하지 않았는데, 이는 "파리〔蠅〕에게 성을 내어 칼을 뽑는 격"이었기 때문이었다.

그러나 영조 14년(1738) 무신란 잔당이라고 의심을 받은 양시박楊始搏 추국이 발생하면서 추국 운영의 추이가 바뀌어 가기 시작했다. 무신란을 국왕 정통성에 대한 중대한 도전이라고 여겼던 영조에게 무신란의 반왕反王 기조를 이어가는 연계사건은 결코 가볍게 여길 수 있는 사안이 아니었다. 영조는 "이는 가볍지가 않으니 양시박을 친국하는 일을 거행하라."208라며 친국으로 개시할 것을 명하였고, 이후 7월 1일~5일 동안 총 네 차례의 추국을 모두 직접 참석하여 친국으로 진행하였다. 이처럼 영조는 점차 왕권에 대해 도전적인 역모 사건들을 더 이상 추국청에 위임하기보다는 직접 친국하여 처분하겠다

---

207 〈영조실록〉 권23, 영조 5년 7월 25일 戊辰 "向來觀鞫之故 獄事亦不濫矣 得衡 弼彧 奸詐不可赦 矣 欲一親鞫 而近於怒蠅拔劍 然予自收殺 然後方可無後談矣"
208 《승정원일기》 874책, 영조 14년 7월 1일 辛亥 "此係不輕 楊始博 親鞫事擧行"

는 의지를 나타냈다. 이러한 과정 속에서 역모사건을 다루는 추국의 관행을 점차 간접 통제방식에서 직접 통제방식으로 변화시켜 갔다. 이에 친국의 비중을 점차 늘려가더니 이후 영조 15년부터의 추국에서는 친국 비중을 더욱 강화하고 모든 추국 사건에 대해 국왕 영조가 직접 통제하도록 조치하였다.

그러나 동시에 친국 확대에 대한 신료들의 반대 의견도 제기되고 있었다. 영조 15년(1739) 정언 성유열成有烈 추국은 친국을 둘러싼 영조와 신료들 간의 갈등이 극화된 사례이다. 그 발단은 성유열이 올린 상소의 내용에서 비롯되었다. 성유열은 무신란 이후로 지속적으로 무신란의 연장선이라 할 수 있는 역모 사건이 발생하는 이유를 영조의 형정이 지나치게 온화하기 때문이라고 지적하였다. 일례로 신임사화 처분에서 김일경, 목호룡만을 사형하고 나머지 잔여 소론을 온화하게 처분하였기에 지속적으로 문제의 소지가 남아 있다는 것이다. 이러한 온건 처분 기조가 유지되면 앞으로도 영조에 대한 역모가 지속적으로 이어질 것이기에, 역모 처분에서는 포괄적이고 엄격하게 대처할 것을 주문하였다.

그러나 성유열이 직접 배척할 목표로 삼은 사람은 소론 이종성이었다. 이종성은 그의 부친 이태좌를 위해 장악원掌樂院에서 사적인 연회를 열 때 아악雅樂뿐 아니라 종묘 제례악을 연주하였다는 혐의를 받고 있었다. 개인의 사적인 목적을 지닌 연회에서 장악원의 인력을 함부로 동원하고 국가제례에서 사용되는 아악과 종묘제례악을 연주한 것은 예에 크게 어긋난다는 논의였다. 이 때문에 이종성의 행위에 대해 즉시 귀양을 보내야 한다고 주장하였다.209

영조에게 이 상소는 영조가 견지해 오던 탕평책에 대한 간접적 비판이기도 하였다. 무신란 이후 소론의 명맥을 유지하던 이광좌, 이태좌의 후손인 이종성에 대한 비판이었다. 그동안 영조가 노론과 소론의 균형을 맞추고자 소론에

---

209 《추안급국안》 영인본 권20 309~313면, 번역본 58권 267~273쪽.

대한 처벌을 온건히 하고 명맥을 유지시켜 주었는데, 성유열은 이러한 탕평책의 연장선으로서의 관대한 형정이 결과적으로 역모의 발단이 되었다고 지적한 것이다.

더욱 문제가 된 부분은 영조의 이러한 정책적 방향을 "화란禍亂이 일어나는 것은 이륜彝倫이 먼저 없어진 데에서 말미암은 것"[210]이라고 표현한 부분이었다. 안 그래도 직전 년도인 영조 14년(1738)에 무신란의 잔당으로 여겨진 양시박 추국이 발생하여 정국이 수선스러운 상황에서 성유열은 국왕에게서 '이륜彝倫이 먼저 없어졌기' 때문에 이러한 역모가 반복된다고 비판한 것이다. 이륜彝倫이란 《서경》〈홍범〉편에 나오는, 상제가 통치의 권한으로 내려준 핵심 가치이다. 상제가 진노하면 이륜이 무너지고, 상제가 통치에 적합한 자를 선택하여 홍범구주를 내려주면 이륜이 회복된다는 논리이다.[211] 성유열이 영조에게 '이륜이 먼저 없어졌다'라고 이야기를 한다는 것은 '영조의 정치에 상제가 진노하였으니 곧 나라가 망할 것이다'라는 뜻을 내포하고 있는 것이었다.

이에 대해서 영조는 성유열의 뜻을 간파하고 진노하였다. "난역亂逆을 다스리지 못한 것을 나의 잘못이라고 하고, 이종성의 일을 나의 잘못이라고 하고, 을사년 이후에 유봉휘를 복관하고 육적六賊을 육지로 나오게 한 것을 모두 나의 잘못이라고 하였다."[212]라며 국왕 자신에게 모든 역모의 원인을 돌리는 발언이라고 보았다. 이에 성유열의 상소 내용을 판부사 김홍경, 좌의정 김재로, 판부사 송인명, 우의정 유척기에게 보여 그 본의를 파악하게 하였고, 대신들

---

210 《승정원일기》 899책, 영조 15년 10월 11일 甲申 "禍亂之興 專由於彝倫之先亡"

211 《서경》〈周書〉〈洪範〉 "箕子乃言曰 我聞在昔鯀陻洪水 汩陳其五行 帝乃震怒 不畀洪範九疇 彝倫攸斁 鯀則殛死 禹乃嗣興 天乃錫禹洪範九疇 彝倫攸敍"

212 《승정원일기》 899책, 영조 15년 10월 11일 甲申 "不治亂逆 謂予之過 宗城之事 謂予之過 乙巳後 復柳鳳輝官 出六賊於陸 皆是予之過云"

도 상소에 적힌 발언들의 과격함을 지적하며 성유열이 잘못했다고 지적하였다. 이러한 의견에 힘입은 영조는 성유열의 발언이 이미 역모죄에 해당되기에 직접 친국을 열어 처벌하겠다고 선언하였다.

그러나 영조의 정언 성유열 친국 선언에 대해 신료들은 완강하게 반대하였다. 그 근거는 크게 두 가지였다.

첫 번째, 대간의 상소 내용을 빌미로 삼아 역모죄를 성립시키는 것은 조선의 전통적인 권력 견제 구조를 훼손한다는 논리였다. 좌의정 김재로는 "대체로 볼 때, 잘못하였으니 죄주어야 합니다. 그렇지만 신의 이 말은 성유열을 아껴서가 아니라 그 관직을 안타깝게 생각하는 것입니다."[213]라며 성유열의 상소 내용은 잘못되었으나 상소 내용을 문제삼아 대간을 처벌할 수는 없다고 주장하였다. 그리고 우의정 유척기 역시 "조정에서 관직을 설치하고 직임을 나눈 것은 각기 그 책임이 있으니, 이미 간언하는 직임을 맡겼는데 또다시 국문한다면 그로 인한 폐단은 이루 말할 수 없을 것입니다."[214]라며 대간권을 훼손하는 조치라고 지적하였다. 또 판의금부사 조현명도 "간관諫官을 국문하는 일은 훗날 폐단에 크게 관계됩니다. 그리고 사물을 접할 때마다 왕세자를 가르치는 때에는 더욱 심사숙고해서 처리해야 합니다."[215]라며 간관을 국문하는 일은 이후의 왕대들의 전범이 될 수 있으므로 더욱 조심해야 한다고 주장하였다. 이처럼 영조가 대간을 다른 죄가 아닌 상소의 내용을 빌미로 국문하려고 한 시도는 여러 관료들에게 조선의 전통적인 권력구조를 훼손하는 부당조치로 여겨졌고, 완강한 반대에 부딪혔다.

---

213 《승정원일기》 899책, 영조 15년 10월 11일 甲申 "大體非則罪之 而臣之此言 非惜有烈 惜其官也"

214 《승정원일기》 899책, 영조 15년 10월 11일 甲申 "朝家之設官分職 各有其責 旣畀言職 又復鞫問 其流之弊 有不可勝者"

215 《승정원일기》 899책, 영조 15년 10월 12일 乙酉 "諫官鞫問 大關後弊 當此遇物輒誨之時 尤宜益 加三思而處之矣"

두 번째, 영조가 직접 점차 친국의 비중을 확대하는 것은, 국왕의 전제권이 확장되는 단초가 될 수 있다는 이유 때문이었다. 영조는 성유열이 이륜을 논하며 자신을 직접 비판한 행위는 역모 행위에 해당한다고 보았다. 그리고 이는 역모죄로 볼 수 있기 때문에 설령 그가 대간이라 할지라도 친국을 해야 한다고 주장하며[216] 본인이 직접 참석하고 주관하는 친국을 강행하고자 하였다. 그러나 친국 선언에 대하여 신료들은 다양한 근거를 내세우며 반대하였다.

판의금부사 조현명은 영조가 지나친 권력을 행사한다는 점을 우려하였다. "지금 전하께서는 도리어 파리에게 화를 내어 칼을 뽑는 일을 하시는 것입니까."[217]라며 전혀 분노할 일이 아닌 성유열의 상소에 대해 심각하게 조치한다고 비판하였다. 판중추부사 김흥경 역시 "신들이 어찌 그를 옹호하는 뜻이 있겠습니까. 다만 성상께서 혹 지나친 조처가 있으실까 걱정한 것입니다.",[218] "전하께서 어찌 이렇게 말씀과 기운(辭氣)을 지나치게 쓰신단 말입니까."[219]라며 영조의 친국 시도는 사적인 감정을 내세워 권력을 남용하는 일이라고 보았다. 좌의정 김재로는 "친국이라는 두 글자는 아무래도 지나칩니다."[220]라며 친국을 반대하였고, 우의정 유척기는 "그가 사용한 문자가 적절하였는지는 모르겠으나 설령 이종성을 논척할 때 이보다 더 심한 문자를 사용했다손 치더라도 어찌 친국하는 지경에 이르겠습니까."[221]라며 친국 조치에 대해 반대하였다.

---

216 《승정원일기》 899책, 영조 15년 10월 11일 甲申 "渠旣犯逆 則雖曰臺官 何可不鞫 李觀厚 曾亦鞫問矣 只斥宗城 則可也 而敢以彝倫之說 陳於今日乎"

217 《승정원일기》 899책, 영조 15년 10월 11일 甲申 "今殿下 乃爲此怒蠅拔劍之事乎"

218 《승정원일기》 899책, 영조 15년 10월 11일 甲申 "臣等 豈有扶之之意 只恐聖上 或有過擧矣"

219 《승정원일기》 899책, 영조 15년 10월 11일 甲申 "殿下 何如是過用辭氣耶"

220 《승정원일기》 899책, 영조 15년 10월 11일 甲申 "親鞫二字 終涉過矣"

221 《승정원일기》 899책, 영조 15년 10월 11일 甲申 "此乃指宗城而言也 其用文字 未知襯着 而設令論斥宗城之際 雖用過於此之文字 豈至鞫問之境乎"

그러나 영조는 신료들의 친국 반대를 수용하지 않고 음식을 끊고 단식을 하겠다는 분위기를 조성하여, 결국 자신의 뜻대로 성유열을 친국할 수 있었다.[222] 영조의 강행 하에 친국이 개시되었고 신료들은 친국은 하더라도 성유열에 대한 고신은 가해선 안 된다고 극력 간청하였다. 그리고 성유열의 간언에 대해 불편한 감정을 가진 이종성의 사촌동생 원경하元景夏조차도 당색을 초월하여 간관 성유열에 대한 고신은 불가하다고 호소하였다. 이에 영조는 원경하의 호소를 받아들여 고신을 중지하고 성유열을 사판(仕版: 벼슬아치의 명부) 삭거하는 조치로 마무리하였다.[223]

성유열 사건은 영조 초기 당파를 화합시키기 위해 노론·소론·남인 당파 소속 정치인들을 조제(調劑: 분쟁을 중간에서 화해하게 하거나 서로 타협점을 찾아 합의하도록 함)하려고 노력했던 영조의 탕평책[224]이 실패하고 있다는 비판에 대한 영조의 대응이었다. 실제로 영조 4년(1728) 무신란과 그 후속 사건인 영조 14년(1738) 양시박 사건으로 격화되고, 그 사건 발생에 대한 책임이 영조 본인에게 있다는 성유열의 상소가 이어지면서 영조의 탕평정치에 대해 의심하는 의견이 제기되고 있었다. 이처럼 영조 15년 무신란의 연계 사건과 후속 논란이 이어지자 영조는 모든 추국을 직접 통제하기로 결정한다. 위관을 위시한 관료들에게 추국을 맡긴다면 해당 사건의 실상에 대해 국왕이 직접 알 수 없게 되므로 "직접 신문하는 것 외에는 다른 방법이 없으니, 어찌 신문하지 않을 수 있겠는가."[225]라며 본인이 모든 추국에 대해 직접 통제하겠다는 입장을 전개하였다.

영조 15년(1739) 성유열 친국을 둘러싼 영조-관료 간 갈등의 축은 '국왕

---

222 《영조실록》 권50, 영조 15년 10월 11일 甲申.
223 《영조실록》 권50, 영조 15년 10월 12일 乙酉.
224 박광용, 1998, 앞의 책, 295쪽.
225 《승정원일기》 904책, 영조 15년 12월 26일 戊戌 "親問外無他道 何可不問乎"

권력의 전제화' 문제였다. 영조는 즉위 이래 지속적으로 재발하는 당쟁 관련 역모사건들이 탕평정국을 위해하고 있었으므로 국왕이 직접 명명백백한 처분을 내릴 필요가 있음을 인식했다. 그러나 관료들의 입장에서 '친국'은 국왕 개인의 자의적인 개입이 높아질 수 있는 위험한 방식이었다. 이미 숙종 15년(1689) 박태보에 대한 위법적인 물고로 친국의 자의적인 활용의 위험성이 비판받아 온 상황에서, 영조의 친국 확대 시도는 위법적 형정이 재현될 위험을 지녔기 때문이었다.

<표 9> 선조~영조 대 추국 운영 상세 방식 내역

	선조	광해군	인조	효종	현종	숙종	경종	영조
친국 횟수				8		11		271
정국 횟수	1		142	10		106		68
삼성추국 횟수	1	2	7					
의금부추국 횟수	2	30	159	32	3	302	27	361
총 추국 횟수	4	32	308	50	3	421	27	700
친국 비율	0%	0%	0%	16%	0%	2.6%	0%	38.6%

*출전 : 《추안급국안》[226]

위의 표에서도 확인할 수 있듯이 영조는 전대의 국왕들과 비교하여 매우 높은 비율로 친국을 활용하였다. 구체적으로 분량이 많은 인조·숙종 대와 비교해 보면 친국의 경향이 두드러지게 확인된다. 《추안급국안》 내에서 인조 대에는 30개 사건에서 총 308차례 추국을 개시하였는데, 그중에 친국을 시행한 경우는 발견되지 않았다. 숙종 대 51개 《추안급국안》 사건에서는 불과 4개 사건에서 11회만 친국이 활용되었고, 대다수는 궐정추국과 금부추국의 형식

---

226 위 표의 추국 종류는 《추안급국안》에 수록된 사건만을 분석대상으로 삼았음을 밝힌다. 《실록》, 《승정원일기》 등에 간헐적으로 제시된 추국 사건은 정량적으로 추국 종류 분석이 가능하지 않은 상황이었기에 포함시키지 않았음을 밝힌다. 그러므로 이 표가 해당 국왕 재위기의 모든 추국을 표현한다고 보기보다는, 대략적인 경향을 보여 준다고 이해하는 편이 타당하다.

으로 진행되었다. 이를 전체 횟수로 상계하면 숙종 대에는 총 51사건, 421회 추국 중 친국은 불과 4사건 총 11회인데, 전체의 2.6%에 불과한 비율로 친국이 진행된 것이다. 이는 숙종 15년(1689) 박태보 물고 사건에서 숙종이 친국을 폭압적으로 운영한 이후 신하들이 지속적으로 친국을 반대해 온 결과였다.[227] 이처럼 영조 재위 이전까지 친국이라는 절차는 국왕의 전제권을 상징하는 부당한 과정으로 여겨지고 있었고 신료들의 지속적인 견제를 받아왔다.

그러나 영조 대에는 총 85개 사건, 700회의 추국 중에서 38.6%에 달하는 271회의 추국이 친림추국으로 진행되었다. 이러한 급격한 변화에 대해 어떻게 이해해야 할까? 이를 이해하기 위해 영조 대의 각 사건 당 추국기록을 통해 추이를 살펴보자.

<표 10> 영조 대 추국의 집행 방식 상세 내역

시기	사건명	친림추국 횟수	궐정추국 횟수	금부추국 횟수	총 추국 횟수
영조 즉위	이의연 추국			4	4
영조 즉위	김일경·목호룡 추국	1	2	2	5
영조 1	방만규 추국	2			2
영조 1	목시룡 추국		2	25	27
영조 1	조덕린 추국			2	2
영조 4	무신란 추국	32	50	37	119
영조 5	황소 추국	3	3	1	7
영조 5	기유년 추국			12	12
영조 5	이석효 추국	1			1
영조 6	세국 추국			5	5
영조 6	경술년 추국	25	5	77	107
영조 7	신해년 추국			25	25
영조 7	성탁 추국	1		7	8
영조 7	김삼금 추국			2	2
영조 9	이제동 추국			15	15
영조 9	계축년 추국	3		11	14
영조 9	원팔 추국	2	1	12	15

227 한상권, 2023b, 앞의 논문, 230~233쪽 참조.

시기	사건명	친림추국 횟수	궐정추국 횟수	금부추국 횟수	총 추국 횟수
영조 9	김계보 추국			10	10
영조 9	심건이 추국	2	2	9	13
영조 10	서무필 추국	2	2		4
영조 10	남극 추국			27	27
영조 12	병진년 추국	1		6	7
영조 12	최하징 추국			2	2
영조 12	최석산 추국			2	2
영조 13	김성탁·안세복 추국	1		8	9
영조 14	양시박 추국	4			4
영조 15	성유열 추국	1			1
영조 15	김태성 추국	16		7	23
영조 16	박동준 추국	2		2	4
영조 16	양재구 추국			2	2
영조 16	김원재 추국	3			3
영조 16	노택 추국			2	2
영조 17	여문표 추국			4	4
영조 17	이광의 추국	1			1
영조 17	송익휘 추국	3		1	4
영조 17	이광덕 추국	1			1
영조 18	민창수 추국	1			1
영조 19	김은창 추국			4	4
영조 20	윤광천 추국	1			1
영조 21	이득중·조징 추국	2		3	5
영조 21	홍우집 추국	1			1
영조 21	팔금 추국	3			3
영조 24	이지서 추국	4		5	9
영조 24	윤용리 추국	3		2	5
영조 25	안변 전패작변 추국			2	2
영조 25	권숭 추국	5		1	6
영조 27	김정구 추국	1			1
영조 28	윤봉오 추국	1			1
영조 28	이세희 추국	1			1
영조 29	남태적 추국			1	1
영조 29	조관빈 추국	1			1
영조 31	윤지 추국	20			20
영조 31	심정연 추국	31		3	34
영조 31	강유 추국	4			4
영조 31	선우신 추국	3			3
영조 31	이성 추국	5			5

시기	사건명	친림추국 횟수	궐정추국 횟수	금부추국 횟수	총 추국 횟수
영조 32	이온 추국	2		4	6
영조 32	박석명 추국			3	3
영조 32	이운징 추국	11			11
영조 32	이지완 추국	7			7
영조 33	홍술인 추국			1	1
영조 34	김봉갑 추국			3	3
영조 34	김경약 추국	1		1	2
영조 35	유함 추국	2			2
영조 35	전석조 추국	3			3
영조 35	현창 추국	2			2
영조 35	김석태 추국	4			4
영조 36	변치원 추국	2			2
영조 36	신후일 추국	5		1	6
영조 37	이정 추국	2		1	3
영조 39	배윤현 추국			2	2
영조 39	전유득·김중광 추국	1			1
영조 39	주영흥 추국	2			2
영조 39	심내복 추국	10		3	13
영조 40	이여대 추국	6			6
영조 40	홍득여 추국	4			4
영조 40	이태정 추국	3			3
영조 42	이정섭 추국		1		1
영조 44	황응직 추국	1			1
영조 47	고세양 추국	5			5
영조 48	한필수 추국	1			1
영조 48	유언민 추국	1			1
영조 48	권도 추국	1			1
영조 51	황택인 추국	1		1	2
영조 51	박규수 추국			1	1
합계	85건	271회	68회	361회	700회

*출전 : 《추안급국안》[228]

228 해당 추국의 이름은 《추안급국안》 번역본의 표제명에 제시된 인물의 이름을 따서 기재했다. 예를 들어 번역본에 〈임신년, 죄인 이세희 등 추안〉라고 기재한 경우는 〈이세희 추국〉이라고 적었고, 번역본에 〈계미년, 죄인 전유득, 김중광 등 추안〉이라 적힌 경우는 인물의 이름을 따서 〈전유득·김중광 추국〉이라고 적었다. 만약 번역본에 이름없이 〈경술년, 역옥 추안〉으로 나온 경우는 〈경술년 추국〉과 같이 기재하였다.

위는 영조시기 《추안급국안》에 실린 85건의 사건에 대한 추국 기록이다. 위는 영조 시기 각 사건의 추국이 어떤 양상으로 시행되었는가를 시계열적으로 확인할 수 있는 표이다.

위에서 첫 번째로 확인할 수 있는 특징은, 영조는 재위 직후부터 적극적으로 추국을 국왕이 직접 주관하는 '왕옥'으로 장악하려고 했다는 점이다. 영조 즉위년(1724) 김일경·목호룡 추국은 본래의 관행에 따라 정국과 의금부 추국으로 3일 동안 진행되었다. 그러나 전 좌랑 이태징李台徵의 상소,[229] 유학 홍득일洪得一 등의 연명상소[230], 우의정 조태억의 상소와 양사의 상소[231]에서 친국을 연이어 청하였다. 김일경·목호룡 등 노론을 축출하는 신임사화辛壬士禍의 주동자들을 강력하게 처벌해달라는 노론 세력의 정치적 공세였던 것이다. 그러나 영조 역시 이 기회를 통해 신임의리를 명백히 하고 왕권을 분명하게 선언하겠다는 의지로 친국을 시행하였다.[232]

영조는 이러한 친국 기조를 점차 확대해 갔다. 이듬해인 영조 1년(1725) 1월 김일경·목호룡을 옹호한 세력을 처벌해달라고 상소한 조지서 별제 방만규方萬規의 상소에서 불충한 부분이 문제가 되었는데, 영조는 이를 지적하면서 친국을 지시하였다. 우승지 이성조李聖肇, 좌승지 홍호인洪好人이 친국 시행에 대해 반대하였으나, 영조는 두 차례의 친국을 강행하였다.[233] 이처럼 영조는 전대 국왕인 숙종·경종 대부터 이어져 내려오는 당쟁의 폐습을 혁파하고 명명백백한 처분을 위해서 국왕이 직접 친국을 해야 한다고 여기고 있었고 이는 실제 형정 운영에서도 발현되고 있었다.

---

229 《영조실록》 권2, 영조 즉위년 12월 5일 甲戌.
230 《승정원일기》 581책, 영조 즉위년 12월 6일 乙亥.
231 《영조실록》 권2, 영조 즉위년 12월 7일 丙子.
232 《영조실록》 권2, 영조 즉위년 12월 7일 丙子.
233 《승정원일기》 585책, 영조 1년 1월 16일 乙卯.

이러한 국왕의 추국 장악 기조는 영조 4년(1728) 무신란, 영조 6년(1730) 경술역옥을 겪으면서 더욱 강화되었다. 해당 사건들은 단지 당쟁에 그치는 것이 아니라 국가의 명운이 달린 중대한 사건이었으므로 국왕이 직접 친국으로 개입하는 것이 당연하였다. 영조는 친국의 필요성에 대해 "특별히 친국하도록 명한 것은 대체로 그 사건을 엄중히 다루기 위한 것이며, 마침내의 처분은 실제로 옛날의 관대한 은혜를 체득體得하려 한 것이다."[234]라며 정당화 하였다. 이에 따라 점차 국왕이 직접 친국을 해야 한다는 필요성이 대두되었고 점차 형정상에도 반영되게 되었다.

두 번째로 확인할 수 있는 점은 크게 세 시기를 거치면서 점차 친국 중심의 추국으로 전환되어 가고 있었다는 것이다. 위의 표를 크게 세 시기로 구분하자면 영조 즉위년~13년, 영조 14년~30년, 영조 31~52년으로 나눌 수 있는데, 이 기점들을 지나면서 점차 친국의 비중이 높아지고 확대되고 있었다는 점이다.

<표 11> 영조 재위기 추국 종류의 비율 추이

	영조 즉위년~13년	영조 14~30년	영조 31~52년	합계
친림추국 횟수	76	55	140	271
궐정추국 횟수	67		1	68
금부추국 횟수	301	36	24	361
총 추국 횟수	444	91	165	700
친국 비율	17.1%	60.4%	84.9%	38.6%

*출전 : 《추안급국안》

영조 즉위년~13년 사이에는 영조의 친국 의지가 발현되면서도 대체로는 궐정추국과 금부추국이 주로 시행되고 되고 있었다. 영조 4년(1728) 무신란,

---

234 《영조실록》 권44, 영조 13년 6월 12일 己巳 "特命親鞫 蓋爲嚴其事 而畢竟處分 實體昔年寬大之恩也"

영조 6년(1730) 경술역옥 등의 대형 사건에서 친국이 다수 개입되었지만, 근본적으로는 위관에게 추국을 대행하게 하는 추국이 행해졌다. 그러나 영조 14년(1738) 무신란을 옹호하는 세력이 발각된 양시박 추국이 진행되면서 영조는 무신란의 잔당을 해소하기 위해선 직접 친국을 확대해야 한다고 생각하였다. 이에 신료들이 반대를 무릅쓰고 점차 친국의 비중을 높여 가면서 금부추국과 적절히 혼합하여 운영하였다. 영조가 모든 추국을 직접 장악해야 한다고 생각한 계기는 영조 31년(1755) 을해옥사이다. 영조는 "기력이 쇠약하고 고달픈 것을 돌보지 않고 날마다 친국을 하는데 내가 어찌 즐거워서 그렇게 하겠는가? 진실로 그 흑백黑白을 분변하려는 것이다."[235]라면서 명명백백하게 사건을 판단하기 위해선 불가피하게 친국을 확대해야 한다고 주장하였다. 이처럼 영조 재위기의 추국의 운영은 친국의 비율이 17.1% → 60.4% → 84.9%의 비율로 증가하며 명실상부한 '왕옥'으로써의 역할을 확고히 하게 되었다.

친국은 상징적으로는 직접 추국을 주관한다는 차원에서 왕옥으로써의 의미를 가지는 것이고, 실질적으로는 중대사건의 심각성을 직접 국왕이 판단함으로써 해당 사건의 처분 방향을 직접 결정하게 한다는 데에 있었다. 상징적, 실질적 의미 두 가지 측면 모두 결과적으로 추국을 국왕의 이름으로 공정하고 명백하게 수행하겠다는 본래의 취지에 잘 부합하는 방식이었다.

정리하자면, 영조는 즉위 초기부터 적극적으로 친국을 시행하여 추국을 '왕옥'으로 장악하고자 하였다. 특히 영조 4년(1728) 무신란, 영조 6년(1730) 경술역옥 등을 겪으며 국왕이 직접 개입해야 할 필요성을 절감하였고, 이에 신료들의 반대에도 불구하고 지속적으로 친국을 확대해 나갔다. 영조 재위기 동안 친국의 비중은 점진적으로 증가하여, 영조 31년(1755) 을해옥사를 기점으로 대부분의 추국은 친국 형태로 이루어지게 되었다. 이는 추국을 국왕의 이

---

235 《영조실록》 권83, 영조 31년 2월 25일 己巳 "不顧衰憊 逐日親鞫 子豈樂爲 誠欲辨其黑白也"

름으로 공정하고 명백하게 수행하려는 영조의 의지가 반영된 것으로, 추국이 명실상부한 '왕옥'으로 자리매김하게 되는 계기가 되었다.

2) 악형惡刑·남형濫刑의 퇴조

추국 과정에서는 피의자의 자백을 이끌어내기 위해서 다양한 방식의 심문이 시행되었는데, 이는 평문, 고신, 악형이 계서적 관계로 구조화되어 있었다. 심문관이 피의자를 직접 심문하는 평문平問, 관련자 간 상호 진술하게 하는 대질對質은 신체타격없이 대화로 심문하는 방식이고, 법으로 정해진 방식으로 신체에 타격을 가하며 심문하는 고신拷訊은 법정형法定刑이었으며, 법외지형法外之刑인 악형惡刑도 시행되었다.[236]

악형으로 통칭되는 방식은 법으로 규정되지 않은 법외 고신 방식이었으나, 조선 시기 공공연하게 활용되었다. 무릎 위를 무거운 물체로 강하게 누르는 압슬형壓膝刑, 뜨거운 철로 신체를 지지는 낙형烙刑은 추국청에서 국왕의 재가 하에 활용되는 악형이었다. 압슬형과 낙형은 15세기부터 중대죄인에게 활용되었고, 16세기 중엽부터는 추국청에서 역모사건 관련자에게 한정하여 활용하고 있었다. 압슬형, 낙형은 15세기까지 중앙형사기관, 수령 등 각종 주체가 규제 없이 활용했던 양상에서 벗어나, 16세기 후반에는 역모 사건 등 중대 사건에 대하여 국왕의 승인을 받아 의금부 추국청에서만 압슬형, 낙형을 결합하여 활용하는 방식으로 확정되었다. 비록 그 법적인 타당성은 불충분했지만 악형은 조선 전기 이래로 조사·심문제도의 한 부분으로서 기능을 해왔다.[237]

---

236 한상권, 2023b, 앞의 논문, 250쪽.
237 정진혁, 2022a, 앞의 논문, 205쪽.

그렇다면 악형이 법외 방식임에도 불구하고 조선 전기 때부터 꾸준하게 사용된 이유는 무엇일까? 이에 대해서는 추국청 기록인 《추안급국안》의 심문 사례들을 종합적으로 검토하여 그 효과를 검토해 보고자 한다. 추국청에서 압슬형, 낙형이라는 악형은 아무런 조건 없이 쉽게 행해지는 것이 아니었다. 추국청에 소환된 피의자에게는 원칙적으로 신체타격 없는 평문平問을 하도록 되어 있었다. 만약 평문 단계에서 피의자의 진술이 국가가 원하는 수준에 도달하지 못했을 때, 법전에 기재된 신장을 동반한 고신拷訊이 행해졌다. 이처럼 평문·고신 단계를 지나서도 자백하지 않는 경우에는 법외악형인 압슬형, 낙형이 가해졌다. "반드시 여러 차례 형장刑杖을 시행한 뒤에 압슬하는 것이 상례이다."[238]라는 말처럼 일반 고신을 충분히 시행하여 최대한 법정 방식으로 자백을 유도하되, 그렇지 않은 경우에는 법외악형을 시행하게 된다. 이는 압슬형, 낙형이 지닌 심문도구로써의 최후적 성격을 보여 준다.[239]

그렇다면 악형은 실제로 어떠한 효과를 가지고 있었을까? 이를 가장 확연하게 보여 주는 사례는 악형의 고통을 이기지 못하고 자백한 사례들이다. 예를 들어 광해군 즉위년(1608) 임해군의 서기로 일했던 김천우는 고신 2차 총 60대의 신장을 맞으면서도 자백을 거부하다가 압슬형 1차, 낙형 1차를 당하자 곧바로 자백하였고,[240] 인조 2년(1624) 유학 성탁은 고신 3차 총 90대의 신장을 맞으면서도 자백을 거부하다가 압슬형 1차, 낙형 1차를 당하고 자백하였으며,[241] 숙종 27년(1701) 나인 시영은 고신 2차 총 60대의 신장을 맞으면서도 자백을 거부하다가 압슬형 1차를 당하고 자백하였다.[242] 위의 경우는

238 《광해군일기(중초본)》 권17, 광해 4년 2월 21일 丙戌 "然必刑杖累次刑訊 然後壓膝 例也."
239 정진혁, 2022a, 앞의 논문, 205쪽.
240 《추안급국안》 영인본 권1 421면, 번역본 2권 414쪽.
241 《추안급국안》 영인본 권2 530면, 번역본 5월 390쪽.
242 《추안급국안》 영인본 권12 394면, 번역본 35권 140쪽.

비교적 고신 대수가 적은 상황에서 악형을 이기지 못하고 자백한 경우이다.

악형은 상당한 양의 고신을 참았던 이들에게도 자백을 이끌어내는 효과가 있었다. 예를 들어 인조 2년(1624) 세마 박지장은 고신 4차 총 120대의 신장을 맞으면서도 자백을 거부하다가 압슬형 1차 15대를 맞고는 자백하였고,[243] 인조 9년(1631) 권락은 역모 협조 혐의로 고신 8차, 총 240대를 맞고도 자백을 하지 않다가 압슬형 2차 30대, 낙형 2차 30대 등 악형을 당하자 결국 자백을 하였다.[244] 이처럼 많게는 240대까지 신장을 맞으면서 자백을 하지 않고 버티던 피의자들조차 악형의 고통을 견디지 못하고 끝내 자백하는 모습을 확인할 수 있다.

〈표 12〉 악형 예고에 의한 자백자 명단

연도	성명	신장 대수	자백계기	결과
인조 9년(1631)	유학 문일광	90대	압슬형 위협	자백 후 사형
인조 24년(1646)	어영군 김학	60대	압슬형 위협	자백 후 사형
인조 25년(1647)	천인 자근춘	30대	압슬형 위협	자백 후 사형
효종 2년(1651)	장흥부사 안철	90대	압슬형 위협	자백 후 사형
효종 2년(1651)	승려 보상	120대	낙형 위협	자백 후 사형
영조 4년(1728)	양반 김덕삼	40대	낙형 위협	자백 후 사형
영조 6년(1730)	존위 이동혁	34대	낙형 위협	자백 후 사형
영조 6년(1730)	첨지 송지락	13대	낙형 위협	자백 후 사형

*출전 : 정진혁, 2023, 〈숙종 대 부당형벌 논란과 형정운영의 변화〉, 《법사학연구》 68, 86쪽 〈표 1〉 인용

더 나아가 악형은 시행 예고만으로도 피의자들에게 공포감을 심어 주어 그들로부터 자백을 이끌어 내는 효과가 있었다. 인조 9년(1631) 유학 문일광, 효종 2년(1651) 장흥부사 안철, 승려 보상의 경우 각기 90, 90, 120대라는

---

243 《추안급국안》 영인본 권3 495면, 번역본 8월 187쪽.
244 《추안급국안》 영인본 권4 739면, 번역본 12권 76쪽.

대량의 신장을 견디면서 자백을 거부하고 있었으나, 압슬형, 낙형을 집행할 것이라는 예고만으로도 공포에 사로잡혀 자백을 하게 되었다. "압슬은 고신 중에서도 가장 가혹한 것이라, 사람이 압슬을 당하면 무복(誣服: 강요에 의해 하지 않은 것을 했다고 거짓으로 자백함)하지 않는 이가 없었다."[245]는 발언과 같이 악형이 지닌 고통이 피의자로 하여금 심리적인 압력으로 작용하고 있었음을 알 수 있다. 이처럼 추국청에서 시행한 악형들은 죄인의 자백을 이끌어 내는 효용을 가지고 있었고, 국가 입장에서는 평문·고신이 통하지 않는 경우 대체할 수 있는 유용한 심문 도구였다고 평가할 수 있다.

그러나 이처럼 '자백'을 이끌어 내기 위해 고신·악형 등의 신체고문을 가할수록 여기로부터 비롯되는 '물고'의 문제도 병존하고 있었다. 특히 관절이 손상되는 압슬형, 피부가 짓이겨지는 낙형의 경우 합병증을 유발하여 물고라는 부작용을 낳고 있었음에 주목할 필요가 있다.

<표 13> 심문 단계별 물고 비율

	① 평문	② 평문+고신	③ 평문+고신+악형
총원	944	467	143
물고자 수	2	122	77
물고율	0.2%	26.1%	53.8%

*출전 : 정진혁, 2023, 〈숙종 대 부당형벌 논란과 형정운영의 변화〉,
《법사학연구》 68, 87쪽 〈표 2〉 인용

<표 13>은 선조 34년~숙종 46년(1601~1720) 《추안급국안》에 수록된 총 88사건, 총원 1,554명의 피심문자들의 심문 단계별 물고物故 비율이다.[246] 이

---

245 《광해군일기(중초본)》 권50, 광해군 4년 2월 21일 丙戌. "壓膝 拷刑之最酷者也 人當之 鮮不誣服"
246 분석 시기는 《추안급국안》 자료가 남아 있는 1601년도부터 숙종의 재위 마지막 연도인

표를 검토해 보면 각 단계별로 수사 도중에 사망하는 물고의 경향을 확인할 수 있다. 이 표를 분석해 보면 ① 평문 단계에서는 단 2건의 극히 드문 물고 사례가 확인된다. 이 사례는 원래부터 해당 피의자들이 질환을 가지고 있거나, 옥중 자살한 경우이다.247 이 때문에 평문 단계의 물고는 0.2%에 해당할 정도로 극도로 낮으며, 이에 대한 국가의 책임은 없다고 판단된다.

② 평문 단계를 넘어 고신을 받은 피고신자 467명 중 122명이 도중에 사망하였는데, 이를 비율로 환산하면 26.1%의 비율로 확인된다. 효종 2년 (1651) 김자점 추국의 이주,248 이순민249의 경우는 1회 총 30대의 신장을 맞고 옥중에서 사망하였는데, 이 경우는 예외적으로 적은 수의 신장에 의해 물고한 경우이다. 이와는 달리, 숙종 32년(1706) 이잠 추국에서 이잠이 18회 총 540대의 신장을 견디다가 끝내 사망한 경우,250 숙종 15년(1715) 이세경 추국에서 총 16회 480대의 신장을 맞고 물고한 진사 이세경의 경우251처럼 500여 대에 육박하는 신장을 맞고 사망한 경우도 존재한다. 아무리 고신을 법률에 근거하여 집행한다 할지라도 기본적으로 신체고문의 범주에 속하기

1720년까지이다. 이 시기 평문-고신-압슬형-낙형의 계서적 심문 구조가 수행되었으며, 1721년 경종 즉위 이후부터는 사실상 압슬형-낙형이 제외된 심문 구조로 변화했다. 악형이 지닌 효과를 비교적으로 검토하기 위해서는 악형이 활용되었던 1720년 숙종 재위 마지막 연도까지로 하한선을 둔 분석이 유용하다고 보았다.

247 광해군 즉위년(1608) 임해군 옥사에서 물고한 임해군의 처남 허철은 원래부터 만성질환을 앓는 허약한 인물이었다. 그는 4년 동안 고질병을 앓는 와중에 황해도 연안에서 한양까지 압송되어 오면서 병세가 악화된 것으로 보이며, 별다른 신체타격이 없는 상황에서도 상태가 악화되어 사망하였다.(《추안급국안》 영인본 권1 365면, 번역본 2권 293쪽) 또 다른 사례는 인조 2년(1624) 이괄 모반사건의 고변자 정방열이 추국청에 압송된 후 죄가 발각되는 것을 두려워하여 옥중에서 목을 매어 자살한 것이다.(《인조실록》 권4, 인조 2년 1월 22일 丁丑)

248 《추안급국안》 영인본 권7 231면, 번역본 19권 436쪽.

249 《추안급국안》 영인본 권7 534면, 번역본 20권 478쪽.

250 《추안급국안》 영인본 권12 696면, 번역본 36권 130쪽.

251 《추안급국안》 영인본 권13 535면, 번역본 38권 408쪽.

때문에 이로 인한 사망 가능성은 존재한 것이다.

그렇다면 고통을 극대화하는 방식으로 고안된 악형은 얼마나 많은 물고를 유발하고 있었을까? ③ 고신을 가한 후 악형을 추가적으로 시행하거나 시행 하겠다고 위협한 경우에는 전체 총원 143명 중 77명이 도중에 사망하였는데, 이는 해당 인원의 1/2을 상회하는 53.8%에 달하는 비율로 나타난다. 광해군 즉위년(1608) 남서,[252] 박명현[253]은 1회 30대의 신장을 맞은 후 압슬형 1회 이후 즉시 사망하였는데, 이 경우는 비교적 적은 악형을 당하고 물고한 것으 로 이해할 수 있다. 반면 숙종 6년(1680) 이원길은 역모 협조 혐의로 총 5회 150대 신장을 맞은 후, 압슬형 1회, 낙형 2회를 당하여 총 8회 형문을 당한 뒤 물고하였고,[254] 조성의 경우 역모 협조 혐의를 받아 총 7회 210대의 신장 을 맞고, 압슬형 2회, 낙형 3회를 당하여 총 12회 형문을 당한 후 물고하였 다.[255] 이 경우는 비교적 많은 수의 악형을 당하고 물고한 경우라고 하겠다.

위 표에서 악형이 지닌 신체부담을 확인할 수 있는 부분은 고신만 행하는 ②단계에 비하여, 법외악형이 추가된 ③단계에서의 물고율이 2배 이상 높다 는 점이다. 여기에는 크게 두 가지 이유가 있는데, 첫째 고신을 이미 겪은 상 황에서 신체가 상당히 쇠약해진 조건이라는 점이다. 이 상태에서 악형을 추가 적으로 집행한다면 이전에 받은 신체 손상으로 사망 가능성이 증폭될 수 있 다. 둘째는 악형 자체가 뼈를 으깨고, 살을 짓이기는 방식으로 신체훼손 정도 가 일반 고신보다 상당히 높았기 때문에 감염으로 인한 사망확률이 높아진 것으로 볼 수 있다.

이 때문에 죄인은 국가의 요구에 맞추어 자백하거나, 끝까지 무죄를 주장

---

252 《추안급국안》 영인본 권1 279면, 번역본 2권 93쪽.
253 《추안급국안》 영인본 권1 345면, 번역본 2권 244쪽.
254 《추안급국안》 영인본 권8 961면, 번역본 25권 300쪽.
255 《추안급국안》 영인본 권9 52면, 번역본 25권 396쪽.

하면서 고신·악형을 버티더라도 끝내 신체 훼손을 피할 수는 없었다. 이항복이 신체고신의 혹독함에 대해 "소나무 껍질을 두들겨 떡으로 만들듯 사람을 두들겨 역적으로 만든다."[256]고 비판하였는데, 마치 단단한 나무껍질이 말랑한 떡으로 변할 정도로, 멀쩡한 신체를 가진 사람도 두들겨 맞아 신체를 상당히 훼손시키게 됨을 비유적으로 표현한 것이었다.

이처럼 악형의 '신체 타격의 극대화'는 자백유도의 효과를 가짐과 동시에 물고율의 상승이라는 부작용도 내재하고 있었다. 여기에서부터 '자백 유도라는 효용'과 함께 '높은 물고율이라는 불이익'이 역설의 관계를 이루고 있었다. 자백을 끝까지 거부하는 강성 진술거부자에게 극도의 고통을 주어 자백을 이끌어 낸다는 점에서 심문의 최후적 방법으로써의 절차적 효용이 분명하였고, 또 한편 극도의 고통을 주어 자백을 이끌어 내는 과정에서 물고할 가능성이 높다는 점에서 결과적 불이익도 분명한 것이었다.[257]

위와 같은 악형의 역설은 숙종 15년(1689) 박태보 물고 사건에서 극대화되었다. 숙종의 잔혹한 형벌로 박태보는 물고당하였고, 이에 대한 전국 각계 각층의 비판이 쇄도하였다. 동시기에 《박태보전》이라는 소설이 만들어져 이러한 잔혹한 장면을 재생산한 결과 '부당 형벌'의 대표적인 사례로 인식되었다. 이제 압슬형, 낙형이라는 악형은 '역모죄인을 심문하는 유용한 도구'가 아니라 '국가의 무단적인 잔혹성'을 대표하는 표상으로 기억되게 된 것이다. 이 때문에 숙종은 조정과 사회의 비판을 고려하여 점차 악형 사용을 중지하게 되었다.[258]

---

256 《백호집》 권24, 〈雜著〉 "掠松成餠 掠人成逆"
257 정진혁, 2023, 〈숙종 대 부당형벌 논란과 형정운영의 변화〉, 《법사학연구》 68, 88쪽.
258 정진혁, 2023, 위의 논문, 94쪽.

<표 14> 17~19세기 국왕별 악형(압슬형, 낙형) 시행 비율

	선조	광해군	인조	효종	현종	숙종	경종	영조	정조	순조	헌종	철종	고종	합계
대상(명)	–	34	76	9	–	18	–	23	–	–	–	–	–	160
문자(명)	28	94	781	139	2	510	11	1191	191	125	48	21	158	3299
율(%)	0%	36.2%	9.7%	6.5%	0%	3.5%	0%	1.8%	0%	0%	0%	0%	0%	4.8%

*출전 : 《추안급국안》

위의 표에 따르면 광해군 대 보편적으로 활용되다가 점차 10% 이내의 비율로 축소된 후, 영조 대 이후로는 완전하게 소멸되는 상황을 확인할 수 있다. 숙종 대부터 이어져 오던 추국청 악형의 퇴조 경향을 영조가 이어받았고, 이를 공식적으로 《속대전》에 법제화하였다. 이 결과 18세기 후반 정조 대에서부터 19세기 후반 고종 대에 이르기까지 추국청에서는 악형이 완전히 중단되었다. 16~17세기 추국청에서 활발하게 활용되던 압슬형, 낙형이라는 악형은 18세기 영조 대에 들어와서 법제적으로 금지되었을 뿐 아니라 실제적으로도 소멸되어 갔다. 영조 대에는 경술역옥(영조 6, 1730)에서 다소간의 부침을 겪은 후 낙형도 완전하게 폐지되었다. 법외악형이 폐지되고 점차 법적 규정에 의한 고신으로 전환되어 가고 있었다.

그렇다면 법적으로 규정된 법정고신 집행 정도는 어떻게 변화되었을까? 법정고신에 대한 규제가 없다면 남형이 전개될 소지가 남는다. 남형에 대해서도 영조 대에는 일정한 변화가 나타나고 있었다. 영조 21년(1745) "모든 형신刑訊은 하루에 1번만 한다. 추국은 비록 엄중하게 행할 경우라도 2번을 넘지 않는다."[259]는 추국 횟수 1일 2회 이내 제한은 지나친 법정고신을 막기 위한 조치였다.

---

259 《속대전》〈刑典〉〈推斷〉刑訊推鞫 "凡刑訊 一日一次 推鞫 雖嚴重 毋過二次"

<표 15> 17~19세기 왕대별 고신 차수와 매질 대수의 상관 관계

	선조	광해군	인조	효종	현종	숙종	경종	영조	정조	순조	헌종	철종	고종	합
고신 대상	14	66	276	88	1	164	3	636	94	87	28	10	126	1,5
고신 차수	27	171	893	276	3	614	13	1946	176	216	77	46	253	4,7
매질 대수	709	5049	25751	7888	62	16699	333	48968	2397	2949	620	255	1561	113,
피고신자당 고신 차수	1.9	2.6	3.2	3.1	3.0	3.7	4.3	3.1	1.9	2.5	2.8	4.6	2.0	3.
피고신자당 매질 대수	50.6	76.5	93.3	89.6	62.0	101.5	111	77.0	25.5	33.9	22.1	25.5	12.4	71.
고신 1차당 매질 대수	26.3	29.5	28.8	28.6	20.7	27.2	25.6	25.2	13.6	13.7	8.1	5.5	6.2	24.

*출전 : 《추안급국안》

위는 피고신자 1인당 당하는 매질 대수 데이터[260]인데, 고신의 강도를 확인할 수 있다. 피고신자 1인당 고신 차수는 17~19세기에 걸쳐 전반적으로 3~4회 이내에서 비슷하게 유지가 된다. 그런데 피고신자당 맞는 매질 대수는 영조 대를 기점으로 확연하게 감소하는 양상이 확인된다. 선조 대 평균 50대에서 광해군 76대, 인조, 효종 대에 90대로 증가하고 숙종, 경종 대에는 평균 100대 이상으로 급격하게 증가한다. 이것이 영조 대 77대로 완화된 뒤 정조 이후 평균 30대 이하로 급격히 완화되는 양상을 확인할 수 있다. 여기에서 확인할 수 있는 점은 17세기에는 점차 추국에서 법정고신 집행 강도가 강해지고 있었고, 18세기 영조 대를 기점으로 하락세로 전환되었다는 점이다.

---

260 이 표에서는 매질 대수의 분포를 중점적으로 검토한다. 이 때문에 고신 차수를 수합할 때, 명확하게 몇 대를 타격했는지 확인할 수 있는 데이터만 활용했다. 사료에 '고신을 했다'라고만 나오고 정확한 매질 대수가 나오지 않은 '대수 미확인 고신' 166개 자료(전체 4,875개 자료 중 3.4%에 해당함)는 이 표에서 활용하지 않았다. 해당 자료들을 당시기 일반적으로 행해지던 매질 대수로 환산하게 되면 정확도가 하락할 우려가 있으므로, 정확하게 확인할 수 있는 '대수가 명확하게 명시된 고신' 정보만을 활용하였다.

<표 16> 17~19세기 국왕별 형추(고신·악형) 빈도

	선조	광해군	인조	효종	현종	숙종	경종	영조	정조	순조	헌종	철종	고종	합계
이내 중복 사례(회)	10	47	424	36	1	228	4	394	39	13	1	4	9	1210
총 형추 수(회)	28	232	1073	303	3	657	13	2011	224	222	79	46	253	5144
내 중복 비율(%)	35.7	20.3	39.5	11.9	33.3	34.7	30.8	19.6	17.4	5.9	1.3	8.7	3.6	23.5

*출전 : 《추안급국안》

위의 표는 17~19세기 국왕별 형추(고신·악형)의 빈도이다. 이 표에서는 이전의 형추 이후 1일의 휴식도 없이 당일에 곧바로 재차 형추를 가한 비율을 확인할 수 있는데, 이를 통해 형추의 빈도를 가늠할 수 있다. 17세기 선조~숙종 대에 이르기까지 1일 이내 중복 형추 비율은 광해군, 효종 대의 20%대를 제외하고 선조, 인조, 숙종, 경종 대에 대체로 30% 중반대를 나타내고 있다. 그런데 영조 대에 접어들면서 전체 형추 2,011회 중 394회에 해당하는 19.6%의 비율로 당일 중복 형추가 이뤄졌고, 나머지 1,617회에서는 하루 이상의 휴식이 주어졌음을 확인할 수 있다. 17세기 30% 중반대를 차지하던 당일 중복 형추 비율은 영조 대 19.6%로 절반 가까이 하락하고 18세기 후반 이후 점차 완화되어 가는 양상을 띤다.

<표 17> 17~19세기 국왕별 형추(고신·악형) 간격

	선조	광해군	인조	효종	현종	숙종	경종	영조	정조	순조	헌종	철종	고종	합계
총 형추 차수(회)	28	232	1073	303	3	657	13	2011	224	222	79	46	253	5144
추 간격 합계(일)	12	393	493	250	1	411	23	2020	160	320	146	58	241	4528
인당 1일 평균 형추 차수(회)	2.3	0.6	2.2	1.2	3.0	1.6	0.6	1.0	1.4	0.7	0.5	0.8	1.0	1.1

*출전 : 《추안급국안》

그렇다면 모든 형추 간의 간격은 어떠했는지 살펴보자. 위는 총 형추 차수를 형추 사이 휴식 간격과 비례하여 수치화한 것이다.[261] 여기에서는 하루에 평균적으로 몇 번의 형추가 가해졌는지 확인할 수 있으며, 이를 통해 형추 빈도를 재구성할 수 있다. 17세기 선조~숙종으로 이어지는 시기에는 대체로 피고신자 1일당 하루 평균 1.5회 이상의 형추를 당하고 있었다. 그런데 영조 대가 되면 2,011회의 형추가 2,020일 간의 간격을 두고 행해졌고, 1인당 1일 평균 형추 차수가 1회 대로 하락한다. 이전 시기와 비교하면 형추 간격 역시 완화되는 추세라고 볼 수 있다.

정리하자면, 영조 대에는 추국 과정에서의 악형 활용과 남형 방지를 위한 중요한 변화가 나타났다. 숙종 대 이후 악형 활용이 축소되는 추세 속에서 영조는 압슬형과 낙형을 법제화를 통해 완전히 폐지하였다. 이로 인해 18세기 후반 이후로는 추국에서 악형이 사용되지 않게 되었다. 또한 영조는 법정형인 고신의 남용을 방지하기 위해 추국 횟수를 하루에 2회 이내로 제한하는 규정을 마련하였다. 이에 따라 영조 대에는 피의자 1인당 맞는 매질 대수가 크게 감소하였으며, 하루 중 중복 형추 비율과 형추 빈도 또한 이전 시대에 비해 큰 폭으로 낮아졌다. 이러한 영조 대의 변화는 법률의 개정이 실제 추국 운영에 반영되고 있었음을 보여 준다.

---

261 5일을 초과하는 값에 대해서는 일괄적으로 5일로 보정하였다. 0일 간격은 1,210건, 1일 간격은 1,398건, 2일 간격은 280건, 3일 간격은 137건, 4일 간격은 96건, 5일 간격은 35건, 그리고 5일 초과 간격은 320건이 있었다. 5일 초과범위에는 적게는 6일에서부터 많게는 274일까지 간격이 크게 어긋나는 양상이 확인된다. 이에 중앙값을 크게 상회하는 수치들을 5로 보정하여, 평균값의 표준편차를 조절하였다.

3) 추국실황의 조보朝報 반포

  18세기 시기 형법 개정의 주요 목표는 피의자의 혐의가 확정되지 않은 상
태에서 사망하는 실형失刑을 방지하는 데 있었다. 즉, 18세기 정부의 형벌 운
용에서 중시된 가치는 '피의자가 살아 있는 상태에서 자백을 받아 법률에 의
거하여 처형하는 것'이라 할 수 있겠다. 그렇다면 역모·강상 등 십악에 해당
하는 범죄를 행한 피의자들이 법률대로 처형되는가, 아니면 수사 도중에 처형
되는가의 여부가 왜 중요한가라는 의문이 발생한다. 왜 법전을 새로 편찬하면
서까지 법률에 의거하여 처벌하려 했는가?

  영조는 국왕의 정치적 입장을 표명하고 민생 정치의 실현시키기 위해선 대
민 소통이 중요하다고 생각하였다. 영조는 순문詢問을 통해 농사의 풍흉, 생
활상의 민은, 상인의 상업현황 등의 정보를 얻었으며 준천, 균역법 등 대사의
내용을 백성에게 직접 알리고 그들로부터 의견을 청취하였다.[262] 한편 건국
초기부터 전통적으로 활용되어 오던 언론 방식인 교서敎書, 전교傳敎, 비망기
備忘記 등을 적절히 활용할 뿐 아니라 이전까지 거의 주목되어 오지 않던 윤
음綸音 형식을 폭넓게 활용하였다.[263]

  윤음, 순문이 특정 국정 관련 대사에 대한 국왕의 입장발표라는 비정기적
인 성격을 띤다면, 조보朝報는 국정 관련 대소사를 종합적으로 포괄하는 정기
매체였다는 점에서 상시 소통 수단의 의미를 지닌다. 조보는 조선시대 중앙
정부에서 각 소속 부처 및 지방의 여러 관아, 그리고 전·현직 고위 관리들에
게 배포하는 신뢰할 만한 정부 발행의 종합 소식지였으며, 흔히 조지朝紙, 기
별奇別, 기별지奇別紙, 저보邸報 등으로 불렸다. 기록 내용은 환곡이나 군사 기

---

262 김문식, 2014, 〈18세기 국왕의 소통방식〉, 《한국실학연구》 28, 167~169쪽.
263 김백철, 2011, 〈영조의 윤음과 왕정전통 만들기〉, 《장서각》 26, 47~48쪽.

밀과 같은 일부 특수한 사안을 제외하면, 임금과 왕실의 일상, 국가 의례와 행사, 입시와 경연, 조칙·비답·윤음 등의 문서 발급, 관료들의 상주와 장계, 인사·포폄·규찰·포상·처벌 등의 관료 관리, 유배·해배·사망 등의 형사처분, 사행의 파견과 귀환 시 하사품과 봉과, 과거 시험의 시행과 시험 관리·출제, 천문 관측 결과와 길일·기상·재해·범죄 관련 기록, 각종 기문기사 등 국가 운영과 관련된 광범위한 분야의 소식을 총망라하고 있다.[264]

조보는 중앙과 지방의 관료들에게 행정 정보를 공유하는 것이 일차적인 목적이었으나, 실제로는 조정의 관료뿐 아니라 일반 양반층에게까지 널리 유포되었다.[265] 관직에서 밀려나 재기의 기회를 대망하는 사족들뿐 아니라 지방의 일반민들도 정부 소식에 관심을 가지고 조보를 입수하려고 하였다. 조보를 필사하여 사적으로 매매하기도 하였는데, 이는 조보가 수요·공급망이 있는 정보상품의 역할을 했음을 보여 준다.[266]

조보의 배포 범위는 상당히 넓었던 것으로 보이는데, 연행 사절단이 의주와 책문, 나아가 요동 등지에 머무르는 동안에도 조보로 서울의 소식을 접했으며, 전시 상황에서도 조보로 전황을 파악하였다.[267] 예를 들어 1772년(영조 48) 당론을 일으킨 혐의로 흑산도에 정배된 유언호[268]가 조보에서 죄인의 결안을 보았다고 하자, "경이 새로 시골에서 올라왔는데, 역옥의 소식이 과연 이렇게까지 퍼졌는가?"[269]라고 물었던 정조의 발언, 1790년(정조 14) 동래·울산의 백성들이 조보를 보고 풍락송을 베어간 사건에 대해 "어리석은 백성

---

264 성아사, 2023, 〈19세기 홍경래난의 서사 지형과 서술 방식〉, 연세대학교 국어국문학과 박사학위논문, 18~19쪽 참조.

265 김경수, 1999, 〈조보의 발행과 그 성격〉, 《사학연구》 58·59호, 754~755쪽.

266 김경수, 1999, 위의 논문, 745~746쪽.

267 성아사, 2023, 위의 논문, 20쪽.

268 《영조실록》 권118, 영조 48년 3월 24일 己未.

269 《승정원일기》 1405책, 정조 1년 8월 22일 乙卯, "卿新自鄕上來 逆獄消息 果已傳播乎."

이 조보의 정사를 볼 수 있었다는 것이니 진실로 신기하다."[270]라고 말한 정조의 발언, "조보에 나가는 것을 눈이 있는 사람이면 모두가 본다."[271]고 한 김종수의 발언 등을 고려해 보면, 민간에서 비교적 쉽게 조보를 접할 수 있었으리라고 판단된다.

조보는 정치에 관심을 가진 사람들이 깊은 관심을 보이는 매체였다. 영조대의 무신 박찬신은 "저희 집은 조보가 있는 까닭에 사방에서 빌려 보려는 자가 날마다 겹쳐 이르렀는데, 저는 혹 빌려주기도 하고 빌려주지 않기도 하였으며, 혹 빌려주었다가 잃어버린 자도 있고, 빌려주지 않아서 꾸짖는 자도 있었습니다."[272]라고 하였다. 여기에서는 조보에 대한 사람들의 관심이 매우 높았음을 알 수 있으며, 만약 빌려주지 않으면 상대를 꾸짖을 정도로 열망이 강했음을 알 수 있다.

예를 들어, "지금처럼 어린 나이에 조보를 구해 보는 것을 일로 삼아서 조정의 득실에 대해 시비하기를 좋아한다면 벼슬하지 않는 무리도 또한 각기 붕당을 나누게 될 것"[273]이라는 16세기 배삼익의 충고, "대저 조선 사람은 비록 조보를 볼 때라도 당론이 있으면 '볼만한 것이 있다' 하고, 당론이 없으면 '맛이 없다' 한다."[274]라는 기록을 보면, 당대 사람들에게 조보는 정치적 소식을 전달받고 자신의 견해를 정립해 가는 매체로 기능하고 있었다고 보인다.

---

270 《비변사등록》, 정조 14년 9월 11일 戊子, "然則愚氓之得見朝報政事 誠神奇矣."

271 《정조실록》 권28, 정조 13년 9월 28일 辛亥, "朝紙所出 有目皆覩."

272 《승정원일기》 1116책, 영조 31년 2월 24일 戊辰, "矣身家 以有朝報之故 四面借視者 日日遝至 而矣身 或借或不借 或借而見失者有之 或以不借 誚責者有之."

273 《금역당집》 권6, 〈行狀〉, 〈先考通政大夫守黃海道觀察使兼兵馬水軍節度使府君行狀〉, "且今之年少 以求見朝報爲業 好是非朝政得失 以致布衣之類亦各分朋."

274 《영조실록》 권87, 영조 32년 2월 18일 丙辰, "大抵朝鮮人 雖於看朝報之時 有黨論則曰有可觀 無黨論則曰無味."

a) 지난번 백망白望의 경우는 추국청에서 했던 진술을 가지고 결안을 작성
하여 조보朝報에 실어 냈던 적이 있었습니다. 이번 죄인들의 죄악도 역
시 전국에 널리 알려 사람들로 하여금 환히 알게 해야 마땅합니다.275

b) 역적질의 우두머리 김덕삼이 대역부도大逆不道죄를 자백했으니, 군기시
軍器寺 앞길에서 능지처사陵遲處死시키도록 하라. 베어 낸 머리를 사흘
동안 매달아 보인 다음, 전국 팔도八道에 돌려 보이도록 하라. 결안結案
의 진술 내용도 역시 조지朝紙에 나오도록 해서, 중앙과 지방의 사람들
이 모두 알도록 하라.276

c) 이번의 결안結案이 일단 조지朝紙에 나간다면, 안의 백료百僚에서 밖의
팔역八域에 이르기까지 거의 모두 알지 못하던 바를 더욱 알게 되고 듣
지 못하던 바를 더욱 듣게 되어, 천이天彝가 크게 밝아지고 백성들의
마음이 통쾌해지게 될 것입니다.277

정부에서는 범죄 처분의 정당성을 홍보하는 데 조보를 적극적으로 활용하
였다. 정부는 피의자의 자백 내용을 조보에 실어 전국으로 전파하였다. a)에
서는 죄인 자백을 토대로 결안을 작성하여 조보에 실어 냈음을 확인할 수 있
다. 경종 2년(1722) 백망·김용택·이천기 등이 추국 과정에서 결안을 작성하
지 않았지만 국가는 실정을 캐낸 문목(問目: 죄인을 신문하는 조목)을 전파하
여 그들의 죄상을 널리 알렸다.278 b)에서는 정부가 범죄 자체를 어떻게 가공

---

275 《추안급국안》 영인본 권13 755면, 번역본 39권 270쪽. "向者白望以鞫招爲結案 而出諸朝紙 此罪
人等罪惡 亦宜播告八方 俾今曉然知之"
276 《추안급국안》 영인본 권15 481면, 번역본 44권 480쪽. "德三以窩主 自服大逆不道 軍器寺前路
陵遲處死 懸首三日 傳示八方 結案招辭 亦出朝紙 使中外人咸知"
277 《정조실록》 권1, 정조 즉위년 7월 23일 壬辰 "今此結案 一出朝紙 則內自百僚 外至八域 庶幾益
知其所不知 益聞其所不聞 天彝大明 輿情快洩矣"
278 《경종실록》 권7, 경종 2년 4월 13일 丁卯.

해 내는지를 잘 보여 준다. 정부는 사형 대상자의 시체를 전국 팔도에 돌려보이게 하고, 동시에 그의 죄상을 담은 결안을 조보에 실어 전국에 전파하도록 하였다. 죄상이 담긴 결안 없이는 시체가 전국 팔도에 전시될 근거도 없고, 전시된다 하더라도 그것은 하나의 맥락 없는 시체에 불과하게 된다. 자백으로 구성된 결안과 함께 신체가 전시됨으로써 하나의 시체가 아니라, 범죄를 짓고 정부에 복속한 뒤 마땅한 처벌을 받는 범죄자의 처벌증거로 탈바꿈되었다. c) 에서도 살펴볼 수 있듯이 '모든 백성이 범죄 사실을 알게 되어 통치질서인 천이天彝를 회복'하는 것이 범죄정보 반포의 목적이었다.

건국 이래 조보는 정부의 공식 매체로서 국정 전반의 정보를 대외에 전달했으나, 내란과 관련된 의금부 추국청의 민감한 정치 정보들은 신중한 과정을 거쳐 수록되어야 했다. 16세기 중반까지는 추국 정보가 '특별 조치'에 의해 수록되었으나, 16~17세기 붕당정치의 발달과 그 과정에서 정치적 사건의 확산으로 인하여 정부 처분에 대한 정당성 확보가 필요해졌다. 선조 22년(1589) 기축옥사를 계기로 추국 정보를 조보에 수록하는 방식이 시도되었고, 광해군 7년(1615)을 기점으로 추국 정보의 조보 반포가 관행화되어 갔다. 인조 대에 이르면 이러한 관행이 제도적으로 정착된 것으로 보이며, 매일의 추국 진행 상황은 요약본, 사건의 내막은 최종 판결문인 결안을 통해 배포되게 되었다.

그렇다면 실제로 이 당시 조보에 수록되었던 추국 기록은 어떠한 형식이었을까? 인조 대 《승정원일기》에서는 조보에 수록되었던 추국 기록을 확인할 수 있다.279

---

279 영조 20년(1744년) 10월 창덕궁 인정문의 화재로 《승정원일기》가 소실되어, 같은 해 12월부터 《승정원일기》의 개수가 시작되었다. 영조 22년(1746) 5월에 일기청을 설치하였고 승정원일기 개수범례에는 각사초기·대간계사·상소·정사·서목·조보 등 국왕의 통치행위 전반을 아우르는 문서가 포함되었다(이근호, 〈영조대 《승정원일기》 개수과정의 검토〉, 《조선시대사학보》 31, 2004). 개수 범위는 1623년(인조 원년)에서부터 1721년(경종 1)까지의 일기까지로 정해졌으며 총 548책으로 개수하였다. 조보류 중 관청 조보류와 사가 일기에 등사된 조보류가

a) 신상회, 두견, 황진, 허선, 옥선은 풀어 주었다. 윤금이, 배축, 정령, 유인, 박천억, 허유를 나수하여 원정을 받은 뒤에, 허유, 영기, 정진은 각각 한 차례 형문하였고, 이계선, 김이남은 각각 한 차례 더 형문하였고, 이정철은 나수하였다. —조보에 의거함—280

b) 죄인 구산두는 압슬형을 가하였고, 이계선·김응호·유양선은 더 형문하였고, 민준은 압슬형을 가하였고, 김응호는 형문하였고, 유효립은 형장 3도를 가하니 승복하였고, 경룡은 낙형을 가하였고, 정륭은 압슬형을 가하였다. —조보에 의거함—281

c) 죄인 득화는 물고가 났고, 추국 죄인 귀희는 나수하여 원정을 받았고, 정사열과 애단은 더 형문하였으나 승복하지 않았고, 애단은 물고가 났다. —이상은 조보에 의거함—282

d) 금부가 올린, 죄인 김설이 승복하였으므로 처형하겠다는 계사에 대해 계하하였다. —조보에 의거함—283

위는 각기 인조 대 조보에 실렸던 추국 관련 내용이다. 위를 살펴보면 조보에 추국 관련 내용이 폭넓게 수록되고 있다는 점을 확인할 수 있다. 실제로

개수본일기에 인용되었다. 특히 사가 등출 조보류는 거의 인조 대에 집중되어 있다. 개수 당시 인조 대에 생산한 조보를 구하기는 어려운 일이었기 때문에 사가에서 베껴둔 조보를 적극 사용하였다.(인영신, 〈영조대 《승정원일기》改修本 편찬에 관한 기록학적 연구〉, 서울대학교 석사학위논문, 2019).

280 《승정원일기》 20책, 인조 6년 1월 4일 丙寅, "申尙檜·杜見·黃縉·許選·玉選放送 尹金伊·裴丑·鄭猞·柳訒·朴千億·許逌拿囚元情後 許逌·永己·鄭進刑問各一次 李繼先·金伊男加刑各一次 李廷哲拿囚 朝報."

281 《승정원일기》 20책, 인조 6년 1월 9일 辛未, "罪人具山斗壓沙 李繼先·金應虎·柳養善加刑 閔濬壓沙 金應虎刑問 柳孝立加刑三度承服 景龍火刑 鄭㳘壓沙 朝報."

282 《승정원일기》 38책, 인조 10년 11월 4일 戊戌, "罪人得化 物故 推鞫罪人歸希 拿囚元情 丁士說·愛丹 加刑不服 愛丹物故 以上朝報."

283 《승정원일기》 20책, 인조 6년 2월 20일 壬子, "禁府 罪人金渫 承服行刑 啓 朝報."

a)에는 죄인의 체포·평문·형문, 그리고 석방하는 내용, b)에는 법정고신 형문과 법외고신 압슬형·낙형 시행 내용, c)에는 죄인의 물고 내용, d)에는 처형 확정 내용이 수록되어 있다. 이를 보면 조보에는 체포－평문(원정)－형문(법정고신·법외고신)－처결(석방·사형·물고 등) 등 추국의 모든 절차가 수록되어 있음을 확인할 수 있다.

또 다른 특징은 조보에 수록되는 추국 기록이 요약본이라는 점이다. b) 사료의 예를 들어보자. 1월 9일 조보에는 이계선·김응호(2회)·유양선·유효립에 대한 고신, 구산두·민준·정륭에 대한 압슬형, 경룡에 대한 낙형을 했다고 기재되어 있다. 실제 《추안급국안》의 사례를 검토해 보면, 조정·조유도·김윤·김응사의 평문, 이계선·경룡·구산두·민준·정융·김응호·이정철(2회)·유효립(2회)·유종선(2회)·유양선(2회)·김세익·김응사에 대한 고신, 김세익·유효립의 자백, 유효립과 정심의 대질심문, 이계선·구산두·민준·정융·김응호에 대한 압슬형, 경룡에 대한 낙형 기록이 상세하게 기재되어 있다.[284] 이 사례에 비추면 실제 추국 기록의 상세 내역(평문 4, 고신 16, 자백 2, 대질 1, 압슬형 5, 낙형 1) 중 일부의 내용이 요약되어 조보의 요약본(고신 5, 압슬형 3, 낙형 1)으로 수록되고 있음을 알 수 있다.

그렇지만 정부가 유리한 방식으로 여론을 형성하기 위해 정보를 취사선택하지는 않은 것으로 보인다. 왜냐하면 추국에서 절차적 문제로 삼을 수 있는 압슬형·낙형이라는 법외고신 시행 내역과 고문치사에 해당하는 물고 기록 역시 가감 없이 수록하고 있었기 때문이다. 이를 검토해 보면, 17세기 초반 정부는 국가에게 불리한 정보까지도 동일한 방식으로 조보에 전파하는 방식으로 추국 운영과 관련한 민간의 의혹을 해소하고 있었음을 알 수 있다.

17세기 들어 조선정부는 의금부 추국청의 재판 기록을 대외에 공개하는 기

---

284 《추안급국안》 영인본 권4, 139~170쪽; 번역본 9권, 427~470쪽.

조를 견지하게 되었다. 그러나 위에서 검토할 수 있듯이 정부의 조보 반포는 요약본의 형태를 띠고 있었으므로 해당 형식으로 제공할 수 있는 정보의 질적 수준에 한계가 있었다. 이 때문에 진행 상황의 대략에 대해서는 알 수 있으나, 상세한 내막을 알 수 없다는 문제가 발생했다. 예를 들어 영조 13년(1737) 조보에 나온 기사를 접하여 조정에서 중죄인을 국문하고 있음을 알았으나, 상세한 사유에 대해서는 알지 못하였다는 사간 이윤신의 발언,[285] 영조 17년(1741) 자신 같은 신진 관료의 경우는 어떤 사람이 무슨 죄를 범하였는지, 무슨 죄로 형률을 받았는지 자세한 자초지종을 알지 못하며 단지 조보만을 볼 뿐이라는 정언 홍익삼의 발언[286]을 검토하면, 조보에는 일종의 '집행 요약'만이 있을 뿐 자세한 '사건 논평'이 제공되지 않는 문제가 있었다.

이는 하위 관료나 민간에서만의 문제가 아니었다. 직접 추국장에 참석하는 대신급 인사가 아니면 추국 운영의 자세한 내막까지는 알기 쉽지 않았다. 영조 즉위년(1724) 의금부를 담당하는 판의금부사 심수현조차 "신들도 처음에는 국안에 실려 있는 말을 알 수 없었는데, 하물며 외부 사람이 어떻게 자세히 알 수 있겠습니까."[287]라고 하며 추국의 상세 내용은 외부에 철저히 차단되어 있다고 지적하였다.

이러한 문제를 해결하기 위한 방법으로 정부는 결안 원문을 조보에 수록하는 방식으로 사건의 내막을 알리고자 하였다. 결안에는 범죄인의 신상명세와 범죄사실을 기록한 행흉절차가 상세하게 수록되어 있었다. "무릇 사형을 받을 죄인이 승복한 후에는 반드시 결안을 받들어 조보에 기록하게 하는 것은, 죄인이 할 말이 없게 하고 중외에 분명히 알리고자"[288]한다는 발언과 같이, 결안

---

285 《승정원일기》 840책, 영조 13년 1월 11일 庚子.

286 《승정원일기》 933책, 영조 17년 7월 4일 丙寅.

287 《승정원일기》 581책, 영조 즉위년 12월 9일 戊寅, "臣等初亦不能知鞫案所載之語 況外人何以仔細知之."

으로 범죄의 처분을 분명하게 확정하고자 하는 목적이 반영되고 있었다.

> 민진원이 아뢰기를,
> "국청 죄인의 초사는 결안 초사決案招辭 외에는 조지朝紙에 써서 내는 규례가
> 없습니다. 그러나 이번 이만준李晩俊의 직초直招와 손형좌孫荊佐의 두 번째 직초
> 는 조지에 써서 내어 중외 사람들의 의혹을 풀어 주는 것이 어떻겠습니까?"
> 하니, 상이 이르기를,
> "써서 내라. …… " 하였다.[289]

영조 대 들어서 추국 내용을 수록하는 방식에 변화가 나타난다. 위는 영조
1년(1725) 범죄 사건을 조보에 싣는 문제에 관한 정부의 논의 내용이다. "결
안 초사決案招辭 외에는 조지朝紙에 써서 내는 규례가 없습니다."는 민진원의
의견을 미루어 보았을 때, 조보에는 원칙적으로 피의자의 상세한 진술은 싣지
않는 것으로 보인다. 다만 피의자의 신상명세, 범죄 사실, 자백을 담은 결안
형식만을 싣도록 되어 있었고, 피의자가 진술한 다양한 발언들은 제거하고 결
론적으로 범죄로 인정된 사실만을 싣는 것이 규정이었다. 조보에 피의자의 자
백 내용을 실어야 한다는 기록이 효종 대에 있는데[290] 자백 역시 결안의 내용
에 포함되는 것이므로 '결안만을 조보에 싣는다'는 규례를 준수한 것으로 이
해된다.

그러나 영조 초기 결안 외에도 범죄 수사 도중의 진술내용인 공초내용을
조보에 싣는 방식이 검토되었다. 경종 2년(1722) 임인옥사에서 노론이 경종

---

288 《승정원일기》 1212책, 영조 38년 11월 26일 甲申, "凡正法罪人之承款後 必捧結案 書出朝紙者
  欲使罪人無辭 中外洞諭也."
289 《승정원일기》 591책, 영조 1년 4월 16일 癸未 "鎭遠曰 鞫廳罪人招辭 決案招外 無書出朝紙之規
  而今番李晩俊直招 孫荊佐再次直招 則書出朝紙 以解中外人心之疑惑 何如 上曰 書出 可也"
290 《추안급국안》 영인본 7권 413쪽, 번역본 20권 263쪽. "的只侤音 書諸朝報 傳示八方 名出"

을 시해하려고 했다는 혐의를 받아 물고한 백망白望·김용택金龍澤·이천기李天紀에 대한 처분이 문제가 되었다. 이들의 죄상을 널리 알리려면 최종판결문인 결안이 필요한데 이들은 이미 사망했으므로 결안을 만들 수 없었다. 이에 대해 당시 추국의 위관이었던 우의정 최석항崔錫恒이 대안을 내놓았다. "백망·김용택·이천기 등은 비록 결안結案하지는 아니하였지만, 진술[原情]과 문목問目을 조보朝報에 실어 중외中外로 하여금 환히 알게 하는 것이 마땅하겠습니다."291라는 제안을 하였고, 이를 시행하였다.

심문내용을 조보에 직접 수록하는 방식은 조선의 관례를 위반한 것이므로 그 위법성에 대한 논쟁이 일어나기도 했다. 이는 영조 즉위년(1724) 을사처분에서 비롯되었다. 영조는 임인옥사의 주동자 강경파 소론 김일경·목호룡 등을 처벌하고 노론 피화자를 신원하는 조치를 취하고, 이러한 을사처분의 정당성을 대내외에 공표하고자 하였다. 영조는 "죄상을 널리 알리지 않는다면, 비록 추국안에 실려 있더라도 대외의 사람들은 모를 것이다."292라고 필요성을 제기하였다. 영의정 이광좌李光佐·우의정 조태억趙泰億은 경종 2년(1722) 백망白望에게 적용했던 관례대로 죄목을 찾아 조보에 써낼 것을 추천하였다.293 죄인들의 흉악한 실상을 조보에 싣지 않으면 지방의 사람들이 알 수가 없기 때문에 설령 결안이 없더라도 추국청에서의 진술을 가지고 조보에 배포하면 된다는 논리였다.

그러나 문제는 김일경·목호룡이 자백을 하고 그에 근거한 결안을 작성하지 않고 사망했다는 점이었다. 영조는 이러한 행위의 위법성을 인지하고 있었다.

---

291 《경종실록》 권7, 경종 2년 4월 13일 丁卯 "白望龍澤天紀等 雖未結案 而原情問目 出於朝報 使中外曉然宜矣"

292 《승정원일기》 581책, 영조 즉위년 12월 9일 戊寅 "罪人以誣上不道爲案 而若不頒示其罪狀 則雖載於推案 外人必不知之"

293 《승정원일기》 581책, 영조 즉위년 12월 9일 戊寅 "俄者以一鏡 虎龍招辭中語 載於鞫案者 外間不知矣 其誣上惡言 令政院依白望例 稟旨考出 書出朝報事 仰達矣"

"백망의 일에 대해 그 당시 조보를 보니, 결안結案을 작성하지도 않았고 승복하지도 않았다."[294]면서 죄인의 자백·결안이 없는데 무엇을 근거로 조보에 싣느냐며 반대하였다. 다시 이광좌는 백망이 이미 일부 사안에 대해서는 자백했었기 때문에 그의 발언들을 조보에 실어도 무관했었다고 말하며 조보에 실을 것을 설득하였다. 영조는 여러 대신들의 의견을 받아들여 피의자의 진술을 조보에 수록하기로 결정하였다.

여기서 제기되는 문제는 조보에 역모죄인의 진술을 싣는다면 어떻게 실을 것인가였다. 역모피의자의 흉악한 발언을 제거·편집할 것인가, 있는 그대로 실을 것인가를 둘러싼 문제이다. 여기에 대해선 대신들과 영조의 의견이 각기 나뉘었다. 국왕 영조·영의정 이광좌·우의정 조태억·판의금부사 심수현은 '진술원문을 그대로 실어야 한다'고 주장하였다. 원문을 그대로 실어야만 역적들의 흉악한 실상을 백성들이 정확하게 파악할 수 있다고 본 것이다. 그러나 동지의금부사 남취명은 '편집하여 실어야 한다'고 주장하였다. 흉악한 역적이 말을 가리지 않고 했기 때문에 국왕의 권위를 침해하는 범상부도한 발언까지도 전부 써낼 수는 없다는 것이었다. 이에 대해 조태억이 중재책으로 극히 흉악한 말을 빼버리고 나머지를 수록하는 '부분 편집안'을 내놓았지만, 영조는 최종적으로 모든 발언들을 있는 그대로 조보에 수록하여 전파하도록 결정하였다. 이에 따라 반교문과 상소 및 진술 내용 가운데 흉악한 이야기를 낱낱이 거론하여 '이와 같은 말을 했으므로 이처럼 처형했다'라는 내용으로 조보에 써내고, 목호룡이 했던 도리에 어긋난 말도 역시 써내어 중앙과 지방에 널리 알리도록 결정되었다.[295]

영조 즉위년(1724) 을사처분에서의 조보 활용은 영조 대 이후 조보 활용의

---

294 《승정원일기》 581책, 영조 즉위년 12월 9일 戊寅 "白望事 以其時朝報觀之 無結案 且不服矣"
295 《승정원일기》 581책, 영조 즉위년 12월 9일 戊寅.

전례가 되었다. 원칙적으로 범죄 소식을 조보에 실을 때 결안을 포함한 객관적이고 단순한 사실만을 기재했던 관행과는 달리, 영조 대부터는 이전의 규례를 넘어 범죄와 관련된 구체적인 사안을 기재하기 시작하였다. 범죄 사실에 대한 국왕 의견인 교문, 주변인의 의견인 상소, 피의자의 진술 원본인 초사를 포함한 포괄적인 관련 자료를 편집하여 정부의 처벌 근거를 설명해야 한다는 것이다.

이처럼 추국공초 원문을 조보에 수록하는 관례는 점차 상례화되어 갔다. 영조 4년(1728) 무신란 처분 과정에서 판윤 김동필金東弼은 "추국청에 잡아온 죄인은 원정原情과 형추 등의 일을 규례에 따라 조보에 써서 내고, 지방에는 방문榜文을 게시하고 도성에도 일체 통지하게 해야 한다."[296]며 조보에 원문 그대로를 실시간으로 실어야 한다고 주장한 바 있다.

물론 일부 극히 심하게 과격한 발언들은 부분삭제되기도 하였다. 영조 1년(1725) 피의자 손형좌孫荊佐의 직초 중 반포해서는 안 되는 부분은 삭제하고, 피의자 이만준李晚俊의 직초는 원본 그대로 반포하게 한 것이다.[297] "조보에 내지 않았던 문서를 모두 반포함으로써 죄를 진 부류로 하여금 분명하게 조정의 처분을 알게 하는 것이 좋을 듯"[298] 하다는 영조 3년(1728) 승지 홍용조洪龍祚의 의견도 같은 맥락이었다. 정부는 피의자의 진술을 수록함으로써 조보의 독자로 하여금 범죄의 사정을 구체적으로 알게 할 뿐만 아니라, 텍스트를 편집하여 정부에 유리한 여론을 형성하고자 하였다.

18세기 조보 활용에서 주목해야 할 점은, 점차 조보 반포가 형사처분의 공

---

296 《승정원일기》 658책, 영조 4년 3월 17일 丁卯 "鞫廳中拿來囚 與原情刑推等節 依例書出朝報 使之揭榜外邑 而都城亦爲一體知委"
297 《영조실록》 권5, 영조 1년 4월 16일 癸未.
298 《승정원일기》 635책, 영조 3년 윤3월 2일 戊午 "前後勿出朝報之文書 一併頒布 使負罪之類 曉然知朝家處分 似好矣"

식 절차로 '인식'되고 있었다는 것이다. 일반적으로 추국의 절차는 '심문—진술—형신—재심문—결안—조율—처형'[299]으로 알려져 있다. 그런데 18세기에는 '조보 반포'가 '처형' 이전에 필수적으로 집행되어야 하는 사회적 성격의 공식 절차로 받아들여지고 있어 주목된다. 가장 대표적인 사례는 정조 6년(1782) 이택징·이유백의 결안 및 처형 처리 과정이다. 영의정 서명선은 "이택징·이유백의 결안을 아직 조보에 내지 않았기 때문에 의금부가 거행할 수 없으니, 즉시 반포하게 해야 마땅합니다."[300]라면서 이들이 결안을 바쳤음에도 결안을 조보에 반포하지 않았기 때문에 이후의 절차를 진행하지 못하고 계류하고 있음을 지적하였다.

또 다른 예로 영조 15년(1739) 양안귀의 처형에 대해 대사간 심성진이 '결안에 대한 다짐을 받아 조보에 내었는데 아직 처형하지 않은 것'에 절차적 문제가 있다고 지적하였다. 이에 대해 집의 이도겸 역시 '부대시 처참에 해당하므로 오늘 중으로 즉시 처형해야 문제가 없을 것'이라고 지적하였다.[301] 이미 결안—조보 반포까지 이뤄진 상태에서 처형을 미루는 것은 잘못되었다는 것이다. 그리고 순조 4년(1804) 이재륜에 대해서도 결안—조보 반포—처형이 순차적으로 이뤄졌던 사례도 확인된다.[302] 위의 사례들에서 확인할 수 있는 점은 '조보 반포'가 '공식 추국 절차'의 하나로 받아들여지고 있다는 점이다. 이를 통해 당시 정부가 내란에 해당하는 역모 재판을 민간과의 소통 속에서 처분하고자 했음을 확인할 수 있다.

이에 추국 정보는 실시간으로 조보에 수록되었다. 영조 10년(1734) 남극 사건 추국은 2월 12일에 시작해 4월 3일에 마무리되었고 주요 피의자 남극이

---

299 김우철, 〈조선후기 推鞫 운영 및 結案의 변화〉, 《민족문화》 35, 2010, 207쪽.
300 《일성록》, 정조 6년 8월 17일 辛巳, "命善日 澤白結案 尙未出朝報 故該府不得擧行 卽令頒布宜矣."
301 《승정원일기》 898책, 영조 15년 9월 28일 壬申.
302 《승정원일기》 1885책, 순조 4년 10월 7일 壬戌.

2월 14일 체포되었다. 3월 23일 피의자 신중태는 "이달쯤 성균관에 들어가 있을 때 조보를 보고 나서 그제서 남극의 범죄 사건이 일어난 줄을 알았습니다."[303]라고 하였다. 4월 3일 사건이 마무리되기 이전 수사 도중에 남극 사건의 내용을 조보에 실어 유통하고 있었던 것이다. 또 다른 예로 정조 3년(1779) 정력·이진후 추국 과정에서 피의자 이원간은 4월 10일 체포되었고, 4월 10일 첫 번째 심문, 4월 11일 두 번째 심문을 받았다. 이원간과 연루된 피의자 이진관은 4월 12일에 체포되었다. 추국청은 이진관에게 이원간의 체포 사실을 언제 알았느냐고 질문하였고 이진관은 "4월 12일 아침에 이유길을 만나보고 처음 들었으며, 이어서 조보를 보고 알았습니다."[304]라고 대답하였다. 상황을 정리하면 4월 10일 이원간의 체포가 완료되고 그 사실이 적어도 4월 11일자, 내지 4월 12일자 조보에 실렸다고 추정할 수 있다. 4월 10일의 조처가 거의 1~2일 격차를 두고 반포된 것인데 현대 사회에 비추어 보더라도 실시간 정보 유통에 가깝다.

이 결과 정부가 조보를 통해 범죄 사실을 대외에 널리 알리겠다는 1차적인 목적은 달성된 것으로 보인다. 영조 24년(1748) 조관석이 진술한 "조보에서 간간이 다만 정씨 여자의 죄를 논한 계사啓辭를 보았고, 정씨에 대해 대간들이 정계停啓한 일 역시 조보를 보고 알았습니다."[305]는 내용에서 해당 사건의 전말뿐 아니라 정부 내부의 논의까지도 조보에서 확인했음을 알 수 있다. 정조 즉위년(1776) "봉조하의 아들이 역적의 진술에서 나왔다는 이야기를 이도현이 말했습니다. 저도 조보에서 보았습니다."[306]는 이응원의 진술에서는 추국

---

303 《추안급국안》 영인본 20권 55쪽, 번역본 57권 367쪽. "今月分 居館時 見朝報 始知 有南極之獄事矣"

304 《추안급국안》 영인본 23권 659쪽, 번역본 69권 131쪽. "十二日朝 逢見惟吉 始聞之 繼見朝報 而知之矣"

305 《추안급국안》 영인본 21권 17면, 번역본 61권 51쪽. "朝報間 只見鄭女啓辭 而停啓之事 亦見朝報 而知之矣"

청에서의 진술이 요약, 편집 또는 원본 형태로 조보에 실렸고 그 내용을 궁외의 인물이 열람했음을 알 수 있다. 정조 11년(1797)년 경기도 용인 거주 유생 이광운이 구선복 사건에 대하여 자세한 내막을 알고 있자, 추국청에서는 그 내용을 조보에서 얻었을 것으로 추측하고 조보를 어떤 경로로 취득했는지를 추궁하였는데[307] 이 역시 조보를 통해 민인들이 범죄 사실의 자세한 내막을 습득했음을 보여 준다.

그러나 정부가 조보에 싣는 범죄 관련 정보가 '즉각적, 포괄적'으로 변할수록 역설적이게도 정부의 부당한 처분 역시 수록될 수밖에 없었다. 이것이 야기하는 문제는 피의자의 수사 중 사망, 곧 물고에 대해서도 조보에 적어야 했다는 점이다. 영조 31년(1755) 을해옥사에서 외부인 김상구는 추국청 근방에서 추국 동향을 관찰하고 있었다. 물고 명단을 묻는 박찬신의 아들에게 "아직 조보가 나오기 전이라 어떤 죄인이 물고되었는지의 여부는 알기 어렵다"[308]고 말하였는데, 이를 보면 외부인은 조보를 통해 최신의 추국청 동향을 들을 수 있었고 그 내용에는 물고자 명단도 있었던 것이다.

추국청에서의 수사 중 사망, 곧 물고는 모든 경우 고신과 매질에 의한 신체 훼손에서 비롯되었다. 그리하여 물고 건에 대한 원망 및 비난은 정부에게 향할 수밖에 없었다. 영조 4년(1728) 발생한 무신란의 처분과정에서 영조 5년(1729) 무신란의 주요 인물인 황진기의 아버지인 62세의 피의자 황부는 아들 황진기의 도망을 보조하였다는 혐의로 매질을 동반한 7차례 형문을 당한 후 물고되었다. 이에 대해 부수찬 이양신李亮臣이 과정의 부당성을 지적하며 국

---

306 《추안급국안》 영인본 22권 883면, 번역본 66권 433쪽. "奉朝賀子出於逆招之說 道顯言之 矣身亦於朝報見之矣"

307 《추안급국안》 영인본 24권 679면, 번역본 72권 277쪽.

308 《추안급국안》 영인본 21권 461면, 번역본 62권 188쪽. "未及出朝報之前 某罪人之物故與否 有難知之"

왕과 논쟁하였다. 이양신은 추국청이 이틀 안에 7차례(총 210대) 매질하여 위법적으로 황부를 때려죽였다고 비판하면서, 절차상의 문제뿐 아니라 일부 인사를 보호하기 위해 황부를 서둘러 때려죽인 것이라며 당대 추국을 주도한 노론 4대신에게 의혹을 제기하였다. 영조는 이양신에게 적합한 절차를 지켰다고 항변하며, 적합한 절차를 지키더라도 피의자의 신체가 허약하면 사망할 수 있다며 항변하였다.[309] 추국과정의 법외방식 여부를 재확인한 영의정 이광좌는 형문 날짜를 일일이 보고하며 8일 동안 7차례 형문을 받았기에 공식 절차를 거쳤다고 반박한다. 그리고 이러한 상세한 형추 횟수는 모두 조보에 발표되는 내용이기에 틀릴 수가 없다고 논박하였다.[310]

이 논쟁에서 주목할 점은, 조보에는 추국청에서 형추 횟수, 물고를 비롯된 대부분의 진행 과정이 실린다는 것이다. 그리고 물고 소식이 전해지면 추국청은 위법적 처리에 대한 비판에 놓인다는 점이다. 영조에게 직접 추국청의 위법적 관행을 비판한 위의 이양신의 논쟁뿐 아니라, 경종 1년(1721) 동의금부사 윤봉오尹鳳五가 추국과정에서 물고를 낸 판의금부사 홍만조洪萬朝를 비판하자 고개를 숙이고 대답하지 못한 경우[311]에서 추국청의 물고는 비판의 대상이 되고 있음이 나타난다. 특히 조보를 통해 전달하는 내용이 즉시적이고 상세해질수록 추국청에서의 신체적 훼손에 주의해야 한 것으로 보인다. 영조 31년(1755) 조보의 내용을 보고 '법에서 벗어난 일이다'며 비판한 이대운李大運의 사례[312]를 본다면 정부의 실책이 조보에 실리게 되는 경우 정부비판적인 여론이 형성될 수 있었다.

---

309 《승정원일기》 679책, 영조 5년 2월 27일 壬寅.

310 《승정원일기》 680책, 영조 5년 3월 15일 己未.

311 《영조실록》 권94, 영조 35년 8월 19일 丙申 "往在辛丑 尹志述不待結案而殺之 其時桂坊尹鳳五 因胄筵陳戒 言及此事 賓客洪萬朝 低頭不語 蓋萬朝以判義禁 按是獄也"

312 《추안급국안》 영인본 21권 627면, 번역본 63권 64쪽.

이 때문에 정부의 조보를 통한 범죄 정보 공개는 역적 처분의 원인과 결과를 상세히 전달함으로써 급증하는 정란으로부터 '공정한 정부 이미지'의 정당성을 획득할 수 있는 친정부적 매체가 될 수 있는 반면, 역적 형문 과정에서 나타날 수 있는 정부의 위법성을 드러내는 정부 비판적 여론의 시발점이 될 수도 있었다. 이 때문에 정부 비판적인 여론이 형성되지 않기 위해선 범죄 수사 과정에서 나타날 위법적이고 폭력적인 사태를 방지할 필요가 있었다. 그중에서도 제일 부정적인 결과인 수사 중 사망, 곧 물고를 방지해야 했음은 물론이다. 이는 영조 대 결안 없는 사형, 군문에서의 효시, 국왕 전지에 의한 사형, 물고된 자에게 역률 추시에 의한 사후 처벌 등 결안 없는 사망인 물고를 모두 금지하고 결안을 반드시 갖추어 사형 집행할 것을 명령하게 된 배경으로 작용한 것으로 보인다.[313]

정리하자면, 영조는 통치 정보를 폭넓게 민간에 공개하는 소통의 정치를 지향하였고, 추국청 정보를 상세히 전파하는 소통 방식을 창출해 냈다. 조보는 급증하는 정란, 변란을 처리하는 과정에서 범죄 처분의 정당성을 확보할 필요가 있었던 정부에게 적합한 언론매체였다. 그런데 이 과정에서 정부의 위법적인 수사 관행도 실리지 않을 수 없었다. 수사 중 사망과 같은 잘못된 수사관행은 정부에 대한 여론에 부정적인 효과를 낳았다. 이 때문에 정부는 남형, 악형과 같은 수사 중 위법적 과정을 폐지하고, 피의자의 생명을 유지하는 조치[314]를 취해야만 했던 것이다.

---

313 《승정원일기》 1172책, 영조 35년 8월 19일 丙申.

314 법적으로 승인된 고신의 적절한 사용에 대한 강조는 심문에서 자백을 이끌어 내야 할 필요성과 국민의 신체에 불필요한 위해를 가하는 것을 자제해야 할 이념적 의무를 절충해야 할 필요성을 보여 준다.(Anders karlsson, 2013, 〈Law and the Body in Joseon Korea ‒ Statecraft and the Negotiation of Ideology〉, 《THE REVIEW OF KOREAN STUDIES》 16‒1, 31쪽.)

3. 무신여당 창궐과 비상 추국

1) 무신여당(1730~1763)과 특령 조치 심화

영조 4년(1728) 무신란戊申亂은 1728년 3월~1729년 3월에 이르는 약 1년 동안 119회의 추국을 거쳐 진압되었다. 그러나 현상적으로는 진압되었으나 실제로 무신란은 18세기 조선의 정치사상계와 사회에 큰 충격을 가져왔고 이후 동향을 바꾸고 있었다. 이 사건은 반영조反英祖를 기치로 내걸고 양반에서부터 상민, 노비에 이르기까지 전 신분을 아우르며 군사 내란으로 전환되었다는 점에서도 이전 시기에 형성되었던 조선사회 내부 모순이 표면화된 사건이라고 하겠다.[315] 실제로 무신란과 관련된 다양한 기록이 만들어지면서 당시 민인들에게 기억에 남겨야 할 중요한 사건으로 인식되고 있었다.[316]

무신란 이후 내로라하는 집안의 저명한 인사들이 지위 고하를 막론하고 잇달아 주륙을 당하자 연좌된 이들이 온 나라에 가득하였다. 몇 년 사이에 기상이 꺾이고 무너져서 흡사 겁화劫火를 겪어 상전벽해桑田碧海가 된 뒤와 같았다.[317]

---

315 정호훈, 2010, 〈전통시대 한국 정치사 속의 소통과 화해 −영조대 蕩平政治의 지향과 방법〉, 《중앙사론》 31, 4쪽.

316 영조 20년(1744)에 건립된 안성의 〈조선국사로도순무사오공안성토적송공비朝鮮國四路都巡撫使吳公安城討賊頌功碑〉와 정조 4년(1780)에 건립된 대구의 〈평영남비平嶺南碑〉, 정조 8년(1784)에 건립된 성주의 〈이보혁무신기공비李普赫戊申紀功碑〉 등이 있고, 정부에서 편찬한 공식 기록만도 《천의소감闡義昭鑑》, 《감란록勘亂錄》, 《무신역옥추안戊申逆獄推案》, 《영조무신별검록英祖戊申別臉錄》이 있다. 《남정록南征錄》, 《만호실기灣湖實紀》, 《화곡무신일기和谷戊申日記》, 《통정공무신일기通政公戊申日記》, 《남정일기南征日記》 등의 사찬기록이 전해지고 있다. (정석종, 1989, 〈무신란과 영조년간의 정치적 성격〉, 《동양학》 19, 525쪽)

317 《성호전집》 권25, 〈記〉〈登科記〉 "自戊申變難之後 卽無論大家名族 聞人顯士 達官卑位 相繼戮沒

실제 당대를 살았던 성호 이익李瀷은 무신란을 사회 변화의 중요한 계기로 설명하고 있다. 무신란 이후 직간접적인 연루자들이 처벌을 받으면서 이들의 연좌죄인들이 전국에 가득하게 되었고, 불과 몇 년 사이에 상전벽해와 같이 사회상이 뒤바뀌게 되었다고 설명하였다. 정부는 다른 사건의 유배들은 사면하더라도 무신란의 유배·연좌죄인들만큼은 용서가 불가하다는 입장을 고수하였기에[318] 성호 이익의 위와 같은 발언은 당시 사회의 분위기를 보여 주는 것이라 하겠다.

그렇다면 무신란이 남긴 정치사회적 유산은 무엇일까? 정치적으로는 무신란을 계기로 반영조 정치세력을 척결하고자 하였으나, 반영조 정치세력이 여전히 잔존하고 있었다는 점이다. 무신란을 계기로 중앙정계는 노론 중심의 정국으로 재편되었고, 무신란을 주도했던 소론·남인 계열은 점차 정계에서 영향력을 상실했다. 이 결과 무신란 진압 과정에서 크게 타격을 받은 소론, 남인 계열은 무신란 이후의 정국 운영에 불만을 갖게 되었고, 이들의 존재는 영조의 정국 운영에 부담으로 작용했다.

사회적으로는 반체제사상이 효과적이었다는 점이 확인되었다는 것이다. 무신란은 단순히 양반층의 정변시도가 아닌, 상민·천민층이 대거 참여한 사회운동이었다는 점에서 독특성을 지닌다. 이후 변란들에서는 무신란 때에 활용되었던 정감록 참위설을 지속적으로 재생산하였고 이에 공감한 민인층의 참여가 더욱 활발해졌다.[319] 무신란을 계기로 이씨 왕조로 대변되는 기존체제에 대한 의문과 회의를 표현하고 정씨왕조라는 새로운 신체제를 상상한 것이다.

株連遍於國內 數年之間 氣像摧陷 殆若刧火桑海之餘焉"
318 《승정원일기》 700책, 영조 6년 1월 21일 庚寅.
319 이상배, 1999, 《조선후기 정치와 괘서》, 국학자료원, 180~182쪽 참조.

<표 18> 영조 대 무신여당 사건 내역

연번	시기	사건명	내용
1	영조 6년 (1730)	경술년 추국	나홍언羅弘彦이 전라도 나주에서 종친 이해李垓·이기李圻를 추대하여 반란 모의
2	영조 7년 (1731)	성탁 추국	무신란으로 전라도 해남에 유배 중이던 성탁成琢이 무신란을 진압했던 소론대신을 무함하는 봉서를 소지하고 상경
3	영조 9년 (1733)	이제동 추국	이제동李濟東 등이 상경하여 무신란 같은 것을 일으킬 계획으로, 충청도 보은·청주 등지에서 재물 약탈
4	영조 9년 (1733)	계축년 추국	전라도 남원 만복사에 무신란 처리 결과를 비방하고 무신란이 다시 일어날 것이라는 내용의 괘서 게시
5	영조 9년 (1733)	원팔 추국	전라도 전주 양인 김원팔金元八이 남원 괘서에 첨삭하여 괘서 만들어 보관
6	영조 14년 (1738)	양시박 추국	양취도楊就道 등 무신란 반란군과 연고 있는 남 인계 청안사족이 반란 모의
7	영조 24년 (1748)	이지서 추국	남인계 인물이자 무신란 반란군의 친족인 이지서李之曙가 청주·문의에서 무신란이 다시 일어난다는 괘서 게시
8	영조 31년 (1755)	윤지 추국	소론 윤지尹志·이하징李夏徵·윤광철尹光哲 등이 나주 객사에 난이 일어날 것이라는 내용의 벽서 게시
9	영조 31년 (1755)	심정연 추국	김도성金道成과 윤혜尹惠가 흉언 작성하여 심정연沈鼎衍에게 한양 과장에서 흉언 적은 답안지를 제출하게 함
10	영조 35년 (1759)	전석조 추국	예산사족 전석조田錫祚가 한양과장에 들어와 "나라가 장차 흥할 때에는 정상禎祥이 있다"는 흉언과 책자 올림
11	영조 39년 (1763)	심내복 추국	무신란으로 제주 유배중인 심내복沈來復이 종친 이훈을 추대하려고 모의한 사건

* 출전 : 고수연, 2019, 《《추안급국안》에 기록된 무신여당(戊申餘黨) 모반사건의 양상》, 《역사와담론》 92, 209쪽 〈표 1〉의 내용을 이 책의 기준에 맞추어 정리한 것.

정부와 지배층에 의해 무신란이 일단 저지되었음에도 불구하고 사회저변의 저항적 분위기나 불만세력은 종식되지 않았다.[320] 위의 표에서 확인할 수 있듯이 무신란의 남은 세력들은 지속적인 反영조·反체제 운동을 전개하였다.

---

320 김준석, 1999, 〈18세기 蕩平論의 전개와 王權〉, 《동양 삼국의 왕권과 관료제》, 국학자료원, 262쪽.

무신란의 남은 여당이라는 의미로 '무신여당戊申餘黨'이라고 지칭할 수 있는[321] 무신여당의 활동 시기는 영조 초기~말기까지 꾸준하게 분포되어 있었다.[322] 무신란이 진압된 지 2년 후인 영조 6년(1730)에서부터 영조 39년(1763)에 이르기까지 무신란의 후속 사건들은 반복되고 있었다.

무신여당의 인적 구성을 보면 무신란에 직접 가담했던 인물, 소론계 인물, 남인계 인물, 무신란을 모방한 다양한 계층으로 구성되어 있었다. 영조 7년(1731) 성탁, 영조 9년(1733) 이제동, 영조 39년(1763) 심내복 등은 직접적인 무신란 참여자였다. 이들은 무신란에서 비롯된 처벌에 억울함을 느끼고 새롭게 반란을 일으키고자 한 불만세력들이었다. 영조 31년(1755) 나주괘서 사건, 심정연 투서 사건 등 이른바 을해옥사는 소론계 세력들이 주도한 사건이었다. 이들은 영조의 경종독살설을 다시 한번 재기하면서 노론 중심의 정국운영을 비판하였다. 영조 6년(1730) 나홍언, 영조 14년(1738) 양취도, 영조 24년(1748) 이지서 등은 남인 계열로서 무신란의 처분에 불만을 가지고 있었다. 이들 역시 무신란 진압 결과에서 실세한 가문 출신으로서 영조의 노론 중심 정국에 불만을 제기하였다. 한편 정감록 참위설에 영향을 받은 영조 9년(1733) 만복사 괘서(계축년 추국), 김원팔 괘서 사건은 일반 양인과 중인 등 非양반 세력이 주도한 사건이었다. 영조 4년(1728)에 일어났던 무신란은 소론 준론과 남인이 중심이 된 사족의 반란이었지만, 이후 영조 대 무신여당의 활동에는 소론 준론과 남인은 물론 몰락한 지방의 사족이나 중인·양인 등 다양한 계층이 가담함으로써 무신란에 비하여 모반사건에 가담하는 계층이 확대되는 모습을 확인할 수 있었다.[323]

---

321 고수연, 2019, 《《추안급국안》에 기록된 무신여당(戊申餘黨) 모반사건의 양상》, 《역사와담론》 92, 207~208쪽 참조.

322 무신란 후속 사건에 대한 또 다른 분석으로는 정석종, 1989, 앞의 논문을 참조.

323 고수연, 2019, 앞의 논문, 203~204쪽 참조.

그렇다면 무신여당에 대한 정부의 반응과 대책은 어떠했을까? 먼저 가장 최초의 무신여당 사건이라고 할 수 있는 영조 6년(1730) 경술역옥(庚戌逆獄, 경술년 추국)을 살펴보자. 무신난 때의 주동자가 대부분 처벌되고 역모사건이 어느 정도 정리되어졌다고 여겨질 무렵인 영조 6년에 다시 무신란 후속 사건이 발생하였다.[324] 경술역옥은 무신란에 실패한 남인·준소 세력들이 저주, 궁궐 침입과 같은 변란을 시도한 사건이었다. 이들은 궁궐 안에서 왕실인사들에게 저주 물건 묻기, 불 지르기, 소리치기 등의 방식으로 해악을 끼쳐 재앙을 부르는 저주를 시도하였다.[325]

무신년 이후로 마음을 억누르고 지나왔는데 이번에 이런 흉악한 변고를 만났다. 세도가 이런 지경에 이르렀으니 실로 할 말이 없다.[326]

영조는 이 사건에 대해 "할 말이 없다"고 할 정도로 당혹감을 감추지 못했다. 무신란과 같은 외부에서의 군사반란 수준이 아니라 궁궐 내의 환관, 나인들이 결탁하여 왕실인사들의 생명을 해하는 시도였기 때문이다. 이러한 저주가 횡행하고 있음을 확인한 이상 최근이었던 영조 4년(1728) 효장세자의 때 이른 사망, 최근 화순옹주의 건강 이상과 같은 왕실 후계들의 건강 문제 역시 독살에 의한 결과라고 받아들여졌다. "나의 혈속血屬을 반드시 남김없이 모두 제거하려 했으니, 어찌 흉악하고 참혹하지 아니한가?"[327]라며 이를 왕실에 대한 명백한 역모시도라고 파악하였다.

---

324 조윤선, 2007, 〈영조(英祖) 6년 경술년(庚戌年) 모반(謀叛) 사건의 내용과 그 성격〉, 《조선시대사학보》 42, 196쪽.

325 조윤선, 2007, 위의 논문, 191~198쪽.

326 《승정원일기》 705책, 영조 6년 4월 18일 丙辰 "戊申後 抑情以過矣 今番遭此凶惡之變 世道至此 實無可言者矣"

327 《영조실록》 권25, 영조 6년 3월 9일 丁丑 "予之血屬 必欲無遺盡除 豈不凶慘乎"

a) 아! 무신년(1728, 영조4)의 흉역凶逆은 실로 천고에 없던 변란인데, 토죄가 엄격하지 않아 탄주呑舟가 법망을 벗어나도록 하고 간인姦人의 싹이 꺾이지 않아 잔당이 더욱 치성해졌습니다. …… 전하께서 만일 을사년(1725, 영조1) 초에 김일경金—鏡의 역당을 다 제거하여 종자를 퍼뜨리지 못하게 하였다면 어찌 무신년(1728)의 변란이 있었겠습니까. 또 무신년의 변란 때 토죄를 엄하게 행하여 남김없이 다 말살하였다면 또한 어찌 오늘의 변고가 있었겠습니까.[328]

b) 무신년(1728, 영조4)의 흉적은 이번과 같은 맥락이니, 당초에 만약 성상께서 엄하게 조사하셨다면 어찌 다시 이러한 변고가 있었겠습니까. 전하께서는 매번 살리기를 좋아하는 마음을 미루어 관용의 형전을 많이 쓰셨기에 흉악한 무리들 중에 법망을 빠져나간 자가 그 얼마인지를 모르고, 뉘우치거나 두려워하는 바가 없습니다. 그러니 또 이러한 변고가 있게 된 것은 모두 너무 관용을 베푼 잘못에서 말미암은 것입니다. 게다가 최필웅은 그가 독자적으로 한 짓이 아니고 반드시 앉아서 사주한 자가 있을 것이니, 각별히 자세히 조사한 다음 근본을 제거하여 큰 죄를 저지른 원흉이 혹여라도 전날처럼 법망을 빠져나가는 일이 없게 하는 것이 신의 바람입니다.[329]

경술역옥에 대한 노론 측의 의견은 소론·남인에게 책임이 있다는 소론·남인 책임론이었다. a)에서 노론 출신 지평 정형복鄭亨復은 무신여당 발생의 원인을 영조의 관대한 형벌 때문이었다고 주장하였다. 그는 영조 6년(1730) 경술역옥을 일회적인 사건이라고 여기지 않고 영조 즉위 이후 누적된 문제라고

---

328 《승정원일기》 705책, 영조 6년 4월 20일 戊午 "嗚呼 戊申凶逆 實千古所無之變 而誅討不嚴 呑舟漏網 姦萌未折 餘孼愈熾 …… 殿下若於乙巳之初 鋤除鏡黨 無俾易種 則豈有戊申之亂 又於戊申之亂 嚴行懲討 殄滅無遺 則亦豈有今日之變乎"

329 《승정원일기》 705책, 영조 6년 4월 21일 己未 "戊申凶賊 與此一串 當初若自上嚴加窮覈 豈復有如此之變乎 殿下每推好生之德 多用寬緩之典 故兇孼之漏網者 不知其幾 而無所懲畏 又有此變 皆由於失之太寬 且必雄 非渠所獨自爲也 必有坐而指敎者 各別究覈 除去根本 使元惡大憝 無或如前日之漏網 臣之望也"

논하였다. 영조 1년(1725) 을사환국 ― 영조 4년(1728) 무신란 ― 영조 6년
(1730) 경술역옥이 한줄기에서 이어지는 같은 맥락의 사건이라는 것이다. 그
는 영조가 을사환국―무신란에서 소론·남인 측에 관대하게 처벌하였기 때문
에 남은 세력들이 또다시 경술역옥을 일으킨 것이라고 판단하였고, 명백한 영
조의 실책이었다고 지적하였다. b)의 노론 출신 판중추부사 민진원閔鎭遠 역
시 동일하게 소론·남인 책임론을 주장하였다. 민진원도 경술역옥은 무신란을
지나치게 관대하게 처벌하였기 때문에 그 잔당들이 옥사를 일으킨 것이라고
보았다. 이 때문에 경술역옥에서는 사건의 배후를 끝까지 조사하여 발본색원
해야 한다는 입장이었다. 두 사람의 의견은 원칙적으로는 사건의 재발을 막는
데 목적이 있는 엄형론이라 하겠다. 이를 당대 정치맥락에서 검토하면 소론·
남인 계열을 일망타진하고 노론 중심의 정국을 공고히 하려는 정치적인 의도
를 담고 있는 것이었다.

> 비록 그렇지만 상께서는 지난 일을 징계하여 훗날을 경계하는 도리를 깊이
> 생각하여 곱절로 분발하고 곧세고 정대한 뜻에 더욱 힘쓰시며, 산악처럼 견
> 고하고 하해처럼 깊이 성심聖心을 견지하고 이를 엄중하게 지켜 외물에 흔들
> 려 빼앗기지 않게 하소서. 또한 그 기미를 자세히 살피고 성인이 주도면밀하
> 게 우환을 방비했던 마음을 늘 가슴에 간직하여 궁중을 엄히 단속함으로써
> 요사한 무리가 감히 그 사이를 범하지 못하게 하소서. 그렇게 하신다면 화란
> 의 싹이 모르는 사이에 사라지고 국가가 공고해져 자연히 태산泰山의 반석과
> 같은 안정에 이를 것입니다. 삼가 바라건대 성상께서는 유념하소서. …… 병
> 으로 말하자면, 무신년 때는 외경外景의 질병이 밖으로 드러난 증상인 반면
> 이번은 뱃속에 몰래 숨은 질병이어서 위태로운 징조가 무신년 때보다 심합니
> 다. 대체로 국세가 점차 이전에 미치지 못하는 것은 마치 물이 차츰 아래로
> 흘러가는 것과 같습니다. 신은 갑진년(1724, 영조 즉위년) 때, '만약 지금 치도
> 治道를 도모하여 국운을 만회하지 않는다면 뒤늦게 눈물을 삼키며 탄식한들
> 무슨 소용이 있겠습니까.'라고 아뢰었습니다. 지금의 국세를 돌아보건대 또
> 몇 단계를 내려간 것입니까. 만약 지금 크게 진작하여 나라의 운명을 구제하

여 돌이키지 않은 채 유유자적하게 세월을 헛되이 보낸다면 이후 장차 또 어떠한 지경에 이르겠습니까.330

그러나 소론 출신의 영중추부사 이광좌는 사세론事勢論을 들어 원칙적인 입장을 밝히고자 했다. 그는 '국세가 점차 이전에 미치지 못하는 것은 마치 물이 차츰 아래로 흘러가는 것과 같다'면서 일의 형세상 불가피한 결과였다고 주장하였다. 무신란이 바깥에 보이는 질병이었다면 경술역옥은 뱃속에 숨은 질병이라 더욱 심각한 문제라고 하며, 이에 대한 근본적인 대책은 소론·남인에 대한 일망타진에 있는 것이 아니라고 보았다. 경술역옥의 주모자는 대부분 무신란과 직간접적인 관련이 있는 소론, 남인 계열임이 분명했으므로 이광좌 역시 주모자 및 배후자에 대한 엄형론을 부정할 수는 없었다. 하지만 이들을 일망타진하는 것보다는 국왕수신을 중심으로 한 국가질서의 회복이 우선되어야 한다고 주장하였다. 그렇게 한다면 요사한 무리가 범하지 못하게 되어 화란의 싹이 사라지게 될 것이라는 주장이었다.

위의 정형복·민진원·이광좌 모두 공통적으로 경술역옥을 하나의 개별 사건으로 여기지 않고, 영조 즉위 이후부터 있었던 갈등이 누적된 결과라고 파악하였다. 이에 영조는 경술역옥을 계기로 영조 1년(1725) 을사환국 – 영조 4년(1728) 무신란 – 영조 6년(1730) 경술역옥으로 조사의 범위를 확대하여 난역의 근본을 제거하고자 하였고, 소론, 남인 계열은 치명적인 타격을 받게 되었다. 영조는 이를 통해 자신의 국왕 정통성을 훼손하려는 시도에 대한 명

---

330 《승정원일기》 706책, 영조 6년 5월 1일 戊辰 "雖然 自上深念懲前毖後之道 一倍振發 益勵剛大 堅持聖心 如山岳之固 如河海之深 鎭之以嚴重 毋爲外物之撓奪 深察其幾微 常存聖人之周防 肅嚴宮禁 毋使妖孽 敢干於其間 則禍萌潛消 國家鞏固 自底於泰山磐石之安矣 伏乞聖上 留念焉 …… 以病言之 則戊申外景形見之症也 今番心腹潛藏之疾也 危兆甚於戊申矣 大抵國勢之漸不及前 如水之益下 臣於甲辰年 以若不及今圖治 挽回國運 則啜其泣矣 何嗟及矣 陳達矣 顧今國勢 又下幾層乎 若不及今大段振作 救回邦命 而悠悠泛泛 苟度歲月 則此後境界 又將何如耶"

<표 19> 영조 대 《추안급국안》 기재 무신여당 사건 처분 내역

연번	시기	사건명	추국 횟수	피심 문자	사형 대상	물고 대상	유배 대상	석방 대상	기타
1	영조 6년(1730)	경술년 추국	107	217	47	74	39	45	12
2	영조 7년(1731)	성탁 추국	8	4		2	2		0
3	영조 9년(1733)	이제동 추국	15	22	1	7	1	11	2
4	영조 9년(1733)	계축년 추국	14	23	1	9	6	3	4
5	영조 9년(1733)	원팔 추국	15	17	2	2	2	10	1
6	영조 14년(1738)	양시박 추국	4	6	3			2	1
7	영조 24년(1748)	이지서 추국	9	14		1	3	9	1
8	영조 31년(1755)	윤지 추국	20	38	5	13	8	7	5
9	영조 31년(1755)	심정연 추국	34	86	30	24	11	21	0
10	영조 35년(1759)	전석조 추국	3	4		1	1	2	0
11	영조 39년(1763)	심내복 추국	13	27	16	5	3	1	2
합계(명)			242회	458	105	138	76	111	28
사건 당 평균(명)			22.0회	41.6	9.5	12.5	6.9	10.1	2.6
비율(%)				100%	22.8%	30.0%	16.5%	24.3%	6.3%

* 출전 : 《추안급국안》

백한 일벌백계를 보여주고자 하였고, 상당수의 관련자들이 사형 또는 물고하면서 결과적으로는 무신란 관련자들에 대한 2차 처벌로 이어졌다.[331]

그렇다면 구체적으로 무신여당 역모로 알려진 11개 사건에 대한 정부처분은 어떠하였을까? 이 장에서는 《추안급국안》에 실린 기록을 중심으로 처분 방향성을 검토하고자 한다.[332] 먼저 확인할 수 있는 부분은 영조 대 가장 중요

---

331 조윤선, 2007, 앞의 논문, 224~229쪽 참조.

332 영조 4년(1728) 무신란 이후 추국은 포도청과의 이중 국문 방식으로 재편된다. 추국청·포도청의 연계 속에서 포도청은 1차 조사 및 가벼운 처분을 담당하였다. 포도청의 기록과 추국청의 기록을 연계하여 살펴볼 필요가 있으나, 18세기 초반 포도청의 심문 및 처분 내역 자료가 전해지지 않는다. 이에 추국청 기록인 《추안급국안》으로 분석하고자 한다. 대부분의 최종판결

하게 여겨진 사건들에서 처분 규모가 확연하게 크게 발생했다는 점이다. 〈표 19〉에서 확인할 수 있는 가장 중대하게 다루어진 무신여당 사건은 영조 6년(1730)의 경술역옥과 영조 31년(1755)의 을해옥사라고 하겠다. 영조 6년(1730)의 경술역옥(경술년 추국)은 총 피심문자 217명과 사형 47명, 물고 74명이 발생한 대형추국이었다. 기타 무신여당 사건들이 대체로 10~20회 정도의 추국을 했던 것과는 달리 경술역옥은 107회의 추국이 개좌된 대형 추국이었다. 또 하나의 대형 무신여당 사건은 영조 31년(1755)의 을해옥사이다. 위의 표에서 연번 8번 윤지 추국, 9번 심정연 추국을 더하여 통상적으로 을해옥사라고 지칭한다. 두 사건을 더한 을해옥사는 피심문자 총원 124명과 사형 35명, 물고 37명이 발생한 대형추국이었다. 을해옥사 역시 총 횟수 54회에 이르는 추국이 열렸다. 영조 6년(1730) 경술역옥과 영조 31년(1755) 을해옥사는 영조 4년(1728)의 무신란과 함께 영조 대 정치 판도를 바꾸어 놓은 대형 사건이라 하겠다.

〈표 20〉 영조 4년(1728) 무신란 이후 영조 대 《추안급국안》 재판 기록

	총사건수	추국횟수	피심문자	사형자	물고자	유배자	석방자	기타
무신여당 사건	11건	242회	458명	105명	138명	76명	111명	28명
사건 당 평균		22.0회	41.6명	9.5명	12.5명	6.9명	10.1명	2.6명
처분 비율			100%	22.8%	30.0%	16.5%	24.3%	6.3%
경술역옥+을해옥사 제외 무신여당 사건	8건	135회	241명	58명	64명	37명	66명	16명
사건 당 평균		16.9회	30.1명	7.3명	8.0명	4.6명	8.3명	2.0명
처분비율			100.0%	24.1%	26.6%	15.4%	27.4%	6.6%
非무신여당 사건	68건	299회	486명	60명	47명	113명	210명	56명
사건 당 평균		4.4회	7.1명	0.9명	0.7명	1.7명	3.1명	0.8명
처분 비율			100%	12.3%	9.6%	23.3%	43.2%	1.1%

* 출전 : 《추안급국안》

은 추국청에서 수행되었고 이 기록이 《추안급국안》에 수록되어 있다는 점에서 전체 경향과 크게 유리되진 않으리라 생각한다.

그렇다고 하여 경술역옥, 을해옥사를 제외한 나머지 무신여당 사건들이 소홀하게 다루어진 것은 아니다. 앞의 〈표 20〉에서는 경술역옥, 을해옥사를 제외한 8개 무신여당 사건 처분 내역을 확인할 수 있다. 이 사건들은 평균 16.9회 추국을 개좌하였고, 평균 30여 명의 피심문자, 7명 내외의 사형자, 8명 내외의 사형자가 발생했다. 경술역옥, 을해옥사를 포함한 전체 무신여당 사건은 그 규모가 더욱 확대된다. 사건당 평균 22회 추국개좌, 42명 피심문자, 10여 명의 사형자, 13여 명의 물고자가 발생하였다. 사형자와 물고자의 비율을 더하면 약 50%를 상회하는 피심문자가 강한 처분을 받은 것으로 이해할 수 있다.

무신여당 사건에 대한 중대한 처분은 영조 4년(1728) 무신란 이후 非무신여당 사건과의 비교에서 뚜렷한 양상을 띤다. 非무신여당 사건에는 왕릉 방화, 전패 작변 등 소규모 범죄에서부터 정변 시도 등 중대 범죄에 이르기까지 다양하게 분포되어 있었다. 무신란 이후 영조 대 非무신여당 사건 총 68건은 사건 당 평균 4.4회의 추국 개좌, 7.1명의 피심문자, 1명 이내의 사형자, 물고자가 발생하였다. 이를 무신여당 추국과 상호비교해 본다면 무신여당 추국은 일반적인 추국사건들과 비교하면 추국횟수는 5배, 피심문자는 6배, 사형자 10배, 물고자 15배 이상이 발생한 대규모 처분이라고 하겠다. 그리고 사형 비율은 2배, 물고 비율은 3배 이상 높게 나타나는데 이를 통해 무신여당 추국의 혹독함을 짐작할 수 있다.

〈표 21〉 영조 4년(1728) 무신란 이후 영조 대 《추안급국안》 고신 기록

	피고신자	고신 차수	신장 대수	1인당 평균 고신 차수	1인당 평균 신장 대수
무신여당 추국	282명	910회	22,881대	3.2회	81.8대
非무신여당 추국	170명	467회	11,008대	2.7회	64.7대
합계	452명	1,377회	33,889대	3.0회	75.0대

이는 통계적으로도 나타나는 경향이다. 무신여당 역모에서의 총 피고신자는 282명이었는데 이들에 대해서는 총 910회의 고신이 가해졌고, 그 과정에서 22,881대의 신장 매질이 행해졌다. 무신란 이후 영조 대 非무신여당 사건에서의 총 피고신자는 170명인데, 이들에 대해서는 467회의 고신, 11,008대의 신장 매질이 행해졌다. 이를 1인당 평균으로 환산해 보면 고신 차수 3.2회 〉 2.7회, 신장매질 대수 81.8대 〉 64.7대로 확인된다. 무신여당 사건에서 평균적으로 약 20% 이상 높은 강도로 신장 매질이 행해진 것이다. 이처럼 무신여당 사건에서 혹독한 심문으로 인하여 무신여당 역모에서의 사형＋물고자 비율이 非무신여당 사건보다 2.5배 이상 높게 산출된 것으로 보인다.

정리하자면, 영조 시대 무신란 사건은 영조 재위 시기 전반을 통틀어 지속적으로 정국의 위기를 양산하는 상수였다고 하겠다. 그리고 해당 사건들의 중대성으로 인하여 정부는 조사의 규모와 강도를 높게 유지하고 있었다. 추국 개좌 횟수, 중대처분 비율, 고신 강도 등 모든 추국의 수치에서 기타 추국들보다 높은 수치를 확인할 수 있었다. 무신여당 사건은 단순한 역모와는 다른 경종~영조 시기 국왕의 정통성 의리를 결정하는 중대한 사건들이었다. 무신여당 사건은 단독 사건으로써가 아니라 경종 1~2년(1721~1722) 신임옥사 – 영조 1년(1725) 을사환국 – 영조 4년(1728) 무신란 – 영조 6년(1730) 경술역옥 – 영조 31년(1755) 을해옥사로 이어지는 反영조 운동의 연장선으로 이해되었다. 이 때문에 영조와 정부는 해당 사건들을 다른 사건보다 더욱 특수하고 중대하게 다루어 왔다.

2) 결안생략 처형의 증대

조선의 국왕은 이전 선왕들이 만들어 놓은 법률·제도에 의거하여 통치하도록 구조화되어 있었다. 기존의 법률은 조종성헌祖宗成憲이라는 원칙 아래 후 대왕들도 지켜야 할 모범으로 여겨져 왔다. 그리고 각종 제도들에 의해 이러한 법률이 현실적 행정에서 구현되고 있었다.[333] 조선은 이러한 과정에서 국왕의 전제권력이 백성의 생명권을 침해하지 않는 법적 조치를 마련해 두었는데, 《대명률》에서 명백하게 자백에 근거하여 처벌할 것을 기재한 것[334]은 국왕의 자의적·천단적 처형을 금지하려는 조치였다. 이에 국왕이 특수한 상황에서 법률을 초월하여 집행한 경우에 대한 제약 규정도 준비되어 있었다. "특지特旨로 단죄한 것은 임시로 처치한 것이어서 율로 정할 수 없으니 인비引比하여 율로 삼을 수 없다."[335]라고 하여 국왕의 특별지시로 초법적으로 처단한 사례는 임시적이어야 하며, 차후에는 반복되어서는 안 된다고 규정하였다. 이러한 이념적·법적 장치로 인하여 국왕은 권력에 대한 제약이 없으면서도 동시에 국왕의 권능을 활용한 사법적 살인이 금지되어 있었다.

그러나 문제는 국왕과 법률의 관계가 다소 유동적이었다는 점이다. 전근대 유교국가에서 국왕의 권능과 직무는 명백하게 법전에 기재되어 있지 않았다. 국왕은 법률의 입법자이자 집행자로서 각 개별 건들에 대한 법감정을 적절히 조화하여 법률을 초과하여 집행할 수도 있고, 법률에 미달하여 집행할 수도 있었다. 17세기 이후 당쟁이 격화되고 국왕의 정치조차도 당론에 영향을 받게 된 상황 속에서 국왕의 형정권은 다소간 법률을 초월할 수 있는 상황들을 맞이하고 있었다. 17세기 후반 이래의 예송·환국·내란은 이러한 정치적 위기를 반영한 결과였으며, 그만큼 국왕과 당시 집권당의 위기 의식은 높아지고 있었다.

---

333 박병호, 1982, 〈조선 시대의 왕과 법〉, 《애산학보》 2, 53~69쪽 참조.

334 《대명률》〈刑律〉〈斷獄〉 獄囚取服辯 "凡獄囚徒流死罪 各喚囚及其家屬 具告所斷罪名 仍取囚服辯文狀"

335 《대명률》〈刑律〉〈斷獄〉 斷罪引律令 "其特旨斷罪 臨時處治 不爲定律者 不得引比爲律"

이러한 정치적 혼란의 상황에서 점차 국왕의 전제적 권력이 반영된 초법적 처형이 발현되고 있었다. 숙종 20년(1694) 갑술환국을 계기로 '결안생략' 처형이 빈번하게 이뤄지면서 새로운 논란이 야기되었다. 숙종 19년(1693) 이덕흘, 숙종 20년(1694) 조사기 사건에서 결안생략 처형 문제가 대두되었고, 이후 한중혁, 윤지술, 이건명, 임창 등에 대해서도 유사한 방식이 적용되었다. 이에 대해 신료들은 결안생략 처형이 법과 예를 무시한 처사로써 후대에 심각한 폐단을 낳을 수 있다며 강력히 반대하는 입장을 표명했으나, 숙종·경종은 죄상이 명백한 경우 자백 여부와 무관하게 곧바로 처형할 수 있다는 입장을 고수했다. 이처럼 국왕 주도로 시행된 결안생략 처형은 숙종 대에 그 단초를 보인 이래 경종 대에 이르러 관례로 정착되어 가는 추세를 보였다. 이처럼 숙종·경종 대를 거치면서 서서히 집행되었던 국왕 결안생략 처형은 그 위법적인 측면에도 불구하고 점차 하나의 전례를 형성하며 관례화되고 있었다.[336]

이러한 초법적 조치들은 환국의 반복 상황에서 상대당에 대한 척결·정국 전환을 위해 정치적으로 시급하게 처단할 필요에서 대두된 현상이었다. 이 시기 옥사들은 명백한 실체가 있는 사건이라기보다는 정치적 목적으로 인하여 문제시된 사건에 가까운 것이기 때문에, 국왕과 집권당의 입장이 정당했음을 입증하기 위해선 이들의 사형이 절실했고, 이 때문에 숙종·경종·영조에 이르기까지 정치사건에서는 국왕의 전지에 의한 결안생략 처형들이 행해지고 있었다.

그러나 이러한 결안생략 사형들은 명백하게 위법이었기에, 이에 대한 비판도 상당했다는 점도 염두에 두어야 한다. 숙종 대 조사기 처형의 사례에서는 의금부 관료들이 숙종의 부당한 결정에 반대하여 추국청에 입시하지 않으며

---

336 결안생략 처형의 숙종·경종 대 논의는 이 책의 2장 3절 3항 〈갑술환국(1694)과 결안생략 처형〉에서 자세하게 확인할 수 있다.

반대하였고,[337] 경종 대 결안생략 처형의 경우에도 법적 절차 준수를 요구하는 '식자들이 비난하였다'[338]는 기록, '뒷날의 폐단을 열었다'[339]는 사관의 비판 같은 강한 반대여론이 일었다.

영조 2년(1726)에도 함우신咸遇臣에 대한 결안생략 처형을 시도하는 영조에게 강한 비판이 제기되기도 하였다. 여기에서 영조는 백성을 경계하기 위해 불가피하게 처형을 한 것이라며 변명하고, 자신의 행위가 후대 왕들이 '망령되게 살인[妄殺]'하는 근거가 될 수 있음을 반성하며 결안생략 처형 조치를 철회하였다.[340] 이처럼 17세기 후반~18세기 초반 정국이 격랑하는 가운데 국왕과 집권당은 반대세력에 대한 응징과정에서 결안생략 사형을 시행하였으나, 법적 부당성 문제를 해소하지 못한채 영조 2년(1726) 전교에 의해 중단되었다. 이처럼 숙종~영조 초기의 정치적 격랑기에 일부 강성 자백거부자들에게 행해졌던 결안생략 처형은 그 부당성으로 말미암아 영조 초기 '금지 조치'로 일단락되는 듯하였다.

그러나 영조 4년(1728) 무신란을 겪으며 '결안생략 처형'은 정당성·필요성 차원에서 새로운 의미를 지니게 된다. 무신란은 시급성과 중대성에서 여타의 내란과는 궤를 달리하는 대형 사건이었다. 무신란 세력이 지방을 탈취하는 가운데 곧바로 추국청에서 재판해야 하는 특수한 상황이었다. 특히 무신란 발생 극초반기인 영조 4년(1728) 3월 19일은 이러한 상황이 극도로 격화된 시기였다. 이 시점은 충청도 청주가 무신란 세력에게 함락당한 날로서, 내란의 위험도가 더욱 높아지고 있었다. 이 시점에서 영조는 서울 내에서 무신란 세력과 호응한다는 혐의를 받은 포도대장 남태징, 공신의 친손 민관효, 만호 신광

---

337 《숙종실록》 권26, 숙종 20년 5월 5일 壬寅.
338 《경종실록》 권5, 경종 1년 12월 16일 壬申.
339 《경종실록》 권12, 경종 3년 6월 4일 辛亥.
340 《영조실록》 권9, 영조 2년 5월 13일 甲辰.

원, 무관 이세룡 등을 신속하게 처단할 필요가 있었고, 영조는 심문·자백·결안·조율하는 절차를 생략하고 즉결 처단해 버렸다.[341] 이때에 대해 영조는 "포도대장 남태징이 궐하闕下에서 한창 병권을 장악하고 있었기 때문에 마음의 동요가 없을 수 없어서 네 명의 역적을 효시하라는 하교를 내렸던 것"[342]이라고 이유를 밝혔다.[343]

결안생략 처형은 위급한 상황에서의 불가피한 선택이였지만 명백하게 자의적이고 위법적인 형정이었다. 이 때문에 원론적인 입장에서 비판도 제기되었다. 이중에 가장 대표적인 이의제기는 영조 7년(1731) 대사헌 조관빈趙觀彬의 비판이었다. 그는 영조가 추진하는 완론을 포함한 탕평을 거부하고 온전한 신임의리를 추구할 것을 주장하면서 소론 탕평파 송인명宋寅明을 탄핵하였다.[344] 조관빈이 탄핵한 근거는 송인명의 부정행위였다. 조관빈은 송인명이 남태징을 결안생략 처형하자고 주장함으로써 사건 실태 파악을 불가능하게 했다는 혐의를 내세웠다. 피의자에 대한 충분한 심문·자백이 이뤄지지 않은 상태에서 위법적으로 결안생략 처형함으로써 절차상의 위법성은 물론이고 결과적으로 수사정보를 얻을 수 없도록 '효용'을 떨어뜨렸다는 비판이었다.[345]

그러나 조관빈의 이러한 비판에 대해 당시 소론 계열 탕평파 시독관 이종성은 상황논리를 통해 방어하였다. 이종성은 남태징에 대한 결안생략 처형은 송인명이 주도한 것이 아니라 영조가 직접 추진하여 효시하도록 결정했다고 하였다. 그리고 그렇게 위법적인 방식을 쓸 수밖에 없었던 이유는 당시 상황

---

341 《영조실록》 권16, 영조 4년 3월 19일 己巳.

342 《승정원일기》 733책, 영조 7년 10월 28일 戊午.

343 무신란의 시급성·행정부하와 관련한 내용은 이 책의 3장 1절 1항 〈무신란(1728) 수습과 특령 조치〉에서 자세하게 확인할 수 있다.

344 나종현, 2022, 〈18세기 양주 조씨 조태채·조관빈 부자의 정치 활동〉, 《중앙사론》 57, 94~95쪽 참조.

345 《영조실록》 권30, 영조 7년 10월 26일 丙辰.

이 너무 급박했기 때문이라고 하였다. 남태징이 사형당하는 날은 청주가 무신란 세력에게 함락당한 날이었고, 백성들이 혼란에 빠져 진정되지 않은 상황이었던 것이다. 이 때문에 영조의 결단으로 특별히 전지에 의한 결안생략 처형처분을 내렸고, 이러한 조치는 시의적절한 것이라고 주장하였다.

이에 대해서도 영조는 전지에 의한 사형 처분이 어쩔 수 없는 권도적 성격을 띠었다고 소회하면서 이종성의 입장을 두둔하였다. 영조는 포도대장 남태징이 병권을 장악하고 있었기 때문에 그의 위협에 대해 마음의 동요가 생겼다고 하였다. 이 때문에 남태징, 민관효, 신광원, 이세룡에 대해 긴급하게 결안을 받기 전에 처형할 수밖에 없었다고 하였다. 그리고 그러한 조치는 잘 처리한 일〔善處之事〕이라고 자찬하였다.[346]

영조 7년(1731) 조관빈의 탕평비판은 형정론상에서 탕평정치가 갖는 방법론적인 문제를 지적했다는 점에서 의미를 가진다. 탕평의 정치는 당대의 정치사회적 혼란상을 극복하고 국왕 중심으로 국가체제를 재편함으로써 국가통치의 새로운 방향을 정립하는 정치인데, 조관빈은 '탕평이라는 목적을 수행하기 위해서 절차가 훼손되어도 되는가'라는 문제를 제기한 것이다.

조관빈은 형정 운영에서 자백·결안·조율이라는 기본적인 원칙을 지켜야 한다고 보는 입장이었다. 그는 영조의 비호를 받는 일부 탕평파와 국왕 영조에 의하여 형정이 자의적으로 천단되어서는 안 된다고 보았다. 이 때문에 송인명이 그러한 자의적인 형정을 유도하였다고 비판하며 탄핵한 것이다. 그러나 영조와 탕평파 이종성의 생각은 달랐다. 당시 상황논리상에서 국가와 국왕으로서 가장 효율적인 방식을 선택하는 과정에서는 일종의 '권도'가 허용되어야 한다는 논리였다. 영조가 남태징 등 4명에게 자백·결안·조율 없이 전지에 의한 사형을 집행한 것도 민심안정이라는 목적을 우선시하는 차원에서 허용

---

346 《승정원일기》 733책, 영조 7년 10월 28일 戊午.

되어야 한다고 본 것이다. 결국 영조가 이종성의 상황논리론을 손들어주면서 이후 형정 운영에서도 결안생략 처형과 역률 추시가 지속될 수 있는 단초를 만들어 주었다.

이후에도 영조는 직접 현장에 참여하는 방식인 친국 과정을 통해 죄인의 진상을 직접 파악하면서, 동시에 결안을 생략하고 처형을 내리기도 하였다. 영조 14년(1738) 무신란의 후속사건인 양시박 추국에서 영조는 직접 친국을 하였는데, "내가 전지傳늡를 내려 부대시참不待時斬에 처하고자 하니, 어찌 그의 결안結案을 받을 필요가 있겠는가"라며 결안생략 처형을 하겠다고 의지를 밝혔다. 이에 대해 우의정 송인명은 문제될 것 없다고 결안생략 처형에 찬성하였다.347 이외에도 영조 16년(1740) 김태성 추국에서 친국을 열어 김태성이 자백하지 않고 죽을 위기에 처하자 좌의정 김재로가 "전에도 전교傳敎에 따라 처형하는 규례가 있었으니, 곧바로 처형하는 것이 마땅하겠습니다."라며 전지에 의해 사형처분하자고 주장하기도 했다.348 위에서 영조의 결안생략 처형에 대해 찬성한 송인명, 김재로는 영조 측근의 탕평파로서 영조의 탕평 정치에 찬동하면서 그 과정에서 발생하는 절차적인 부당성은 어느정도 은폐해도 된다고 보는 입장이었다. 이와 같은 탕평파들의 찬동에 힘입어 국왕의 권위에 의한 결안생략 처형은 점차 관례적으로 행해지게 되었다.

〈표 22〉에서 검토할 수 있듯이 결안생략 처형은 영조 재위기 전반에 걸쳐 꾸준하게 시행되었다. 영조 1년(1724) 정치의리의 문제를 해소하기 위한 목적으로 김일경에게 결안생략 처형을 집행한 후, 영조 4년(1728) 무신란에서 긴급조치로서 결안생략 처형을 대거 집행했다. 이후로는 영조 6년(1730) 경술역옥(경술년 추국) 및 영조 31년(1755) 을해옥사(심정연 추국) 이후의 사건에

---

347 《승정원일기》 874책, 영조 14년 7월 4일 甲寅.
348 《영조실록》 권51, 영조 16년 2월 5일 丙子.

<표 22> 영조 대 결안생략 처형 집행 내역

연도	사건명	결안생략 처형 대상	결안생략 처형자수	해당사건 사형자수
영조 1	김일경 추국	김일경	1	1
영조 4	무신란 추국	곽중휘, 민관효, 신광원, 이세룡, 정조윤, 권서린, 권서봉, 김도응, 박태후, 박필몽, 이배, 이정열, 이정휘, 박사관, 장흠	15	91
영조 6	경술년 추국	준엽, 최필웅, 이기, 이해, 나계태, 나홍언	6	47
영조 17	김태성 추국	김태성	1	1
영조 31	심정연 추국	이전, 이준, 김상집, 변서오, 신치운, 여선여, 이세현, 창규(팽노), 김성, 이주, 김광수, 이거원, 이학	13	30
영조 31	선우신 추국	선우신	1	1
영조 31	이성 추국	이성, 박세겸	2	5
영조 32	이운징 추국	권포, 김천재(장천재)	2	7
영조 32	이지완 추국	신근(신응남), 이흥효	2	8
영조 40	심내복 추국	김운해, 김제해, 신정관, 윤련, 윤몽정, 이양조, 조경수	7	16
합계			50명	207명

* 출전 : 《추안급국안》

서 집중적으로 결안생략 처형이 행해졌음을 확인할 수 있다. 해당 사건들에서
의 사형자수는 207명이었는데, 이중 50명이 국왕의 전지에 의해 사형을 당한
것으로써 비율적으로 약 1/4에 해당하였다. 추국청 피의자 중 50명이 국왕
영조의 의지로 법률을 초월하여 처형된 것이라 하겠다.

그렇다면 영조가 전지에 의해 결안생략 처형을 하게된 동기는 무엇일까?
먼저 영조의 처형 조치는 영조의 정국 운영이 위기상황에 놓였을 때 더욱 빈
번하게 활용되었다는 점에 주목할 필요가 있다. 영조 대 결안생략 처형의 추
이를 검토해 보면 주로 영조 4년(1728) 무신란에서 16명, 그리고 영조 31~32
년(1755~1756) 무렵 을해옥사 및 이후 연동사건에서 20명에게 대거 시행한

것으로 나타난다. 영조 재위기 50여 년 동안 결안생략 처형이 전반적으로 행해진 것이 아니라, 무신란·경술역옥·을해옥사라는 영조 대 가장 큰 격랑 시점에 행해졌다는 점은 영조가 '결안생략 처형'을 일반의 추국 사건에서 상설화하였다기보다는 '무신란과 무신여당 사건'에 대한 특수한 목적을 가지고 시행한 것임을 확인할 수 있다. 해당 사건들의 공통점은 영조의 정통성을 강하게 부정하는 사건이라는 것인데, 영조는 이처럼 자신에게 위협이 된다고 판단한 사건들에 대해서 더욱 국왕으로서의 결정권을 발현하고자 한 것으로 이해할 수 있다. 그렇다면 이러한 국왕으로서의 결정권이 갖는 의미는 무엇일까?

첫 번째, 자백거부자에 대한 국가의 대리판단이었다. 영조 31년(1755) 을해옥사에서 여선여, 이세현, 김상집, 변서오가 혐의를 끝까지 부정하며 자백하지 않는 문제가 있었다. 영조는 이들에 대해 각기 을해옥사와 연관성이 있음을 주장하며 '결안을 기다리지 말고 속히 처형하여 나라의 형벌을 바로잡도록'[349] 지시하고 당일 처형하였다. 영조는 이들의 범죄행위를 피의자의 자백에 의해 증명하지 않은 채, 자신의 판단에 의거해 유죄라고 확정하고 국왕 권위를 활용하여 처단하고 있었다.

두 번째, 중대범죄자에 대한 가중처벌의 의미이다. 영조 4년(1728) 무신란 참여자 박태후 사형의 예를 살펴보자. 박태후는 무신란 군대에 적극적으로 참여한 혐의에 대해 자백하고 결안도 작성하였다. 그러나 영조는 무신란에 수동적으로 참여한 인원과 능동적으로 참여한 인원을 구분해야 한다는 입장을 가지고 있었고, 박태후를 능동적으로 참여한 인원이라고 보았다. 이 때문에 박태후를 특별히 구분하여 큰길가에서 공개적으로 군율로 처형하도록 전지를 내렸다.[350] 영조 31년(1755) 을해옥사에서의 신치운의 사례도 유사하다. "신

349 《추안급국안》 영인본 권21 691면, 번역본 63권 166쪽 "不待結案 亟正邦刑"
350 《추안급국안》 영인본 권15 87면, 번역본 43권 159쪽.

은 갑진년(1724)부터 게장을 먹지 않았으니 이것이 바로 신의 역심逆心이며, 심정연의 흉서 역시 신이 한 것입니다."[351]라는 발언으로 영조의 경종 암살 의혹을 재점화한 신치운에 대해 영조는 극도로 분노하였다. 이미 신치운은 위의 발언을 통해 자신의 죄를 자백한 상황이기 때문에 결안을 작성하기 충분한 조건을 갖추고 있었다. 그러나 영조는 신치운을 '무신란 역적 괴수들을 처리한 사례(依戊申逆魁例擧行)'[352]에 의거하여 처단하도록 결정하였다. 여기서 말하는 무신란 역적 괴수를 처리한 사례는 앞서 말한 남태징과 같은 결안생략 처형을 의미한다. 영조는 신치운을 추국청의 관례가 아닌 군율로 처단함으로써 많은 백성들에게 처형장면을 생생하게 내보이고자 했다. 이외에도 영조 32년(1756) 이운징 추국에서 권포·김천재에 대한 처형도 같은 맥락에서 이뤄졌다.[353] 위의 사례들을 검토해 보면 영조는 결안을 갖춰 사형할 수 있는 상황에서도 민간에 생생하게 군율처단 장면을 재현하고 이를 통해 국가의 강한 의지를 보여 주기 위해 결안생략 처형을 결정하기도 했다.

그런데 문제는 결안생략 처형이 영조 대에만 두드러지게 발현된 양상이라는 점이다. 《추안급국안》의 기록을 분석하면 인조 대 2건, 숙종 대 2건, 순조 대 1건, 고종 대 1건 등 극히 드문 사례만이 발견되며,[354] 대부분을 차지하는 50건의 결안생략 처형이 영조 대에 행해졌음을 확인할 수 있다.

---

351 《영조실록》 권84, 영조 31년 5월 20일 癸巳 "臣自甲辰後 不喫蟹醬 此乃臣之逆心 鼎衍凶書 亦臣所爲也"

352 《추안급국안》 영인본 권21 690면, 번역본 63권 166쪽 ; 《추안급국안》 영인본 권22 144면, 번역본 64권 230쪽.

353 《추안급국안》 영인본 권22 144면, 번역본 64권 230쪽.

354 인조 2년(1624) 이괄 추국에서 김원량, 인조 9년(1631) 원충립 추국에서 원충립, 숙종 6년(1680) 오시수 추국에서 오시수, 숙종 20년(1694) 함이완 추국에서 민암, 순조 1년(1801) 신유사옥에서 주문모, 고종 18년(1881) 안기영 추국에서 이재선이 이에 해당된다.

<표 23> 영조 대 결안생략 처형 집행과 추국성격 연동 내역

추국 성격	인원	성명
친림추국	44	곽중휘, 민관효, 신광원, 이세룡, 정조윤, 김도웅, 박태후, 박필몽, 이배, 이정열, 이정휘, 박사관, 장흠, 준엽, 최필웅, 나홍언, 김태성, 이전, 이준, 김상집, 변서오, 신치운, 여선여, 이세현, 창규(팽노), 김성, 이주, 김광수, 이거원, 이학, 선우신, 이성, 박세검, 권포, 김천재(장천재), 신근(신응남), 이흥효, 김운해, 김제해, 신정관, 윤련, 윤몽정, 이양조, 조경수,
정추국	3	김일경, 권서린, 권서봉
부추국	1	나계태
추국 휴식	2	이기, 이해

그렇다면 왜 영조 대에만 초법적 처형이 활성화된 것일까? 주목할 수 있는 부분은 결안생략 처형과 친국의 상관성이다. <표 23>에서 확인할 수 있듯이 영조 대 결안생략 처형의 대부분이 친국을 개좌한 날에 결정되었다. 전체 50건 중 6건을 제외한 44건이 친국을 개좌한 날에 영조의 전지에 의해 처단이 결정되었다. 이는 영조 대 전체 친국 비율과 비교하면 더욱 의미를 가질 수 있다. 영조 대에는 전체 700회의 추국이 개좌되었는데, 이중 271회의 추국만이 친국으로 진행되었고 비율로는 38.6%에 해당한다.[355] 정국·의금부 추국 과정에서는 결안생략 처형이 거의 결정되지 않고, 40% 미만 비율에 불과한 친국 도중에 결안생략 처형의 90%가 결정되었다. 이는 영조가 직접 사건들을 파악할 수 있는 친국 개좌 때에 결안생략 사형이 활성화된 것으로 이해할 수 있다. 이처럼 친국이 확대되고 국왕의 초법적 조치들이 일반화되어 감에 따라 영조 17년(1741) 영의정 김재로는 "국문할 적에 옥사가 있으면 반드시 친히 하시니, 신은 매우 근심스럽습니다. 이는 의금부로 하여금 국청을 설치하게 하고 최종적으로 처단하실 때 직접 결단하시는 것이 좋을 듯합니다."[356]라며 영조가 친국 과정에서 자의적으로

---

355 이 책의 3장 2절 1항 <국왕 친림추국의 확대> 참조.

초법적인 처형을 남용한다는 점을 지적하였다.

영조 대의 사법개혁은 숙종 대까지 문제가 되었던 국왕전제권을 억제하는 데 초점이 맞춰져 있었다. 광해군, 숙종의 사례에서 나타나듯 국왕은 국법을 초월하여 전제왕권을 과시하는 '잔혹한 전제왕권'을 발현시킨 바 있었고, 영조는 탕평정치의 이념을 추진하면서 악형 폐지·심문절차의 정비 등 '잔혹한 전제왕권'을 제약하는 법령들을 도입하였다.

그러나 문제는 영조의 형정 운영 역시 '천단적 전제왕권'의 면모가 나타났다는 점이다. 영조는 비록 광해군, 숙종과 같이 의도적으로 잔혹한 형정을 지향하지는 않았지만, 국왕이라는 권위를 통하여 '결안생략 처형'이라는 미증유의 사형 방식을 적극적으로 활용하였다. 이는 무신란과 같은 극심한 정치갈등을 신속하게 봉합하기 위한 목적에서 수행된 것이었으나, 이윽고 정례화되어 영조의 정적들을 사법적으로 처단하는 도구가 되어 갔다. 그리고 이러한 추진의 바탕에는 탕평책과 왕권강화라는 목적을 위해 권도가 허용될 수 있다는 도구적 인식이 내재되었다.

영조는 자신의 행위가 명백하게 위법적인 방식임을 인지하고 있었다. 이 때문에 영조 35년(1759)에 이르러 결안생략 처형과 역률 추시의 전통을 후대 왕이 본받지 않길 바라는 마음에서 금지수교를 내렸다.

> 대저 일률과 정법은 곧 유사有司의 일이고, 군문軍門에서 효시梟示하는 것은 진중陣中에서 행하는 일이다. 아! 저 무신년의 사건은 지난 사첩史牒에도 없었던 바이니, 밖에서는 군사를 동원動員하고 안에서는 호위扈衛하였기 때문에 마지못하여 이 법을 썼는데, 그 뒤에 그대로 사용하는 경우가 많았다. 또 결안을 기다리지 않고 정법하는 일은 곧 경자년 이전에는 없었던 일인데, 한번 행하고는 그대로 전례가 되었다. 그래서 한갓 결안을 않을 뿐만 아니라 한번의

---

356 《승정원일기》 933책, 영조 17년 7월 23일 乙酉 "當鞫問 而有獄必親 臣甚悶之 此則令本府設鞫末後處斷時 親決之似好"

전지傳旨로써 사형하였으니, 이것이 《대명률》에 기재된 바이었던가? 오늘 이
후로 임금이 된 자가 기세를 부려 이 법을 사용하고, 신하된 자가 당黨을 인
하여 이 법을 사용한다면, 아! 그 전해지는 폐단은 곧 내가 인도한 것이니,
생각이 여기에 미치매 겁이 나고 두려움을 깨닫지 못한 것이리라.

　그리고 또 자백을 받지 아니하고 물고物故한 것뿐만이 아니라, 결안에 미치
지 아니하고 물고에 이른 자는 예전에는 역률을 추시한 일이 없었다. 무신년
과 을해년에는 인심이 울분鬱憤하게 여겨 그 청한 바가 비록 윤리倫理를 지킬
도리를 보이기는 하였으나, 이런 따위의 폐단이 심지어 결안을 기다리지 않
는 데까지 이르니, 결안을 기다리지 않는 것을 어찌 아름답다고 하겠느냐?
결안을 기다리지 아니하고 추율을 함에 이르러서는 간혹 소인이 사심을 끼고
논계論啓하는 일이 있으니, 두렵게 여기지 않을 수 있겠는가? 오늘부터는 일
이 의금부나 형조에 관계되는 것은 결안을 기다리지 아니하고 정법하는 것,
군문에서 효시하는 것, 전지하여 정법하는 것, 역률逆律을 추시하는 것은 하나
같이 모두 제거할 것이다.[357]

　영조 35년(1759) 영조는 초법적 추국 관례를 금지할 것을 명하였다. 영조
는 해당 '결안생략 처형'과 '역률 추시'가 명백하게 '위법적이고 후폐를 야기
하는 방식'이라는 것을 분명히 인식하고 있으면서도, '상황논리에 의해 어쩔
수 없이 활용'했다는 보완논리를 전개하였다. 영조는 이러한 위법적인 조치가
결코 자신의 의지 때문이 아니었음을 역설한다. '아! 저 무신년의 사건은 지
난 사첩史牒에도 없었던 바이니, 밖에서는 군사를 동원動員하고 안에서는 호
위扈衛하였기 때문에 마지못하여 이 법을 썼다', '무신년과 을해년에는 인심이

---

357 《영조실록》 권94, 영조 35년 8월 19일 丙申 "大抵一律正法 卽有司之事 軍門梟示 卽行陣之事
　　而噫 彼戊申往牒所無 用兵於外 扈衛於內 故不獲已用此 而其後仍以爲用者多 且不待結案正法之事 卽
　　庚子以前所無事 一番行之 仍以爲例 非徒不結案 以一傳旨正法 此大明律收載乎 日後爲君者 因使氣而
　　爲此 爲臣者因黨而爲此 吁嗟 流弊 卽我導之 思之及此 不覺懍惕 且非徒不承款而物故 至於未及結案
　　而物故者 古無追律之事 戊申乙亥 人心憤鬱 其所爲請 雖見秉彝 此類之弊 甚至於不待結案 不待結案
　　豈乎多也 而至於未結案追律 或有小人挾私論啓 可不懍然 自今日事係王府秋曹者 不待結案正法 軍門
　　梟示 傳旨正法 追施逆律 一幷除之"

울분鬱憤하게 여겨 그 청한 바가 비록 윤리倫理를 지킬 도리를 보이기는 하였다'라며 무신란과 을해옥사의 중대성으로 인하여 불가피하게 결안생략 처형·역률추시를 했다고 주장하였다. 결국 영조는 자신 당대에는 '불가피하게 법외형정을 활용하였으나 옳은 방법이 아니니 후대왕들은 활용하지 말라'고 제약을 한 것이다.

그런데 이 교서가 내려진 시점에 주목할 필요가 있다. 이미 영조 31년(1755) 을해옥사를 통해 영조 반대세력을 대거 제압하고 《천의소감闡義昭鑑》을 반포하여 국왕의 정통성을 확고히 한 이후라는 점이다.[358] 이미 영조는 재위 초반기부터 군문 효시·결안생략 처형·역률 추시 등을 활성화하여 정적을 제거하는 데 적극적으로 활용하였다. 그리고 그러한 형정이 위법적이고 폐단을 불러일으킬 것이란 것도 잘 알고 있었다. 그럼에도 불구하고 무신란·을해옥사 등의 상황논리를 통해 불가피한 권도였음을 주장하면서, 후대의 왕들은 군문 효시·결안생략 처형·역률 추시를 하지 못하도록 조치하였다.

정리하자면, 영조 대의 형사사법 개혁은 국가와 개인 간의 법적 관계를 합리화하려는 시도였다. 그러나 격화된 당쟁과 정감록 사상의 확산 등 정치사회적 혼란으로 개혁이 철저히 실현되기는 어려웠다. 특히 영조는 무신란과 을해옥사 등의 위기 상황에서 자백과 결안 없이 피의자들을 처형하는 결안생략 처형을 빈번히 활용하였는데, 이는 대부분 친국 과정에서 결정되었다. 영조는 자신의 행위가 법외방식임을 인식하면서도 상황논리를 내세워 정당화하였고, 재위 말년에 이르러서야 후대 왕들의 남용을 우려하여 이를 금지하는 교서를 내렸다. 결국 영조 대 형사사법 개혁은 법치라는 이념과 왕권 강화라는 현실 사이에서 긴장과 갈등을 내포하고 있었던 것으로 평가할 수 있다.

---

358 조윤선, 2009, 〈영조대(英祖代) 남형·혹형 폐지 과정의 실태와 흠휼책(欽恤策)에 대한 평가〉, 《조선시대사학보》 48, 246쪽.

3) 포도청 국문 도입과 물고의 증가

추국청은 의금부의 주된 기능을 하는 임시재판기구로서 국왕의 명령에 따라 설치, 운영되는 명실상부한 왕옥王獄의 상징적인 기구였다. 역모 사건이란 기본적으로 국가와 국왕에 대한 저항이라는 측면에서 국왕은 직접 해당 사건을 수사하고 재판할 권리와 의무를 가졌다. 물론 전국적인 규모의 모든 과정을 의금부 추국청이 전담할 수는 없었다. 각지에 숨어들어 간 피의자들을 서울의 의금부로 체포하는 행정은 타 기관의 도움이 있어야만 했다. 이에 한양과 인근 지역은 포도청이 담당하여 직접 체포하였고, 각도의 경우는 영장 또는 관찰사와 그 예하 수령이 체포를 담당하기도 하였다. 각 사건의 중차대한 성격 내지 확산 정도에 따라 배치되는 양상에 차이는 있었지만 기본적으로 왕옥에서의 피의자 색출 및 체포는 포도청과 지방기관이 담당하였던 것이다.

포도청捕盜廳은 도둑을 체포한다는 이름에서도 알 수 있듯이 본래 치도治盜 기관으로 설립되었다. 성종 대에 포도장에 대한 기록이 있으나, 정식으로 포도청 기관으로 승인된 시기는 중종 대였다. 포도청은 서울을 비롯한 수도권에서의 체포기능에 특화된 조직이었다. 이 때문에 단지 도둑들을 잡는다는 본래의 목적뿐만 아니라 추국과 같은 비상상황에서 체포를 분담하기도 하였다.

중종 33년(1538) 한성부 내에서 발생한 살인 사건에 대해 중종은 "의금부 단독으로 수포(搜捕: 찾아내어 체포함)하게 한다면 그들이 도피할 염려가 없지 않으니, 좌우포도장에게 비밀히 수포하게 하라."[359]는 명을 내렸다. 이 사건은 일반 살인 사건과는 달리 피해자의 목이 잘린 참수사건이었으므로, 중종은 이를 일반적인 살인사건으로 처리하지 않고 특별히 삼성추국을 개시하여

---

359 《중종실록》 권87, 중종 33년 6월 13일 甲寅 "若令禁府獨爲搜捕 則不無逃避之弊 令左右捕盜將 秘密搜捕"

처분하도록 하였다. 그러나 이 사건은 사건의 중대성 못지 않게 관련자들이 도망할 수 있다는 시급성이 높은 사건이었다. 중종은 '의금부(추국청)가 단독으로 체포하면 도피할 우려가 있으니, 포도대장이 직접 체포'하도록 조치하였다. 포도청이 정식으로 설치된 중종 시기 추국청 운영을 위한 비상체포 기능을 분담하기도 하였다.

광해군 즉위년(1608) 임해군 이진의 역모 사건에서도 추국청의 역적 체포 기능이 활용되었다. 광해군은 비망기備忘記를 내려 "각 도의 각 고을에서 그들이 있는 곳을 쫓아 하나하나 체포하여 가두고 보고하라. 서울 지역은 포도청에서 몰래 체포하여 보고하고 바로 국청鞫廳으로 이송하도록 의금부에 이르라."360면서 각기 체포방식을 지정하고 있다. 서울 지역의 경우 임진왜란 이후 점차 포도청의 역할이 강화되고 있는 추세였고, 광해군의 경우 왕권의 안정을 통한 개혁을 추구하는 과정에서 포도청을 적극적으로 활용하였다.361

한편 각 도로 흩어져 도망한 피의자 체포는 관찰사와 수령이 담당하였다. "한양 및 경기京畿는 이미 바로 공문을 보냈으며, 개성부開城府와 나머지 7도는 파발을 보내 알리지 않으면 안 되겠습니다."362면서 즉시 전국에 파발을 보내 피의자를 체포할 것을 독촉하였고, 이에 따라 전라감사 최관崔琦이 광주목사 조희보趙希輔를 차사원으로, 옥구현감 황정직黃廷稷을 별장으로 삼아 피의자를 체포하도록 명하였다.

이처럼 위의 사례를 검토해 보면 크게 두 가지 사실을 알 수 있는데, 그 하나는 수도권과 지방의 형정이 별도의 방식으로 운영되고 있었다는 점이다. 한

---

360 《추안급국안》 영인본 권1 358면, 번역본 2권 277쪽. "令各道各官 隨其所在 ——緝捕囚禁啓聞 都下則令捕盜廳 密捕以啓 卽爲移鞫事言于禁府"

361 차인배, 2008, 〈조선시대 포도청 연구〉, 동국대학교 박사학위논문, 제3절 제3절 逆獄事件과 捕盜廳의 役割 참조.

362 《추안급국안》 영인본 권1 358면, 번역본 2권 277쪽. "京中及京畿 已卽行會矣 開城府七通則 不可不發馬行移 敢啓"

양과 경기 지역은 포도청이 피의자 체포를 담당하고 있었다. 중종 대 이후 포도장은 지방의 군도를 진압하기보다 도성이나 경기지역에 발생하는 일반범죄를 단속하는 데 주로 이용되었고, 마침내 중종 중반에 포도청이라는 공식 치안기구로 상설화되어 치안제도로 정착되었다.[363] 한양과 경기권의 범죄를 단속하는 포도청의 기능은 조선 후기에도 지속되었고 역모죄인을 체포하는 긴급한 사항에서도 포도청이 활용된 것이다.

수도권을 제외한 지방은 포도청의 관할범위가 아니였으므로 해당 지역을 관할하는 지방관이 피의자 체포를 담당하였다. 위의 내용을 검토하면 전라감사 최관이 광주목사 조희보를 차사원差使員으로, 옥구현감 황정직을 별장別將으로 임명하여 피의자 체포를 관할하는 양상을 확인할 수 있다. 수령–관찰사–국왕으로 이어지는 위계관계 속에서 명령이 하달되고 지휘가 이루어지며 실질적인 체포 행정이 수행되었던 것이다.

광해군 즉위년(1608)의 추국청 체포 지휘 기록에서도 이러한 양상을 확인할 수 있다. 광해군은 "서울에서는 포도청이 주동이 되고 각 지방에서는 의금부 도사를 각도 관찰사에게 보내어 그들과 함께 상의하여 비밀리 수소문하여 기어이 잡도록 하라."[364]고 지시하였다. 이를 통해 수도권과 지방의 관할이 분할되었음을 확인할 수 있다. 서울에서는 포도청이 주체가 되어 피의자 체포 작업을 진행하고, 지방에서는 의금부 도사가 주가 되면서 각도 관찰사들과 함께 상의하여 피의자를 체포하는 명령을 내린 것이다.

그러나 17세기 초반까지 포도청은 추국과 관련된 체포 기능을 분담하고 있었을 뿐, 추국에 직접 관여할 권한을 가지고 있지는 못하였다. 선조 26년(1593) 포도대장 이일李鎰은 팽석彭石의 죄를 조사하였는데, 사건의 정황이 "죄가 무거

---

363 차인배, 2008, 앞의 논문, 25~30쪽 참조.

364 《광해군일기(중초본)》 권3, 광해군 즉위년 4월 28일 甲申 "京中則捕盜廳 外方則分遣都事于各
道監司處 使之同議 密爲聞見 期於必捕"

운 자라서 포도청에서 추국하기가 적절하지 않기 때문에 감히 아룁니다."[365]
라고 하며 조사 중단의 뜻을 알렸다. 만약 팽석이 단순한 절도범이었다면 포
도청에서 지속적으로 심문할 수 있으나, 강상범죄는 추국청에서 심문하여야
할 범죄이기 때문에 포도청이 담당할 수 없다는 인식이었다. 이처럼 포도청의
역할은 추국이 다루는 십악 등 중대범죄를 직접 다룰 수는 없는 제한적인 성
격을 지니고 있었던 것이 17세기 초반까지의 상황이었다.

그러나 추국청에서 다루는 범죄가 복잡하거나 사건이 장기화되는 문제를
맞이하면서 추국청–포도청의 연계 기능은 점차 확대되었다. 숙종 2년(1676)
제릉 정자각 방화 사건은 장득선, 장무신 부자와 이인립이 제릉 참봉에게 품
고 있던 원한을 해소하고자 저지른 범행이었다.[366] 애초에 추국청은 삼성추
국[367]을 열어 사건을 다루려고 했으나,[368] 주범들이 도주하여 조사하지 못하고
피해자들만 조사하는 상황이 되자 삼성추국을 중단하고 포도청에 범인 색출
과 1차 조사를 지시하였다.[369] 명을 받은 포도청은 직접 피의자들을 체포하고
심문하여 사건의 실체를 규명하였고,[370] 이를 토대로 추국청에서는 포도청 조
사를 근거로 후속 추국을 진행하였다.[371] 이 사건은 추국청이 담당하기 어려

---

365 《선조실록》 권43, 선조 26년 10월 18일 戊戌 "罪重之人 捕盜廳推鞫未安 故敢啓"
366 《숙종실록》 권5, 숙종 2년 8월 5일 乙卯
367 삼성추국은 의정부, 사헌부, 의금부의 관원들이 합좌하여 패륜을 범한 죄인을 국문하던 것
   을 뜻한다. 삼성교좌추국은 "무릇 삼성교좌추국은 반드시 죄가 강상에 관계된 것이어야 한
   다"(《명종실록》 권22, 명종 12년 5월 22일. "凡推鞫 必罪關綱常者然後爲之")는 명종 대의 수교
   가 있었고, 18세기 이후로는 삼성교좌추국이 강상죄를 다스리는 고유한 절차로 형성되었다고
   확인된다. 17세기 초반인 인조 대까지도 간혹 역모사건에 대해 삼성교좌추국도 진행되었으나,
   이후에는 비교적 가벼운 역모 사건에 대해서도 삼성교좌추국으로 처리하지 않고 국왕주재추
   국의 형식으로 진행되었다.(김영석, 2013, 앞의 논문, 273~298쪽 참조.)
368 《추안급국안》 영인본 권8 65면, 번역본 22권 102쪽.
369 《추안급국안》 영인본 권8 71면, 번역본 22권 113쪽.
370 《추안급국안》 영인본 권8 82~83면, 번역본 22권 133~136쪽 ;《추안급국안》 영인본 권8 89
   면, 번역본 22권 146쪽.

운 분야를 포도청 분담한 사례로 향후 양 사법기관 간의 연계관계의 선례가 되었다.

숙종 2년(1676) 제릉 방화 사건에서 의금부 추국청과 포도청의 연계를 통한 사건 처리 방식은 이후 유사한 사건들에서도 적용되었다. 숙종 13년(1687)에 발생한 영릉 혼유석 파괴 사건[372]과 공릉 방화 사건[373]에서도 피의자들이 고의로 능침을 훼손한 점에서 제릉 방화 사건과 동일한 성격의 범죄로 판단되었다. 이에 따라 최초 포도청에서 1차 조사를 수행하여 사건의 실체를 규명한 후, 의금부 추국청에서 후속 조사와 재판이 이루어지는 방식으로 진행되었다.[374] 이러한 사례들을 통해 고의적 능침 훼손 행위가 역모죄에 해당한다는 인식이 확립되었으며, 아울러 추국 과정에서 포도청의 역할이 점차 확대·강화되는 경향을 확인할 수 있다.

숙종 초기 연간에는 포도청의 역모 사건 수사기능은 제한적이지만 그 기능성이 확인되어 가고 있었다. 위에서 다룬 능침 훼손 사건들의 경우 해당 사건이 '고의에 의한 역모'인지 '부주의에 의한 실수'인지 확인할 수 없는 상황에서, 섣불리 추국을 개시하기 어려웠다. 이 때문에 먼저 포도청으로 하여금 해당 사건의 전말을 직접 파악하게 한 후, 범죄행위의 고의성을 밝혀낸 경우에 이를 추국으로 확장 개시하는 방식이 전개된 것이다.

위에서처럼 포도청은 추국과 관련한 본래의 기능을 점차 확대해 가고 있었다. 16~17세기 초반까지 추국청에서 필요한 체포기능을 보충하는 보조적 역할에 머물렀다면, 17세기 후반 숙종 대에 이르러서는 '능침훼손'이 '역모죄'의

---

371 《추안급국안》 영인본 권8 91면, 번역본 21권 150~151쪽.

372 《추안급국안》 영인본 권10 135면, 번역본 28권 202쪽.

373 《숙종실록》 권18, 숙종 13년 10월 5일 庚戌

374 《승정원일기》 322책 숙종 13년 5월 27일 甲辰 ;《승정원일기》 325책 숙종 13년 10월 9일 甲寅

범주로 격상되는 과정에서 '1차 심문 기능'을 부여받고 있었다. 그러나 포도청은 여전히 능침훼손과 같은 제한적인 사건에 대해서 제한적인 심문 기능만을 부여받고 있었으므로, 추국의 역할을 '이중화'했다고까지 평가할 수는 없는 상황이었다.

숙종 5년(1679) 영의정 허적의 서자 허견이 무과 서억만의 아내 이차옥을 납치하여 강간한 사건은 당시 남인과 서인 간의 정치적 대립 속에서 형사재판기관 간의 관할권 문제가 쟁점으로 부각된 사례였다.[375] 이 사건은 처음에는 형조에서 다루어졌으나,[376] 남인과 서인이 각각 자파에 유리한 방향으로 사건을 이끌기 위해 주관 기관을 변경하려 시도하면서 포도청[377]과 의금부[378]로 번갈아 이송되었다. 이 과정에서 당대인들은 포도청을 형조나 의금부에 비해 하위기관이자, 도둑 사건을 전문적으로 다루는 곳으로 여기고 있었다.[379]

그러나 동시에 포도청이 의금부의 1차 심문 기관으로서 역할이 확대되는 양상도 확인할 수 있었다. "대개 포도청의 옥안獄案으로 풀려날 수 없음이 명백할 때 의금부로 옮길 것"[380]이라는 인식이 나타났다. 결국 이 사건은 남인이 집권한 상황에서는 허견의 무죄로, 서인이 집권한 상황에서는 허견의 유죄로 판결이 번복되는 등 정치적 영향력 아래 좌우되는 모습을 보였다. 이는 당시 사법 체계가 정치적 갈등에 의해 좌우되는 상황에서 포도청의 위상이 점차 추국과 연동하여 상승하는 과정을 보여 주고 있다.[381]

---

375 《숙종실록》 권9, 숙종 6년 5월 5일 癸巳
376 《숙종실록》 권8, 숙종 5년 2월 30일 乙未
377 《숙종실록》 권8, 숙종 5년 2월 30일 乙未
378 《숙종실록》 권8, 숙종 5년 3월 3일 戊戌
379 《숙종실록》 권8, 숙종 5년 3월 1일 丙申
380 《숙종실록》 권8, 숙종 5년 3월 1일 丙申 "蓋以捕廳獄案明白　無可救解　欲移送禁府"
381 허견 강간 사건을 둘러싼 논쟁에 대해서는 이 책의 2장 3절 1항 〈경신환국(1680)과 번옥〉에서 자세히 확인할 수 있다.

이처럼 포도청의 역할이 증대됨에 따라 추국 현장에 좌·우포도대장을 합계시키는 관행도 등장하고 있었다. 숙종 6년(1680) 경신환국의 연장선에서 허견·이남의 옥사가 고변되자 숙종은 일반적으로 추국에 참여하는 대신, 의금부 당상관, 대사헌, 대사간뿐 아니라 훈련도감·어영청의 대장, 좌·우포도대장까지도 추국 현장에 참석하도록 지시하였다.[382] 이때 훈련도감·어영청 대장 합계 조치는 이 사건에서 '체부를 통해 훈련도감·어영청 두 기관을 장악하려 한다'는 고변이 나왔기 때문에 실상을 파악하기 위한 일시적 조치였고,[383] 좌·우포도대장 합계 조치는 지난해인 숙종 5년(1679) 허견의 부녀자 강간 사건에 대한 조사를 이미 포도청에서 실시하였기 때문에[384] 수사 정보를 보완하기 위한 조치였다고 보인다.

실제로 포도대장의 협조는 수사진행에 일정한 도움이 되었던 것으로 보인다. 이후 숙종 6년(1680) 오정창 추국에서도 좌·우포도대장을 명초하였고,[385] 숙종 7년(1681) 허협 추국,[386] 숙종 8년(1682) 허새 추국,[387] 숙종 14년(1688) 김영준 추국,[388] 숙종 22년(1696) 응선 추국,[389] 숙종 22년(1696) 체종 추국,[390] 숙종 23년(1697) 이영창 추국,[391] 숙종 23년(1697) 곽제승 추국,[392] 숙종 33년(1707) 박의량 추국,[393] 숙종 38년(1712) 이운 추국[394]에 이르기까지

---

382 《추안급국안》 영인본 권8 191면, 번역본 23권 31~32쪽.
383 《추안급국안》 영인본 권8 262면, 번역본 23권 148쪽.
384 《숙종실록》 권8, 숙종 5년 2월 30일 乙未
385 《추안급국안》 영인본 권8 629면, 번역본 24권 165쪽.
386 《추안급국안》 영인본 권9 419면, 번역본 26권 343쪽.
387 《추안급국안》 영인본 권9 636면, 번역본 27권 186쪽.
388 《추안급국안》 영인본 권10 380면, 번역본 29권 125쪽.
389 《추안급국안》 영인본 권11 664면, 번역본 33권 118쪽.
390 《추안급국안》 영인본 권11 695면, 번역본 33권 159쪽.
391 《추안급국안》 영인본 권11 725면, 번역본 33권 195쪽.
392 《추안급국안》 영인본 권12 124면, 번역본 34권 179쪽.

숙종 재위 기간 내내 이어지고 있었다.

이같이 17세기 사회변동의 확대와 서울 권역의 성장에 대처하기 위하여 포도청은 점차 그 역할을 확대해 오고 있었고, 포도청 조직의 형사적 유용성과 관련하여 여러 가지 논의들이 반복되어 오고 있었다. 그러한 가운데 포도청이 점차 추국청의 역할을 지원하는 '제한적 역할'로부터 점차 추국의 일부를 담당하는 '수사 기능 분담'이 진행되어 가고 있었다.

포도청의 심문 기능이 탁월하다는 인식은 제도화로 이어졌다. 무신란이 발생하기 직전인 영조 4년(1728) 2월에는 포도청의 심문 기능이 뛰어난 점을 어떻게 활용할 것인가에 대한 논의가 이뤄졌다. 동지사 서명균徐命均은 '도적 무리가 형조에서 신문할 때에는 혹시 굳세게 버티며 승복하지 않더라도 포도청으로 돌려보낸 뒤에는 엄한 형장에 겁을 먹고 번번이 모두 승복한다'면서 포도청에서의 증언 채택을 확대해야 한다고 주장한 바 있다. 이에 대해 영조는 살옥죄인 등 중대범에 한정하여 포도청에서의 증언 채택을 확대하도록 함으로써 포도청의 뛰어난 심문 기능을 인정하고 있었다.395 이와 같은 포도청에서의 심문 기능은 의금부 추국청-형조-포도청의 역할을 재조정하고 있었고, 이러한 기능이 대폭적으로 활용된 사건이 영조 4년(1728) 무신란이었다.

무신란은 중대성과 시급성 측면에서 조선국가가 맞닥뜨린 최대 사건이었다. 조선국가에 지금까지 있었던 내란들 중 가장 정치적으로 긴밀히 연동되어 있을 뿐만 아니라, 내란의 성격으로서 군사적 대응이 필요했던 사건이었다. 이 때문에 일반적으로 역모를 담당했던 추국청의 단독 기능만으로는 사건을 처리하기에 역부족이었다. 무신란에는 하루에도 수십 명씩의 역모가담자가

393 《추안급국안》 영인본 권13 7면, 번역본 37권 27쪽.
394 《추안급국안》 영인본 권13 185면, 번역본 37권 235쪽.
395 《승정원일기》 655책, 영조 4년 2월 8일 己丑.

잡혀 들어오고 있었다. 이들을 추국청 기관에서 단독으로 심문, 재판하기에는 심문대상의 총량이 지나치게 많았다. 정부는 이러한 행정부하를 타개하기 위해 다양한 방식의 임시대책을 활용하였다. 이는 기존 행정기관의 군사적 기능을 확대하는 동시에, 이들에게 재판권을 폭넓게 부여하여 추국청의 재판기능 부하를 상쇄하는 방향으로 조정되었다.

추국청-포도청의 역모재판 연계가 강화된 계기는 순무영의 신설에서 비롯되었다. 영조가 무신란에 대응한 한 가지 방법 중 하나는 순무사巡撫使를 순무영巡撫營으로 확대 신설한 방안이다.[396] 영조는 무신란 세력을 무력으로 진압하기 위해서 병조판서 오명항吳命恒을 사로도순무사四路都巡撫使로 삼고 박찬신朴纘新을 중군으로 박문수朴文秀·조현명趙顯命을 종사관으로 차정해 주었다.[397] 그리고 병조판서가 금위영 대장을 겸하는 관례에 따라 오명항에게 금위영을 겸임하게 하여 금위영의 행정력을 활용할 수 있게 조치하였다.[398] 이에 그들에게 금위영의 병사를 거느리고 안성과 죽산을 순무하고 남하하여 토벌하도록 명하였다. 사로도순무사 오명항에게는 갑주甲冑와 상방검尙方劍을 내려주고 "중군, 감사監使, 병사兵使 이하 여러 장교들이 명령에 따르지 않을 경우 이 칼로 처벌하라."[399]라고 하면서 명시적인 권한을 부여하였다.

---

396 《고려사》 백관지에는 '백성의 고통을 묻고 지방관을 암찰하는 안찰사安撫使라는 용어가 충렬왕忠烈王 2년(1276) 순무사巡撫使라는 용어로 바뀌었다'(《고려사》 권77, 〈志〉 〈百官 二〉)고 나오는데 이를 통해 순무사제도가 고려시기에서부터 이어져온 것임을 알 수 있다.

　　조선시기에도 내란 및 외적 침입으로 인한 민심의 동요에 대응하고 진휼 등 민폐와 관련한 사항을 처리하기 위해 임시관료로 순무사를 파견하였다. 순무사는 외적 침입 등 군사상황이 발생하면 군사적 용무를 명받았으나, 일상시에는 지방의 통치상황을 확인하는 어사와 유사한 역할을 하고 있었다. 양란 이후 외적의 침입이 감소하고 통치의 과제가 내치에 집중되면서 순무사의 역할도 점차 내치 관련 문제로 귀결되고 있었다.

397 《승정원일기》 658책, 영조 4년 3월 17일 丁卯

398 《영조실록》 권16, 영조 4년 3월 17일 丁卯

399 《국조보감》 권59 〈戊申四年〉"賜命恒甲冑尙方劍 諭以中軍監兵 使以下諸將 不用命者 以此從事"

무신란을 처리하는 과정에서 순무영巡撫營은 현장에서 직접 무신란 참여자들을 체포하고 사형 처단을 대행하는 역할을 충실히 수행하였다.[400] 사로도순무사는 관직구성, 위계질서, 군병력 규모 및 국왕의 유지 등을 종합하였을 때 명실상부한 하나의 군영으로 정립될 수 있었다. 이전까지 순무사라는 관료파견 차원이었다면, 영조는 순무사를 순무영이라는 군사조직의 하나로 확대설치하여 무신란에 대응한 것이다.[401]

순무영의 신설은 조선국가의 기존 형사행정에 일정한 수정을 요하게 하였다. 순무영에서 피의자를 체포하여 중앙으로 압송할 경우, 이에 대한 심문을 어느 기관에서 담당하는가의 문제가 발생하였다. 영조 4년(1728) 3월 29일 남한순무사 김동필金東弼이 목천강·목천추 외 총 16인의 피의자를 체포하여 압송하였다. 영조는 이들 가운데 핵심인물이라고 판단되는 목천강·목천추만을 추국청에서 심문하게 하고 나머지 14명은 포도청에서 대신 심문할 것을 지시하였다. 이는 행정적 필요성에 의한 조치였다. "의금부에 가두어 둔 추국청 죄인의 숫자가 너무 많아 이들을 받아 두기에 어려운 점이 있다."[402]는 의금부의 요청이 계속 제기되고 있었다. 이에 영조는 추국청으로 올려보낼 필요가 없는 인물들은 포도청으로 내려보내 좌변포도대장 이삼李森·우변포도대장 정찬술鄭纘述이 회동하여 추핵하도록 조치하였다.[403] 의금부 추국청의 입장에

---

400 순무영巡撫營은 현장에서 무신란 가담자를 직접 체포하고 처단하는 역할을 하였다. 예를 들어 영조 4년(1728) 3월 21일 순무영은 무신란 가담자를 직접 효수하여 영조에게 전송하였다. (《승정원일기》 658책, 영조 4년 3월 21일 辛未) 그리고 무신란 가담자 16인을 체포하여 의금부로 압송하였다.(《추안급국안》 영인본 권14 624면, 번역본 42권 83쪽)

401 영조 대에 내란을 진압하기 위해 순무영을 설치한 것은, 이후 군사적 사건에 대처하는 선례가 되었다. 이후 순조 11년(1811) 홍경래난 때 양서순무영兩西巡撫營을 설치하였고, 고종 3년(1866) 프랑스군의 침략에 대비하여 기보순무영畿輔巡撫營이 설치되었으며, 고종 31년(1894) 동학농민군이 봉기하자 양호도순무영兩湖都巡撫營을 설치하였다.(신영우, 2011, 〈兩湖都巡撫營 指揮部와 日本軍 간의 갈등〉, 《군사》 81, 157쪽.)

402 《추안급국안》 영인본 권14 521면, 번역본 41권 298쪽 "本府鞫囚數多 有難容置"

서 심문할 수 있는 총량이 한정된 상황에서 해당 피의자가 무신란의 주동자인지 단순 가담자인지 중요도가 모호한 경우 이를 포도청이 1차적으로 대체하게 한 것이다.

추국청의 역모 피의자를 포도청이 대신 심문하게 한 조치는 형사사법 관례에서 볼 때 파격이었다. 앞서 검토하였듯이 포도청은 형조, 의금부와 비교하여 낮은 수준의 범죄자를 심문하도록 되어 있었고, 만약 추국청과 연동하여 활동하더라도 그 기능은 체포 및 강상죄인 심문에 철저하게 한정되어 있었기 때문이다. 포도청은 치도治盜라는 도적대응 기관으로서 역모 죄인과 같은 정치범에 대한 심문 권한은 지속적으로 차단되어 왔다. 그러나 영조는 무신란이라는 시급한 문제를 해결하기 위하여 일단 포도청의 심문 기능을 확대하는 파격적 조치를 취한 것이다.

그러나 영조의 포도청의 심문 권한 확대가 순조롭게 행해진 것은 아니었다. 포도청의 심문 권한을 실제 형정에서 발현하게 위해선 일정한 행정조치가 필요했기 때문이다. 좌변포도대장 이삼은 포도청이 월권했다는 의혹에 대한 후폐를 걱정하며 포도청의 역모죄인 심문을 위한 임시기관 가설을 주장하였다.404 그는 역모죄인 심문을 좌변포도대장·우변포도대장이 회동할 수 있도록 군막軍幕을 설치할 것을 요청하여 허가받았고,405 이를 통해 포도청은 역모사건에 대해 기초적인 심문을 담당할 수 있는 임시 권한을 부여받게 되

---

403 《승정원일기》 634책, 영조 4년 3월 29일 己卯

404 영조 1년(1724) 당시 포도대장이었던 이삼李森은 포도청의 자의적 수사 의혹으로 곤란을 겪은 바 있다. 목호룡의 고변과 연관한 증거물 은銀과 검劍을 지나치게 빠르게 찾았다는 점에서 증거조작의 의혹을 받은 것이다. 영조 3년(1727) 이삼은, 포도청의 운영은 전적으로 국왕의 특지에 따른 것이라고 항변하였고, 영조 역시 이삼의 무죄를 인정하였다.(《승정원일기》 643책, 영조 3년 8월 7일 庚寅) 위처럼 포도청 운영의 자의성에 대한 비판을 겪어본 포도대장 이삼으로서는 월권에 대한 우려가 깊을 수밖에 없었고, 이 때문에 공식적인 군막軍幕 설치와 임시 권한을 요청하게 되었다고 판단된다.

405 《승정원일기》 658책, 영조 4년 3월 29일 己卯

었다.

그러나 포도청의 역모죄인 심문은 행정기관의 가설로만은 해결되는 것이
아니었다. 추국청의 심문자료는 철저하게 비밀을 요하는 자료이기 때문에 포
도청에게 원활하게 공개되지 않았다. 승정원에서 포도청에게 아주 짧은 시간
심문자료를 공개하고 회수한다든지, 추국청에서 포도청에게 정보공개를 거부
한다든지 하는 문제가 있었던 것이다. 이 때문에 포도청에서의 역모죄인 심문
은 '두서를 모른다거나' '핵심을 캐내지 못한다거나' 하는 문제에 봉착하고 있
었다.[406]

이 때문에 포도청에서도 역모죄인 심문에 대하여 부담스러워하며 최대한
추국청으로 상향이송하려는 태도를 띠었다. 영조 4년(1728) 4월 6일 이인좌
의 친족 이진좌李震佐, 이유좌李儒佐, 이숙李璹을 심문하라는 명령에 대해 '국
옥은 일의 체모가 지극히 엄중하며 이들은 다른 죄인과 차이가 있으니 감히
본청에서 조사할 수 없다'고 하며 추국청으로 이송할 것을 주장하였다.[407] 4월
7일에는 의금부 도사가 압송해 온 죄인들에 대해 '도사가 붙잡아 온 자는 추
국청의 죄인'임을 강조하며 포도청이 심문할 수 없다고 거부하였다.[408] 그리고
4월 9일 신윤조辛胤祖의 동생 신희조辛希祖, 곽중휘郭重輝의 아들 곽감郭瑊은
연좌죄인이기 때문에 포도청에서 심문할 수 없다고 거부하였다.[409] 포도대장
들이 위처럼 역모죄인들을 심문하기 부담스러워 한 이유는, 그들이 정치범이
며 그들에 대한 심문은 명백하게 국왕이 직접 주관하는 추국청에서 수행되어
야 한다는 인식이 있었기 때문이다.

그러나 포도청의 심문 기능은 영조와 추국청으로부터 신뢰를 확대하면서

---

406 《승정원일기》 659책, 영조 4년 4월 1일 辛巳
407 《승정원일기》 659책, 영조 4년 4월 6일 丙戌
408 《승정원일기》 659책, 영조 4년 4월 7일 丁亥
409 《승정원일기》 659책, 영조 4년 4월 9일 己丑

입지를 공고히 해나갔다. "포도청으로 돌려보낸 뒤에는 엄한 형장에 겁을 먹고 번번이 모두 승복한다."[410]면서 포도청의 심문 기능은 자타공히 인정받고 있었다. 그리고 점차 포도청에서의 역모죄인 심문은 공식적으로 수용되어 갔다. 영조 4년(1728) 3월 30일 남처중이 무고혐의에 대한 최종판결을 포도청 단계에서 확정지어도 되는지, 아니면 추국청에 올려서 최종판결 내릴 것인지 영조가 문의하자 판중추부사 홍치중洪致中의 말을 따라 포도청에서의 최종 자백을 근거로 효시하였다.[411] 4월 4일 포도청에서 무신란 단순가담자에게 자백을 받아내자 추국청으로 이송하지 말고 포도청 단계에서 효시할 것을 명하였다.[412] 위의 사례에서는 점차 포도청에서의 자백을 적극적으로 처벌근거로 채택하는 입장이 나타난다.

이처럼 포도청은 역모죄인에 대한 심문권한을 점차 이양받게 되었다. 4월 24일 포도청이 역모죄인을 직접 심문할 수 없어 추국청으로 상송하겠다고 보고하니, 영조는 포도청에서 역모죄인도 심문할 것을 명하였다.[413] 5월 24일에는 포도청에서 안찬서安贊瑞에게 자백을 받은 것을 근거로 추국청에서 결안을 작성하여 사형집행하도록 지시하였다.[414] 이를 통해 포도청의 역모죄인 심문을 제한하던 관례에서 벗어나 적극적으로 포도청을 역모죄인 심문에 활용하겠다는 정책상의 변화를 보여 주었다. 이에 따라 이전까지 역모죄인에 대한 심문을 원칙적으로 차단하고 구별지어 왔던 추국청·포도청 양자 간의 위계관계는 점차 협력관계로 재편되어 가고 있었다.

한층 더 나아가 이제는 추국청에서 자백을 받아내기 어려운 피의자들에게

---

410 《승정원일기》 655책, 영조 4년 2월 8일 己丑 "還付捕廳之後 則慊於嚴杖 輒皆承款"
411 《승정원일기》 658책, 영조 4년 3월 30일 庚辰
412 《승정원일기》 659책, 영조 4년 4월 4일 甲申
413 《승정원일기》 660책, 영조 4년 4월 24일 甲辰
414 《추안급국안》 영인본 권15 811면, 번역본 45권 365쪽.

자백을 받아내기 위해 '포도청으로 하향이송'하는 관례가 생겨나게 되었다. 포도청으로 내려보낸 이유는 추국청에서 충분히 자백을 받아낼 수 없다면 '포도대장에게 철저하게 심문'하여 자백을 받도록 한다는 이유였다.[415] 의도한 바와 같이 포도청으로의 하송은 자백 유도에 분명한 기능을 가지고 있었다. 6월 20일 고효점의 경우 포도청에서의 자백을 근거로 추국청에서 자백을 이끌어 내었고,[416] 6월 22일 김봉경에게서도 포도청에서의 자백을 근거로 추국청에서 자백을 받았다.[417] 위와 같은 과정을 통해 무신란에서는 포도청이 역모사건 처리의 기초 수사기관으로서의 역할을 수행하였다.

<표 24> 영조 4년(1728) 무신란 추국 시 포도청 활용 내역

일자	이송 내역	이송 대상
3월 29일	남한순무영 → 포도청	목성운 외 14명
3월 30일	상궐 → 포도청	진동 외 15명
4월 2일	포도청→추국청	엄악발
4월 3일	포도청→추국청	차이황
4월 10일	추국청→포도청	안찬서, 주신휘, 김광석, 임익제, 엄악발
4월 13일	포도청→추국청	주신휘, 감광석, 임익제
4월 16일	추국청→포도청	주신휘, 감광석, 임익제
4월 20일	포도청→추국청	엄악발
4월 20일	추국청→포도청	엄악발, 돌몽
4월 23일	추국청→포도청	김익정 외 13명
5월 7일	포도청→추국청	한익명
5월 10일	포도청→추국청	성득하, 이한초
6월 30일	추국청→포도청	숙경, 만옥

그렇다면 정부의 포도청 활용에 대한 입장은 어떠했을까? 효용성의 측면에서 영조 및 대신들은 포도청의 역할을 극찬하였다. 예를 들어 영조 4년(1728)

---

415 《승정원일기》 660책, 영조 4년 4월 23일 癸卯
416 《추안급국안》 영인본 권15 973면, 번역본 45권 597쪽.
417 《추안급국안》 영인본 권16 15면, 번역본 46권 37쪽.

무신란 수습의 논공행상을 하는 자리에서 영조와 영의정 이광좌는 포도청의 역할에 대해 극찬하였다. 영조는 "포도청 군관들의 노고가 가장 많았다.", "격려하는 방안이 있어야 할 것이다."라고 유시하였고, 이광좌는 "관작과 상을 아끼지 말고 지급해야 한다."고 제안하기도 하였다.[418] 이에 더해 이광좌는 "군공을 범례로 행할 수 없는 경우로 포도청 군관이 있습니다."[419]라며 포도청의 역할은 일상적인 범례로 파악할 수 없을만큼 가장 뛰어났음을 상기시켰다. 이러한 인식을 근거로 포도청 군관 중 빠진 사람없이 포상이 골고루 집행될 수 있도록 조치하였다.[420]

그렇다면 무신란 진압과정에서 피의자 심문에 특화되었던 포도청만의 특장점은 무엇이었을까? 추국청은 갖추지 못한 어떠한 특별한 기능이 있었기에 포도청의 심문은 효용이 있었을까?

내가 지난해에 보았는데 추국청 장전帳前에서 자백하지 않던 죄인을 포도청으로 내려보냈더니 즉시 자백을 받아 왔다. 친국親鞫할 때 형장刑杖이 얼마나 엄중한가. 그런데도 오히려 이러하니 포도청에서 하는 일이 몹시 참혹하다.[421]

영조 14년(1738) 영조의 포도청 심문에 대한 위와 같은 발언을 검토하면 포도청에서 피의자들에 대한 대우가 어땠는지를 확인할 수 있다. 영조는 추국청에서 자백하지 않는 피의자를 포도청으로 내려보냈더니 즉시 자백을 받았

---

418 《승정원일기》 662책, 영조 4년 5월 25일 乙亥 "今番 捕盜軍官輩 勤勞 最多矣", "宜有 激勸之道 矣", "不惜 爵賞而爲之 可也"
419 《승정원일기》 662책, 영조 4년 5월 29일 己卯 "軍門凡例 不可以凡例爲之者 有捕盜廳軍官矣"
420 《승정원일기》 663책, 영조 4년 6월 2일 辛巳 ; 《승정원일기》 663책, 영조 4년 6월 9일 戊子 ; 《승정원일기》 671책, 영조 4년 9월 25일 壬申
421 《승정원일기》 영조 14년 5월 23일 甲戌 "予於昨年見之矣 帳前不服之罪人下送捕廳 則卽得服而來 親鞫 刑杖何等嚴重 而猶如此 捕廳事甚慘矣"

다고 설명한다. 그러나 그 자백의 동력은 참혹한 신체고신이라고 지적한다. 이를 고려해 본다면 포도청은 추국청의 심문과는 질적으로 다른 잔혹한 신체고신을 행하고 있었던 것이다.

포도청은 도적을 체포·심문하는 특수목적의 기관이었기 때문에, 도적에 대한 특수목적의 심문기술이 허용되어 있었다. 본래 도적이 아닌 피의자에게 공식적으로 허용된 고신기술은 발바닥을 타격하는 족장足杖에 불과했다. 인조 3년(1625) 포도청에서 족장을 행했다는 기록이 나오는데[422] 이는 오래전부터 행해진 포도청의 고신기술이었음을 알려 준다. 그리고 "강도가 아니거든 함부로 족장足杖을 시행하지 말도록"[423] 명한 기록을 살펴보면 족장은 강도에게만 전용으로 사용하는 고신기술이었음을 확인할 수 있다.

그러나 족장은 법정고신인 신장보다는 혹독했으나 자백을 이끌어내기에 부족함이 있는 방식으로 여겨졌다. 숙종 40년(1714) 포도청의 보고에서는 "포도청은 도둑을 다스리는 관청이라, 족장 외에 달리 매질하며 심문할 길이 없습니다. 따라서 말로만 심문하는 마당에서는 진상을 확보하기가 어렵습니다."[424]라며 심문방식의 한계를 토로하였다. 영조 6년(1730)에도 포도청은 "유별나게 악독한 자는 족장 정도로는 죄를 시인하게 하기 어려우나 본 포도청에서는 이 밖에 달리 시행할 수 있는 형벌이 없습니다."[425]라며 동일한 문제를 토로하였다. 이를 보면 포도청에서는 자신들에게 부여된 족장만으로는 피의자를 완전히 제압하여 자백을 이끌어 내기 어렵다고 인식하고 있었던 것으로 보인다.

---

422 《승정원일기》 10책, 인조 3년 11월 20일 乙丑

423 《승정원일기》 602책, 영조 1년 10월 4일 戊辰 "非强盜 勿爲輕施足杖事"

424 《추안급국안》 영인본 권13 412면, 번역본 38권 198쪽. "本廳以治盜衙門 足杖之外 無他刑訊之道 平問之下 有難得實"

425 《추안급국안》 영인본 권17 60면, 번역본 49권 115쪽. "別惡 難以足杖承款 而本廳 他無可施之刑"

그러나 앞서 검토하였듯 영조 4년(1728) 무신란을 계기로 포도청은 역모 사건의 1차심문기관으로 지위를 확보해 나갔고, 이 과정에서 포도청에게 주어졌던 고신기술의 영역도 확장되었다. 먼저 살펴볼 고신기술은 주리틀기이다. 주리틀기는 형장 가운데 가장 혹독한 것이었기 때문에 17세기 후반 숙종 시기만 해도 법외방식으로 여겨졌고, 이를 시행한 관료는 처벌을 받았다.[426] 그러나 무신란 진압과정에서 점차 포도청에서의 주리틀기가 인정되어 갔다. 포도청이 영조에게 직접 보고하는 내용에서 피의자들에게 주리틀기를 시행했다는 보고를 여러 차례 올렸는데,[427] 영조는 이에 대해 전혀 문제삼지 않을 뿐아니라 더욱 엄하게 고신할 것을 지시하였다. 영조 6년(1730) 경술역옥에서도 영조는 "죄인 이세건을 포도청으로 보내 주리를 틀면서 심문하라."[428], "죄인 정업正業을 포도청으로 보내 주리를 틀면서 심문하라."[429]면서 포도청에게 '주리를 틀어 형추할 것'을 직접 지시하기도 하였다. 이를 본다면 무신란 이후부터는 적어도 추국청에서 하송한 피의자에게는 주리틀기가 허용되고 있었음을 알 수 있다.

특히 이때 활용된 주리는 일반적인 주리보다 더 혹독한 전도주뢰剪刀周牢였다. 주리틀기는 원래 무릎과 발목을 묶은 채 양면 정강이를 끈으로 감아 양방향으로 잡아당기며 고신하는 형태였다. 이와 달리 전도주뢰는 끈 대신 정강이

---

426 《숙종실록》 권15, 숙종 10년 12월 27일 戊午;《승정원일기》 443책, 숙종 34년 6월 2일 丁未 ;《승정원일기》 458책, 숙종 37년 1월 15일 甲辰 ;《승정원일기》 499책, 숙종 42년 10월 29일 乙卯

427 《승정원일기》 664책, 영조 4년 6월 21일 庚子;《승정원일기》 664책, 영조 4년 7월 1일 庚戌 ;《승정원일기》 666책, 영조 4년 7월 28일 丁丑;《추안급국안》 영인본 권14 648면, 번역본 42권 107쪽 ;《추안급국안》 영인본 권16 74면, 번역본 46권 130쪽 ;《추안급국안》 영인본 권16 482면, 번역본 47권 303쪽.

428 《추안급국안》 영인본 권17 407면, 번역본 50권 111쪽. "罪人世建移 送捕廳 各別周牢究問事 榻前下敎"

429 《추안급국안》 영인본 권17 850면, 번역본 51권 361쪽. "罪人正業 出付捕廳 周牢究問事 榻前下敎"

사이에 주장朱杖을 끼워 가위 모양으로 양쪽으로 비트는 형태였다.[430] 전도주리는 "무신년(1728, 영조4) 역적을 다스릴 때 사용하였는데, 다른 도적에게는 사용하지 않습니다."[431]라고 하여 일반적인 도적들에게는 행하지 않고 역적을 다스리기 위해 특별히 그 혹독함을 강화한 방식이었다. 주리틀기가 효과적인 이유는 그 특유의 잔혹성 때문이었다. 18세기 전반 민간에서는 "포도청에서 자백하지 않는 사람이 진짜 도적이다."[432]라는 속담이 돌 정도로 포도청의 악형이 혹독했다고 알려진 것이다.

> a) 주리를 틀며 마구 매질하는 형벌을 가했습니다. 저는 너무도 아픈 고통을 이기지 못해, 과연 마지못해 허락하는 체했다는 내용으로 진술을 바쳤습니다.[433]

> b) 수차례 주리를 틀었더니 그 다음에서야 독약을 썼다는 한 가지 대목만을 비로소 바른대로 진술했으니, 그 흉악하고 사나움이 매우 통탄스럽습니다.[434]

> c) 순창이 말하기를 "…… 내가 포도청에서 진술할 때 독을 타는 것을 당신이 본 것처럼 말하였으나 이는 주리를 견디다 못해 내뱉은 말이었다 ……"라고 하였다.[435]

---

430 차인배, 2021, 〈조선후기 치도형의 운영과 폐지 과정〉, 《법사학연구》 63, 32쪽.

431 《승정원일기》 746책, 영조 8년 6월 22일 丁丑 "戊申治逆時用之 而至於他盜 則不用矣"

432 《승정원일기》 872책, 영조 14년 5월 23일 甲戌 "捕廳不服眞盜"

433 《추안급국안》 영인본 권16 462면, 번역본 47권 304쪽. "仍施周牢亂杖之刑 矣身不勝痛楚 果以不得已佯諾之說 納供爲白如乎"

434 《추안급국안》 영인본 권17 103면, 번역본 49권 169쪽. "累次周牢之後 行藥一款始乃直招 其爲兇頑萬萬絕痛"

435 《추안급국안》 영인본 권17 118면, 번역본 49권 190쪽. "吾於捕廳納招 則以汝目見和藥樣爲言者 出於不勝周牢之致 豈眞以汝爲知情哉"

d) 그러다가 뜻밖에 포도청의 탐문에 걸려 체포되고 가혹한 주리틀기를 받았습니다. 그래서 제가 매질을 이기지 못하고 무고한 것이 확실합니다.[436]

실제로 주리틀기가 자백을 이끌어 내는 효과가 있었던 것으로 보인다. 위의 사례들은 포도청에서 주리틀기를 당한 피의자들의 진술이다. a) 사례에서는 포도대장이 주리를 틀면서 심문하자 결국 자백하는 모습이 나타난다. b)에서는 끝까지 자백을 거부하다가 주리를 틀자 한가지 대목을 자백하였다. c)는 주리틀기를 견디지 못하고 허위자백을 한 경우이고, d)는 주리틀기를 이기지 못하고 무고한 경우이다. 위 사례들 모두 공통적으로 주리틀기의 심한 고통을 견디기 힘들어했다고 진술하고 있다. 효과의 측면에서 a, b는 실제 자백을 이끌어 낸 경우이고, c, d는 고통을 이기지 못하고 허위 자백을 한 경우이다.

포도청 주리틀기가 피의자의 공포심을 자극해 자백을 이끌어 낸 구체적인 정황은 순조 13년(1813) 박동직 사례에서도 확인된다. 이때 좌·우포도대장이 "오랏줄로 묶어 주리틀기를 시행하면, 너가 비록 살아 나가더라도 어떻게 다시 정상적으로 살 수 있겠느냐? …… 네가 바르게 말하면 풀어주겠다."라고 협박하자, 박동직은 두려워서 자백했다.[437] 이처럼 극심한 고통으로 직접 겪든, 공포에 젖든 주리틀기는 피의자로 하여금 극도의 고통을 가하여 자백을 이끌어 내는 악형이었다.

그런데 추국청-포도청의 이중국문 방식에 대한 비판은 영조 재위 시기 내내 나타났다. 〈표 25〉와 같이 영조 8년(1732)~영조 39년(1763)에 이르기까지 영조뿐 아니라 이태좌, 조문명, 김재로, 이종성, 채제공 등 당대 주요 관료

---

436 《추안급국안》 영인본 권17 681면, 번역본 51권 142쪽. "意外 自捕廳譏捕 酷施周牢之刑 故矣身 不勝杖 果爲誣告的實是白置"

437 《추안급국안》 영인본 권27 189면, 번역본 79권 217쪽. "其時 捕將言 施以紅絲周牢 則汝雖出去 何以更爲平人乎 捕將且謂以 汝若直告則放釋 云云故 矣身惶懼 所對如是矣"

<표 25> 영조 대 추국 심문에서의 포도청 활용 논의 내역

시기	제안자	내용
영조 8	이태좌	포도청 전도주뢰의 잔혹함 지적
영조 8	조문명, 김재로	포도청의 전도주뢰 폐지. 일반 주리틀기만 허용
영조 9	영조	포도청이 추국청의 막부가 된 문제 지적
영조 10	이종성	추국 죄인을 포도청에서 도적 심문하는 방식으로 심문 불가
영조 14	영조	포도청에서의 혹독한 심문으로 인하여 허위 자백 가능성 지적
영조 17	영조	의금부 및 형조 담당 죄인을 포도청에서 대리 심문하는 관행 폐지
영조 31	채제공	을해옥사에서의 포도청 활용이 위법적이었음을 지적
영조 31	영조	추국청에서 조사 받은 죄인은 포도청으로 하향 이송 불가
영조 39	영조	포도청에서의 난장, 주리틀기 신중한 활용 명령

들의 비판이 이어졌다. 비판이 제기된 시기는 크게 3시기로 구분할 수 있다. ① 영조 10년 전후 무신란 직후 포도청 활용 문제 ② 영조 10년대 포도청 폐습의 정비 문제 ③ 영조 30년대 을해옥사 이후 포도청 심문의 잔혹화 문제로 볼 수 있겠다.

첫 번째는 무신란 직후 포도청 처분 문제 논의였다. 영조 8년(1732) 이태좌는 포도청에서 활용되고 있는 전도주뢰가 지나치게 잔혹하기 때문에 허위 자백이 발생할 것이라고 지적하였다. 이에 대해 조문명, 김재로는 현실적인 측면에서 모든 주리틀기를 금지할 수는 없다고 보았다. 이에 전도주뢰는 폐지하되, 일반 주리는 유지하기를 요청하였다. 이에 따라 영조는 포도청에서 일반 주리만을 활용하도록 명시하였다.[438] 영조 10년(1734) 이종성은 추국청과 포도청의 관품이 어그러진다는 문제를 들어 포도청 심문을 중지해야 한다고 주장하였다. 그는 추국청 죄인이 자백을 하지 않기에 불가피하게 포도청으로 이송한 것은 인정하였다. 그러나 의금부 추국청과 형조의 피의자를 포도청이 도둑을 심문하는 방식으로 다루는 것은 안 된다고 보았다.[439] 여기서 이종성

---

438 《영조실록》 권31, 영조 8년 6월 20일 乙亥

은 종2품 포도청이 종1품 의금부, 정2품 형조 죄인을 다루는 관품 위차 문제를 제기한 것이다.

이러한 비판에 대해 영조도 문제를 인식하고 있었다. 영조 9년(1733) 영조는 포도청이 추국의 1차 조사기관으로 활용되고 있는 현상을 '막부幕府'라고 표현하였다. 원래 포도청은 도둑을 다스리는 사법기관인데 무신란 이후에는 역적을 다스리는 사법기관이 되었다는 것이다. 만약 이러한 관행이 계속 이어진다면 높은 관직을 지닌 관료들조차도 심한 고신에 시달리게 될 것이라고 염려하였다.[440]

두 번째 비판은 영조 14년(1738) 영조에 의해 제기되었다. 영조는 추국청에서 승복하지 않는 죄인을 포도청으로 내려보냈더니 금새 자백했던 사례를 들면서, 이를 보건대 친림추국에서 행하는 엄한 심문보다 포도청의 심문이 얼마나 혹독한지 알 수 있다고 지적했다. 이에 '엄중한 고신을 내리면 자백하지 않는 사람이 없다'는 고사를 들면서 포도청의 혹독한 고신을 개선할 것을 촉구하였다.[441] 이에 영조 17년(1741) 의금부와 형조에서 담당해야 할 죄인을 포도청에서 담당하게 한 관행을 폐지하도록 명하였다.[442]

세 번째 비판은 영조 31년(1755)에 나타났다. 승지 채제공蔡濟恭은 같은 해 을해옥사에서 지나치게 포도청의 신체고신을 자주 활용하고 있음을 비판하였다. 추국청에서 자백하지 않는 죄인은 포도청으로 내려 보내어 자백을 받고, 이를 다시 추국청으로 올려보내 사형을 집행하는 행위는 잘못되었다는 것이다. 이러한 방식은 도둑을 다스리는 방식으로 가혹하게 신문하기 때문에 허

---

439 《영조실록》 권38, 영조 10년 6월 3일 丁未

440 《승정원일기》 760책, 영조 9년 5월 28일 戊申 "捕廳 則近來爲金吾之幕府矣 此路若開 則此後搢紳 亦難免其禍矣"

441 《영조실록》 권47, 영조 14년 5월 23일 甲戌

442 《영조실록》 권53, 영조 17년 4월 7일 辛丑

위 자백을 하게 되며, 포도청이 비공개 신문을 하기 때문에 위조가 가능하다는 문제를 갖고 있었다. 즉 다시 말해 포도청—추국청 이중 국문 구조는 국가 중심의 사건 조작이 용이한 구조이며, 당시 을해옥사 역시 이러한 혐의를 지울 수 없다는 것이다. 이에 대해 영조는 문제를 인식하고 '추국청에서 이미 조사받은 자는 포도청으로 하향이송하지 못한다'는 규정을 신설하였다.[443] 그리고 39년(1763) 포도청에서 난장, 주리틀기 활용에 신중을 기할 것을 신칙하였다.[444]

그렇다면 이러한 개선 시도들은 실제 형정에서 어떠한 변화로 나타났을까? 영조 대 《추안급국안》 사건 중 포도청과 이중국문을 한 사례들을 살펴보자. 비판이 제기된 세 시기를 중심으로 ① 영조 10년 전후 ② 영조 10년대 ③ 영조 30년대 이후를 기점으로 변화하고 있음을 확인할 수 있다.

〈표 26〉 영조 대 무신란 이후 추국에서의 포도청 활용 추이

	영조 4~10년	영조 11~20년	영조 21~30년	영조 31~40년	영조 41~52년	합계
포도청 활용 추국	11	3	3	10	2	29건
전체 추국	16	18	12	26	8	80건
비율	68.8%	16.7%	25.0%	38.5%	25.0%	36.3%

〈표 26〉을 살펴보면 포도청 활용의 빈도가 점차 변화하고 있음을 확인할 수 있다. 무신란부터 영조 4~10년(1728~1730)까지는 전체 16개 사건 중에서 11개 사건에 이르는 사건이 포도청의 대리 심문을 활용하였다. 이는 전체의 68.8%에 해당하는 비율인데, 무신란의 형정 운영이 그대로 지속된 결과라고 하겠다.

---

443 《영조실록》 권83, 영조 31년 3월 29일 壬寅
444 《영조실록》 권102, 영조 39년 7월 28일 癸未

이에 영조 10~20년대에는 포도청의 활용이 비교적 억제되는 양상을 확인할 수 있다. 영조 10년대에는 18개 사건 중 3건, 20년대에는 12개 사건 중 3건에서 포도청 위탁 사례가 확인된다. 30건 중 6건에 해당하는 사례로써 약 20%의 비율로 확인된다. 영조 10년대 이처럼 비율이 하락한 원인은 영조 8년(1732) 이태좌의 비판, 영조 10년(1730) 이종성의 비판을 통한 재인식 때문인 것으로 보인다. 영조 17년(1737) 의금부 죄인을 포도청에서 담당하지 못하도록 규정을 신설한 만큼 이 시기 포도청의 활용은 억제되었던 것으로 보인다.

영조 30년대에는 포도청의 활용이 다시 활발해지는데, 이는 영조 31년(1755)의 을해옥사의 영향이다. 영조 31년 채제공은 을해옥사에서의 포도청 활용이 지나치게 잔혹하였다고 비판할 정도였다. 실제로 영조 30년대 추국사건 26건 중 10건에 해당하는 비율로 포도청을 활용하고 있었는데, 이는 을해옥사를 기점으로 다시 포도청 활용 관행이 재현된 것으로 볼 수 있는 것이다. 그리고 영조 40년대에는 전체 추국의 수도 감소하고, 포도청 활용 비율도 감소하는 양상이 나타난다. 을해옥사를 진압하고 영조의 의리를 확고히 한 《천의소감》을 편찬한 이후 정국이 어느 정도 안정된 결과였다.

이처럼 영조 대 포도청-추국청의 이중 국문구조는 여러 차례의 치폐논의를 거치면서도 꾸준하게 활용되고 있었다. 특히 무신란, 경술역옥, 을해옥사와 같은 무신여당 사건들에서는 더욱 적극적으로 활용되고 있었다. 이미 추국청에서 압슬형, 낙형을 폐지한 상황에서 죄인으로부터 자백을 이끌어 내기 위해선 포도청의 혹독한 심문이 불가피하게 필요했기 때문이다.

이처럼 포도청-추국청의 국문 연계가 강화됨에 따라 포도청의 추국 입계에 대한 제도화도 동반되었다. "친국·정국을 시행할 때 좌·우 포도대장을 패초하여 국청에 참석하게 하고, 포도종사관 1명은 궐밖에 그리고 또 다른 종사관 1명은 의금부 근처에 대기한다."[445]는 규정이 신설되었다. 이를 통해 신문과정에서 죄수와 관련된 친속 및 하속 등을 신속히 체포하여, 그들의 연루 가능성을 사전에 조사함으로써 국청의 원활한 진행이 가능하도록 제도화된 것이다.[446]

그렇다면 실제로 영조 대 포도청에서 추국의 1차 조사를 시행한 방식은 어떠하였는가? 이는 자료가 남아 있지 않아 여러 사례를 검토할 수 없지만,《추안급국안》에 을해옥사 관련 포도청 기록인 〈포도청추안〉이 남아 있어 부분적으로 검토가 가능하다. 〈포도청추안〉에는 총 45명의 을해옥사 관련자가 심문을 받았다. 이들에 대해서는 역적 모의 가담 여부, 역모 사실 인지 여부, 내통 실정 등 주변인들을 통해 역모 주범의 역모 증거를 수집하고 관련 진술을 확보하는 데 초점이 맞춰져 있었다. 포도청의 심문은 대화로 심문하는 평문, 고함치거나 위협하는 시위施威, 주리틀기, 발바닥을 강하게 치는 난장 등 점차 혹독한 방식으로 강도를 높여 갔다. 〈포도청추안〉에서는 평문 17회, 시위 19회, 주리틀기 32회, 난장 27회 등 폭력방식의 비율이 높게 나타났다.[447]

주목할 부분은 포도청과 추국청의 이중 조사를 받은 중복 조사의 사례이다. 〈포도청추안〉에 기재된 포도청 조사를 받은 45명 중 13명은 추국청에서도 조사를 받았고,[448] 그중 5명은 양쪽 모두에서 고신을 당했다.[449] 위의 사례를 검토하면 윤희철은 이미 추국청에서 5차에 걸쳐 수십여 대의 신장을 맞은 상황에서[450] 포도청의 난장 30대를 맞고, 다시 추국청에서 2차 40대의 신장을

---

445 《육전조례》〈兵典〉〈捕盜廳〉總例 "親鞫庭鞫時 左右大將 自政院牌招 進參鞫廳 從事官各一員 等待闕下"

446 차인배, 2020, 〈조선후기 포도청의 사법적 위상과 활동 변화〉,《역사민속학》58, 23쪽.

447 차인배, 2021, 〈조선후기 치도형의 운영과 폐지 과정〉,《법사학연구》63, 27~36쪽 참조.

448 윤광철, 윤희철, 홍익원, 나귀영, 이만강, 이종무, 임국훈, 임세무, 정수헌, 홍웅태, 이개봉, 백상규, 윤상백이 이에 해당한다.

449 윤희철, 나귀영, 이종무, 임세무, 이개봉이 이에 해당한다.

450 1~4차 기록은 누락되어 있다. 아마도 기록이 남아 있다면 1차당 10~30대 가량의 신장을

〈표 27〉 을해옥사(1755) 시기 추국청·포도청 이중 국문 내역

성명	구분	1차	2차	3차	4차	5차	6차	7차	8차	최종처분
〇희철	날짜	?	?	?	?	3/6	3/8	3/10	3/12	물고
	심문					6	난장 30대	10	30	추국청 신장 46대 이상 포도청 난장 30
〇귀영	날짜	2/29	3/1	3/3	3/6	3/10	3/12	3/13		물고
	심문	주리	10	10	30	30	30	30		추국청 신장 140대 포도청 주리틀기 1차
〇종무	날짜	2/29	3/1	3/3	3/6	3/6	3/6	3/6		물고
	심문	6	10	30	26	시위	주리	난장 3대		추국청 신장 72대 포도청 시위 1회, 주리틀기 1차, 난장 3대
〇세무	날짜	3/13	3/13	3/13						석방
	심문	주리	난장 15대	신장						추국청 신장 대수 미상 포도청 주리틀기 1차, 난장 15회
〇개봉	날짜	2/25	2/25	2/29						포도청 이송
	심문	주리	난장 5대	10						추국청 신장 10대 포도청 주리틀기 1차, 난장 5회

맞고 결국 물고하였다. 나귀영의 경우 포도청에서 주리틀기를 당하고 추국청에서 6차에 걸쳐 140대 신장을 맞은 후 물고하였다. 이종무의 경우 추국청에서 4차에 걸쳐 신장 72대를 맞은 후, 포도청에서 위협, 주리틀기, 난장을 당하고 물고하였다. 임세무, 이개봉의 경우 비교적 약한 수위의 처벌을 받았다.

이를 보면 포도청과 추국청에서 짧은 기간 안에 집중적으로 신체고신을 가함으로써 부담을 이기지 못하고 사망하는 사례를 확인할 수 있다.

맞았을 것으로 추측된다.

<표 28> 17~18세기 후반 추국의 물고자 비율 및 고신 강도

내역	1601 -1625	1626 -1650	1651 -1675	1676 -1700	1701 -1725	1726 -1750	1751 -1775
피악형자 수(명)	57	53	9	16	2	23	
피악형자 중 물고자(명)	38	23	4	12	–	4	–
물고자 수(명)	100	39	32	33	13	207	60
전체 피심문자 수(명)	485	418	145	409	145	805	349
물고자/피심문자(%)	20.6	9.3	22.1	8.1	9.0	25.7	17.2
물고자 당 매질 대수(대)	104.7	137.7	134.1	199.6	187.8	115.3	106.2

*출전: 《추안급국안》

<그림 1> 17~18세기 후반 추국의 물고자 비율 및 고신 강도

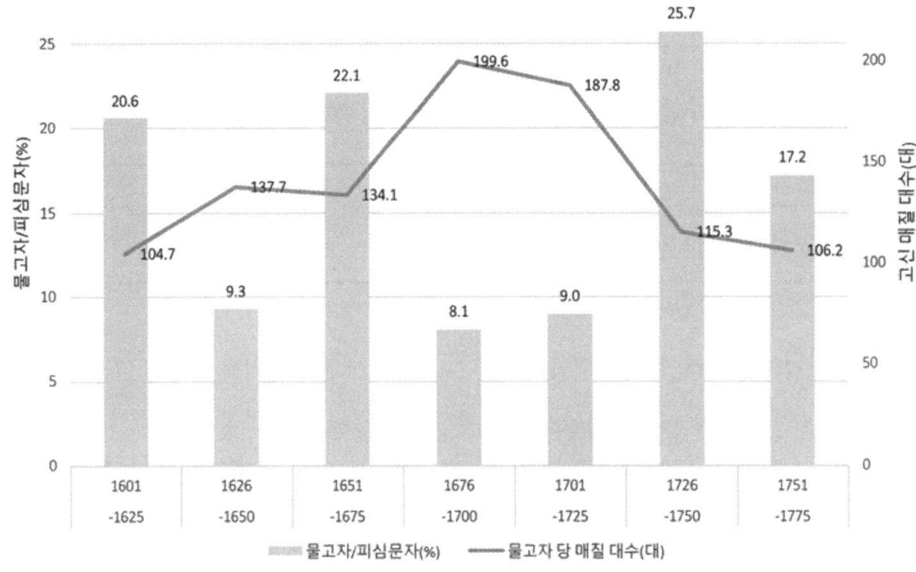

포도청–추국청의 이중 국문 구조는 죄인에게 신체적 부담을 가중시키고 있었고, 물고의 비율을 증대시키는 결과로 이어졌다. 〈그림 1〉은 17세기~18세기 중반까지의 광해군~영조 재위기의 《추안급국안》 기재 고신 통계이다.

이 통계를 검토해 보면 물고의 비율의 변화를 확인할 수 있다.

물고자의 비율은 v자 형태를 띠고 물고자당 매질 대수는 역v자 형태를 띠고 있다. 크게 ① 1601~1675년 물고 증대기, ② 1676~1725년 물고 감소기, ③ 1726~1775년 물고 재증대기로 구분된다.

① 1601~1675년 물고 증대기에는 물고자당 매질 대수가 120대 수준에 불과하지만, 물고자의 비율은 총 16%(171/1048명)에 이를 정도로 높게 나타난다. 여기에서 고려할 점은 압슬형, 낙형이라는 악형이 추가적으로 가해졌다는 점이다. 이 구간에서 총 119명이 법적으로 정해진 신장매질 120여 대를 맞고 여기에 추가적으로 압슬형, 낙형을 당했다. 이 결과 119명 악형 대상자 중 65명이 물고를 당했는데, 이 구간에서 전체 171명 물고자 중 65명에 달할 정도로 높은 비율을 차지한다. 이를 고려하면 ① 구간에서는 '低신장매질-高악형-高물고'의 형태라고 하겠다.

② 주로 숙종 재위기에 해당하는 1676~1725년 물고 감소기에는 물고자당 매질 대수가 200여 대에 육박할 정도로 높지만, 물고자의 비율은 8%(46/554명)에 머문다. ① 시기와 비교하면 매질 대수가 1.6배가 되었지만 오히려 물고의 비율은 절반으로 축소된 것이다. 이 영향은 악형이 점차 퇴조하던 추국청 관행을 반영한 결과라고 보인다. 숙종 15년(1689) 박태보 물고 사건을 계기로 추국청에서는 악형(압슬형, 낙형)을 중지하고 대신 법정으로 정해진 고신을 강화하였다. 이처럼 법정고신이 강화되었음에도 불구하고 혹독한 악형이 중지된 결과 물고의 비율은 점차 하락하고 있었다. 이를 고려하면 ② 구간에서는 '高신장매질-低악형-低물고'의 형태라고 하겠다.

③ 주로 영조 재위기에 해당하는 1726~1775년 물고 재증대기는 물고자당 매질 대수가 110대가량으로 낮게 나타나지만, 물고자의 비율은 23%(267/1,154명)에 이른다. 이는 ② 구간과 비교하여 매질 대수가 절반으로 줄었지만 오히려 물고의 비율이 3배로 증가한 것이다. 이러한 증가 현상은 악형과

도 무관하였는데 ③ 구간에서 추국청 악형에 의한 물고자는 4명에 불과했기 때문이다.451 이 시기 물고 비율의 급격한 증가는 영조 4년(1728)부터 도입된 포도청–추국청 이중 심문구조의 영향이라고 이해된다. 포도청에서는 주리틀기, 난장과 같은 혹독한 심문방식이 이뤄지고 있었고 이를 겪은 피의자가 추국청에 와서 이중으로 법정고신을 겪다 보니 신체적 부담을 이기지 못하고 물고하는 경우가 증가한 것이다. 이를 고려하면 ③ 구간에서는 '低신장매질–高물고–有포도청심문'의 형태라고 하겠다.

정리하자면, 영조 대 추국은 무신란, 경술역옥, 을해옥사 등 국왕의 정통성을 위협하는 정치적 사건들을 맞이하여 포도청과의 수사 역할 분담으로 통해 운영되었다. 포도청은 본래 치안 유지와 도적 체포를 담당하던 기관이었으나, 점차 추국청의 기초 심문 기능을 담당하게 되었다. 이 과정에서 주리틀기와 같은 악형이 동원되었고, 이는 자백 획득에는 효과적이었으나 물고의 증가 문제를 야기하였다. 이에 대해 영조 대 내내 비판이 제기되고 시정명령을 내렸음에도 불구하고, 추국청의 악형 퇴조를 대체할 방식으로 포도청의 심문 기능이 지속적으로 활용되었다. 영조 대는 외면적인 제도상으로는 형정의 위법적 행위들이 억제되었으나 무신여당의 처분이라는 시급한 문제 해결을 위해 불가피한 위법적 절차들이 운영되는, 과도기적 양상을 띠었다.

이상 3장의 내용을 요약하면 다음과 같다. 영조는 18세기 조선사회의 정치사회적 위기를 타개하기 위한 방법으로 국왕권을 중심으로 한 공권력의 재정비를 추구하였다. 영조는 국왕을 포함한 공권력 일반이 원칙에 의거하여 집행되어야 한다는 '수법봉공守法奉公'의 가치를 강조하였다. 이를 행정 현실에서 구체적으로 집행하기 위해 새로운 법률들을 제정하여 《속대전》으로 편찬하였

---

451 영조 대 악형은 물고율 증가와 관련이 낮았다. 시행자 23명 중 물고자는 4명에 불과했다.(박재창, 정사공, 유속, 김남복) 23명 중 17명은 사형당했고, 1명은 포도청 이송 처분, 1명은 미상이다.

고, 영구적인 제도로 정착시키고자 하였다. 영조는 즉위 후 흠휼 의식을 바탕으로 대대적인 형률개혁을 단행하였다.《속대전》편찬을 통해 독자적인 법질서를 확립하고, 압슬형, 낙형 등 법외악형으로 상징되는 국왕의 전제적 형벌권을 제한하는 동시에 고신과 신체형을 엄격히 통제하였다. 또한 중앙과 지방의 사법기구를 정비하고 위계화하여 명확한 사법 절차를 마련하는 한편, 최종 결정권자로서 국왕의 권한을 강화함으로써 신료들의 자의적 판단을 억제하고자 했다.

영조는 국왕을 중심으로 한 공정한 추국 운영을 실현하기 위한 다양한 노력을 기울였다. 영조 4년(1728) 무신란, 영조 6년(1730) 경술역옥 등을 겪으며 국왕의 친국을 확대해 갔고, 이는 추국이 명실상부한 '왕옥'으로 자리매김하게 되는 계기가 되었다. 한편 영조 대에는 실제 추국상에서 피의자 1인당 매질 대수가 크게 감소하였고, 하루 중 중복 고신 비율과 고신 빈도 또한 이전 시대에 비해 큰 폭으로 낮아졌다. 한편 영조는 통치 정보를 폭넓게 민간에 공개하는 소통의 정치를 지향하였고, 추국 정보를 조보에 즉각적으로 상세히 전파하는 소통 방식을 창출해 냈다. 이러한 영조 대의 변화는 법률의 개정이 실제 추국 운영에 반영되고 있었음을 보여 준다.

그러나 영조의 형정개혁이 관철되기에는 현실적인 제약이 존재하였고, 현실 상황에 대응하기 위한 '비상 추국'의 양상이 나타날 수밖에 없었다. 당쟁의 격화와 정감록 참위설의 확산 등 체제 위기가 고조되는 상황에서 反영조 운동인 무신란과 무신여당 사건이 창궐하였기 때문이다. 이에 영조는 재위 내내 이 사건들을 통제하고 제압하는 데 주력해야 했고, 이 과정에서 야기되는 시급성과 행정부하를 적절하게 해소할 필요가 있었다. 이 때문에 일부는 자백에 근거한 결안을 작성한다는 자백필수주의를 어기고 결안생략 처형을 강행하여 혼란을 긴급하게 안정시키고자 하였다. 이에 대해서는 신료들의 지속적인 반대가 제기되었으나 영조는 정국 수습이라는 명분으로 이를 정당화하였다.

한편 영조 대에는 추국청의 압슬형·낙형이라는 고유의 법외악형이 금지되면서 이를 대신할 자백 유도 방식이 필요하게 되었다. 포도청은 원래 치안 유지에 특화된 기관이었으므로 역모 사건에는 개입할 수 없도록 되어 있었다. 그러나 무신란을 계기로 역모 사건의 기초 조사 기능을 부여받게 되면서 주리틀기, 난장 등 포도청의 악형이 활용되었다. 이는 물고율의 증가라는 문제를 야기했으나 자백 획득이라는 기능을 효과적으로 수행하였기에 점차 포도청-추국청 이중 국문 구조가 정착되어 갔다.

이처럼 영조 대의 형정개혁은 흠휼이라는 이상과 정국 안정이라는 현실 속에서 긴장 관계를 내포하고 있었다. 지속적인 체제 위기 상황에서 국가 운영을 위해서는 기존에는 존재하지 않던 법외적 조치들을 활용해야만 했고, 다른 한편으로는 기존의 형정 운영에 잔재해 있던 자의적인 관례들을 타파할 필요가 있었다. 영조 대는 흠휼을 추구하는 형정개혁을 추구하면서도 동시에 신속한 사건 처리를 위한 결안생략 처형, 자백 확보를 위한 악형이 활용되는 포도청 국문 등 상반된 추국 운영이 나타나는 '형정개혁 모색기'로서 '과도기적 양상'을 띠었다.

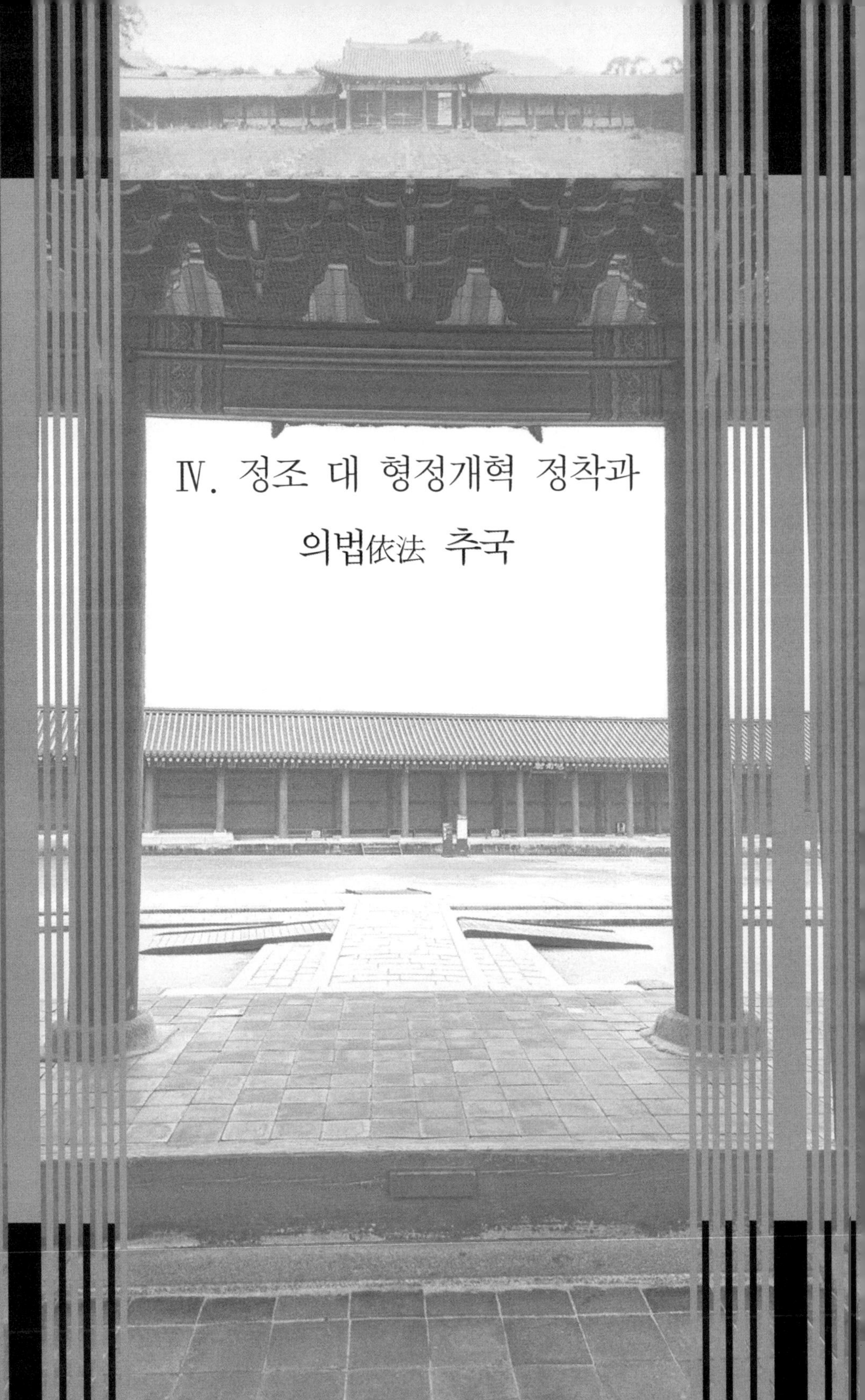

Ⅳ. 정조 대 형정개혁 정착과
의법依法 추국

1. 형정개혁의 정착과 형률 발전

1) 정유역변(1777)과 특령 조치 폐습

영조 후반기 이래 탕평정국은 안정세에 접어들고 있었다. 정국을 혼란으로
몰아넣은 영조 31년(1755) 을해옥사 이후 영조는 탕평을 확고히 하는《천의
소감》을 발간하여 의리 문제를 일단락하였다. 이로써 경종 대부터 문제가 되
었던 신임의리 문제를 즉위 30여 년이 지난 후에야 공식적으로 해소할 수 있
었다. 영조는 이를 탕평정치의 완성단계로 여겼고, 이를 통해 탕평군주로서의
위상을 분명하게 하였다.[1]

그러나 영조 31년(1755) 을해옥사 이후 신임의리를 확정한 결단은 또 다
른 갈등을 배태하고 있었다. 의리를 노론 중심으로 확정하면서 영조의 왕권은
점진적으로 안정되었으나 의리 해석을 둘러싸고 사도세자와의 갈등이 야기되
고 있었기 때문이다. 영조가 수립한 신임의리에 대하여 사도세자는 적극적으
로 찬동하는 모습을 보여 주지 않았고 점차 영조와 사도세자 양자 간의 관계
는 악화되었다. 극심한 갈등 구도 속에서 세자로서의 자질에 문제를 드러내는
사도세자의 비행들이 반복되었고, 사도세자를 사망케 하는 영조 38년(1762)
임오화변壬午禍變으로 이어졌다.[2]

사도세자의 아들로서 영조의 후계자로 낙점된 왕세손 정조는 반대세력의
지속적인 견제에 부딪혀야 했다. 사도세자의 사망으로 왕계의 정통성이 약화

---

1 김백철, 2010, 〈영조의 의리명변서 천의소감 편찬과 정국변화 −요순의 두 가지 얼굴, 탕평군주
　와 전제군주의 경계〉,《한국학》33, 19~25쪽 참조.
2 최성환, 2020,《영·정조대 탕평정치와 군신의리》, 신구문화사, 493~494쪽 참조.

되었을 뿐 아니라, 사도세자를 공격하던 노론 중심의 반대세력이 세손 시절의 정조를 정치적으로 위협하고 있었던 것이다. 이들은 세손 확정 이전 세손불가론·양자론養子論 여론을 조성하여 죄인 사도세자의 아들을 세손으로 세우지 못하도록 주도하였다. 이에 영조는 사도세자의 3년상이 끝날 무렵 세손을 효장세자의 양자로 들여 종통을 변경함으로써 정통성을 부여하였다. 이에 따라 세손은 조부나 부친을 승계하는 것이 아니라 백부인 효장세자를 직접 승통하도록 하는 '갑신처분甲申處分'을 내렸다.[3]

그러나 이러한 조치에도 불구하고 세손 시절 정조는 정치적인 제약을 받았다. 특히 영조 말년 정국을 주도하며 반세자·세손 노선을 견지하던 좌의정 홍인한洪麟漢·참판 정후겸鄭厚謙의 강한 반대를 겪어야했다. 홍인한·정후겸은 표면상 세손보호를 내세우면서도 세손의 궁료들을 공격·배척하여 세손을 장악하려고 시도하였고, 급기야 영조의 세손 대리청정 결정까지 저지하여 세손의 승계 절차를 방해하기도 하였다.[4] 영조 51년(1775) 82세 고령의 영조가 세손에게 대리청정을 지시한 일을 두고 홍인한은 "왕세손이 이판과 병판을 알 필요가 없고 노론과 소론을 알 필요가 없습니다. 더욱이 조정의 일을 알 필요가 없습니다."[5]라며 대리청정을 무산시키고자 하였다. 이처럼 영조 후반 을해옥사, 임오화변으로 이어지는 정치적 사건들은 정조의 즉위 과정을 저해하고 있었고 차후의 문제요소로 잔존하고 있었다.

이러한 배경 속에서 즉위한 정조의 정치적 과제는 영조 말기 때부터 이어져 오던 임오의리 문제를 해소하고 왕권을 안정시키는 데 있었다. 정조는 탕평책을 실시하고 규장각 설치를 준비하는 등 정국운영권을 장악하기 위한 정

---

3 최성환, 2020, 위의 책, 109~112쪽 참조.

4 최성환, 2020, 위의 책, 494쪽.

5 《영조실록》 권125, 영조 51년 11월 20일 癸巳 "東宮不必知老論 少論 不必知吏判 兵判 至於朝廷事 尤不必知矣"

책 기반 작업에 착수하였다. 그러나 이러한 정조의 정책들은 반정조 세력과 그와 연결된 환관을 비롯한 궁궐 내의 액속에 대한 숙청을 전제로 했을 때 가능한 일이었다.[6]

정조는 즉위 직후 영조 말년 세손의 대리청정을 방해하며 정조의 원한을 샀던 홍인한·정후겸 등에 대한 치죄작업에 착수하였다. 정조는 "척신戚臣이나 행신倖臣이 남의 집안과 국가에 화禍를 끼친 일이 많았지만, 여태 갑오년(1774, 영조 50)과 을미년(1775, 영조 51) 간의 사건만 한 것은 없었다."[7]면서 홍인한·정후겸의 세손시절 방해행위를 중대한 사건이라고 인식하였다. 이에 홍인한 처벌을 주장한 대사헌 이계李溎를 특별히 공조 판서로 제수하고, 홍인한의 처벌을 적극적으로 요청하지 않은 삼사 관료들을 삭출하였다.[8] 이 조치는 정치적으로는 홍인한·정후겸에 대한 비판을 모든 관료군들에게 요청함으로써 새로운 국왕에 대한 충성 경쟁을 유도한 조치였다.

정조 즉위년(1776) 병신옥사丙申獄事는 즉위한 후 집권의 정당성을 훼손하였던 세력을 제거하고 새롭게 왕권을 쇄신한다는 의미를 가진 정치적 기획이었다. 정조가 분위기를 조성한 상황에서 관료층은 각기의 방식으로 홍인한·정후겸에 대한 처벌 요청을 제기하며 정치적으로 화답하였다. 영의정 김양택金陽澤은 백관을 거느리고 정청하여 홍인한·정후겸 등을 처벌할 것을 요청하였고,[9] 삼사는 합계하여 홍인한을 절도에 안치하여 처벌을 강화할 것을 요청하였다.[10] 이뿐 아니라 관학 유생들도 합계하여 홍인한·정후겸을 토죄할 것을

---

6 고성훈, 1994, 〈조선후기 변란연구〉, 동국대학교 박사학위논문, 45쪽.

7 《弘齋全書》 권178, 〈日得錄十八〉 〈訓語〔五〕〉 "戚倖之禍人家國多矣 而未有如甲乙年間 子之所處 亦異於先朝辛壬 而幾爲凶焰所逼 子之痛嫉深懲 非爲子一身之私也 嗣服以來 親近士大夫 以易戚畹之勢者 亶出苦心"

8 《정조실록》 권1, 정조 즉위년 3월 27일 戊戌.

9 《정조실록》 권1, 정조 즉위년 4월 3일 甲辰.

10 《정조실록》 권1, 정조 즉위년 4월 10일 辛亥.

청하였다.[11] 정조는 "조정의 큰 처분이기에 약간이라도 유생들의 말을 들어줄 수가 없다."[12]면서 적당히 무마해 가면서 홍인한·정후겸에 대한 처벌이 자신의 의사가 아니라 공론에 의한 결정이었다는 분위기를 조성했다.

이 결과 홍인한·정후겸은 결안도 갖춰지지 않은 채로 국왕 정조의 전지에 따라 사사되었다.[13] 그리고 홍인한·정후겸과 그들과 부합한 민항열·홍상간 등의 세력을 역적으로 처단한 기록인《명의록明義錄》을 편찬하여 이 문제에 대한 의리논쟁을 종식시켰다.[14] 정조는 즉위한 지 보름도 안 된 정조 즉위년 (1776) 3월 25일[15]부터 같은 해 7월 5일[16]까지 약 100일 동안 대리청정 반대 처벌 문제를 정치적 핵심화두로 부각시킴으로써 자신의 즉위에 대해 의심하는 세력들을 일벌백계하는 효과를 거둔 것이다.

그러나 병신옥사 처분을 거쳤지만 反정조 세력이 완전하게 종식된 것은 아니었다. 홍인한·정후겸이 처형당하고 반정조세력의 결속력이 크게 타격을 받았지만, 여전히 잔여세력을 중심으로 정치적 재기를 모색하고 있었던 것이다. 실제로 이들은《명의록》에서 주로 홍인한계 노론 계열을 처벌한 기록을 불만을 삼았고, 이후에도 정국에서 지속적으로 배제되면서 더욱 정치적 입지가 위축되고 있었기에[17] 불만을 가지고 있었다. 이에 홍계희洪啟禧·홍술해洪述海·홍지해洪趾海·홍상범洪相範·홍상길洪相吉 등 홍계희 가문은 정조 1년(1777) 정유역변丁酉逆變을 일으켜 세 가지 방식의 역모를 동시다발적으로 진행하였

---

11 《정조실록》권1, 정조 즉위년 6월 30일 己巳.

12 《정조실록》권1, 정조 즉위년 6월 30일 己巳 "朝廷之大處分 有難聽從於如干儒生之言"

13 《정조실록》권1, 정조 즉위년 7월 5일 甲戌.

14 최성환, 2020, 앞의 책, 194~198쪽 참조.

15 《일성록》정조 즉위년 3월 25일 丙申.

16 《정조실록》권1, 정조 즉위년 7월 5일 甲戌.

17 최성환, 2020, 앞의 책, 201쪽.

다. 첫 번째는 홍상범이 궁궐에 자객을 침투시켜 정조를 살해하고자 한 자객사刺客事였고, 두 번째는 홍술해의 첩 효임이 무녀들을 동원하고 궁궐내 무녀들과 결탁하여 홍국영과 정조에게 저주를 건 저주사詛呪事였으며, 세 번째는 홍계능과 홍상길이 은전군恩全君 이찬을 추대하려고 한 추대사推戴事이다. 홍계희 가문은 자객, 저주, 추대와 같이 연속적인 과정을 통해 정조를 하야시키고 반정反正의 명분을 세워 정국을 전환시키고자 하였다.[18]

정부는 이 사건들을 홍인한·정후겸 등 반정조세력의 잔여세력이 일으킨 역모라고 규정하였다. 정유역변에 대한 정조와 성균관 유생들의 논의에서 이와 같은 논의의 합의가 이뤄졌다. 성균관 유생들은 '홍계능이 홍인한·정후겸과 결탁하여 국가를 뒤집으려고 한 사건'이라고 정유역변을 규정하였다. 이 사건이 일어난 원인으로 정조 즉위년(1776) 병신옥사에서 지나치게 홍계능 가문을 관대하게 처분했기 때문이라고 파악하였다. 이러한 역모의 연쇄를 종결시키기 위해서는 홍계능 일가에 대한 확실하고도 엄중한 처벌이 이뤄져야 한다고 주장하였다. 정조는 위와 같은 성균관 유생들의 의견을 옳은 주장이라고 인정하였다.[19]

정조는 홍계능에게 "지금 의리義理가 크게 정해지고 역당逆黨을 철저히 다스리는 이러한 때에 너같이 역당의 괴수가 된 자가 아직도 국법을 벗어나 살아 있는 것은 이미 형벌을 잘못 시행한 것이다."[20]라며 이전과 같이 관대한 형벌로 일관하지 않겠다고 선언하였다. 이러한 기조에 따라 정부는 8월 10일~9월 11일 약 1달 동안에 걸쳐 총 19번의 추국을 반복적으로 열어 사건을 확실하게 처분하고자 하였다. 총원 70명이 추국청의 조사를 받았으며 사형

---

18 고성훈, 1994, 앞의 논문, 44~48쪽 참조.

19 《일성록》 정조 1년 8월 17일 庚戌.

20 《정조실록》 권4, 정조 1년 8월 11일 甲辰 "及今義理大定 賊黨鋤治之時 如汝之爲賊黨巨魁者 尙逭王章 已是失刑"

18명, 물고 9명, 유배 25명, 타관 이송 9명, 노비형 2명, 석방 7명의 처분을 받았다. 이 사건의 처분이 독특한 점은 이전 시기의 추국과 비교할 때 두드러지게 사형과 물고의 비율이 높고, 석방률이 낮다는 것이었다. 17~19세기 전체 《추안급국안》의 기록에서 석방률이 30%를 상회한다는 점을 고려할 때, 정유역변에서 석방률이 10%(7/70명)에 불과하다는 점은 이 사건을 정부가 매우 엄중하게 처벌했음을 보여 준다고 하겠다.

이듬해인 정조 2년(1778) 영조는 정유역변에 대한 분명한 토벌을 밝혔다. 정조 즉위 후에도 역모 행위를 한 《명의록》 역적의 잔존 세력들, 특히 홍인한 계 북당 위주의 역적 토벌에 불만을 품은 홍계능·홍술해·홍지해·홍상범·홍상길 등 홍인한과 밀접했던 세력들의 시해 음모와, 이들에 의해 추대된 은전군 이찬李禶을 역적으로 규정하였다. 이처럼 정조는 즉위 전 방해한 세력을 처단한 기록을 《명의록》으로 남기고, 즉위 후 역모했던 세력을 처단한 기록을 《속명의록》으로 남겼다.21

특히 정유역변 단계에 가면 직접적으로 국왕을 시해하려는 시도로 격화되었다는 점에서 조정에 위기의식을 불러일으켰다. 같은 해인 정조 1년(1777) 숙위소宿衛所를 설치하여 자신이 가장 신뢰하는 홍국영洪國榮을 숙위대장으로 삼아 궁궐 내의 치안 업무를 주관하게 조치한 것22도 이 같은 위기의식의 발로였다. 정조는 정조 22년(1798) "병신년(1776, 정조 즉위년)과 정유년(1777, 정조1) 사이의 역적들은 본래 스스로 하늘의 주벌誅罰을 구한 경우로 당시의 기록을 볼 때마다 나도 모르게 치가 떨린다."23면서 20여 년이 지난 상황에서조차 병신옥사·정유역변이 치가 떨리는 사건이라고 논하였다.

---

21 최성환, 2020, 앞의 책, 200~202쪽 참조.

22 《정조실록》 권4, 정조 1년 11월 15일 丁丑.

23 《홍재전서》 권170, 〈日得錄 十〉〈政事 五〉"丙丁間諸逆 固是自干天誅 而每見其時記注 不覺齒酸"

이처럼 정조는 병신옥사·정유역변을 매우 중대한 사건으로 여기고 있었고, 이를 확고한 방식으로 처단하고자 하였다. 이러한 과정에서 정조는 영조 대부터 이어져 내려오던 초법적인 조치를 그대로 활용하기도 하였다. 정조 즉위년 (1776) 7월 5일 홍인한·정후겸은 결안생략 처형되었다. 정조는 이에 대해서 "결안을 받아내지 않았기 때문에 단지 사사하는 율을 시행하는 것이다. 그전에도 또한 이렇게 한 예가 있었다."24면서 공식적인 절차보다도 국왕의 의지를 관철시키는 것에 중점을 두었다. 이는 명백한 법외 방식이었지만 정조는 상황의 중대성을 고려하여 관철시켰다.

정조는 영조 대부터 이어지던 권위적인 전제형정 방식을 답습하여 사건을 처리하였고, 이를 둘러싼 형정 논쟁 역시 발생하였다. 논쟁은 수찬 윤약연尹若淵의 상소에서 비롯되었다. 윤약연은 상소에서 홍인한의 죄에 대해 모호한 방식으로 표현하면서 처벌을 오히려 감할 것을 요청하였다. 그 근거는 홍인한이 의도를 가지고 대리청정을 막은 것이 아니라 망발을 한 데에 지나지 않기 때문에 심하게 처벌할 것이 없으며, 또 하나는 영조가 사망한 지 세 달도 지나지 않아 국상이 미처 끝나지 않은 상황에서 잔혹한 형사처분을 내려서는 안된다는 원칙적인 이유였다. 이미 정국의 분위기상 홍인한을 역적으로 낙인 찍는 것을 성공해 가던 정조로서는 윤약연 역시 "역적을 비호하는 것도 또한 역적"으로 인식될 수밖에 없었고, 윤약연을 친국하도록 조치하였다.25

여기에서 불거진 논쟁의 쟁점은 '친국의 시행 조건'에 대한 것이었다. 승지 홍국영은 정조의 급박한 조치에 대해 제동을 걸며 친국 시행 조건에 대해 문제를 제기하였다. 그 근거는 '언관을 친국하는 조치'가 잘못되었다는 점이다. 홍국영은 "윤약연의 말이 비록 흉악한 뜻을 품고 있기는 하지만 그의 관직이

---

24 《정조실록》 권1, 정조 즉위년 7월 5일 甲戌 "不捧結案 故只施賜死之律 古亦有如此之例矣"
25 《정조실록》 권1, 정조 즉위년 6월 23일 壬戌.

경연의 신하입니다."라면서 윤약연의 발언이 개인적인 뜻에서 한 것이 아니라 언관으로서 직무에서 비롯된 공적인 행위라고 해석하였다. 그리고 "조정에서 옥당(玉堂: 조선시대 삼사의 하나로 궁중의 경서와 사적을 관리하고 왕에게 학문적 자문을 하던 관청)을 대우하는 도리는 마땅히 자별해야 하니, 갑자기 국청을 열어서는 안 됩니다."면서 자중할 것을 요구하였다.[26]

그런데 홍국영의 발언에서 주목할 점은 '정조 대의 새로운 정치'를 요구하고 있다는 점이다. 홍국영은 "성상께서 처음 정치를 시작하시는 때이니 모든 시행과 조치를 더욱 신중히 하셔야 합니다."[27]고 하였는데, 이는 영조 대의 권위적이고 자의적이었던 형정 운영을 계승해서는 안 된다는 의미이기도 했다. 왜냐하면 영조 대에서 영조 15년(1739) 정언 성유열에 대한 친국을 강행하려는 영조와 이를 저지하려는 관료층 간의 큰 논쟁이 있었는데, 결국 영조의 친국 의지가 관철되었고 이후에는 언관에 대한 친국의 단초가 열려 있었기 때문이다. 홍국영은 정조가 새로 즉위한 만큼 언관의 언론 활동을 통한 순기능을 보장하기 위해서는 국왕의 무제한적 형정권이 제약될 필요가 있다고 판단하였다. 이 때문에 정조의 새로운 정치에서는 영조 대에 행해졌던 권위적·자의적 형정이 중단되길 요청한 것이다.

그러나 영조 대부터 이어져 오던 권위적 추국관행은 일거에 바뀔 수 없었다. 홍국영의 만류에도 불구하고 정조의 의지에 따라 친국이 강행되었다. 정조는 홍국영의 요청에 대해 옳다고 여겨 처음에는 친국을 취소했으나[28] 다음날 마음이 바뀌어 윤약연을 친국하고 처벌하였다.[29] "즉시 친국親鞫을 명하여야 징토懲討를 엄히 하고 의리를 밝히는 것이 된다."[30]는 정조의 발언에서 알

---

26 《일성록》 정조 즉위년 6월 23일 壬戌.
27 《일성록》 정조 즉위년 6월 23일 壬戌 "聖上一初之政 凡係施措 尤宜審愼"
28 《일성록》 정조 즉위년 6월 23일 壬戌.
29 《일성록》 정조 즉위년 6월 24일 癸亥.

수 있듯이 사건에 대한 명명백백한 처분을 위해선 국왕친국이 필요하다는 논리였다. 영조 대부터 이어져 오던 관행을 그대로 답습한다는 제도적 관행의 영향과 함께 병신옥사(1776)·정유역변(1777)와 같은 시급한 문제를 해결해야 하는 현실적 이유가 작용하고 있었다.

그러나 홍국영으로부터 비롯된 '영조 대 추국 폐습 문제'는 점차 형정상의 변화를 일으키고 있었다. 정조 즉위 초기 홍국영은 정조에게 절대적인 신임을 받는 신료였으므로[31] 그의 추국 비판론은 일정한 영향력을 행사한 것으로 보이며, 정조 스스로도 영조 대 시행된 위법적·초법적인 조치들을 제한할 필요를 체감하고 있었다.

정조는 "일단 법이라는 것이 있는 이상에는 법대로 따라 단안을 내려 처치해야 마땅할 것이다. 법 이외에 다시 특별한 법을 강구한다면 일시적으로 통쾌하게 될지는 몰라도 뒷날의 폐단이 없을지 알 수 없는 일이다."[32]라면서 만약 국왕의 사적인 의지가 개입된다면 일시적으로는 통쾌할지 모르지만 장기적으로는 형정 문란을 촉발할 것이라고 보았다.

내가 크게 두려워하는 것은 형정이 어그러지는 것이다. 내가 만약 온 조정이 시끄럽게 떠드는 주장에 이끌려서 부득이 사람들의 뜻을 따라 허락한다면 세상의 안목을 갖춘 자가 나를 어떠한 임금이라 하겠는가. 게다가 가장 두려운 것은 공의公議이다. 백세百世 전에도 그러하였거니와, 천년 뒤에도 그 공의를 국사國史에 적고 야사野史에 기록할 것이다. 임금이 형정의 어그러짐을 돌아보지 않는 것은 공의를 두려워하지 않는 것인데, 공의를 두려워하지 않고서도 나라가 위태롭지 않은 경우를 나는 듣지 못하였다.[33]

---

30 《일성록》 정조 즉위년 6월 23일 壬戌 "卽命親鞫 乃所以嚴懲計而明義理也"

31 《승정원일기》 1385책, 정조 즉위년 7월 3일 壬申.

32 《정조실록》 권43, 정조 19년 8월 12일 庚寅 "有法則斷當因其法而處之 厥法之外 更求別法 雖快於一時 未知能無後弊乎"

정조는 신료들의 집단행동으로부터 야기된 불공정한 형정 역시 잘못된 결과라고 보았다. 정조는 18세기 붕당 간의 입장이 첨예한 가운데 정치적 사건에 대한 왜곡된 입장이 반영될 수 있다고 보았다. 비록 국왕이 형벌을 결정하지만 '조정이 시끄럽게 떠드는 주장'에 이끌려서 결정을 내릴 수 있다는 것이다. 만약 이처럼 각 사건마다 붕당의 당론에 따라 형정이 운영된다면 공의公議를 잃게 된다고 보았다. 그리고 공의를 두려워하지 않으면 나라가 위태로워진다고 보았다.

이러한 문제 의식은 영조 대의 추국이 엄혹했다는 사실 파악에서 비롯된 것이다. 정조는 조정의 추국이 '각박하고 괴로운 정치〔刻厲之政〕'일 필요는 없다고 보았다. 추국에서의 형벌과 사형 조치들이 백성을 선하게 하려는 의도에서 나온 정치행위라고 보았기 때문이다. 이에 정조 3년(1779) 정조는 비가 오거나 극심하게 더울 때는 추국장에 임시로 초가草家를 지어 죄인들이 휴식하고 기운을 차리게 하도록 조치하였다. 추국 죄인들이 지나치게 엄격한 추국장에서 심문을 받아온 상황을 개선해야 한다고 보았기 때문이다.[34]

이처럼 정조는 영조 대의 형정 운영에 대해 완곡하게나마 비판적인 의견을 가지고 있었다. 정조가 비판한 '국왕이 법을 초월하여 초법적인 권한을 남용하는 경우, 그리고 일부 붕당의 당론에 따라 상대당을 일거에 처형하는 경우'는 영조 대 무신란과 무신여당 사건에서부터 이어져 오던 비상 추국의 양상이었다. 영조의 권위에 정치적으로 의지하고 있던 정조로서는 영조에 대해 직접적으로 비판할 수는 없었을 것이다. 그러나 영조 대의 비상적 추국은 지속적인 문제로 대두되고 있었기에 정조 대에 수정하지 않을 수 없었다.

---

33 《번암집》卷首 上, 〈絲綸〉〈洞諭諸臣申嚴禁令備忘記〉"所大懼者 刑政之乖錯也 予若牽於盈庭之聒耳 不得已隨衆唯諾 世之具眼者 以予爲何如主也 且莫畏者 公議也 百世在前 千歲在後 國史書之 野史記之 人君而不恤刑政之乖錯 是不畏公議 公議不畏而其國不殆者 予未之聞也"

34 《정조실록》 권7, 정조 3년 4월 18일 壬申.

정조는 18세기 후반의 시대적 문제에 적극적으로 대처해야 한다는 입장을 갖고 있었다. 기존의 법운용에서 미진했던 부분이나, 사회변화와 연동하여 새롭게 신설되어야 하는 법령에 대하여 논리적으로 보충하고자 하였다. 동시에 영조가 《속대전》을 편찬하며 대전수명大典修明하여 새로운 통치체제를 확보해놓은 법적 토양을 유연하게 계승하고자 하였다. 선왕의 법제를 다시 천명한다는 논리를 들어 조종성헌의 가치를 수호하면서도, 동시에 자신이 추구하는 법제개혁을 추진하는 것이었다.

정리하자면, 정조는 즉위 초기 병신옥사와 정유역변을 통해 자신의 즉위에 반대했던 세력들을 숙청하고, 이를 《속명의록》에 기록하여 반대세력에 대한 처단을 확고히 하였다. 이 과정에서 영조 대의 초법적이고 위법적인 국왕 친국의 관행이 지속되었으나, 홍국영 등의 건의로 점차 이러한 관행을 개선해 나갔다. 정조는 영조의 흠휼정치를 계승하되 왕권 남용을 제한하고 법치를 강화하는 한편, 시대 변화에 맞추어 법을 개혁해 나갔다. 이를 통해 정조는 영조의 유산을 계승하면서도 새로운 시대에 맞는 통치체제를 수립하고자 하였다.

2) '신명구법申明舊法'론과 흠휼의식의 진전

정조는 사도세자의 친자이면서 동시에 효장세자의 후사後嗣가 되어 영조의 왕통을 계승하는 과정에서 여러 정치세력들의 방해를 극복하면서 왕권을 확립해야 하는 과제를 안고 있었다. 즉위 초 병신옥사, 정유역변은 왕위 계승자로서 정조의 입지를 부정하는 정통성에 대한 문제제기였다. 정조는 즉위 초기 옥사들을 과감하게 타파하면서 정국을 진압할 수 있었지만 장기적으로는 숙종-영조-정조로 이어지는 왕통의 정당성을 논리적으로 확보할 필요가 있었다.[35]

금禁한다고 하면서 그 규정을 만들었다(設)고 하지 않고 굳이 밝힌다(申)고 한 것은 옛날에 있었던 법을 지금 와서 거듭 밝힌다(申明)는 뜻이다. 우리나라는 인후仁厚한 덕으로 건국하여 법을 만들 때 관대寬大한 것을 골자로 하였다. …… 크고 작은 것들을 모두 망라하여 법으로 만들어 백성들에게 선포하여 누구 한 사람도 정령을 범하지 않고 그 법에 걸리지 않도록 한 것이니, 그것은 백성을 못살게 굴기 위해서가 아니라 바로 애민愛民하는 뜻에서였던 것이다.

다만 그 법이 너무 오래되어 혹 해이해지면 늘어진 활을 다시 조이고 느슨해진 거문고 줄을 다시 팽팽하게 만들듯이 성주聖主와 명신名臣이 그때그때 법령을 바로잡는 것이니, 이것이 바로 옛 금령禁令은 거듭 밝히는 것을 귀하게 여기는 까닭이다.36

영조의 흠휼을 계승하면서 동시에 폐단을 극복해야 하는 모순에 대해 정조는 신명구법申明舊法을 내세워 논리적으로 해소하였다. 정조는 18세기 후반 당대의 형정이 기존의 제도를 준수하면서도 시의적절하게 개선되어야 한다는 입장을 신명申明이라고 설명하였다. 원래 조선의 국전 전통은 백성을 사랑하는 인후한 덕으로 애민을 목적으로 법령을 운영했다고 보았다. 그러나 양란 이후 사회변동이 극심해짐에 따라 법령이 현실을 충분히 반영하지 못하는 문제가 발생한다고 보았다. 이에 마치 '늘어진 활을 다시 조이고 느슨해진 거문고줄을 다시 팽팽하게 만들 듯'이 법령 역시 그때그때 바로잡아야 하는데, 이

---

35 허태용, 2013, 〈정조의 계지술사(繼志述事) 기념사업과 《국조보감(國朝寶鑑)》 편찬〉, 《한국사상사학》 43, 187쪽.

36 《홍재전서》 권12, 〈序引 五〉〈翼靖公奏藁法紀類叙〉 "禁之不曰設而曰申者 申明舊禁之謂也 惟我朝 立國仁厚 約法寬大 …… 若巨若細 抽關啓鍵 懸象魏而著甲令 使夫夫不干于政 不罹于咎 非厲民 乃愛民也 若其行之旣久 或弛或解 則如弓之張 如瑟之調 聖主名臣 隨時矯理 此所以舊禁之必貴申明者也" 신명구법申明舊法은 申明舊禁, 申明舊制, 申明舊典, 申明舊式, 申明舊規 등의 용어로 쓰이기도 하였다. 이 책에서는 法 개념이 기타 禁·制·典·式·規 등 용례들을 포괄할 수 있는 개념이라고 파악하여 신명구법申明舊法이라 명명하였다.

를 '선왕의 좋은 법을 새롭게 밝힌다'는 신명구법申明舊法이라고 설명한 것이다. 여기에는 "다만 열성조의 금석金石 같은 법이 좋지 않은 것은 아니로되 법이 오래되어 폐단이 생긴 후에는 때에 따라 바로잡아 고치지 않을 수 없는 것이 있다."[37]는 시대 인식론이 내재되어 있었다.

정조의 영조 대 법제의 발전적 계승 의지는 《대전통편》의 편찬 배경과 그 의의에서도 확인할 수 있다. 《대전통편》의 권수卷首에는 영조가 《속대전》 편찬 당시 어필로 내린 6가지 국정 목표가 수록되어 있다.[38] 이는 정조가 《대전통편》 편찬을 통해 "선왕의 법을 따라 정리하고 천명했을 뿐"[39]이라는 상징적 입장을 표방한 것이기도 하지만, 실질적으로도 영조의 통치 이념을 계승하고자 한 의지의 표현이었다고 할 수 있다.

특히 영조가 국정 목표로 《속대전》 형전에서 제시한 "크게 공정하고 삼가하여 힘써 법문을 지킬 것"이라는 의미의 '대공흠재 면수법문(大公欽哉 勉守法文)'[40]은 정조가 《대전통편》 편찬을 통해 실현하고자 했던 정책 목표였다. 여기에는 수법守法과 봉공奉公이라는 두 가지 형정의 기조가 함축되어 있었다. 정조는 이를 형사 정책의 일차적 목표로 설정하고, 《대전통편》 편찬을 통해 구현하고자 하였다. 실제로 정조는 "무릇 일에는 수법봉공守法奉公 네 글자만한 것이 없다."[41]라면서 관료들에게 공무 집행 과정을 법에 의거하여 수행할 것을 강조하기도 하였다.

이 과정에서 불가피하게 단호한 형정을 집행하였지만, 정조는 국가의 사법

---

37 《일성록》 정조 1년 12월 16일 戊申 "列朝金石之典非不美矣 法久弊生之後 不得不隨時而釐革者有之"
38 《대전통편》 卷首, 〈英廟朝御製御筆〉 "一心乃公 爲官擇人 吏典 均貢愛民 節用蓄力 戸典 修擧五禮 元墜舊典 禮典 愛恤武士 以嚴直衛 兵典 大公欽哉 勉守法文 刑典 勤於職任 飭礪百工 工典"
39 《대전통편》 卷首, 〈當宁御製大典通編題辭〉 "遵先王之法 修明之耳"
40 《속대전》 〈刑典〉 〈御製御筆〉 "大公欽哉 勉守法文"
41 《승정원일기》 1814책 정조 23년 10월 22일 丁未 "凡事莫如守法奉公四"

행정이 일방적이거나 폭압적인 방식으로 전개되어서는 안 된다고 보았다. "예
악禮樂과 형정刑政으로 말하자면 예악은 근본이요 벼리이며 형정은 말단이요
그물눈이니, 예악을 내버린 채 형정만을 숭상해서는 안 된다."[42]라고 하면서
형정만을 주요 통치도구로 삼는 방식을 비판하였다. 하지만 동시에 실제 통치
영역에서 형정은 불가피하게 활용될 수밖에 없는 요소라고 보았다. "우선 백
성들의 육체를 기르고 마음을 착하게 만들고, 그런 다음 할 수 없어서 비로소
형관刑官을 둔 것"[43]이라며 교화를 우선하되 불가피한 영역에서는 형벌이 개
입될 수밖에 없다고 보았다. 정조는 형정이 불가불 활용될 수밖에 없는 통치
의 현실을 인정하면서, 형정을 교화와 어떻게 조화시킬 것인지를 고민하였다.

> 예악禮樂과 형정刑政은 정치를 돕는 도구로써 하나라도 없애서는 안 된다.
> 마치 음식과 약물로 병을 치료하는 것과 같으니, 몸을 편안히 하려면 음식을
> 먹어야 하고 병을 낮게 하려면 약물을 써야 한다. 그래서 의가서醫家書에서는,
> '알맞게 음식을 먹는 것을 모르면 삶을 온전히 할 수 없고 약물 성분에 밝지
> 않으면 병을 없앨 수 없다. 음식을 먹어서 치료해 보고 낮지 않은 뒤에야 약
> 물을 쓰도록 한다.' 하였으니, 이 말은 통치의 법에 비유할 만한 것이다.[44]

정조는 예악과 형정의 관계를 '음식과 약물'의 관계로 비유하였다. 평상시
몸을 건강하게 유지하려면 음식을 먹어야 하고 비상시 병을 고치려면 약물을
복용해야 하는 것처럼, 평상시 국가를 유지하려면 교화에 힘써야 하고 비상시
문제를 해결하려면 형정을 사용해야 한다는 것이다. 이 때문에 먼저 음식으로

---

42 《일성록》 정조 3년 2월 25일 庚辰 "以禮樂刑政言之 禮樂本也綱也 刑政末也目也 不可捨禮樂而徒
  尙刑政"
43 《홍재전서》 권12, 〈序引 五〉〈翼靖公奏藥法紀類叙〉 "蓋有以養民之身 善民之心 不獲已而刑官始立焉"
44 《홍재전서》 권167, 〈日得錄 七〉〈政事 二〉 "禮樂刑政 爲輔治之具 不可廢一 如食藥療病 蓋安身須
  食 救疾須藥 故醫家書 不知食宜 不足以全生 不明藥性 不能以除病 食以療之 不愈然後命藥 此言足可
  以喩治法"

도 치료하고 약물로도 치료하는 것처럼, 예악과 형정은 정치를 돕는 필수적인 두 가지 도구가 된다고 한 것이다. "법령法令을 분명하게 익히는 것이 또한 예교禮敎가 미치지 못하는 부분을 돕는 일이 된다."[45]는 것처럼 예악과 형정은 주종관계가 아니라, 예법병중禮法並重의 상호보완적 관계에서 이해되어야 한다고 설명한다.

정조는 통치자의 권력 행사가 아닌 백성의 삶 향상이 우선적으로 고려된 형정이 이뤄져야 한다고 보았다. "사람을 형벌하고 사람을 죽이는 것은 본디 백성으로 하여금 선善한 데로 옮겨가게끔 하려고 하는 것이요, 또 백성을 잘 살게 하는 방도에 의거해 죽이려는 것이다."[46]라며 형벌의 목적이 백성을 선하게 하는 데 있음을 역설하였다. 정조는 형벌과 사형이 단순히 범죄에 대한 처벌이 아니라, 백성을 교화하고 선도하는 수단이어야 한다고 보았다. 나아가 그 궁극적 목적은 백성의 삶을 개선하고 향상시키는 데 있어야 함을 강조하고 있다.

> 왕자王者의 법률 집행이 마치 사계절에 가을과 겨울이 없을 수 없는 것이지만, 어떻게든지 만물을 살려야겠다는 마음만은 언제나 변함이 없는 것과 같다. 우리 국가 운명이 태산 반석처럼 공고한 기반 위에서 앞으로 억만 년 동안 영구한 안녕을 누릴 것이니, 이는 실로 우리 조종조에서 형옥을 신중히 다루신 인후한 은택의 소치이다.[47]

이 때문에 법률 집행에서 엄중함과 관용이 조화를 이뤄야 함을 강조하였다. 그는 법 집행을 사계절에 비유하면서 가을과 겨울처럼 엄한 법 적용이 필요

---

45 《홍재전서》 권184, 〈羣書標記 六〉 〈命撰 二〉 "故明習法令 亦所以佐禮敎之所不及也"

46 《정조실록》 권7, 정조 3년 4월 18일 壬申 "刑人 殺人 本欲使民遷善 而又欲以生道殺之也"

47 《홍재전서》 권12, 〈序引 五〉 〈翼靖公奏藁法紀類叙〉 "王者之有法律 猶四時之不能無秋冬 而若其一 元生物之心 無往而不在也 我國家基命宥密 永奠億萬年磐泰之業 寔由祖宗朝恤刑愼獄之深仁厚澤"

한 때도 있지만, 궁극적으로는 만물을 살리려는 자세를 견지해야 한다고 역설하고 있다. 법 집행에서도 지나친 가혹함보다는 인도주의적 고려가 필요하다는 점을 강조하였다. 나아가 정조는 이러한 인화적 통치야말로 국가 안녕의 기반이 된다고 역설하고 있다. 그는 조상들의 인후한 법 운용이 나라의 영속과 평화를 가져왔다고 자부하면서, 이를 계승할 것을 다짐하고 있다.

정조는 사법 정의가 확보되었을 때 애민愛民·근민近民이라는 유교적 통치 목표를 성취할 수 있다고 보았다. "백성을 사랑하려면 재화財貨의 절약을 우선하여야 하고, 백성을 친근히 하려면 옥사獄事를 잘 살피는 것을 우선하여야 한다."[48]고 설명한다. 그는 국가의 재정 낭비가 궁극적으로 백성의 삶을 궁핍하게 만든다는 사실을 인식하고, 재정적인 보완·완충이 애민의 기본이 된다고 보았다. 한편 사법 정의를 근민의 기본 가치로 인식하고 있었다.

정조가 보기에 사법제도는 적지 않은 문제점과 모순을 안고 있었다. 이로 인해 억울한 죄인들이 양산되는 한편, 백성들의 불신과 원성도 높아져 갔다. 정조는 이러한 폐단이 민심의 이반으로 이어질 수 있다는 점을 경계하며, 공정하고 깨끗한 사법제도의 확립이 곧 민심을 확보하는 방법임을 강조한 것이다. 정조는 애민·근민의 두 가지 축, 곧 물질적 기반의 확충과 제도적 정비를 아울러 고려하였다. 이처럼 정조는 전통적인 예주법종이라는 유교적 입장을 견지하면서도, 형정이 통치에서 필수불가결한 중요한 통치수단이라고 이해하고 있었다. 현실 통치 영역에서 구체적으로 법치의 방향을 아래와 같이 정리하고 있었다.

첫째, 삼대 흠휼형정을 회복한다는 흠휼정통론을 지니고 있었다. 정조가 고려한 이상적인 형정의 방식은 하·은·주 삼대의 모델이었다. 그는 《시경詩經》에 '문왕의 법을 그대로 본받는다' 하였고, 또 이르기를, '잘못도 않고 잊지도

---

48 《홍재전서》 권170, 〈日得錄 十〉〈政事 五〉 "愛民 節財爲先 近民 察獄爲先"

않는 것은 다 옛 법을 따르기 때문이다' 하였다. 나는 이 법을 따라 노력할 것이니, 우리 후손도 대대로 그렇게 힘썼으면 한다."⁴⁹고 《대전통편》의 편찬목표를 정리하였다. 정조에게 당대의 법질서의 목표는 《시경》에 제시된 바와 같이 주나라 문왕의 법제를 따르는 것이며, 삼대 고법의 정신을 조선시대에 회복하는 데에 있었다. 또한 "내가 처음 왕위에 올랐을 때는 스스로를 헤아리지 않고 곧 삼대三代의 융성함을 손쉽게 따라갈 수 있을 것이라 여겼다."⁵⁰라는 술회처럼 삼대 정치를 모범으로 설정하고 있었다.

이에 정조는 '삼대의 흠휼형정'을 18세기 당대의 조선과 직접 연결하고자 노력하였다. "우리 열조列祖들께서 흠휼欽恤하셨던 훌륭한 덕은 곧 우리 국가가 전수傳授해 오는 심법心法"⁵¹이라면서 흠휼의 계통을 국법의 계통으로 재설정하였다. 조선은 훌륭한 국왕들이 대를 이어 오륜을 밝히고 돈후한 풍속을 이루고 왔으며, 그리고 교화시킬 수 없는 악인들은 형벌로 다스렸지만 그 형벌의 정신은 흠휼에 기초하고 있다는 것이다.⁵²

이러한 정조의 국법 의식은 《대명률》에 대한 상대적 인식에서도 나타났다. 정조는 명나라로부터 수입한 《대명률》을 준수한다고 하여, 충분히 흠휼을 성취할 수 있다고 보지 않았다. "율령律令은 명조明朝의 것을 따르고 있지만 법의 성질은 주周의 문왕文王을 스승으로 삼고 있다."⁵³면서 조선이 《대명률》을 도입하였지만, 조선 형정의 목표는 주나라 문왕의 형정론에 있다고 하였다. "대개 《대명률》의 조항이 엄격하지만 그 엄격한 중에서도 관대한 것으로 조

<hr>

49 《홍재전서》 권183, 〈羣書標記 五〉〈命撰 一〉 大典通編六卷 "詩曰 儀式刑文王之典 又曰 不愆不忘
　　率由舊章 予因是自勖 又爲我世世子孫勖之"
50 《홍재전서》 권167, 〈日得錄 七〉〈政事 二〉 "予於御極之初 妄不自揆 便謂三代之隆 唾手可追"
51 《정조실록》 권5, 정조 2년 1월 12일 癸酉 "況我列祖欽恤之盛德 卽我家傳授心法"
52 《홍재전서》 권12, 〈序引 五〉〈翼靖公奏藁法紀類叙〉 "庠序之所不齒 敎化之所不及 始乃麗于刑 而欽
　　哉恤哉 期於無刑"
53 《홍재전서》 권12, 〈序引 五〉〈翼靖公奏藁法紀類叙〉 "律令則遵皇朝 豈弟則師西京"

절한 데에서 법을 제정한 본의를 이해할 수 있다. 더구나 우리 나라의 법이 관대한 것은 바로 선대로부터 물려오는 가법이 아닌가."[54]와 같이 《대명률》의 조항은 엄격함을 기초로 하고 있기 때문에 현실과 부합하지 못하고 조선의 현실에 맞게 관대한 법으로 조정하여 사용하였다고 강조하였다.

정조는 조선이 《대명률》과 달리 주나라의 형정을 직접적으로 계승하고 있다는 논리를 조선왕조가 수행해 왔던 형정개혁을 통해 추론하였다. 조선에서 태배형, 의형, 월형 등 육형을 없애고 고신과 추국에 한도를 정하는 절차상의 개혁을 진행해 왔으며, 억울한 자가 뜻을 전할 수 있게 하거나 신문고 제도를 운영하였고, 훈척에게 법을 적용하고 대부에게는 형을 가하지 않아온 것은 명나라와 다른 조선만의 고유한 특성이라는 것이다. 이것이 조선이 《대명률》을 의용을 하되 주나라를 직접 계승하고 있다는 논리였다.[55]

정조는 특히 형정개혁이 활발하게 전개된 시기를 영조 시기라고 강조하였다. 정조는 영조의 형정개혁을 일일이 나열하면서 그 성과를 높이 평가하였다. 영조의 형정개혁을 ① 악형 폐지 - 압슬형, 낙형, 자자, 난장, 효시, 결안 생략 처형, 역률추시, 전가사변, 국수좌축, 주장당문 폐지, ② 죄수 수감 여건 개선 - 감옥 청소, 죄인에게 식품, 의복, 약물 지급, ③ 형정절차 정비 -삼복 제도 준수, 《무원록》 편찬, 결등안 작성 등의 성과로 정리하였다. 이처럼 종합적인 개혁에 대해 "역대 어느 왕보다도 탁월하게 삼대三代 시절의 법을 준수하였다. 형벌은 너그럽고 옥은 한가하여 아름다운 치적을 태사太史가 다 쓸 수 없을 정도였다.",[56] "《시경》에 '문왕文王을 본받으라'고 했는데 영조 선왕이

---

54 《정조실록》 권31, 정조 14년 8월 20일 戊辰 "大抵明律條例尙嚴 而嚴處濟寬 有以仰制法之本旨 況
　我朝制置之仁厚 卽相授之家法"
55 《홍재전서》 권12, 〈序引 五〉〈翼靖公奏藁法紀類叙〉 "笞背劓刖之永除 拷訊推斷之定限 條例章章
　法網恢恢 圜土有空虛之美 嘉石無參差之聽 而猶且眷眷於達寃枉壹宮府 設申聞之鼓 罷內司之獄 此罕
　於古之盛擧 而法必行勳戚 刑不上大夫 至今三百餘年 德敎洋溢 民庶鼓舞"
56 《홍재전서》 권12, 〈序引 五〉〈翼靖公奏藁法紀類叙〉 "卓越百王 動遵三古 刑寬蟲俯 獄賀鵲巢 而太

그런 점이 있고, 《서경》에 '형 적용이 다 법도에 맞아 경사가 있을 것이다'고 했는데 공적이 거기에 가깝다."[57]라고 높게 평가하였다.

아울러 《추관지》에 별도로 '흠휼조'를 만들어 '국법의 흠휼 정신'을 역사적인 전통으로 규정하였다.[58] 형옥을 신중히 하고 백성의 생명을 아낄 것을 명한 국왕의 전교를 조선 건국기부터 18세기 정조시기까지 약 400년 간 45개 조항으로 정리하였다. 세종 3건, 문종 2건, 세조 1건, 인종 1건, 명종 1건, 선조 2건, 효종 2건, 숙종 5건, 영조 17건, 정조 11건 등 조선 전기부터 당대 18세기 말까지의 흠휼 전교를 중요한 내용 위주로 정리하였다. 《추관지》 흠휼조의 구성은 전체 45개 조항 중 영조·정조 시기 내용이 28건이나 되는데 이는 전체의 62%에 달한다.[59] 정조는 이를 통해 영조의 흠휼정신을 강조하면서 동시에, 자신이 영조의 흠휼을 직접적으로 계승하고 있다는 흠휼정통론을 강조하고 있었다.

둘째, 법률을 당대 현실, 곧 시의에 맞게 개선해야 한다고 보았다. 그는 법률을 당대 사회에 직접적으로 적용되어야 할 '현실적 대상'이라고 보았다. 정조는 흠휼이라는 가치는 당대의 현실사회와 부합할 때 성취될 수 있다고 보았다.

史不勝其書矣"

57 《홍재전서》 권12, 〈序引 五〉 〈翼靖公奏薰法紀類叙〉 "詩曰 儀式刑文王 我先王有之 書曰 咸中有慶 惟公近之"

58 《추관지》는 형조좌랑 박일원이 편찬한 사찬서이지만, 정조가 깊은 관심을 가진 법서였다. 정조는 《추관지》에 대해 '소략한 곳이 있으나 대체로 잘 편찬되었다("或不無疎漏處 而大體善撰矣")'고 긍정적으로 평가하였고, '《추관지》가 5권으로 되어 있는데, 어제 이를 살펴보느라 새벽까지 잠들지 못하였다("秋官誌〔秋官志〕 合爲五卷 昨爲覽此 至於撤漏不睡矣")'고 할 정도로 꼼꼼하게 살핀 것으로 알려져 있다.(《승정원일기》 1510책, 정조 6년 5월 29일 乙丑) 이후 정조가 증보하도록 직접 명령했다는 점에서 정조의 법의식과 크게 어긋나지 않는 법서라고 판단할 수 있다.(《승정원일기》 1511책, 정조 6년 6월 1일 丙寅)

59 《추관지》 권5, 〈詳覆部〉 〈附 欽恤〉

대개 법령法令은 곧 조종조祖宗朝에서 몸소 겪어 보고 강구, 연마해서 반드시 넘어지고 엎어져도 깨지지 않도록 한 뒤에야 거행해 왔던 것이다. 그러나 오래되면 폐단이 생기는 것은 어쩔 수 없는 형세이지만, 변한 것을 바로잡아 예전의 것을 그대로 따를 뿐이니, 또한 쉽사리 경장更張할 수는 없다. 그래서 내가 전후로 고쳐 바로잡는 정사에 널리 묻고 내 생각을 참작하면서도 즉시 용단을 내리지 못하였던 것은 바로 이 때문이다. 이런 경우를 제외하고, 혹 하나의 법령을 새로 만들어야 할 부분이 있으면 반드시 먼저 그 일이 충분히 온당하여 행하여도 장애가 없으리라는 것을 분명하게 알고 난 다음에 시행하여야 한다.[60]

정조는 법령의 제정에 과거의 전례와 경험을 중시하면서도, 시대 변화에 따른 개선의 필요성을 인정하고 있다. 그는 법령이 '조종조에서 몸소 겪어 보고 강구, 연마'해서 만들어진 것임을 강조하면서, 선왕들의 법령의 우수성을 인정한다. 그러나 정조는 '오래되면 폐단이 생기는 것은 어쩔 수 없는 형세'라고 하면서, 조선 후기 사회에 알맞지 않게 된 법률은 개수해야 한다는 점을 분명히 하였다. "선대의 뜻을 계승하려는 나의 마음으로 이미 미처 손을 쓰지 못한 구석이 있다는 것을 깨닫게 된 이상에야 어찌 수정할 방법을 생각지 않겠는가."[61]라면서, 조선의 흠휼 전통을 계승하기 위해서는 시대에 맞게 지속적으로 수정할 방법을 생각해야 한다는 것이다.

정조는 법령 개수에 신중하게 접근하되, 만약 개수가 필요하다고 판단한 경우에는 과단성 있게 단행할 것을 주문한다. '변한 것을 바로잡아 예전의 것

---

60 《홍재전서》 권166, 〈日得錄 六〉 〈政事 一〉 "大凡法令 卽祖宗朝躬親經歷 講究礱磨 必求其顚撲不破 然後所擧而行之者也 久則弊生勢耳 但當矯其變而仍其舊而已 亦不可容易更張 故予於前後釐改之政 博詢廣採 參互己見而未卽勇斷者此也 外是而或有刱一法令處 必先要洞見其四亭八當 行之無礙而後 方可行之"

61 《정조실록》 권31, 정조 14년 8월 20일 戊辰 "況我朝制置之仁厚 卽相授之家法 以予追述之心 旣覺有事屬於未遑之典 寧或不思所以修潤之方乎"

을 그대로 따를 뿐'이라고 하면서, 개수의 방향성이 선왕의 입법정신에 기초하고 있으면서도 '쉽사리 경장할 수는 없다'며 개수 과정을 신중하고 깊이 있게 진행해야 한다고 보았다. "법이 오래되면 폐단이 생기고 폐단이 생기면 바로잡아야 하는데, 바로잡되 그 요체를 얻지 못하면 그 폐단이 도리어 바로잡기 전보다 심해진다."[62]면서 신중하게 접근하지 않으면 오히려 폐단이 심화될 것이라는 것이다.

이처럼 정조는 법령의 제정과 시행에 신중하면서도 현실을 반영한 접근이 필요함을 강조하고 있다. 그는 "시행할 수 없는 명령을 내어 우선 시험해 보도록 한 적이 없었다."[63] 고 하면서, 무엇보다도 법률의 목적은 현실 사회에서 적절하게 적용될 수 있는 현실성에 있다고 보았다. "의도가 진실로 불쌍히 여기는 데 있다면 고법에 없다는 데 구애되어"[64] 법 개정을 주저하는 것은 잘못된 것이며 고법에 없더라도 현실 사회에 필요한 법률이라면 과단성 있게 추진해야 한다고 보았다. 이처럼 정조는 선왕의 입법정신을 고려하면서도 현실적인 필요에 부합한다면 제도 개선의 실효성을 확보하는 데 초점을 두어야 한다고 보았다.

이처럼 신중하게 입법된 법률은 반드시 철저하게 시행되었을 때 효과가 있다고 보았다. "명령을 내면 일찍이 시행되지 않은 적이 없었다."[65]고 하면서, 법률의 실효성 확보를 위해서는 강력한 집행이 뒷받침되어야 한다는 점을 분명히 하였다. 정조에게 법치는 단순히 규범의 선언에 그치는 것이 아니라, 현실의 제도 속에서 구현될 때 의미를 가지는 것이기 때문이다. "소하蕭何가 획

---

62 《홍재전서》 권168, 〈日得錄 八〉〈政事 三〉"法久則弊生 弊生則矯之 矯之而不得其要 則其弊反甚未矯之前"

63 《홍재전서》 권168, 〈日得錄 八〉〈政事 三〉"未嘗出不可行之令 以爲姑試之計"

64 《정조실록》 권7, 정조 3년 4월 18일 壬申 "意苟在於哀矜 則不必拘於無於古之法 而不開"

65 《홍재전서》 권168, 〈日得錄 八〉〈政事 三〉"故令出而未嘗不行"

일획一하듯이 명확하게 법령을 제정하고 나서야 비로소 조참曹參이 청정淸靜한 정치를 시행하여 백성이 안정될 수 있었다."[66]며 소하와 조참의 고사를 인용하면서, 명확한 법 제정과 그에 근거한 시행이 민생 안정을 뒷받침한다고 보았다. 이처럼 정조는 법의 제정과 시행에 신중한 제정 과정과 원칙적인 집행 결과가 균형을 이뤄야 한다고 보았다.

셋째, 법률의 집행은 공공성에 기초해야 한다고 보았다.

> a) 요사이 듣건대, 서울이나 지방에서나 옥사獄事를 결단하는 마당에 법제대로 준수遵守하지 않는 한탄이 많다고 했다. 자신들의 사정에 따라서 법을 낮추었다 높였다 하여, 관장官長들의 노기怒氣를 꾸미는 도구가 됨을 면하지 못하게 되었으니, 한심스러움을 견딜 수 있는 일이겠느냐?[67]

> b) 진실로 최근 몇 년 이래로 감사와 수령들이 대부분 법률을 읽지 않고 아전들이 또 법문法文을 멋대로 적용한다. 아랫도리를 당겨 올리고 밥을 대하는 일에도 법제法制가 분명한데 간사한 이들에게 붙들려 무엇이든 모두 넓혔다 좁혔다 하니, 심지어 윤리와 교화를 손상시키는 일까지 한두 가지가 아니다.[68]

정조는 당대 사법 현실에서 법이 통치자에 의해 자의적으로 해석되고 집행되는 현상을 중대한 문제로 인식하고 있었다. a)에서 확인할 수 있듯 서울이나 지방에서 관료들이 법률대로 준수하지 않고 '자신들의 사정에 따라서 법을 낮추었다 높였다' 한다는 것이다. b)와 같이 법률이 분명히 존재하는 데도 불

---

66 《홍재전서》 권170, 〈日得錄 十〉 〈政事 五〉 "有蕭何之較若畫一 然後方可有曹參之載其寧壹"

67 《정조실록》 권5, 정조 2년 1월 12일 癸酉 "近聞京外決獄之地 率多不遵法制之歎 以己之私 而法亦隨以低仰 不免爲官長开怒之具 可勝寒心"

68 《홍재전서》 권168, 〈日得錄 八〉 〈政事 三〉 "誠以近年以來 監司守令 多不讀律 吏又弄法舞文 挽裳對飯 法制昭然 而奸所被捉 甚皆闊狹 至有傷倫敗敎之事 不一而足"

구하고 이를 무시하고 '간사한 이들에게 붙들여 무엇이든 넓혔다 좁혔다' 하며 자의적으로 운영되고 있다는 점 역시 문제삼았다. 이에 더하여 "근세의 사대부들은 율서律書를 익히지 않으니, 또한 한 가지 폐습이다."[69]는 말처럼 당대 관료들의 법률 지식 미비가 통치를 더욱 어지럽히고 있었음을 지적했다.

이는 권세가에게 법률이 유리하게 집행되고, 빈민에게 법이 혹독하게 집행되는 불공정 상황으로 이어지고 있기에 문제가 되었다. 이러한 과정에서 가난하고 세력이 약한 민인들은 법률에 의해 외면받고 부유하고 세력이 강한 호강자들만이 유리하게 되는 문제가 생긴다. 관료들의 이 같은 사적인 법집행은 탕평정치의 억강부약抑强扶弱 이념과는 반대되는 현상이었다. 정조에게 법은 결코 특정 계층이나 집단의 이익을 대변하는 수단이 되어서는 안 되며, 어디까지나 공적인 통치의 실현을 위해 존재하는 것이었다. 따라서 집행 과정에서 조금이라도 사적 비위가 개입된다면 법의 권위와 정당성이 훼손될 수밖에 없다고 본 것이다.

> 법이란 천하에 공평한 것이다. 비록 존엄한 임금으로 죽이고 살리는 권한을 쥐고 있다고 하더라도 그사이에 결코 털끝만큼도 사사로운 생각을 뒤섞어 좋아하고 미워하는 것에 따라 형벌을 낮추거나 높일 수 없다. 오직 죄의 경중에 따라 해당한 법조문을 적절히 적용할 뿐이다.[70]

정조는 '법은 천하에 공평한 것'이라는 기조하에 사적인 판단이 함부로 개입되어서는 안 된다고 보았다. 최고 권력자인 국왕이라 할지라도 사사로운 생각에 따라 형벌을 가감할 수 없다는 것이다. 그리고 형벌의 정도는 오직 범죄

---

69 《홍재전서》 권169, 〈日得錄 九〉 〈政事 四〉 "近世士大夫 不閑律書 亦一弊習"
70 《일성록》 정조 즉위년 9월 1일 己巳 "法者 天下平也 雖以人君之尊 操生殺之威 決不可以一毫私意 參錯於其間 有所低仰於好惡也 惟視其罪之淺深 而法以之輕重焉"

의 경중에 따라 결정되어야 한다고 명시하였다. 법 조문을 적절히 적용할 뿐, 개인적 기호에 따라 판단해서는 안 된다는 점을 강조하였다. 국왕이 사적인 동기에 의하여 좋은 사람에게는 형벌을 낮추고 싫은 사람에게 형벌을 더하는 문제가 생길 수 있다고 본 것이다. 국왕이 비록 권한이 막대하지만 법조문에 의거하여 형벌을 적용한다는 원칙에서 벗어날 수 없다고 보았다. 정조는 위와 같은 입장을 "법이란 천하에 공평한 것(法者 天下平也)"[71], "법이란 천하 공공의 명기(法者 天下共公之名器也)"[72]라는 설명을 통해 지속적으로 강조하였다.

이 때문에 정조는 법이 지닌 규정성을 확고하게 인정해야 한다고 보았다. "일단 법이라는 것이 있는 이상에는 법대로 따라 단안을 내려 처치해야 마땅할 것이다."[73], "옥사를 결단할 때 마땅히 율문이 주가 되어야 한다."[74]며 법률적 판단은 원칙적으로 법률에 따라야 한다고 보았다. "나라의 중요한 일로써 옥사를 공평하게 다스리는 것보다 더 우선하는 것은 없다."[75]면서 공정한 형벌권의 확보를 강조하였고, 이를 달성하기 위해선 통치자의 권한이 아무리 강하다 하더라도 법률의 자의적으로 왜곡해서는 안 된다고 보았다.

이 대원칙에는 마찬가지로 국왕도 포함되는 것이었다. "인군의 존귀함으로 생살生殺의 위엄을 가졌으나 털끝만큼의 사의私意로 그 사이에 서로 엇갈리게 해서 좋아하고 미워하는 것에서 낮추었다 높였다 하는 것이 있어서는 안 된다."[76]며 법률 집행 과정에서 국왕도 원칙에서 예외일 수 없음을 분명히 했다.

---

71 《정조실록》 권2, 정조 즉위년 9월 1일 己巳 ; 《정조실록》 권5, 정조 2년 1월 12일 癸酉 ; 《정조실록》 권50, 정조 22년 11월 19일 戊寅.

72 《홍재전서》 권170, 〈日得錄 十〉〈政事 五〉

73 《정조실록》 권43, 정조 19년 8월 12일 庚寅 "而有法則斷當因其法而處之"

74 《홍재전서》 권167, 〈日得錄 七〉〈政事 二〉 "斷獄當以律文爲主"

75 《홍재전서》 권169, 〈日得錄 九〉〈政事 四〉 "有國重事 莫尙於平獄"

76 《정조실록》 권2, 정조 즉위년 9월 1일 己巳 "雖以人君之尊 操生殺之威 不可以一毫私意 參錯於其間 有所低昂於好惡"

"법으로 용서할 만한 것이면 임금이 사사로이 주벌誅罰할 수 없고, 법으로 주벌할 만한 것이면 임금이 마음대로 용서할 수 없는 것"[77]이라며 법률에서 규정된 처벌 규정들을 따라야 한다고 본 것이다. 정조는 스스로 형벌권의 대표자로서 법률 준수의 모범이 되기 위해 노력해 왔고 "나는 오직 법에 맡길 뿐, 일찍이 생각만으로 낮추거나 높인 적이 없었다."[78]고 자임하고 있었다.

하지만 정조는 법률이 실정에 맞아야 하고 구체적 사안에 따라 탄력적으로 적용되어야 한다는 점도 강조했다. 최종 결정권자인 국왕은 법률에만 따르는 법 집행가이기보다는 "오직 그 죄의 얕고 깊음을 비교하여 법을 가볍게도 하고 무겁게도 하는"[79] 법 해석가의 면모도 지녀야 한다고 보았다. 그는 "반드시 관대함과 엄함이 둘 다 제대로 된 뒤에야 백성은 원망함이 없고 옥사도 간사함이 없게 될 것"[80]이라며 법 집행에서 사안에 실정에 따라 엄형과 관형을 균형있게 활용해야 함을 역설하였다. 정조는 "가령 가혹한 아전이 법문을 가혹하게 적용하여 단段마다 실정에 맞고 절節마다 법에 맞더라도 그 교화를 돕는다는 뜻이 어디에 있겠는가."[81]라고 반문하면서, 법률의 기계적인 적용이 반드시 입법 목적에 부합하는 것만은 아니라고 보았다.

이상 정조의 법사상을 검토해 보자면 정조는 조선의 전통으로 내려오는 흠휼을 실제 형정 운영상에 반영하기 위한 현실적 흠휼론을 내세우고 있었다. 그는 선왕의 입법 정신을 존숭하면서도 현실에 알맞게 법률을 개정하는 신명구법론을 바탕으로 개혁의 동기를 추출하였다. 그의 법 개정의 방향성은 백성

---

77 《홍재전서》 권170, 〈日得錄 十〉 〈政事 五〉 "法可宥焉 君不得以私誅 法可誅焉 君不得以自宥"

78 《홍재전서》 권167, 〈日得錄 七〉 〈政事 二〉 "子則一付之法 未嘗以意低昂"

79 《정조실록》 권2, 정조 즉위년 9월 1일 己巳 "惟視其罪之淺深 而法以之輕重焉"

80 《홍재전서》 권169, 〈日得錄 九〉 〈政事 四〉 "必也寬嚴兩得 然後民無冤而獄無姦"

81 《홍재전서》 권168, 〈日得錄 八〉 〈政事 三〉 "若其受賊陰喉 專事誣逼之類 子豈不知爲讎 此明義錄所以竊取義於春秋者也"

의 생명을 살리는 흠휼에 두어지고 있었으며, 이러한 흠휼을 실천하기 위해서는 신중하면서도 과단성 있는 법률개혁, 법집행자의 공정한 집행이 뒷받침되어야 한다고 보았다.

이러한 정조의 흠휼형정론은 정조 대 유자들의 형정론과 상호연관된 가운데 전개될 수 있었다. 정조 대의 주요 유자들 역시 흠휼과 형정운영론에 대해 고민하였고, 이들이 《대전통편》 편찬에 참여하거나 정조의 정치적 선택에 영향을 주면서 논의를 형성하고 있었다.

당대 18세기 형정론의 주요 논점은 '흠휼을 어떻게 실천하는가?'에 달려 있었다. 18세기 후반 조정에서의 형정론은 기본적으로 '흠휼에 동의'하면서 그 방법론적 차이를 조절해 가는 것이 주된 과제가 되고 있었다. 정조 대의 대표적인 논자는 남인 채제공蔡濟恭과 노론 김치인金致仁을 꼽을 수 있다. 노론 김치인, 소론 이성원, 남인 채제공은 각기 영의정–좌의정–우의정을 맡은 삼상체제三相體制의 일원으로 정국을 주도하였다.[82]

채제공은 영조 후반기~정조시기 조선의 대표적인 논자였다. 정조 즉위 직후 형조판서로 임명되어 병신옥사와 정유역변의 처분을 담당하였고 《흠휼전칙》의 내용과 편제를 주로 담당하여 제작하였다. 그는 "우뚝하게 법도를 세우고 엄하게 윤리를 잡아 지켰다."[83]는 평가를 받을 정도로 법률에 밝았다고 알려진 인물이다. 남인계 시파의 대표적인 인물인 채제공은 강력한 국왕 중심의 통일된 정치를 지원하면서[84] 정조 대 사도세자 추존, 신해통공, 수원화성 건설 등 주요한 개혁정책을 추진하였다.[85]

채제공은 영조 대부터 이어져 온 흠휼 형정개혁을 긍정하면서 이를 정책적

---

82 최성환, 2020, 앞의 책, 312쪽.

83 《정조실록》 권51, 정조 23년 5월 2일 己未 "故相臣蔡濟恭 樹立之卓 秉執之嚴"

84 박현모, 2001, 《정치가 정조》, 푸른역사, 112쪽.

85 박현모, 2001, 위의 책, 190쪽.

으로 제도화하는 데에 관심을 두고 있었다. 정조 즉위년(1776) 형구 규식을 정한 규정집의 명칭을 정하지 못하고 있을 때 채제공은 "흠휼欽恤의 뜻으로 하는 것이 좋겠습니다."[86]라고 제안하여 정조의 형정이념이 직접 책 제목에서 드러나도록 조언하였다.

채제공은 형벌이 교화를 보조하는 역할을 할 수 있다고 보았다. 그는 "예악은 본래 형정의 근본이고, 형정이 아니면 예악도 독자적으로 행해지지 않는 법"[87]이라고 하여 예악이 형정에 우선하는 예주법종禮主法從의 유교적인 입장을 견지하면서도 예악을 이루기 위해서는 형정이 보충되어야 한다는 상보적 관계를 전제하였다. 이러한 입장에서 채제공은 "나라가 나라다울 수 있는 것은 형정刑政이 있기 때문"[88]이라며 국가 운영에서 형정의 역할을 중시하였다. 순·우 임금이 오형五刑을 쓰게 하고, 공자가 《춘추》를 지어 난신적자를 생기지 않도록 한 조치 역시 형정·징토가 필요한 근거라는 것이다.[89]

그에게 형정이 중요했던 이유는 형정을 통해 사람들을 교화시킬 수 있다고 믿었기 때문이다. 그는 악인은 후천적인 행동에 의해 규정되는 것이며 근본적으로 타고나는 성품은 아니라고 보았다. 그러므로 사람같지 않은 행동을 한 자라도 '자신의 행위를 부끄럽게 여기거나', '태도를 바꾸고 마음을 바꾸거나', '형벌을 두려워하여 감히 못된 짓을 하지 않는다면' 사람다울 수 있게 된다고 보았다.[90] 그는 사람의 마음 스스로에서 우러나와 행위를 부끄럽게 여기고, 마

---

86 《일성록》 정조 1년 12월 16일 戊申 "濟恭曰 以欽恤之意爲之則好矣"

87 《번암집》 권23, 〈疏箚 四〉〈請亟寢秋曹七罪人放釋之命箚〉"禮樂固刑政之本 而非刑政則禮樂亦不可以徒行"

88 《번암집》 권24, 〈疏箚 五〉〈請赦典勿施私恩箚〉"夫國之所以爲國 刑政是也"

89 《번암집》 권25, 〈疏箚 六〉〈請還寢金尙喆罪名蕩滌宇鎭歸葬之命疏〉"無刑政而天下國家 猶可以治也 則舜禹何苦以言五用 無懲討而亂臣賊子 猶可以戢也 則夫子何苦以作春秋乎"

90 《번암집》 권24, 〈疏箚 五〉〈請嚴懲西洋邪學仍論洪樂安箚〉"蓋人若羞前之爲 則以非人而可以人矣 人若革面革心 則以非人而可以人矣 人若懷刑而有所不敢 則以非人而可以人矣"

음을 바꾸는 내적인 자신自新과 동일한 선상에서 '형벌을 두려워하여 못된 짓을 하지 않는 것'도 교화의 방편이라고 보았던 것이다. "법제로써 이끌고 형벌로써 다스린다면 백성들은 형벌만 면하면 부끄러워할 줄 모른다."[91]라는 전통적인 유교 관념을 계승하면서, 채제공은 '형벌을 두려워하여 못된 짓을 하지 않는 것'도 사람다운 사람을 만드는 교화의 한 가지 방편이라고 본 것이다. 채제공은 이처럼 기본적으로는 덕으로써 형벌을 없앤다는 이덕거형以德去刑의 유교적 형정관을 견지하는 가운데에서도 형벌이 교화의 방편이 될 수 있다는 이형거형以刑去刑의 입장을 조건부적으로 고려하고 있었다.

그는 먼저 백성들이 죄에 빠지기 이전에 선제적인 예방이 필요하다고 보았다. 그는 백성들을 그물과 덫으로 몰아넣는 것은 임금의 바람직한 자세가 아니며, 입법한 법령을 한문과 언문으로 써서 널리 반포하여 미리 죄에 빠지지 않도록 조치하는 예방적 조치가 필요하다고 본 것이다. 정조 15년(1791) 도고와 관련된 법령을 신설하자고 제안하면서 정조에게 입법한 내용을 한문과 한글로 동시에 적어 모든 백성들이 알 수 있도록 배포할 것을 청하였고, 정조 역시 채제공의 의견을 받아들여 입법사항을 대외에 공표하는 조치를 취하였다.[92]

그런데 만약 형벌을 집행해야 한다면 형벌이 구분되어 시행되어야 한다고 보았다. 그는 모든 사회 운영을 철저하게 법치적인 관점에서 운영하는 것을 이상이라고 보지 않았다. 형정을 통해 교화를 추구할 수 있는 만큼, 교화가 가능하다면 반드시 형벌을 써야하지는 않는다고 논하였다. 십악에 해당되는 중대한 사건이 발생했다 할지라도 크게 연관이 없는 주변인들까지도 모두 처벌하는 것은 분별없는 행위라고 비판하였다.[93]

---

91 《논어》〈爲政〉"道之以政 齊之以刑 民免而無恥 道之以德 齊之以禮 有恥且格"
92 《정조실록》 권32, 정조 15년 6월 20일 癸亥.

대신 반드시 처분해야 하는 대상에 대해서는 분명한 처분이 필요하다고 보았다. 그는 흉악한 죄를 저지른 자들을 토벌하는 징토懲討가 필요하다고 보았다. "형정은 엄정히 하지 않을 수 없으니, 징토懲討를 하기 때문입니다. 이에 대해 참으로 소홀히 하는 점이 있다면, 사람은 사람다울 수 없고 나라는 나라다울 수 없음이 명백하니, 두려워하지 않을 수 있겠습니까."[94]라며 징토가 국가 운영의 필수적 절차라고 보았다. 채제공이 말하는 징토의 효과란 단순히 경범죄를 저지른 모든 범죄자들을 처벌하자는 것이 아니었다.[95] 그는 신하로서 임금을 저버리는 행위는 반드시 무거운 형률로 처벌해야 한다고 보았다.[96] 이처럼 신하로서 군주를 시해하여 충忠을 훼손하고, 자식으로서 아버지를 시해하여 효孝를 훼손하는 강상綱常 범죄자들은 난신적자이기 때문에 징토해야 한다는 것이다.

이 때문에 채제공은 모든 범죄를 동일하게 관형으로 대처하기보다는 범죄의 경중에 따라 조건부적으로 관형과 엄형을 구분해야 한다는 차등적 형정관을 견지하였다. 채제공은 형정이 교화를 추동하는 방편이 될 수 있다면서 형정의 기능을 중시하고 있었고, 국가 통치를 위해서 적절하게 활용되어야 한다

---

93 《정조실록》 권26, 정조 12년 12월 26일 癸丑.

94 《번암집》 권24, 〈疏箚 五〉〈請赦典勿施私恩箚〉"刑政之不可不嚴 懲討是也 於是而苟有忽焉 人不得 以爲人 國不得以爲國也明矣 可不懍然"

95 채제공은 형정이 징토懲討의 효과가 있기 때문에 국정 운영에서 중요한 요소라고 보았다. 주희가 《맹자》 등문공의 주석에서 "공자께서 《춘추春秋》를 지어 난신적자亂臣賊子들을 토벌[討]하셨으니, 그렇다면 다스림을 지극히 하는 법이 만세萬世에 드리워진 것이니, 이 또한 한 번 다스려진 것이다."(《맹자집주》 〈滕文公 下〉"孔子作春秋 以討亂賊 則致治之法 垂於萬世 是亦一治也")라고 설명한 부분에서 징토의 의미가 나타난다. 맹자가 말한 "신하로서 군주를 시해하는 자가 있으며 자식으로서 아버지를 시해하는 자"(《맹자》 〈滕文公 下〉"世衰道微 邪說暴行 有作 臣弒其君者有之 子弒其父者有之")가 바로 그러한 난신적자에 해당하는데, 이처럼 세상의 도리를 어지럽히는 근본적인 악인들에 대해서는 '징토'가 불가피하다는 것이다.

96 《번암집》 권25, 〈疏箚 六〉〈席藁都門外乞降威命疏〉"人臣劇罪 無過負君 有君臣以來 凡委質事上者 一或犯此 罪實罔赦 況如臣者 忍能負吾君 則在國家刑政 不可不用百倍加等之律也決矣"

고 파악하고 있었다. 이러한 입장에서 채제공은 정조의 지나친 관형에 대해
비판적인 의견을 제기하기도 하였다. 정조 9년(1785) 임오화변의 연장선에서
훈련대장 구선복具善復을 위시한 반정 시도가 적발되었는데, 이 사건에는 구
선복·구명겸具明謙 등 구씨 가문 인물과 김상철金尚喆·김우진金宇鎭 등 강릉
김씨 세력이 연루되어 있었다. 정조는 해당 사건에 연루된 노·소론 조정 중신
들이 너무 많아 일일이 처형할 수 없었기에, 구선복·구명겸을 참수하고, 김우
진·김영진 등을 유배하는 선에서 마무리지었다.[97]

이에 대해 채제공은 김우진에 대한 관대한 처분에 대하여 '나라 사람들이
모두 분개하고 있다'고 칭하면서 엄하게 사형에 처할 것을 요구하였다.[98] 채제
공은 김우진과 연루된 조시위趙時偉에 대해 사형하기를 청하면서 나라 사람들
의 공론에 따라 사형해야 한다고 주장하였다. 채제공은《맹자》양혜왕 장구를
예로 빗대어[99] "나라 사람들이 모두 '죽여야 한다'고 하고 또 죽일 만한 점을
보았으므로"[100] 처형해야 한다고 주장하였는데, 그 근거는 성문법조항이 아니
라 '나라 사람들의 공분'이었던 것이다.

정조 14년(1790) 정조가 역모혐의로 유배당한 영조의 딸 화완옹주和緩翁主
를 사면하려는 시도에 대하여 채제공은 엄격하게 처벌할 것을 주장하였다. 화
완옹주는 양자 정후겸과 결탁하여 왕세손 시절의 정조를 핍박한 역모행위로
유배되어 있었는데,[101] 정조 14년(1790) 6월 정조는 원자 탄생을 기념하여 화

---

97 최성환, 2020, 앞의 책, 287~292쪽 참조.

98 《일성록》 정조 12년 10월 10일 戊戌.

99 《맹자》〈梁惠王 下〉"좌우의 신하들이 모두 (그의 죄가) 죽일 만하다고 말하더라도 듣지 말
고, 여러 대부들이 모두 죽일 만하다고 말하더라도 듣지 말고, 나라 사람들이 모두 죽일 만하
다고 말한 뒤에 군주가 살펴보아서 죽일 만한 점을 본 뒤에 죽여야 합니다. 그러므로 나라
사람들이 죽였다고 말하는 것입니다.(左右皆曰可殺 勿聽 諸大夫皆曰可殺 勿聽 國人 皆曰可殺然
後 察之 見可殺焉然後 殺之 故曰國人殺之)"

100 《일성록》 정조 13년 5월 22일 戊寅 "國人皆曰可殺 又曰見可殺然後殺之"

완용주를 일반 잡범들과 함께 사면조치하였다.[102] 이 조치에 대해 채제공은 사죄 이하의 잡범은 사면해도 무방하지만 역모에 연루된 죄인은 비록 화완옹주라 할지라도 사면해서는 안 된다고 주장하였다. 오히려 정조의 지나친 사면 행위는 법치의 제방을 무너뜨려 국가의 형세를 위태롭게 하는 조치라고 비판한 것이다.[103]

한편 김치인金致仁은 형조판서 출신으로 봉조하 시절 《대전통편》의 주 편찬자를 담당할 만큼 정조 대 법률적 지식을 인정받던 논자 중 한 명이었다. 영조 대 《속대전》 편찬을 주관한 노론 김재로의 아들로서 《대전통편》 편찬을 명할 정도로 법률 능력을 인정받고 있었다.[104] 노론계 벽파의 대표적인 인물이자 정조의 탕평정책에 반대를 제기해 온 인물로서[105] 당대 정국에서 영향력을 행사하고 있었다.

김치인은 아버지 김재로 시기부터 법률에 해박한 가풍을 이어 국가 운영에서 '법에 의한 통치'를 중시하는 입장을 가지고 있었다. 김치인은 기본적으로 유학적인 입장에서 국가 운영이 이뤄져야 한다고 보면서도, "대개 건극建極의 정치는 그 요체가 조정의 거조가 일마다 사리에 맞는 것 만한 것이 없는데, 그중에서도 더욱 큰 것이 형정刑政과 출척黜陟[106]"이라면서 형정이 국가 운영에서 핵심적 기준이 되어야 한다고 보는 입장이었다. 김치인이 형정을 강조한 이유는 당대 사회의 혼란상을 억제하고 일관성을 유지하기 위해서는 강제적

---

101 박주, 2015, 〈조선 후기 영조의 딸 화완옹주의 생애와 정치적 향배〉, 《여성과역사》 22, 141~150쪽 참조.

102 《정조실록》 권30, 정조 14년 6월 24일 癸酉.

103 《번암집》 권24, 〈疏箚 五〉 〈請赦典勿施私恩箚〉

104 《정조실록》 권19, 정조 9년 2월 24일 甲辰.

105 김문식, 2007, 《정조의 제왕학》, 태학사, 434쪽 ; 최성환, 2020, 앞의 책, 294쪽.

106 《정조실록》 권25, 정조 12년 3월 10일 壬申 "蓋建極之治 其要莫若朝廷之擧措 隨事得宜 而刑政 黜陟 尤其大者"

작용이 불가피하다는 입장을 가지고 있었기 때문이다. "영의정 김치인이 아뢴 것은 이미 진정鎭定시키려는 데에서 나왔고 성상의 뜻은 진실로 공평하고 타당하게 하려는 데에 있었다."107라는 평가에서는 김치인의 형정론이 사회통제에 목표를 두고 있었음을 알 수 있다.

> 배를 파손한 죄인을 3년 동안 옥에 가두고 10차례 형신하는 것은 곧 법전에 실린 바입니다. 번갈아 먹이는 폐단을 생각하지 않을 수 없으나, 법은 가볍게 굽힐 수 없습니다. 경기관찰사의 영〔畿營〕의 예는 신이 아직 알지 못하나, 설령 있다 하더라도 이는 매번 끌어다 근거로 삼아 규례로 할 일이 아닙니다.108

이 때문에 형사처분은 법률에 근거하여 집행해야 한다는 '의법형정'의 태도를 강조하였다. 정조 11년(1787) 재해를 입은 충청도에서 배를 파손한 100여 명의 죄수를 부양하기 곤란하니 원적관原籍官과 분담시켜달라는 요청이 올라왔는데, 김치인은 이에 대해 법률대로 진행해야 한다고 보았다. 그는 "법은 가볍게 굽힐 수 없습니다."라고 주장하면서 별도의 사례는 사례일 뿐 규례로 삼아서는 안 된다고 보았다.

또 다른 예로 영조 48년(1772) 국가 서류를 분실한 변안국 등에 대한 치죄 논의에서 김치인은 '죽어 마땅하지만 법률에 근거가 없으므로 사형시킬 수 없다'고 주장하였고,109 정조 12년(1788) 표류 왜선의 쌀을 판매한 혐의를 받은 박광춘에 대한 처분 논의에서 비록 그 죄가 중대하지만 충돌되는 법해석에 대해서는 '판례보다 법률을 우선'하여 사형을 면제할 것을 건의하였다.110 한

---

107 《일성록》 정조 11년 2월 19일 丁巳 "相奏旣出於鎭定 聖意寔在於平允"
108 《승정원일기》 1619책, 정조 11년 2월 10일 戊申 "敗船罪人 三年囚繫 十次刑訊 卽法典所載也 輪饋爲弊 非不可念 而法不可輕撓 畿營之例 臣姑未知 而設或有之 此非每每援據爲式之事"
109 《영조실록》 권118, 영조 48년 2월 20일 乙酉.

편 정조 11년(1787) 추국에서 충분한 조사가 이뤄지지 않은 죄인을 석방한 건에 대해서도 '문제가 있는 조치이지만 이미 추국이 종료되었으므로 문제를 제기할 수 없다'는 입장에서 접근하였다.[111] 이렇듯 김치인은 비록 해당 죄인의 죄책이 엄중하다 하더라도 법률에 근거하여 처벌해야 한다고 보았으며, 자의적인 판단이 개입된 감형 내지 가형이 있어서는 안 된다고 보았다.

정조 9년(1785) 훈련대장 구선복을 위시한 반정 시도 처분에서도 김치인은 법률대로 집행할 것을 요구하며 비판을 제기하였다. 정조는 해당 사건에 연루된 노·소론 조정 중신들이 너무 많아 일일이 처형할 수 없었기에, 구선복·구명겸을 참수하고, 김우진·김영진 등을 유배하는 선에서 마무리지었다.[112] 그러나 김치인은 김우진,[113] 구이겸具以謙[114], 은언군 이인李裀[115]에 대한 관대한 처분을 하나같이 비판하였다. 이러한 조치는 '죄는 중한데 벌이 가볍다는 탄식이 없지 않으며', '이것이 모두 너무나 포용한 소치'라는 것이다.[116] 이들에게 대한 징토가 엄하게 이뤄져야만 "후일에 못된 무리들의 근원도 조사하여 밝혀내어서 임금의 원수를 갚을 수 있고 국법을 펼 수 있을 것"[117]이라고 주장하였다.

채제공·김치인은 각기 법률에 대한 입장을 전개하면서도 공통적으로 정조의 지나친 관형에 대해 반대하였다. 채제공은 법률을 중시하면서도 여론을 참

---

110 《정조실록》 권25, 정조 12년 3월 10일 壬申.

111 《일성록》 정조 11년 7월 6일 辛未.

112 최성환, 2020, 앞의 책, 287~292쪽 참조.

113 《일성록》 정조 12년 10월 10일 戊戌 ;《정조실록》 권23, 정조 11년 1월 4일 癸酉 ;《정조실록》 권22, 정조 10년 10월 27일 丁卯.

114 《일성록》 정조 10년 12월 11일 庚戌 ;《정조실록》 권22, 정조 10년 12월 11일 庚戌.

115 《정조실록》 22권, 정조 10년 12월 28일 丁卯.

116 《정조실록》 22권, 정조 10년 10월 27일 丁卯 "不無罪重罰輕之難矣 …… 此皆包容太過之致也"

117 《일성록》 정조 12년 10월 10일 戊戌 "他日不逞之根脈亦可覈出 而君讐可復 王章可伸"

작하여 실정에 부합한 집행이 필요하다고 보았고, 김치인은 법률에 따른 일관성 있는 법 집행을 우선시하였다. 채제공은 법률과 공론의 종합적 고려를 주장했다면, 김치인은 법률의 독점적 지위를 강조한 것이다. 양자는 위와 같은 법률에 대한 인식 차이에도 불구하고 공통적으로 정조의 지나친 관형이 국가 운영을 위태롭게 만들 수 있다고 주장하였다.

정리하자면, 정조는 조선의 전통으로 내려오는 흠휼을 실제 형정 운영상에 반영하기 위한 현실적 흠휼론을 내세우고 있었다. 그는 선왕의 입법 정신을 존숭하면서도 현실에 알맞게 법률을 개정하는 신명구법申明舊法을 바탕으로 개혁의 동기를 추출하였다. 그의 법 개정의 방향성은 백성의 생명을 살리는 흠휼에 두어졌으며, 이러한 흠휼을 실천하기 위해서는 신중하면서도 과단성 있는 법률개혁, 법 집행자의 공정한 집행이 뒷받침되어야 한다고 보았다. 정조는 특히 국왕조차도 법률을 초월할 수 없다는 보편적인 법론을 바탕으로 국왕의 자의적·전제적 형정을 제도적으로 금지하였다. 남인 채제공과 노론 김치인 등 당대 논자들도 활발히 논의에 참여하였다. 채제공은 법률을 중시하면서도 여론을 고려하여 실정에 부합한 집행이 필요하다고 보았고, 김치인은 법률에 따른 일관성 있는 법 집행을 우선시하였다. 양자 모두 형정 운영론에서는 차이를 보이고 있었으나, 공통적으로 통치자의 지나친 관형이 오히려 통치질서를 어지럽힐 수 있음을 우려하였다. 이는 이 시기 흠휼 논의가 단순하게 '엄형을 억제'하는 데에 목적을 둔 것이 아니라 현실적인 통치와 흠휼을 동시에 고려하는 종합적인 관점으로 바뀌어 가고 있음을 보여 준다.

3) 형률 발전과 《대전통편》의 편찬

정조 대에는 《흠휼전칙》, 《증수무원록》, 《추관지》, 《전율통보》, 《심리록》,

《대전통편》 등 판례집에서부터 법전에 이르기까지 광범한 범위의 법전 편찬이 이뤄졌다. 정조 대에 다양한 법전이 편찬된 배경에는 정조의 법의식이 자리하고 있었다. 정조는 "법이란 천하 공공의 명기"[118]라고 언급하며 법률이 지닌 공공성을 강조한 바 있다. 정조는 법률이 특정 지배층이 아닌 모든 이들에게 평등하게 적용되어야 할 규범이어야 한다고 인식했고, 이러한 인식이 법전 편찬과 개수로 이어진 것이다. 정조의 법전 편찬에는 규범으로써의 법률뿐 아니라 통치 지침으로써의 실용적 목적도 내재해 있었다. 그는 당대 사대부들의 법률 미숙을 지적하며 이를 폐습으로 규정하였는데,[119] 이를 구체적이고 상세한 법률을 담은 법전을 통해 해소하고자 한 것이다. 정조 대 활발하게 진행된 법전 편찬 작업은 공적 통치 확보를 위한 노력의 일환이었다.

<표 29> 정조 대 《대전통편》 <형전>의 절차 형률 보완·신설 내역

출전	내용	구분
推斷〉 刑訊推鞫[120]	고신 기한 위반 관료 처벌	
推斷〉 擧兵逆魁[121]	역모 죄인 처 연좌사형 금지	
推斷〉 外方死囚同推[122]	형추 전 죄인 수촌手寸 수합, 형추 시 칼〔枷〕 해제	
推斷〉 京外官推考[123]	종친·의빈·문관·음관·무관 중 정1품에게 형추 금지	
推斷〉 笞背刑[124]	등을 타격하는 태배형笞背刑 금지	세종 입법
推斷〉 劓鼻刖足[125]	코 베는 의형劓刑과 발뒤꿈치 베는 월형刖刑 금지	세종 입법
推斷〉 處絞人椎殺[126]	철퇴로 때려 죽이는 추살椎殺 금지	효종 입법
推斷〉 鞫囚左杻[127]	추국하는 죄인의 왼손에 수갑〔杻〕을 채우는 것을 폐지	영조 입법
推斷〉 未結案而傳旨正法[128]	결안생략 처형, 역률 추시, 비군법 효시 폐지	영조 입법
推斷〉 朱杖撞問[129]	주장당문 금지	영조 입법
推斷〉 亂杖刑[130]	난장 폐지	영조 입법
推斷〉 笞杖枷杻[131]	형구 규격 《흠휼전칙》 의거 규정	
推斷〉 未結案而用逆律[132]	결안 전 역률 적용 금지, 결안 작성 후 가형加刑 금지	
推斷〉 推鞫罪人用刑[133]	추국 시 이미 공초한 자, 물고 우려자, 재심문 대상은 형추 정지	
推斷〉 係關倫常罪人[134]	강상죄인인 국왕에게 직접 보고 후 처분	

118 《홍재전서》 권170, 〈日得錄 十〉 〈政事 五〉 "法者 天下共公之名器也"

119 《홍재전서》 권169, 〈日得錄 九〉 〈政事 四〉 "近世士大夫 不閑律書 亦一弊習"

〈推斷〉	軍門梟示罪人[135]	군문 효시 죄인은 다짐 수합 후 국왕 전지에 의해 처분	
〈推斷〉	本曹重囚完決時[136]	형조 중죄인 3인 당상관 합좌에 의해 처분	
〈推斷〉	獄囚懸枷之罰[137]	감옥 죄인에게 칼(枷)을 씌워 매달아 놓는 형벌 금지	
〈恤囚〉	無論親鞫庭鞫[138]	강우·폭염 시 형추 장소에 임시 가옥 설치	
〈捕盜〉	捕廳詳錄罪囚名字[139]	포도청 죄인 성명, 형추일 등 형추기록 작성 후 보관	
〈捕盜〉	捕廳詳錄罪囚名字[140]	의금부에서 형추 받은 자는 포도청으로 하향이송 금지	
〈殺獄〉	外方殺獄[141]	지방 당상관 관료가 살인 시 국왕 보고 후 형추	
〈殺獄〉	殺獄久囚罪人[142]	살인죄수 장기수감, 80세 도달, 증거·증인 부재 시 유배로 감형	

120 《대전통편》〈刑典〉〈推斷〉 刑訊推鞫 "拷掠限滿前用刑者 官員 勘罪"

121 《대전통편》〈刑典〉〈推斷〉 舉兵逆魁 "雖劇逆 其妻 勿爲正法"

122 《대전통편》〈刑典〉〈推斷〉 外方死囚同推 "罪囚刑訊前 先捧手寸 刑推時 解枷"

123 《대전통편》〈刑典〉〈推斷〉 京外官推考 "宗親儀賓文蔭武正一品 不得推考 亦勿捧緘辭"

124 《대전통편》〈刑典〉〈推斷〉 笞背刑 "除笞背刑"

125 《대전통편》〈刑典〉〈推斷〉 劓鼻刖足 "禁劓鼻 刖足"

126 《대전통편》〈刑典〉〈推斷〉 處絞人椎殺 "禁處絞人椎殺"

127 《대전통편》〈刑典〉〈推斷〉 鞫囚左杻 "除鞫囚左杻"

128 《대전통편》〈刑典〉〈推斷〉 未結案而傳旨正法 "罪人未結案而傳旨正法者 身已死而追施逆律者 非軍法梟示者 竝禁除"

129 《대전통편》〈刑典〉〈推斷〉 朱杖撞問 "禁朱杖撞問"

130 《대전통편》〈刑典〉〈推斷〉 亂杖刑 "除亂杖刑"

131 《대전통편》〈刑典〉〈推斷〉 笞杖枷杻 "笞杖枷杻長廣厚薄 準大明律式 定欽恤典則"

132 《대전통편》〈刑典〉〈推斷〉 未結案而用逆律 "未結案而用逆律 結案於次律而加極律者 竝禁除"

133 《대전통편》〈刑典〉〈推斷〉 推鞫罪人用刑 "推鞫罪人用刑時準次前直招者 及有徑斃之慮者 及或情節更問者 則委官意見 論啓停刑"

134 《대전통편》〈刑典〉〈推斷〉 係關倫常罪人 "係關倫常罪人 雖微罪 京司草記 外方狀聞 待覆啓舉行"

135 《대전통편》〈刑典〉〈推斷〉 軍門梟示罪人 "軍門梟示罪人 非臨敵時 則先捧侤音 次捧傳旨"

136 《대전통편》〈刑典〉〈推斷〉 本曹重囚完決時 "本曹重囚完決時 三堂合坐舉行"

137 《대전통편》〈刑典〉〈推斷〉 獄囚懸枷之罰 "禁獄囚懸枷之罰"

138 《대전통편》〈刑典〉〈恤囚〉 無論親鞫庭鞫 "無論親鞫庭鞫 值大雨劇暑 則設草芚假家於訊推處"

139 《대전통편》〈刑典〉〈捕盜〉 捕廳詳錄罪囚名字 "捕廳詳錄罪囚名字 別書推覈月日 作爲文案以憑後考"

140 《대전통편》〈刑典〉〈捕盜〉 捕廳詳錄罪囚名字 "凡係鞫囚 已自王府推問者 勿下捕廳"

141 《대전통편》〈刑典〉〈殺獄〉 外方殺獄 "在鄕堂上朝官殺人 該道觀察使啓聞拷訊"

142 《대전통편》〈刑典〉〈殺獄〉 殺獄久囚罪人 "殺獄久囚罪人 年滿八十證援俱絶者 減死定配"

첫 번째, 정조 시기 법제 편찬은 조선 국전 전통을 집대성하려는 노력의 결과였다.

> 《속대전》은 갑자년(영조 20년, 1744)에 만들어진 것이고 선왕의 수교는 갑자년 이후 것도 많지만 어떻게 감히 최근 대의 것만 전폭적으로 취하고 이전 대의 것은 소홀히 다룰 것인가. 그뿐 아니라 《경국대전》 원전原典·《속대전》 속전續典이 각기 따로따로 있으면 참고하기에도 불편한 점이 있으니 원전과 속전 및 옛 수교 지금 수교를 모두 합해 한 책으로 만드는 것이 좋을 것이다.[143]

정조는 《대전통편》 편찬 방향을 '새로운 수교를 수록'하고 '국전 전통을 하나의 법전에 통합'한다는 점으로 제시하였다. 정조는 《속대전》이 편찬된 이후에도 지속적으로 수교가 내려지고 있었으므로, 이를 《속대전》을 잇는 새로운 법전 속에 포함시켜야 한다고 보았다. 한편 기존에는 《경국대전》·《속대전》이 별도의 책자로 구성되어 있어서 참고하기 불편했으므로, '원전-속전-수교'를 하나의 책자로 통합할 것을 지시하였다.

이에 《대전통편》은 정조가 지시한 바와 같이 각기 《경국대전》과 《속대전》이 2개의 축을 구성하고, 영조 말~정조 대의 수교가 하나의 축을 형성하도록 편집되었다. 《경국대전》은 '원原, 《속대전》은 '속續', 영조 말~정조 대의 수교는 '증增'이라고 표기하여 변화상을 검출할 수 있도록 하였다. 이러한 과정을 거쳐 영조 말~정조 대의 수교들이 대전 조항의 위상을 부여받아 국법에서 중요한 법률로 자리 잡게 되었다.[144]

정조는 《대전통편》 편찬의 대표적인 가치를 '흠휼'이라고 제시하고 있었다.

---

143 《정조실록》〈附錄〉〈行狀〉 "續典成於甲子 而先王敎令之後於甲子者尙多 其敢專於近而忽於遠乎 且原典續典 各爲一書 艱於考據 宜取二典及舊今受敎 通爲一編"

144 김백철, 2008, 〈조선후기 정조대 법제정비와 대전통편 체제의 구현〉, 《대동문화연구》 64, 372~373쪽 참조.

"《대전통편》에 새로 더 넣은 조항은 나로서는 신중에 신중을 기한 것으로 사율死律에 관한 사항은 감히 일개 조도 더 넣지 않았다."145라면서 《대전통편》의 편찬 의도가 백성을 죽이는 데에 있는 것이 아님을 강조하였다. 이는 정조 2년(1778) 《흠휼전칙》의 제목에서도 알 수 있듯이, 백성을 살리는 정치를 하려는 정조의 흠휼 정신을 잘 드러내는 대목이라고 하겠다.

정조는 《대전통편》 형전 추단조에 이미 조선에서 오래전부터 사라져서 실제로 쓰이지 않는 악형들을 명문화하여 기재하였다. 세종 12년(1430) 등을 타격하는 태배형笞背刑 금지, 세종 26년(1444) 코 베는 의형劓刑과 발뒤꿈치 베는 월형刖刑 금지, 효종 3년(1652) 철퇴로 때려죽이는 추살椎殺 금지 조항은 《경국대전》·《속대전》에 수록되지 않은 조항이었다. 이 형벌들은 이미 길게는 3세기, 짧게는 1세기 이전에 금지된 형벌 방식으로서 이미 18세기 후반 당시에는 조선에서 활용되지 않는 방식이었다. 이에 사실상 유명무실한 사문화된 법률이라고 할 수 있는데, 이를 대전류에 포함시킴으로써 후대의 국왕이 자의적인 판단에 의해 악형을 부활시킬 수 없도록 명시하였다. 《대전통편》이 조선 건국기 이래 면면히 이어지고 있는 흠휼 정신을 계승하고 있음을 보였다.

조선의 흠휼 전통을 법제화하려는 노력은 《추관지》 편성에서도 확인된다. 《추관지》는 박일원이 편찬한 사찬서이지만, 정조가 직접 검토하고 증보하도록 명령했다는 점에서 정조와 당대 관료들의 법의식이 상당 부분 반영된 법서라고 판단할 수 있다. 여기에는 조선 건국기부터 당대 정조기까지 약 400여 년에 이르는 조선시대의 흠휼정책 연혁을 상세히 수록하고 있다. 이뿐 아니라 제율除律·신장訊杖 조목에서도 조선시기 악형폐지의 역사, 고신도구 합리화의 역사 등을 상세히 소개하고 있다. 이러한 점을 고려한다면 다양한 법전의 편찬을 통해 조선 전 시기의 흠휼을 집대성하려는 노력을 찾아볼 수 있다.

---

145 《정조실록》 〈附錄〉 〈行狀〉 "通編新增條 子所難愼者 事係死律 不敢增一條"

정조는 《대전통편》의 편찬이 조선의 법제사에서 갖는 의미를 높이 평가하였다. 그는 《경국대전》, 《대전속록》, 《후속록》, 《속대전》으로 이어지는 조선 법전의 맥을 잇는 작업으로 《대전통편》을 자리매김하였다. "《경국대전經國大典》, 《대전속록大典續錄》, 《후속록後續錄》, 《속대전續大典》, 《대전통편大典通編》은 우리 왕조의 헌장憲章이 모두 이에 있는 것"146이라면서 이 법전이 조선의 통치 규범을 종합적으로 담아낸 것임을 강조하였다. "이 책은 장차 자세하게 구비될 것이니, 집대성集大成이라고 할 만하다."147라며 조선 전기 《경국대전》 성립 이래 이어진 조선의 헌장으로서 역할을 맡고 있다고 평가하였다.

정조가 《대전통편》에 부여한 위상과 의미는 조선 법제사의 흐름 속에서 이 법전의 획기성을 인식하고 있음을 보여 준다. 《경국대전》으로 정립된 조선 초기의 법 구조가 《속대전》을 거쳐 《대전통편》으로 이어지면서 조선 특유의 법 전통이 형성되어 간 과정을 간파하고 있기 때문이다. 조선의 법제가 시대에 따라 변화 발전하며 하나의 유기적 전통을 형성해 왔음을 포착한 통찰인 것이다.

두 번째, 공평한 법률 적용을 위한 형정 절차 시행 세칙을 제시하였다. 정조는 흠휼을 전국적인 형사행정에 적용시키기 위해선 명백한 법률적 지침이 필요하다고 보았다. 이에 구체적인 법령이 갖추어져야만 그에 걸맞는 행정이 수행될 수 있다고 보았다. "소하蕭何가 획일畫一하듯이 명확하게 법령을 제정하고 나서야 비로소 조참曹參이 청정淸靜한 정치를 시행하여 백성이 안정될 수 있었다."148는 정조의 발언처럼 명확한 법령 제정이 전제되어야만 실제 현실 정치도 개선될 수 있다고 본 것이다.

---

146 《홍재전서》 권169, 〈日得錄 九〉 〈政事 四〉 "經國大典 大典續錄 後續錄 續大典 大典通編 我朝憲章 盡在於是"

147 《일성록》 정조 9년 6월 8일 乙酉 "此册其將纖悉具備 可謂集大成矣"

148 《홍재전서》 권170, 〈日得錄 十〉 〈政事 五〉 "有蕭何之較若畫一 然後方可有曹參之載其寧壹"

이에 정조 대에는 구체적인 행정가이드 역할을 하는 '행정 세칙'이 대거 보완되었다. 가장 대표적인 행정 세칙은 정조 2년(1778) 편찬된 《흠휼전칙》이다. 《흠휼전칙》의 편찬은 법은 천하에 공평한 것이므로, 형구刑具가 명확한 규격으로 만들어져야 한다는 문제의식에서 비롯되었다.[149] 정조는 의금부와 형조에 있는 법서들을 거두어 모아 합하여 한 책으로 종합하도록 명하였는데,[150] 이를 통해 조선의 형정 시스템들을 하나의 법전 아래 규격화하려는 의도를 가진 것이었다.

《흠휼전칙》에서는 형벌에 사용되는 도구인 형구의 규격과 사용 방법을 구체적으로 규정하였다. 형구의 종류로는 태笞, 장杖, 신장訊杖, 칼[枷], 수갑[杻], 쇄항鎖項, 쇄족鎖足, 곤장棍杖 등이 있는데, 각각의 길이, 굵기, 무게 등을 명시하여 통일된 기준을 마련하고자 했다. 신장은 일반신장, 추국신장, 삼성신장 등 3종으로, 곤장은 중곤重棍, 대곤大棍, 중곤中棍, 소곤小棍, 치도곤治盜棍 등 5종으로 세분화하여 사용처를 한정하였다. 또한 태형, 장형, 신장의 집행 방식과 회수를 제한하고, 곤장은 병조나 군문 등 군사 관련 관청에서만 사용하도록 하는 등 형구 사용에 일정한 한계를 설정하였다. 여성이나 유생에 대한 칼[枷] 사용을 금지하고, 수갑은 사형수에게만 사용하도록 제한한 것도 주목할 만하다.[151]

정조는 《흠휼전칙》을 전국적으로 시행되는 실효성 있는 법전으로 만들기 위해 다각도로 노력하였다. 우선 《흠휼전칙》을 《대전통편》에 편입시켜 영구적인 법률 원칙으로 확립하였다. 《대전통편》에 "태笞·장杖·가枷·수杻의 길이·너비·두께 등은 대명률의 규식에 준하여 《흠휼전칙》에 규정해 놓았다."[152]고

---

149 《일성록》 정조 1년 6월 28일 壬戌.
150 《일성록》 정조 1년 12월 16일 戊申.
151 심재우, 1999, 〈정조대 《欽恤典則》의 반포와 刑具 정비〉, 《규장각》 22, 146~152쪽 참조.
152 《대전통편》 〈刑典〉 〈推斷〉 笞杖枷杻 "笞杖枷杻長廣厚薄 準大明律式 定欽恤典則"

명문화하여, 《흠휼전칙》을 대전 조문의 일부로 공식화하였다. 그리고 《흠휼전칙》 반포에 따른 후속 조치로 암행어사를 전국에 파견하여 지방에서 용형·행형 실태를 면밀히 감독하게 하였다. 정조는 《흠휼전칙》의 규정을 위반하고 법외악형·법외남형을 가한 경우 해당 지방관들을 엄중히 문책하였다.[153]

더 나아가 추국에서 신체고신에 대한 제약을 더욱 세밀하게 구성하여 죄인에 대한 무절제한 신체훼손을 금지하고자 했다. 영조 대까지는 추국에서 과도한 고신이 문제가 되고 있었다. 포도청에서 악형을 이미 받고 온 피의자들에게 1회당 30대에 달하는 고신은 신체에 심각한 부담을 야기하고 있었다. 숙종 대 510명 중 39명이 물고당하여 7.6%에 그쳤다면, 영조 대는 1,191명 중 272명이 물고당하여 그 비율이 22.8%에 이르면서 오히려 물고 문제가 심화되고 있었다. 정조는 영조 대 '1차당 30대 이내, 1일 2차 이내'라는 추국 규정만으로는 불충분하다고 여겼고, 이를 보완할 세칙들을 마련하였다.

이에 비록 《대전통편》에는 수록되지 않았지만, 추국 고신의 대수를 30대 기준에서 15대 기준으로 낮춘 수교에도 주목할 필요가 있다. 정조 4년(1780) 추국 운영과 관련하여 정조는 '불가피하게 고신을 가할 수밖에 없지만 단서를 기다려야 한다'는 입장에서 기존 30대 한도의 추국 신장을 15대 한도로 낮추어 집행할 것을 명하였다.[154]

이에 더하여 "추국推鞫이나 정국庭鞫을 하는 경우는 비록 장杖 1대에 자복하였더라도 반드시 차수를 채우고 나서 정지하는 것이 본래 바꿀 수 없는 규식"[155]으로 되어 있는 상황에서 "추국한 죄인에게 용형用刑할 때 차례가 되기 전에 곧바로 공초供招한 자, 지레 죽을 우려가 있는 자, 정황상 다시 신문해야

---

153 김호, 2020, 《정조의 법치 —법의 저울로 세상의 바름을 살피다》, 휴머니스트, 123~124쪽 참조.
154 《정조실록》 권10, 정조 4년 8월 11일 丁巳.
155 《일성록》 정조 9년 1월 26일 丙子 "至若推鞫庭鞫 則雖一杖承款 必也準次而止 自是不易之規"

할 자에 대해서는 위관委官의 의견을 임금에게 논계論啓하여 형문刑問을 정지한다."[156]는 조항을 삽입하였다. 이미 자백을 한 경우, 사망이 우려되는 경우, 차후 심문을 다시 해야 하는 경우 등 고신을 반드시 해야 하는 상황이 아닌 경우에는 용형을 중지하게 한다는 의미였다. 이를 통해 반드시 필요한 경우에만 고신을 집행하여 최대한 피의자에 대한 신체적 부담을 덜게 하였다.

위를 위반하는 관료에 대한 처벌 규정을 통해 행정을 현실화하고자 하였다. "모든 형신刑訊은 하루에 한 번만 한다. 추국은 비록 엄중하게 행할 경우라도 두 번을 넘지 않는다."는 《속대전》 조항에 "고신할 때 기한이 다 차기 전에 용형用刑을 한 경우에는 그 관원은 심문하여 처벌한다."[157]는 보완조항을 추가하였다. 기존의 제한 조항에 추가적으로 위반에 대한 처벌 조항을 마련함으로써 사법행정 현장에서 실현될 수 있도록 조치하였다.

이처럼 정조는 형구 및 대수를 매우 세밀하고 명확하게 규정함으로써 신체형에 대한 집행자의 자의성을 배제하고 통일적 집행을 강조하였다. 영조 대에는 가혹한 고신과 혹형을 금지하는 등 거시적 차원에서 대원칙을 제시했지만, 정조는 《흠휼전칙》을 통해 구체적 시행 세칙을 더욱 발전시켰다.[158] 이처럼 정조는 행정 세칙까지도 면밀하게 검토함으로써 흠휼을 현실에서 실천할 수 있는 대상으로 만들고자 노력했다.

세 번째, 피의자의 법적 권리를 보장하는 조항들을 확대하였다. 피의자의 법적 권리를 보장하는 작업은 영조 대부터 점진적으로 진행되어 오고 있었다. 영조 11년(1735) '감옥 청소 및 죄수 치료, 의복 및 식량 지급'[159]을 하도록

---

156 《대전통편》〈刑典〉〈推斷〉推鞫罪人用刑 "推鞫罪人用刑時準次前直招者 及有徑斃之慮者 及或情節更問者 則委官意見 論啓停刑"

157 《대전통편》〈刑典〉〈推斷〉刑訊推鞫 "拷掠限滿前用刑者 官員 勘罪"

158 심재우, 1999, 앞의 논문, 145쪽.

159 《속대전》〈刑典〉〈恤囚〉淨掃囹圄療治疾病 "獄者 所以懲有罪 本非致人於死 而祁寒盛暑 凍餓疾病

규정하여 죄인들의 생명권을 보장한 전례가 있다. 영조 24년(1748) 형추 이전 피의자의 동의를 받고 이를 손도장 수촌手寸으로 문서로 남기도록 하였는데,[160] 이로써 피의자의 동의 없는 일방적인 형추를 금단하고자 하였다.

영조를 계승하려는 의식이 분명했던 정조는 이처럼 영조가 마련한 기반 위에서 피의자 보호를 위한 제도적 장치를 한층 더 체계화하고 구체화하고자 노력하였다. 정조는 영조 대 수촌을 받도록 한 조항을《대전통편》에 증보하여 삽입하였다. 형추 시 피의자 동의와 함께 수촌을 받을 뿐 아니라, 형추 시 목에 씌운 칼[枷] 역시 풀도록 조치하였다.[161] 이는 피의자가 자신의 법적 주장을 사실에 근거하여 진술할 수 있도록 보장해 주는 조치였다. 한편 군영에서 효시하는 경우에도 피의자의 동의에 해당하는 다짐[侤音]을 받도록 한 규정도 신설되었다.[162] 군문 효시의 경우 일반적 피의자와는 다르기 때문에 자백 및 결안 없이 즉결처형되어 왔다. 정조 대부터는 군율을 어기거나 병란을 일으킨 역적에게조차도 자백 및 동의를 받게 함으로써, 개인이 죄를 인정하지 않은 상태로 억울하게 사망하는 사례를 방지하고자 한 것이다.

그리고 형추하기 이전에 이미 진술을 마친 피의자, 사망 우려가 있을 정도로 건강이 악화된 피의자에게는 형추를 중지하도록 규정하였다.[163] 원래 형추는 제한없이 허용되고 있었으나, 숙종 대 의금부 추국청 제외 1일 1회로 제한, 영조 대 추국청도 1일 2회 이내로 제한되면서 피의자에 대한 국가의 고신이 일반적 규정에 의해 제한되고 있었다. 정조 대에는 피의자의 진술 여부 및

間有非命致死 其令中外官吏 淨掃囹圄 療治疾病 無家人護養者 官給衣糧 如有懈緩不奉行者 嚴加料理"
160 《추관지》〈詳覆部〉〈啓覆〉附 訊杖, 英宗二十四年 "大抵訊問之規 訊前無捧手寸之事 使渠不知而刑訊 非欽哉之道也 此後訊前必捧手寸 以此定式之意 其令王府知悉 亦爲分付秋曹"
161 《대전통편》〈刑典〉〈推斷〉外方死囚同推 "罪囚刑訊前 先捧手寸 刑推時 解枷"
162 《대전통편》〈刑典〉〈推斷〉軍門梟示罪人 "軍門梟示罪人 非臨敵時 則先捧侤音 次捧傳旨"
163 《대전통편》〈刑典〉〈推斷〉推鞫罪人用刑 "推鞫罪人用刑時準次前直招者 及有徑斃之慮者 及或情節更問者 則委官意見 論啓停刑"

건강 상태를 고려한 조건부적 제한규정이 생기면서 더욱 상세히 규정되고 있었다. 이는 개인의 신체에 대한 무분별한 폭력을 억제하려는 18세기 조선정부의 노력이 반영된 연쇄적인 법률의 발전과정이라고 판단할 수 있다.

주목할 점은 이러한 피의자 신체 보호 장치가 포도청, 추국청 등 사법 기관의 절차상 의무와 연동되어 강화되고 있다는 점이다. 포도청에서 피의자를 심문할 때 해당인들의 성명과 일자를 분명하게 기록으로 남겨 이후에 참고자료로 삼게 하였고, 추국청에서 이미 심문을 마친 피의자는 포도청으로 하향이송할 수 없도록 조치하였다.164 이 조치가 갖는 의미는 포도청에서의 혹독한 고신·악형이 야기할 문제를 예방하는 데에 있었다. 포도청이 1차 기본 심문을 담당하는 역할이 강화되면서 포도청 차원에서 신체고신, 조사 기록 조작이 나타날 문제 소지가 있었다. 포도청에서 조사 기록을 위조·조작할 수 없도록 하여, 국가 폭력의 또 다른 양상을 야기하지 않도록 조치하였다.

추국청에서의 최종 결안 작성 과정에 대한 제약도 추가되었다. 영조 35년(1759) 결안을 받기 이전 피의자를 국왕 전지에 의해 처형하는 것, 물고 당한 자에게 역적률을 적용하는 것, 군법이 아닌데 군문에서 효시하는 행위를 금단하는 조치가 있었다.165 이 조치가 선포되었음에도 영조 대에는 여전히 결안이 작성되기 이전 국왕 전지에 의한 사형이 잔존하고 있었다는 점이 문제였다. 정조는 《대전통편》에 '결안을 받기 전 역적률을 적용하거나, 유배형으로 결안한 후 사형으로 가중 수정하는 관행을 모두 폐지'166하는 조항을 재차 추가하여, 영구적인 법률로 확정하였다. 이 법률은 결안 작성 이전의 조작에 대

---

164 《대전통편》〈刑典〉〈捕盜〉捕廳詳錄罪囚名字 "捕廳詳錄罪囚名字 別書推覈月日 作爲文案以憑後考 …… 凡係鞫囚 已自王府推問者 勿下捕廳"

165 《대전통편》〈刑典〉〈推斷〉未結案而傳旨正法 "罪人未結案而傳旨正法者 身已死而追施逆律者 非軍法梟示者 竝禁除"

166 《대전통편》〈刑典〉〈推斷〉未結案而用逆律 "未結案而用逆律 結案於次律而加極律者 竝禁除"

한 제한뿐 아니라, 결안 작성 후 국가가 자의적으로 조율을 조작할 수 있는 문제를 방지하는 조치였다. 결안은 반드시 갖추어져야 하며 조작되지 않았을 때 절차적 정의가 확보될 수 있다고 보았기 때문이다.

정조 대의 형정개혁은 영조 시기부터 이어진 피의자 처우 개선을 통한 인명 보호 노력을 계승·심화한 것이었다. 영조 대 《속대전》이 거시적인 총론에서 형사제도를 재편하는 방향이었다면, 정조 대 《대전통편》에서는 미시적인 각론에서 형사제도의 실질적 운용을 실천하는 방향으로 초점이 맞춰져 있었다. 《대전통편》의 내부 조항으로 삽입된 《흠휼전칙》은 구체적이고 실질적인 형사제도 개혁의 대표적인 사례이다. 피의자의 진술 보장, 과도한 고신 제한을 통한 인명 보호, 사법 기관의 운영에서의 절차 강화 등 일련의 변화들은 국가 권력의 자의적 행사를 억제하고 법률에 의거한 절차를 구축하는 데 초점이 맞춰져 있었다.

정리하자면, 정조 대 법률 정비의 방향은 '법집행자의 자의적 형벌'을 억제하고 '법률에 의거한 형벌'을 확장하는 데 초점이 맞춰져 있었다. 정조 대에는 형사제도 시스템 전반을 재검토하기 위해 조선 전기부터의 수교를 포괄적으로 검토하였다. 기존의 위법적인 사안들을 찾아내 금지해야 할 영역들을 구체화하고, 국가가 집행 가능한 형벌의 범주·방식을 정확하게 경계지었다. 법적으로 명확히 정해진 형벌 방식 및 도구를 사용하도록 강제하는 정책을 추진함으로써 전국 8도의 어느 사법기관에서도 규정된 방식의 형벌이 집행되도록 조치하였다. 이는 결정권자 개개인의 사사로운 감정에 따라 자의적으로 형정 운영이 좌우되는 상황을 방지하기 위함이었다.

2. 절차 중심적 의법 추국

1) 국왕·위관 종합 추국으로의 개편

영조 4년(1728) 무신란을 계기로 점차 역모사건에서의 친림추국이 확대되었고, 영조 14년(1738) 무신란의 연계사건인 양시박 추국을 겪으면서 점차 친림추국이 확대되어 갔다. 영조 31년(1755) 을해옥사 이후로 영조 52년 (1776) 마지막까지 거의 모든 추국절차를 친림추국으로 진행하게 되었다. 이처럼 몇몇 중대한 사건들을 겪으면서 영조는 직접 역모수사의 일거수일투족을 모두 관장하는 국왕주도 추국 관행을 형성하였다. 영조 31~52년 약 20여 년 동안 30여 개의 사건에서 친국이 주요 처분 방식으로 자리잡게 되면서, 영조 이후에 즉위한 정조의 형정 운영에도 영향을 주게 되었다.

그러나 국왕이 현장에 처음부터 끝까지 참석하여 피의자들을 직접 심문하면서 사건 실체에 대한 국왕의 사견이 지나치게 개입되기도 하는 권위적 형정의 문제가 발생하기도 하였다. 영조 대 친국과정에서 대거 발생한 결안생략 처형·역률추시는 친국이 야기한 문제의 대표적인 예시이다. 결안생략 처형·역률추시는 명백하게 유교적 법이념·공정한 형정운영을 위반하는 행위였으므로, 영조 스스로나 관료층에서나 거센 비판을 받았다. 영조 31년(1755) 을해옥사 이후 정적을 대다수 제거하고 탕평정국을 안정시킨 후에야 결안생략 처형·역률추시를 법적으로 금지조치하였다.[167]

---

167 영조 대 친림추국의 확대·권위적 처분에 대해서는 이 책의 3장 2절 1항 〈국왕 친림추국의 확대〉, 3장 3절 2항 〈결안생략 처형의 증대〉에 자세히 확인할 수 있다.

정조에게 남은 과제는 국왕주도 추국이 야기하는 국왕의 권위적 형정을 일소하고 제도적 안정성을 확보하는 것이었다. 신명구법申明舊法의 지향을 통해 선왕의 유제를 이어받되 그 유제들이 남기고 있는 모순들을 해소하는 것이 정조 형정의 주된 과제였던 것이다. 전국적으로 확산되어 가던 악형·남형을 억제하기 위한 《흠휼전칙》 제정·반포도 영조 대 형정 폐습에 대한 극복과정이라고 볼 수 있다.

정조 즉위 초기에는 영조 시대의 폐습이 여전히 잔존하고 있었다. 정조는 세손 시절부터 자신을 압박해 왔던 홍인한과 정후겸을 처벌함에, 결안을 받지 않고 즉결 처형하는 방식을 택하였다. 이러한 처사에 대해 수찬 윤약연이 비판의 목소리를 내자, 정조는 오히려 윤약연을 친국하여 치죄하려는 모습을 보였다. 정조는 국왕 친국·결안생략 처형을 여전히 활용하고 있었는데, 이에 대해 승지 홍국영이 새로운 정치를 요구하면서 영조 대의 부적절했던 폐습을 끊을 것을 요구하였다. 홍국영의 진언은 영조시대의 전제적이고 자의적인 형벌 집행 관행이 더 이상 지속되어서는 안 된다는 신료들의 문제의식을 대변한 것이라 할 수 있다.

이 과정에서 제기된 친국에 대한 문제의식들은 점차 이후 형정에 영향을 주기 시작했다. 다음 해인 정조 1년(1777) 1~2월에 진행된 윤음위조사건에서 이러한 변화가 나타났다. 정조 1년 1월 추국의 대상이 된 이종악은 윤음을 위조하여 강원·충청·경상 3도에 유언비어를 퍼트리고 다녔다는 혐의를 받았다. '과거제도 개혁책(대리시험 방지)·군역 개혁책(부민탈루 방지)·관리부정 방지책(뇌물수수 처벌)·허위사족 충군책·신분무관 능력우선 품계승급·금주책' 등 조선 후기 신분제도·사회경제제도의 모순을 극복하려는 방안이 허위 윤음에 수록되어 있었으나, 원칙적으로는 국왕의 이름을 위조하여 윤음을 위조한 중범죄에 해당하였다. 정조는 위와 같은 민간의 언론활동이 영조 4년(1728) 무신란·영조 31년(1755) 을해옥사를 일으킨 주요요인이라고 파악하

였기 때문에, 이종악의 허위언론활동 역시 대형변란의 요소가 될 것으로 우려
하였다.[168]

<표 30> 정조 1년(1777) 이종악 윤음위조 사건 추국일지

일자	추국 방식	조사 내역			처분 합계	심문대상
		인원	심문	고신		
1/17	친림 추국	6	10	4		이종악, 이경담, 한경훈, 박봉홍, 최명봉, 허근,
1/18	친림 추국	4	8	5		이종악, 이경담, 이광진, 한경훈
1/19	친림 추국	8	8	1	3	이종악, 이경담(1/21 물고), 이인경@, 박봉홍, 예남, 신대권 심찬조@, 허근
1/22	친림 추국	7	8	2	1	이종악, 이곤배, 김이준, 김찬행@, 이광진, 민효항, 이종건
1/22	궐정 추국	6	6	3	5	이종악, 이광진, 이증호@, 이곤배, 허근&, 김이준&, (한경훈 민효항&)
1/23	궐정 추국	4	5	2		이종악, 이곤배, 이종건, 유이겸
1/28	금부 추국	11	12	1	8	이종악, 서민행$, 이치오(2/20 석방), 이곤배&, 이지팽@, 이광진(2/20 석방), 이종건@, 유이겸@, 예남@, 최명봉$, 박봉홍&
2/18	금부 추국	2	4	3		이종악, 이대운(2/20 석방)
2/19	금부 추국	1	1	1		이종악(2/19 물고)

출처 : 《추안급국안》 영인본, 卷23 3~9면, 번역본 67권 29~34쪽.
이름우측 @표시는 석방, &표시는 귀양·방귀전리, $표시는 포도청 이관 처분을 의미

위의 표는 이종악 윤음위조 사건의 추국일지이다. 여기에서 주목할 점은
정조가 점차 친국과 정국·의금부 추국을 종합하여 활용하는 양상이 나타난다
는 사실이다. 정조는 포도청의 1차 수사 결과를 받아본 후 해당 사건이 심각
하다고 판단하여 1월 17일 친국으로 진행할 것을 결정하였다.[169] 1월 17일,

---

168 《정조실록》 권2, 정조 즉위년 12월 25일 壬戌

18일, 19일, 22일 4연속으로 친국을 열어 사건주동자 이종악, 이경담 및 사건 참고인들을 직접 심문하고 고신을 주관하였다. 4회 동안의 친국과정에서 이 사건의 관련자 모두가 심문을 받았고, 이들에 대한 자세한 심문을 통해 사건의 진상을 파악하였다. 표에서도 살펴볼 수 있듯이 4회 동안의 친국에서 총인원(중복제외) 16인에 대해 심문 34회, 고신 12회를 가하여 대부분의 사건을 파악할 수 있었던 것으로 보인다.

이 때문에 정조는 이미 사건이 이종악·이경담 2인의 단독범행이었음을 파악하였고, 1월 19일부터 더 이상 친국이 필수적이라고 여기지 않았다. 이 때문에 호위하는 군사들의 노고가 많다는 이유를 들어 정조 1년(1777) 1월 19일[170], 1월 22일[171] 두 번에 걸쳐 친국을 중단하고 정국 내지 의금부 추국으로 전환하겠다고 선언하였다. 명목상으로는 추운 겨울에 호위하는 군사들의 노고를 우려한다는 이유였다.

그러나 실질적인 이유는 '사건 실체 파악'이 완료되었다는 인식이 있었기 때문이다. 홍국영은 "오늘 안으로 단서를 다 조사하지 못한 자는 추국推鞫으로 하더라도 무방할 듯합니다."[172]라며 친국이 필수가 아님을 역설하였고, 정조 역시 친국이 지나치게 장기화되는 것을 우려하며 일단 친국을 종료하겠다는 의지를 보였다.[173] 실질적으로 1월 22일 마지막 친국을 계기로 사건 파악은 완료된 것으로 보인다. 1월 22일 친국을 정국으로 전환하여 석방·유배·방귀전리 조치 등 대거 5인에게 최종 처분을 완료한 것이다. 그리고 1월 28일 의금부 단독 추국에서 확인 차원의 심문을 진행한 뒤, 8명을 최종 처분하면서

---

169 《추안급국안》 영인본 23권 9면, 번역본 67권 34쪽.

170 《일성록》 정조 1년 1월 19일 丙戌.

171 《추안급국안》 영인본 23권 72면, 번역본 67권 154쪽.

172 《일성록》 정조 1년 1월 19일 丙戌 "今日之內 端緒未盡究者 推鞫爲之 亦似不妨矣"

173 《일성록》 정조 1년 1월 22일 己丑.

사건에 대한 처분은 일단락하였다.

정조 1년(1777)에 발생한 이종악 추국은 정조시대 추국 관행의 변화를 알리는 분기점이 되었다고 할 수 있다. 새로 즉위한 정조는 영조 대의 친국 관행이 야기한 폐해를 인식하고, 이를 점진적으로 해소하면서 동시에 새로운 방식의 흠휼 정신을 구현하고자 하였다. 정조는 추국청에서 다룰 만큼 중대한 역모 사건의 경우, 초기에는 국왕이 직접 주재하는 친림추국의 형태로 진행하여 사건의 핵심을 파악하되, 이후 위관委官에게 사건의 처리를 위임하는 방식을 채택하였다.

〈표 31〉 정조 대 추국 사건별 추국 종류 진행 내역

연도	사건명	추국 회차별 진행 방식																
정조 즉위	이명휘 추국	친																
정조 즉위	윤약연 추국*	금	친	친	친	추												
정조 즉위	이도현 추국	정	친															
정조 1	이종악 추국	친	친	친	친	정	정	금	금	금								
정조 1	김방행 추국	금																
정조 1	전흥문 추국	친	친	친	친	친	친	친	친	금	금	금	금	친	금	친	금	금	금
정조 1	이성진 추국	금	금															
정조 1	홍낙임 추국	친																
정조 2	홍양해 추국	친	친	친	친	금	금											
정조 3	정력·이진후 추국	친	친	친	금	금												
정조 6	이유백·이택징 추국	금	친	금														
정조 6	권홍징 추국	정	정	친	정	정												
정조 6	김정채·송환구 추국	금	금	금	금													
정조 6	문인방·이경래 추국	친	친	금	친	금												
정조 8	김하재 추국	친																
정조 9	문양해 추국*	친	친	친	친	친	정	친	정	정	금	친						
정조 9	유태수 추국	금	금	금	금	금	금	금	금	금	금	금						
정조 11	이광운·한채 추국	친	친	정														
정조 16	윤구종 추국	금	금	친	정													
정조 20	정호인 추국	친																

*표시는 《추안급국안》에는 실려 있지 않지만 《실록》·《일성록》·《승정원일기》 등을 통해 보완한 사건임

정조는 즉위 이후 점차 추국 수사권한을 국왕과 위관이 분배하는 방향으로 전개해 갔다. 정조 즉위년의 여러 차례 추국에서는 친국을 주된 방식으로 활용하는 것을 볼 수 있는데, 이는 영조 대의 친국 전통을 수용한 것이라 하겠다. 그런데 정조 1년(1777) 이종악 추국에서부터 운영양상에 변화가 나타남을 확인할 수 있다. 이종악 추국에서는 최초에 친국을 여러 차례 시행하고 이후에는 정국·금부추국으로 전환하는 것을 확인할 수 있다. 이는 이후의 추국에도 일정하게 반영되는 양상을 확인할 수 있다. 같은 해인 정조 1년(1777) 전흥문 추국에서도 마찬가지로 친국으로 사건 수사를 전개하면서, 후반부의 사건처리는 금부추국으로 위관에게 위임하는 양상이 확인된다.

예를 들어 정조 6년(1782) 문인방·이경래 추국에서는 사건의 실체가 중대하다고 판단하여 "지금은 옥사獄事의 사체로 헤아려 볼 때에 위관委官에게 맡겨 두기 어려우니 친국을 하겠다."174고 결정하였다. 이와는 반대로 정조 1년(1777) 전흥문 추국에서는 포도청의 1차 수사가 미진하다는 이유로 "친국을 아직은 가벼이 먼저 할 수 없으니, 친국을 정국庭鞫으로 하는 것으로 고쳐 써서 내라고 승정원에 분부하라."175고 명하였다. 전흥문 사건은 결국 친국으로 시작하도록 결정되었으나, 친국을 시작하기 위해선 어느 정도 사건이 중대해야 한다는 점을 보여 주는 사례라고 하겠다.

정조 11년(1787) 이광운·한채 추국에서도 2회의 친국을 통해 주동자 이광운의 자백을 받자 정조는 다음과 같이 하교하였다. "이광운이 이미 승복하였으므로 남은 일은 결안結案을 작성하는 한 가지 일에 지나지 않으니, 친국을 거두고 정국庭鞫을 하도록 하라."176라고 하고 거처로 복귀하였다. 그리고 내

---

174 《일성록》 정조 6년 12월 26일 戊子 "今則揆以獄體 有難委之委官 親鞫爲之"
175 《일성록》 정조 1년 8월 10일 癸卯 "親鞫姑不可輕先爲之 親鞫改以庭鞫爲之書出事 分付政院"
176 《일성록》 정조 11년 1월 25일 甲午 "匡運旣承款 不過捧結案一事 親鞫撤罷 庭鞫爲之"

병조에 정국을 열도록 하여 주동자 이광운의 결안을 작성하도록 하였다.[177] 이를 보면 정조는 초기에는 본인이 직접 주관하여 사건 실체를 파악하고, 대략이 파악된 이후에는 위관에게 권한을 위임하여 마무리 짓도록 했다는 사실을 알 수 있다.

일부 예외들은 정치적 사건으로 인한 임시적인 조치로 해석된다. 정조 6년(1782) 김정채·송환구 추국, 정조 9년(1785) 유태수 추국의 경우 시종일관 금부추국의 형식으로 진행되었음을 알 수 있는데, 이러한 조치에는 당시 정치적 원인이 있었다. 정조 6년(1782) 김정채·송환구 추국의 경우 정조가 "근래 역적들을 혹 잡아 온다 하더라도 용형用刑하지 않는 때를 만나서 엄하게 구핵할 수 없다."[178]고 하며 친국을 열지 않았다. 이는 화빈和嬪 윤씨尹氏가 임신한 후 형장을 쓰지 않는 기간[藏刑]에 해당했기 때문이었다.[179] 정조 9년(1785) 유태수 추국의 경우 정감록의 정씨진인설과 연관된 사건이었다. 정조는 인심을 진정시키기 위하여 추국청을 개설하지 않고 포도청에 비밀수사를 위탁한 상황이었다. 그러나 인심이 계속해서 진정되지 않고 정씨진인설이 세간을 혼란스럽게 하자, 정조는 급하게 추국청을 개설하기보다는 신중하게 접근해야 한다고 주장하였다.[180] 이러한 입장 때문에 국가의 이목이 모이는 친국보다는 금부추국의 방식으로 진행한 것으로 생각된다.

이처럼 정조 1년(1777) 이후의 추국 운영은 점차 '국왕·위관 종합추국'으로 전환되어 갔다. 정조가 친국을 먼저 개시하고 상황을 파악한 후 위관에게 위임하는 방식이 주가 되고, 최초 보고를 받았을 때 크게 중대하다고 여겨지지 않으면 전체 과정을 위관에게 위임하여 조사하도록 하고 매일의 추국 결

---

177 《추안급국안》 영인본 권24 690면, 번역본 72권 291쪽.
178 《일성록》 정조 6년 8월 17일 辛巳 "近來諸賊 雖或捉來 而時值藏刑 不得嚴覈"
179 《정조실록》 권13, 정조 6년 5월 26일 壬戌.
180 《일성록》 정조 9년 12월 19일 甲午.

과를 국왕에게 보고하여 결재받는 방식으로 진행하였다. 정조 전체 연간의 추국 운영 양상을 검토하면 대체로 대부분은 친국을 선제적으로 전개하되 후반 마무리 작업은 위관에게 위임하여 정국·의금부 추국 방식으로 진행하는 양상을 확인할 수 있다. 이러한 운영양상은 국왕·위관이 1건의 사건을 종합추국하는 방식이라고 할 수 있는데, 이는 이전까지의 추국 운영 방식에서 야기되는 폐해들을 시정하는 유연한 방식이었다.

<표 32> 정조 대 추국에서의 결안 후 사형자 명단

연도	사건명	결안후 사형자	인원
정조 즉위	이도현 추국	이도현, 이응원	2명
정조 1	전흥문 추국	감정, 정이, 강용휘, 개련, 김수대(김흥복), 김흥조, 이택수, 전흥문, 최세복, 홍상격, 홍상길, 홍상범, 홍신덕, 효임, 홍술해, 홍지해, 홍찬해	17명
정조 2	홍양해 추국	심혁, 한후익, 홍양해	3명
정조 6	권홍징 추국	이침(시복), 권홍징	2명
정조 6	문인방 추국	백천식, 신형하, 문인방, 이경래(이해수)	4명
정조 8	김하재 추국	김하재	1명
정조 9	유태수 추국	유태수, 유한경, 이문목(이문묵), 황인택, 최광수	5명
정조 11	이광운 추국	이광운	1명
총	8개 사건		35명

*출전; 《추안급국안》

그렇다면 국왕·위관 종합추국 방식으로의 변화는 추국 운영에서 어떤 변화를 불러왔을까? 국왕이 사건의 대체를 직접 친국의 형식으로 파악하고, 나머지 세부적인 사항들은 위관 및 관료들이 담당하게 하는 방식은 균형적인 추국 운영을 가능하게 했다. 위관 및 관료의 입장에서는 법절차를 준수하는 방향으로 전개하고자 노력하였고, 국왕의 입장에서는 위관의 의견을 수용하면서 절차를 준수하는 방향으로 전개하였다.

이러한 결과 정조 대에는 영조 대 추국 운영에서 가장 큰 문제로 여겨졌던 국왕의 초법적 결안생략 처형 문제를 극복할 수 있었다. 《추안급국안》에 수록된 정조 대 추국청 사형수는 총 36명이 확인된다. 정조 1년(1777) 정조를 시해를 모의했던 정유역변(전흥문 추국)에서 총원 17명이 법적 절차를 거쳐 사형당하였고, 이외에도 각기 8개 사건에서 총원 사형자 35명이 결안을 거쳐 사형당하였다. 이중 전흥문의 부친으로서 연좌되어 처형된 전윤광 1명[181]을 제외한 35명은 모두 공식적인 절차를 거쳐 사형이 집행되었다.

〈표 33〉 정조 대 추국 종류별 결안 확정일자 명단

	내역	총원	비율
친림 추국	이도현(1776/8/7), 이응원(1776/8/7), 감정(1777/8/12), 정이(1777/8/13), 강용휘(1777/8/11), 개련(1777/8/13), 김수대(1777/8/14), 김흥조(1777/8/12), 이택수(1777/8/18), 전흥문(1777/8/11), 최세복(1777/8/13), 홍상격(1777/8/18), 홍상길(1777/8/16), 홍상범(1777/8/12), 효임(1777/8/13), 홍술해(1777/8/24), 심혁(1778/7/28), 한후익(1778/7/21), 홍양해(1778/7/28), 문인방(1782/11/20), 이경래(1782/12/25), 김하재(1784/7/28), 이광운(1787/1/25)	23명	65.7%
궐정 추국	권홍징(1782/7/24)	1명	2.8%
금부 추국	홍신덕(1777/9/11), 홍지해(1777/9/5), 홍찬해(1777/9/8), 백천식(1782/12/27), 신형하(1782/12/27), 유태수(1785/2/10), 유한경(1785/2/10)	7명	20.0%
지방 감사	이침(1782/1/2, 전라감사 결안), 이문목(일자 미확인, 함경감사 결안), 황인택(일자 미확인, 함경감사 결안), 최광수(일자 미확인, 함경감사 결안)	4명	11.4%
합계		35명	100%

이는 정조 즉위 직후 전지에 의한 사형을 중지한다는 법적 조치에 따른 결과였다. 정조는 즉위 직후 홍인한·정후겸을 결안생략 처형한 이후 스스로 반성하여 영조 대부터 이어져 오던 결안생략 처형 및 역률추시의 폐단을 금지하도록 명하였는데[182] 이를 이후 재위기간 내내 지켜온 것이다. 그리고 이러

---

181 사건 주동자 전흥문의 아버지 전윤광은 연좌되어 사형당하였다. 연좌죄인은 별도로 결안을 받지 않고 처형되었다.

한 절차적 정당성을 확보할 수 있었던 데에는 국왕과 위관이 종합적으로 추국을 운영하는 방식이 배경이 되고 있었다.

정조는 피의자의 최종 결안을 받는 중대한 절차에 한해서는 최대한 직접 담당하고자 노력하였다. 위의 표에서 살펴볼 수 있듯이 정조는 35명 중 23명, 총 65.7% 대다수 사형 판결을 직접 참석한 친림추국에서 결정하였다. 정조는 평소 "반드시 참고하여 살피고 상고하여 조사하기를 마치 이른바 구절마다 따지고 글자마다 분석한다고 하는 것처럼 하여 반드시 죽게 된 가운데서 살릴 만한 단서를 찾아야 하니, 그런 뒤에야 살릴 수 있는 자는 살리고 죽는 자 또한 원통함이 없을 수 있다."[183]라면서 사람의 생명을 사형시키는 판단에 신중을 기해야 한다고 생각하고 있었다. 이 때문에 국왕 자신이 직접 참석한 친림추국에서 법적인 절차에 의거한 사형을 결정하고, 이후의 행정적인 절차들은 위관에게 위임하는 방식을 띠었다.

정조 대에 정착된 '국왕·위관 종합추국' 방식은 18세기 중반까지 잔존하였던 추국의 자의성 문제를 해결하는 적절한 방법이었다. 숙종 대까지는 주로 위관에게 추국을 위임함에 따라 당색에 따른 공정성의 문제가 제기되었고, 영조 대는 국왕이 직접 친국함으로써 초법적인 조치들이 횡행하고 있었다. 정조 대의 방식은 국왕이 직접 재판에 참여함으로써 판결의 공공성을 확보해 줌과 동시에, 상세한 처분은 위관을 중심으로 한 법관들의 토론에 따르므로 처분의 공공성도 확보할 수 있는 방식이었다. 이 때문에 영조 대 추국의 주된 문제점으로 지적되었던 결안생략 처형 조치도 정조 대에는 근절될 수 있었다.

정리하자면, 정조는 즉위 초기 영조 시대의 국왕 주도 친국親鞫 추국 방식이 야기한 폐해를 인식하고, 점진적으로 이를 개선하고자 하였다. 정조는 중

---

182 《일성록》 정조 즉위년 9월 1일 己巳.

183 《홍재전서》 권166, 〈日得錄 六〉〈政事 一〉 "必也參驗考校 如所謂句句而論之 字字而析之 於其必
  死之中 求其可生之端 然後可生者生 而死者亦可以無寃"

대한 역모 사건의 경우 초기에는 친림추국을 통해 사건의 핵심을 파악한 후, 위관에게 사건 처리를 위임하는 방식을 채택하였다. 국왕과 신하가 협력하여 추국을 진행함으로써 국왕의 자의적 권한 행사를 억제하고 법률에 의거한 형정 절차를 구현하는 시도였다. 그 결과 정조 대에는 공식 절차를 거쳐 사형 판결이 이루어졌으며, 영조 대에 문제가 되었던 결안생략 처형 등의 초법적 처형이 근절될 수 있었다.

2) 의법 절차 심문 확립

정조 대 형정 운영의 대원칙은 공식 절차 준수였다. 정조는 추국이 비록 국왕이 직접 운영하는 사법행정이라 할지라도 국왕의 사사로운 의지가 개입되어서는 안 된다고 보았다. 정조에게 '법'이란 '천하에 공평한 것'이어야 했다. 국왕이 사적인 동기에 의하여 좋은 사람에게는 형벌을 낮추고 싫은 사람에게 형벌을 더하는 행위는 허용될 수 없다고 보았다. 정조는 스스로 국왕이 위법적인 방식으로 추국하는 관례를 비판하고 이를 극복하기 위한 새로운 질서를 수행할 것을 천명하였다.[184] 이에 따라 정조 대에는 추국 운영의 절차에 대한 근본적인 비판과 함께 추국 절차를 개선하려는 노력이 행해졌다.

첫 번째, 추국에서 피의자에게 가해지는 신체 부담이 분명하게 완화되었다. 영조 대까지 추국에서 행해지는 신체고신 규정은 어느 정도 정비가 완료된 상황이었다. 추국 고신에 대한 제한 규정은 태종 17년(1417) 1차에 30대를 넘지 못하도록 규정하였고,[185] 영조 21년(1745) "모든 형신刑訊은 하루에 한

---

184 《일성록》 정조 즉위년 9월 1일 己巳.
185 《태종실록》 권33, 태종 17년 5월 11일 丙申 "訊杖每一次多不過三十度"

번만 한다. 추국은 비록 엄중하게 행할 경우라도 두 번을 넘지 않는다."[186]라고 제한되었다. 위의 규정을 종합하면 영조 대 추국에서 법정고신은 1차당 30대 이내, 1일 2차 이내로 제한되었다. 법률 규정상 1일에 60대 이상 타격할 수 없었던 것이다. 18세기 중반 '추국에서의 남형'이란 1일 60대 이상 고신할 경우에 해당한다고 하겠다.

그러나 정조는 영조 대의 '1차당 30대 이내, 1일 2차 이내'라는 규정만으로는 불충분하다고 판단하고, 이를 보완할 수 있는 세부적인 규칙들을 마련하고자 하였다. 영조 대까지만 해도 추국에서의 과도한 고신이 심각한 문제로 대두되고 있었는데, 이미 포도청에서 가혹한 형벌을 받고 온 피의자들에게 1회당 30대에 달하는 고신을 가하는 것은 신체에 막대한 부담을 초래하고 있었다. 실제로 숙종 대에는 510명 중 39명이 물고 당하여 그 비율이 7.6%에 그쳤던 반면, 영조 대에는 1,191명 중 272명이 물고 당하여 그 비율이 22.8%에 이르면서 물고 문제가 오히려 심화되는 문제가 있었다.

정조는 추국에서의 신체고신에 대한 제약을 더욱 세밀하게 구성하였다. 비록 《대전통편》에는 수록되지 않았지만, 추국 고신의 대수를 30대에서 15대로 낮춘 수교는 주목할 만한 가치가 있다. 정조 4년(1780)에 추국 운영과 관련하여 정조는 '불가피하게 형신을 가할 수밖에 없지만 단서를 기다려야 한다'는 입장을 취하면서, 기존 30대 한도의 추국 신장을 15대 한도로 낮추어 집행할 것을 명하였다.[187] 이는 죄인에 대한 무절제한 신체훼손을 방지하고자 하는 목적에서 비롯된 것이었다.

정조는 이처럼 추국 고신 1차당 매질 대수를 30회에서 15대로 50% 축소하였고, 동시에 조건에 따라 고신을 중지하는 조항도 신설하였다. 추국 시에

---

186 《속대전》〈刑典〉〈推斷〉刑訊推鞫 "凡刑訊 一日一次 推鞫 雖嚴重 毋過二次"
187 《정조실록》 권10, 정조 4년 8월 11일 丁巳

비록 죄인이 자백하였더라도 정해진 30대를 모두 채우는 관행에 대하여[188] "추국한 죄인에게 용형用刑할 때 차례가 되기 전에 곧바로 공초供招한 자, 지레 죽을 우려가 있는 자, 정황상 다시 신문해야 할 자에 대해서는 위관委官의 의견을 임금에게 논계論啓하여 형문刑問을 정지"[189]할 것을 명하여 불필요한 신체고신을 억제하도록 하였다.

<표 34> 17~19세기 왕대별 고신 차수와 매질 대수의 상관 관계

	선조	광해군	인조	효종	현종	숙종	경종	영조	정조	순조	헌종	철종	고종	합
고신 대상(명)	14	66	276	88	1	164	3	636	94	87	28	10	126	1
고신 차수(회)	27	171	893	276	3	614	13	1946	176	216	77	46	253	4
매질 대수(대)	709	5049	25751	7888	62	16699	333	48968	2397	2949	620	255	1561	113
피고신자당 고신 차수(회)	1.9	2.6	3.2	3.1	3.0	3.7	4.3	3.1	1.9	2.5	2.8	4.6	2.0	
피고신자당 매질 대수(대)	50.6	76.5	93.3	89.6	62.0	101.5	111	77.0	25.5	33.9	22.1	25.5	12.4	
고신 1차당 매질 대수(대)	26.3	29.5	28.8	28.6	20.7	27.2	25.6	25.2	13.6	13.7	8.1	5.5	6.2	

*출전 : 《추안급국안》[190]

---

188 《일성록》 정조 9년 1월 26일 丙子.

189 《대전통편》〈刑典〉〈推斷〉推鞫罪人用刑 "推鞫罪人用刑時準次前直招者 及有徑斃之慮者 及或情節更問者 則委官意見 論啓停刑"

190 이 표에서는 매질 대수의 강도를 중점적으로 검토한다. 이 때문에 고신 차수를 수합할 때, 명확하게 몇 대를 타격했는지 확인할 수 있는 데이터만 활용했다. 사료에 '고신을 했다'라고만 나오고 정확한 매질 대수가 나오지 않은 '대수 미확인 고신' 166개 자료(전체 4,875개 자료 중 3.4%에 해당함)는 이 표에서 활용하지 않았다. 해당 자료들을 일반적으로 행해지던 매질 대수로 환산하게 되면, 정확도가 하락할 우려가 있으므로, 정확하게 확인할 수 있는 '대수 확인 고신' 정보만을 활용하였다. 그리고 여기에는 압슬형·낙형 등 악형은 포함하지 않았다.

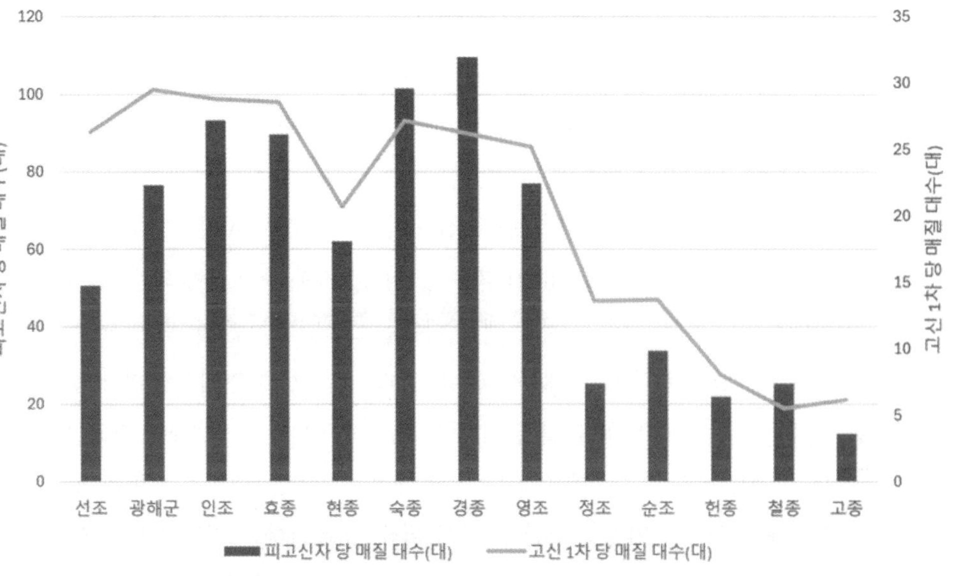

〈그림 2〉 17~19세기 왕대별 피고신자에 대한 고신 강도

그렇다면 정조 대에는 추국 피의자에 대한 신체고신이 억제되고 있었을까? 〈표 34〉를 통해 우리는 정조 대에 들어 추국 고신의 급격한 변화가 발생하고 있음을 구체적으로 확인할 수 있다. 영조 대에는 총 636명에 대해 1,946차의 고신 차수, 총 48,968대의 매질을 가한 것으로 확인된다. 이를 평균값으로 환산하면 피고신자당 고신 차수는 3.1회, 피고신자당 매질 대수는 77회, 고신 1차당 매질 대수는 25.2회로 확인된다. 정조 대에는 총 94명에 대해 176차 고신 차수, 총 2,397대의 매질을 가한 것으로 확인된다. 이를 평균값으로 환산하면 피고신자당 고신 차수는 1.9회, 피고신자당 매질 대수는 25.5회, 고신 1차당 매질 대수는 13.6회로 확인된다.

영조 52년, 정조 25년이라는 양자 간 재위 시기가 약 2배 가량 차이가 나는 점을 고려해 보더라도 영조 대에 더 많은 고신대상에게 더 많은 고신을 가해 왔음을 확인할 수 있다. 그러나 이러한 재위 기간의 차이를 상쇄하고 동일

선상에서 더욱 구체적으로 비교하기 위해서는 각 수치 간의 평균값을 확인할 필요가 있다. 피고신자당 고신 차수는 영조 대 3.1회, 정조 대 1.9회로 30% 이상 감소하였는데, 고신 차수는 17~19세기 통틀어 등락을 반복하고 있으므로 크게 의미를 가진 수치라고 보기는 힘들다. 이제 정조 대 추국에서 신체고신이 어떠한 방식으로 변화하고 있었는지 검토하고자 한다.

먼저 정조 대에는 피의자에 대한 고신 강도가 급격하게 하락하였다. 고신의 강도를 확인하기 위해 유의미한 지표는 '피고신자당 매질 대수'와 '고신 1차당 매질 대수'이다. '피고신자당 매질 대수'는 고신을 한 번이라도 당한 피의자들이 총 받은 신장 매질 대수를 의미하는데, 이는 한 개인에게 얼마나 많은 신체적 부담이 누적되는지를 알려 주는 지표가 된다. 영조 대에는 피고신자 1인이 평균적으로 77대에 달하는 신장 매질을 맞았는데, 정조 대에는 평균 25.4대로 약 70%가량 감소한다. 다시 말해 영조 대에는 피고신자 1인이 평균적으로 77대를 맞은 후에 최종 판결이 났다면, 정조 대에는 25대 가량으로 대폭 하락한 것이다.

이렇게 피고신자 1인에 대한 매질 대수가 급격하게 하락한 원인은 '고신 1차당 매질 대수'가 대폭 하락했기 때문이다. 영조 대에는 고신을 1차 당할 때마다 평균적으로 25.1대의 매질을 맞았으나, 정조 대에는 13.7대로 절반 가까이 감소한다. 피의자 1인에게 형추가 개시되었을 때 영조 대에는 평균적으로 25대가량의 매질이 이뤄진다고 기대할 수 있었다면, 정조 대에는 14대 매질을 기대하게 된다는 것이다.

이렇게 영조와 정조 대 사이의 급격한 변화의 원인은 무엇일까? 먼저 고려할 부분은 영조 대의 추국 신장이 이미 하락세로 접어들고 있었다는 점이다. 선조 대 평균 50대에서 광해군 76대, 인조, 효종 대에 90대로 증가하고 숙종, 경종대에는 평균 100대로 급격하게 증가하였던 법정고신은 영조 대 77대로 완화된 뒤 정조 이후 평균 30대 이하로 급격히 완화되었다. 여기에서 확인할 수 있는 점은 17세기에는 점차 추국에서 법정고신 집행 강도가 강해지고 있었고, 18세기에는 점차 하락세로 전환되었다는 점이다.

정조는 즉위 이후 실제 추국 현장에서 지속적으로 고신의 단위를 축소시키고자 노력하였다. 정조 즉위 당시 법적으로 '추국에서 1회 30대, 1일 2회까지만 고신을 허용'하도록 되어 있었으므로 하루에 60대를 매질하도록 되어 있었다. 정조는 이 단위가 지나치게 가혹하다고 여기고 있었고 이를 절반으로 축소하려고 시도하였다. 정조 1년(1777) 정조는 "바른대로 진술하지 않으면 15대까지만 매질을 하라."[191], "매 15대를 때린 뒤에 추국을 일단 멈추라."[192], "매질을 가해 자복을 받도록 하되, 15대까지 매를 때리고 매질을 멈추어라."[193], "엄히 매질하며 심문해 자복을 받도록 하되, 규정된 차수를 마친 뒤에는 매질을 더하게 해 달라는 요청을 하지 말도록 하라고 위관에게 전하라."[194]라고 반복적으로 지시하였다. 그리고 이를 정조 4년(1780) 기존 30대 한도의 추국 신장을 15대 한도로 낮추어 집행하라는 전교를 내림으로써 공식적으로 법제화하였다.[195] 위와 같은 조치가 정조 대 추국의 신체타격을 급격하게 완화시키는 계기가 되었다. 영조 대 본격적으로 제기된 흠휼 의식이 정조 대에 분명한 제도적 성취로 발전한 것이다.

다음으로 정조 대에는 피의자에 대한 고신 빈도가 완화되고 있었다. 피의자 개인에게 지워지는 신체적 부담을 고려할 때 고신의 총량뿐 아니라 해당 고신들이 얼마나 압축적으로 집행되었는가를 확인하는 작업도 필요하다. 아

---

191 《추안급국안》 영인본 권23 95면, 번역본 67권 188쪽 "若不直招 限十五度加刑"
192 《추안급국안》 영인본 권23 129면, 번역본 67권 243쪽 "罪人更爲刑推 十五度後 推鞫姑罷事"
193 《추안급국안》 영인본 권23 392면, 번역본 68권 118쪽 "加刑取服 限十五度 停刑"
194 《추안급국안》 영인본 권23 402면, 번역본 68권 133쪽 "嚴刑取服 準次後 勿爲請刑加刑事 傳于
　　委官"
195 《정조실록》 권10, 정조 4년 8월 11일 丁巳.

무리 고신의 총량이 적어졌다 할지라도 그것을 짧은 기간 내에 압축하여 집행한다면, 피의자에 대한 신체적 부담은 증가할 것이기 때문이다.

〈표 35〉 17~19세기 국왕별 형추(고신·악형) 빈도

	선조	광해군	인조	효종	현종	숙종	경종	영조	정조	순조	헌종	철종	고종	합
1일 이내 중복 형추 사례(회)	10	47	424	36	1	228	4	394	39	13	1	4	9	12
총 형추 차수(회)	28	232	1073	303	3	657	13	2011	224	222	79	46	253	5
1일 이내 중복 형추 비율(%)	35.7	20.3	39.5	11.9	33.3	34.7	30.8	19.6	17.4	5.9	1.3	8.7	3.6	2

*출전 : 《추안급국안》

그렇다면 정조 대 추국 피의자에 대한 신체고신의 빈도는 축소되고 있었을까? 위의 표에서는 1일 이내 중복으로 형추하는 비율의 변화를 추적하였다. 여기에서는 이전의 형추 이후 1일의 휴식 없이 곧바로 재차 형추를 가한 비율을 확인할 수 있다. 17세기 선조~숙종대에 이르기까지 1일 이내 중복 형추 비율은 광해군, 효종 대의 20%대를 제외하고 선조, 인조, 숙종 대에 대체로 30% 중반대를 나타내고 있다. 그런데 영조 대에 접어들면서 전체 형추 2,011회 중 394회에 해당하는 19.6%로 하락하였고, 정조 대 224회 형추 중 39회에 해당하는 17.4%로 안정세에 접어들게 된다. 이를 통해 영조·정조 대에는 전체 고신 중 80%에서 피의자에게 1일 이상의 회복 시간을 부여했다는 점을 확인할 수 있다. 18세기 영조 대부터 점차 고신 사이에 회복 시간을 전폭적으로 부여하는 관행이 정조 대 이후 완연하게 정착한 것이다. 이처럼 정조 대에는 추국 고신의 빈도가 점차 완화되고 있었고, 19세기 순조 이후로는 95%에 달하는 비율로 고신을 받으면 1일 이상의 회복기간이 주어지게 된다.

영조·정조 대에는 피의자에 대한 신체고신을 완화하는 조치와 더불어, 피의자가 회복할 수 있는 조건을 조성하는 데 노력을 기울였다. 이를 통해 조사

과정에서 억울하게 사망하는 경우를 방지하고, 이들이 온전한 신체조건 속에서 또렷한 정신으로 자신의 입장을 항변할 수 있도록 조건을 마련해 주었다. 이처럼 정조 대에는 공식 절차에 따라 피의자들에게 가해지는 고신의 강도·빈도를 공통적으로 낮춤으로써 공정한 추국을 운영하기 위해 노력하였다.

두 번째, 정조 대에는 추국에서의 위법적 절차가 종식되었다. 정조는 '법은 천하에 공평한 것'이라는 입장 아래 형벌권 확립을 위해 노력하였다. 그는 옥사를 공평하게 다스리는 것이 국정에서 가장 중요하다고 강조하며,[196] 이를 위해서는 아무리 국왕의 권한이 강하더라도 법률을 자의적으로 해석해서는 안 된다고 보았다.[197] 정조는 법 앞에 국왕도 예외일 수 없음을 분명히 하였고, 스스로 형벌 집행의 모범이 되고자 노력하였다. 또한, 정조는 법의 규정성을 확고히 인정해야 한다고 보았다. 그는 옥사를 결단할 때에는 율문을 기준으로 삼아야 하며, 이는 국왕도 마찬가지로 적용되어야 한다고 주장하였다. 즉, 법으로 용서할 수 있는 사안은 국왕이 임의로 처벌할 수 없고, 법으로 처벌해야 하는 사안은 국왕이 마음대로 용서할 수 없다는 입장을 견지한 것이다.[198]

이러한 입장은 현실 형정에서도 발현되었다. 정조 대 추국 운영의 두드러지는 변화는, 추국청 악형이 완전하게 종식되었을 뿐 아니라 원천적으로 차단되었다는 점이다. 무릎을 꿇리고 위를 눌러 관절을 괴사시키는 압슬형, 달군 인두로 피부를 지져 고통을 주는 낙형과 같은 악형들은 피의자로부터 자백을 얻어내는 기능을 충분히 하였으나, 심한 신체적 부담으로 인한 물고의 증가 문제를 야기했다.[199] 탕평에 대한 문제의식이 전개되기 시작한 17세기 후반부,

---

196 《홍재전서》 권169, 〈日得錄 九〉〈政事 四〉
197 《정조실록》 권2, 정조 즉위년 9월 1일 己巳.
198 《홍재전서》 권170, 〈日得錄 十〉〈政事 五〉
199 정진혁, 2023, 〈숙종 대 부당형벌 논란과 형정운영의 변화〉, 《법사학연구》 68, 84~89쪽 참조.

국왕이 잔혹한 형벌을 가하여 백성을 물고한다는 구도는 더 이상 수용될 수 없었다. 숙종 15년(1689) 기사환국을 계기로 점차 추국청에서의 압슬형, 낙형의 활용이 소강상태로 접어들었으나, 영조 6년(1730) 경술역옥에서 20명에 달하는 피의자에게 대규모로 낙형을 가하기도 하였다.200 영조 대에는 압슬형 폐지, 낙형 폐지를 《속대전》에 명문화함으로써 차후 다시는 활용될 수 없도록 조치하였다.

정조 대에 일시적으로 낙형을 부활시키려는 시도가 나타났지만 중단되었다. 정조 6년(1782) 서얼 권홍징權泓徵이 "신하가 자기 임금을 의심하여 나라에 장차 난리가 나게 생겼다.", "오늘날 세상 돌아가는 꼴을 살펴보면, 천지를 모함하고 날조하여 백성들을 미혹시키고 어지럽힌다."201 등 국가를 원망하는 내용의 상소를 올렸다. 정조는 이를 읽어보고 '만고에 없는 지극히 흉악하고 패려하며 무도한 말'이며 '이 말을 듣고 나도 모르게 뼈가 시리고 간담이 서늘하였다'며 심각한 문제로 받아들였다. 이 때문에 직접 추국에 참석하여 권홍징을 친문하겠다고 선언하고, 낙형을 준비하라고 명하였다. "숙종 대 기사환국 이후로 쓰이지 않다가 영조 대 무신란 이후 다시 활용하였으니, 하물며 이 역적에 대해 말할 것이 있겠는가."202는 논리였다. 그러나 이는 단지 정조가 '흉악한 상소'에 대해 일시적으로 감정적인 반응을 보인 것일 뿐이며 실제로 낙형을 활용하지는 않았다.

이러한 악형의 중단 현상은 통계적으로도 확인이 되고 있다. 17세기 광해군 대 34명에게 59회의 악형, 인조 대 76명에게 132회의 악형을 가하면서 활

---

200 정진혁, 2022a, 〈17~18세기 추국청의 혹형{압슬형(壓膝刑), 낙형(烙刑)} 시행 추이〉, 《역사학보》 256, 205~212쪽 참조.

201 《추안급국안》 영인본 권24 6면, 번역본 70권 19쪽. "臣疑其君 邦國將亂云者 …… 觀今之時 誣天捏地 惑亂黔首云者"

202 《일성록》 정조 6년 7월 24일 己未 "烙刑 己巳以後 許其不用 及戊甲凶賊之出 尙猶復用 況此賊乎"

〈표 36〉 17~19세기 왕대별 악형(압슬형, 낙형) 시행 내역

	선조	광해군	인조	효종	현종	숙종	경종	영조	정조	순조	헌종	철종	고종	합계
대상(명)	14	66	276	88	1	164	3	636	94	87	28	10	126	1593
대상(명)	–	34	76	9	–	18	–	23	–	–	–	–	–	160
차수(회)	–	59	132	17	–	31	–	25	–	–	–	–	–	264

*출전 : 《추안급국안》

발히 활용되었고, 효종 대 9명, 17회, 숙종 대 18명 31회 집행이 되었다. 그러던 것이 영조 대에 다시 부활하여 23명에게 25회의 악형이 집행된 이후로, 정조 대부터는 완전하게 추국에서 악형이 종식되었다. 이와 같은 변화상은 17세기 후반 숙종 대부터 점진적으로 변화되어 온 결과였다. 실제로 숙종 대, 영조 대 지속적으로 존치와 폐지가 반복되는 과정을 거치면서, 정조 대에 확고한 금지 추세로 접어들 수 있었던 것이다.

다음으로 국왕 전지에 의한 결안생략 처형이 종식되었다. 영조 시대에 새롭게 제기된 형사 정책상의 쟁점은 국왕의 초법적 조치가 개입되고 있었다는 점이다. 영조 대 전체 추국청 피의자 중 50명이 국왕 영조의 의지로 법률을 초월하여 처형된 것으로 파악된다. 이러한 조치가 개입된 사건들은 공통적으로 영조의 통치 정당성을 강력히 부정하는 사건이었는데, 영조는 자신의 권위에 위협이 된다고 판단되면 국왕 고유의 초법적 권한을 남용하곤 했다.

　법이란 천하에 공평한 것이다. 비록 인군의 존귀함으로 생살生殺의 위엄을 가졌으나 털끝만큼의 사의私意로 그 사이에 서로 엇갈리게 해서 좋아하고 미워하는 것에서 낮추었다 높였다 하는 것이 있어서는 안되는 것이며, 오직 그 죄의 얕고 깊음을 비교하여 법은 가볍게도 하고 무겁게도 하는 것이다. 이 때문에 사죄死罪를 단정함에 죽기 전에 반드시 결안結案을 바치고 이미 죽은 뒤에는 반드시 율문律文에 의거依據하는 것은 곧 우리 조정의 4백 년 동안 바뀌지 않은 떳떳한 법이다. …… 지금부터 이후로 결안結案되지 않았는데 역률逆律을 적용하는 것이나, 그 몸이 이미 죽었는데 노적孥籍을 추시하는 것이나,

차율次律로 결안結案한 데 대하여 극률極律을 더할 것을 청하는 곳을 모두 없애라.203

정조는 영조 대의 결안생략 처형에 대해 비판적인 입장을 가지고 있었다. 정조는 즉위 직후인 정조 즉위년(1776) 곧바로 초법적 처형을 중단하는 법령을 선포하였다. 정조는 '법은 천하의 공평한 것'이라고 공공성을 강조하면서 사적인 의지가 개입되어서는 안 된다고 설명하였다. 국왕조차도 막대한 권한을 가졌음에도 법률을 높이거나 낮출 수는 없다고 제한하였다. 이 때문에 사형처분을 함에 반드시 '결안'을 받고 '조율'을 하도록 하는 것이 조선왕조의 철칙임을 재차 강조하였다. 이 결과 '결안 받기 전 역적률로 사형 처분', '물고 후 역률 추시', '유배형 확정 후 사형처분 격상' 조치 등을 모두 폐지하도록 명하였다. 그리고 이것을 "결안을 작성하기 전에 역률逆律을 적용하거나, 차율(次律, 사형 다음인 유배형)로 결안을 작성했는데 극형極刑의 형률을 더하는 것은 모두 금하고 폐지한다."204는 《대전통편》의 조항으로 수록하여 영구적인 법령으로 삼았다.

> a) 결안을 받은 다음에 법률을 적용하던 입장은 곧 한 사람이라도 원통한 생각이 들게 하거나 한 사람이라도 국법에 따른 처벌 대상에서 빠지지 않도록 하려는 것이었다.205

---

203 《정조실록》 권2, 정조 즉위년 9월 1일 己巳 "法者天下平也 雖以人君之尊 操生殺之威 不可以一毫私意 參錯於其間 有所低昂於好惡 惟視其罪之淺深 而法以之輕重焉 是以斷死罪 未死而必捧結案 旣死而必準律文 卽我朝四百年不易之常典也 …… 自今以後 未結案而用逆律者 身已死而追施孥籍者 結案次律而請加極律者並除之"

204 《대전통편》〈刑典〉〈推斷〉未結案而用逆律 "未結案而用逆律 結案於次律而加極律者 並禁除"

205 《추안급국안》 영인본 권23 448면, 번역본 68권 198쪽 "又捧 結案然後 用法者卽 不欲使 一人抱幽枉一人 漏王章也"

b) 무릇 죄인에게 결안을 받을 때마다 매번 그들이 원하는 바대로 따라 주었는데, 이는 혹시라도 그 한 사람이 죽어 그 허물이 무고한 몇 사람에게 미칠까 염려했기 때문이었다. 내가 범죄 사건을 처결하는 원칙은 대체로 차라리 관대하게 처결할지언정 지나치게 다스리지는 않으려는 것이었다.[206]

이처럼 정조가 결안을 중시한 데에는 피의자의 법적 권리를 보장하여 그들이 억울한 처벌을 받지 않도록 하기 위함이었다. a)와 같이 '한 사람이라도 원통한 생각이 들게 하지 않기' 위하거나, b)와 같이 '한 사람이 죽어 그 허물이 무고한 몇 사람에게 미칠까 염려한' 데에서 나온 조치였다. 결안을 통해 피의자는 억울하게 원통한 생각을 갖지 않게 되고, 국가로서는 공정한 국법을 실현할 수 있다고 보았다.

이 때문에 정조는 피의자가 본인의 결안을 직접 확인하여 승인할 수 있도록 조치하였다. 정조 1년(1777) 정유역변에서 정조를 시해하고자 한 주범 홍상범의 결안을 받을 때 직접 그에게 확인할 기회를 제공했다. "네가 이미 자백했으니 너의 결안을 너가 모름지기 다시 자세히 살펴보아라. 음흉한 정황과 과연 차이가 나느냐? 나지 않느냐?"라며 직접 확인할 수 있도록 기회를 주었고, "너는 이미 대역부도죄로 결안을 바쳤으니 이제 형벌을 집행하려 한다. 너는 그 사실을 아느냐? 모르느냐?"[207]라고 형벌 집행에 대해 미리 고지하기도 하였다. 같은 사건에서 홍술해의 경우도 "결안의 다짐 내용을 네가 이미 들었으니, 너는 네 죄를 아느냐?"라고 질문하고 "대역부도죄를 기록한 패를 걸어서 내보낼 터이니, 너는 그리 알도록 하라."[208]고 하여 결안의 내용과 최

---

206 《추안급국안》 영인본 권23 581면, 번역본 68권 409쪽 "凡於 罪人結案之時 每從 其所願者 或虎 其一人之死 累及 無辜之幾人也 予之所以 決獄者 盖欲 寧爲寬決 不爲濫也"
207 《추안급국안》 영인본 권23 222면, 번역본 67권 364쪽 "汝旣遲晚 汝之結案 汝須更爲詳見 而陰 凶情節 果無差錯否 …… 汝旣以大逆不道結案 今方行刑矣 汝其知否"

종 형벌의 내용을 고지하였다.

정리하자면, 정조는 공식 절차에 따른 의법 형벌을 실질화하기 위한 노력을 그치지 않았다. 그는 법의 규정성을 확고히 인정하면서, 국왕조차도 법률 앞에서는 예외일 수 없음을 분명히 하였다. 이에 따라 국왕의 초월적 권위를 이용한 전지에 의한 결안생략 처형이 중단되었다. 정조 대 《추안급국안》에 수록된 사형 대상 총 36명 중 연좌 대상으로서 사형된 1명을 제외하고 35명은 모두 공식 절차에 따라 결안을 받은 후 사형을 집행하였다. 한편 영조 대까지도 잔존했던 법외악형도 추국 현장에서 완전하게 사라졌다. 한편 추국 진행 과정에서 신체고문을 가능한 억제하여 고신의 빈도·강도가 이전 시기와 비교하여 1/3 이하로 축소되었다. 정조 대 추국 운영의 변화는 흠휼 지향이 실제 형정 영역에 정착되어 가는 양상을 보여 주었다.

3) 포도청 하송 금지와 물고의 감소

영조 대 추국은 무신란, 경술역옥, 을해옥사 등 국왕의 정통성을 위협하는 정치적 사건들을 맞이하여 포도청과의 수사 역할 분담으로 통해 운영되었다. 포도청은 본래 치안 유지와 도적 체포를 담당하던 기관이었으나, 점차 추국청의 기초 심문 기능을 담당하게 되었다. 이 과정에서 주리틀기와 같은 악형이 동원되었고, 이는 자백 획득에는 효과적이었으나 물고의 증가 문제를 야기하였다. 이에 대해 영조 대 내내 비판이 제기되고 시정명령을 내렸음에도 불구하고, 추국청의 악형 퇴조를 대체할 방식으로 포도청의 심문 기능이 지속적으

---

208 《추안급국안》 영인본 권23 361면, 번역본 68권 69쪽 "結案考音 汝旣聞之 汝知汝罪乎 …… 旣
結案故 懸大逆不道牌 出送 汝其知之"

로 활용되었다.

을해옥사 처분이 종결된 직후인 영조 31년(1755) 3월, 승지 채제공은 영조에게 포도청 활용의 문제점을 지적하고 이를 시정할 것을 건의하였다. 채제공은 추국청의 하위 기관으로서 포도청이 행하는 가혹한 형벌이 야기하는 폐단을 다음과 같이 제시하였다.

> 국옥鞫獄의 사체事體는 어떤 등류든 엄밀히 하고 신중히 해야 할 바인데, 이번의 국수鞫囚가 장전帳殿 앞에서 범죄 사실을 인정하며 자복하지 않은 자에 대해서는, 성상께서 포도대장에게 출부出付하여 포도청에서 자복을 받아 올리도록 한 뒤에 국정鞫庭으로 이상移上하게 하고, 이어서 정법正法한 경우가 많았습니다. 대저 포도청은 바로 도둑을 다스리는 곳으로 의금부와는 차이가 있습니다. 그리고 또 도둑을 다스리는 곤장을 가혹하게 시행하며 어지러이 신문한다면, 죄인이 묻는 대로 무복誣服하는 경우가 기필코 없다는 것을 보장하기 어려우며, 이런 폐단은 설령 포도대장이 방자한 생각으로 사건을 확대시키거나 축소시키는 일이 있다 하더라도, 이미 삼사三司의 관원이 곁에 둘러서서 보지 않았으니, 누가 그것을 알겠으며 누가 그것을 탄핵하겠습니까? 뒷날의 폐단을 염려하지 않을 수 없어 감히 이를 우러러 진달합니다.209

채제공의 비판은 '① 포도청에서 곤장으로 혹독하게 심문하면 정부가 원하는 대답의 자백만을 받게 된다. ② 삼사 관원이 합계하지 않았기 때문에 포도대장이 마음대로 조작할 수 있다.'는 내용으로 정리된다. 채제공은 추국청과 포도청의 기능이 혼합된 상황이 본래적인 조직의 목적과 부합하지 않는다고 보았다. 추국청은 중대한 사건을 다스리는 곳이라 대소신료가 합계하

---

209 《영조실록》 권83, 영조 31년 3월 29일 壬寅 "鞫獄事體 何等嚴密愼重 而今番鞫囚之抵賴不服於帳殿之前者 自上出付捕將 自捕廳捧得承服後 移上鞫庭 仍以正法者多 夫捕廳卽治盜之所 與金吾有異 且以治盜之杖 酷施亂問 則罪囚之隨問誣服 難保其必無 此弊設令捕將 有恣意闊狹之事 旣無三司之在傍環視 則有誰知之 有誰劾之 後弊不可不念 敢此仰達矣"

여 공정성을 확보할 수 있는 곳인데, 포도청은 포도대장 주관 아래 혹독한 고신과 자백 조작이 쉽게 일어날 수 있는 곳이라는 것이다. 이 때문에 채제공은 추국청의 기능을 포도청에 위탁하는 행위 자체를 근절할 것을 요구하였다.

> 만약 권신權臣이 당조當朝에서 단련鍛鍊하여 성안成案하려고 하면서, 더러는 의금부에서 더러는 포도청에서, 더러는 형신하고 더러는 곤장을 친다면 어느 사람이 벗어날 수 있겠는가? 한갓 아랫사람뿐만이 아니고 인군人君이 된 자가 한결같이 기개를 부려 자복받기를 쾌하게 여겨 만약 이 예를 활용한다면, 압슬과 낙형을 다시 사용하는 것과 무엇이 다르겠는가? 이 뒤로는 포도청에서 체포한 자 외에 이미 국청鞫廳에서 추문推問한 자는 포도청에 회부하지 말도록 하는 일을 영영 정제定制로 삼아 의금부 등록의 수편首編에다 크게 쓰도록 하라.210

영조는 채제공의 비판에 대해 반성의 뜻을 보이면서 수용하는 태도를 보였다. 그는 포도청으로의 하송이 이후 폐단의 단초가 될 수 있다는 점을 인정하였다. 자신이 포도청으로 보내 자백받기에 급급했던 행위는 이전 국왕들이 압슬형·낙형이라는 악형을 활용한 것과 비교하면 아무런 차이가 없을 정도로 문제가 된다고 보았다. 이 때문에 앞으로는 추국청 죄인을 포도청에 하송하지 않도록 조치하였다.

그러나 영조가 채제공의 의견을 전부 수용한 것은 아니었다. 채제공은 추국청·포도청의 등급 차이를 언급하며 역모죄인에 대한 포도청의 개입을 원천 차단할 것을 요구하였으나, 영조로서는 이를 온전하게 받아들일 수는 없었다.

---

210 《영조실록》 권83, 영조 31년 3월 29일 壬寅 "後若權臣當朝 欲其鍛鍊成案 或王府或捕廳 或刑或杖 何人得脫 非徒爲下 爲人君一使氣快其取服 若用此例 何異於壓膝 烙刑之再用 此後自捕廳捕捉者外 已自鞫廳推問者 勿下捕廳事永爲定制 大書於該府謄錄首編"

영조는 '포도청에서 체포한 자 외에 이미 국청에서 추문推問한 자'를 회부하지 말도록 제한을 하였는데, 이는 '추국청→포도청'의 하향이송을 중지한다는 의미였다. 다시 말해 원래는 '추국청→포도청→추국청' 등의 과정을 통해 포도청과 추국청 사이의 쌍방 이송이 제한없이 이뤄졌는데, 차후로는 한번 상위기관인 추국청으로 이송되면 하위기관인 포도청으로 하송하지 않는다는 '하송 금지'라는 한정적인 규정인 것이다.

영조의 '포도청 하송 금지' 조치는 정조 대 공식적으로 법제화되어 《대전통편》에 수록되었다. "국문鞫問하는 죄인과 연계되어 이미 의금부에서 추문推問을 받은 자는 포도청으로 하송하지 않는다."[211]는 포도청 하송 금지 조항이 대전류에 입법되었다. 이처럼 영조 말~정조 대 포도청 절차 개편이 의미하는 바는 '포도청→추국청'으로의 상향이송을 중지한다는 의미까지는 아니었고, 여전히 포도청을 추국청의 심문대리기관으로 활용하겠다는 의미였다.

> 이용범을 붙잡은 뒤에 포도청에서 샅샅이 문초해야 하는데, 국수鞫囚는 규례상 포도청으로 도로 돌려보낼 수 없으니 이 점이 크게 장애가 된다.[212]

이러한 포도청 이송조항 금지는 정조 10년(1786) 정조의 고민과 같은 결과를 낳는다. 정조는 유태수 추국에서 주동자 이용범을 추국청에서 심문한 뒤 포도청에 하송하여 상세히 조사하고자 했으나, 추국청 죄인은 포도청으로 하향이송할 수 없다는 조항 때문에 불가능하다면서 아쉬워하였다. 이처럼 영조의 포도청 이송 금지 조항은 추국청·포도청의 연계를 원천차단하는 방식이 아닌 하향이송만을 중지하는 방식으로 전개되었다. 여전히 포도청 악형의 가능성을 남겨둔 제한적인 조치였다.

---

211 《대전통편》〈刑典〉〈捕盜〉捕廳詳錄罪囚名字 "凡係鞫囚 已自王府推問者 勿下捕廳"
212 《일성록》 정조 10년 2월 11일 乙酉 "龍範捉來後 當自捕廳究問 而鞫囚例不得還送捕廳 此甚掣肘"

　　그렇다면 영조·정조는 역모추국에서 포도청 활용을 왜 지속하려 했던 것일까? 포도청의 악형 때문에 추국에서의 물고자가 급증하고, 신료들로부터 지속적인 반대 의견을 듣고 있었음에도 포도청 국문 기능이 추국 운영의 중요한 기능으로 제도화되었기 때문이다. 영조는 포도청이 추국의 1차 조사기관으로 활용되고 있는 현상을 ‘막부幕府’라고 표현한 바 있다.213 원래 포도청은 도둑을 다스리는 사법기관인데 무신란 이후에는 역적을 다스리는 사법기관이 되었다는 것이다.

　　　의금부의 체면은 형조와는 다르다. 만약 의금부에서 따져 물어 망측한 말이 많이 나온다면 다치는 사람이 반드시 많게 되어 인심이 진정될 수 없을 것이니 세도世道의 걱정이 어찌 그 끝이 있겠는가. 또 이미 의금부에 옮겨 가두고서 엄히 문초하지 않은 전례前例가 없고, 오랫동안 단단히 가두어 두었다가 뒷날 곧바로 결안結案에 대한 다짐〔侤音〕을 받는 것도 후일의 폐단에 관계되니, 모두 포도청에 엄하게 가두어 놓고 용형할 수 있는 때를 기다리는 것보다 못하다. 그가 만약 지레 죽는다면 전혀 아무 일이 없었던 것처럼 될 것이니, 인심이 저절로 진정될 것이다.214

　　정조 역시 추국 운영에 포도청의 기능을 민심 안정을 위한 수단으로 인식하고 활용하고자 했다. 정조는 역모 사건이 불러오는 민심 혼란을 우려하였고, 추국 과정에서 피의자 진술의 공개로부터 야기되는 문제를 억제하고자 하였다. 이에 최대한 포도청에서 조사를 진행하면서 준비를 한 후, 추국 시점까지 대기하는 것이 더 효과적이라고 보았다. 또한 포도청 수감 도중 피의자가 사망하더라도 비공개로 처리할 수 있어 비판 의견도 적을

213 《승정원일기》 760책, 영조 9년 5월 28일 戊申 "捕廳 則近來爲金吾之幕府矣"

214 《일성록》 정조 6년 4월 19일 乙酉 "王府體面 與秋曹有異 若自禁府究問 多發罔測之說 則傷人必
　　多 而人心莫可底定 世道之憂 容有其旣 且旣已移囚禁府而不爲嚴問 有非前例也 許久牢囚 來頭直捧結
　　案 亦關後弊 都不如嚴囚捕廳 以待用刑之日 而渠若徑斃 則可謂都無事 人心庶可自鎭矣"

것이라고 보았다.

조정 신료들이 반드시 추국할 것을 청하는 이유는, 죄인들을 포도청에만 맡기는 것에 대해 토죄討罪를 느슨히 한 것이라는 준엄한 논의가 일어날 것을 우려해서인 듯하다. …… 옛날 선조先朝께서는 이미 탄로난 역적 이탄의 일에 대해서도 오히려 샅샅이 신문하시지 않았으니, 그때의 처분은 참으로 지극한 것이었다. 삼사의 신하들도 한 번 계사를 올리고 감히 다시 말하지 않았다. 이훈李壎의 일로 말을 하면, 처음에는 포도청에 맡겼다가 두 글자의 흉언이 있은 뒤에서야 친히 국문을 하셨다. 하물며 이처럼 허황된 일에 대해 어찌 경솔하게 국문할 수 있겠는가.215

이처럼 정조는 지나치게 자주 추국을 개좌하여 정국을 혼돈시키는 것을 우려하여, 포도청에서의 자체적인 처리를 추구하였다. 영조 39년(1763) 밀운군 이훈에 대해 포도청에서 충분히 조사를 한 뒤, 증거가 명백해진 다음에야 추국을 전개했던 영조 대의 처분과 같이 정조 본인도 역모로 의심받는 건에 대해서는 충분하게 포도청에서 조사를 한 후, 추국을 열겠다는 입장을 보였다. 이 밖에도 정조 11년(1787) "구선덕은 이나 서캐와 같을 뿐이니, 어찌 의금부에 누累를 끼치겠는가. 정절을 구핵究覈하는 일은 포도청에서 거행하면 충분하다."216라면서 중대하지 않은 일에 추국을 열기보다는, 포도청에서 조사·심문하는 것이 옳다고 보았다.

역모 행위와 저지른 죄는 감히 함부로 신문할 수 없으니, 속히 대간의 청을 따라 추국청을 설치하여 끝까지 캐내야 합니다. 게다가 전옥서典獄署의 죄인

---

215 《일성록》 정조 12년 8월 3일 壬辰 "朝廷之必請鞫問 或慮峥嵘之議 以爲緩討也 …… 昔在先朝 坦賊旣綻之事 猶不究問 其時處分 猗歟至矣 三司之臣 一番啓辭 不敢更言 且以壎事言之 初則付捕廳 及有二字凶言之後 始爲親鞫 況此虛誕之事 豈可輕易鞫問乎"

216 《일성록》 정조 11년 1월 11일 庚辰 "善德如渠饑蝨 何累王府 鉤覈情節自捕廳擧行足矣"

은 잡범雜犯들과 뒤섞여 있어서 지키기가 몹시 어렵습니다. 역옥逆獄에 관계된 죄인을 어찌 예사롭게 가둘 수 있겠습니까. 추국청을 설치하는 문제는 설사 우선 천천히 하더라도 포도청으로 이송하는 것이 실로 사리에 합당합니다.[217]

정조 대 관료 층에서도 포도청 활용을 긍정하는 입장에 대한 공통적인 공감대가 형성되어 있었다. 정조 10년(1786) 형조 판서 정창성鄭昌聖, 형조 참판 김사목金思穆, 형조 참의 김이희金履禧가 공동으로 포도청 활용에 대해 언급하였다. 그들은 역모 행위에 해당하는 범죄는 반드시 추국청을 열어야 한다고 주장하였다. 하지만 현재로는 전옥서에 범범하게 가두어 두어 잡범들과 뒤섞인 것이 문제이니 만약 추국청을 설치하는 것이 어렵다면 먼저 포도청에서 수감하고 조사하도록 해야 한다는 주장이었다.

이처럼 정조 대에 들어 포도청의 추국 심문은 제도적 정비가 가해지고 있었다. 이에 따라 정조 및 당대 관료들에게 포도청의 추국 심문은 억제 대상이라기보다는, 1차적으로 활용해야 할 도구처럼 여겨지게 되었다. 이러한 결과 영조 대까지 추국에서 포도청의 활용이 지속적으로 타파해야 할 폐습이라고 여겨졌던 것과는 달리, 정조 대 추국에서 포도청 활용은 완연한 관행으로 자리잡게 되었다.

〈표 37〉은 정조 대《추안급국안》에 수록된 18개 사건에서 포도청 활용 빈도를 검토한 내역이다. 총 18건 사건 중 9개 사건에서 포도청을 활용하였는데, 비율로 환산하면 50%로 확인된다. 그러나 포도청을 활용하지 않은 9개의 사건은 타당한 이유가 있었다. 개인이 상소를 잘못 올려 대역죄인으로 몰린 사건 6건의 경우, 별도의 연합세력 없이 개인이 일으킨 정치적 문제임이 명확

---

217 《일성록》 정조 10년 12월 21일 庚申 "若其逆節負犯 不敢擅問 亟從臺請 設鞫究竟 斷不可已也 且典獄之囚 雜犯混處 防守甚難 關係逆獄之罪人 豈可尋常拘禁 設鞫縱或姑徐 亦當移送捕廳 實合事宜矣"

〈표 37〉 정조 대 추국 심문에서 포도청 활용 내역

시기	사건 명	포도청 심문 여부	추국청 조사 규모(명)
정조 즉위	이명휘 추국	X(개인 상소)	1
정조 즉위	이도현 추국	X(개인 상소)	6
정조 1	이종악 추국	o	22
정조 1	김방행 추국	X(개인 연루)	1
정조 1	전흥문 추국	o	70
정조 1	이성진 추국	X(개인 연루)	1
정조 1	홍낙임 추국	X(개인 연루)	1
정조 2	홍양해 추국	o	30
정조 3	정력·이진후 추국	o	10
정조 6	이유백·이택징 추국	o	10
정조 6	권홍징 추국	o	3
정조 6	김정채·송환구 추국	o	4
정조 6	문인방·이경래 추국	o	8
정조 8	김하재 추국	X(개인 상소)	1
정조 9	유태수 추국	o	18
정조 11	이광운·한채 추국	X(개인 상소)	2
정조 16	윤구종 추국	X(개인 상소)	1
정조 20	정호인 추국	X(개인 상소)	2
	포도청-추국청 이중 국문 사건	9건(50%)	175명
	추국청 단독 심문 사건	9건(50%)	16명

했으므로 포도청을 거칠 필요가 없었고, 정조 1년(1777) 병신옥사의 연장 조치로 행해진 추국 3건에서도 역시 각 개인에 대한 치죄 작업이 이뤄졌으므로 포도청을 거칠 필요가 없었다. 아직 사건의 연합세력이 존재할 가능성이 있거나 사건의 실체가 충분히 밝혀지지 않았다고 판단되는 사건들에 대해서는 포도청에서의 대리 수사가 적극적으로 활용되었으나, 포도청의 역할까지 필요하지 않은 경우에는 생략하기도 한 것이다.

포도청·추국청 연계 심문 사건·추국청 단독 심문 사건 양자 간의 규모를 비교해 보더라도 차이가 명백하다. 정부는 시급하고 대규모 사건일수록 포도청 기능을 적극적으로 활용하였다. 정조 1년(1777) 정유역변에 해당하는 전흥문 추국에서는 70명이 조사를 받았고, 정조 2년(1778) 홍양해 추국에서도 30명이 대거 조사를 받았다. 이처럼 포도청과 연계된 사건들은 대규모 사건들이었고, 총 9개 사건에서 175명이 조사를 받아 평균 1사건당 19.5명이 조사를 받은 사건이었다. 이와는 반대로 포도청이 개입되지 않고 추국청이 단독으로 심문한 사건들 9건은 모두 개인 상소 및 개인 연루자들을 조사한 사건이었다. 이 사건 9건에서는 총 16명이 조사를 받았는데, 사건당 평균 1.7명이 조사를 받았음을 확인할 수 있다. 이를 보면 정부는 시급하고, 규모가 큰 사건은 예외없이 포도청 기능을 활용하였음을 확인할 수 있는 것이다.

그렇다면 정조 대에는 추국청-포도청 연계 과정에서 지속적으로 문제가 제기되어 왔던 '잔혹성'과 '허위 조작 가능성' 문제를 어떻게 해결하고자 했을까? 정조는 포도청의 활용이 이미 제도적으로 정착된 것이라고 판단하였고, 이를 법제 정비를 통해 관리하고자 하였다. 영조 31년(1755) "이후로는 이미 국청鞠廳에서 추문推問한 자는 포도청에 회부하지 말도록 하는 일을 영영 정제定制로 삼아 의금부등록의 수편首編에다 크게 쓰도록 하라.218"는 수교를 정조는 "국문鞠問하는 죄인과 연계되어 이미 의금부에서 추문推問을 받은 자는 포도청으로 내리지 않는다."219라고 《대전통편》에 수록하고 영구 법식으로 고정하였다. 이렇게 함으로써 추국청-포도청을 쌍방이송하는 과정에서 신체고신이 중첩되지 않도록 조치한 것이다.

추국한 죄인에게 용형用刑할 때 차례가 되기 전에 곧바로 공초供招한 자, 지레 죽을 우려가 있는 자, 정황상 다시 신문해야 할 자에 대해서는 위관委官

---

218 《영조실록》 83권, 영조 31년 3월 29일 壬寅 "此後自捕廳捕捉者外 已自鞠廳推問者 勿下捕廳事永爲定制 大書於該府謄錄首編"
219 《대전통편》〈刑典〉〈捕盜〉 捕廳詳錄罪囚名字 "凡係鞠囚 已自王府推問者 勿下捕廳"

의 의견을 임금에게 논계論啓하여 형문刑問을 정지한다.220

　한편 포도청에서 이미 고신을 심하게 겪고 올라온 자들에 대한 지나친 고신도 억제하도록 조치하였다. 형추하기 이전에 이미 진술을 마친 피의자, 사망 우려가 있을 정도로 건강이 악화된 피의자, 그리고 추가적으로 심문해야 하는 자에게는 형추를 중지하도록 규정하였다. 포도청-추국청 이중 국문이 보편화됨에 따라 이미 포도청에서 고신을 겪고 올라온 피의자들의 물고 비율이 급증하고 있었는데, 정조는 이들의 건강상태를 고려하도록 법제화함으로써 물고 문제를 해결하고자 한 것이다. 이는 개인의 신체에 대한 무분별한 폭력을 억제하려는 18세기 조선정부의 노력이 반영된 연쇄적인 법률의 발전과정이라고 판단할 수 있다.

　　포도청은 죄인들의 이름자를 상세히 기록해야 하며, 죄인들을 추문推問하여 조사한 월일月日을 별도로 써서 문안文案으로 작성하여 훗날 참고하는 데 증빙으로 삼게 한다.221

　정조는 포도청에서의 기록을 엄격하게 관리하여 포도청 심문의 '허위 조작 가능성'을 억제하고자 하였다. 포도청 심문은 포도대장 단독으로 운영하기 때문에 사건 조작이 가능하다는 채제공의 지적처럼 포도청 심문 내용은 조작 가능성에 노출되어 있었다.222 포도청에서 포도대장 및 포교들의 사적인 욕심으로 무고한 자를 범인으로 만든다든지, 진술 내용을 강제한다든지 하는 강압 수사의 문제가 있었다.223 이에 대해 포도청 심문 대상의 성명, 조사 월일을

---

220 《대전통편》〈刑典〉〈推斷〉推鞫罪人用刑 "推鞫罪人用刑時準次前直招者 及有徑斃之慮者 及或情節更問者 則委官意見 論啓停刑"
221 《대전통편》〈刑典〉〈捕盜〉捕廳詳錄罪囚名字 "捕廳詳錄罪囚名字 別書推覈月日 作爲文案以憑後考"
222 《영조실록》 권83, 영조 31년 3월 29일 壬寅.

별도로 쓰고 내용을 문안으로 작성하여 객관적인 증빙자료로 삼게 하였다. 실제로 정조 10년(1786) 추국에서 포도청 문안을 근거로 죄상을 판단하는 사례가 나타나기도 할 만큼[224] 포도청의 기록을 상세하게 관리하도록 하였다.

이상과 같은 조치가 갖는 의미는 추국 과정에서 발생하는 국가폭력의 문제를 공적질서 속에서 제도화하여 관리하려는 시도였다. 포도청이 1차 기본 심문을 담당하는 역할이 강화되면서 포도청 차원에서 신체고신, 조사 기록 조작이 나타날 문제 소지가 있었다. 포도청에서 조사 기록을 위조·조작할 수 없도록 하여, 국가 폭력의 또 다른 양상을 야기하지 않도록 조치한 것이다.

이제 우리가 확인해 볼 사항은 포도청 활용 방안이 실제 국가폭력 문제를 얼마나 억제하고 있었는가이다. 앞서 지속적으로 검토해 왔듯이 ① 정조 대 추국청의 신체고신은 50% 이상 하락하고 있었고, ② 포도청 심문을 제도화하여 관리하기 시작하였다. 이를 보면 정조 대에는 포도청-추국청 2중 심문 구조가 활성화됨과 더불어 '더 적은 신체고신'을 지향하는 제도화가 이뤄지고 있었음을 확인할 수 있다.

〈표 38〉 17~19세기 추국의 물고자 비율

내역	선조	광해군	인조	효종	현종	숙종	경종	영조	정조	순조	철종	현종	고종	합
물고자 수(명)	0	49	90	32	0	39	2	272	21	6	1	0	2	51
전체 피심문자(명)	28	94	781	139	2	510	11	1191	191	125	48	21	158	329
물고자 비율(%)	0.0	52.1	11.5	23.0	0.0	7.6	27.3	22.8	10.9	4.8	2.1	0.0	1.3	15

*출전 : 《추안급국안》

정조 시기는 추국청에서의 물고 문제가 해소되기 시작한 전환기였다. 추국청에서의 물고는 지속적인 문제로 여겨져 왔다. 광해군에는 전체 추국대상자

---

223 차인배, 2024, 〈19세기 '신인득 투절사건(申仁得 偷竊事件)'을 통해 본 포도청 수사방식의 특징〉, 《법사학연구》 69, 140~141쪽 참조.
224 《일성록》 정조 10년 12월 10일 己酉.

의 절반이 넘는 52.1%가 물고 당할 정도로 추국청은 혹독하기로 알려졌다. 인조, 효종, 숙종대까지 10~20% 내외를 유지하던 물고 비율은 포도청 악형을 적극적으로 도입하면서 영조 대 22.8%로 급격하게 높아졌다. 그러나 물고자 비율은 정조 대 10.9%대로 50% 이상 감소하였고, 이후 19세기 통틀어 9명에 불과할 만큼 추국청에서의 물고는 종식되어 갔다.

<표 39> 정조 대 추국 사건의 물고 내역

시기	사건 명	물고자 수(명)	추국청 조사 규모(명)
정조 즉위	이명휘 추국		1
정조 즉위	이도현 추국		6
정조 1	이종악 추국	2	22
정조 1	김방행 추국		1
정조 1	전흥문 추국	9	70
정조 1	이성진 추국		1
정조 1	홍낙임 추국		1
정조 2	홍양해 추국	1	30
정조 3	정력·이진후 추국	2	10
정조 6	이유백·이택징 추국	2	10
정조 6	권홍징 추국	1	3
정조 6	김정채·송환구 추국		4
정조 6	문인방·이경래 추국	1	8
정조 8	김하재 추국		1
정조 9	유태수 추국	2	18
정조 11	이광운·한채 추국		2
정조 16	윤구종 추국	1	1
정조 20	정호인 추국		2
	전체 물고자 수	21명	191명
	물고자 비율	10.9%	100%

더 구체적으로 정조 시기에 물고가 발생한 사건들을 검토해 보면 물고 사건들이 대체로 병신옥사·정유역변 등 정조 초기 정변에 집중되어 있음을 알 수 있다. 이 관련 사건들인 정조 1년(1777) 이종악 추국, 전흥문 추국, 정조 2년(1778) 홍양해 추국에서 물고자 총 12명이 발생하였는데, 이는 정조 대 추국청 물고자 21명 중 57%에 해당하는 비율이다. 정조 대 물고자가 발생한

시기는 여전히 영조 대의 추국 폐습이 강하게 잔존하던 정조 초반기에 집중되어 있었고, 폐습을 정비해 간 나머지 시기에서는 점차 물고가 억제되고 있었던 것이다.

정리하자면, 정조 대에 이르러 포도청의 1차 심문 기능이 제도화되면서, 포도청-추국청의 이중 국문 구조는 법제적 정비를 통해 관리되기 시작하였다. 이는 무분별한 신체고신과 자의적 기록 조작 등 국가폭력의 문제를 공권력 내에서 통제하려는 시도였다고 볼 수 있다. 그 결과 정조 대에는 추국 과정에서 신체고신 비율이 크게 감소하였고, 물고 문제 역시 해소되어 가는 추세를 보였다. 이러한 정조 대의 형정 정비 노력은 18세기 조선정부가 개인의 신체에 대한 과도한 공권력 행사를 억제하고, 법질서 확립을 통해 통치의 정당성을 확보하고자 했던 일련의 과정으로 이해할 수 있다.

3. 탕평정치기 형정개혁의 성과와 19세기 추국

1) 추국청 전담 원칙의 완화와 상향식 추국 확대

역모 추국은 원칙적으로 종1품 의금부 추국청에서만 시행할 수 있었다. 정2품 형조, 종2품 포도청은 의금부 추국청보다 관품이 낮았기 때문에 수사 도중의 사건이 역모사건이라고 밝혀질 때에는 즉시 의금부로 상향이송하도록 되어 있었다. 역모는 유교적 통치에 대한 직접적인 저항이었기 때문에 이를 국왕이 직접 주관하는 의금부 추국청에서 해소한다는 '특수사건 전문기관'으로서의 의미를 지닌 것이었다. 그러나 영조 초기 격화된 역모 사건에 대응하기 위해 종2품 관서인 포도청과 연계하여 포도청-추국청의 이중 국문 방식을 도입하였다. 추국청에서는 압슬형, 낙형 등 악형이 금지되었기 때문에 포도청에 주리틀기, 곤장 등의 악형을 허용함으로써 자백을 유도하도록 한 것이다.

영조 4년(1728) 무신란 이후 정착된 포도청-추국청의 이중 국문구조는 각 죄인들에게 가해지는 신체적 부담을 높이는 결과를 낳고 있었다. 포도청에서 주리틀기, 곤장 등의 악형을 당하면서도 자백을 하지 않으면, 추국청으로 상향이송되어 다시 법으로 정해진 고신을 받게 되었다. 그리고 만약 추국청에서 자백을 하지 않으면 다시 포도청으로 하향이송되어 주리틀기, 곤장을 당하게 되었다. 이처럼 추국청-포도청의 이중 국문구조는 개인 신체에 대한 반복적인 고신을 가능하게 하였고 물고자의 비율을 높이는 부정적인 결과로 이어졌다.[225]

이러한 문제에 대한 조정 작업은 무신여당이 대부분 진압된 영조 후반기에 이뤄졌다. 영조 35년(1759) 영조는 추국청-포도청을 쌍방으로 제한없이 이송하는 관행을 금지시켰다. 그리고 포도청에서부터 추국청으로 상향이송만을 허용하되, 추국청으로부터 포도청으로 이뤄지는 하향이송을 제한하였다. 이는 이중 국문구조에서 비롯되는 무제한적인 신체고신을 방지하고 그것으로부터 비롯되는 물고 현상을 억제하기 위한 노력이었다. 정리하자면 영조 대의 추국 운영은 '추국청 단독추국 → 추국청·포도청 이중추국 → 추국청·포도청 제한적 이중추국' 구조로 점차 변화하고 있었다.[226]

이처럼 정부의 일관적인 방향성은 추국에서의 과도한 신체고신을 근절하는 데 있었다. 포도청에 심문 기능을 이관함으로써 나타나는 물고 문제를 해

---

225 추국청-포도청 이중 국문 구조는 이 책의 3장 3절 3항 〈포도청 국문 도입과 물고의 증가〉에서 자세하게 확인할 수 있다.

226 이중 국문 구조의 정비 과정은 4장 2절 3항 〈포도청 하송 금지와 물고의 감소〉를 참조.

결하기 위해, 포도청의 심문 기능을 일부 억제하는 방식으로 전개하였다.

첫 번째, 지방사법기관에서 충분한 1차 조사를 진행한 후 추국청을 개좌하는 방식으로 바꾸면서, 추국 심문 절차를 확대하였다. 지방사법기관을 역모 사건의 1차 수사 기관으로 활용하려는 시도는 정조 대 이후 점차 활성화되었다.

18세기 중반 영조 대까지 수령, 감사 직급의 지방사법기관은 사건에 대해 조사를 하되 해당 사건이 '역모 사건'의 성격을 띠면 즉시 조사를 중단하고 국왕에게 보고하도록 되어 있었다. 예를 들어 영조 5년(1729) 이석효 추국에서 여주목사 박황朴璜이 윤7월 30일 역모 내용이 담긴 서찰을 발견하여 연루자 이석효李錫孝, 민세철閔世哲을 조사한 뒤 8월 2일 경기 감사 조최수趙最壽에게 서찰, 연루자의 물품 및 조사 기록을 첩정(牒呈: 서면으로 상관에게 보고함)을 올려 보고했다.[227] 첩정을 받아본 경기 감사 조최수는 8월 4일 당일 즉시 국왕 영조에게 보고를 올렸고, 그날 밤 친림추국이 개좌되었다.[228]

영조 16년(1740) 양재구 추국에서도 7월 27일 양산 군수 김이만金履萬이 양재구의 역적 고발 시도를 듣고 즉시 조사하여 그 결과를 7월 30일 경상감사 정익하鄭益河에게 첩보하였고, 경상감사 정익하는 이를 8월 3일 영조에게 즉시 장계로 보고하였다. 이 결과 영조는 즉시 양재구를 경상감영으로부터 압송하게 하였고 압송받은 8월 10일 금부추국을 개좌하였다.[229]

영조 16년(1740) 노택 추국에서 무안현감 김상구金尚耉, 우영장 이태상李泰祥, 순창군주 신치복辛致復, 옥과현감 정동량鄭東良, 광주목사 조두수趙斗壽, 김제군수 신종하申宗夏, 진안현감 조집명趙集命이 공동 조사한 내용에 대해, "변란에 대한 글이 본디 제출된 후에는 감히 지방에서 조사할 수 없으므로 여

---

227 《추안급국안》 영인본 권16 837~847면, 번역본 48권 305~318쪽.
228 《추안급국안》 영인본 권16 847면, 번역본 48권 320쪽.
229 《추안급국안》 영인본 권20 583~586면, 번역본 60권 21~27쪽.

태까지의 보고 및 죄인의 진술을 모두 베껴서 급히 보고드립니다.”[230]라고 전라감사 권혁權爀이 장계를 올렸다. 영조는 즉시 노택魯澤을 전라감영으로부터 압송하도록 하고 한양에 도착한 즉시 추국을 개좌하였다.[231]

감사·어사가 직접 발견한 사건 역시 ‘역모 사건’의 성격을 띠면 즉시 국왕에게 상송하도록 되어 있었다. 영조 15년(1739) 전라도 민심을 위무하러 파견된 선유어사 이이장李彝章이 우연히 역적모의를 정탐하여 이를 조사하고 국왕에게 보고하였다. “국옥鞫獄에 관련된 자들의 경우 지방에 있는 신하가 함부로 논의할 수 있는 바가 아니므로 어떻게 처리해야 할지 모르겠습니다.”[232]라며 선유어사 이이장이 대처방안을 묻자, 영조는 즉시 친림추국을 진행하도록 명하였다. 영조 19년(1744) 김은창 추국에서도 전라감사 조영국趙榮國이 김은창金殷昌의 역적 무고 혐의가 있다며 영조에게 압송하였고,[233] 영조 24년(1748) 이지서 추국의 경우 흉언을 유포하던 이지서를 충청 감사 이창의李昌誼가 체포하여 보고하였고 “중대한 사건이니 즉시 추국을 열어야 합니다.”[234]는 조현명의 조언에 따라 즉시 압송하여 5월 23일 친림추국하였다.[235]

만약 감사가 역모 사건에 대해 즉시 국왕에게 보고하지 않고 자체적으로 처리하면 처벌 대상이 되었다. 예를 들어 영조 10년(1735) 서무필 추국에서 경상감영에 흉서가 걸린 사건에 대해 경상감사 김시형金始炯이 적발하고 선조사를 하였으나, 즉시 국왕에게 보고하지 않고 자체적으로 조사를 개시했다는

---

230 《추안급국안》 영인본 권20 673면, 번역본 60권 149쪽 “變書旣出之後 不敢自外方按問 前後報狀 及罪人供辭 竝只沒謄 急急馳啓爲白去乎”

231 《추안급국안》 영인본 권20 674면, 번역본 60권 151쪽.

232 《추안급국안》 영인본 권20 352면, 번역본 59권 56쪽 “勿論虛實 干連鞫獄 則有非在外之臣所不 擅議 未知何以處之 爲白乎乙喻”

233 《추안급국안》 영인본 권20 793면, 번역본 60권 305쪽.

234 《승정원일기》 1029책, 영조 24년 5월 20일 癸卯 “此罪人等 關係甚重 事當設鞫矣”

235 《영조실록》 권67, 영조 24년 5월 23일 丙午.

이유로 처벌 논의가 제기되기도 했다.[236]

위의 내용에서 살펴볼 수 있는 사항은 영조 시기까지 '역모 사건'은 철저하게 국왕이 주재하는 의금부 추국청에서 단독으로 수사할 수 있었을 뿐, 지방 사법기관에서 자체적으로 수사할 수 없었다는 점이다. 설령 어떠한 사건에 대해 지방에서 조사를 시작했더라도 해당 사건이 국가의 안위와 관련된 역모의 성격을 띠고 있으면 즉시 조사를 중단해야 했다. "변란에 대한 글이 본디 제출된 후에는 감히 지방에서 조사할 수 없으므로 여태까지의 보고 및 죄인의 진술을 모두 베껴서 급히 보고드립니다."[237]는 전라감사 권혁의 장계, "국옥鞠獄에 관련된 자들의 경우 지방에 있는 신하가 함부로 논의할 수 있는 바가 아니므로 어떻게 처리해야 할지 모르겠습니다."[238]라는 선유어사 이이장의 장계는 지방사법기관에서 수사를 자의적으로 개시하고 확대할 수 없었던 사정을 보여 준다.

그러나 정조 대에 들어서면서 점차 추국의 운영방식에 대한 포괄적인 대처가 대두되기 시작했다. 정조는 추국을 통해 죄인을 치죄하는 방식보다도, 추국을 억제하면서 하위사법기관 단계에서 무마시키는 것이 오히려 민심을 안정시키는 방안이라고 보고 있었다. 예를 들어 정조 11년(1787) 지방에서 정감록 참위설에 기대어 조선국가멸망론을 퍼뜨린 사건에 대해 의금부에서 즉시 체포하여 추국을 열 것을 건의하였으나 정조는 이를 허락하지 않았다. "어리석은 백성이 유언비어에 현혹되었을 뿐이지 역모하려 한 것이 아니다. 공초에 따라 체포한다면 더욱 소란스럽게만 만들 뿐이다."[239]라면서 추국 개시에 반대하였다. 백성들이 단지 유언비어에 현혹되었을 뿐 역모할 생각은 없었다

---

236 《승정원일기》 771책, 영조 10년 1월 2일 己卯.
237 《추안급국안》 영인본 권20 609~673면, 번역본 60권 61~149쪽.
238 《추안급국안》 영인본 권20 352면, 번역본 59권 56~59쪽.
239 《홍재전서》 권167, 〈日省錄 七〉〈政事 二〉 "愚民惑於訛耳 非反也 隨供隨逮 徒增繹騷"

고 보고, 중앙 의금부에서 체포하면 오히려 문제를 확장시킬 것이라고 판단했기 때문이다.

정조는 의금부 추국청에 올리기 이전 지방사법기관 단계에서 충분한 조사가 이뤄져야 한다고 보았다. 그는 의금부 추국청이 반드시 모든 사건을 직접 담당해야 한다고 보지는 않았다. 정조는 의금부에서 여러 번 추국을 열어 체포하기를 청하였지만 그때마다 허락하지 않고, 죄인들을 본래 지방으로 돌려보내고 찰리사 이시수李時秀를 파견하여 사건을 1차적으로 조사하도록 조치하였다. 특히 강조한 부분은 죄인으로 특정된 인물이 억울하게 고발당한 피해자인지, 실제 범죄에 가담한 정범正犯인지를 명확히 구분해야 한다는 것이었다. 이 때문에 고발인의 발언에 대해 증거를 정확하고 분명하게 확인하여 실정과 자취가 종합적으로 드러난 뒤에야 비로소 체포하도록 조치하였다.[240]

정조는 추국청을 지나치게 쉽게 개좌하고, 많은 죄인들을 체포하면 오히려 민심을 어지럽히는 역효과가 나타날 수 있다고 보았다. 그는 고신을 받는 죄인들이 불가피하게 허위사실을 언급할 수 있다는 점에 유의했다. "고신을 받는 중에는 꼭 진실만을 말하도록 하기 어렵다. 그런데 만약 죄인의 공초에 의거하여 그때그때 나장羅將을 파견한다면 억울하게 걸려들 우려가 이치상 반드시 닥치게 될 것이다."[241]라며 추국에서 진술되는 발언들이 허위일 수 있기 때문에 쉽사리 체포 범위를 확대해서는 안 된다고 보았다. 특히 정감록 참위설과 같은 왕조망국론에 대해 "가만히 두어 진정시켜 시간이 지난 후 저절로 가라앉도록 하는 편이 더 낫다."[242]는 입장에서 지나치게 추국을 남설해서는 안 된다고 본 것이다. 이 때문에 지방사법기관에서의 충분한 조사가 이뤄진

---

240 《일성록》 정조 11년 7월 9일 甲戌.

241 《홍재전서》 권167, 〈日省錄 七〉〈政事 二〉"棼拷掠之下 難責其情實 若依囚招 隨發緹騎 則橫罹之
　　患 理所必至"

242 《홍재전서》 권169, 〈日得錄 九〉〈政事 四〉"不如靜而鎭之 以竢其久則自息之爲愈"

후에 추국청으로 상향이송하는 위계적 단계를 거치는 방식이 필요하다고 보았다.

이처럼 '역모 사건'에 대해 위계적인 행정시스템을 충분히 활용하고자 하는 시도는 정조 초기부터 나타났다. 정조 2년(1778) 홍양해 추국에서 지방사법기관을 활용하는 방식에 대해 검토해 보자. 같은 해 7월 공충감사(이하 충청감사)243 서유린徐有隣은 '한후익·홍양해 등 역모세력이 《명의록》이 가짜 의리이고 정조 초기 병신옥사에서 홍인한에 대한 처분은 잘못되었다는 주장을 퍼뜨리고 있다'244는 장계를 정조에게 올렸다. 이는 정조의 즉위를 지속적으로 반대했던 홍인한에 대한 비호이자 반정조세력의 역모 시도를 의미하였다.

> 이번에 공충감사公忠監司가 비밀리에 보고한 장계를 살펴보았다. 비록 여론을 진정시킬 의도로 단지 어사御史에게 명령하여 조사하게 했지만, 장계 안에서 체포하게 해 달라고 했던 세 사람에 대해서 구금하는 조치를 취하지 않을 수 없다. 윤창정, 윤문연, 윤수검 세 사람을 모두 의금부에 붙잡아와 가두고 결말이 날 때까지 기다리도록 하라.
>
> – 정조 2년(1778) 7월 9일245

충청감사 서유린의 장계의 내용으로 보건대 이 사건은 명백하게 병신옥사·정유역변을 연계하는 사건으로서 역모에 해당하는 것이므로, 일반적인 관례라면 추국을 직접 개좌하는 것이 정상적인 절차였다. 그러나 정조는 추국을 여는 행위가 민심을 오히려 혼란스럽게 할 수 있다고 생각했기 때문에, 곧바

---

243 충청도는 정조 1년(1777) 역적의 출생지라는 이유로 공충도로 개칭되었고(《정조실록》 권4, 정조 1년 8월 28일 辛酉) 정조 2년(1778) 홍충도로 개칭되었으며(《일성록》 정조 2년 7월 30일 정사) 정조 3년(1779) 다시 충청도로 불렀다.(《정조실록》 권7, 정조 3년 3월 27일 辛亥)

244 《정조실록》 권6, 정조 2년 7월 18일 乙巳.

245 《추안급국안》 영인본 권23 465면, 번역본 68권 219쪽 "傳曰 觀此公忠監司密啓狀本 雖以鎭物之意 只命御史按覈 狀啓中請捕三人 不可無因繫之擧 尹昌鼎尹文淵尹守儉竝 令該府拿來囚 以待決末"

로 추국을 열지는 않았다. 대신 '여론을 진정시킬 의도에 따라' 7월 9일 규장각 직각 정지검鄭志儉을 안핵어사로 삼아 충청감사 서유린과 연계하여 조사하도록 조치하였다.246

> 공충도公忠道 공주목公州牧 안핵어사按覈御史 정지검과 공충감사 서유린이 이번에 연명으로 올린 밀계密啓를 살펴보았더니, 이제 단서가 이미 드러나 흉악한 심보를 감추기 어렵게 되었다고 한다. 공주목에 갇혀 있는 죄인들을 의금부에 명령하여 한꺼번에 붙잡아 오도록 하라고 분부하라.
>
> ― 정조 2년(1778) 7월17일247

이에 따라 7월 9~17일 약 9일 동안 충청감사 서유린과 안핵어사 정지검이 1차 조사를 실시한 후 이에 대한 밀계를 제출하였다. 이 밀계의 내용을 검토한 정조는 '단서가 이미 드러나 흉악한 심보를 감추기 어렵게 된 상황'이라고 판단하였고, 공주목에 갇혀 있는 죄인들을 압송하도록 조치하였다. 이와 같은 밀계에 따라 7월 18일 곧바로 친림추국을 개좌하였고 8월 3일까지 친림추국 4회, 금부추국 2회 총 6회의 추국을 개좌하여 31명을 심문하였다.

그렇다면 충청감영에서 진행된 1차 수사의 진척 정도는 어느 정도였을까? 이에 대해서는 밀계의 원본이 남아 있지 않아 완전하게 복원할 수는 없지만, 이에 대한 진술들을 바탕으로 재구성할 수 있다.

a) 맹명원이 진술하기를
"… 윤범직이 서명완과 서로 친하게 지냈는데, 일찍이 또한 윤약연과도 서로 친했습니다. 그러므로 틀림없이 그런 이야기를 했을 것입니다."라고

---

246 《정조실록》 권6, 정조 2년 7월 18일 乙巳.

247 《추안급국안》 영인본 권23 465면, 번역본 68권 220~221쪽 "傳曰 觀此公忠道公州牧按覈 御史 鄭志儉本道臣徐有隣聯名密啓 今則端緒旣露 凶肚難掩 公州牧在因罪人 卽令王府一倂發捕事分付"

하였다.

정조가 답하기를

"이는 모두 네가 공충감영에서 승복했던 대목이니 다시 아뢸 필요가 없다."

라고 하였다.248

b) 맹진화가 진술하기를

"… 저도 역시 윤범성과 더불어 이야기를 나누었습니다. 그 후에 이처럼 주고받았던 이야기를 제 아저씨인 맹성원에게 말해 주었으며, 맹성원은 또 이런 이야기를 서명완에게 전해 주었습니다."

라고 하였다.

정조가 답하기를

"이는 이미 공충감영에서 진술을 바쳤던 대목이니 굳이 다시 아뢸 필요가 없다."

라고 하였다.249

위를 통해 충청도 감영에서 상세한 내용까지도 기초 조사를 담당하였음을 추론할 수 있다. a)에서 정조는 맹명원의 진술에 대해 이미 공충감영에서 밝혀진 내용이므로 추국청에서 중복 진술할 필요가 없다고 하였고, b)에서 맹진화의 진술에 대해서도 동일하게 대응했다. 정조는 피의자들의 발언이 기존 지방감영에서 진술한 내용과 중복된다면서 굳이 추국청에서 다시 말할 필요가 없다고 논하고 있다. 여기에서 피의자 맹명원·맹진화가 논하고 있는 내용들은 주로 상세한 인적 관계에 대한 내용들인데, 이렇게 상세한 내용까지도 이미 감영 수준에서 충분히 1차 조사가 끝났음을 확인할 수 있다.

---

248 《추안급국안》 영인본 권23 474면, 번역본 68권 236쪽 "供日 此有委折 尹範稷與徐命完相親 曾亦與若淵相親 故必有此說矣 問日 此已納招於監營之事 不須更告"

249 《추안급국안》 영인본 권23, 477면, 번역본 68권 240쪽 "供日 …… 故矣身亦與之酬酢矣 其後以此酬酢言於矣叔聲遠 矣聲遠又以此傳說於徐命完矣 問日 此皆汝之承款於監營之事 不必更告"

a) 네(맹명원)가 공충감영에서 대질했을 때 이미 서명완에게 말이 꿀렸었는데, 이제 임금이 장전에서 직접 심문하는데 어찌 딱 잡아떼느냐?[250]

b) 공충감영에서 대질했을 때 강건이 처음에는, 제가 틀림없이 나라를 원망했다고 저(윤득연)를 거론했었습니다. 그러다가 제가 강건과 대질하게 되었을 때에는 강건이 과연 말이 꿀렸었는데, 어찌 흉악한 이야기를 주고받은 적이 있었겠습니까?[251]

한편 충청감영에서의 조사를 통해 피의자 간 상호충돌하는 진술에 대한 평가도 이뤄진 것으로 보인다. a)에서 추국청에서는 충청감영에서 맹명원과 서명완의 대질심문한 내용을 확보하고 있으며, 서명완의 진술이 더 타당했다는 평가를 완료한 상태임을 알 수 있다. b)에서는 오히려 피의자 윤득연이 감영에서 강건과 대질심문한 내용을 바탕으로 자신의 진술이 타당했음을 주장하고 있었다. 위의 내용을 검토하면 감영에서 피의자 간 대질 심문을 통해 서로 진술이 어긋나는 부분을 확인하고 누구의 진술이 사실에 부합하는지 판단을 내린 상태였음을 확인할 수 있다. 이 때문에 '누가 대질 심문에서 이치에 맞지 않았는지, 누가 타당한지'에 대한 판단을 내리고 초기 수사 정보를 확보해 놓을 수 있었다. 위와 같은 상세한 검토를 거쳐 충청감사는 "나라를 원망하는 많은 무리들이 밤낮으로 이리저리 얽혀 일을 꾸미는 데 그 정황이 망측합니다."[252]라면서 해당 사건이 역모 사건으로서 구성요건을 갖추고 있다고 판단하였다.

---

250 《추안급국안》 영인본 권23, 474면, 번역본 68권 236쪽 "汝於監營面質時 已見屈於命完 今於帳殿 安敢抵賴乎"

251 《추안급국안》 영인본 권23 502면, 번역본 68권 282쪽 "監營面質時 姜鍵初以 矣身應當怨國是如 是遣 援引矣身矣 及與鍵面質則 鍵果語屈矣 安有酬酢凶言之事乎"

252 《추안급국안》 영인본 권23 466면, 번역본 68권 223쪽. "有許多怨國之徒 晝夜綢繆 事情叵測"

이처럼 이 사건에서 감영 수준의 조사는 단순히 사건을 파악하는 수준에 그치는 것이 아니었다. 9일 동안의 충분한 시간을 두고 관련자의 진술을 면밀히 검토하고 상호충돌하는 진술들을 단순히 나열하지 않고 대질심문을 거쳐 사건 실체를 확보하는 수준에까지 이른 것으로 보인다. 이 때문에 추국청에서는 감영에서의 조사 기록을 근거로 추국을 진행하였고, 중복되는 진술을 억제하였으며 신속하고 명백한 추국 진행을 할 수 있었다.

〈표 40〉 정조 대~19세기 지방감사의 추국사건 1차 조사 내역

연도	사건 명	내역	참여 주체
정조 2	홍양해 추국	추국 전 1차 조사	충청감사
정조 6	권홍징 추국	추국 전 1자 조사	충청감사
정조 6	문인방 추국	추국 전 1차 조사	평안감사
정조 9	유태수 추국	추국 전 1차 조사	함경감사
순조 1	이가환 추국	추국 전 1차 조사	경기감사
순조 1	강이천 추국	추국 전 1차 조사	함경감사
순조 1	신유년 추국	추국 전 1차 조사	전라감사
순조 19	김재묵 추국	추국 전 1차 조사	각 도 감사
헌종 2	정규흠 추국	추국 전 1차 조사	충청감사
고종 3	병신년 추국	추국 전 1차 조사	경기감사

이에 따라 정조 대 이후로는 지방사법기관 차원에서 역모 추국의 예비조사가 점차 활성화되기 시작하였다. 위에서 검토할 수 있듯이 정조 대부터 순조, 헌종, 고종 대에 이르기까지 추국 운영에서 지방사법기관의 역할이 증대되었다. 예를 들어 순조 29년(1829) 강도 살인 혐의를 받은 김수온을 조사하는 과정에서 추국청은 "너의 흉악한 모의와 역적질의 진상은 강화 유수영의 최초 조사와 포도청의 2차 조사에서 모두 자백했다."[253]면서 기존 강화 유수영·

---

253 《추안급국안》 영인본 권27 985면, 번역본 81권 362쪽 "矣身之凶圖逆節 沁營初査 捕廳申覈 已
盡輸服"

포도청의 2차에 걸친 상향식 조사 방식을 통해 실체가 확보되었음을 강조하였다. 이처럼 지방사법기관의 조사기록은 추국청에서의 수사의 근간으로 활용되면서, 추국 운영에 중대한 역할을 담당하게 되었다.

이와 같은 맥락에서 19세기 추국은 사회 변동과 조응하여 점차 그 권한을 지방사법기관과 분담하는 양상으로 변화한다. 예를 들어 지방에 설치된 전패殿牌를 훼손하거나 위해를 가하는 전패작변殿牌作變 범죄를 들 수 있다. 전패작변 사건은 17세기 중반부터 등장하기 시작했으며, 18세기 중반 영조 시기에는 《속대전續大典》에 전패작변을 추국 대상 범죄로 포함시키는 조치가 취해졌다.254 국왕을 상징하는 전패에 대한 훼손 행위가 중대한 범죄로 여겨져 추국청에서 전담해야 할 사건이 된 것이다. 그러나 이 같은 엄격한 통제에도 불구하고 19세기에 접어들면서 백성에 의한 전패작변 사건이 급증하게 된다. 특히 순조 대는 조선 후기 전체 78건의 전패작변 중 27건이 집중적으로 발생할 정도로 확산세를 띠었다.255

이에 순조 20년(1820)에는 전패작변 죄인 중 역모와 무관한 경우에 한해서는 추국청으로 올리지 않고 지방에서 자체적으로 처리하도록 하는 방침이 마련되었다. 이는 급증하는 전패작변 문제에 효과적으로 대응하기 위한 조치로 볼 수 있다. 순조는 전패작변 처분을 통해 여러 사람을 경계시키는 것은 한양보다 해당 지방이 낫다고 판단했다. 이 때문에 차관差官을 파견하여 전패작변의 전후 사정을 파악한 뒤, 역모와의 연루 여부를 확인하고 해당 도의 감

---

254 《속대전》〈刑典〉〈推斷〉陵上放火者 "陵上放火者 殿牌作變者 移義禁府設鞫 爲從 分輕重 絶島或 極邊定配"

255 전패작변 범죄는 17세기 중반에 발생하여 점증하다가, 18세기에 감소하였으며, 19세기부터는 급격하게 증가하고 있었다. 효종 2회, 현종 13회, 숙종 4회, 영조 11회, 정조 3회, 순조 27회, 헌종 8회, 철종 4회, 고종 6회로 확인된다. 이는 19세기 사회구조의 모순이 심화됨에 따라 전패작변이 증가하던 시대적 흐름을 반영한 것이라 하겠다.(윤석호, 2016, 〈조선후기 殿牌作變 연구〉, 《한국민족문화》 58, 8쪽 참조.)

사가 자체적으로 처리하도록 하였다.[256] 이러한 변화는 19세기 들어 추국청의 조사 및 재판 기능이 점차 지방감사 수준에서 완충되는 또 다른 예시라고 볼 수 있다.

두 번째, 포도청의 추국 기초 조사 권한을 증대시키는 양상으로 나타났다. 19세기 순조 연간 추국 운영에서 주목할 만한 변화 중 하나는 포도청의 권한 확대였다. 순조 초기까지는 국왕에 대한 흉언이 언급된 사건은 원칙적으로 추국청에서 다루도록 되어 있었다. 그러나 점차 민심의 동요를 억제해야 한다는 의견이 높아지면서 포도청에서의 비공개 조사의 필요설이 제기되었다. 이러한 과정을 거쳐 포도청은 추국에 대한 1차 조사기관의 수동적 성격으로부터 사건의 실체를 규명하는 적극적인 역할을 점차 부여받게 되었다.

이러한 변화는 순조 초년기부터 점진적으로 나타났다. 순조 1년(1801) 임시발 추국은 서얼 출신 임시발任時發이 전 현감 윤가기尹可基의 사주를 받아 '벽파정권'의 정순왕후貞純王后·김관주金觀柱·심환지沈煥之를 논척하는 흉서를 투서한 사건이었다.[257] 이 사건이 중앙에서 논란이 된 시점에 이미 흉서가 발각되어 이미 포도청에서 조사를 받는 상황이었다. 이 사건에 대해 추국청을 개시하는 문제를 두고 대리청정 중인 정순왕후와 3정승의 논의가 진행되었다. 조사 상황은 이미 "좌변포도대장과 우변포도대장이 문적을 찾아내고 캐물어서 자백을 받아" 대부분의 실체가 파악된 단계였다. 해당 사건의 실체에 대해서는 의혹의 여지가 없었다. 그러나 흉언이 직접 나왔다는 측면에서 해당 사건을 포도청 단계에서 종료할 수는 없는 상황이었다.[258] 좌의정 이시수는 "말

---

256 《수교정례》〈一百一 殿牌作變罪人之關係逆節外 勿爲逮鞫 令本道用法〉"殿牌作變罪人之關係逆節外 勿爲逮鞫 令本道用法 …… 依允爲旀 懲後警衆之道 本處勝於京中 …… 捧結案後 卽爲押送本鎭用法 自今以後 犯殿牌作變罪人 差官推覈得情 事情之關係逆節與別般奸兇謀計之外 似此之類 皆於本處用法 勿爲逮鞫王府事 載之受敎 永爲施行 可也"

257 김정자, 2021, 〈순조 1년(1801) '신유옥사(辛酉獄事)'와 윤행임(尹行恁) 사사(賜死) 사건 — 임시발(任時發)·윤가기(尹可基) 사건을 중심으로-〉, 《역사민속학》 61, 152쪽.

로 자백했을 뿐 아니라 흉서 중 첫머리의 네댓 글자를 그가 직접 써서 바쳤습니다."면서 흉서의 내용이 직접 제기된 이상 추국청의 조사가 불가피하다고 논하였다. '임금을 무함하는 부도한 행위를 한 경우 추국청을 열도록 한다'는 규정이 《속대전》 형전[259]에 수록되어 있었던 만큼 이를 포도청에서 다루는 일반 사건으로 처리할 수는 없었던 것이다.

그러나 정순왕후는 추국청을 열게 된다면 생길 정치적 소요에 대해 우려하였다. 같은 해인 순조 1년(1801) 신유사옥을 일으켜 많은 죄인을 처벌한 상황에서 만약 이 사건을 추국으로 확대한다면, 정순왕후·심환지 등 벽파세력에 대한 비판여론이 확산될 수 있다고 본 것이다. 이 때문에 임시발의 흉서 건을 가지고 추국청을 여는 것은 지나친 일이 될 수도 있다고 주장하고, 포도청 단계에서 조사를 마무리하자고 제안하였다. 하지만 심환지는 포도청에서도 조사할 수 있지만 '흉언을 발설했기 때문에' 포도청에서만 단독으로 처리할 수는 없게 되었다고 재차 주장하였고, 정순왕후는 끝내 대신들의 주장을 받아들여 추국을 개시하였다.[260] 그리고 처분 결과 추국청에서의 재판을 통해 임시발은 대역부도, 윤가기는 범상부도의 죄목으로 사형 처분을 받게 되었다.[261] 이 논란은 '흉언이 나온 경우에는 추국청을 열어야 한다'는 원칙주의적 입장과 '흉언을 추국청에서 다루면 민심소요가 우려된다'는 현실주의적 입장이 대립한 경우이며, 일단은 원칙주의적 입장을 따르고 있었다.

---

258 조선시대 《실록》, 《일성록》, 《추안급국안》 등 관찬자료에서 일련의 흉언이라고 알려진 발언들은 원문 전체가 수록된 경우가 희소하다. 기록상에는 '몇자의 흉언' 또는 '글자 한글자', 또는 '차마 담을 수 없는 흉언'이라는 기록이 남아 있는 경우가 많다. 이 때문에 이 책에서는 흉언의 본래 내용이 '국왕을 무함하는 발언'이라는 성격으로 이해하고자 한다.

259 《속대전》〈刑典〉〈推斷〉關係惡逆誣上不道 "凡關係惡逆誣上不道干犯大訓者外 勿爲設鞫 文字間 非直犯惡逆 則抉摘捏合 歐之於犯上不道之律者 一切禁之 當宁乙丑下敎"

260 《일성록》 순조 1년 8월 28일 壬申

261 해당 추국의 자세한 진행상황은 김정자, 2021, 앞의 논문을 참조할 수 있다.

순조 4년(1804) 정부는 '흉언' 수사와 관련하여 다소간 입장을 변화하였다. 오재영吳載榮과 이성세李性世는 정감록 참위설을 유포하고 대궐에 침입하여 역모를 획책한 혐의로 체포되었다.[262] 본래 포도청에서 조사를 시작해야 했으나 사건 당일인 3월 4일 당시 좌변포도대장이었던 임율任瞻의 건강문제로 즉시 포도청에서의 수사를 시작할 수 없었다.[263] 이 때문에 3월 4일 먼저 추국청의 정국을 열어 조사하고, 3월 5일부터는 신임 좌변포도대장 이득제李得濟의 지휘 아래 포도청에서 엄격하게 조사하였다.[264]

문제는 오재영의 수사상 진술들이 쉽게 용인될 수 없는 수준의 부도한 발언들이었다는 점이다. 포도청의 조사 과정에서 "온 조정 사람들이 다 거론되었다고 할 만하고 그가 말한 것은 바로 만고에 없던 부도不道한 말"이라고 할 정도로 오재영의 흉언이 반복되었다. 판중추부사 이시수는 "추국청은 좌기에 참석한 사람들이 그 옥사의 실정을 참여하여 듣지 않음이 없습니다. 추국청에서 공초를 받았는데 그 말이 만약 또 이와 같다면 말단의 일은 진정될 바를 모를 것입니다."[265]라며 만약 오재영을 추국청에서 조사한다면 그의 흉언이 참석한 사람들에게 모두 전해져 세도를 혼란시킬 것이라고 우려하였다. 이 때문에 오재영의 흉언이 밖으로 새어나가지 않게 단속할 필요성에 대해 순조 및 전현직 대신들은 동의하고 있었다.

이에 대한 대안은 '포도청에서의 철저한 조사 이후 추국청으로의 상향이송'이었다. 이시수는 "그들의 정상을 포도청에서 엄히 신문하여 실정을 알아낸 다음에야 추국청에서 다시 신문하는 것이 사리에 합당할 듯하였으므로 조금

262 《순조실록》 권6, 순조 4년 3월 4일 癸巳.
263 《일성록》 순조 4년 3월 4일 癸巳.
264 《추안급국안》 영인본 26권 31면, 번역본 76권 49쪽.
265 《일성록》 순조 4년 3월 5일 甲午 "可謂滿朝盡入 而其所爲說 乃萬古所無之 不道語也 …… 鞫廳 則 參坐諸人 無不預問其獄情矣 自鞫廳捧招 而其說若又如此 則末梢事 不知止泊之所"

전 우의정 및 여러 의금부 당상과 상의하니 모두 신의 말이 옳다고 하였습니다."라며 포도청에서의 완전한 조사가 선행되어야 한다고 주장하였다. 이에 대해서는 우의정 및 의금부 당상관들도 동의하고 있었다. "포도청에서 공초를 받은 뒤 추국청에서 다시 엄히 신문하면 포도청에서 받은 공초가 거짓 공초인지를 확실히 알게 됩니다."[266]라면서 포도청의 조사가 선행된다면 최종조사 결과의 신빙성을 확보할 수 있다고 본 것이다. 이 사건에서 정부는 기본적으로 '흉언이 나온 경우에는 추국청을 열어야 한다'는 원칙주의적 입장을 견지하면서도, 동시에 민심소요를 억제할 수 있도록 포도청에서 비공개 조사를 강화하였다. "심문할 각 사람들 또한 포도청에서 다시 심상하게 넘기지 말고 끝까지 따져서 속히 마무리하라고 일체 포도청에 분부하라."[267]는 분부에서처럼 포도청의 기능은 점차 확대되어 갔다.

순조 8년(1808) 정부는 포도청 단계에서의 조사를 더욱 강화하면서 '흉언' 관련 조사의 태도를 바꾸어 갔다. 이 사건은 오태성吳泰性이 흉언 유포를 고변한 사건이었다. 오태성은 흉언들을 조합하여 평소 원망을 품고 있던 육촌 정운용鄭雲容을 무고하였다.[268] 이 사건은 먼저 포도청에서 조사를 시작하였는데, 그 결과 일곱 글자의 매우 흉악한 발언이 밝혀졌다. 흉언이 나온 이상 이 사건은 더 이상 포도청에서 단독으로 주관할 수 없고, 추국청으로 이송해야 하는 사안이 되었다. 좌변포도대장 이당李溏은 "흉언이 이미 나온 뒤에는 포도청에서 감히 다시 더 재삼 심문할 수 없기 때문에 그대로 엄히 가두고 처분을 기다리고 있습니다."[269]라면서 추국청을 개시하여 조사할 것을 요구하였다.

---

266 《일성록》 순조 4년 3월 5일 甲午 "臣意則 自捕廳嚴問其誣罔網打之狀 得其實情然後 更問於鞫庭 恐合事宜 故俄與右相及諸禁堂相議 則皆以臣言爲是 …… 自捕廳取招後 更爲嚴問於鞫庭 捕廳所供的 知誣招"
267 《일성록》 순조 7년 3월 21일 癸亥 "應問各人 亦自捕廳 更爲除尋常 究詰 以爲速出究竟之地 事一 體 分付捕廳"
268 《일성록》 순조 8년 4월 12일 戊寅.

그러나 순조는 포도청에서의 비공개 조사가 선행되어야 한다고 보았다. 순조는 좌변포도대장 이당에게 두 가지 질문을 하였다. 하나는 포도청의 조사가 추국청과 동일한 방식으로 이뤄지는지, 두 번째는 포도청의 조사가 비공개인지 여부였다. 이당은 포도청의 조사가 추국청과 동일한 방식으로 진행되면서 동시에 비공개라고 답변하였다. 이를 파악한 순조는 좌변포도대장 이당에게 '흉언에 대한 조사를 포도청에서 실시할 것'을 명하였다.[270] 이는 이전까지 '흉언이 나온 경우에는 추국청을 열어야 한다'는 원칙에서 탈피하여, 민심 소요를 억제할 수 있도록 포도청의 비공개 수사권한을 공식적으로 인정한 조치였다.

<표 41> 영조~고종 시기 추국청에서의 포도청 수사 활용 내역

	영조	정조	순조	헌종	철종	고종	합계
추국 사건 수(건)	84	18	28	9	5	29	173
포도청 활용 수(건)	31	9	20	3	3	17	83
비율(%)	36.9%	50.0%	71.4%	33.3%	60.0%	58.6%	48%

위에서처럼 영조 연간 추국청-포도청의 이중 추국구조가 도입된 이후 점차 그 활용 양상은 확대되어 갔다. 영조 대 전체 84건의 추국 사건에서 31건인 36.9%의 비율로 포도청을 활용했다면, 정조 대에는 18건 중 9건인 50% 비율로 증가하였으며, 순조 대에는 28건 중 20건인 71.4%로 비중이 확대되었다. 나머지 헌종, 철종, 고종 시기 역시 전체 50%를 상회하는 비율로 추국 사건에서 포도청이 활용되는 양상이 확인된다. 이처럼 포도청은 그 역할 면에서나 비중에서나 추국을 대체하는 역할을 충실하게 담당하였으며, 그 역할이 19세기로 갈수록 더욱 확대되어 가고 있었다.

---

269 《일성록》 순조 8년 4월 5일 辛未 "凶言 旣出之後 自捕廳 例不敢 更加盤問 故仍爲 嚴因 以待處分"
270 《일성록》 순조 8년 4월 5일 辛未.

세 번째, 추국청은 점차 사건 실체를 전담하는 '수사기관'이라기보다는 점차 '최종 재판기관'으로서의 성격이 강조되어 갔다. 여기에는 추국청으로 이송 이전까지 최대한 하위기관에서 사건의 실체를 밝혀야 한다는 인식이 전제되고 있었다. 사건 조사 기능이 점차 하위기관으로 이관되고 추국청이 최종 재판 기능을 담당하게 되는 경향은 추국 운영의 통계에서도 확인된다.

〈표 42〉 17~19세기 추국청의 사건당 추국 개좌 횟수 추이

	1601-1625	1626-1650	1651-1675	1676-1700	1701-1725	1726-1750	1751-1775	1776-1800	1801-1825	1826-1850	1851-1875	1876-1892	합계
건수	12	20	7	35	23	41	39	18	22	15	19	15	266건
국횟수	126	218	59	305	177	490	170	82	154	78	54	41	1954회
건당 국횟수	10.5	10.9	8.4	8.7	7.7	12.0	4.4	4.6	7.0	5.2	2.8	2.7	7.3회
	9.5회				7.6회				4.6회				

*출전: 《추안급국안》

〈그림 3〉《추안급국안》 사건당 추국 개좌 횟수

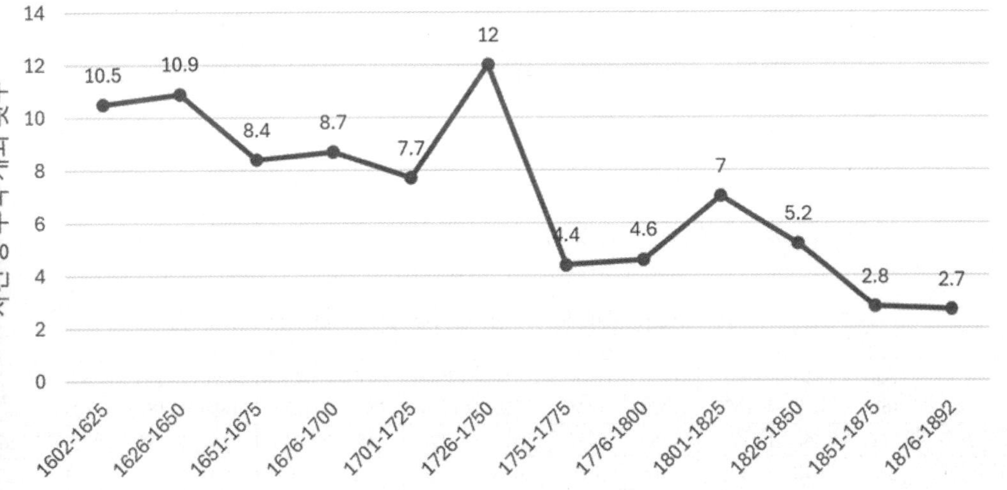

위의 내용을 검토하면 18세기 말 정조 대 이후 점차 추국청의 운영 규모가 정비되어 가고 있음을 확인할 수 있다. 17세기 약 1세기 동안 9.5회, 18세기 7.6회에 달하던 사건당 추국횟수는 19세기에 들어서는 4.6회로 급격히 감소하는 양상이 나타난다. 특히 영조 말년인 18세기 후반기를 계기로 점차 하락하는 양상을 확인할 수 있다.

여기에서 짚어가야 할 부분은 1726~1750년의 상승 기점이라고 하겠다. 해당 시기는 영조 재위 전반기인데 이 시기 추국 운영상의 주요 사건으로는 영조 4년(1728)의 무신란이 있다. 무신란은 1개 사건에서만 119회의 추국이 진행된 대형 사건이었다. 이 때문에 무신란 처분은 266건 사건의 전체 평균인 사건당 7.3회와 비교하면 약 16배의 대규모로 진행된 추국이라 하겠다. 만약 1726~1750년의 사건당 추국횟수를 무신란 추국을 제외하고 데이터를 보정한다면 490회/41건으로부터 371회/40건으로 조정될 수 있다. 이렇게 보정한다면 동시기 사건당 추국횟수는 12.0회에서 9.2회로 감소된다. 이를 통해 18세기 영조 재위 전반기의 급격한 상승패턴은 무신란의 특수성에 의거한 것임을 알 수 있다.

이러한 점을 고려한다면 전반적인 사건당 추국 개좌 횟수는 점진적인 하락세라고 평가할 수 있겠다. 특히 18세기 말 정조 재위기 4.6회로 5회 미만으로 접어든 뒤, 19세기에 후반기에 가면 3회 미만으로 감소하면서 추국 개좌 횟수가 감소했음을 확인할 수 있다.

〈표 43〉 17~19세기 추국청의 사건당 피심문자 규모 추이

	1601-1625	1626-1650	1651-1675	1676-1700	1701-1725	1726-1750	1751-1775	1776-1800	1801-1825	1826-1850	1851-1875	1876-1892	합계
사건수	12	20	7	35	23	41	39	18	22	15	19	15	266
피심문자	485	418	145	409	145	805	349	191	113	60	84	95	3,299
사건당 피심문자	40.4	20.9	20.7	11.7	6.3	19.6	8.9	10.6	5.1	4.0	4.4	6.3	12.4
	19.6명				12.3명				5.0명				

*출전 : 《추안급국안》

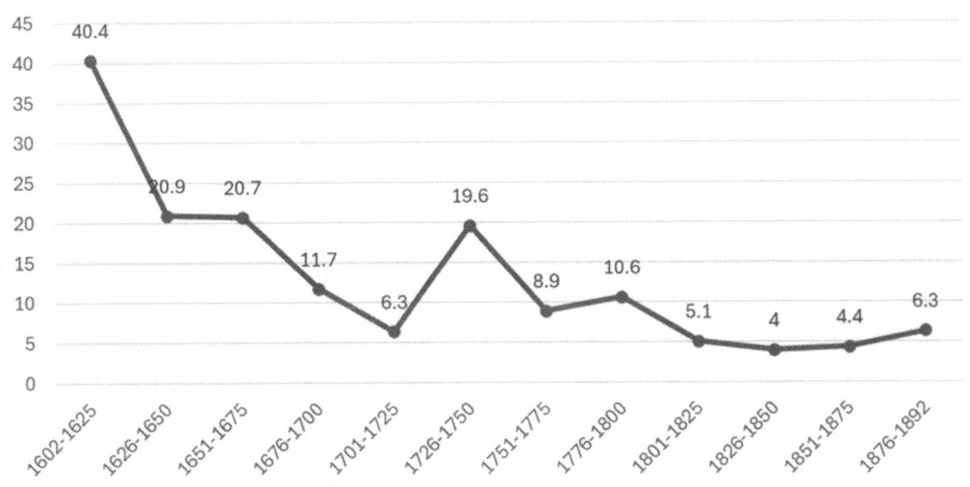

〈그림 4〉《추안급국안》 사건당 피심문자 수

위와 같은 맥락에서 한 추국사건에서 소환하는 피심문자의 수도 하락하는 양상을 〈표 43〉에서 확인할 수 있다. 세기별로 구분해 보면 17세기 19.6명, 19세기 5.0명 순으로 한 사건당 피심문자의 수가 하락하고 있었다.

여기에서도 마찬가지로 1726~1750년의 급격한 상승 구간을 확인할 수 있다. 이는 영조 4년(1728) 무신란 추국에서는 294명의 피심문자가 추국청에서 조사를 받았던 영향이다. 만약 무신란 추국을 제외하고 데이터를 보정한다면 805명/41건에서 511명/40건으로 조정된다. 사건당 피심문자 수로 환산하면 19.6명으로부터 12.3명대로 감소하게 된다. 이러한 보정치를 반영한다면 18세기 전반기의 급격한 상승곡선을 이해할 수 있다.

이러한 점을 고려한다면 전반적인 사건당 피심문자의 수는 19세기를 기점으로 급격하게 하락하고 있음을 확인할 수 있다. 18세기 후반 정조 재위기 10.6명을 기록한 이후 19세기부터는 꾸준히 5명대 내외를 기록하면서 추국 운영이 축약되고 있음을 확인할 수 있는 것이다.

이처럼 18세기 후반기를 기점으로 추국 운영은 점차 선택적으로 집중화되어 가고 있었다. 이는 앞에서 설명했듯이 추국의 심문 기능이 점차 분담되는 과정에서 나타난 현상이었다. 17세기까지는 역모의 의혹을 받는 사건에 대해서 추국청이 직접 모든 인원을 수사했기 때문에 사건당 추국 횟수와 사건당 피심문자 수가 9.5회/19.6명으로 높게 책정되었다. 18세기 전반 영조 재위기에서는 점차 포도청이 심문기능을 분할받게 되면서 추국청의 행정부하가 상쇄되어 갔다. 이 때문에 추국 횟수/피심문자 수가 각기 7.6회/12.3명으로 17세기와 비교하면 30% 가까이 절감되어 갔다.

이 같은 추국 운영의 조직화는 18세기 후반 정조 대를 기점으로 더욱 가속화되었다. 포도청으로의 하향이송이 금지됨에 따라 추국청으로의 상향이송 이전 단계에서 더욱 확실하게 사건 실체를 밝힐 것이 요구되었다. 이 때문에 포도청의 수사권한 확대, 지방사법기관의 조사 기능 확대가 이뤄졌다. 이 결과 19세기 추국 횟수/피심문자 수는 4.6회/5.0명으로 18세기와 비교하면 절반 수준으로 감소하였다.

이러한 변화는 실제로 역모 수사에 상당한 효과를 야기한 것으로 보인다. 헌종 10년(1844) "네가 저지른 죄상은 여태까지의 포도청 진술에서 이미 드러났다."[271]는 추국청의 심문 내용, 철종 4년(1853) "여태까지의 사건 정황은 포도청에서 샅샅이 조사하는 마당에 탄로 나서 지금은 잡아떼고 숨길 수 없게 되었다."[272]는 추국청의 심문 내용을 보면, 포도청의 초기 조사 내용은 추국청의 수사를 보완하는 중요한 근거가 되고 있음을 확인할 수 있다. 이 때문에 만약 피의자의 진술이 포도청·추국청 양 기관을 거치며 동일한 경우에는 철종 13년(1862) 피의자 김순성은 "자취는 이미 포도청 진술에서 드러났고,

---

271 《추안급국안》 영인본 권28 380면, 83권 85쪽 "矣身所犯情節 業已綻露於前後捕招"
272 《추안급국안》 영인본 권28 676면, 84권 31쪽 "前後情節 綻露於捕廳盤査之下 今則掩諱"

범죄의 정황은 추국청 마당에서 밝게 드러났습니다."[273]라고 인정하였고, 고종 5년(1868) 권복은 "포도청에서의 진술이 이미 철과 같이 단단하게 확고해졌고, 추국청에서의 진술은 도장을 찍은 것처럼 분명해졌습니다."[274]라고 죄상에 승복하였다. 이를 보면 포도청의 조사는 추국청 운영을 간소하고 신속하게 진행할 수 있도록 지원하는 중요한 역할을 하고 있었음을 알 수 있다.

역모 수사가 추국청 전담 원칙을 해소하고 점차 지방사법기관·포도청으로 분할되고 있었다는 근거는 '석방률'의 추이로부터도 추론이 가능하다. 추국에서는 피심문자의 혐의가 성립되지 않는다고 파악하거나, 단순 참고인으로 참고심문을 한 경우에는 심문을 끝낸 뒤 석방하였다.[275] 만약 사건의 실체가 매우 불분명한 상태에서 모든 조사를 추국청이 전담하는 경우에는 역모 주동자·단순 가담자·주변 참고인 등의 분별이 불분명하기 때문에 일단 모든 인원을 소환한 후에 석방 대상을 가려내게 된다. 그러나 사건의 실체가 어느 정도 밝혀진 상태라면 최대한 역모 주동자를 비롯한 핵심 혐의자를 소환하게 되며, 죄가 없는 참고인은 애초에 추국청에 소환하지 않게 된다.

〈표 44〉에서도 내용을 알 수 있듯이, 추국청의 피심문자에 대한 석방률은 19세기를 거치면서 급격하게 축소되는 것으로 나타난다. 이를 상세히 검토해보자면, 먼저 17세기에는 전체 피심문자 중 약 40%에 가까운 대상이 석방처분을 받는다는 점을 알 수 있다. 왜냐하면 이 시기에는 역모 사건에 대해 최초~최후까지 추국청에서 단독으로 전담하였기 때문에 일단 모든 관련자를 직접 소환하고, 심문을 통해 죄상을 가려내는 과정에서 추국청 심문 대상 10명 중 4명은 혐의가 없다고 판단된 것이다. 18세기에는 석방률이 30%대로

---

273 《추안급국안》 영인본 권28 926면, 84권 456쪽 "情迹已露於捕招 罪狀昭著於鞫庭"
274 《추안급국안》 영인본 권29 138면, 85권 223쪽 "捕廳之招案已鐵 鞫庭之責供如印"
275 정진혁, 2022b, 〈조선후기 말세론 사건에 대한 추국청의 형사 대응〉, 《한국사연구》 196, 39쪽.

<표 44> 17~19세기 추국청의 시기별 석방률 추이

	1601-1625	1626-1650	1651-1675	1676-1700	1701-1725	1726-1750	1751-1775	1776-1800	1801-1825	1826-1850	1851-1875	1876-1892	합
석방자	157	181	58	191	62	226	107	58	18	2	9	13	108
피심문자	485	418	145	409	145	805	349	191	113	60	84	95	3,29
석방률 (%)	32.4	43.3	40.0	46.7	42.8	28.1	30.7	30.4	15.9	3.3	10.7	13.7	32.
	40.2%				30.4%				11.9%				

낮아지게 되었는데, 이는 영조 4년(1728) 무신란을 기점으로 변화하고 있음을 확인할 수 있다. 1701~1725년 시점은 여전히 42.8%의 석방률을 기록하고 있는데, 1726년부터는 30%대로 낮아지고 있는 것이다. 이는 무신란 시기에 도입된 포도청–추국청의 이중 국문 방식을 통해 일단 포도청에서 석방 대상을 가려냈기 때문이라고 보인다.

주목할 점은 19세기에 들어서면 추국 석방률이 11.9%로 매우 급격하게 하락한다는 사실이다. 앞서 살펴보았듯이 추국 재판에서 지방사법기관의 역할이 인정되었고, 포도청의 수사 기능이 더욱 강화된 시기가 19세기이다. 이처럼 하위기관의 선행 수사가 강화됨에 따라 추국청 이전 단계에서 '혐의자'와 '무혐의 대상'이 구분될 수 있었고, 이에 '혐의가 확인된 선별된 인원'들만이 추국청으로 올려 보내졌던 것이다. 이 결과 추국청에서의 조사 대상에는 '무혐의 대상'이 대폭 축소되게 되었고, 이 결과 추국 석방률도 매우 낮게 나타난 것이다. 이를 검토한다면 19세기 추국 운영에서 석방률이 급격히 하락한 것은, 추국청 이전 단계의 선행 조사가 강화되었다는 근거로 볼 수 있다.

정리하자면, 정조 대 이후 추국청 운영은 점차 추국청 전담 원칙이 완화되고 지방사법기관·포도청의 조사 기능을 확대하는 상향식 추국으로 재편되어 갔다. 정조 이후에는 흉언·역모 사건을 추국청에서 공개적으로 조사하여 큰 사건으로 만들기보다는, 지방사법기관·포도청 단계에서 비공개로 수사하여 민심의 혼란을 억제하는 데 초점을 맞추었다. 이 결과 이전까지 역모 관련 사건은 추국청에서만 전담할 수 있다는 원칙에서 벗어나 점차 조사 기능이 지방사법기관·포도청에 확대되어 가기 시작했다. 추국청은 하위 사법기관에서 조사한 내용을 바탕으로 최종 판결을 내리는 성격이 강화되었고, 이 결과 추국 개좌의 수가 감소되어 효율적인 재판이 가능해졌다.

2) 자백필수주의의 이완과 심문편집 결안 판결 창출

조선은 결안의 순수성을 확보하는 원칙을 제도화하고 있었다. 조선이 인용한 《대명률》의 원칙에서는 죄인 스스로 문서를 작성하도록 하였다. 만약 국가 관료가 자백문서를 수정하거나 내용을 대신 작성한다면 이는 죄인의 죄목에 개입한 것이므로 처벌하도록 하였다. 이 때문에 만약 글을 쓸 줄 모르는 죄인의 경우는 관련이 없는 자가 대신 작성하도록 하였다.[276] "자신의 죄를 자복하는 문서는 죄인 스스로 쓰게 해야 하는데 이전이 대신 쓰면 죄를 증감하기 쉽기 때문이다."[277]라는 해석과 같이 국가가 죄인의 죄목을 자의적으로 천단할수 있다는 문제 때문이었다. 인조 7년(1629) "무릇 죄인이 스스로 승복한다고 말하고 모조리 실토한 연후에 비로소 결안이 됩니다."[278]라고 하였는데, 여기에서는 피의자가 실토한 내용 자체가 결안이 된다는 사실을 알 수 있다. 이

---

276 《대명률》〈刑律〉〈推斷〉吏典代寫招草 "凡諸衙門鞫問刑名等項 若吏典人等爲人改寫及代寫招草 增減情節 致罪有出入者 以故出入人罪論 若犯人果不識字 許令不干礙之人代寫"

277 자신의 죄를 자복하는 문서는 죄인 스스로 쓰게 해야 하는데 이전이 대신 쓰면 죄를 증감하기 쉽기 때문이다.(問刑定罪 必憑招草 而服罪招草 必令犯人自寫)(《대청률집주(하)》, 1051쪽, 한상권 외 역, 《대명률직해》 4권, 314쪽에서 재인용)

278 《승정원일기》 25책, 인조 7년 3월 5일 辛酉 "凡罪人自言承服 盡爲吐實 然後方爲結案"

를 통해 온전히 죄인 본인의 의지로 작성되어야 하며, 그 과정에서 국가권력이 개입되어서는 안 된다는 입장이 확인된다.

위처럼 결안이 조작되어서는 안 된다는 원칙이 성립된 이유는 '국가권력의 조작가능성'을 차단하기 위한 자구적인 노력 때문이었다. 그러나 특히 당쟁이 극심해져 상대 당파를 역적으로 몰아 파훼하려는 시도들이 활성화되었던 17세기 후반~18세기 조선 정치 현실에서 결안에 대한 문제가 불거지게 되었다. 즉, 역모죄인의 결안이 피의자의 자백을 있는 그대로 반영하지 않을 수도 있다는 문제제기였다.

그러나 피의자로부터 자백을 받아내는 일은 결코 쉬운 일이 아니었다. 역모 사건에서 피의자가 자백을 하면 모반대역죄로 조율되었고, 이 경우 본인의 가족 및 친척들이 모두 연좌에 걸려 가문이 패가망신하게 되었다. 이러한 사정 때문에 차라리 본인 한 명의 목숨을 포기하되 가문의 존속을 구하려는 피의자의 태도가 나타났다. 이는 영조 3년(1727) 이태좌의 날카로운 분석에서 확인할 수 있다. "국옥에서 죄를 범한 사람에게 전에는 역모의 정황이 낭자함을 분명하게 알고 있더라도 그가 승복하지 않고 죽으면 또한 역률을 시행하지 않았습니다."라며 설령 역모의 정황이 분명하다 할지라도 그가 직접 자백하지 않으면 모반대역죄를 적용하지 않았다고 한다. "죄인들은 만약 승복한다면 필경 감률勘律되어 처자식까지 처형되는 지경에 이를 것임을 스스로 알았기 때문에 형장을 참으며 승복하지 않습니다."[279]라며 자백하면 곧 가족이 연좌될 것을 알기 때문에 형장을 참으며 승복하지 않는 것이라고 분석하였다.

정조 즉위년(1776)에도 이러한 문제에 대한 국가의 고민이 나타난다. "죄인이 곤장을 맞다가 죽을 작정을 하고 있으니, 지만(遲晚: 예전에 죄인이 자기

---

279 《승정원일기》 647책, 영조 3년 10월 6일 戊子 "鞫獄干犯之人 在前則雖明知逆節狼藉 不承款而斃 則亦不施逆律矣 …… 此輩若承款 則自知其畢竟勘律 至於孥戮 故忍杖不服"

죄를 너무 오래 속여서 미안하다는 뜻으로 승복하는 행위를 이르던 말)을 받기가 어렵겠습니다.”라며 죄인이 자백할 바에는 차라리 물고당하기를 선택하고 있다고 하였다. “죄인이 지만을 할 듯하면서도 하지 않으니, 필시 대역부도죄大逆不道罪를 면하려는 의도일 것입니다.”[280]라며 자백을 하는 경우 대역부도에 걸려 패가망신하기 때문에 끝까지 자백을 하지 않는 것이라고 본 것이다.

자백을 받아 결안을 작성하려는 정부의 입장과 자백을 거부하고 결안을 작성하지 않으려는 피의자의 입장은 해소될 수 없는 갈등 상황에 있었다.

죄인罪人의 초사招辭를 받을 때에 문사낭청問事郎廳이 추안상推案床 좌우左右에 마주보고 서서 한결같이 죄인이 구두로 전달한 말을 따라 쓰고, 쓰기를 이미 마치면 문사랑이 큰 소리로 한 번 읽어서 죄인으로 하여금 들어서 알게 하여 한마디라도 착오着誤가 없이 한 연후에 죄인이 이름을 쓰면 그 추안推案을 문사랑이 위관委官에게 가져다 바칩니다. 승지承旨는 추안을 가져다 계달啓達하는데, 국청鞫廳에 참석하여 앉은 사람은 위관委官·의금부義禁府의 당상관·낭관郎官·양사兩司·승지承旨·문사낭청問事郎廳이 있습니다. 죄인의 공초供招한 말을 쓰는 자는 문사랑이고 듣는 자는 참석하여 앉은 여러 사람이니, 진실로 한마디나 반마디 말이라도 빼어 버린 것이 있으면 눈으로 본 사람이 있을 것이고 귀로 들은 사람이 있을 것입니다. 비록 대수롭지 않은 말이라도 진실로 감히 빼어 버리지 못합니다.[281]

죄인의 진술은 원칙적으로 ‘죄인 본인의 진술을 직접 기재하도록’ 제도화되

---

280 《일성록》 정조 즉위년 12월 2일 己亥 “罪人之意 惟以杖斃爲期 遲晚難捧矣 …… 罪人似欲遲晚 而猶不遲晚 其意必欲免大逆不道之律矣”

281 《숙종실록》 권43, 숙종 32년 6월 1일 丁亥 “罪人捧招時 問事郎廳 對立於推案床左右 一從罪人口達之言而書之 書旣畢 而問事郎 高聲一讀 使罪人聞知 無一言差誤 然後罪人着名 則以其推案 問事郎持進于委官 承旨持推案啓達 而鞫廳參坐之人 有委官焉 有禁府堂郎焉 有兩司焉 有承旨焉 有問事郎廳焉 罪人供辭 筆之者 問事郎也 聽之者 參坐諸人也 苟有片言半辭之拔去 則有目之所覩 有耳之所聞 雖等閒說話 固不敢拔去”

어 있었다. 숙종 32년(1706) 공조참판 이광적李光迪이 상소한 위의 내용을 검토하면 추국 관행에 대해 재구성할 수 있다. 문사낭청이 죄인의 진술을 정확하게 기재한 후 문사랑이 이를 죄인에게 읽어 주어 위조한 부분이 없는지 확인받고 서명을 받은 후 최종적으로 위관에게 올린다. 여기에 참석한 인원은 위관, 의금부 당상관, 낭관, 양사, 승지 등이 있기 때문에 죄인의 진술은 조작하기 어려운 구조였다.

a) 무릇 추국청의 체통은 담당 기관에서 범죄 사건을 다루는 것과 다른 점이 있습니다. 심문관, 의금부 당상관堂上官, 승지承旨, 사헌부司憲府, 사간원司諫院의 문사낭청問事郎廳, 도사都事가 모두 한자리에 모입니다. 또한 많은 서리書吏, 나졸羅卒 등 여러 사람들이 두 눈으로 보고 두 귀로 들어서 거짓으로 고발하거나 결안할 수가 없습니다.[282]

b) 추국청의 규정에 따르면 첫 진술에서부터 결안에 이르기까지 모두 대청 위에서 수석 아전이 규정대로 거행하는 법입니다.[283]

c) 무릇 죄인이 지만遲晚 진술을 바치면, 진술을 모두 받은 뒤에 앞부분부터 끝부분까지 소리 내어 읽어 줍니다. 죄인이 죄상을 알도록 한 뒤에는, 문사낭청問事郎廳이 그 문서를 가지고 들어와 국청대신鞫廳大臣 앞에서 소리 내 읽어 아룁니다. 그런 뒤에는 죄인의 이름을 비워 놓은 채 다짐을 받았는지 여부를 국청대신 앞으로 보고서를 올린 다음, 서명을 하고 감옥에 가두는 법입니다.[284]

---

282 《추안급국안》 영인본 권14 247면, 번역본 40권 357쪽 "大抵鞫廳事體 異於該司 坐起委官 禁堂 承旨 兩司問郎 都事 一倂會坐 且有許多 書吏羅卒 衆人瞻聆 有不可誣告結案"
283 《추안급국안》 영인본 권14 97면, 번역본 40권 142쪽 "鞫廳規例 自初招至結案 皆自廳上執吏例 爲擧行"
284 《추안급국안》 영인본 권14 94면, 번역본 40권 138쪽 "凡罪人遲晚納供則 畢捧後 從頭至尾讀而 言之 使罪人知之 然後問郎 持入相位前 讀告後 罪人處空佺音與否 告課于相位前 着名下獄"

경종 2년(1722) 임인옥사 과정에서 추국청에 관여했던 인물들의 증언에서는 추국청에서의 결안 작성의 원칙과 무효 기준에 대해 재구성할 수 있다. 위의 진술들에서는 결안과 관련된 추국 운영의 양상을 확인할 수 있다. 먼저 확인할 수 있는 점은, 결안 작성 절차가 '객관성을 보장하는 방식으로 구조화'되어 있다는 점이다. a)에서 살펴볼 수 있듯 많은 인원들이 합석하고 있기 때문에 추국청에서의 진술과 자백이 거짓일 수 없었다고 하였다. b)에서와 같이 처음부터 끝까지 결안작성을 포함한 모든 과정은 규정대로 거행하도록 되어 있었고, c)에서 구체적인 결안 작성 양상을 살펴보면 피의자―국가 간 결안 작성 중 상호확인 과정이 체계화되어 있음을 알 수 있다. 먼저 죄인이 승복을 의미하는 지만 진술을 바치면 이를 피의자 본인에게 읽어 주어 재확인하게 한 뒤, 위관으로 대표되는 국청대신들이 모두 알 수 있게 낭독한다. 그리고 국청대신들에게 보고서를 올려 서명을 받는 과정을 거친다. 이처럼 추국청의 결안 작성은 공식적인 규정·참관인을 통한 객관성 확보·상호확인 절차를 통해 '조작될 수 없도록' 구조화되어 있었다. 이상의 진술에 의거하여 살펴보자면, 결안은 기본적으로 해당 피의자가 불러주는 내용을 받아적도록 되어 있었다. 이를 다수의 관료들이 지켜보고 있어 국가의 개입과 조작이 어려우므로 결안은 근본적으로는 죄인의 진술 원본이라는 의미가 강했다. 이는 《대명률》에 기재된 '자백내용에 국가가 개입해서는 안 된다'는 원칙적인 입장을 준수하는 방식이었다.

또 다른 예로 영조 초기 을사처분乙巳處分 과정에서는 18세기 초반 피의자 결안의 '옳고 그른 기준'을 확인할 수 있다.[285] 영조는 경종 2년(1722) 노론

---

285 영조 초기에는 경종대에서 제기된 신임의리 문제가 정치계의 핵심적인 화두로 제기되고 있었다. 그 중심적인 논의는 임인옥사에서 처형된 노론 4대신을 신원하는 문제가 있었다. 영조와 영조를 지지하는 노론진영은 노론 4대신을 신원하는 을사처분乙巳處分을 단행하였는데, 이 과정에서는 경종 2년(1722) 임인옥사에서의 형사처분을 논리적으로 무효화시킬 필요가 있었

4대신을 사사한 임인옥사에서의 형사처분을 논리적으로 무효화시킬 필요가 있었다. 이를 위해 영조가 지적한 부분은 임인옥사에서의 일부 결안 작성과정에서 '결안 조작'이 일어났다는 점이다. 영조가 제기한 문제는 승복, 즉 자백이 수동적이었다는 점이다. 임인옥사의 일부 추안에는 단지 승복내용이 '문목問目의 내용에 대해 하나하나 지만遲晩하였습니다'라고만 되어 있을 뿐 피의자 본인이 직접 죄상을 자백한 내용이 없었다는 것이다. 이 때문에 결안이 피의자의 자백내용을 수록하여 만들지 않고 국가가 만든 심문질문을 그대로 수록하여 만들어졌기 때문에 잘못되었다고 판정하였다. 이는 고금 천하에 없는 잘못된 것이며, 이 때문에 임인옥사는 조작된 옥사였다고 판정하였다.[286] 영조는 "문목의 내용에 지만遲晩이라고 한 것은 승복承服하였다고 말할 수 없다. 고금 천하에 어찌 이와 같은 결안이 있단 말인가."[287]라며 피의자의 소극적인 인정은 자백으로 인정되어서는 안되며, 더 나아가 처형근거인 결안으로 작성되어서도 안 된다고 판정하였다.

이상 영조 초기 을사처분 과정에서 확인할 수 있는 사실은, 18세기 전반 경종~영조 초반의 법 관행에서 자백은 피의자의 진술을 직접 수록하는 것이었다는 점이다. 여러 단계의 검증과 다수 관료의 참관을 거치도록 하여 조작 및 윤색이 불가능하였으므로, 결안은 죄인의 자백 원본과 동일하다고 간주되었다. 이와 같이 '결안은 피의자의 자백 원본으로 구성된다', '국가는 결안 내용을 윤색해서는 안 된다'라는 결안 작성의 원칙이 작동하고 있었음을 확인할

다. 여기에는 정치적인 문제가 있었다. 갓 즉위한 영조로서는 본인의 이복형인 경종의 처분을 무효화하여 경종을 직접적으로 비판하기에는 정치적으로 부담이 높았다. 이 때문에 경종의 정치적 실책이라고 판단내리기보다는 임인옥사의 형사처분이 '위법적인 절차'로 진행되었음을 지적하여, 형사처분을 무효화하는 방식을 택하였다.

286 《승정원일기》 588책, 영조 1년 3월 12일 庚戌.

287 《승정원일기》 589책, 영조 1년 3월 25일 癸亥 "其中問目辭緣遲晚云者 不可謂承服 古今天下 安有如此結案耶"

수 있다. 이러한 제도적 장치를 통해 피의자의 ‘자백 원본을 직서하여 결안을 작성’하는 방식이 18세기 영조 대까지 원칙으로 작동하고 있었다.

정조 즉위 이후 병신옥사·정유역변 등 정치적 사건을 거치면서 ‘자백 직서 결안’ 원칙은 난맥을 초래하고 있었다. 정조 즉위년(1776) 병신옥사는 기존 결안 원칙에 대해 재검토하는 계기가 되었다. 영조 재위기 당시 정조의 대리 청정을 방해했던 홍인한·정후겸, 그리고 이들을 비호했던 심상운沈翔雲 등을 처단하는 과정에서 심상운의 결안 내용과 관련된 논란이 크게 발생한 것이다. 심상운은 영조 말기 홍인한·정후겸 등 반세손세력의 사주를 받아 친세손세력 이던 기밀누설의 혐의로 서명선徐命善을 탄핵하였다.[288] 이는 당시 세손의 정 치적 입장에 심대한 타격을 주는 공격행위였으므로, 정조는 즉위 이후 홍인 한·정후겸, 그리고 심상운으로부터 명백한 사죄를 받아내 등극의 정당성을 확보하려고 했다.

정조는 친국을 열어 심상운으로부터 다섯 가지 죄[289]에 대한 조목에 명백하 게 자백을 받았고, 이 심문기록을 명백하게 추안에 기재하여 조작이 될 수 없 도록 하였다.[290] 이러한 명백한 기록이 있었기 때문에 정조는 “승복을 받아 결 안結案을 하고 사형을 기약하는 데 불과”[291]했다며 심상운의 죄를 모두 밝혔 다는 자신감을 표하고 위관에게 결안을 받을 것을 명하였다.

그러나 문제가 된 부분은, 최종 결재된 심상운의 결안 내용이 ‘정조의 의도

---

288 최성환, 2020, 앞의 책, 161쪽.

289 ① 상서上書 중의 ‘궁중의 비밀스런 일’에 관한 일 ② 차라리 저군儲君에게 죄를 얻을지언정 감히 지시하는 사람을 거역하지 않았던 일 ③ 먼저 글을 올리고 그 뒤에 번복하는 계교를 꾸 민 일 ④ 역적의 무리들과 부화뇌동하여 기기괴괴한 말들을 만들어 낸 일 ⑤ 궁관宮官이 말을 전해서 중신重臣이 소를 올렸던 일을 궁관을 해치고 세손世孫을 위태롭게 할 바탕으로 삼았다 는 점(《일성록》 정조 즉위년 7월 23일 壬辰)

290 《일성록》 정조 즉위년 7월 23일 壬辰.

291 《일성록》 정조 즉위년 7월 22일 辛卯 “今不過取服結案 期於收殺”

와 다르게 불충분했다'는 점이었다. 다음 날 결안을 확인한 홍국영의 문제제기로 인하여 결안의 내용이 '미비'하거나 '왜곡'된 면이 문제시되었다. 결안에는 정조의 다섯 가지 질문과 심상운의 승복에 관한 내용이 적혀 있지 않았고, 최종 조율을 대역부도로 적지 않고 '범상犯上'으로 적어 혐의를 낮추었으며, '지만遲晚하였습니다'라는 승복의 구문을 결안에서 결락함으로써 형식적 조건을 갖추지 못하였다는 것이다.[292] 이에 대해 많은 신료들이 결안을 수정하여 처벌을 강화할 것을 주장하였으나, 결안 작성 이후에는 수정할 수 없다는 원칙을 들어 해당 결안은 그대로 유지되었다.[293] 이 최종결안은 이 당시 위관이던 영의정 김양택이 담당하였는데, 김양택 스스로도 실책에 대해 사죄하였고 정조도 당시 나이 65세의 고령이었다는 점을 감안해 결안작성 실수에 대한 책임을 묻지 않았다.[294]

그렇다면 심상운의 결안은 어떠한 점에서 당시 국왕과 정국운영자들의 불만을 사게 된 것일까?《추안급국안》,《친국일기》,《추국일기》 등 추국자료 및 《실록》,《승정원일기》,《일성록》 등 자료에는 심상운의 결안 원문이 남아 있지 않지만, 몇 가지 관련 증언들을 통해 왜 문제 상황이 되었는가를 확인할 수 있다.

> a) 승지 이의익과 김종수가 연명상소하였다. …… "이에 그자가 마침내 하나하나 자복하여 그것이 추안 문서推案文書에 소상하게 기재되어 있습니다. 그런데도 마지막의 결안結案을 이렇게 대강대강 작성함으로써 이와 같이 지극히 흉악한 역적을 단순히 '임금을 범하여 자신이 주멸당하는 죄벌罪罰'의 수준에 그치게 하고 말았습니다."[295]

---

292 《일성록》 정조 즉위년 7월 24일 癸巳.

293 《일성록》 정조 즉위년 8월 4일 癸卯.

294 《일성록》 정조 즉위년 7월 30일 己亥.

b) 정조가 말하였다. …… "나중에 결안이 나온 것을 보니 단지 다섯 가지 문목에 대한 죄안罪案을 전혀 기록하지 않았을 뿐만 아니라, 심지어 그 지극히 흉악한 점에 대한 논의마저 빠뜨리고 쓰지 않음으로써 조정과 재야에서 조지朝紙를 받아 보는 자들로 하여금 심상운의 죄악이 이와 같은 정도에 그치는 것으로 알게 하고 말았으니, 이것이 바로 내가 위관에 대하여 한탄스럽게 여기는 까닭이다."[296]

위의 내용은 당시 신료들과 국왕 정조의 문제인식에 관한 것이다. a)의 연명상소에서 제기한 문제는 '추안에 소상하게 기재되었으나 결안에 누락함으로써 역적의 죄가 가볍게 보이도록 했다는 점'이다. b)에서 정조 역시 유사하게 '죄안과 그에 대한 논의를 결안에 쓰지 않아 심상운이 가벼운 죄를 지은 것으로 보이게 했다'는 점을 문제시했다. 위의 두 자료를 동시에 검토해 보면 문제 상황은 '이미 심문기록에 충분히 기록이 되어 있던 것을 결안에 수록하지 않았다'는 점이라고 하겠다.

이미 자복했다면 다만 그 요점만을 보이는 것이 국안鞫案의 본래적인 규례입니다. 그러므로 신들은 또다시 자백받지 못한 것에 대해서는 걱정하지 않았던 것입니다.[297]

그러나 이처럼 간소하게 결안을 작성한 데에도 나름의 이유가 있었다. 이 사건을 담당했던 위관 영의정 김양택金陽澤, 좌의정 김상철金尙喆, 우의정 정

---

295 《일성록》 정조 즉위년 7월 23일 壬辰 "渠乃箇箇承款 推案文書 旣已昭載 而畢竟結案 草率至此 使此等窮凶極惡之逆 只歸於犯上誅身之科"

296 《일성록》 정조 즉위년 7월 24일 癸巳 "及夫結案之出 不但五條之案 全不載錄 以至窮凶極惡之議 闕却不書 致使在朝在野之見朝紙者 知雲之惡似止於此 此所以慨然於委官者也"

297 《일성록》 정조 즉위년 7월 23일 壬辰 "旣已自服 則只擧要領 自是鞫案之規例 故臣等 不患其不得 輸情"

존겸鄭存謙은 위와 같은 해명 상소를 올렸다. 그들이 판단하기에 이미 심상운은 모두 자백을 한 상태였기 때문에 최종 결안에 대한 자백은 요점만 청취하면 된다고 생각한 것이다. 이 때문에 최종 결안 작성 때의 자백과정에서는 정조가 직접 질문했던 다섯 가지 질문 등 상세한 내용들을 일일이 자백받지 못했으나, 문제가 되지 않는다고 생각했던 것이다. 이 때문에 이전까지의 상세한 자백을 다시 한번 최종 결안에서 재현할 필요가 없다고 판단하였다.

> 그런데 방금 정국庭鞫의 결안을 보니, '온실수를 언급한 것은 지시를 받은 것이다.'라는 등의 말만으로 자백을 받고, 실토한 수많은 말을 대부분 기록하지 않았습니다.298

이 결과 심상운의 최종 결안은 결안 작성 시의 최종 자백만으로 수록되게 되었다. 심상운이 정조와의 친국과정에서 실토한 자백들은 최종 결안에서 다시 한번 재현되지 않았기 때문에 채택되지 못했고, 최종 결안 작성과정에서 받은 비교적 소략한 '최종 자백'들만이 수록된 것이다. 그리고 이 '최종 자백'은 위의 김양택의 증언에서처럼 요점만을 자백한 것이기 때문에, 상세한 내용이 빠지게 된 것이다.

정조 1년(1776) 병신옥사에서의 심상운 결안 논란은 '결안의 순수성'을 보장한다는 원칙이 낳은 문제였다. 국가로서는 최종 결안의 내용을 원칙적으로 피의자의 최종 자백에 근거하도록 하였다. 국가는 결안 내용에 대해 조작하거나 편집할 권리가 없었다. 영조 초기 을사처분에서도 알 수 있듯이 국가가 결안의 내용을 구성하거나 편집하는 행위는 조작행위로 여겨졌고, 절차 위반으로 인해 법적 흠결을 지녔다. 이 때문에 심상운과 같이 심문과정에서는 충분

---

298 《정조실록》 권1, 정조 즉위년 7월 23일 壬辰 "卽見庭鞫結案 只以溫室樹承望指使等說 泛然取服 而許多吐實之語 多不載錄"

히 자백을 했음에도 불구하고, 최종 결안 과정에서 자백을 소략하게 하면 결안 역시 소략해지는 문제가 생긴 것이다.

그러나 다음 해인 정조 1년(1777) 정유역변 처리 과정에서 홍계능의 '결안 미비' 문제는 기존 결안제도에 대한 근본적인 문제를 불러일으키는 단초가 되었다. 홍계능 역시 반세손세력으로서 홍인한과 결탁하여 세손 시절 정조의 즉위를 반대했던 인물이었다. 홍계능도 정조 즉위 이후 처단되었는데, 이 과정에서 결안의 절차적 문제가 제기되었다.

홍계능 결안에서의 문제는 '피의자' 본인이 결안 내용에 동의하지 않는다는 점이었다. 정조는 홍계능의 결안을 구성할 문목問目을 직접 선정하여 결안을 받아낼 것을 지시하였다. 그러나 홍계능은 정조의 문목에 대해 '현실과 동떨어진 내용'이라며 동의하지 않고 결안 작성을 거부하였다.[299] 여기서의 문제는 점차 홍계능의 건강이 급속도로 악화되고 있었다는 점이다. 구료관은 '홍계능이 긴급하다'고 알려왔고[300] 만약 그대로 물고하게 둔다면 국가로서는 홍계능에 대한 합법적인 처벌을 내릴 수 없게 되는 것이다. 이미 홍계능은 '태갑동궁太甲桐宮'을 인용하여 나라를 향한 도리에 어긋난 이야기를 했다는 점에 대해 인정을 함으로써 소극적 의미의 자백인 지만遲晚까지 이른 상태였다.[301] 지만을 한 상태에서 피의자 본인이 다짐〔侤音〕을 하고 결안을 작성하는 것이 일반적인 절차이지만, 홍계능은 지만을 하고 이후의 다짐-결안까지 진행을 하지 않은 것이다.

이에 홍계능의 결안 유무를 두고 첨예한 논쟁이 발생했다. 홍계능의 경우가 독특한 점은 이미 역모 혐의에 대해 일부 인정을 했으면서, 최종 재판문서

---

299 《추안급국안》 영인본 권23 380면, 번역본 68권 98쪽.
300 《일성록》 정조 1년 9월 8일 庚午.
301 《추안급국안》 영인본 권23 380면, 번역본 68권 99쪽.

인 결안만을 작성하지 않은 '미결도 기결도 아닌 상태'였다는 점이다. 이러한 상황에 대해 정조와 판의금부사 정홍순鄭弘淳은 '지만遲晚은 했으나 결안은 작성하지 않은 상태'라고 설명하면서 이를 법적으로 어떻게 유권 해석할 것인 지를 두고 고심했다. 판의금부사 정홍순은 '지만은 곧 결안과 같다(旣已遲晚, 則便是結案矣)'고 주장하면서, 홍계능을 사형하자고 제안하였다. 영의정 김상 철도 지만을 근거로 '결안 초본'을 미리 만들어 놓았으니 다짐만 받은 후 즉 결처형 하자는 입장이었다.[302] 정홍순, 김상철은 이미 진술에서 본인의 죄상을 언급한 이상 결안에 대한 꼼꼼한 절차를 거치지 않더라도 처형 근거가 된다 고 보는 입장이었다.

그러나 정조는 원칙적인 입장에서 그와 같은 절차 초월행위는 명백한 실형 失刑이라고 보았다. 피의자가 본인이 스스로 다짐절차를 거치지 않거나, 공식 적 규례에 따라 결안을 받지 않으면 사형을 집행해서는 안 된다고 보았다.[303] 그러나 정조 본인 역시 이러한 법적 제약에 대해 불편함을 느끼고 있었다. "역적 홍계능이 지만遲晚하였지만 아직 결안結案을 받지 못하였기 때문에 처 형하지 못하고 있으니, 어찌 분하지 않겠는가. 지난해에 결안하기 전에 처형 하는 것을 금하는 영을 내린 데에는 내가 뜻한 것이 있었으나, 이런 일은 입 법한 뒤에 또한 방해되는 점이 많으니, 매우 한탄스럽다."[304]라며 본인이 즉위 년(1776)에 입법한 '결안생략 사형 집행 금지' 조항이 사건 진행을 방해하고 있다며 불편한 상황을 안타까워했다.

결국 홍계능은 결안을 작성하지 않은 채로 물고하였고[305] 이는 정부로 하여

---

302 《일성록》 정조 1년 9월 8일 庚午.

303 《일성록》 정조 1년 9월 10일 壬申.

304 《일성록》 정조 1년 9월 8일 庚午 "能賊雖已遲晚 以未捧結案 不得正法 豈不憤惋乎 昨年以未結案 而正法 有所禁令者 予意有在 然此等事 立法之後 亦多有掣肘處 甚可恨也"

305 《추안급국안》 영인본 권23 380면, 번역본 68권 100쪽.

금 사건 처분에서의 문제를 남기게 하였다. 이 사건을 계기로 결안의 법적 구성요건을 완화하여 이해하려는 경향이 나타났다. 정조는 "홍계능이 처형되지 않았더라도 이미 지만遲晩을 받았으니, 결안結案한 것과 무엇이 다르겠는가."306라면서 지만-다짐-결안의 연쇄 절차를 거치지 않았더라도, 지만만으로도 결안의 효과를 담보할 수 있는 것이라고 주장하였다. 이에 대해 영의정 김상철·좌의정 정존겸도 동의하면서 "홍계능 같은 역적은 상례常例로 말할 수 없습니다."307라며 결안을 받지 못했다 하더라도 지만만으로도 결안을 받은 것으로 유권해석해야 한다고 보았다.

이처럼 국왕 정조와 대신들의 공감대가 형성되었고, 홍계능의 물고라는 실형失刑을 상쇄하고 이를 공식적인 국가의 처벌로 환원하는 작업이 진행되었다. 사건이 마무리되고 대외에 반포하는 반교문의 초안에서 '홍계능이 물고 당했다'라고 적힌 부분이 잘못되었다고 지적하였다. 그리고 홍계능은 지만을 했기 때문에 물고가 아니며, 대신 결안한 것과 동일한 맥락으로 적을 것을 지시하였다.308 이 결과 반교문에서 홍계능에 대해서는 "'《서전書傳》을 펴고 태갑편太甲篇의 글뜻을 강론하였다'는 공초는 바로 하나의 결안인데 미처 처형하기 전에 지레 죽었으니, 통탄함을 견딜 수 있겠는가."309라며 홍계능의 진술이 결안과 동일한 법적 효력을 가지고 있다고 반포하였다. 추국자료인 《추안급국안》에는 홍계능의 결안이 삽입되어 있는데, 동시에 '홍계능이 결안을 바치기 전에 물고되었다'는 기록이 남아 있다.310 이를 보면 홍계능은 결안을

---

306 《일성록》 정조 1년 9월 11일 癸酉 "啓能雖未正法 而已捧遲晩 則何異於結案者乎"

307 《일성록》 정조 1년 9월 11일 癸酉 "如啓能之逆 不可以常例言之矣"

308 《일성록》 정조 1년 9월 24일 丙戌.

309 《일성록》 정조 1년 9월 24일 丙戌 "至若展開書傳講論太甲文義之供 直一結案 而未及正法 徑先物故 可勝痛哉"

310 《추안급국안》 영인본 권23 380면, 번역본 68권 100쪽.

작성할 수 있는 '지만'까지 하되, 이후의 결안을 완성하기 이전에 사망한 것이었다.

> 죄인 홍계능洪啓能, 나이 65세.
> 결안結案
> 제가 작년에 일이 생긴 뒤 , 홍상길洪相吉이 그 때문에 시골로 내려가는 길에 저를 찾아와 만나 보았습니다. 그러므로 제가 더불어 이야기를 나누었는데, '태갑동궁太甲桐宮'이란 말은 과연 《상서尚書》의 글 뜻에 따라 인용해 말한 것이었습니다.
> 대역부도大逆不道죄가 틀림없이 확실하다고 지만遲晚합니다.311

《추안급국안》에는 홍계능이 미처 완성하지 못했다고 알려진 결안이 수록되어 있는데, 일반적인 결안과는 달리 근각이 누락되어 있었다. 홍계능의 결안에는 가계 내력과 신원 등을 기재하는 근각(根脚: 조선시대에 죄를 범한 사람의 죄상·이름·생년월일·인상 및 그의 조상에 관한 사항을 기록한 내용)이 삭제되어 있었고, 홍계능의 '태갑동궁 관련' 진술과 '대역부도'에 대한 다짐〔侤音〕만 수록되었다. 이처럼 미처 완성되지 못한 결안을 《추안급국안》에 수록한 이유는, 아마도 홍계능의 결안이 거의 완성되는 단계에까지 이르렀음을 보여 줌으로써 홍계능 처형의 정당성을 강조하려는 목적이라고 보여진다.

이제 추국청에서 범죄 사건을 다스려 단서가 이미 드러났다. 죄인 이진후李鎭厚의 경우, 지극히 흉악하고 망측한 정황이 남김없이 죄다 드러났으며 진술 기록이 모두 갖추어지고 증거도 분명하다. 그런데 다만 흉악하고 모질어서 즉각 승복을 하지 않아 날마다 친국親鞫을 거행하는 탓에 군사들이 고생하

---

311 《추안급국안》 영인본 권23 380면, 번역본 68권 99쪽 "罪人啓能 年六十五 結案白等矣 身昨年 事出後 相吉因其 下鄕之路 來見矣 身故矣 身相與 酬酢而 太甲桐宮之說 果因尚書文義 而言之 大逆不 道 的實遲晚 的只罪是白乎事"

여 걱정할 만하다. 추국推鞫을 내일 거행토록 하되, 다시 엄한 매질을 가하여
기어이 승복토록 하라.312

이처럼 결안의 형식적 공고성에 대한 준수 문제는 형정 운영에서 지속적인
문제를 야기하고 있었다. 정조 3년(1779) 정력鄭櫟·이진후李鎭厚 추국에서도
이진후에 대해 정조는 결안 형식의 문제를 언급하고 있다. 이진후 조사 결과
이미 단서가 드러났고, 진술기록도 갖추어졌으며, 증거도 분명하여 객관적인
법적 증거가 확보된 상황이었다. 그러나 단지 이진후가 승복을 하지 않으므로
처벌을 할 수가 없는데, 이를 해결하기 위해선 불가피하게 형추를 할 수밖에
없다는 문제였다. 피의자에 대한 신체고신을 억제하고 공정한 형벌을 집행하
기 위해선 결안의 형식적 공고성을 해소할 필요가 있었던 것이다.

정조 초기 심상운·홍계능·이진후 결안 논란은 '법적 원칙에 얽매여야 하는
가'라는 문제를 제기하고 있었다. 피의자의 진술을 직접 수록해야 한다는 결
안 원칙으로 인하여, 피의자의 죄상이 명백하게 밝혀졌음에도 불구하고 처벌
할 수 없다는 문제가 야기되고 있었던 것이다. 이에 점차 정부는 '결안을 피
의자가 직접 진술한다'는 적극적 원칙을 넘어서, '정부가 작성한 결안에 피의
자가 동의한다'라는 소극적 원칙도 인용하기 위한 움직임을 보이게 되었다.

이러한 결안에 대한 유연한 해석은 정조 1년(1777) 정유역변 처분 중에 점
차 형성되기 시작했다. 정조는 정유역변의 주도자 홍술해가 추국청에서 흉악
한 발언을 일삼을 것을 염려하여 홍술해의 진술을 직접 결안으로 만들지 않
고, 미리 국가가 여러 가지 증거들을 종합하여 결안을 미리 작성하도록 조치
하였다. 그리고 국가가 작성한 결안은 '다른 증인들의 발언에 근거하여 작성

---

312 《추안급국안》 영인본 권23 650면, 번역본 69권 121쪽 "今則鞫獄端緖 旣露 罪人李鎭厚窮凶叵測
  之情節彰著無餘 辭案俱備 證左昭然 而特以獰頑不卽承款 連日親鞫勞軍可悶 以推鞫明日爲之 更加嚴
  刑期於輸款"

하도록 하여' 타당한 근거를 확보하도록 하였다.[313]

이에 따라 정조는 일련의 결안 작성 지침을 제시하였다. 정조가 "즉시 위협을 가하여 엄히 신문하여 결안結案을 작성하도록 하라. 죄인의 결안을 어떻게 썼는가?"라고 문의하자 영의정 김상철이 "그가 홍상범의 아비이며 효임孝任의 지아비로서 논의를 주고받으며 공모한 말을 썼습니다."라고 답하였다. 여기에 대해 정조는 "홍상격과 홍상길의 일 및 홍계능이 추대한 말을 아울러 쓰도록 하라."[314]라고 하여 구체적으로 결안 내용에 대한 수정보완 명령을 내린다. 그리고 "죄인의 결안을 문사낭청이 자세히 풀이하여 읽어서 죄인이 낱낱이 분명하게 듣도록 하라."[315]고 하여 피의자 홍술해로부터 "결안의 내용은 모두 맞습니다. 제 죄상을 기록한 내용도 하나하나가 지극히 당연한 것입니다."[316]라는 명백한 동의를 얻도록 하였다. 아울러 "네가 이미 결안을 바친다고 했다. 그러므로 대역부도大逆不道죄를 기록한 패를 걸어서 내보낼 터이니, 너는 그리 알도록 하라." 하고 홍술해가 "저는 그리 알겠습니다."[317]라고 하여 피의자의 최종 조율에 동의를 받아냈다. 홍술해의 사례 역시 국가가 작성한 결안을 그대로 수용하고 최종 결안으로 기록되었다.[318]

이처럼 국가가 결안을 대리 작성하는 홍술해의 예는 이후 다른 사례에도 적용되었다. 승지 홍국영이 "죄인 윤태연도 오늘 안에 결안을 받아야 할 것인데, 문목을 아직 써내지 못하였습니다."라고 상황을 설명하자, 정조는 "대신이

---

313 《일성록》 정조 1년 8월 24일 丁巳.

314 《일성록》 정조 1년 8월 24일 丁巳 "予曰 卽爲施威嚴訊 而捧結案可也 子曰 罪人結案 何以書之乎 尙喆曰 以渠是 相範之父 孝任之夫 往復同謀之說書之矣 子曰 相格 相吉事及啓能推戴之說 并書之可也"

315 《일성록》 정조 1년 8월 24일 丁巳 "罪人結案 問郞仔細繹誦 使罪人一一明聽可也"

316 《추안급국안》 영인본 권23 362면, 번역본 68권 69쪽 "結案辭意 皆是矣 身罪案 一一至當矣"

317 《추안급국안》 영인본 권23 362면, 번역본 68권 69~70쪽. "問 汝旣結案 故懸大逆不道牌出送 汝其知之 供曰 矣身知之矣"

318 김우철, 2010, 〈조선후기 推鞫 운영 및 結案의 변화〉, 《민족문화》 35, 227쪽.

상의하여 쓰도록 하라."면서 결안의 구성을 전적으로 국가 측에서 담당하도록 하였다.[319] 이처럼 정조 1년의 결안 관례는 '피의자가 직접 진술한다'는 적극적 원칙을 넘어서 '국가가 작성한 결안에 피의자가 동의한다'라는 소극적 원칙이 적용된 분기점이 되었다.

이처럼 국가가 피의자와 진행한 심문에 담긴 문목·진술 등을 편집하는 새로운 방식의 '심문 편집 결안'은 정조 대 이후 추국 판결의 한 가지 방식으로 정착한 것으로 보인다. 이러한 양상은 다양한 형식으로 전개되었다.

a) 네가 비록 외딴 변방의 <u>벌레 같은 천 것</u>이라고 하더라도 또한 하늘을 이고 땅을 밟고 사는 하나의 존재이거늘, 무슨 심보로 감히 이렇게 지극히 끔찍하고 흉악하며 고금에 걸치도록 없었던 흉악한 마음을 싹틔우고, 감히 이렇게 지극히 <u>끔찍하고 흉악하며 고금에 걸치도록 없었던 흉악한 말</u>을 썼는가? 횡설수설하니 마치 뒤집어진 듯 후厚하다고도 하고 박薄하다고도 하면서 공공연히 버젓이 꾸짖어 욕했는데, 심지어 '예법에 어긋나다'는 이하 '지극히 흉악하다'는 구절의 말은 <u>위로 더욱 더할 나위 없이 엄중하여 감히 말할 수 없는 곳까지 침범하기에 이르렀다</u>. 흉악한 역적이 예로부터 무슨 한계가 있었겠느냐만, 어찌 너처럼 하늘과 땅끝까지 걸치는 천 번 살을 발라도 부족하고 만 번 죽여도 오히려 가벼운 죄를 저지른 자가 있었겠느냐?[320](강조 필자)

b) 흉악한 일을 행한 이모저모는 다음과 같습니다. 저는 <u>벌레 같은 천 것으</u>로 배은망덕한 짐승 같은 마음을 품고, 감히 지극히 <u>끔찍하고 흉악하며</u>

---

319 《일성록》 정조 1년 9월 8일 庚午 "承旨 洪國榮曰 罪人泰淵 亦當於今日內捧結案 而問目姑未書出 矣 子曰 大臣相議書之也"

320 《추안급국안》 영인본 권27 579면, 번역본 80권 223쪽 "矣身 雖遐土蟣蝨之賤 亦戴天履地之一物 則以何腸肚 敢萌此窮憯絕慝 亘古所無之凶心 敢書此<u>窮憯絕慝亘古所無之凶言</u> 是隱喻橫說竪說 故若 顚倒曰厚曰薄 公肆詬罵 而至於悖禮以下 極凶之句語 尤是<u>上犯於莫重莫嚴不敢言之地</u> 凶竪逆孼 終古 何限 而豈有如矣身之 窮天極地 千剮不足 萬戮猶輕之情犯者乎"(강조 필자)

첫 번째 방식은 국가의 문목 내용을 편집하여 결안에 수록하는 방식이다. 순조 24년(1824) 이인백 추국에서 이인백의 결안을 통해 국가가 작성한 결안임을 유추할 수 있다. a)는 추국청의 질문 내용이고 b)는 이인백의 결안이다. a)에서 정부의 질문에서는 이인백을 '벌레 같은 천 것'이라고 비난하고 그의 상소를 '끔찍하고 흉악하며 고금에 걸치도록 없었던 흉악한 말'이라고 비난하였으며, 이것이 '위로 더욱 더할 나위 없이 엄중하여 감히 말할 수 없는 곳까지 침범하기에 이르렀다.'면서 국왕의 권위를 침해했음을 지적하였다. 이러한 정부의 심문 내용은 최종 결안에서도 동일한 방식으로 적용되고 있었다. b)에서 살펴볼 수 있듯 이인백의 결안에서는 "벌레 같은 천 것(蟻蝨之賤)", "끔찍하고 흉악하며 고금에 걸치도록 없었던 흉악한 말(窮慘絶慝亘古所無之凶言)", "위로 더욱 더할 나위 없이 엄중하여 감히 말할 수 없는 곳까지 침범하기에 이르렀다.(上犯莫重莫嚴不敢言之地)"는 내용이 동일하게 삽입되어 있다. 질문의 내용이 일부 편집되었다고는 하지만 결안의 핵심적인 내용이 추국청의 질문과 동일하므로, 이 결안은 국가가 작성한 것이라고 판단할 수 있다.

    a) 너는 하늘의 못된 기운이 모이고 마음은 귀신이나 도깨비와 같아 솜씨는 속여 홀리는 버릇을 쌓았으며, 의도는 단지 재앙과 난리만을 바랐다. 요망한 참서를 전해 물려받고 거짓된 이름을 꾸며 냈으며 더러는 성인聖人

---

321 《추안급국안》 영인본 권27 582면, 번역본 80권 228쪽 "行凶節次段 矣身 以<u>蟻蝨之賤</u> 蓄梟獍之心 敢以<u>窮慘絶慝亘古所無之凶言</u> 筆之於書 詬罵天日 至於<u>上犯莫重莫嚴不敢言之地</u>者 即是萬剮猶輕之 極惡大憝"(강조 필자)

이나 도사道士라고 일컫고, 더러는 장군將軍이나 원수元帥로 일컬었으며, 더러는 강화도江華島 안에 있다고 일컫고, 더러는 태백산太白山 아래에 거주한다고 일컬었으며, 더러는 홍경래洪景來 등 여러 역적이 죽지 않았다고 일컫고, 더러는 제주濟州에서 모임을 갖기로 기약했다고 일컬었다. 허황된 이야기를 전해 퍼뜨리고 시끄럽게 떠도는 소문을 부채질했으니, 이미 천지 사이에서 가까스로 목숨을 이어 나가도록 받아들일 수 없다. 이에 쌓아 온 도리에 어긋난 마음으로 감히 지극히 흉악한 죄를 이루려고, 올해 3월 14일에 스스로 짓고 스스로 베껴 쓴 흉서 두 장을 청주 병영 북문에 내걸어 붙였는데, 하늘 같은 성상을 지적해 탓하고 나라를 거짓으로 헐뜯었으니, 더럽고 어지럽히는 말이 이르지 않는 데가 없었다. 이는 실로 천지 만고에 없었던 지극한 역적이니, 귀가 있어도 들을 수 없고 뼛골이 이미 먼저 떨린다. 하늘의 도리는 밝고 환하여 죄상이 죄다 드러났으니, 천 번 살을 발라도 부족하고 만 번 죽여도 오히려 가볍다. 신령과 사람이 분노를 풀기에는 잠깐 동안도 지체할 수 없다. 빨리 지만하라고 심문한다.322(강조 필자)

b) 흉악한 일을 행한 이모저모는 다음과 같습니다. 저는 하늘의 못된 기운이 모이고 마음은 귀신이나 도깨비와 같아, 솜씨는 속여 흘리는 버릇을 쌓았으며 의도는 단지 재앙과 난리만을 바랐습니다. 요망한 참서를 전해 물려받고 거짓된 이름을 꾸며 냈으며 더러는 성인聖人이나 도사道士라고 일컫고, 더러는 장군將軍이나 원수元帥로 일컬었으며, 더러는 강화도江華島 안에 있다고 일컫고, 더러는 태백산太白山 아래에 거주한다고 일컬었으며, 더러는 홍경래洪景來 등 여러 역적이 죽지 않았다고 일컫고, 더러는 제주濟州에서 모임을 갖기로 기약했다고 일컬었습니다. 허황된 이야기를 전해

---

322 《추안급국안》 영인본 권27 696~697면, 번역본 80권 405~406쪽 "矣身戾氣所鍾 鬼魅其情 伎倆則積習誆惑 意願則徒幸禍亂 傳襲妖讖 虛捏名號 或謂之聖人道士 或謂之將軍元帥 或謂在江華島中 或謂居太白山下 或謂景來諸賊之不死 或謂耽羅聚會之約期 傳播謊幻 煽或騷屑者 已不容假息於覆載 而乃其積蓄不道之心 敢售窮凶之犯 於本年三月十四日 自製自寫兩紙凶書 掛付於淸州兵營北門 指斥天日 誣毀國家 嫚辭亂語無所不至 此實天地萬古所未有 極逆大憝 耳不可聞而骨已先顫 乾道孔昭 情節畢得 千剮不足 萬戮猶輕 神人洩憤 晷刻莫淹 斯速遲晚"(강조 필자)

퍼뜨리고 시끄럽게 떠도는 소문을 부채질했으니, 이미 천지 사이에서 가까스로 목숨을 이어 나가도록 받아들일 수 없습니다. 이에 쌓아 온 도리에 어긋난 마음으로 감히 지극히 흉악한 죄를 이루려고, 올해 3월 14일에 스스로 짓고 스스로 베껴 쓴 흉서 두 장을 청주 병영북문에 내걸어 붙였는데, 하늘 같은 성상을 지적해 탓하고 나라를 거짓으로 헐뜯었으니, 더럽고 어지럽히는 말이 이르지 않는 데가 없었습니다. 또 스스로 제 이름과 거주지를 그 안에 써서 마치 진짜 그러한 흉악한 패거리가 있는 듯하면서, 반드시 제 말을 듣는다면 함께 오고 듣지 않는다면 빨리 죽여 달라고 말하기에 이르렀습니다. 비단 사람을 속일 뿐만 아니라 제가 한 짓이라고 의심을 빚어내지 않도록 하였으며, 또 사람들을 현혹시키려고 도리어 제가 꾀어내기 어려운 자에게 죄를 돌리려고 하면서, 흉악한 범죄를 은밀히 이루려는 마음을 뚜렷이 품고 요행을 바랐습니다. 이는 실로 천지 만고에 없었던 지극한 역적으로 몹시 요망하고 흉악하여 귀가 있어도 들을 수 없고 뼛골이 이미 먼저 떨립니다. 하늘의 도리는 밝고 환하여 죄상이 죄다 드러났으니, 천 번 살을 발라도 부족하고 만 번 죽여도 오히려 가볍습니다. 신령과 사람이 분노를 풀기에는 잠깐 동안도 지체할 수 없습니다. 대역부도大逆不道가 틀림없이 확실하다고 지만한 것이 틀림없습니다.323(강조 필자)

두 번째 방식은 국가의 문목 내용을, 편집을 최소화하여 결안으로 수록하는 방식이다.324 순조 26년(1826) 김치규 결안에서는 국가의 결안 작성 여부

---

323 《추안급국안》 영인본 권27 697~698면, 번역본 80권 406~407쪽 "行凶節次段 矣身戾氣所鍾 鬼魅其情 伎倆則積習誑惑 意願則徒幸禍亂 傳襲妖讖 虛捏名號 或謂之聖人道士 或謂之將軍元帥 或謂 在江華島中 或謂居太白山下 或謂景來諸賊之不死 或謂耽羅聚會之約期 傳播謊幻 煽惑騷屑者 已不容 假息於覆載 而乃其積蓄不道之心 敢售窮凶之犯 於本年三月十四日 自製自寫兩紙凶書 掛付於淸州兵 營北門 指斥天日 誣毀國家 嫚辭亂語無所不至 又自書矣身姓名居住於其中 有若眞有如此凶徒 必致矣 身聽言則同來 不聽則速殺爲辭 不但瞞人不致疑於矣身之所爲 亦欲眩人反歸美於矣身之難誘 暗售凶犯 而顯懷希倖 此實天地萬古所未有之極逆大憝 至妖絕慝 耳不可聞而骨已先顫 乾道孔昭 情節畢得 千剮 不足 萬戮猶輕 神人洩憤 晷刻莫淹 大逆不道的實遲晚的只是白乎事"(강조 필자)

324 순조 26년(1826) 김치규 결안 분석은 기존 연구에서 상세하게 다루어진 바가 있다. 이 책에서는 해당 연구 성과를 참조하였음을 밝힌다.(김우철, 2010, 앞의 논문, 227~230쪽 참조.)

476   Ⅳ. 정조 대 형정개혁 정착과 의법依法 추국

를 추론할 수 있다. a)는 추국청의 심문 내용인데 이 내용들이 b)의 김치규 결안에 그대로 삽입되어 있음을 확인할 수 있다. 추국청의 심문 내용은 일부가 분할되어 김치규의 결안에 그대로 수록되어 있다. 김치규의 결안의 60%에 달하는 부분이 추국청의 심문 내용과 동일한데, 이를 통해 추국청이 결안을 대리작성하는 양상이 확인된다.

a) 제가 흉악한 짓을 저질렀던 정황에 대해 말씀드리겠습니다. 제 괴나리봇짐 안에서 압수된 <u>흉악한 서찰은 제목이 지극히 패악하고 내용이 지극히 흉악하여 모두가 망측하고 도리에 어긋난 이야기였습니다.</u> 무릇 사람 가운데 비록 지극히 어리석은 자라고 하더라도, 어찌 차마 몸에 가까이 둘 수 있는 것이었겠습니까?
그런데 저는 하나같이 유태수柳泰守의 말에 따라 장차 여기저기 거쳐 그 서찰을 전달할 계책을 세우고, 은밀히 서로 주고받아 그대로 깊이 숨겨 두었습니다. <u>그랬다가 발길이 단천端川에 이르러 야간 순라군巡邏軍에게 붙잡혔습니다. 관아의 뜰에서 수색할 때 사실대로 드러나, 흉악한 정황이 모두 죄다 드러났습니다.</u> 역적모의에 동참한 죄가 틀림없이 확실하다고 지만遲晩 합니다.325(강조 필자)

b) 제가 흉악한 짓을 저질렀던 정황에 대해 말씀드리겠습니다. 저는 삼수三水 지역에 들어갔다가, 동행했던 거사居士 황인택·최광수 등과 더불어 삼수읍三水邑의 좌수座首 우덕하에게 불려갔습니다. 우덕하가 방 안으로 불러들여 대나무 그릇을 매달아 둔 시렁 아래에 함께 자리한 다음에, 봉한 서찰 한 통을 제게 은밀히 주었습니다. 이어서 또 은밀히 부탁하기를, "이 서찰을 반드시 꼭꼭 숨겨 두었다가 잘 전달해야 한다."

---

325 《추안급국안》 영인본 권24 655면, 번역본 72권 245~246쪽 "矣身之囊中 現捉 <u>凶書 題目絕悖 辭語窮凶 俱是罔測不道之說</u> 凡在人類 雖極愚蠢 豈忍近諸 身邊 而 矣身 一從泰守之言 將爲轉傳之計 潛相授受 襲而深藏 <u>是如可行到端川 見捉夜巡 綻露於官庭 搜驗之際 兇惝情節 已盡昭著</u> 謀逆同參 的實 遲晩的只罪"(강조 필자)

했습니다. 그 흉악한 서찰은 제목이 지극히 패악하고 내용이 지극히 흉악하여 모두가 망측하고 도리에 어긋난 이야기였습니다. 제가 하나같이 우덕하의 말에 따라 그 서찰을 받아 괴나리 봇짐 안에 넣어 둘 즈음에, 최광수가 곁에서 목격했습니다. 그런데 저는 동료 가운데 유한경劉漢敬과 의형제를 맺은 상태였습니다. 그러므로 귀양살이하는 이 생원李生員의 서찰이라고 하며 순안順安의 한가韓哥 집에 전해 달라고 부탁하고 유한경의 괴나리봇짐 안에 몰래 숨겨 두었습니다. 그랬다가 발길이 단천端川에 이르러 야간 순라군巡邏軍에게 붙잡혔습니다. 결국 관아의 뜰에서 수색할 때 사실대로 드러나, 흉악한 정황이 모두 죄다 드러났습니다. 역적모의에 동참한 죄가 틀림없이 확실하다고 지만遲晚합니다.326(강조 필자)

세 번째 방식은 서로 다른 피의자의 결안 내용을 동일하게 구성하는 방식이다. 정조 9년(1785) 유태수柳泰守 추국에서 유태수·유한경劉漢敬의 결안에서도 국가가 결안을 편집했음을 확인할 수 있다. a)는 유한경의 결안이고, b)는 유태수의 결안이다. 각자 상호 간의 범죄행위가 달라서 결안의 내용이 다르지만, 두 사람의 결안 사이에는 어구 하나까지도 동일한 장문의 내역들이 중복되고 있다. '흉악한 서찰은 제목이 지극히 패악하고 내용이 지극히 흉악하여 모두가 망측하고 도리에 어긋난 이야기였습니다.(凶書 題目絕悖 辭語窮凶 俱是 罔測不道之說)'라는 부분이 완전하게 동일하게 나타난다.

그리고 단어가 일부 다르지만 뜻이 대부분 동일한 부분도 후반부에 삽입되어 있었다. '발길이 단천端川에 이르러 야간 순라군巡邏軍에게 붙잡혔습니다. 결국 관아의 뜰에서 수색할 때 사실대로 드러나, 흉악한 정황이 모두 죄다 드

---

326 《추안급국안》 영인본 권24 656면, 번역본 72권 247쪽 "矣身 入往三水地 與同行居士 仁宅光秀 等 爲本邑座首 禹德夏所邀去 則 德夏 招入房內 共坐於行器懸架之下 密授一封書 於矣身 仍又潛囑曰 此書 必須緊藏善傳也 其書卽 <u>凶書 題目絕悖 辭語窮凶 俱是罔測不道之說</u> 矣身 一從德夏之言 受置懷中之際 乃爲光秀之所傍見 而 矣身同伴中 漢敬 義結兄弟 故托以謫居李生之書 要傳順安韓哥之家 潛藏於漢敬之囊中 <u>是如可行到端川 爲夜巡所捉 竟至現發於官庭 搜驗之時 兇慘情節 盡爲綻露</u> 謀逆同參 的實 遲晚的只罪"(강조 필자)

러났습니다. 역적모의에 동참한 죄가 틀림없이 확실하다고 지만遲晚합니다.'
라는 부분에 대해서는 일부 표현들에서 차이가 있지만 진술의 의미 자체는
동일하다고 보아도 무방할 정도이다.327

유한경·유태수 두 사람이 각기 결안을 자신의 의지대로 작성했다면 결코
위와 같이 40자가 넘는 구문이 매우 유사하게 실릴 수는 없다. 이는 해당 문
구를 추국청 측에서 삽입한 것으로 보아야 할 것이다. 그리고 유한경·유태수
결안에서 중복되는 두 가지 구문들은 공통적으로 이들의 범죄행위를 구성하
는 요건이라는 점에서 중요하게 파악해야 한다. 흉서의 대역부도함을 증명하
는 문구, 그들의 행위가 적발된 문구라는 점에서 이들의 범죄를 구성할 핵심
적인 내용을 거의 동일하게 삽입하고, 나머지 부분들은 각 피의자에 맞게 조
합했음을 추론할 수 있다.

네 번째 방식은 여러 피의자들의 결안을 일괄 수합하는 방식이다. 앞서 세
가지 방식과 같이 명백하게 결안 내용에서 추론할 수 있는 방식과는 달리, 같
은 날에 여러 명의 피의자가 결안을 동시에 제출하는 사례들 역시 국가가 결
안을 작성·판단 내린 것으로 파악할 근거가 된다. 본래《대명률》에서는 "십악
十惡의 죄를 범해 응당 죽여야 할 경우나 강도인 경우, 비록 부대시不待時로
처결하더라도 만약 금형일禁刑日에 처결하면 태 40이다."328라고 하여 역모죄

327 유한경과 유태수의 결안은 몇 가지 구체적인 표현에서 차이를 보이지만, 전체적인 구조와
내용이 매우 유사하다. 유한경 결안은 체포 상황을 "見捉夜巡", 유태수 결안은 "爲夜巡所捉"이
라고 표현하였고, 유한경 결안의 "綻露於官庭"은 유태수 결안에서 "竟至"를 추가하여 "竟至現發
於官庭"이라고 표현되었다. 수색과정에서는 "搜驗之際"와 "搜驗之時"라는 표현에서는 '際', '時'
라는 세부 차이가 나타났다. 그리고 유한경 결안은 "已盡昭著", 유태수의 경우 "盡爲綻露"라는
표현에서 차이가 있다. 그러나 이러한 세부적인 차이가 나타나지만, 본질적으로 두 결안의 후
반부는 동일한 문구로 전개되고 있다고 보아도 무방하다. 단천에서의 체포, 관아에서의 조사,
그리고 역모의 인정이라는 필수 요소들이 같은 문장구조로 나타난다.

328《대명률》〈刑律〉〈斷獄〉死囚覆奏待報 "其犯十惡之罪應死及强盜者 雖決不待時 若於禁刑日而決
者 笞四十"

를 지은 사형 대상은 즉시 처형하도록 규정되어 있었다.[329] 그러나 이러한 원칙은 수사 과정에서의 불편을 야기하기도 하였다. 숙종 14년(1688) 여환 추국에서 추국청은 "정원태를 만약 법전에 따라 부대시로 처형한다면, 앞으로 패거리들을 붙잡아 온 뒤 재조사할 일이 있더라도 근거로 삼아 조사할 수 있는 바탕이 없을 것입니다."[330]라며 문제를 제기하였다. 죄상이 확정되었다 하더라도 그를 통해 더 많은 수사 정보를 얻을 수 있을 때까지 처형을 연기해야 한다는 논리였다. 추국청의 위 발언에서 주목할 점은 법전의 원칙상으로는 즉시 처형을 해야 하지만, 이전의 사례에 근거하여 처형을 미루자는 것이었다. 이를 보자면 특수한 경우에는 처형을 미룰 수도 있지만 원칙 자체는 즉시 처형이었음을 알 수 있다.

그러나 순조 1년(1801) 임시발 추국에서 임시발 결안의 관행이 변화한 모습을 발견할 수 있다. 주모자 임시발에 대해 추국청은 "역적의 결안은 규정상 소굴의 우두머리와 패거리들을 죄다 조사한 후에 하게 됩니다."[331]라고 하며 결안의 작성 시점이 모든 사건의 실체가 밝혀진 후에 진행되어야 한다고 언급하고 있다. 이에 정부는 임시발로부터 9월 1일에 결안을 받았음에도 불구하고 즉시 사형하지 않고, 9월 4일까지 4차례의 심문을 반복한 후[332] 9월 7일에 처형하였다.[333] 그리고 임시발의 사례대로 윤가기에게도 먼저 결안을 바친 후 다시 철저하게 조사[334]하도록 조치하였다. 이는 추국청에서 지만·결안·근

---

329 《대명률부례》〈賊盜〉〈謀反大逆〉〈謀叛〉조에서 해당 모반대역, 모반에 해당하는 죄수들은 부대시로 처형한다고 규정되어 있다.

330 《추안급국안》 영인본 권10 201~202면, 번역본 28권 303쪽 "鄭元泰 若依法典 不待時正刑 則從 當往來之後 雖有更推之事 無可憑覈之處 在前承服罪人 亦或有不卽處斷 留待援引諸人拿來取招後 正刑之例"

331 《추안급국안》 영인본 권25 616면, 번역본 75권 45쪽 "逆賊結案例 在於 窩窟徒黨 盡覈之後"

332 《추안급국안》 영인본 권25 673쪽, 번역본 75권 103쪽.

333 《추안급국안》 영인본 권25 683쪽, 번역본 75권 112쪽.

각·조율까지도 성사했음에도 불구하고 사형집행을 연기하여 추가 조사를 위해 심문하는 임시 규정을 동원한 사례였다.[335] 이처럼 원칙적으로는 결안 및 사형집행이 '피의자 진술과 동시'에 이뤄진다고 되어 있었으나, 점차 결안 및 사형 집행의 시점 역시 국가의 판단에 따라 결정되어 가고 있었다.

이러한 사례는 기존의 결안 일자 분포와의 차이에서도 확인된다. 자백과 결안을 받기 위해 가해지던 고신은 개인의 신체적, 정신적 인내력에 따라 버틸 수 있는 정도가 달랐다. 이 때문에 여러 피의자를 고신하는 과정에서 각자 자백하는 시점은 다를 수밖에 없었고, 심문 기록에서도 산견되기 마련이었다. 예를 들어 숙종 14년(1688) 여환 추국에서는 총 9명이 자백하였는데, 7월 30일 1명, 8월 1일 1명, 8월 5일 1명, 8월 6일 3명, 8월 9일 1명, 8월 10일 2명으로 고르게 분포된 양상을 보인다. 영조 39년(1763) 심내복 추국에서는 총 11명[336]이 자백하였는데, 8월 27일 1명, 9월 29일 4명, 10월 2일 4명, 10월 3일 1명, 11월 20일 1명, 11월 22일 1명 등으로 골고루 분포되어 있다. 이처럼 자백의 분포가 산발적인 이유는 피심문자가 실제로 자백을 한 날에 공초 기록을 남겼기 때문이라고 보인다.

그러나 19세기 추국에서의 결안은 매우 밀집되어 나타나는 사례가 다수 나타났다. 예를 들어 순조 1년(1801) 신유박해 과정에서 유항검, 유관검, 윤지헌, 이우집, 김유산 5인은 9월 11일에 동시에 결안을 바쳤고,[337] 헌종 2년(1836) 남공언 추국에서 '결안을 받으라'는 명을 내리자 즉시 12월 27일 당일에 남응중, 남경중으로부터 결안을 받아냈다.[338]

---

334 《추안급국안》 영인본 권25 674면, 번역본 75권 105쪽.

335 김정자, 2021, 앞의 논문, 182쪽.

336 피심문자 권유權裕는 9월 29일, 10월 2일 2번 자백하였다.

337 《추안급국안》 영인본 권25 559~574면, 번역본 74권 285~300쪽.

338 《추안급국안》 영인본 권28 223~224면, 번역본 82권 365~368쪽.

이러한 경향은 고종 대에 들어서면 더욱 확고한 경향으로 나타난다. 고종 5년(1868) 정덕기 추국에서 8월 3일 '결안을 받으라'는 명이 내려지자 즉시 정덕기, 윤내형, 박윤수 3명으로부터 결안을 받아냈고,[339] 고종 6년(1869) 민회행 추국에서는 자백·결안을 받도록 명하자 6월 6일 즉시 강명좌, 권학여, 김문도, 민회행, 이재문, 전찬문 총 6명으로부터 결안을 받았다.[340] 고종 8년(1871) 김창실 추국에서는 결안받기를 명하자 김여강, 김창실, 이돈호 3인에게 4월 9일에 일시에 결안을 받았고,[341] 고종 8년(1871) 이필제 추국에서 12월 23일 결안 명령을 받고 정옥현, 이필제, 정기현으로부터 일시에 결안을 받았다.[342] 이외에도 고종 29년에 이르기까지 고종 대 내에서만 국가가 일시에 결안을 받아낸 사례는 총 78명에 이르는데, 이는 고종 대 전체 추국 사형자 101명의 대다수를 차지하고 있다.[343] 이러한 일자가 중첩된 결안이 확산된 이유는 우연에 의한 결과라기보다는, 국가가 일정 시점에 '죄상이 확정되었다'는 판단을 내리는 경우에 결안을 작성했기 때문이라고 볼 수 있겠다.

---

339 《추안급국안》 영인본 권29 216~224면, 번역본 85권 345~356쪽.

340 《추안급국안》 영인본 권29 251~266면, 번역본 85권 390~413쪽.

341 《추안급국안》 영인본 권29 396~406면 , 번역본 86권 194~207쪽.

342 《추안급국안》 영인본 권29 427~437면 , 86권 239~254쪽.

343 총 78명은 명단은 아래와 같다. 고종 5년(1868) - 정덕기, 윤내형, 박윤수 (총 3명), 고종 6년(1869) - 강명좌, 권학여, 김문도, 민회행, 이재문, 전찬문 (총 6명), 고종 8년(1871) - 이돈호, 김여강, 김창실, 정옥현, 이필제, 정기현 (총 6명), 고종 9년(1872) - 오윤근, 김응룡 (총 2명), 고종 13년(1876) - 신철균, 장동근, 정선교 (총 3명), 고종 14년(1877) - 이계풍, 이병연 (총 2명), 고종 18년(1881) - 강달선, 이두영, 이종해, 채동술, 이종학, 조중호, 이연웅, 정건섭, 임철호, 이휘정 (총 10명), 고종 19년(1882) - 김장손, 정의길, 강명준, 홍천석, 유복만, 허씨동, 윤상룡, 정쌍길 (총 8명), 고종 20년(1883) - 허욱, 장태진, 장순길, 김창영, 유홍엽, 장재식, 이봉학 (총 7명), 고종 21년(1884) - 김봉균, 이희정, 신중모, 이창규, 이윤상, 이점돌, 서재창, 차홍식, 남흥철, 고흥종, 최영식 (총 11명), 고종 22년(1885) - 김춘영, 이영식, 윤경순, 이응호, 전홍룡, 윤계완, 신흥모, 김창기, 민창수, 최성욱 (총 10명), 고종 23년(1886) - 낭창관, 성인묵 (총 2명), 고종 29년(1892) - 박홍근, 김홍엽, 박만길, 신흥만, 정경석, 신천석, 박봉문, 김한복 (총8명)

〈표 45〉 정조 대 이후 국가의 추국 결안 개입 사례

	유형	총원	이름
①	국가의 문목을 결안에 편집하여 삽입	13	장봉서, 이인백, 이창곤, 박형서, 정상채, 신의학, 최영희, 이원덕, 김수정, 홍영근, 정규흠, 김순성, 남종삼
②	국가의 문목을 그대로 결안으로 작성	1	김치규
③	피의자 결안 간 동일 내용 수록	9	이응원, 이도현, 유한경, 유태수, 권시응, 이종락, 박순수, 민순용, 민진용
④	국가가 결안을 일괄 수합	85	유항검·유관검·윤지헌·이우집·김유산(순조 1년, 1801/09/11) 남응중·남경중(헌종 2년, 1836/12/27) 정덕기·윤내형·박윤수(고종 5년, 1868/08/03) 강명좌·권학여·김문도·민회행·이재문·전찬문(고종6년, 1869/06/06) 이돈호·김여강·김창실(고종 8년, 1871/04/09) 정옥현·이필제·정기현(고종 8년, 1871/12/23) 오윤근·김응룡(고종 9년, 1872/04/25) 신철균·장동근·정선교(고종 13년, 1876/03/01) 이계풍·이병연(고종 14년, 1877/06/09) 강달선·이두영·이종해·채동술·이종학(고종 18년, 1881/10/22) 조중호·이연웅·정건섭·임철호·이휘정(고종 18년, 1881/10/24) 김장손·정의길·홍천석·강명준·유복만·허씨동·윤상룡·정쌍길(고종 19년, 1882/08/24) 허욱·장태진·장순길·김창영·유홍엽·장재식·이봉학(고종 20년, 1883/06/09) 김봉균·이희정·신중모·이창규·이윤상·이점돌·서재창·차홍식·남흥철·고흥종·최영식(고종 21년, 1884/12/12) 김춘영·이영식(고종 22년, 1885/08/27) 윤경순·이응호·전홍룡·윤계완·신흥모·김창기·민창수·최성욱(고종 22년, 1885/12/22) 성인묵·낭창관(고종 23년, 1886/10/29) 박홍근·김홍엽·박만길·신흥만·정경석·신천석·박봉문·김한복(고종 29년, 1892/12/24)
⑤	기타(정조 초기 사례)	5	홍계능, 홍술해, 홍신덕, 홍필해, 홍찬해
	합계		113명

이상의 유형들을 정리한 내용은 이상의 표와 같다. 1번 유형인 국가가 심문 내용을 일부 편집하여 결안으로 삽입하는 경우는 13명, 2번 유형인 국가의 심문 내용을 그대로 결안으로 작성한 사례는 1명에게서 나타났다. 피의자의 결안 간 동일 내용이 수록한 3번 유형은 9명, 국가가 결안을 여러 명으로부터 일괄 수합하는 4번 유형은 85명에게 해당되었다. 그리고 국가가 대리

작성했다는 간접 증언들에 의해 추론되는 기타 건은 5명에게서 확인되었다. 이들은 총원은 113명에 달하는데, 이는 정조~고종 대 추국 사형자 총원 225명과 비교하면 약 50%에 육박할 만큼 높은 비율이다.

이처럼 정조 대 이후로는 정부의 공초 내용이 결안으로 들어가는 사례가 매우 다양하게 나타난다. 위 사례에서는 정부가 심문 내용을 조합하여 결안으로 작성하거나, 심문 내용을 그대로 결안으로 쓰거나, 서로 다른 피의자의 결안을 동일하게 구성하거나, 여러 피의자의 결안을 동시에 수합하는 방식이 나타났다. 분포를 살펴보면 18세기 말 정조 대부터 19세기 말 고종대까지 꾸준하게 시행되어 왔음을 확인할 수 있다. 이를 보면 국가주도적 결안 작성이 단지 정조 시기에 머문 일시적인 관행이 아니라 19세기 내내 이어진 제도화된 현상이었음을 확인할 수 있는 것이다. 피의자의 자백을 받아서 사건을 마무리 짓는다는 취지에서 유지되었던 결안의 형식은 남았지만, 그 내용은 변화하게 된 것이다.[344]

이를 통해 18세기 후반 이래 국가의 결안 작성 방식은 점차 효율적인 방식으로 전환되고 있었다. ① 범죄 행위에 대한 인정을 하는 과정인 지만 ② 해당 범죄 행위에 대한 문서를 재차 확인하는 다짐 ③ 피의자 본인이 직접 판결에 대한 근거를 작성하거나 진술하는 결안 작성이라는 까다로운 조건을 모두 피의자로부터 직접 충족했어야 했으나, 이제는 실질적으로 국가가 가장 까다로운 과정인 ③ 결안 작성을 대행하고 피의자는 ①지만 ②다짐만을 담당하게 되는 것이다.

예를 들어 순조 7년(1807) 이경신의 결안 작성과정은 피의자 이경신이 지만을 하고 국가가 결안을 작성하여 최종적으로 이경신의 다짐을 받아내는 과정이 나타난다. 이경신은 이미 지만하여 자신의 죄를 인정하였으나 결안에 들

---

344 김우철, 2010, 앞의 논문, 228~230쪽 참조.

어갈 가계 정보인 근각을 고하지 않고 버티고 있었다. 이에 대해 좌의정 이시수는 그가 최종 결안을 확정하기 이전에 물고 당하려는 목적을 가지고 있다고 파악하고, 이를 방지하기 위해 국가가 작성한 결안을 읽어 주고 다짐을 신속히 받을 것을 추천하였다. 이에 이경신에게 국가가 작성한 결안을 읽어 주고 다짐을 받은 후 "지금 다짐을 받았으니, 즉 결안을 한 것입니다."[345]라고 하면서 피의자의 다짐 과정을 통해 결안이 확정되었다고 주장하였다. 이제 피의자는 국가가 작성한 결안에 대해 소극적으로 승인하는 역할로 바뀐 것이다.

그러나 국가의 공초가 결안 내대용에 직접 반영되었다고 하여, 국가가 자의적으로 조작하거나 허위사실을 지어서 결안을 작성했다고 볼 수는 없다. 국가는 죄인으로부터 직접 자백을 받을 수 있는 부분은 받아서 적되, 죄인이 스스로 지만·다짐한 부분에 대해서는 공식적으로 남은 공초기록에 근거하여 작성하였다. 결안 내용에 남아 있는 '흉악한 서찰', '도깨비와 같은', '벌레 같은 천 것'과 같은 국가 주체의 표현은 국가가 내용을 조작했다는 의미가 아니라, 오히려 국가가 '공초 문답에 적힌 표현 그대로'를 수록했다는 의미로 받아들일 수 있다.

> a) 결탁해 어울리며 제수 물품을 보냈던 일에 대해 이원덕의 증거가 있고, 의장義狀에 이름을 올린 것 또한 이종락의 고발에서 나왔으니, 바로 이것이 용서할 수 없다는 결정적인 단서입니다. 그뿐만 아니라 민진용의 강가 집에서 밤에 있었던, 이종협이 함께 자리한 모임에서 서로 주고받은 이야기들은 모두가 지극히 흉악하고 도리에 어긋난 말뿐이었습니다.[346]

> b) 두 차례 역적의 집을 탐문한 일에 대해서는 결정적인 자백 증거가 있고,

---

345 《승정원일기》 1929책, 순조 7년 7월 12일 壬子 "今旣俸佮 則已結案矣"

346 《추안급국안》 영인본 권28 551면, 번역본 83권 299쪽 "結交致賻 旣有遠德之證 義狀錄名 又出
於鍾樂之招 卽此是罔赦之斷案 兛除良 晉鏞江舍之夜 鍾協同席之會 互相酬酌者 無非至凶絕悖之說"

이름을 나열해 기록한 의장義狀에 대해서는 이미 서울에서 주고받은 이야기에서 드러났습니다. '심心'자에 한 획을 더해 풀이하는 것이 얼마나 흉악한 말인지, 민진용과 어울리며 이종락과 함께 화답한 정황이 모두 드러나 진실을 감출 수 없게 되었습니다.[347]

예를 들면 헌종 10년(1844) 이원경을 새로운 국왕으로 추대하려 했던 역모사건 민진용 추국의 결안 내용에서 이를 확인할 수 있다. a)는 역모 동참자 박순수의 결안인데 해당 결안에는 죄상에 대한 근거가 여러 방면으로 제시되고 있다. 다른 참여자 이원덕·이종락의 진술, 그리고 모임에서 주고받았던 논의들이 명백한 증거라고 인정되고 있었다. b) 민순용의 결안에서도 마찬가지로 증거들이 제시되고 있다. 본인의 자백 증거와 여러 관련자들의 진술을 종합한 증언이 있으며, 상세한 범죄 행위에 대한 정황 증거까지도 확보되었다는 진술을 하고 있다. 이처럼 결안에 대해 국가의 개입 정도가 높아진다고 할지라도 결안 속에는 해당 피의자의 죄상에 대한 자백 또는 관련자 진술 등을 종합한 증거자료가 함께 수록되고 있었다. 이를 통해 본다면 결안 구성 조건을 완화하되 여전히 심문관·피의자 사이의 문답에 근거한 사실에 근거하는 객관성을 담보하기 위한 노력이 전제되어 있었음을 알 수 있다.

정리하자면, 조선은 원칙적으로 피의자의 자백을 필수 요건으로 하는 자백 필수주의에 기초하고 있었고, 자백 원본을 직서하여 최종판결문인 결안을 작성하였다. '결안은 피의자의 자백 원본으로 구성된다', '국가는 결안 내용을 윤색해서는 안 된다'라는 결안 작성의 원칙이 작동하고 있었다. '자백 원본을 직서하여 결안을 작성'하는 '자백 직서 결안' 방식이 18세기 영조 대까지 원칙으로 작동하고 있었으나, 정조 시기 이후부터는 이러한 원칙이 점차 변화하

---

347 《추안급국안》 영인본 권28 600면, 번역본 83권 366쪽 "再探逆家 阮有斷案之自服 列錄名義狀
已著城底之酬酌 心字之一劃添解何等凶言 而與晉鏞而爛漫 暨鍾樂而倡和 情節畢露 眞贓莫掩"

기 시작하였다. 피의자가 자백을 거부하거나 사망하는 등의 상황에서 결안 작성이 어려워지자, 국가는 피의자의 자백에 절대적으로 의존하던 결안 작성 원칙을 점차 해소하기 시작했다. 결안 작성 과정의 구성 조건을 완화하여 국가가 심문 문목 내용을 편집하거나 조합하여 결안을 대리 작성하고, 피의자의 소극적 동의를 얻는 방식으로 결안을 완성해 나갔다. 그러나 이 과정에서 국가의 자의적 개입을 억제하고 증언들에 근거한 결안 작성을 통해 심문편집 결안 판결을 창출하였다. 이러한 국가 주도의 결안 판결은 19세기 내내 이어져 제도화된 현상으로 자리 잡게 되었다.

3) 19세기 흠휼형정의 제도화와 지속

최종적으로 19세기 추국이 이전의 추국과 어떻게 성격이 변화하였는지를 확인하는 것이 필요하다. 개인의 생명권을 보장하고 형벌의 절차적 정당성을 확보하기 위한 18세기의 장기적인 노력들이 18세기 당시기에 산화되어 버렸는지, 19세기 형정에서 명맥을 이어갔는지를 검토할 때 형정개혁의 의미를 확인할 수 있는 것이다.

첫 번째, 형정개혁의 결과 백성을 수호하는 흠휼군주의 위상이 확고하게 정립되었다. 탕평정치기의 주요 과제는 격증한 붕당 간의 갈등을 억제하고 국왕 중심의 공권력을 강화하는 데에 있었다. 탕평책의 근본적인 과제는 정치적, 사회경제적 차원에서 발생한 갈등과 불만을 완화하고 해소함으로써 조선 사회의 질서를 안정화하는 데 있었다. 이를 달성하기 위해서는 무엇보다도 다양한 세력 간의 이해관계를 조율하고 갈등을 효과적으로 관리할 수 있는 강력한 정치적 권위가 요구되었다.[348] 기존 주자학적 군신공치론에서 사대부의 일원으로서 국왕의 지위가 이해되었다면, 탕평정치의 정치론은 군주 중심의 정치론이었다. 이는 당시 사대부 계층이 주도하던 정치 운영 방식이나 주자학에 입각한 기존의 정치관과는 일정한 차별성을 갖는 것이었다.

국왕의 정치적 위상을 확보하는 방식으로는 국왕의 정통성에 대한 의리를 확고히 하는 '의리 확립'이 요구되었다. 영조와 정조는 군주권을 제약하려는 정치세력의 도전에 직면하여 이를 극복하고 정치적 정당성을 확보하기 위해 군신의리君臣義理를 정립하고자 하였다. 영조 대《감란록》,《어제대훈》,《천의소감》, 정조 대《명의록》,《속명의록》으로 이어지는 의리명변서義理明辯書 발간 작업은 영·정조 시기 군신의리 확립을 위한 국왕의 정치적 실천이자, 국왕 중심의 정치질서를 구축해 가는 일련의 과정으로 이해할 수 있다.[349]

국왕의 정치적 위상을 확보하는 또 다른 방식은 민생 정치를 통한 명분을 확보하는 방식이었다. 영정조는 새로운 사회·경제 정책을 추진하면서 대민접촉을 강화하는 한편 민의의 수렴에 적극 나섰다. 이는 지금까지 주로 지배층의 공론에만 의거하여 운영해 오던 기존의 정치 운영 방식과는 본질적으로 다른 것으로 성장하는 민인에 대한 고려가 반영된 것이다.[350]

이에 탕평정치기 정치의 과제는 공정한 군사君師이자 군부君父로서의 국왕이 직접 민인들과 결합하여 민생 정치를 실천하는 방식이었다. 영조는 이를 위해 백성에게 가장 큰 부담이었던 군포 문제를 균역법으로 개혁하고, 수도의 하천을 정비하는 도성 정비사업을 추진하였다. 한양의 중심을 흐르는 청계천을 준설하는 준천사업을 추진하여 도시집중 현상으로 발생한 거주지 문제를 해결하였다.[351] 정조 대에도 상언·격쟁을 활성화하여 민인들의 고통을 직접

---

348 정호훈, 2004, 〈18세기 전반 蕩平政治의 추진과《續大典》의 편찬〉,《한국사연구》127, 81~83 쪽 참조.

349 영조 대 의리서 발간 작업에 대한 자세한 내용은 허태용, 2014, 〈英祖代 蕩平政局下 國家義理書 편찬과 戊申亂 해석 -《勘亂錄》,《御製大訓》,《闡義昭鑑》의 비교 검토〉,《사학연구》116에서 확인할 수 있다.

350 한상권, 1996,《조선후기 사회와 소원제도 -상언·격쟁 연구》, 일조각, 4~6쪽 참조.

호소할 수 있도록 하였고 응지농서를 수집하여 소농경제를 활성화하고자 하였다. 한편 모군募軍을 활용하여 몰락 농민계층의 활용과 정착을 도모하면서 민생 경제를 안정시키고자 하였다. 규장각을 강화하여 새로운 관료계층을 성장시켰고, 신해통공을 실시하여 소상인의 시장 진출을 활성화시켰다.352 이처럼 18세기 국가의 과제는 새롭게 성장하고 있는 민인 계층을 직접적 통치대상으로 인식하고 대민정책의 활성화를 통해 국가 운영의 정당성을 확보해 가는 데에 있었다.

탕평정치기의 대표적인 성과로 알려진 형정개혁은 흠휼이라는 가치를 중심으로 민인의 법적 권리를 확보하고 공정한 법률 집행을 실현하는 과정으로 전개되었다. 영조·정조 대에는 적자론赤子論을 바탕으로 범죄자일지라도 법적 보호를 받아야 한다는 적극적인 의지가 반영된 법률개혁이 추진되었다. 이는 민인을 시혜의 객체가 아닌 법적 권리를 지닌 주체로 인식하는 시각이 반영된 것이다. 이러한 새로운 민인 관념은 18세기 탕평정치기 흠휼 정책의 활성화로 이어졌다. 이를 기반으로 법외악형 폐지, 피의자 수감 환경 개선, 심문 절차 규정 확대 등 피의자의 권리 보장을 위한 법률이 제정되었으며, 실제 형사 사법 영역에서도 이러한 법률이 적극 반영되었다. 영·정조 시기 추국청의 운영은 점차 절차 중심의 합법적 과정으로 변모하였고, 이 과정에서 국가권력의 일방적 폭력 행사도 제어되고 있었다.

탕평정치기 조선정부는 이러한 정책을 국가의 민인에 대한 시혜적 조치로 여기지 않고, 민인을 설득하기 위한 정치적 담론으로 인식하고 적극 홍보하였다. 따라서 법률 개혁에 관한 수교受敎가 내려지면 윤음綸音으로 작성하여 전국 각지에 전파하였다. 또한 추국청의 공정한 법 집행을 보장하기 위해 모든

---

351 박광용, 1998, 앞의 책, 296~299쪽 참조.

352 박광용, 1997, 〈정조대 탕평정국과 왕정체제의 강화〉, 《한국사 32 - 조선후기의 정치》 국사 편찬위원회, 87~88쪽 참조.

심문 절차 및 결과를 조보朝報에 기록하여 전국에 알렸다. 이러한 노력들은 민인들의 삶을 적극적으로 보호하고 옹호하는 흠휼군주로서의 면모를 강조하는 시도였으며, 국왕·민인 간의 정치적 유대를 강화함으로써 국왕 중심 통치 체제의 정당성을 제고하려는 효과를 기대한 것이었다.

이 결과 탕평정치기의 형정개혁은 흠휼군주로서의 위상을 확고히 하여 정국 운영의 권위를 확보하게 하는 역할을 하였다.

《청성잡기》의 저자 성대중(成大中, 1732~1809)은 영조의 형정개혁 조치를 '국왕의 깊은 사랑과 은택이 백성들의 골수에까지 스며드는' 뜻깊은 정책이라고 평가하면서, 애민 정책이 실효를 거두었다고 높이 평가하였다. 성대중은 영조의 개혁정책을 12가지로 정리하면서 그중 8개 개혁을 형정에서 추론하였다. 이에 대해 평가하기를 "여러 세대를 거치면서도 고치지 못한 고질적인 폐단을 혁파한 것"이라 하였다. 성대중이 다음에 언급하는 여러 가지 개혁정책들은 단순히 정책의 방향을 선회하는 차원이 아니라 오래동안 쌓인 국가의 병폐를 고치는 중대한 사안이라고 파악한 것이다.[353]

《성호사설》의 저자 이익(李瀷, 1681~1763)은 조선에 전해져 내려오는 법외 악형들을 영조가 폐지하는 과정을 언급하며 '성덕聖德의 처사'라고 높이 평가하였다. 압슬형에 대해서는 영조가 먼저 '옛 임금 때에 있었는지를 물어' 그 시행의 합당함을 문의하였고 제신들이 '성세의 형벌이 아니라고' 대답하였기에 영조가 압슬형을 폐지하도록 했다고 설명하였다. 그리고 낙형의 경우도 그

---

353 성대중이 영조의 개혁정치를 평가한 내용을 정리해 보면 ① 전가사변율 폐지 ② 압슬형 폐지 ③ 낙형 폐지 ④ 양산종부율 폐지 ⑤ 자자형 폐지 ⑥ 난장 폐지 ⑦ 전도주뢰 폐지 ⑧ 병곡양수(並梏兩手: 죄인의 두 손을 모두 묶어두는 결박방식) 폐지 ⑨ 균역법 실시 ⑩ 여가탈입 금지 ⑪ 공사노비 신공 감면 ⑫ 경기병 폐지로 정리된다. 크게 ①~⑧까지가 형정 문제에 관한 것이고, ⑨, ⑪이 경제 문제, ⑩, ⑫가 사회 문제에 대한 것으로 확인할 수 있다. 전체 12개 중 8개 개혁정책이 형정개혁에 대한 것임을 알 수 있는데, 위의 비중을 고려해 본다면 성대중은 영조의 개혁정책의 주요안들을 '형정개혁'에서 추론하고 있음을 알 수 있다.(《청성잡기》 권5, 〈醒言〉〈英祖大王〉)

효용성에 의문을 가진 영조가 이를 영구히 폐지하도록 조치하였다고 설명하였다. 성호 이익 역시 영조의 형정개혁을 애민 정치의 일환으로써 높이 평가하였다.[354]

《연려실기술》의 저자 이긍익(李肯翊, 1736~1806) 역시 조선시대 형정의 변화과정을 서술하면서 영조의 형정개혁을 중요한 성과 중 하나로 파악하고 있다. 영조 대에 진행된 압슬형, 낙형, 결안 전 사형 등 법전에 정해지지 않았던 위법적인 형벌 관례들을 일일이 제거한 것은 형정상의 중요한 변화였다고 긍정적으로 평가하였다.[355]

《임하필기》의 저자 이유원(李裕元, 1814~1888) 역시 위와 같이 영조의 형정개혁에 대한 하교를 수록하여, 영조의 개혁을 긍정적으로 평가하였다.《임하필기》제19권 문헌지장편文獻指掌編에, 〈제감율령除減律令〉조를 따로 서술하여 영조 대의 형정개혁에서 영조의 윤음과 그 성과를 일일이 나열하여 설명하였다.[356] 영조 서거 1세기 이후의 이유원에게도 영조의 형정개혁은 여전히 흠휼정신을 실천한 조치로 기억되고 있었음을 알 수 있다.[357]

영조의 형정에 대해 찬사를 보내는 황경원(黃景源, 1709~1787)의 시문도 주목할 만하다. 황경원은 영조의 정치를 만장 12수로 지었는데, 그중 아홉 번째로 형정의 아름다움을 찬양하였다. 그 내용을 살펴보면 형조와 의금부가 모두 비어 있을 정도로 범죄자가 없다고 설명하면서 유교적 예치 이념인 공옥空獄이 성공적으로 실현되었다고 찬양하였다. 그러한 올바른 형정의 동력은 국왕 영조에게 있다고 보았는데, 죽음을 가엾게 여기는 마음〔愍死〕과 덕음德音이 정치로 발현되어서 땅강아지와 개미를 포함한 모든 생명들이 임금의 어짊을

---

354 《성호사설》 권9, 〈人事門〉〈壓沙烙刑〉
355 《연려실기술》 별집 권13, 〈政敎典故〉〈刑獄〉
356 《임하필기》 권19, 〈文獻指掌編〉〈除減律令〉
357 《임하필기》 권10, 〈典謨編〉〈勸懲〉

알게[知仁]되었다고 설명하였다.358

영조의 형정개혁을 계승하여 발전시킨 정조에 대한 찬사도 사회 전반에 확산되어 있었다. 정조 18년(1794) 영의정 홍낙성(洪樂性, 1718~1798)도 정조의 형정개혁을 '민인을 보호하는 업적'이라고 높이 평가하였다. 홍낙성 및 대신들은 정조의 뛰어난 업적을 효성, 학문, 의리분별, 백성보호, 교화 5가지로 정리하면서 '정조의 형정개혁이 민인을 보호하는 업적'을 남겼음을 강조하였다. 이를 통해 민인들을 국가의 근본으로 만들어 굳건한 바탕으로 삼게 했고, 민인을 화합하게 하여 국가의 정당성을 납득하도록 했다는 것이다.359

정조의 시장諡狀을 지은 홍양호(洪良浩, 1724~1802) 역시 정조의 형정개혁을 주요 업적으로 논하고 있다. 정조는 즉위 직후《흠휼전칙》을 반포하여 법전과 법집행을 일치하게 만들었고, 사형수를 최대한 살리도록 노력하였을 뿐만 아니라, 수감 피의자들의 건강을 염려하여 그들이 건강을 유지할 수 있도록 조치했다는 것이다. 이 시장이 만들어진 시점이 정조가 사망한 1800년임을 감안했을 때, 정조 재위 당시부터도 정조의 흠휼정책은 주요 정책으로 알려져 있음을 확인할 수 있다.360

정조의 흠휼정책에 대한 평가는 정약용(丁若鏞, 1762~1836)이 종합적으로 추숭하고 있다. 정약용은 정조의 주된 관심이 민인의 생명 보호에 있다고 보면서, 이를 위해 다양한 방면으로 노력해 왔음을 설파하고 있다.《흠휼전칙》을 제정하여 전국에 반포함으로써 형벌제도를 정비하고 지방관들의 자의적인 형벌 남용을 막고자 한 점을 언급하고, 또한《무원록》에 주석을 추가하여 옥사 과정에서 부당한 처사를 방지하려 노력한 점에 주목하였다. 이미 마련된

---

358 《강한집》 권2, 〈詩〉〈英宗大王挽章 十二首〉
359 《정조실록》 권41, 정조 18년 12월 6일 己未.
360 《이계집》 권36, 〈諡狀〉〈正宗大王 諡狀〉

법령에 안주하지 않고 직접 전국 각지의 옥사 기록을 검토하며 억울한 사건을 바로잡고자 한 점도 강조하였다. 친히 옥안을 살피고 의문점을 지적하며 숙고에 숙고를 거듭하여 억울한 일을 바로잡았다는 것이다. 그 결과 의심스러운 사건이 원통한 일로 밝혀지면서 수많은 사람들이 감옥에서 풀려날 수 있었다고 평가하였다. 이처럼 정약용은 정조의 형정 정책에 대해 법 제도 정비와 직접적인 옥사 문제 해결이라는 두 가지 측면에서 성과를 거두었다고 평가하였다. 정조의 노력으로 사법제도가 한층 공정해지고 투명해졌을 뿐 아니라, 많은 사람들이 억울한 형벌에서 벗어날 수 있었다고 높이 평가하였다.[361]

위와 같이 영·정조 시기 형정개혁은 민인들의 생명권을 보장하는 흠휼을 최우선 가치로 삼고 있었고, 이를 확보하기 위한 정책적 노력이 계속되었다. 이러한 노력은 당대와 후대 지식인들로부터 성덕의 처사로 평가받았으며, 결과적으로 영조와 정조의 통치 이념과 정책이 민심을 설득하고 있었다고 이해된다. 이처럼 영·정조의 형정개혁은 국왕과 민인 간의 유대를 강화하고 공권력의 정당성을 확립하는 효과를 가져왔던 것으로 평가할 수 있다.

두 번째로, 추국 형정이 도덕적 제약에서 탈피하고 효율적 방식으로 변화하고 있었다는 점이다.

〈표 46〉에서 검토할 수 있는 사실은 19세기로 접어들수록 '물고율이 소멸하고, 사형율이 증가한다'는 점이다.[362] 대체로 광해군 이래 국가의 추국에서 물고와 공식적 사형집행 비율은 비등한 수준으로 나타나고 있었다. 광해군의 경우 전체 피심문자 중 50% 이상이 물고 당하는 동안 3%의 사형자만 공식적

---

361 《다산시문집》 권14, 〈跋〉 〈祥刑考草本〉

362 위의 그래프에서 현종 대의 그래프 값은 제외하였다. 현종 대 총 추국 피심문자는 2명에 불과하며 2명 모두 사형당했다는 점에서, 물고율/사형자율을 검토하는 위 그래프에 대한 이상값(outlier)이라고 판단했기 때문이다. 현종 대 2명에 대한 데이터를 반영하지 않더라도 그래프의 전반적인 추이는 훼손하지 않는다고 판단하였다.

으로 처분하였고, 인조, 효종, 숙종, 영조에 이르기까지도 대체로 물고자의 비율이 사형집행자의 비율에 육박하는 것으로 나타난다. 17~18세기 선조~정조 전체를 놓고 보면 대체로 물고 505명, 사형자수 591명으로 나타난다. 평균적으로 중범죄 혐의자 절반에 육박하는 10명 중 5명은 미결 상태로 중도 사망했다는 것을 의미한다. 이는 그만큼 추국의 효율성이 낮았음을 보여 준다.

〈표 46〉 17~19세기 국왕별 물고·사형율 추이

	선조	광해군	인조	효종	현종	숙종	경종	영조	정조	순조	헌종	철종	고종	합
물고자	0	49	90	32	0	39	2	272	21	6	1	0	2	5.
사형자	12	3	188	30	2	81	1	238	36	57	23	8	101	7
피심문자	28	94	781	139	2	510	11	1191	191	125	48	21	158	32
물고자 비율(%)	0.0	52.1	11.5	23.0	0.0	7.6	18.2	22.8	11.0	4.8	2.1	0.0	1.3	1
사형자 비율(%)	42.9	3.2	24.1	21.6	100	15.9	9.0	20.0	18.8	45.6	47.9	38.1	63 .9	

〈그림 5〉 17~19세기 국왕별 물고·사형율 추이

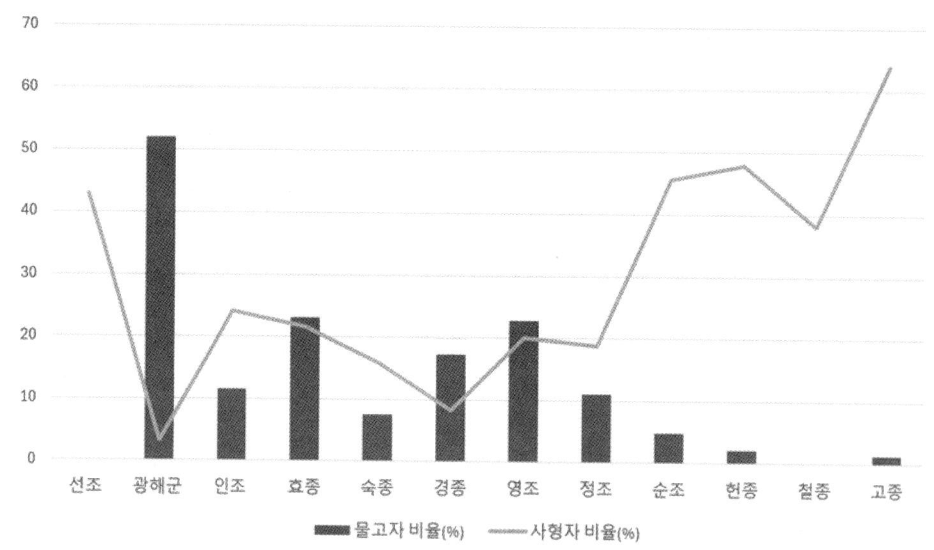

　　그러나 정조 대 이후의 물고/사형집행 비율은 눈에 띄게 개선되어 간다. 정조 대 물고 비율이 11%로 낮아지고 사형 집행율이 20%에 도달하게 되면서 개선되어 갔고, 순조 이래 19세기에는 물고자 비율이 평균 3%대 이하로 급격하게 감소되어 간다. 여기에서 주목할 부분은 사형자의 비율이 50%에 가깝게 증가하고 있다는 점이다. 순조 대 이후 19세기에는 전체 189명을 공식적으로 사형집행하는 동안 9명에 불과한 물고자가 발생했을 뿐이다. 비율적으로 검토하면 혐의자 평균 100명 중 5명만이 미결 상태로 사망한 것으로 추국의 효율이 매우 높아졌음을 의미한다.

<표 47> 17~19세기 국왕별 사형자 고신 강도

	선조	광해군	인조	효종	현종	숙종	경종	영조	정조	순조	헌종	철종	고종	합계
사형자	12	3	188	30	2	81	1	238	36	57	23	8	101	780명
태질 대수	499	300	7090	2396	62	4600	32	9630	728	1505	373	177	1210	28,602대
사형자당 태질 대수	41.6	100.0	37.7	79.9	31.0	56.8	32.0	40.5	20.2	26.4	16.2	22.1	12.0	36.7대

<그림 6> 17~19세기 국왕별 사형자 고신 강도

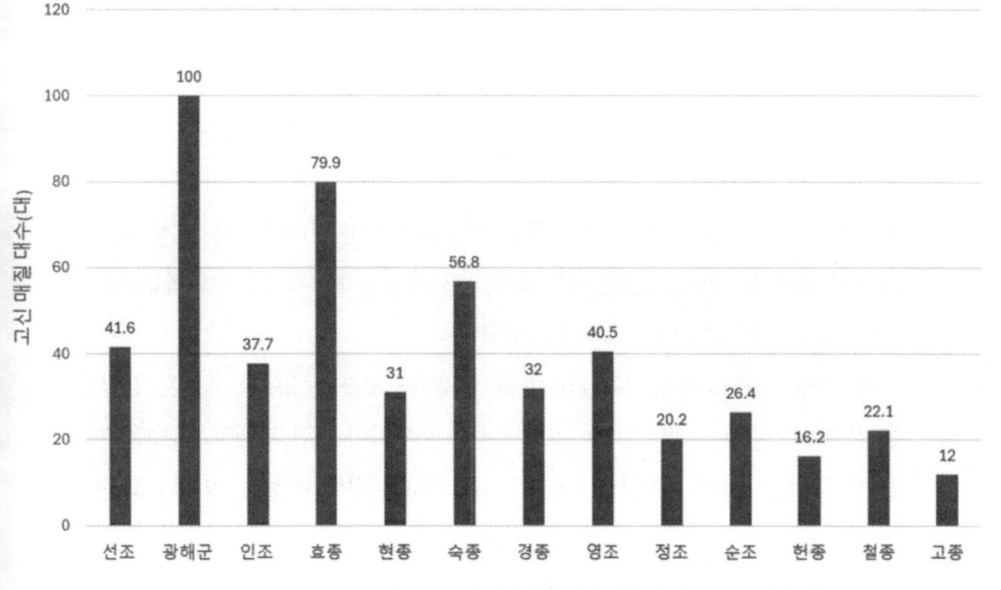

이러한 고효율의 추국은 신체고신의 저하와 동반되어 나타나는 현상이었다. 〈표 47〉은 17~19세기 국왕별 사형자에 대한 고신 강도를 정리한 내용이다. 위에서는 일반적으로 1인의 피의자가 사형판결에 이르기까지 겪는 고신 매질의 수를 정리한 것이다. 각 왕대별로 일부 차이가 나타나긴 하지만 평균적으로 선조~정조까지 17~18세기 왕대에서는 평균적으로 42대(591명/25,337대)의 매질을 당하고서야 사형에 대한 근거를 확보할 수 있었다. 그러나 순조~고종에 이르는 19세기에는 평균적으로 17대(189명/3,265대)의 매질을 가하고 사형집행에 대한 근거를 획득할 수 있었다. 이를 보면 17~18세기와 비교하면 19세기에는 사형판결을 위해 가해지는 신체고신이 60% 이상 축소되었음을 확인할 수 있는 것이다.

이처럼 19세기 사형집행이 '신체고신의 퇴조', '물고의 퇴조'와 맞물리면서 눈에 띄게 효율적으로 바뀌어 나간 데에는 크게 두 가지 원인이 있다. 앞서 이 책의 4장 3절에서 검토한 바와 같이 19세기 '추국 심문 권한을 포도청·지방사법기관으로 분배하는 행정 효율적 구조'와 '국가가 결안을 대리작성하는 심문편집 결안 판결 관행'이 동시에 작용한 결과이다.

이제 19세기 정부는 '국왕이 직접 수사하고 피의자가 직접 자백한다'는 도덕적인 제약에서 벗어나 '하위사법기관이 수사하고 국가가 증거를 종합하여 판결한다'는 효율적인 측면으로 전환하고 있던 것이다. 이제 추국청은 국왕이 피의자에게 자백을 강요하면서 압슬형, 낙형, 고신을 가하고, 피의자는 끝까지 거부하면서 국왕을 모욕하는 참혹한 살육의 현장이 아니라, 하위 사법기관에서 축적된 법리적 사실들을 검토 확인하고 국왕이 최종적으로 승인하는 '폭력이 소거된 행정절차'로 변화하고 있었다.

세 번째, 18~19세기 점차 기존의 추국 원칙으로부터 벗어나 새로운 방식을 정립하는 과정을 확인할 수 있다. 조선은 피의자가 직접 자백을 한 내용을 결안으로 삼는 것이 자백필수주의를 핵심요소로 설정해 왔는데, 19세기 조선은 '국가의 결안'을 피의자가 승인하는 절차 정도로 바꾸었다. 국가는 결안의 객관성을 보장하기 위해 다양한 사법기관에서의 조사 자료 및 증언들을 종합한 판결을 모색하고 있었다. 이는 기존의 형사재판이 피의자의 자백이라는 주관적 요소에 절대적으로 얽매여 있던 관행으로부터 벗어나, 현실적인 차원의 형정을 모색한 '新제도'라고 평가할 수 있다.

이는 18~19세기 국가의 형정이 점차 '폭력'을 지양하던 현실을 반영한다. 이 시기 형정 운영에서 주목할 사항은 살인죄인에 대한 '사형집행이 소멸'하고 있었다는 점이다. 본래 계복제도를 통해 운영되던 조선시대 살인죄인 처분은 영·정조 시대 이후 점차 국왕이 직접 심리하는 심리 중심주의로 전환되었다. 심리를 통해 사형죄인의 죄상을 재심하고 정상을 참작하여 감형 또는 석방 여부를 결정하는 방식이 주를 이루게 된 것이다. 이로 인해 기결수에 대한 사형 집행 비율이 급격히 감소하였다. 조선 전기 90%, 17세기 현종~숙종 대 80%대, 영조 대 60%대로 하락하던 사형집행률은 정조 대 3.2%로 급격하게 하락한다.363 19세기는 최종 사형판결 비율이 0.4%로 더욱 감소하며 이들마저도 실제로 사형집행을 하지 않은 것으로 이해되고 있다.364 그러나 19세기에 살인죄인에게 아무런 처벌을 하지 않는 것은 아니었다. 19세기에는 사형 대신 지속적으로 다시 조사한다는 의미의 잉추仍推 상태의 미결구금 상태로 두는 방식이 일반화되었다. 실제로 19세기 사형죄인의 경우, 성옥 시점부터 석방에 이르기까지 평균 13.7년이라는 긴 시간을 수감 상태로 보내게 되었다. 이는 현대 사회의 살인에 대해 16~18년 후 가석방되는 것과 비교하면 무기징역이나 유기징역과 유사한 형태로 볼 수 있다.365 이러한 일련의 변화는 단

---

363 문준영, 2022b, 〈계복(啓覆)에서 심리(審理)로 조선시대 사형사건 재판제도의 전개와 변화〉, 《법과사회》 69, 334쪽.

364 문준영, 2022c, 〈사형 판결 없는 살옥죄인의 처리와 징벌 −19세기 살옥사건 심리·처결의 경향과 특징〉, 《한국문화》 98, 345~347쪽 참조.

순히 형벌을 완화하는 차원으로 해석되기보다는, ‘산 것도 죽은 것도 아닌 상태로 감옥에서 살게 하는’ 것으로써[366] 기존의 태·장·도·유·사로 지칭되는 5형 체제를 벗어난 새로운 방식의 징벌이라고 평가할 수 있다.

이처럼 18~19세기 조선국가의 통치방식, 특히 형정에서는 기존《경국대전》·《대명률》이 규정한 유교적 구조를 점차 벗어나고 있었다. 범죄 확정 절차에서는 도덕적 의미의 자백에만 귀속되지 않고 피의자를 소추한 국가가 증언·증거에 의거하여 판결문을 확정하기 시작하였고, 최종 형벌 집행에서는 ‘태笞·장杖·도徒·유流·사死’ 구조를 벗어나 일종의 징역형 성격의 장기 수감으로 형벌을 대체하고 있었다. 이러한 형사 절차·집행 과정의 전반적인 변화는 기존 체제가 발현할 수 없는 새로운 형정방식이 나타났음을 의미한다.

정리하자면, 18~19세기 형정 운영 방식은 조선 건국 이래 전제되던 유교적 성격을 점차 탈각하고 있었다. 본래 조선은 자백필수주의를 규정하고 있었고 이는 형정 운영상의 물고와 같은 문제를 야기하고 있었다. 그러나 조선 후기 형정개혁의 결과 ‘죄인이 직접 자백’해야 한다는 원칙이 ‘국가가 증언·증거를 조합하여 최종판결문을 작성’한다는 방향으로 바뀌고 있었다. 이는 자백이 지닌 도덕적 제약을 벗어나는 경향이라고 평가할 수 있다. 한편 절차적 정의 역시 대거 보완되었다. 《대명률》·《경국대전》에서 미약했던 형정 절차에 대한 규제는 《전록통고》·《속대전》·《대전통편》을 통해 조선 고유의 방식으로 보완되어 갔다. 국가 관료들은 개인의 신체에 대한 형벌 권한을 억제하고 법률에 따른 합법적인 절차를 준수해야 했다. 이에 따라 추국청에서의 법외악형과 물고는 급격히 퇴조했다. 이는 추국청·포도청·지방 사법기관으로 이어지는 ‘효율적 행정’ 재편의 성과였다. 당쟁과 사회변동이 극심했던 18세기 조선

---

365 문준영, 2022c, 위의 논문, 364쪽.

366 문준영, 2022d, 〈19세기 ‘심리의 시대’를 들여다보는 창 ―일성록·추조결옥록·장계등록을 이용한 살옥사건 기록의 재구성〉, 《민족문화》 60, 43쪽.

의 현실에서 탕평론과 흠휼을 기치로 건 형정개혁은 점진적인 과정을 거치며 기존의 폐단을 극복하고 새로운 방식의 형사제도를 창출하고 있었다.

이상 4장의 내용을 정리하면 다음과 같다. 정조는 즉위 이후 영조 대부터 이어져 오던 형정개혁을 계승하고 이를 실천적인 제도로 정립시키기 위한 노력을 기울였다. 그러나 즉위 직후 정조 즉위를 반대하는 세력을 병신옥사와 정유역변을 통해 숙청하는 과정에서 영조 대의 초법적이고 위법적인 국왕 친국의 관행이 잔존하고 있었다. 정조는 영조의 흠휼정치를 계승하되 남용된 왕권을 제한하고 법치를 강화하는 한편, 시대 변화에 맞추어 법을 개혁해 나갔다.

정조는 선왕의 입법 정신을 존숭하면서도 현실에 알맞게 법률을 개정하는 신명구법申明舊法을 바탕으로 개혁의 동기를 추출하였다. 그의 법 개정의 방향성은 백성의 생명을 살리는 흠휼에 두어지고 있었으며, 이러한 흠휼을 실천하기 위해서는 신중하면서도 과단성 있는 법률개혁, 법집행자의 공정한 집행이 뒷받침되어야 한다고 보았다. 정조는 특히 국왕조차도 법률을 초월할 수 없다는 보편적인 법론을 바탕으로 국왕의 자의적·전제적 형정을 제도적으로 금지하였다. 이 시기 남인 채제공과 노론 김치인 등 당대 논자들도 활발히 논의에 참여하면서 이 시기 흠휼논의가 단순하게 '엄형을 억제'하는 데 목적을 둔 것이 아니라 현실적인 통치와 흠휼을 동시에 고려하는 종합적인 관점으로 바뀌어 가고 있었다.

정조 대 법률 정비의 방향은 '법집행자의 자의적 형벌'을 억제하고 '공적 형벌'을 확장하는 데 초점이 맞춰져 있었다. 금지해야 할 영역들을 더욱 확대하고 구체화함으로써 국가가 위반하지 않아야 할 형벌의 범주와 지켜야 할 규정들을 명확히 하였다. 법적으로 명확히 정해진 형벌 방식 및 도구를 사용하도록 강제함으로써, 전국의 어느 기관에서도 예측 가능한 방식의 고신이 집행되도록 조치하였다. 이는 법집행자 개개인의 사사로운 감정에 따라 형정 운영이 좌우되는 상황을 방지하고,《대전통편》에 수록함으로써 영구적인 지침으로 삼으려는 노력이었다.

정조는 추국 운영의 합리적인 운영 구조를 정립시키고 법률에 의거한 절차 중심적 의법依法 추국을 실천하였다. 정조는 중대한 역모 사건의 경우 초기에는 친림추국을 통해 사건의 핵심을 파악한 후, 위관에게 사건 처리를 위임하는 방식을 채택하였다. 그 결과 정조 대에는 공식 절차를 거쳐 사형 판결이 이루어졌으며, 영조 대에 문제가 되었던 결안생략 처형 등의 초법적 처형이 근절될 수 있었다. 한편 정조 대에는 고신의 빈도·강도가 이전 시기와 비교하여 축소되었고, 추국청 악형이 완전히 종식되었으며, 국왕 전지에 의한 초법적인 결안생략 처형도 중단되었다. 영조 대에 물고 문제를 발생시켰던 포도청의 1차 심문 기능을 제도화되면서, 포도청-추국청의 이중국문 구조는 법제적 정비를 통해 관리되기 시작하였다.

탕평정치의 형정개혁은 새로운 형정 구조를 창출하면서 19세기 추국 운영에도 계승되고 있었다. 정조 대 이후 추국청 운영은 점차 추국청 전담 원칙이 완화되고 지방사법기관·포도청의 조사 기능을 확대하는 상향식 추국으로 재편되어 갔다. 추국청은 하위사법기관에서 조사한 내용을 바탕으로 최종 판결을 내리는 성격이 강화되었고, 이 결과 추국 개좌의 수가 감소되어 효율적인 재판이 가능해졌다. 한편 정조 시기 이후부터는 자백필수주의가 이완되면서 피의자의 자백에 절대적으로 의존하던 결안 원칙으로부터 벗어나 증거를 종합하여 결안을 국가가 작성하는 재판 관행들을 창출하였다. 이처럼 19세기 추국은 기존의 '추국청 전담주의'·'자백필수주의'를 점차 탈각하면서 행정 효율적인 방식으로 재편되고 있었다.

탕평정치기 형정개혁은 정치·사회·행정적인 유산을 남겼다. 법률에 근거한 공정한 형벌을 확립하기 위한 형정개혁은 당대인들로부터 상당한 호응을 얻었고 이를 통해 국가 통치정당성을 강화할 수 있었다. 한편 기존의《경국대전》부터 규정되어 온 유교적 형벌론을 탈각한 새로운 방식의 형정 운영을 통해 개인의 신체에 대한 훼손을 최소화하는 방향으로 변화하였다. 이러한 변화는 성장하는 민의 요구를 반영하는 가운데 그에 적합한 통치 방식을 모색하려는 탕평정치기 정치 지향에서 비롯되었다. 조선 후기 형정개혁은 국가·국왕의 전제적 폭력을 제거하고 개인의 생명권·신체권을 보장하는 방향으로 전개되면서, 조선 후기 새로운 통치 방식을 모색한 결과를 낳았다고 평가할 수 있다.

V. 맺음말

　이 책은 17세기 양란 이후부터 19세기 초반까지 조선의 형정개혁과 추국 운영의 변화 과정을 통시적 관점에서 고찰하였다. 조선 후기 형정개혁은 단순히 제도적 변화에 그치는 것이 아니라, 당대 사회경제적 변동과 민의식의 성장에 조응하여 진행된 역동적이고 복합적인 과정이었음을 확인하고자 했다.

　이를 통해 이 책에서는 공권력이 정비되는 과정 속에서 국왕·관료·민인의 관계가 재편되는 경과를 검토하였다. 이 시기에는 중앙과 지방을 아우르는 모든 관료들의 행정 운용을 일원화된 기준 하에 작동하게 하려는 시도가 전개되었다. 더 나아가 유교적 통치구조에서 법으로부터 초월적인 지위에 있는 국왕의 권력까지도 법제도를 통해 규제하였다. 형정 운영상에서 '국왕의 천단적 권력'은 점차 '제도 속의 법정 권력'으로 재편되어 갔다. 조선 후기 새롭게 대두한 사회세력인 민의 요구가 사회 전반에 확대되고 이를 반영하기 위한 정책적인 노력이 나타났다. 이러한 노력이 '형정개혁과 추국 운영의 변천'이라는 맥락 속에서 구현되고 있음을 검토하였다.

　이 책에서 중점적으로 초점을 맞춘 부분은 18세기 탕평정치기의 형정개혁과 추국 운영의 길항관계이다. 숙종 대 '형정 문제 대두기', 영조 대 '형정개혁 모색기', 정조 대 이후 '형정개혁 정립기'로 나누어 분석하였다. 이를 통해 조선 후기 추국 문제가 점차 해소되는 과정, 그리고 새로운 양상들이 축적되는 과정을 연쇄적으로 이해하고자 했다. 이상 파악한 내용을 요약 정리하고 그 의미를 정리하면서 결론을 맺고자 한다.

Ⅱ장에서는 숙종 대 탕평책의 등장과 국왕직단 추국의 확산 현상을 검토함으로써 이 시기를 '형정 문제 대두기'로 이해하고, 이 시기 형정의 특징을 파악하였다. 조선은 건국 초기부터 유교이념에 기반을 둔 제도적 질서를 수립하였다. 십악 범죄와 같은 충효 범죄에 대해서는 국왕이 직접 특명으로 의금부에 추국청을 설치하여 특별히 수사·재판하는 추국제도를 마련하였다. 추국청에서 역모 사건을 전담한다는 '추국청 역모 전담'·'자백필수주의'라는 추국 운영의 기본 원칙도 정립하였다. 이 밖에도 《경국대전》에 근거하여 형조 중심의 사법기관 체제를 구축하였다. 그러나 양란 이후 사회경제적 변동에 따라 새로운 사회세력이 성장하고, 사회갈등의 진폭이 확대되면서 기존의 제도만으로는 사회를 통제할 수 없었다. 이처럼 제도 전반에 대한 새로운 혁신이 요구되는 가운데 17세기 후반 숙종 대에 국왕 중심의 정치 구조를 요구하는 탕평론이 대두되었고, 국왕의 전제적 형정권을 둘러싼 '정왕법正王法'론이 제기되었다. 남인 윤휴와 서인 남구만에 의해 숙종 대 형사제도 논의가 전개되었고, 《수교집록》·《전록통고》의 편찬을 통해 구체적인 성과를 거둘 수 있었다.

그러나 이러한 변화 노력은 정치적 갈등이 극심해진 환국의 반복 속에서 그 취지를 잃어가고 있었다. 숙종 대 특히 잠재적 문제로 여겨진 부분은 국왕의 자의적 권력 행사에 의한 국왕직단 추국이었다. 경신환국 이래 남인·서인에 대한 처분을 대거 번복하는 '번옥反獄'은 추국 운영의 신뢰성을 보장하지 못했고, 기사환국기 박태보에게 행해진 가혹한 악형과 폭군의 양상은 자의적 권력에 대한 비판을 불러오는 계기가 되었다. 한편 조선 전기부터 지속된 결안에 근거한 사형 원칙을 위반한 결안생략 처형의 발현은 이 시기 국왕권의 자의성 문제를 단적으로 드러내고 있었다. 이처럼 숙종 대에는 기존체제에 대한 문제의식 속에서 새로운 제도 변화를 모색하였으나, 극심한 당쟁의 정치적 상황 속에서 국왕의 전제적 형정이 발현되고 있었다. 숙종 대는 기존체제에 대한 문제의식 속에서 탕평론과 형정 개수론이 대두되는 '형정 문제 대두기'였으나, 아직 법률에 입각한 실천을 기다려야 하는 미완의 시기였다.

Ⅲ장에서는 영조 대를 17세기 이래 누적되어 온 형정개혁에 대한 문제의식이 본격적으로 정책에 반영된 '형정개혁 모색기'로 이해하면서, 이 시기 형정개혁의 특성과 한계를 검토하였다. 영조는 18세기 조선사회의 정치사회적 위기를 타개하기 위한 방법으로 국왕권을 중심으로 한 공권력의 재정비를 추구하였다. 영조는 국왕을 포함한 공권력 일반이 원칙에 의거하여 집행되어야 한다는 '수법봉공守法奉公'의 가치를 강조하였다. 영조의 원리 원칙·흠휼 정신의 실천이라는 형정 지향은 당대 소론 이종성·노론 김재로와 같은 탕평파 관료들의 논리적 지원 속에서 추진력을 얻고 있었다. 영조는 즉위 후 흠휼 정신을 바탕으로 대대적인 형률개혁을 단행하였다. 《속대전》 편찬을 통해 독자적인 법질서를 확립하고, 압슬형, 낙형 등 법외악형으로 상징되는 국왕의 전제적 형벌권을 제한하는 동시에 고신과 신체형을 엄격히 통제하였다. 또한 중앙과 지방의 사법기구를 정비하고 위계화하여 명확한 사법 절차를 마련하는 한편, 최종결정권자로서의 국왕의 권한을 강화함으로써 신료들의 자의적 판단을 억제하고자 했다. 영조 4년(1728) 무신란, 영조 6년(1730) 경술역옥 등을 겪으며 국왕의 친국을 확대해 갔고, 이는 추국이 명실상부한 '왕옥'으로 자리매김하게 되는 계기가 되었다. 한편 영조 대에는 실제 추국상에서 피의자 1인당 매질 대수가 크게 감소하였고, 하루 중 중복 고신 비율과 고신 빈도 또한 이전 시대에 비해 큰 폭으로 낮아졌다. 한편 영조는 통치 정보를 폭넓게 민간에 공개하는 소통의 정치를 지향하였고, 추국 정보를 조보에 즉각적으로 상세히 전파하는 소통 방식을 창출해 냈다. 이러한 영조 대의 변화는 법률의 개정이 실제 추국 운영에 반영되고 있었음을 보여 준다.

그러나 영조의 형정개혁이 관철되기에는 현실적인 제약이 존재하였고, 현실 상황에 대응하기 위한 '비상 형정'의 양상이 나타날 수밖에 없었다. 당쟁의 격화와 정감록 참위설의 확산 등 체제 위기가 고조되는 상황에서 反영조 운동인 무신란과 무신여당 사건이 창궐하였기 때문이다. 이에 영조는 재위 내내 이 사건들을 통제하고 제압하는 데 주력해야 했고, 이 과정에서 야기되는 시급성과 행정부하를 적절하게 해소할 필요가 있었다. 이 때문에 일부는 자백에 근거한 결안을 작성한다는 자백필수주의를 어기고 결안생략 처형을 강행하여 혼란을 긴급하게 안정시키고자 하였다. 이에 대해서는 신료들의 지속적인 반대가 제기되었으나 영조는 정국 수습이라는 명분으로 이를 정당화하였다. 한편 영조 대에는 추국청의 압슬형·낙형이라는 고유의 법외악형이 금지되면서 이를 대신할 자백 유도 방식이 필요하게 되었다. 포도청은 원래 치안 유지에 특화된 기관이었으므로 역모 사건에는 개입할 수 없도록 되어 있었다. 그러나 무신란을 계기로 역모 사건의 기초 조사 기능을 부여받게 되면서 주리틀기, 난장 등 포도청의 악형이 활용되었다. 이는 물고율의 증가라는 문제를 야기했으나 자백 획득이라는 기능을 효과적으로 수행하였기에 점차 포도청-추국청 이중 국문구조가 정착되어 갔다. 이처럼 영조 대의 형정개혁은 흠휼이라는 이상과 정국 안정이라는 현실 속에서 긴장 관계를 내포하고 있었다. 지속적인 체제 위기 상황에서 국가 운영을 위해서는 기존에는 존재하지 않던 법외적 조치들을 활용해야만 했고, 다른 한편으로는 기존의 형정 운영에 잔재해 있던 자의적인 관례들을 타파할 필요가 있었다. 영조 대는 흠휼을 추구하는 형정개혁을 추구하면서도 동시에 신속한 사건 처리를 위한 결안생략 처형, 자백 확보를 위한 악형이 활용되는 포도청 국문 등 상반된 추국 운영이 나타나는 '형정개혁 모색기'로서 '과도기적 양상'을 띠었다.

Ⅳ장에서는 정조 대를 영조 대 흠휼정치를 계승하면서도 현실적이고 제도화된 형태로 발전하게 된 '형정개혁 정립기'로 파악하면서, 이 시기 형정개혁의 목표와 이후 시기로의 계승 가능성을 검토하였다. 정조는 영조 대의 형정

개혁을 계승하면서도 동시에 영조 대 창출된 폐습을 해소하기 위한 노력을 기울였다. 그는 신명구법申明舊法의 원칙 하에 선왕의 입법정신을 계승하면서도 현실 사회에 적확한 법률로 개정하고자 하였다. 이 과정에서 국왕의 자의적 형벌권을 법제적으로 억제하고 법률에 의거한 공형벌권의 원칙적인 집행이 가능하도록 상세한 법률을 담은《대전통편》을 편찬하여 영구적 제도를 구축하였다. 이러한 과정에서 남인 채제공과 노론 김치인과의 흠휼논의 속에서 현실적 통치와 흠휼을 동시에 고려하는 종합적 관점으로 진전하였다. 실제 추국 운영에서도 절차를 중시하는 의법依法 추국을 실천하여 형정개혁을 현실적인 성과로 전환시켰다. 국왕과 관료가 협력하는 추국 운영 구조를 창출하여 친국에서 비롯되는 결안생략 처형과 같은 국왕 전제적 조치를 억제하고, 포도청의 이중 국문 구조를 제도화하고 고신의 빈도와 강도를 대폭 축소하여 조사 중 사망하는 비율을 대폭 낮추었다.

이러한 개혁은 19세기 이후 추국 운영에도 계승되어 지속적인 영향을 미쳤다. 지방사법기관·포도청을 포괄하는 상향식 추국 구조를 확립함으로써 효율적인 판결이 가능해졌고, 자백필수주의를 완화하여 국가가 증거를 종합하여 결안을 작성하는 방식으로 유연화함으로써 자백에 절대적으로 의존해야 했던 한계를 해소하였다. 이처럼 19세기 추국은 기존의 '추국청 전담주의'·'자백필수주의'를 점차 탈각하면서 행정 효율적인 방식으로 재편되고 있었고,《경국대전》부터 규정되어 온 유교적 형벌론과는 다른 새로운 방식의 형정 운영을 통해 개인의 신체에 대한 훼손을 최소화하는 방향으로 변화하였다. 이처럼 법률에 근거한 공정한 공형벌권을 확립하기 위한 형정개혁은 당대인들로부터 상당한 호응을 얻었고 이를 통해 국가 통치정당성을 강화할 수 있었다. 결론적으로, 조선 후기 형정개혁은 국가·국왕의 전제적 폭력을 제거하고 원칙에 의거한 통치를 통해 개인의 생명·신체를 보장하는 방향으로 전개되었다.

이 책의 기조 목표는 법률개혁과 제도 운영의 길항관계, 곧 '이상과 현실'

의 길항관계를 추적하는 데 있었다. 이에 서론에서 제시된 세 가지 연구문제에 대한 나름대로의 답변을 언급하고자 한다.

첫째, 탕평정치기 형정개혁은 실제 형정 운영의 점진적이고 비선형적인 진전을 야기하였다는 점이다. 제도는 개혁 그 자체로도 의미가 있지만, 그것이 현실 사회에 미친 영향이 어떠했는가를 고려할 때 역사적 의미를 분명히 할 수 있다. 이 책에서 주목한 탕평정치기 형정개혁은 현실문제 속에서 개혁 이상이 도출되었고, 개혁 이상이 반영된 법률개혁이 또다시 형정 운영의 변화를 도출해 내는 연쇄적인 과정을 거쳤다. 구체적으로 이야기하자면, 숙종 대의 폭압적 환국 형태가 야기한 형정비판론이 형정개혁을 추동하였고, 영조 대의 형정개혁의 일환으로 성취된 법률들이 형정 운영상의 일정한 한계를 지워 주게 되었다. 이것이 영조 대 무신란과 이하 사건을 겪으며 비상 추국이라는 일탈된 운영을 불러왔고, 결국 정국이 소강된 정조 대에 와서야 '이상과 현실'이 부합되는 운영상을 성취할 수 있었다는 것이다. 여기서 필자가 강조하고 싶은 점은 제도 개혁은 단독적이고 즉각적으로 성취될 수 있는 것이라기보다는, 기존에 쌓여온 '관행적 폐단'과 새롭게 제기되는 '현실 문제'를 진행과정 속에 내포하면서, 때로는 퇴보하는 듯한 모습으로, 때로는 비약하는 듯한 모습으로 점진적이고 비선형적인 형식의 진전으로 나타난다는 점이다.

둘째, 탕평정치기 형정개혁은 탕평책의 정무 목표를 보완·추동하는 방식으로 전개되었다는 점이다. 숙종 대부터 본격적으로 야기된 형정개혁론은 겉으로는 숙종의 폭압에서 비롯되었지만, 실질적으로는 국왕을 중심으로 한 공권력의 재편을 요구하는 시대적 요구를 반영한 결과였다. 이에 탕평정치기 형정개혁은 각 왕대별로 '정왕법론', '수법봉공론', '신명구법론' 등의 특색으로 등장하면서도 그 핵심으로는 '객관적인 규범에 의거한 통치'를 추구하고 있었다. 여기에서는 국왕이라 할지라도 법률을 초월할 수 없는 통치의 일부분으로 환원되었고, 신분이 낮은 상민·천민이라 할지라도 자기 자신의 법적 권리를 추구할 수 있는 구조를 상정하고 있었다. 이러한 점에서 탕평정치기 형정개혁은 단순하게 형정 자체의 변화뿐 아니라, 국가와 개인, 국왕과 민인, 통치자와 피통치자의 관계를 재편하는 탕평책의 표상으로 작용하고 있었다.

셋째, 탕평정치기 형정개혁은 제도화를 통해 지속적인 영향력을 행사하였다. 일반적으로는 정조 사후 세도정치기로 전환되면서 탕평정치기에 가속화되었던 개혁들이 중단되어 갔다고 알려져 있다. 형정 개혁과 관련하여서도 숙종~정조 대에 수행된 수많은 법률 논의와 개정이 19세기 세도정치기에 들면 소강상태처럼 보이는 것은 사실이다. 하지만 19세기의 추국 운영 양상을 검토해 보았을 때, 탕평정치기의 형정개혁은 19세기에도 굳건하게 제도화되어 영향력을 행사하고 있었음을 확인할 수 있다. 죄수의 생명을 살린다는 흠휼의 정신은 19세기 추국 운영에서 제도화된 형태로 계승되어 피의자들의 신체를 보호하고 공정한 형벌을 집행하는 방식으로 나타나고 있었다. 이를 통해 18세기 탕평정치기의 개혁 이상과 방향성이 장기적인 운영 속에서 지속되고 있었음을 확인할 수 있었다.

이 책은 자료의 성격 및 분석 방법 면에서 여전히 한계를 지녔다. 주된 자료로 삼고 있는 《추안급국안》은 그 당시 추국 운영 일면을 확인할 수 있는 가장 적합한 자료이지만, 그렇다고 해서 모든 실상을 파악할 만큼 완벽한 자료는 아니다. 이 자료는 기타 판례 분석과 종합적으로 결합되었을 때 상호상승 효과를 기대할 수 있으며, 이러한 한계점에 대해선 후속 작업에서 보완할 과제로 삼고자 한다. 한편 이 책에서는 시계열적 흐름과 변화에 초점을 맞추었기에 분석 방법 역시 방대한 데이터 축적에 의한 통계분석 방법론을 활용하였다. 그러나 이 방법 역시 그 당시 개별 시점들이 지닌 질적 분석을 담아내지 못한다는 한계가 명백하다. 통계 분석 방법은 개별 사건에 대한 질적 분석과 결합되었을 때 더욱 분명한 의미를 가질 것이라 생각하며, 이 역시 후속 작업에서 보완할 과제로 삼고자 한다.

국문 요약

이 책은 17세기 후반~18세기 후반까지 조선 후기 탕평정치기의 형정개혁 과정과 추국 운영 변천에 대한 고찰을 통해 그 역사적 의미를 밝히는 것을 목적으로 한다. 추국推鞫은, 왕옥王獄이라는 측면에서 '왕과 법의 관계가 투영'되는 대상일 뿐 아니라, 유교국가의 가치에 위배되는 '충·효' 범죄를 전담하여 다스린다는 점에서 '유교 국가의 특성'을 확인할 수 있는 영역이다. 탕평정치기의 추국을 중점적으로 검토함으로써 그 당시 국가권력이 어떻게 새로운 방식으로 전환해 나갔는지를 확인할 수 있다고 보았다.

이 책에서는 '지향으로서의 법령'과 '실제로서의 추국 운영'의 상호관계를 확인하기 위해 법전·판례집을 포괄한 법제 자료를 분석 대상으로 삼았다. 《경국대전》·《대명률》·《수교집록》·《전록통고》·《속대전》·《대전통편》 등 법전 자료를 시계열적으로 검토하여 법률 원칙의 구체화·발전과정을 검토하는 한편, 판례집 《추안급국안》을 통계 분석 처리하여 17~19세기 전반에 걸친 시대별, 왕대별 추국의 변화를 검토하였다.

이 책에서는 숙종 대 '형정 문제 대두기', 영조 대 '형정개혁 모색기', 정조 대 이후 '형정개혁 정립기'로 크게 세 시기로 나누어 분석하였다. 이를 통해 조선 후기 추국 문제가 점차 해소되는 과정, 그리고 새로운 양상들이 축적되는 과정을 연쇄적으로 이해하고자 했다.

숙종 대는, 기존의 조선 형정 구조의 모순이 실제 정치 영역에서 발현되는 '형정 문제 대두기'로서의 성격을 띤다. 이 시기에는 양란 이후 사회변동의 심화와 그에 따른 범죄의 다각화라는 사회 문제와 더불어, 당쟁의 격화로부터 비롯된 환국換局이라는 극단적인 대립 양상이 나타났다. 국왕 숙종은 《수교집록》·《전록통고》 등의 법전을 편찬하여 절차법령들을 개선해 갔다. 그러나 실제 숙종 대 환국 과정에서는 형사처분 결과를 번복하는 번옥反獄, 법외악형의 남용, 최종판결문인 결안생략 처형 등 절차적 규범을 위반하는 숙종의 ‘국왕 직단 추국’이 전개되고 있었다. 이러한 과정에서 국가 운영의 중추로서 국왕 의 지위를 재정립하려는 정치론인 탕평론이 대두되기 시작하였다. 숙종 대 형 정에 대한 문제의식의 발로로 탕평론이 등장하고 형정정비가 진행되었다. 그 러나 환국이라는 정치적 문제를 해소하는 과정에서 국왕의 전제적 형정이 발 현되고 있었고 더욱 근본적이고 포괄적인 형정개혁은 이후의 과제로 남겨지 게 되었다.

영조 대는 형정개혁이 본격적으로 전개되기 시작하는 ‘형정개혁 모색기’로 서의 성격을 띤다. 영조는 국왕권을 중심으로 한 공권력을 확보하기 위해 탕 평을 지향했고, 형정 운영에서는 백성의 생명을 아끼는 흠휼欽恤을 실천하고 자 하였다. ‘법률을 준수하며 공적 업무를 수행’하는 ‘수법봉공守法奉公’이 강 조되면서 개인의 신체와 생명을 해치는 국가의 자의적인 형정이 억제되었다. 제도적으로는 《속대전》을 편찬하여 국가 전반의 통치구조를 일신하는 한편, 형정 운영상에서는 절차법령들을 구체화하였다. 그러나 영조 재위 기간 동안 무신란, 경술역옥, 을해옥사 등 왕실의 정통성을 위협하는 대규모 정치적 사 건들이 지속적으로 발생하면서, 물고율 증가, 결안생략 처형 확산, 포도청 국 문 위임 등 영조의 법적 지향과는 모순되는 법외 처분들이 이어졌다. 결과적 으로 영조 대 형사사법 개혁은 탕평정국 추진과 정치적 문제라는 상충되는 두 가치 사이에서 절충점을 모색하는 과도기적 양상을 띠었다고 평가할 수 있다.

정조 대는 형정개혁의 흐름을 계승하면서 안정된 운영을 달성한 ‘형정개혁

정립기'라고 평가할 수 있다. 정조는 '선왕의 좋은 법을 새롭게 밝힌다'는 신명구법申明舊法을 통치의 방향으로 설정하고, 형정 분야에서는 법적 절차를 준수하는 공형벌권 확립을 지향하였다. 정조는 규정으로서의 법의 지위를 분명하게 인정하고, 법을 준수하는 데에서는 국왕도 예외일 수 없다는 원칙을 분명히 하였다. 이를 위해《대전통편》을 편찬하고 이를 실제 형정 운영에 적용하였고, 실제 추국 운영에서도 법률에 근거한 '의법依法 추국'이 현실화되었다. 추국청에서의 법외악형 완전 폐지, 결안생략 처형 중지, 물고율 축소, 결합 수합 원칙 준수 등 절차와 결과 면에서 가시적 성과로 나타났다. 한편 지방의 사법기관·포도청의 역할을 확대함과 동시에 추국청과의 연계성을 강화함으로써 사건에 대한 종합적 대응이 가능하게 하였다. 최종판결문에서 죄수의 자백에 의존하던 자백필수주의가 내포한 제약을 넘어, '심문편집 결안 판결'을 창출하여 행정적 합리화를 도모할 수 있었다. 이를 통해 추국 운영은 조선 전기 이래 정립된 '추국청 역모 전담'·'자백필수주의'가 지닌 형정 운영상의 난맥을 극복하고, 하위−상위사법기관이 수사·재판 기능을 연동하는 '사법기관 종합 추국', 증거를 종합적으로 고려하여 판결하는 '심문편집 결안 판결'을 구축해 나갔다. 이러한 변화는 정조 대 이후 19세기에도 제도적으로 정착하여 연속적으로 이어졌다.

종합하면 탕평정치기 조선의 형정은 국왕·국가의 전제적·위법적인 형정 운영을 지양하고 법률에 근거한 의법依法 형정을 구현하는 방향으로 점진적으로 전환되었다고 평가할 수 있다. 그 과정에서 숙종 대 환국·영조 대 역모사건 등을 겪으며 지향과 현실 사이의 모순이 발생하였으나, 탕평과 흠휼에 대한 지속적인 노력을 통해 실제 형정 운영에서 성과를 거두었다. 조선 후기의 형정개혁은 국왕·국가 권력의 자의성을 억제하고 성장하는 민인의 권리를 보장하는 방향으로 전개되었다. 그리고 기존의 원칙으로 인한 구조적 한계를 극복하고 새로운 방식의 운영 기조를 창출하였다. 이는 조선 후기 사회의 구조적 변동에 대응하여 국가 통치의 새로운 기반을 정립하려 했던 탕평정치기 지향과 실천을 보여 주는 사례로 평가할 수 있다.

핵심되는 말: 조선 후기, 형정개혁, 탕평정치, 추국, 흠휼欽恤, 왕권, 절차법, 의법依法, 위법違法, 환국換局, 무신란戊申亂

그림 차례

참고문헌

1. 원자료

경서류

《논어》, 《논어집주》, 《논어고금주》, 《맹자》, 《맹자집주》, 《서경》, 《서경집전》, 《상서고훈》, 《중용》, 《주례》.

관찬자료

《고려사》, 《국조보감》, 《비변사등록》, 《승정원일기》, 《일득록》, 《일성록》, 《조선왕조실록》, 《홍재전서》, 《신증동국여지승람》.

법제자료

《경국대전》, 《속대전》, 《대전통편》, 《대전속록》, 《대전후속록》, 《수교집록》, 《신보수교집록》, 《전록통고》, 《대명률》, 《대명률직해》, 《당률소의》, 《추관지》, 《흠흠신서》, 《추안급국안》.

문집 및 기타

《갈암집》《금계집》《다산시문집》《동문휘고》《동주집》《명재유고》, 《몽오집》, 《백사집》, 《백호전서》, 《백호집》, 《번암집》, 《서원등록》, 《성호사설》, 《성호전집》, 《송강집》, 《약천집》, 《여헌집》, 《연려실기술》, 《오천집》, 《우담집》, 《임하필기》, 《청성잡기》.

2. 2차 자료

단행본

강성득, 2004, 〈英祖代 《承政院日記》의 改修에 관한 一考察〉, 고려대학교 석사학위논문.

강승호, 2005, 《조선시대 고공 연구》, 동국대학교 박사학위논문.

고동환, 1998, 《조선후기서울상업발전사연구》, 지식산업사.

고성훈, 1994, 〈조선후기 변란연구〉, 동국대학교 박사학위논문.

고수연, 2008, 〈1728년 戊申亂과 淸州地域 士族動向〉, 충북대학교 박사학위논문.

금장태, 1990, 《유교사상의 문제들》, 한국학술정보.

김문식, 2007, 《정조의 제왕학》, 태학사.

김백철, 2010, 《조선후기 영조의 탕평정치 –《속대전》의 편찬과 백성의 재인식》, 태학사.

김백철, 2014, 《두 얼굴의 영조》, 태학사.

김백철, 2016, 《탕평시대 법치주의 유산 –조선후기 국법체계 재구축사》, 경인문화사.

김백철, 2017, 《법치국가 조선의 탄생 : 조선 전기 국법체계 형성사》, 이학사.

김영석, 2013, 〈의금부 조직과 추국에 관한 연구〉, 서울대학교 박사학위논문.

김자현, 2017, 《왕이라는 유산》, 너머북스.

김준석, 2003, 《조선후기 정치사상사 연구 –國家再造論의 擡頭와 展開》, 지식산업사.

김택민 주편, 2021, 《당률소의 역주》, 경인문화사.

김택민, 2008, 《동양법의 일반원칙》, 초판 2002, 아카넷.

김 호, 2020, 《정조의 법치 –법의 저울로 세상의 바름을 살피다》, 휴머니스트.

다나카 토시미츠, 2011, 〈朝鮮初期 斷獄에 관한 研究 – 刑事節次의 整備過程을 中心으로〉, 서울대학교 박사학위논문.

마샤오홍 외 편, 김승일 외 역, 2014, 《중국법률사상사 10강》, 동아대학교출판부.

문준영, 2010, 《법원과 경찰의 탄생》, 역사비평사.

민영대, 1997, 《박태보전 연구》, 한남대학교 출판부.

박광용, 1998, 《영조와 정조의 나라》, 푸른역사.

박병호, 1984, 《세종시대의 법률》, 세종대왕기념사업회.

박병호, 1990, 《한국의 전통사회와 법》, 서울대학교 출판부.

박병호, 1996, 《근세의 법과 법사상》, 진원.

박병호, 2012, 《한국법제사》, 민속원.

박현모, 2001, 《정치가 정조》, 푸른역사.

서신혜, 2012, 《박태보전》, 문학동네.

서태원, 1999, 《조선후기 지방군제연구 −營將制를 중심으로》, 혜안.

성아사, 2023, 《19세기 홍경래난의 서사 지형과 서술 방식》, 연세대학교 국어국문학과 박사학위논문.

심재우 외, 2017, 《조선후기 법률문화 연구》, 한국학중앙연구원출판부.

심재우, 2009, 《조선후기 국가권력과 범죄 통제》, 태학사.

심희기, 1997, 《한국법제사강의》, 삼영사.

오갑균, 1995, 《조선시대사법제도연구》, 삼영사.

오영교 편, 2001, 《조선후기 향촌지배정책 연구》, 혜안.

오영교 편, 2004, 《조선 건국과 경국대전체제의 형성》, 혜안.

오영근, 2018, 《(제5판)新형법입문》초판 2009, 박영사.

유승희, 2007, 〈18~19세기 漢城府의 犯罪實態와 葛藤樣相 −《日省錄》의 死刑犯罪를 중심으로〉, 서울시립대학교 박사학위논문.

윤국일, 1986, 《경국대전 연구》, 과학백과사전출판사.

윤훈표·임용한·김인호 저, 2007, 《경제육전과 육전체제의 성립》, 혜안.

이근호 외, 1998, 《조선 후기의 수도 방위 체제》, 서울시립대학교 부설 서울학연구소.

이근호, 2016, 《조선후기 탕평파와 국정운영》, 민속원.

이상배, 1999, 《조선후기 정치와 괘서》, 국학자료원.

이상식, 2005, 〈朝鮮後期 肅宗의 政局運營과 王權 研究〉, 고려대학교 박사학위논문.

이예선, 2006, 〈고려시대 '詔獄'에 대한 고찰〉, 고려대학교 석사학위논문.

이종범, 1985, 〈1728년 무신란의 성격〉, 《조선시대 정치사의 재조명》, 범우사.

이희환, 2015, 《조선정치사》, 혜안.

장국화 편, 임대희 외 역, 2003, 《중국법률사상사》, 아카넷.

전주대학교 한국고전학연구소, 2014, 《《추안급국안》 번역본》 1~90권, 흐름출판사.

정긍식, 2018, 《조선의 법치주의 탐구》, 태학사.

정센이·마샤오홍 저, 채복숙·전영매 외 역, 2015, 《예와 법》, 경지출판사.

정진혁, 2017, 〈조선후기 정감록 결사조직과 변혁운동〉, 연세대학교 석사학위논문.

정호훈, 2004, 《조선후기 정치사상 연구 −17세기 北人系 南人을 중심으로》, 혜안.

정호훈, 2023, 《교화와 형벌 −조선의 범죄 대책과 《경민편》》, 혜안.

조 광, 2010, 《조선후기 사회의 이해》, 경인문화사.

조지만, 2007, 《조선시대의 형사법 −大明律과 국전》, 경인문화사.

최성환, 2020, 《영·정조대 탕평정치와 군신의리》, 신구문화사.

최윤오, 2006, 《조선후기 토지소유권의 발달과 지주제》, 혜안.
한국학중앙연구원 편, 2007, 《지정조격 영인본》, 휴머니스트.
한상권 외 역, 2018, 《대명률직해》, 1~4권, 한국고전번역원.
한상권, 1996, 《조선후기 사회와 소원제도 -상언·격쟁 연구》, 일조각.

矢木毅, 2019, 《朝鮮朝刑罰制度の硏究》, 朋友書店.
Jiang Yonglin, 2011, *The Mandate of Heaven and The Great Ming Code*, University of Washington Press.

논문

강성득, 2007, 〈典據를 통해 본 英祖代 《承政院日記》 改修의 性格〉, 《사학연구》 88.
고수연, 2007, 〈청주지역 영조 무신란의 동향〉, 《조선시대사학보》 42.
고수연, 2011, 〈1728년 호남 무신란의 전개 양상과 반란군의 성격〉, 《역사와담론》 60.
고수연, 2019, 〈《추안급국안》에 기록된 무신여당(戊申餘黨) 모반사건의 양상〉, 《역사와담론》 92.
김경록, 2022, 〈홍무연간 軍禮정비와 錦衣衛의 역할〉, 《명청사연구》 58.
김경수, 1999, 〈조보의 발행과 그 성격〉, 《사학연구》 58·59호.
김경숙, 2016, 〈을병대기근기 향촌사회의 경험적 실상과 대응〉, 《역사와실학》 61.
김동명, 2007, 〈우리나라 上古時代의 法思想 연구〉, 《법학연구》 26.
김문식, 2014, 〈18세기 국왕의 소통방식〉, 《한국실학연구》 28.
김백철, 2007, 〈조선후기 영조대 《속대전》 위상의 재검토〉, 《역사학보》 194.
김백철, 2008, 〈朝鮮後期 肅宗代 國法체계와 《典錄通考》의 편찬〉, 《규장각》 32.
김백철, 2008, 〈조선후기 영조대 법전정비와 《속대전》의 편찬〉, 《역사와현실》 68.
김백철, 2008, 〈조선후기 정조대 법제정비와 대전통편 체제의 구현〉, 《대동문화연구》 64.
김백철, 2010, 〈영조의 의리명변서 천의소감 편찬과 정국변화 -요순의 두 가지 얼굴, 탕평군주와 전제군주의 경계〉, 《한국학》 33.
김백철, 2011, 〈영조의 윤음과 왕정전통 만들기〉, 《장서각》 26.
김선경, 1992, 〈'민장치부책'을 통해서 본 조선시대의 재판제도〉, 《역사연구》 1.
김영석, 2013, 〈추국의 의미 변화와 분류〉, 《법사학연구》 48.
김용흠, 2004, 〈17세기 政治的 갈등과 朱子學 政治論의 分化〉, 《조선후기 체제변동과 속대전》, 혜안.

김우철, 2010, 〈조선후기 推鞫 운영 및 結案의 변화〉, 《민족문화》 35.

김우철, 2013, 〈숙종 6년(1680) 吳始壽 옥사의 검토 -老·少論 分黨의 시원적 배경〉, 《역사와담론》 66.

김인호, 2002, 〈고려의 원률수용과 고려률의 변화〉, 《한국사론》 33.

김인호, 2007, 《《조선경국전》과 《경제육전》의 성격〉, 《경제육전과 육전체제의 성립》 혜안.

김정자, 2021, 〈순조 1년(1801) '신유옥사(辛酉獄事)'와 윤행임(尹行恁) 사사(賜死) 사건 -임시발(任時發)·윤가기(尹可基) 사건을 중심으로-〉, 《역사민속학》 61.

김종수, 2010, 〈주희의 형벌관 일고〉, 《아주법학》 4.

김준석, 1992, 〈유형원의 변법관과 실리론〉, 《동방학지》 75.

김준석, 1997, 〈탕평정책과 왕정체제의 강화〉, 《신편한국사》 32.

김준석, 1999, 〈18세기 蕩平論의 전개와 王權〉, 《동양 삼국의 왕권과 관료제》, 국학자료원.

김창수, 2020, 〈조선후기 조선·청 관계와 국왕의 건강 문제 -숙종 초반 교영례(郊迎禮)를 둘러싼 갈등을 중심으로〉, 《의사학》 29-3.

김태영, 2009, 〈반계 유형원의 변법론적 실학풍〉, 《한국실학연구》 18.

김현라, 2021, 〈고려율령조문을 통해 본 君臣秩序와 刑罰 -당·송과의 비교를 통하여-〉, 《법사학연구》 64.

김형수, 2016, 〈조선왕조의 건국과 태조 즉위교서의 성격〉, 《석당논총》 66.

김형중, 2014, 〈조선초기의 순군만호부(巡軍萬戶府)의 조직과 기능에 관한 연구〉, 《역사와경계》 90.

김 호, 2011, 〈약천 남구만의 형정론에 대한 다산 정약용의 비판〉, 《국학연구》 19.

나종현, 2022, 〈18세기 양주 조씨 조태채·조관빈 부자의 정치 활동〉, 《중앙사론》 57.

노혜경, 2014, 〈조선후기 형정권의 분화 -구류간을 중심으로〉, 《조선시대사학보》 70.

도현철, 2004, 〈조선의 건국과 유교문화의 확대〉, 《조선 건국과 경국대전체제의 형성》, 혜안.

문경득, 2014, 《《추안급국안(推案及鞫案)》 DB 구축 및 창작소재 콘텐츠 개발 방안〉, 《인문콘텐츠》 35.

문준영, 2022, 《《유경록》으로 보는 조선 후기 관찰사에 의한 살사(殺死)사건 처리 실태〉, 《법학연구》 32.

문준영, 2022, 〈19세기 '심리의 시대'를 들여다보는 창 -일성록·추조결옥록·장계등록을 이용한 살옥사건 기록의 재구성〉, 《민족문화》 60.

문준영, 2022, 〈계복(啓覆)에서 심리(審理)로 -조선시대 사형사건 재판제도의 전개와 변화〉, 《법과사회》 69.

문준영, 2022, 〈사형 판결 없는 살옥죄인의 처리와 징벌 −19세기 살옥사건 심리·처결의 경향과 특징〉, 《한국문화》 98.

박 경, 2012, 〈십악 개념의 수용을 통해 본 조선 전기 사회윤리의 구축 과정〉, 《사학연구》 106.

박광용, 1997, 〈정조대 탕평정국과 왕정체제의 강화〉, 《한국사 32 − 조선후기의 정치》, 국사편찬위원회.

박광용, 2003, 〈탕평론의 전개와 정국의 변화〉, 《조선시대 정치사의 재조명》, 초판 1985, 태학사.

박병호, 1982, 〈조선 시대의 왕과 법〉, 《애산학보》 2.

박병호, 1995, 〈《경국대전》의 편찬과 계승〉, 《신편한국사》 22.

박병호, 1999, 〈조선초기 법제정과 사회상〉, 《국사관논총》 80.

박 주, 2015, 〈조선 후기 영조의 딸 화완옹주의 생애와 정치적 향배〉, 《여성과역사》 22.

박소현, 2014, 〈법문학적 관점에서 바라본 유교적 사법전통〉, 《대동문화연구》 87.

배항섭, 1991, 〈조선후기 삼정문란과 명화적〉, 《역사비평》 17.

백승종, 2008, 〈조선후기 천주교와 정감록 − 소문화집단의 상호작용〉, 《교회사연구》 30.

서세영, 2022, 〈《書經》 刑 개념에 관한 正祖의 이해와 적용〉, 《양명학》 65.

소진형, 2020, 〈17세기 황극(皇極) 해석과 왕권론 비교연구 윤휴와 박세채의 황극에 대한 이론적 해석을 중심으로〉, 《한국정치연구》 29.

손균익, 2014, 〈복수사건의 처결을 통해 본 조선 초기 지배질서의 확립〉, 《사학연구》 115.

송양섭, 2005, 〈약천 남구만의 왕실재정개혁론〉, 《한국인물사연구》 3.

신영우, 2011, 〈兩湖都巡撫營 指揮部와 日本軍 간의 갈등〉, 《군사》 81.

심예원, 2021, 〈1744년(영조 20) 영조의 耆老所 入社 의례와 정치적 의미〉, 《조선시대사학보》 96.

심재우, 1995, 〈18세기 옥송의 성격과 형정운영의 변화〉, 《한국사론》 34.

심재우, 1999, 〈정조대 《欽恤典則》의 반포와 刑具 정비〉, 《규장각》 22.

심재우, 1999, 〈조선후기 牧民書의 편찬과 守令의 刑政運營〉, 《규장각》 21.

심재우, 2003, 〈조선시대 법전(法典) 편찬과 형사정책(刑事政策)의 변화〉, 《진단학보》 96.

심재우, 2003, 〈조선후기 형벌제도의 변화와 국가권력〉, 《국사관논총》 102.

심재우, 2007, 〈조선말기 형사법 체계와 《대명률》의 위상〉, 《역사와현실》 65.

심재우, 2010, 〈영조대 정치범 처벌을 통해 본 법과 정치〉, 《정신문화연구》 33.

심재우, 2020, 〈조선후기 수령의 법적 지위와 형벌권 행사의 실상 −《목민심서》를 중심으로〉, 《한국문화》 91.

심희기, 1997, 〈18세기의 형사사법제도 개혁〉, 《한국문화》 20.

심희기, 2021, 〈19세기 조선관찰사의 사법적 행위의 실증적 고찰〉, 《고문서연구》 58.

우인수, 1994, 〈조선 숙종조 남계 박세채의 노소중재와 황극탕평론〉, 《역사교육논집》 19.

유승희, 2020, 〈18-19세기 한성부(漢城府)의 사법 행정과 역할〉, 《역사민속학》 58.

윤석호, 2016, 〈조선후기 殿牌作變 연구〉, 《한국민족문화》 58.

윤훈표, 2007, 〈고려후기 법전편찬론의 대두〉, 《경제육전과 육전체제의 성립》 혜안.

윤훈표, 2022, 〈고려 말기 형정의 상황과 개편 방향〉, 《학림》 50.

이경동, 2021, 〈조선시대 '경장(更張)'의 의미와 변천〉, 《한국사상사학》 69.

이민정, 2011, 〈박세채(朴世采)의 황극(皇極) 인식과 군주상(君主像)〉, 《한국사론》 57.

이상식, 1977, 〈의금부고(義禁府考)〉, 《법사학연구》 4.

이상식, 2005, 〈숙종 초기의 왕권안정책과 경신환국〉, 《조선시대사학보》 33.

이성무, 1990, 〈《경국대전》의 편찬과 《대명률》〉, 《역사학보》 125.

이원택, 2008, 〈개화기 '禮治'로부터 '法治'로의 사상적 전환 - 미완의 '大韓國國制體制' 와 그 성격〉, 《정치사상연구》 14.

이정란, 2016, 〈고려말(高麗末)의 역성혁명(易姓革命)과 조선 '제후국'의 성립〉, 《한국중세사연구》 46.

이하경, 2021, 〈조선후기 추국장에서의 왕 -영조시기 《추안급국안》 사례를 중심으로〉, 《법사학연구》 63.

이하경, 2023, 〈조선후기 왕과 왕법 -정조대 왕법에 관한 정치주체들의 인식을 중심으로〉, 《한국학》 46.

이해웅, 김훈, 2006, 〈조선시기 현종, 숙종, 경종, 영조의 질병과 치료〉, 《대한한의학원전학회지》 19-3.

이희환, 1984, 〈기사환국과 숙종〉, 《전북사학》 8.

이희환, 1989, 〈갑술환국과 숙종〉, 《전북사학》 11-12.

전영섭, 2017, 〈唐宋元·高麗의 律典에 具顯된 謀反罪의 構成要件과 刑罰體系〉, 《역사와 세계》 51.

정경희, 1993, 〈숙종대 탕평론과 탕평의 시도〉, 《한국사론》 30.

정긍식, 2007, 〈법서의 출판과 보급으로 본 조선사회의 법적 성격〉, 《법학》 48.

정긍식, 2011, 〈《受敎謄錄》의 內容과 價値〉, 《규장각》 39.

정긍식, 2013, 〈'朝鮮'法學史 구상을 위한 試論〉, 《법학》 168.

정긍식, 2014, 〈유가 법사상과 《경국대전》의 편찬〉, 《한국유학사상대계 8》, 한국국학진흥원.

정긍식·조지만, 2003, 〈조선 전기 《대명률》의 수용과 변용〉, 《진단학보》 96.

정만조, 1983, 〈영조대 초반의 탕평책과 탕평파의 활동: 탕평 기반의 성립에 이르기까지〉,《진단학보》 56.

정병준, 2017, 〈신라(新羅) 문무왕(文武王) 9년(669) 사서(赦書)에 보이는 '오역(五逆)'의 재검토(再檢討)〉,《동국사학》 62.

정석종, 1989, 〈무신란과 영조년간의 정치적 성격〉,《동양학》 19.

정재훈, 2015, 〈영조의 제왕학과 국정운영〉,《한국사상과문화》 77.

정진혁, 2022, 〈17~18세기 추국청의 혹형{압슬형(壓膝刑), 낙형(烙刑)} 시행 추이〉,《역사학보》 256.

정진혁, 2022, 〈조선후기 말세론 사건에 대한 추국청의 형사 대응〉,《한국사연구》 196.

정진혁, 2023, 〈숙종 대 부당형벌 논란과 형정운영의 변화〉,《법사학연구》 68.

정진혁, 2024, 〈18세기 무신란(戊申亂) 진압과 비상 형정의 형성〉,《동방학지》 209

정진혁, 2025, 〈17~18세기 추국 정보의 조보 유통과 형사제도 개혁〉,《조선시대사학보》 112.

정진혁, 2025, 〈18세기 친국(親鞫) 확대와 추국 운영의 개편〉,《학림》 55

정진혁, 2025, 〈조선후기 결안(結案)의 운영 체계와 개편 양상〉,《한국문화》 110

정진혁, 2025, 〈정조 대《흠휼전칙》 시행과 인명 보호의 강화〉,《역사와 현실》 136

정호훈, 2004, 〈18세기 전반 蕩平政治의 추진과《續大典》의 편찬〉,《한국사연구》 127.

정호훈, 2004, 〈조선전기 法典의 정비와《經國大典》의 성립〉,《조선 건국과 경국대전체제의 형성》, 혜안.

정호훈, 2007, 〈우담(愚潭) 정시한(丁時翰)의 활동과 17세기 후반 남인학계(南人學界)〉,《한국철학논집》 22.

정호훈, 2008, 〈조선후기(朝鮮後期) 정시한(丁時翰)의 학문과 그 영향〉,《한국사상사학》 31.

정호훈, 2010, 〈전통시대 한국 정치사 속의 소통과 화해 -영조대 蕩平政治의 지향과 방법〉,《중앙사론》 31.

조성산, 2000, 〈18세기 후반 낙론계(洛論系) 경세사상의 심성론적 기반 - 소인교화론과 균시적자론을 중심으로〉,《조선시대사학보》 12.

조윤선, 2006, 〈조선시대 사면(赦免),소결(疏決)의 운영과 법제적,정치적 의의〉,《조선시대사학보》 38.

조윤선, 2007, 〈영조(英祖) 6년 경술년(庚戌年) 모반(謀叛) 사건의 내용과 그 성격〉,《조선시대사학보》 42.

조윤선, 2008, 〈영조 9년, 남원 만복사 괘서 사건의 정치적, 법제적 고찰〉,《전북사학》 33.

조윤선, 2009, 〈續大典 刑典 禁制 조항으로 본 조선후기 사회상〉,《인문과학논집》 38.

조윤선, 2009, 〈숙종대 형조의 재판업무와 합의제적 재판제도의 운영〉,《사총》 68.

조윤선, 2009, 〈영조대(英祖代) 남형·혹형 폐지 과정의 실태와 흠휼책(欽恤策)에 대한 평가〉,《조선시대사학보》 48.

조윤선, 2021, 〈19세기 의금부의 議律업무와 王獄의 기능〉, 《민족문화》 58.

조윤선, 2021, 〈조선 후기 공죄(公罪)·사죄(私罪) 조율의 변화와 적용 사례〉, 《법학연구》 31.

조윤선, 2021, 〈조선 후기 삼복 제도 연구〉, 《법사학연구》 64.

조윤선, 2022, 〈형조의 四司九房 직제와 실무 −秋官志, 六典條例, 秋曹決獄錄의 비교 분석〉, 《민족문화》 60.

조윤선, 2024, 〈조선후기 연좌(緣坐) 조문의 분석과 사회·경제적 의미 고찰〉, 《법사학연구》 69.

조지만, 1999, 〈조선초기 《대명률》의 수용과정〉, 《법사학연구》 20.

조지만, 2005, 〈에도시대 일본에서의 《대명률》의 영향〉, 《법사학연구》 32.

조지만, 2006, 〈《경국대전(經國大典)》 형전(刑典)과 《대명률(大明律)》 −실체법규정을 중심으로〉, 《법사학연구》 34.

주영아, 2012, 〈박태보의 정치에 대한 기대와 지방관으로서의 태도 고찰〉, 《동양문화연구》 11.

차인배, 2014, 〈19세기 刑政風俗圖에 나타난 형벌의 특징에 관한 고찰〉, 《역사민속학》 44.

차인배, 2015, 〈조선후기 포도청의 夜巡활동과 夜禁정책의 변통〉, 《한국학연구》 39.

차인배, 2020, 〈조선후기 포도청의 사법적 위상과 활동 변화〉, 《역사민속학》 58.

차인배, 2021, 〈조선후기 치도형의 운영과 폐지 과정 −포도청(捕盜廳)의 난장(亂杖)을 중심으로〉, 《법사학연구》 63.

차인배, 2024, 〈19세기 '신인득 투절사건(申仁得 偸竊事件)'을 통해 본 포도청 수사방식의 특징〉, 《법사학연구》 69.

최윤오, 1992, 〈18·19세기 농업고용노동의 전개와 발달〉, 《한국사연구》 77.

최종석, 2010, 〈조선초기 '時王之制' 논의 구조의 특징과 중화 보편의 추구〉, 《조선시대사학보》 52.

한명기, 2016, 〈李适의 亂이 仁祖代 초반 대내외 정책에 미친 여파〉, 《전북사학》 48.

한상권, 1984, 〈16·17세기 향약의 기구와 성격〉, 《진단학보》 58.

한상권, 1994, 〈조선시대 법전 편찬의 흐름과 각종 법률서의 성격〉, 《역사와현실》 13.

한상권, 2011, 〈조선시대의 교화와 형정〉, 《역사와현실》 79.

한상권, 2019, 〈《대명률》의 편찬과 수용 그리고 적용〉, 《내일을여는역사》 76.

한상권, 2021, 〈박태보의 자기비첩소생(自己婢妾所生)의 신분 귀속에 대한 인식 −〈단송안(斷訟案)〉을 중심으로〉, 《고문서연구》 62.

한상권, 2023, 〈박태보의 군주관 −인현왕후 폐위반대 상소와 숙종의 친국을 중심으로〉, 《고문서연구》 62.

한상권, 2023, 〈《추안급국안》 자료의 신빙성 −1689년(숙종 15) 박태보 친국 기록을 중심으로〉, 《한국문화》 102.

허태용, 2013, 〈정조의 계지술사(繼志述事) 기념사업과 《국조보감(國朝寶鑑)》 편찬〉, 《한국사상사학》 43.

허태용, 2014, 〈英祖代 蕩平政局下 國家義理書 편찬과 戊申亂 해석 −《勘亂錄》, 《御製大訓》, 《闡義昭鑑》의 비교 검토〉, 《사학연구》 116.

홍순민, 1998, 〈붕당정치의 동요와 환국의 빈발〉, 《신편한국사》 30, 국사편찬위원회.

Anders karlsson, 2013, 〈Law and the Body in Joseon Korea −Statecraft and the Negotiation of Ideology〉, 《THE REVIEW OF KOREAN STUDIES》 16−1.

Anders karlsson, 2014, 〈"Must we really cut people's toes off to uphold the law" −Confucian Statecraft, Punishment and the Body in Chosŏn Korea〉, 《다산학》 24.

찾아보기

물고物故　49, 72, 84, 165, 170, 178, 180,
　　201, 273, 276, 348, 395, 431, 433,
　　494

ㅂ

박태보　112, 165, 172, 178, 276
번옥反獄　154, 158, 160, 201
법외악형　83, 242, 271, 277
법정고신法定拷訊　180, 243, 277, 338,
　　349, 411
병신옥사丙申獄事　357, 361, 429, 440, 463

ㅅ

삼성추국　48, 263, 326
《속대전續大典》　210, 214, 220, 234, 236,
240,　　　367, 391
《수교집록受敎輯錄》　133, 140, 234
수법봉공守法奉公　215, 350, 367
순무영　331
신명구법申明舊法　366, 379, 401
실형失刑　227, 281, 468
십악十惡　36, 57, 243, 281, 326, 480

ㅇ

악형惡刑　165, 177, 179, 270, 272, 277,
　　348, 416, 435
압슬형壓膝刑　72, 84, 169, 179, 242, 270,
　　272, 275, 287, 349, 417, 424, 490
영장제營將制　81, 138
예주법종禮主法從　115, 370, 381
왕법王法　106, 108, 114, 224
왕옥王獄　40, 45, 251, 267, 269, 323
위관 위임 추국　251, 257, 404, 406
육전체제六典體制　34, 36
을해옥사　269, 295, 307, 317, 322, 343,
　　347, 355, 400, 423
의금부　40, 43, 46, 130, 151, 187, 246,
　　255, 323, 328, 434, 438
의금부 추국　250, 256, 319, 402
의법형정依法刑政　32, 35, 50, 248, 386
이중 국문　306, 344, 348, 429, 431, 435

ㅈ

자백　49, 59, 61, 68, 72, 84, 119, 122,
　　130, 137, 183, 187, 193, 271, 284,
　　335, 337, 341, 457, 466, 486
자백필수주의　60, 73, 120, 128, 139, 497
적자론赤子論　56, 216, 489
《전록통고典錄通考》　133, 140, 234
정감록　77, 201, 253, 299, 301, 406, 438,

<부록 1> 17~19세기 추국청 심문 통계 추이

연번	내역	추이	1601 -1625	1626 -1650	1651 -1675	1676 -1700	1701 -1725	1726 -1750	1751 -1775	1776 -1800	1801 -1825	1826 -1850	1851 -1875	1876 -1892	종합
1	피악형자 수(명)	하강	57	53	9	16	2	23	–	–	–	–	–	–	160명
2	물고자 수(명)	하강	100	39	32	33	13	207	60	21	6	1	0	2	514명
3	물고자/피심문자(%)	하강	20.6	9.3	22.1	8.1	9.0	25.7	17.2	10.9	5.3	1.7	0.0	2.1	15.6%
4	사형자 수(명)		96	107	32	63	24	153	80	36	48	32	41	68	780명
5	사형자/피심문자(%)	상승	19.8	25.6	22.1	15.4	16.6	19.0	22.9	18.8	42.5	53.3	48.8	71.6	23.6%
6	피형신자 당 형추차수(회)	하강	3.3	2.8	3.1	3.8	3.3	3.2	2.7	1.9	2.4	2.9	2.1	2.3	3.0회
7	피형신자 당 매질대수(대)	하강	96.8	79.7	88.5	104.6	85.8	81.5	68.2	25.4	33.5	25.5	12.8	13.8	71.1대
8	사형자 당 매질대수(대)	하강	41.3	36.7	76.8	63.2	33.0	35.2	51.2	20.0	26.0	19.7	11.9	13.2	36.7대
9	물고자 당 매질대수(대)	하강	104.7	137.7	134.1	199.6	187.8	115.3	106.2	25.9	40.3	52.0	–	15.0	117.2대
10	피형신자 수(명)		184	172	91	134	48	418	200	94	80	35	60	76	1,592명
11	전체 피심문자 수(명)		485	418	145	409	145	805	349	191	113	60	84	95	3,299명
12	피형신자/피심문자(%)	상승	37.9	41.1	62.8	32.8	33.1	51.9	57.3	49.2	70.8	58.3	71.4	80.0	48.3%
13	사건 수(건)		12	20	7	35	23	41	39	18	22	15	19	15	266건
14	친국 차수(회)		–	–	8	3	11	123	144	33	3	4	2	1	332회
15	전체 추국 차수(회)	하강	126	218	59	305	177	490	170	82	154	78	54	41	1,954회
16	사건당 추국 차수(회)	하강	10.5	10.9	8.4	8.7	7.7	12.0	4.4	4.6	7.0	5.2	2.8	2.7	7.3회
17	사건당 피심문자 수(명)	하강	40.4	20.9	20.7	11.7	6.3	19.6	8.9	10.6	5.1	4.0	4.4	6.3	12.4명
18	친국 비율(%)		0.0	0.0	13.6	1.0	6.2	25.1	84.7	40.2	1.9	5.1	3.7	2.4	17.0%

<부록 2>《추안급국안》 사건별 상세 내역

연번	연도	왕대	재위	사건명	석방	도형	유배	물고	사형	미상	기타	인원 총계		친림 추국	궐정 추국	금부 추국	총 추국수
1	1601	선조	34	길운절 추국	12				12	4		28			1	2	4
2	1608	광해군	즉위	임해군 이진 추국	17		12	49	3	6	7	94				30	32
3	1623	인조	1	계해년 3월 추국	26		10		12	37		85			2		5
4	1623	인조	1	유전 추국	9		1	7	2	1		20			7		7
5	1623	인조	1	이유림 추국	9		2	19	2	2		34			15		15
6	1624	인조	2	이괄 추국	35		6	11	51	21	2	126			9	12	25
7	1624	인조	2	김정립 추국	4		1		1	4		10				2	2
8	1624	인조	2	박건갑 추국	2		2	1				5			6	2	8
9	1624	인조	2	박홍구 추국	19		1	6	8	5		39			12		12
10	1625	인조	3	윤안형 추국					2			2			4		4
11	1625	인조	3	박응성 추국	24		5	1	2	3		35			4	3	7
12	1625	인조	3	정윤복 추국				6	1			7				5	5
13	1628	인조	6	유효립 추국	8		6	9	19	1		43			7		7
14	1628	인조	6	송광유 추국	25		4		1		2	32			9		9
15	1629	인조	7	끗치 추국	4		2	2	1			9			6		6
16	1629	인조	7	이충경 추국	3		12		4	2		21				6	6
17	1630	인조	8	한선내 추국					1			1				2	2

연번	연도	왕대	재위	사건명	석방	도형	유배	물고	사형	미상	기타	인원 총계	친림 추국	궐정 추국	금부 추국	총 추국수
18	1630	인조	8	김대기 추국	4				1			5			4	4
19	1630	인조	8	이경검 추국	1				1	3		5			3	3
20	1631	인조	9	원충립 추국					1			1			1	1
21	1631	인조	9	정한 추국	25		4	8	15	2		54		7	28	35
22	1632	인조	10	임신년 추국	6		1	1		1		9		7	2	9
23	1633	인조	11	임석간 추국	13			1	1	2		17		10		10
24	1633	인조	11	이탁 추국	8		1	1		1		11			10	10
25	1635	인조	13	이기안 추국	7				1	1		9			7	7
26	1635	인조	13	박천건 추국	5				1			6			7	7
27	1639	인조	17	나인 추국	7		3	10				20			21	21
28	1643	인조	21	계미년 추국	3				1			4			5	5
29	1644	인조	22	갑신년 추국	27		5	5	4	7		48			39	39
30	1646	인조	24	안익신 추국	22		4	1	33	18		78		11		11
31	1646	인조	24	의정 추국					7			7		2		2
32	1647	인조	25	예옥 추국	13		3		15	7		38		24		24
33	1651	효종	2	김자점 추국	46		2	27	30	3	8	116	6	6	26	38
34	1653	효종	4	계사년 추국	9		1	2				12		2	5	7
35	1654	효종	5	갑오년 추국			1	1				2	1	1		2

연번	연도	왕대	재위	사건명	석방	도형	유배	물고	사형	미상	기타	인원 총계	친림 추국	궐정 추국	금부 추국	총 추국수
36	1656	효종	7	서변 추국	3		4	2				9	1	1	1	3
37	1662	현종	3	생이 추국					1			1			2	2
38	1671	현종	12	애립 추국					1			1			1	1
39	1675	숙종	1	유필명 추국			3			1		4			6	6
40	1676	숙종	2	장득선 추국	4				3	8	1	16			2	4
41	1676	숙종	2	처경 추국	5		8		1		1	15			9	9
42	1680	숙종	6	허견, 이남 추국	9	1	8	3	3			24		11		11
43	1680	숙종	6	윤휴·박헌·이환 추국	1		4		3			8		6	2	8
44	1680	숙종	6	오정창·정원로 추국	16	3	7	4	5			35		27	3	30
45	1680	숙종	6	오시수 추국	7	4	2		1		2	16			12	12
46	1681	숙종	7	박상한 추국					1			1			5	5
47	1681	숙종	7	허협, 양국정 추국	7				2			9		2	4	6
48	1682	숙종	8	노계신 추국	7		3	1	1			12		7		7
49	1682	숙종	8	허새, 허영 추국	15	9	8	2	3			37		12	4	16
50	1687	숙종	13	양우철 추국	7			1				8			4	4
51	1687	숙종	13	안계리 추국	2				1			3			3	3
52	1687	숙종	13	김성기 추국	3		1		1			5			1	1
53	1688	숙종	14	여환 추국	8		1		12		17	38			7	7

연번	연도	왕대	재위	사건명	석방	도형	유배	물고	사형	미상	기타	인원 총계	친림 추국	궐정 추국	금부 추국	총 추국수
54	1688	숙종	14	이민재 추국	13				1			14			6	6
55	1688	숙종	14	김영준 추국	2							2			2	2
56	1688	숙종	14	박업귀 추국	6				1			7			2	2
57	1689	숙종	15	김익훈 추국			4	2	4			10			8	8
58	1689	숙종	15	이사명 추국	1		4		2			7			4	4
59	1689	숙종	15	오두인 추국	1		2	1			1	5	1	1		2
60	1689	숙종	15	이입신 추국	1		1	1	1			4			11	11
61	1690	숙종	16	홍충선 추국	8		1	2				11			13	13
62	1691	숙종	17	김영하 추국	4	1	1		1		1	8			9	9
63	1691	숙종	17	차충걸 추국	1		4		3			8			10	10
64	1692	숙종	18	이첨한 추국	8		3	1	3		1	16			10	10
65	1693	숙종	19	연최적 추국				1				1			4	4
66	1693	숙종	19	최태웅 추국	3		1					4			2	2
67	1694	숙종	20	함이완·김인 추국	25		6	4	3			38			37	37
68	1696	숙종	22	응선·김천추 추국	12			2			1	15		2	11	15
69	1696	숙종	22	체종 추국	2			1				3			4	4
70	1697	숙종	23	이영창 추국	10		2	3	3		1	19		17		17
71	1697	숙종	23	홍기주 추국				3	1			4			12	12

연번	연도	왕대	재위	사건명	석방	도형	유배	물고	사형	미상	기타	인원 총계		친림 추국	궐정 추국	금부 추국	총 추국수
72	1697	숙종	23	곽제승 추국	2			1				3				7	7
73	1698	숙종	24	안사현 추국					2			2				3	3
74	1700	숙종	26	김윤창 추국				1				1				4	4
75	1701	숙종	27	조영식 추국	5				1			6				2	2
76	1701	숙종	27	숙정·설향 추국	2				8	3	2	15		5	2		7
77	1704	숙종	30	주명철 추국					1			1				1	1
78	1706	숙종	32	6월 임부 추국	3		4				1	8				22	22
79	1706	숙종	32	이잠 추국				1				1		3	5		8
80	1706	숙종	32	9월 임부 추국	2		3	2				7				13	13
81	1707	숙종	33	박의량 추국	1		1		1			3				5	5
82	1707	숙종	33	장천련 추국					2			2				2	2
83	1711	숙종	37	정렴 추국					1		1	2				3	3
84	1712	숙종	38	이천재 추국	1		1		1			3				8	8
85	1712	숙종	38	이운 추국	7				1			8			6		6
86	1712	숙종	38	서종철 추국	2		1		1			4			4		4
87	1713	숙종	39	이동석 추국	8				1	1		10				3	3
88	1714	숙종	40	김상현 추국	7			1				8				8	8
89	1715	숙종	41	이세경 추국	14		2	2			1	19				18	18

연번	연도	왕대	재위	사건명	석방	도형	유배	물고	사형	미상	기타	인원 총계		친림 추국	궐정 추국	금부 추국	총 추국수
90	1721	경종	1	조성복 추국				1				1				15	15
91	1722	경종	2	김승석·최수만 추국	1		1		1		1	4				7	7
92	1723	경종	3	이시필 추국				1			5	6				5	5
93	1724	영조	즉위	이의연 추국				1				1				4	4
94	1724	영조	즉위	김일경·목호룡 추국				1	1			2		1	2	2	5
95	1725	영조	1	방만규 추국	1		1		1			3		2			2
96	1725	영조	1	목시룡 추국	5		9	3		2	1	20		2		25	27
97	1725	영조	1	조덕린 추국	1			1				1				2	2
98	1728	영조	4	무신란 추국	49	2	57	84	88	1	13	294		32	50	37	119
99	1729	영조	5	황소 추국	6		2	2				10		3	3	1	7
100	1729	영조	5	기유년 추국	4		2	4		5		15				12	12
101	1729	영조	5	이석효 추국	1				1			2		1			1
102	1730	영조	6	세국 추국	1		2		1			4				5	5
103	1730	영조	6	경술년 추국	45	2	38	74	47	2	9	217		25	5	77	107
104	1731	영조	7	신해년 추국	10		2	2				14				25	25
105	1731	영조	7	성탁 추국			2	2				4		1		7	8
106	1731	영조	7	김삼금 추국	1		2					3				2	2
107	1733	영조	9	이제동 추국	11		1	7	1		2	22				15	15

연번	연도	왕대	재위	사건명	석방	도형	유배	물고	사형	미상	기타	인원 총계	친림 추국	궐정 추국	금부 추국	총 추국수
108	1733	영조	9	계축년 추국	3		6	9	1	1	3	23	3		11	14
109	1733	영조	9	원팔 추국	10		2	2	2		1	17	2	1	12	15
110	1733	영조	9	김계보 추국	2			1			2	5			10	10
111	1733	영조	9	심건이 추국	3		2	1				6	2	2	9	13
112	1734	영조	10	서무필 추국	2				1			3	2	2		4
113	1734	영조	10	남극 추국	20		5	2	2		4	33			27	27
114	1736	영조	12	병진년 추국	1		2	1				4	1		6	7
115	1736	영조	12	최하징 추국			3		1			4			2	2
116	1736	영조	12	최석산 추국	2				4		5	11			2	2
117	1737	영조	13	김성탁·안세복 추국			1	1				2	1		8	9
118	1738	영조	14	양시박 추국	2				3		1	6	4			4
119	1739	영조	15	성유열 추국							1	1	1			1
120	1739	영조	15	김태성 추국	16		7	5	1	1	2	32	16		7	23
121	1740	영조	16	박동준 추국				1				1	2		2	4
122	1740	영조	16	양재구 추국			1					1			2	2
123	1740	영조	16	김원재 추국			1	1				2	3			3
124	1740	영조	16	노택 추국			1					1			2	2
125	1741	영조	17	여문표 추국			4	1				5			4	4

연번	연도	왕대	재위	사건명	석방	도형	유배	물고	사형	미상	기타	인원 총계	친림 추국	궐정 추국	금부 추국	총 추국수
126	1741	영조	17	이광의 추국			1					1	1			1
127	1741	영조	17	송익휘 추국	2		1					3	3		1	4
128	1741	영조	17	이광덕 추국	1							1	1			1
129	1742	영조	18	민창수 추국			1					1	1			1
130	1743	영조	19	김은창 추국	3				1			4			4	4
131	1744	영조	20	윤광천 추국			1					1	1			1
132	1745	영조	21	이득중·조징 추국	5		1	2				8	2		3	5
133	1745	영조	21	홍우집 추국	1		6					7	1			1
134	1748	영조	24	팔금 추국	4		1	1			1	7	3			3
135	1748	영조	24	이지서 추국	9		3	1			1	14	4		5	9
136	1748	영조	24	윤용리 추국	4		1	1			3	9	3		2	5
137	1749	영조	25	안변 전패작변 추국			2		2			4			2	2
138	1749	영조	25	권숭 추국	10		1	2				13	5		1	6
139	1751	영조	27	김정구 추국			1					1	1			1
140	1752	영조	28	윤봉오 추국	1						1	2	1			1
141	1752	영조	28	이세희 추국			3					3	1			1
142	1753	영조	29	남태적 추국			1					1	1		1	1
143	1753	영조	29	조관빈 추국			1					1	1			1

연번	연도	왕대	재위	사건명	석방	도형	유배	물고	사형	미상	기타	인원 총계		친림 추국	궐정 추국	금부 추국	총 추국수
144	1755	영조	31	윤지 추국	7		8	13	5	3	2	38		20			20
145	1755	영조	31	심정연 추국	21		11	24	30			86		31		3	34
146	1755	영조	31	강유 추국			3					3		4			4
147	1755	영조	31	선우신 추국					1			1		3			3
148	1755	영조	31	이성 추국	13		3		5		1	22		5			5
149	1756	영조	32	이온 추국	3			1				4		2		4	6
150	1756	영조	32	박석명 추국				1				1				3	3
151	1756	영조	32	이운징 추국	8	1	4	6	7	1		27		11			11
152	1756	영조	32	이지완 추국	3		3	1	8		1	16		7			7
153	1757	영조	33	홍술인 추국			1					1				1	1
154	1758	영조	34	김봉갑 추국	3			1				4				3	3
155	1758	영조	34	김경약 추국				1				1		1		1	2
156	1759	영조	35	유함 추국			1					1		2			2
157	1759	영조	35	전석조 추국	2		1	1				4		3			3
158	1759	영조	35	현창 추국	13	1	3				1	18		2			2
159	1759	영조	35	김석태 추국	5	1	3	1		1		11		4			4
160	1760	영조	36	변치원 추국	2	1	1		1			5		2			2
161	1760	영조	36	신후일 추국	2		3	1				6		5		1	6

연번	연도	왕대	재위	사건명	석방	도형	유배	물고	사형	미상	기타	인원 총계	친림 추국	궐정 추국	금부 추국	총 추국수
162	1761	영조	37	이정 추국			1	1	1			3	2		1	3
163	1763	영조	39	배윤현 추국			1					1			2	2
164	1763	영조	39	전유득·김중광 추국	2		6		1		1	10	1			1
165	1763	영조	39	주영흥 추국	4		1		1		2	8	2			2
166	1763	영조	39	심내복 추국	1		3	5	16		2	27	10		3	13
167	1764	영조	40	이여대 추국			2	1	2		1	6	6			6
168	1764	영조	40	홍득여 추국	3		2	1				6	4			4
169	1764	영조	40	이태정 추국	7		3		1			11	3			3
170	1766	영조	42	이정섭 추국	1							1		1		1
171	1768	영조	44	황응직 추국			2	1				3	1			1
172	1771	영조	47	고세양 추국	3				1		2	6	5			5
173	1772	영조	48	한필수 추국	2						2	4	1			1
174	1772	영조	48	유언민 추국	1							1	1			1
175	1772	영조	48	권도 추국			1					1	1			1
176	1775	영조	51	황택인 추국			2				1	3	1		1	2
177	1775	영조	51	박규수 추국			1					1	1		1	1
178	1776	정조	즉위	이명휘 추국			1					1	1			1
179	1776	정조	즉위	이도현 추국	3		1		2			6	1	1		2

연번	연도	왕대	재위	사건명	석방	도형	유배	물고	사형	미상	기타	인원 총계	친림 추국	궐정 추국	금부 추국	총 추국수
180	1777	정조	1	이종악 추국	13		5	2			2	22	4	2	3	9
181	1777	정조	1	김방행 추국	1							1			1	1
182	1777	정조	1	전흥문 추국	7		25	9	18		11	70	9		10	19
183	1777	정조	1	이성진 추국			1					1			1	1
184	1777	정조	1	홍낙임 추국	1							1	1			1
185	1778	정조	2	홍양해 추국	20		6	1	3			30	4		2	6
186	1779	정조	3	정력·이진후 추국	2		5	2			1	10	3		2	5
187	1782	정조	6	이유백·이택징 추국	5		2	2			1	10	1		2	3
188	1782	정조	6	권홍징 추국				1	2			3	1	4		5
189	1782	정조	6	김정채·송환구 추국	1		2				1	4			4	4
190	1782	정조	6	문인방·이경래 추국	1		2	1	4			8	3		2	5
191	1784	정조	8	김하재 추국					1			1	1			1
192	1785	정조	9	유태수 추국	4		3	2	5		4	18			11	11
193	1787	정조	11	이광운·한채 추국			1		1			2	2	1		3
194	1792	정조	16	윤구종 추국				1				1	1	1	2	4
195	1796	정조	20	정호인 추국			2					2	1			1
196	1801	순조	1	이가환 추국	3		4	3	7		2	19			8	8
197	1801	순조	1	이기양 추국			4		4		2	10			9	9

연번	연도	왕대	재위	사건명	석방	도형	유배	물고	사형	미상	기타	인원 총계	친림 추국	궐정 추국	금부 추국	총 추국수
198	1801	순조	1	강이천 추국	1			1	1			3			4	4
199	1801	순조	1	김여 추국	3		3		1			7			6	6
200	1801	순조	1	신유년 추국					5			5			1	1
201	1801	순조	1	임시발·윤가기 추국			2		2		1	5			10	10
202	1801	순조	1	황사영 추국					4			4			3	3
203	1804	순조	4	오재영·이성세 추국			1		2			3		1	20	21
204	1804	순조	4	권유·이안묵 추국	2		3	1	3			9			25	25
205	1804	순조	4	이달우·장의강 추국	3		2		2		1	8			5	5
206	1807	순조	7	조근환 추국					1			1			1	1
207	1807	순조	7	이광욱·이관호 추국			2		3			5	1		6	7
208	1808	순조	8	오태성 추국		1	1		1			3			5	5
209	1809	순조	9	조경 추국				1				1	1		3	4
210	1809	순조	9	장몽서 추국					1			1	1		2	3
211	1811	순조	11	허륜 추국					1			1			1	1
212	1812	순조	12	이진채 추국			3		6			9			16	16
213	1813	순조	12	박동직 추국	1				1			2			2	2
214	1813	순조	12	백태진 추국			1		2			3			3	3
215	1817	순조	17	이희조 추국	2		4					6			7	7

연번	연도	왕대	재위	사건명	석방	도형	유배	물고	사형	미상	기타	인원 총계	친림 추국	궐정 추국	금부 추국	총 추국수
216	1819	순조	19	김재묵 추국	3		2				2	7			12	12
217	1824	순조	24	이인백 추국					1			1		1		1
218	1826	순조	26	김차규·이창곤·유성호·이원기 추국			1		2		1	4		3	9	12
219	1826	순조	26	박형서·정상채·신계량 추국					3			3			9	9
220	1829	순조	29	김말손 추국					1			1				1
221	1829	순조	29	이노근 추국					1			1			2	2
222	1829	순조	29	신의학·송수겸 추국			1		1			2	1		8	9
223	1829	순조	29	기축년 추국					1			1			1	1
224	1836	헌종	2	강시환 추국			1					1			4	4
225	1836	헌종	2	정규흠 추국	2	1	5		1			9			5	5
226	1836	헌종	2	남공언·남응중·남경중·문헌주 추국					5			5			9	9
227	1837	헌종	3	원대익 추국					1			1		1		1
228	1839	헌종	5	양놈·유진길 추국					8			8			6	6
229	1840	헌종	6	김정원 추국			1					1			3	3
230	1844	헌종	10	민진용·이원덕 추국			8	1	8			17			10	10
231	1846	헌종	12	김필 추국			4					4	1			1
232	1848	헌종	14	이목연·이승헌 추국			2					2	2		3	5
233	1853	철종	4	김수정·홍영근 추국			3		2			5			13	13

연번	연도	왕대	재위	사건명	석방	도형	유배	물고	사형	미상	기타	인원 총계	친림 추국	궐정 추국	금부 추국	총 추국수
234	1859	철종	10	복동 추국					1			1				1
235	1861	철종	12	염종수 추국					1			1	1		1	2
236	1862	철종	13	김순성·이긍선 추국	2		1		2		4	9			7	7
237	1862	철종	13	임일희 추국	2				2		1	5	1		1	2
238	1866	고종	3	남종삼·홍봉주 추국	1				9			10			5	5
239	1866	고종	3	병인년 삼성추국					2			2				1
240	1868	고종	5	이재의 추국			2		3			5			3	3
241	1868	고종	5	조연승 추국	1				2			3			3	3
242	1868	고종	5	정덕기 추국	1				3			4			2	2
243	1869	고종	6	민회행 추국					6			6			1	1
244	1870	고종	7	김희국 추국	1		12					13			3	3
245	1871	고종	8	김창실·김여강 추국					3			3	1		1	2
246	1871	고종	8	이필제·정기현 추국					3			3			1	1
247	1872	고종	9	김응룡·오윤근 추국			1		2		1	4	1		1	2
248	1872	고종	9	심담응 추국	1		6					7			1	1
249	1873	고종	10	최익현 추국			1					1			1	1
250	1873	고종	10	박우현 추국			1					1			2	2
251	1874	고종	11	손영로 추국			1					1			2	2

연번	연도	왕대	재위	사건명	석방	도형	유배	물고	사형	미상	기타	인원 총계	친림 추국	궐정 추국	금부 추국	총 추국수
252	1876	고종	13	신철균 추국					3			3			3	3
253	1877	고종	14	이병연 추국	4		1		3			8			6	6
254	1881	고종	18	이만손·강진규 추국			2					2			4	4
255	1881	고종	18	홍재학 추국					1			1			4	4
256	1881	고종	18	안기영 추국	8		6	1	14			29			11	11
257	1882	고종	19	김장손 추국	1				8			9		1		1
258	1882	고종	19	윤상화 추국			1					1			2	2
259	1883	고종	20	허욱 추국					7			7		1		1
260	1883	고종	20	백낙관 추국					1			1		1		1
261	1884	고종	21	이희정 추국				1	11			12		1		1
262	1885	고종	22	김춘영·이영식 추국					2			2		2		2
263	1885	고종	22	윤경순 추국			1		8			9		1		1
264	1886	고종	23	성인묵 추국					2			2		1		1
265	1887	고종	24	신기선 추국			1					1	1	1		2
266	1892	고종	29	박흥근 추국					8			8		1		1
				합계	1081	28	579	514	780	160	157	3299	333	354	1252	1954

※ 총 추국수 1,954회에는 삼성추국 15회가 포함됨